EL COMERCIO EXTERIOR DE MÉXICO EN LA ERA DEL CAPITALISMO LIBERAL, 1870-1929

CENTRO DE ESTUDIOS HISTÓRICOS

EL COMERCIO EXTERIOR DE MÉXICO EN LA ERA DEL CAPITALISMO LIBERAL, 1870-1929

Sandra Kuntz Ficker

EL COLEGIO DE MÉXICO

382.0972
K962c

Kuntz Ficker, Sandra
El comercio exterior de México en la era del capitalismo liberal, 1870-1929 / Sandra Kuntz Ficker. -- 1a. ed. -- México, D.F. : El Colegio de México, Centro de Estudios Históricos, 2007.
531 p. ; 22 cm

ISBN 968-12-1315-7

1. México -- Comercio -- Historia -- Siglo xix. 2. México -- Comercio -- Historia -- Siglo xx. 3. México -- Política comercial -- Historia -- Siglo xix. 4. México -- Política comercial -- Historia -- Siglo xx. 5. México -- Condiciones económicas -- Siglo xix. 6. México -- Condiciones económicas -- Siglo xx. I. t.

Primera edición, 2007

Camino al Ajusco 20
Pedregal de Santa Teresa
10740 México, D.F.
www.colmex.mx
ISBN 968-12-1315-7 (versión original)
978-968-121-315-2 (versión facsimilar)

Impreso en México

ÍNDICE

SEGUNDA PARTE
LAS IMPORTACIONES Y LA ECONOMÍA NACIONAL

TERCERA PARTE
LAS EXPORTACIONES Y SU CONTRIBUCIÓN ECONÓMICA

APÉNDICES

PRÓLOGO

Este libro es fruto de una investigación iniciada hace casi diez años, durante los cuales he acumulado una gran cantidad de deudas que me gustaría referir aquí, aunque me queda claro que identificar y agradecer a los acreedores no necesariamente significa saldar las cuentas con ellos.

Quisiera empezar con un reconocimiento a las instituciones que han respaldado mi trabajo durante todo este tiempo. Desde que inicié este proyecto y hasta hace cuatro años trabajé para la Universidad Autónoma Metropolitana, plantel Xochimilco, de la que recibí en todo momento un apoyo irrestricto. La UAM contribuyó a financiar varias estancias en Washington, donde pasé dos veranos completos y varias semanas más recopilando información en la Biblioteca del Congreso, así como otros viajes de trabajo relacionados con el proyecto, y en forma más general, me ofreció el tiempo y las condiciones necesarias para avanzar en su desarrollo. Mientras trabajaba en la UAM, obtuve una beca del Centro de Estudios México-Estados Unidos de la Universidad de California en San Diego para una residencia de investigación que me permitió completar la primera fase de sistematización de la información y de reconstrucción de las series del comercio. Las magníficas bibliotecas de la universidad y el acceso casi ilimitado que la institución ofrece a las del resto de California y de otras partes de Estados Unidos contribuyeron a dar cimientos sólidos a la investigación. Al año siguiente fui invitada como profesora visitante Tinker a la Universidad de Stanford, donde pude extender mi búsqueda no sólo a las bibliotecas de esa institución sino, gracias a la cercanía, también a la Biblioteca Bancroft de la Universidad de Berkeley. El proyecto se benefició todavía de una estancia más, esta última más breve, asociada a la Beca C.B. Smith que otorga la Universidad de Texas en Austin para trabajar en la Benson Latin American Collection y la Biblioteca Perry-Castañeda. En los tres casos (San Diego, Stanford y Austin), mi estancia se vio enriquecida con las discusiones en los seminarios y las aportaciones de reconocidos colegas —que a la vez se iban convirtiendo en amigos— de México y Estados Unidos.

Entre una y otra visita, avanzaba también en la búsqueda de material documental en diversos archivos y bibliotecas de la ciudad de México. Debo un agradecimiento a las autoridades de entonces de la Biblioteca Lerdo de Tejada, la Biblioteca Nacional —y particularmente su Fondo Reservado—, el Archivo General de la Nación, el Archivo Histórico Genaro Estrada de la Secretaría de Relaciones Exteriores, el Archivo Histórico de Petróleos Mexicanos, el Centro de Estudios de Historia de México (Condumex), el Archivo Histórico del Banco de México y los fondos del Fideicomiso Calles-Torreblanca. A partir de 2001 obtuve un financiamiento de Conacyt que me permitió ensanchar nuevamente los horizontes de la investigación y mejorar las condiciones en que se realizaba, gracias a la compra de algún equipo y la contratación de un asistente. Una estancia de verano en la Biblioteca Británica de Londres me permitió enriquecer la base de datos sobre el comercio, con la adición de dos socios más a mi muestra inicial y la ampliación del bagaje de fuentes extranjeras que ya había acumulado en Estados Unidos. En México, la exploración se extendió a algunos archivos estatales, municipales y privados que consideré cruciales para la investigación. Hago un reconocimiento a las autoridades del Archivo General del Estado de Yucatán, magníficamente ordenado y catalogado; del Centro de Apoyo a la Investigación Histórica de Yucatán y la Biblioteca Carlos R. Menéndez, todos ellos ubicados en Mérida, Yucatán; del Archivo General del Estado de Aguascalientes y del Archivo General Municipal de Aguascalientes; del Archivo Histórico de Córdoba, Veracruz, y del Archivo Histórico de la Compañía de Real del Monte y Pachuca, en Pachuca, Hidalgo. En todos ellos mi asistente y yo fuimos atendidas con eficiencia y amabilidad. La última escala del trabajo de campo fuera del país la realicé el año pasado en Barcelona, gracias a la amable invitación de mis colegas y amigos del proyecto *Importaciones y modernización económica en América Latina* que me permitió recoger materiales complementarios de la Universidad Pompeu Fabre y, por el generoso conducto de César Yáñez, de la Universidad de Barcelona.

En agosto de 2003 fui invitada a trabajar al Centro de Estudios Históricos de El Colegio de México, lo cual fue para mí, egresada de esta institución, motivo de orgullo y alegría. Desde entonces, El Colegio me ha dado todo su respaldo para conducir a buen término la investigación, así como condiciones materiales y anímicas inmejorables para llevar adelante su fase más ardua, que era la de redacción del libro que aquí se presenta. Reconozco el respaldo de las autoridades de la institución: Andrés Lira y Javier Garciadiego, presidentes de El Colegio en distintos momentos, y Guillermo Palacios, director del Centro de Estudios Históricos. Asimismo, debo un agradecimiento al personal de la Biblioteca Daniel Cosío Villegas y del Departamento de Sistemas de Información Geográfica —y sobre todo a Emelina Nava García—, que en todo momento respondieron con prontitud y eficiencia a mis solicitudes. Por último, debo reconocer la labor rápida y eficiente de la Dirección de Publicaciones, gracias a lo cual este volumen ve la luz antes de lo esperado. Llegar a El Colegio ha sido como regresar a casa. No sólo he sido acogida con calidez por parte de mis colegas del Centro de Estudios Históricos —algunos de los cuales fueron, hace ya veinte años, mis maestros— sino por los profesores de otros centros, en quienes he encontrado amistad y afecto.

Gracias al proyecto de Conacyt y luego al propio Colegio, a lo largo de estos años he contado con el apoyo de varios asistentes de investigación. Tras una breve ayudantía de Leonor García-Millé, trabajó conmigo durante tres años Valeria Sánchez Michel, quien fue una colaboradora entusiasta e incansable, pero también amiga y compañera de viaje en nuestras incursiones a los archivos estatales. El último año y medio la sucedió Víctor Alberto Villavicencio, a cuya confiabilidad y buena disposición nos habituamos todos en la Coordinación Académica. Los dos me brindaron un apoyo inteligente y fecundo que reconozco y aprecio. Más recientemente, Marcos Ortiz me auxilió con la aplicación de pruebas estadísticas a los índices de precios, y Alma Delia Gómez Vega con la revisión del manuscrito y las pruebas de la edición. A todos, mi sincero agradecimiento.

Mis deudas intelectuales son aún mayores. En el curso de la investigación, numerosos colegas y amigos han leído y comentado ponencias y artículos relacionados con este proyecto, así como partes del libro en sus versiones preliminares. He aprendido mucho de ellos, así como de las discusiones en seminarios y congresos en los que he tenido ocasión de participar. En una lista apretada de mis acreedores intelectuales, no deberían faltar los siguientes nombres: Sempat Assadourian, Jonathan Brown, Ángel Calderón, Enrique Cárdenas, Marcello Carmagnani, Albert Carreras, John Coatsworth, Bernd Hausberger, Alicia Hernández, Antonio Ibarra, Herbert Klein, Alan Knight, Reinhard Liehr, Carlos Marichal, Horst Pietschmann, Jaime Rodríguez, Mar Rubio, Ken Sokoloff, Anne Staples, Antonio Tena, Steven Topik, Gabriel Tortella, Eric Van Young y César Yáñez. Steve Haber, quien ha sido un colega y amigo cercano durante todos estos años, ocupa en la lista un lugar especial.

Entiendo que, en sentido estricto, uno no necesita de los amigos para escribir un libro; es sólo que la tarea sería más ardua, más opaca y más solitaria si no fuera interrumpida aquí y allá por una reunión, una ida al cine, o una llamada, y si uno no sintiera que bajo el balcón se extiende una red de protección para amortiguar una eventual caída. De ahí que no pueda dejar de mencionar a mis amigos más queridos. Empecemos por los más antiguos: Adriana Madrid, Paolo Riguzzi, Luis Jáuregui, Loti Ambrosi. Sigamos con mis viejos amigos: Nicolás Cárdenas, Ana Paula y Adriana de Teresa, Emilio Duhau, Lidia Girola, Yolanda Massieu. Concluyamos con los nuevos, los que he encontrado en El Colegio, y sobre todo aquéllos con los que comparto la comida casi todos los días —cuyos nombres no menciono porque no quiero olvidar alguno. Ellos conforman un ambiente de solidaridad y compañerismo que hace más amable mi vida y mi trabajo cotidiano.

En el centro de ese espacio vital se encuentra mi familia. Mis padres, Ana y Carlos, mi tío Guillermo, mis primos Bernardo y Juan Carlos, bordean a mayor o menor distancia el campo de mis afectos más entrañables. De lejos o de cerca, han sido una familia amorosa y solidaria, que me ha acompañado y apoyado en las buenas y en las malas. La familia de Roberto y la llegada de Claudia, futura esposa de Bernie, han enriquecido en los últimos años mi pequeño círculo familiar. Natalia y Roberto completan ese círculo. Natalia, mi hija querida, ha sido siempre mi mayor alegría y la destinataria favorita de mis mejores empeños. Desde la última dedicatoria se ha convertido en una brillante estudiante de física, aunque sus inquietudes van siempre más allá. Roberto es el compañero del alma que había estado esperando: amoroso, divertido, generoso e inteligente. Con ellos comparto todos mis días, en una convivencia que es apacible y emocionante a la vez. A ellos dedico, con amor y gozo, el fruto de mi trabajo.

ADVERTENCIAS

1. Salvo aclaración en contrario, todos los cuadros y gráficas que contienen cifras anuales refieren a años fiscales hasta 1917 y a años naturales a partir de entonces. El año fiscal se define según la convención mexicana, del 1 de julio al 30 de junio de cada año calendario, y se designa según la fecha de inicio (por ejemplo, el año fiscal 1872 corresponde al periodo que va del 1 de julio de 1872 al 30 de junio de 1873).

2. En la mayor parte de este libro se ofrecen series anuales, o promedios decenales o de otros periodos más breves, de las variables que se desea analizar. Sin embargo, en algunos capítulos en que el énfasis se coloca en la descomposición de los intercambios en rubros y productos por país (véase, por ejemplo, el capítulo 3), y en los que se hace uso intensivo de las estadísticas oficiales de los socios comerciales de México, es impracticable llevar a cabo un recuento anual. Por esta razón, en esos casos se ofrecen promedios trienales que se designan como "1870s", "1880s", etc. Debido a que no siempre se dispone de todas las fuentes para todos los años, los promedios refieren a los años iniciales de cada década, pero no necesariamente a los mismos. Así, es posible que el promedio de Francia para los años designados "1870s" corresponda a los años 1870, 1872 y 1873, mientras que el de Bélgica refiera a 1871, 1872 y 1874. La distorsión que este procedimiento impone no es significativa, y en todo caso la idea de utilizar promedios trienales en vez de las cifras anuales disponibles tiene el propósito de minimizarla.

3. Como se aprecia en la bibliografía, se han utilizado fuentes de muy diverso origen y en distintos idiomas. A fin de aligerar la lectura, las citas textuales han sido traducidas por la autora al español —con excepción de algún epígrafe y de alguna expresión propia de la jerga profesional, que se mantienen en su lengua original.

INTRODUCCIÓN

The Argentineans call the transition from 1870 to 1913 the "belle époque", North Americans refer to it as their "gilded age" of industrial take-off to world dominance, the English dub it their "great Victorian boom" carried on a wave of high imperialism, but must economists are taught to view it as a liberal era of free trade under the gold standard.[1]

Casi todos los estudiosos de la economía internacional coinciden en identificar una *belle époque* en la evolución del capitalismo; una suerte de época dorada en la que el comercio floreció y la integración entre los mercados del mundo alcanzó niveles nunca antes vistos.[2] No hay una fecha exacta que marque el arranque de esta era, aunque generalmente se le ubica en algún momento entre 1850 y 1870. Pero todos sabemos los rasgos que la definen: se trata de un periodo en el cual la confluencia entre el crecimiento económico de las naciones avanzadas, la revolución en los transportes, la disminución de las barreras al comercio y la generalización del patrón oro crearon un marco muy propicio para la globalización, entendida como una creciente integración del mercado internacional.[3] Durante la también llamada era del capitalismo liberal cobraron auge los movimientos migratorios, los flujos de capital privado, los préstamos internacionales y, por supuesto, el comercio exterior, que condensaba las transformaciones resultantes de una mayor especialización productiva entre las naciones, la reducción en los costos de transporte y el auge de la demanda de artículos de otras latitudes propiciado por el cambio tecnológico y el aumento sostenido del ingreso per capita.[4]

Menos acuerdo hay respecto a la fecha que pone fin a esta época. Para algunos, es el año 1913, víspera de la Primera Guerra Mundial, en la medida en que ésta no sólo trastocó brutalmente los flujos comerciales durante cuatro años, sino que redefinió el mapa político internacional, introdujo considera-

[1] O'Rourke y Williamson, *Globalization* (1999), p. 14.
[2] Tortella, *La revolución* (2000), pp. 51-60.
[3] O'Rourke y Williamson, *Globalization* (1999), p. 2.
[4] Ashworth, *Breve historia* (1977), pp. 222-223.

ciones estratégicas en los intercambios entre las naciones y dio un golpe decisivo al reinado del patrón oro y a la multilateralidad de los intercambios que aquél garantizaba.[5] Otros consideran que el cierre definitivo se produjo en realidad en 1929, el año de la Gran Depresión.[6] Después de todo, en la primera posguerra se restableció —no sin dificultad— el patrón oro, y se reanudaron con cierta normalidad los flujos internacionales de mercancías, de personas y de capitales. En cambio, el *crack* de 1929 produjo el quiebre definitivo del sistema internacional tal como se había conocido hasta entonces, por varias razones: motivó una caída espectacular en los niveles de comercio y en las inversiones de capitales en el exterior, al mismo tiempo que estimuló el cierre de las fronteras a los inmigrantes. Estos fenómenos, que en un primer momento constituían meramente la respuesta ante la virulencia de la crisis económica, se fueron convirtiendo en rasgos más permanentes de las economías nacionales, hasta producir cambios estructurales que definieron un nuevo modelo económico, no por casualidad llamado "de crecimiento hacia adentro". El giro fue apoyado mediante un acentuado proteccionismo comercial, una mayor intervención del Estado en la economía y un nacionalismo exacerbado que fomentó el imperialismo y la rivalidad entre las potencias, y que condujo a la postre al estallido de una nueva conflagración mundial. Ahora sí, el mundo ya no volvería a ser como antes: la era del patrón oro llegó definitivamente a su fin, y con ella la multilateralidad del comercio; nuevos instrumentos en poder del Estado le dieron una capacidad inédita para regular los procesos económicos, entre ellos el comercio exterior: a los aranceles se agregaron cuotas y licencias que crearon barreras crecientes a los intercambios, y la política monetaria se sumó abiertamente a los mecanismos reguladores del comercio internacional; el tráfico abierto y multilateral debió ceder el paso a los tratados entre naciones aliadas, al trueque y los intercambios bilaterales obligadamente recíprocos, y la Segunda Guerra Mundial volvió a sacudir hasta sus cimientos las bases de la integración del mercado mundial.

La definición que se ha propuesto de la era del capitalismo liberal no debe hacer pensar que la autora de estas líneas suscribe una visión acrítica e idealizada de este periodo, o, como diría Paul Bairoch, que pertenece al "grupo de conservadores que ve románticamente el siglo XIX y convierte al libre comercio

[5] Esta es, por ejemplo, la cronología que adopta la obra de Pierre Leon, cuyo cuarto volumen abarca el periodo 1840-1914. Leon, *Historia* (1978).

[6] Foreman-Peck afirma con justicia que ello fue así sobre todo para los Estados Unidos y sus socios comerciales, mientras que para las potencias europeas la Gran Guerra constituyó el hito fundamental. Foreman-Peck, *Historia* (1995), p. 229. Acerca de las "fuerzas favorables al desequilibrio" durante la primera posguerra y el "derrumbe" del sistema en 1929, véase Thorp, *América Latina* (1988), pp. 16-19.

casi en una doctrina sagrada".[7] En realidad, es bien sabido que el libre cambio encontró limitaciones de mayor o menor envergadura y que hubo fases de relativa liberalización y otras de renovado proteccionismo entre las potencias comerciales de la época, de manera que la era del libre comercio no fue tal en sentido estricto. Por otra parte, lo dicho antes no significa que no hubiera crisis ni recesiones durante la *belle époque*: de hecho las hubo, de intensidad variable pero con una regularidad insoslayable: 1873, 1882-85, 1891-93, 1901, 1907, 1914, 1921, 1929. Lo que sucede es que, comparado con el largo periodo anterior, marcado por políticas mercantilistas, guerras y prioridades de expansionismo territorial; o con el periodo posterior, de proteccionismo y nacionalismo exacerbados, esta época se distingue por el predominio de un comercio multilateral relativamente libre y abierto por encima de cualquier otro rasgo, al grado de que a inicios del siglo XX se podía hablar por primera vez en la historia de un mercado auténticamente mundial.[8] De hecho, habría que esperar casi cincuenta años a partir de la Gran Depresión para conocer una nueva época de apertura y distensión de las barreras entre las naciones. En este nuevo ciclo, el proceso de globalización alcanzaría una escala inédita y daría paso a lo que, para utilizar un lenguaje equivalente al que hemos usado hasta aquí, podríamos llamar capitalismo neoliberal.

En América Latina la etapa histórica del capitalismo liberal se caracterizó por la difusión de un modelo de crecimiento hacia fuera sustentado en las exportaciones de bienes primarios, al que se ha llamado la "era de las exportaciones".[9] Con mucha frecuencia se ha atribuido a este modelo un significado negativo, que prevalece en el discurso de los movimientos contrarios a la globalización y en la percepción popular. De acuerdo con esta interpretación, la era exportadora habría representado para Latinoamérica una integración desventajosa al mercado internacional, que habría traído consigo dependencia, vulnerabilidad y un sesgo en el proceso de crecimiento que habría favorecido la especialización primaria monoexportadora a costa de la posibilidad de un desarrollo industrial autónomo. Mucha tinta ha corrido desde entonces, casi toda abonando una interpretación más compleja y matizada del desarrollo latinoamericano. Numerosos estudios se han preguntado hasta qué punto existía realmente la posibilidad de una industrialización de cualquier tipo en las condiciones de atraso económico, escasa formación de capital y mercados pequeños y fragmentados que prevalecían en toda la región al iniciarse ese perio-

[7] Bairoch, *Economics* (1993), p. xiv.

[8] Cameron, *A Concise* (1989), pp. 273, 278-79; Ashworth, *Breve historia* (1977), p. 252.

[9] Bulmer-Thomas, *The Economic History* (1996); Cárdenas, Ocampo y Thorp, *La era* (2003).

do. Otros cuestionan la noción de dependencia externa como factor causante del subdesarrollo, y algunos más la evidencia con la que se pretende sustentar la idea de que la integración al mercado internacional era necesariamente desventajosa para América Latina. En cualquier caso, parece consolidarse la idea de que no existe una conexión intrínsecamente negativa entre comercio exterior y desarrollo económico, y que, lejos de ello, la era del capitalismo liberal abrió para muchos países latinoamericanos una ventana de oportunidad que, cuando fue aprovechada, impulsó el crecimiento económico durante varias décadas.

Aunque en los trabajos sobre historia económica de México pueden encontrarse posturas a favor de una u otra interpretación, lo cierto es que hasta el momento no se ha realizado un estudio sistemático del comercio exterior que abarque esa etapa del desarrollo. Más allá de los trabajos clásicos, pero fundamentalmente descriptivos, de Fernando Rosenzweig, y de unos cuantos artículos sugestivos que abordan las relaciones económicas internacionales de México o el papel del sector externo en la economía, el comercio exterior no ha merecido la atención que merece, sobre todo en una etapa en que se volvió importante, e incluso crucial, para el desarrollo del país.[10] Además, los cortes temporales impuestos por la historiografía tradicional, generalmente motivados por acontecimientos políticos, han derivado en estudios sobre el porfiriato que excluyen a la revolución, o viceversa, estudios sobre la revolución que ignoran la etapa liberal, e incluso entonces los años veinte han quedado frecuentemente fuera de la consideración.

Este trabajo se ocupa por primera vez del comercio exterior de México en los sesenta años en que el país participó de lo que hemos definido como la era del capitalismo liberal. Se aparta intencionalmente de las cronologías que sólo valen para México y que refieren por lo general a procesos políticos o institucionales: la República Restaurada, el Porfiriato, la Revolución mexicana. Desea, en cambio, inscribir el desarrollo del país en las grandes corrientes que caracterizaron al desarrollo del mundo occidental, y que definieron, más tarde o más temprano, el curso de las transformaciones en la economía nacional, aunque éstas siguieran un *timing* particular condicionado por los acontecimientos internos. En este sentido, la diferencia entre la República Restaurada y el Porfiriato, importante en otros sentidos, no resulta crucial en términos del

[10] Entre los pocos trabajos que se han ocupado del comercio exterior de México para algún lapso dentro de este periodo se encuentran Beatty, "The Impact" (2000); los trabajos de Catao, "The Failure" (1992) y "Mexico" (1993); Lerman, *Comercio exterior* (1989) y "Comercio exterior" (1990); Rosenzweig, "El comercio exterior" (varios años), y *El desarrollo* (1989); así como varias publicaciones de la autora de este libro (véase bibliografía). Otros trabajos, a los que nos referiremos en su momento, abordan aspectos particulares del tema.

modelo de crecimiento o las tendencias económicas de largo plazo. Más relevante es el hecho de que las luchas intestinas, la guerra contra la intervención francesa y sus secuelas retrasaron el inicio de la integración de México a la economía internacional por al menos dos décadas. A partir de la década de 1870, en cambio, la consolidación de los liberales en el poder marcó la pauta que habría de seguir el país en los siguientes cuarenta años, y que incluía la creación de una esfera de acción para el individuo y la empresa privada, la ampliación de las libertades económicas, una mejor definición de los derechos de propiedad y la normalización de las relaciones con la comunidad internacional, entre otras.[11] Ello permite inscribir este periodo dentro de la corriente general del liberalismo, independientemente de las diferencias que indudablemente existían al interior de la corriente liberal y de los matices particulares que le imprimió el grupo de los liberales que terminó por prevalecer.[12]

La Revolución mexicana representa en varios sentidos un corte insoslayable en la historia de México. No sólo operó un giró definitivo en los equilibrios sociales, las fuentes de legitimidad y los mecanismos de transmisión del poder político, sino que impuso una ruptura sobre el orden liberal que se había consolidado en el periodo precedente.[13] En el terreno económico tuvo otros efectos notables: trastocó el sistema de transporte ferroviario y liquidó temporalmente el sistema monetario nacional, lo que representó una severa disrupción de los canales de distribución y circulación que integraban al mercado nacional, para no mencionar las confiscaciones de bancos y ferrocarriles, las tomas de unidades productivas, la imposición de préstamos forzosos, la carestía, el desabasto y la pérdida de cosechas que podían tener efectos devastadores sobre la actividad productiva y sobre la vida de la población.[14] Adicionalmente, algunos preceptos contenidos en la Constitución de 1917 sentaron los cimientos para transformaciones futuras, al crear una esfera de acción económica para el Estado y otorgarle a éste un papel central en la regulación de las actividades económicas y de las relaciones laborales, y al reivindicar derechos ina-

[11] Acerca de la creación de un orden liberal y sus alcances, véase Carmagnani, *Constitucionalismo* (2000), particularmente la Introducción a cargo del propio Carmagnani y el artículo de Riguzzi, "Libre cambio" (2000); Carmagnani, *Estado y mercado* (1994); Riguzzi, "Un modelo" (1999).

[12] Hale, *La transformación* (2002).

[13] A este respecto, véase el ensayo de Garciadiego, "¿Dónde quedó...?" (1999), así como la sugerente discusión de Charles Hale sobre las rupturas y continuidades del liberalismo en "Los mitos" (1997).

[14] Recuentos detallados y eruditos de los efectos de la guerra civil sobre los distintos ámbitos de la vida nacional se pueden encontrar en Knight, *The Mexican* (1986), particularmente el volumen 2 y, desde el ángulo particular de la revolución norteña, Katz, *Pancho Villa* (1998), *passim*, entre otros.

lienables de la nación sobre los recursos del subsuelo, acotando el campo de acción de la iniciativa privada y del capital extranjero. Con todo, la Revolución mexicana no produjo un vuelco definitivo en el desenvolvimiento económico. Al término de la contienda, México mantenía un modelo de crecimiento impulsado por las exportaciones, aunque, como veremos, cada vez más complementado por un proceso paralelo de industrialización orientado hacia el mercado interno. La dependencia del capital extranjero en los sectores estratégicos no sólo no había desaparecido, sino que en algunos aspectos se había agudizado, lo mismo que la estrecha interdependencia económica y comercial respecto a los Estados Unidos.

En cambio, la crisis económica internacional de 1929 produjo un cambio radical en el funcionamiento y las estructuras de la economía que rompió con la inercia del modelo de crecimiento anterior y reforzó algunas de las tendencias anunciadas en la Constitución de 1917. A partir de entonces se modificó drásticamente la orientación de la economía, desde el mercado externo hacia el interior; se consolidó la posición del Estado como promotor y regulador del crecimiento económico y se generaron instrumentos mucho más poderosos para la intervención estatal, mediante las políticas financiera, monetaria y fiscal, al tiempo que se creó un área de inversión pública que hizo del Estado un actor central en la actividad productiva y comercial; se radicalizaron —o simplemente se pusieron en práctica— algunos enunciados de la Constitución que hasta entonces habían tenido pocos efectos, como el reparto agrario y las expropiaciones, que a su vez produjeron condiciones completamente nuevas para la actividad económica.[15] Para decirlo en palabras de Alan Knight, la revolución "no cambió las relaciones económicas externas", pues "la vieja lógica del desarrollo hacia afuera no fue seriamente cuestionada ni trastocada en la práctica"; y no obstante lo anterior, sus consecuencias internas marcaron la reacción de México ante la crisis de 1929.[16]

Este libro se propone estudiar las características fundamentales del comercio exterior de México, su desempeño y su papel en la economía mexicana durante la era del capitalismo liberal. Intenta destacar las vinculaciones que hacían del comercio exterior una dimensión relevante del funcionamiento de la economía nacional, por oposición a la imagen de aquél como un apéndice que conectaba a México con el mercado internacional. De hecho, a lo largo del periodo de estudio el comercio exterior pasó de ser una actividad marginal y enteramente secundaria a jugar un papel trascendental en la vida económica del país, en virtud del cual contribuyó a definir la estructura y localización

[15] Cárdenas, *La hacienda pública* (1994).

[16] Knight, "El estímulo" (2003), p. 172.

geográfica de las actividades productivas, el ritmo de crecimiento de la economía y la capacidad financiera del Estado. En muchos de estos años, las actividades relacionadas con el comercio exterior atrajeron buena parte de la inversión, alentaron el desarrollo de la infraestructura, impulsaron los cambios institucionales que consolidaron un Estado liberal moderno y constituyeron el motor de crecimiento de la economía nacional. Al estudiar el comercio exterior como un aspecto central de la vida económica de México es posible adentrarnos en algunas cuestiones que han sido cruciales en los debates sobre el desarrollo del país en perspectiva histórica, y que hasta ahora no han sido resueltas o lo han sido en forma insatisfactoria. Así, en distintas partes del libro se abordan problemas relacionados con la evolución de los términos de intercambio, la naturaleza e intencionalidad de la política comercial, el papel de las importaciones en el proceso de modernización económica y la contribución de las exportaciones al desarrollo de la economía nacional. ¿Existió un deterioro persistente y de largo plazo en los términos de intercambio de las exportaciones mexicanas? ¿Fue la política comercial invariablemente proteccionista, o tendió a liberalizarse? ¿Estuvo motivada esencialmente por necesidades fiscales, o persiguió en forma consistente objetivos desarrollistas? Las importaciones, ¿se destinaban sobre todo a satisfacer la demanda suntuaria de un selecto grupo de consumidores, o contribuyeron al proceso de industrialización? Y las exportaciones, ¿fueron, como tantas veces se ha pensado, enclaves de propiedad extranjera, aislados del resto de la economía y esencialmente perjudiciales para su desarrollo, o verdaderos motores del crecimiento de regiones y estados que encontraban en ellas su única salida al atraso económico? Estas y otras preguntas se encuentran en el centro de las preocupaciones que inspiran esta investigación e imprimen orden a sus resultados.

La hipótesis que sustenta este trabajo apunta en el sentido de revalorar la fase del crecimiento basada en un modelo orientado por las exportaciones a partir de dos tipos de consideraciones básicas: por una parte, las condiciones históricas en las que tuvo lugar, y que constituían el marco de posibilidades de desarrollo asequibles a un país económicamente atrasado en un contexto de expansión del sistema económico internacional; por otra parte, los alcances de ese modelo en la experiencia histórica que nos ocupa, es decir, la medida en que aumentó el potencial de crecimiento de la economía mexicana y sentó las bases para su desarrollo posterior.

Al despuntar el último tercio del siglo XIX, México poseía una economía pequeña, cerrada y atrasada, consecuencia del prolongado estancamiento que siguió a la independencia y a décadas de inestabilidad, guerras intestinas y amenazas externas. El nivel de actividad económica que se registraba en la mayor parte del país era precario, y se encontraba marcado por una severa fragmentación territorial, resultado de la falta de medios de transporte, de la persistencia de poderes regionales con grados variables de autonomía y de la debilidad del Estado nacional, incapaz de imponer su autoridad y una mínima uniformidad legal e institucional a lo largo y ancho del territorio. Una parte considerable de la población subsistía fuera del mercado, en comunidades indígenas o en haciendas en las que se garantizaba un nivel mínimo de supervivencia, pero nada más. Las estrechas dimensiones del mercado interno estaban determinadas, entonces, tanto por el estado de fragmentación y el aislamiento de muchos asentamientos poblacionales, como por la pobreza de la población y la escasa monetización de la actividad económica. Con algunas excepciones, ésta se concentraba en las poblaciones del centro de México, pues el inmenso territorio al norte de Zacatecas se encontraba escasamente habitado y era continuamente asolado por incursiones de tribus nómadas, mientras que el sur padecía condiciones seculares de pobreza y marginación. La riqueza se encontraba fuertemente concentrada en un reducido grupo social, que con frecuencia compartía redes de parentesco y asociación con la élite política. Aún así, el nivel de ahorro interno y de formación de capital era precario, debido no sólo al escaso dinamismo de la economía y al alto grado de riesgo que entrañaban muchas empresas productivas, sino a cierta proclividad por la inversión en el exterior. Por otra parte, décadas de insolvencia en el pago de sus compromisos externos y el desenlace de la guerra contra la intervención francesa convergieron para colocar a México en una condición de aislamiento dentro del contexto internacional, particularmente en relación con las potencias económicas de la época y con los mercados de capital de los que por entonces ya participaban otros países latinoamericanos. Medios de transporte deficientes y un elevado proteccionismo de tintes fiscales acentuaban ese aislamiento, haciendo de México uno de los países de América Latina con menor participación en el comercio internacional. Fue en este contexto que, tras la consolidación de los liberales en el poder, México inició un proceso de integración que intentaba aprovechar las oportunidades que se abrían en el mercado internacional por el único camino asequible en ese momento: la explotación de sus ventajas comparativas en la producción de materias primas y alimentos para la exportación. Las transformaciones que se produjeron a partir de entonces tuvieron consecuencias profundas sobre la estructura y el funcionamiento de la economía mexicana, y marcaron la senda del crecimiento en los siguientes sesenta años.

El periodo se inicia con una serie de cambios institucionales que apuntaban a liberalizar la actividad económica y a ampliar la esfera de actuación de la empresa privada, tanto de origen nacional como extranjero. Tras unos años de estabilidad y orden presupuestal, la derrama fiscal de las importaciones permitió al Estado emprender un ambicioso programa de expansión ferroviaria, iniciativa que, por otra parte, representó la apertura de la economía mexicana a la inversión extranjera en gran escala. Los ferrocarriles contribuyeron poderosamente a integrar el mercado interno y a valorizar zonas y recursos que hasta entonces no habían sido explotados. Desafortunadamente, en muchas áreas el bajo nivel de formación de capital nacional impedía el aprovechamiento de ese potencial, por lo que fue la llegada del capital extranjero lo que permitió transformar los recursos que hasta entonces habían permanecido ociosos en factores productivos, aprovechando la ventana de oportunidad que abría la demanda externa. Ello desató un proceso de crecimiento económico impulsado por las exportaciones que en una fase inicial estuvo constreñido a unas cuantas regiones del país, pero que progresivamente se difundió en la mayor parte del territorio. La derrama generada por las actividades exportadoras sirvió primero para dinamizar una economía hasta entonces pequeña y lánguida, estimulando la producción comercial de alimentos en las haciendas, la extensión de la frontera habitada en el norte y una creciente urbanización, al tiempo que se intensificaban los intercambios con el exterior. Más tarde, las fortunas forjadas en la agricultura, la minería o el comercio, algunas veces asociadas con el auge de las exportaciones, se destinaron a proyectos de industrialización que buscaban satisfacer una demanda interna que, gracias en parte a la derrama salarial del sector exportador, se encontraba en franca expansión. Los medios de pago internacionales generados por las exportaciones se utilizaron en medida creciente para adquirir bienes de capital en el mercado internacional, lo que produjo un vuelco en el papel del comercio de importación, desde el abasto de bienes de lujo para las clases acomodadas hasta el soporte de la modernización económica del país. Así, contra lo que la literatura dependentista pregonó durante muchos años, el modelo de crecimiento orientado por las exportaciones no impidió, sino que estimuló la formación de capital, la integración del mercado y el aumento de la demanda que sustentaron el desarrollo de una industria nacional. De esta manera, las múltiples vinculaciones que el comercio exterior poseía con la vida económica conformaron a partir de cierto momento un círculo virtuoso que permitió romper la inercia del estancamiento económico y encaminar el país por la senda del crecimiento.

Este libro no sigue un orden cronológico en su estructura básica ni reconstruye con lujo de detalle las vicisitudes del comercio exterior, sino que opta por un ordenamiento analítico, concentrándose en tres dimensiones que le permiten cumplir sus propósitos de estudiar el desempeño del comercio exterior y los principales ámbitos de su vinculación con la economía nacional, así como responder a las preguntas que se formula. Para ello se divide en tres partes. La primera se ocupa del patrón del comercio, es decir, de sus características básicas, sus tendencias, su composición por productos y su orientación geográfica.

En el capítulo uno se construyen nuevas series del comercio exterior con base en las estadísticas de México y de sus principales socios comerciales. En seguida, se comparan estas series con las que proveen las fuentes mexicanas disponibles y se les emplea como sustento para el análisis del desempeño del comercio y de su papel en la economía y en las finanzas públicas a lo largo del periodo. El capítulo dos aborda el problema de las rutas del comercio, ocupándose sobre todo de las cuestiones relacionadas con el transporte: su disponibilidad, sus dificultades y sus costos. El último capítulo de esta primera parte se ocupa de los rasgos fundamentales del patrón del comercio exterior de México: su nivel de concentración, su distribución geográfica y su composición.

Las otras dos partes del libro se refieren a cada una de las dos caras del comercio exterior: las importaciones y las exportaciones. La segunda parte tiene como tema central el de las importaciones, y las analiza en dos dimensiones principales que las vinculan con el resto de la economía: por un lado, la política comercial, objeto del capítulo cuatro, y por el otro, su relación con la modernización económica y la industrialización, tema del capítulo cinco. La tercera parte del libro estudia las exportaciones y su papel en el desenvolvimiento de la economía durante este periodo. El capítulo seis ofrece un acercamiento general al problema, utilizando indicadores que nos permiten evaluar su desempeño y compararlo con el de otras economías en el plano internacional. Luego se ocupa de los instrumentos de análisis disponibles para el estudio de la vinculación entre exportaciones y economía nacional y de la discusión acerca de su papel en el desarrollo. Finalmente, el capítulo siete ofrece un acercamiento a los tres ámbitos de actividad exportadora más importantes que se desarrollaron durante el periodo: el henequén, la minería y el petróleo, actividades que se realizaban en espacios geográficos distintos, con recursos de orígenes diversos y en condiciones técnicas y organizativas igualmente dispares. Mediante el análisis de su impacto sobre el entorno regional, sus enlaces con otras actividades económicas y su derrama sobre las finanzas públicas, se intenta ofrecer una valoración del papel de las exportaciones en la economía del país durante la era del capitalismo liberal. Finalmente, dos apéndices sintetizan la parte medular del sustento cuantitativo de esta investigación: en el apéndice A se presentan las series procedentes de los seis —y en algún momento, siete— socios comerciales que sirvieron de base a la reconstrucción de los valores anuales del comercio exterior. Se incluye, asimismo, el tipo de cambio anual que se utilizó en la uniformación de las diversas series y una estimación del factor costo de transporte para el comercio exterior de México a lo largo del periodo. El apéndice B, por su parte, ofrece nuevos índices de precios de las importaciones y las exportaciones mexicanas, acompañados de una descripción del procedimiento con que se construyeron.

Una de las posibles razones por las cuales hasta ahora no se había realizado un estudio sistemático del comercio internacional de México en un periodo tan largo atañe a la dificultad para reunir la enorme cantidad de fuentes documentales necesarias para ello. Ya existe cierta complicación para agrupar la información de procedencia mexicana, dispersa en varias bibliotecas y archivos de México y del exterior. La mayor parte de la información oficial de carácter cuantitativo procede del Fondo Reservado de la Biblioteca Nacional, la Biblioteca Lerdo de Tejada de la Secretaría de Hacienda, el Archivo General de la Nación y la Biblioteca del Congreso en Washington. Pero, como sabemos, las publicaciones oficiales mexicanas arrancan tarde y se interrumpen durante la revolución, de manera que, independientemente de su calidad, son insuficientes para sustentar una investigación de esta naturaleza. La opción elegida fue, entonces, la de reconstruir las series del comercio a partir de las fuentes oficiales de los principales socios comerciales de México. Para ello se recurrió fundamentalmente a los repositorios de la Biblioteca del Congreso, en Washington y de la Biblioteca Británica, en Londres, complementados recientemente con los de las universidades Pompeu Fabre y Autónoma de Barcelona. Se consultaron también numerosas publicaciones mexicanas y norteamericanas (informes de secretarías de Estado, reportes consulares de Estados Unidos y Gran Bretaña) dispersas en otras bibliotecas de Estados Unidos, como las de la Universidad de Chicago, la Universidad de California en San Diego y la Universidad Stanford, así como en la Biblioteca Bancroft de la Universidad de Berkeley, y la Benson Latin American Collection y la Biblioteca Perry-Castañeda de la Universidad de Texas en Austin. La Biblioteca Daniel Cosío Villegas, de El Colegio de México, resguarda importantes colecciones de microfilms y diversas publicaciones oficiales que completaron el sustento primario de la investigación. Otra documentación de primera mano se rastreó en media docena de archivos de la ciudad de México, que se detallan en la lista de siglas y referencias. En fin, el estudio de las actividades exportadoras se realizó en parte en los archivos y bibliotecas de los estados que las albergaban, particularmente en los de Aguascalientes, Yucatán, Hidalgo y Veracruz. Confío en que este largo recorrido haya dejado su huella en los resultados que ahora se ofrecen a la consideración del lector.

PRIMERA PARTE
EL PATRÓN DEL COMERCIO EXTERIOR

INTRODUCCIÓN

La primera parte de este libro se ocupa de describir y analizar los rasgos fundamentales del comercio exterior de México en la era del capitalismo liberal. La primera tarea en este sentido es la de reconstruir las series anuales de valor del comercio exterior, lo que constituye el objetivo inicial del primer capítulo. En él se exponen detalladamente las fuentes que sirven de base y los criterios que norman la reconstrucción, así como las diferencias que se pueden notar respecto al primer ejercicio que la propia autora publicó hace algunos años.[1] En un segundo apartado se comparan las nuevas series con las que se obtienen a partir de las fuentes oficiales mexicanas y se analizan los rasgos más sobresalientes de la evolución del comercio exterior: su desempeño, su lugar dentro de la economía y su importancia para las finanzas públicas.

El segundo capítulo aborda el tema de los cauces del comercio exterior mexicano, o las rutas a través de las cuales se conducían los flujos del comercio. Se estudian los puntos de entrada y salida de los intercambios, así como las rutas marítimas y terrestres y los cambios en la importancia relativa de unas y otras a lo largo del periodo. Asimismo, se ofrece una revisión de las estimaciones disponibles acerca de los costos de transporte internacional y su evolución.

El último capítulo de esta primera parte se ocupa del patrón del comercio propiamente dicho: el grado de concentración que exhibía entre los principales socios comerciales, su distribución geográfica y su composición. El propósito es ofrecer una caracterización que asocie los tres aspectos mencionados, de manera que el grado de concentración y la distribución geográfica del comercio se explican en parte por los cambios en su composición.

[1] Kuntz Ficker, "Nuevas series" (2002).

1
RECONSTRUCCIÓN E INTERPRETACIÓN DE LAS SERIES DE VALOR

1.1 *"GETTING THE NUMBERS RIGHT..."*: LOS CRITERIOS GENERALES DE LA RECONSTRUCCIÓN ESTADÍSTICA

En un artículo clásico sobre el comercio bilateral de México con Estados Unidos en el periodo anterior a 1884, Richard Salvucci recordaba que, "puesto que el comercio exterior es fundamentalmente un asunto cuantitativo" para hacer posible cualquier análisis o interpretación sobre el tema, se requería antes que nada "obtener correctamente los números" acerca de ese comercio.[2] Lo mismo aplica cuando se trata del comercio exterior de México en general: antes de analizarlo, es preciso construir series que nos muestren de manera confiable los rasgos y las tendencias de su evolución. Y al igual que en aquel caso, quizá sea necesario empezar por reconocer que es imposible reconstruir con precisión absoluta ya sea los valores totales del comercio, ya su distribución por países, ya su composición. Contra ello actúan una variedad de factores: el contrabando, los criterios particulares de registro, la dificultad para establecer el verdadero origen y el destino final de muchos intercambios, las disparidades, no siempre susceptibles de justificación, entre los datos procedentes de diversas fuentes, entre otros. De ahí que los autores que han emprendido la tarea de reconstruir las estadísticas comerciales de uno o varios países desde una perspectiva histórica no tengan la pretensión de dar cuenta con absoluta exactitud de los flujos reales del comercio, tarea probablemente imposible.[3] En cambio, se proponen varias cosas importantes desde el punto de vista del avance de nuestro conocimiento sobre el tema. Por un lado, revisar las cifras que sí existen y hacerse

[2] "*...getting the numbers right is a necessary first step.*" Salvucci, "The Origins" (1991), p. 700.

[3] Probablemente el trabajo más completo que se ha realizado acerca de los problemas y criterios de la reconstrucción de estadísticas comerciales en perspectiva histórica es Allen y Ely, *International* (1953). En él se incluyen, además de consideraciones de carácter metodológico, varios estudios de caso. Por otra parte, la colección más completa de series del comercio exterior es Mitchell, *International...: Europe* (2003), e *International...: The Americas* (2003). El mayor mérito de esta obra es la cobertura temporal y de países; sin embargo, no se trata propiamente de una reconstrucción en la que las cifras se hayan revisado críticamente, sino de la compilación de los datos oficiales de cada país, que, como sabemos, poseen una fiabilidad y precisión muy variables.

cargo de las deficiencias presentes en su construcción, procurando minimizarlas a partir de criterios informados y de hipótesis explícitas y consistentes. Por el otro, extender el periodo para el cual se dispone de datos, de tal manera que se pueda ampliar el alcance temporal de las series estadísticas y con él, la posibilidad de un estudio de largo plazo de la dinámica del comercio internacional. El resultado no será seguramente la reproducción exacta de los flujos comerciales efectivos, pero sí un conjunto depurado de datos en el que se han aplicado criterios explícitos de uniformación y se han eliminado las distorsiones más aparentes. Por lo demás, la importancia de esta tarea no puede ser subestimada. Una reconstrucción de las estadísticas comerciales es un requisito indispensable para estudiar rigurosamente no sólo la evolución de los intercambios con el exterior, sino también el desempeño del sector externo como un componente crucial de la economía nacional, la política comercial, la posición internacional del país, las finanzas públicas. El empeño es tanto más valioso por cuanto, debido a un ingreso un tanto tardío en la era estadística y a los contratiempos causados por la revolución, México padece una carencia estadística severa en algunos periodos de su historia no tan lejana, que dificulta no sólo el estudio de su propio desenvolvimiento, sino también la comparación de éste con el de otros países en el plano internacional.[4]

Hasta el momento se han realizado varios intentos de recopilación o reconstrucción de las estadísticas comerciales de México. En un trabajo pionero de descripción y análisis del comercio exterior, Inés Herrera reunió los escasos datos disponibles en las fuentes mexicanas entre 1821 y 1874, que comprenden en total 11 años dentro de ese periodo de más de cinco décadas.[5] Algún tiempo después, Araceli Ibarra emprendió una crítica de las cifras mexicanas disponibles para el periodo anterior a 1870, acompañada de un valioso esfuerzo de comparación y rectificación apoyado en fuentes de los socios comerciales.[6] Para un periodo más largo, Bernard Kapp recopiló los datos proporcionados por los principales socios comerciales de México y presentó series bastante completas del comercio bilateral con esos países entre 1825 y 1911, aunque no intentó uniformarlos y agregarlos con el fin de estimar los valores del comercio total.[7] Para el estudio de este tema durante el porfiriato la fuente más utilizada son las

[4] Como diagnosticaba un analista financiero en 1929, "en el caso de México, los datos estadísticos, especialmente aquellos que cubren los años desde la revolución, o no existen o están distorsionados, son inexactos o completamente indignos de confianza." Sherwell, *Mexico's* (1929), p vii.

[5] Herrera Canales, *El comercio* (1977).

[6] Ibarra Bellón, *El comercio* (1998), parte I.

[7] Kapp, "Les relations" (1974). Se trata de una aportación muy interesante que desafortunadamente se desconoce en México. Las principales debilidades de este trabajo consisten en no hacer explícitos los criterios con los que se utilizó la información disponible (si se considera co-

Estadísticas económicas del porfiriato, en el volumen correspondiente al comercio exterior.[8] Comprende el periodo 1892-1911 para las importaciones y 1877-1911 en el caso de las exportaciones. Se trata de una fuente útil que reúne los datos oficiales disponibles desagregados por productos, países y aduanas, y que sin embargo adolece de varias deficiencias que se hacen patentes cuando se trata de analizar con mayor profundidad o detalle los intercambios con el exterior. Más recientemente, Luis Catao empleó una combinación de cifras provenientes de los cuatro principales socios comerciales con las publicadas por INEGI para analizar el desempeño del sector externo en la economía mexicana entre 1870 y 1925.[9] Las series no pretenden ser una reconstrucción del valor total del comercio, sino un *proxy* que revela su comportamiento general. En parte por esta razón, el autor no aplica criterios de depuración de las series ni evalúa críticamente su calidad y confiabilidad.[10] Los resultados son en ocasiones fuertemente discrepantes de los que se ofrecen aquí. Por último, algunos trabajos recientes se han ocupado de reconstruir series de largo plazo del comercio bilateral de México con Estados Unidos. Se trata de esfuerzos relevantes, no sólo porque desde una fase temprana de este periodo Estados Unidos se convirtió en el principal socio comercial de México, sino también porque se han llevado a cabo en forma rigurosa, y constituyen por ello una referencia obligada e incluso un complemento importante para cualquier ejercicio de reconstrucción.[11]

mercio general o especial, cifras cif o fob, etc.), y en que la presentación de los datos es un tanto rudimentaria (las cifras se presentan en la moneda original, sin intentar uniformarla para propósitos de agregación o comparación). En cualquier caso, es un ejercicio valioso porque además de introducir una visión de largo plazo, se ocupa de los cincuenta años posteriores a la independencia para los cuales se dispone de muy poca información.

[8] El Colegio de México, *Estadísticas* (1960). Los estudios convencionales sobre el comercio exterior en el porfiriato se basan en esta fuente. Véase Rosenzweig, "El comercio" (varios años), y *El desarrollo* (1989). También John Coatsworth hace uso de estas series para analizar la evolución del sector externo durante el porfiriato. Coatsworth, *Los orígenes* (1990), p. 143.

[9] Las cifras de INEGI recuperan las publicadas en las fuentes oficiales mexicanas. Véase INEGI, *Estadísticas históricas* (1985), vol. II, pp. 661-727.

[10] Ello afecta en mayor o menor medida la calidad de las series que Catao proporciona. Por ejemplo, al no contrastar las cifras de los socios con las que generó el gobierno mexicano, el autor no puede reconstruir las transferencias de metálico en las primeras décadas del periodo. Por otra parte, se desecha el problema de convertir cifras cif a fob para las exportaciones mexicanas, con los argumentos de que la mayor parte de las exportaciones se hacían a Estados Unidos y que las estimaciones disponibles sobre el costo de transporte son muy imprecisas. Finalmente, a partir de 1920 el autor simplemente copia las cifras que proporciona INEGI sin desglosarlas ni valorarlas, y, como se verá más adelante, estas últimas adolecen de severas distorsiones en algunos años. Catao, "The International" (1991), apéndice II.

[11] Véase Salvucci, "The Origins" (1991), para el periodo 1823-1883; Beatty, "The Impact" (2000), para los años 1880-1923 y Kuntz Ficker, "El comercio México-Estados Unidos" (2001),

En suma, hasta ahora se han realizado dos tipos de aproximación a las estadísticas del comercio exterior de México. Por un lado, la tarea de recopilación de los datos disponibles en las fuentes mexicanas, que aunque constituye un primer paso importante, en ausencia de un procedimiento sistemático de valoración y depuración tiende a reproducir los defectos de éstas. Por el otro, el esfuerzo por reunir las estadísticas de los principales socios comerciales de México, que sin embargo no ha culminado en un verdadero ejercicio de reconstrucción de los valores totales del comercio de este país. Finalmente, ninguno de los acercamientos anteriores abarca en su totalidad lo que aquí se considera como un periodo distintivo en la historia económica de México: me refiero a los años de apertura e integración creciente al mercado internacional que se han designado como la era del capitalismo liberal. En efecto, mientras que algunas de las aportaciones mencionadas se han ocupado del siglo XIX, alcanzando a lo sumo hasta 1911, las que abarcan hasta la década de 1920 arrancan en un momento avanzado del proceso, generalmente en el decenio de 1880, y aún entonces descansan en las fuentes oficiales mexicanas para cubrir algún tramo del periodo.[12] El único ejercicio de reconstrucción del comercio de que se dispone hasta ahora es el que la autora de estas líneas publicó hace algunos años, y al que me referiré más adelante.

En este trabajo, la aspiración de ofrecer mejores series de los valores anuales del comercio para todo el periodo de estudio se cifra en dos atributos de la investigación que lo sustenta. En primer lugar, el uso tanto de las fuentes habituales de origen mexicano (designadas como fuentes MX) como de fuentes alternativas, las de los socios comerciales de México. El hecho de que el comercio exterior mexicano haya estado históricamente concentrado en unos cuantos países (y de que, como veremos en el siguiente capítulo, esta concentración incluso se haya acentuado durante el periodo) facilita este aspecto de la reconstrucción, pues basta recabar las estadísticas del comercio con México provenientes de un puñado de socios comerciales para dar cuenta de una proporción muy alta de los intercambios de este país con el exterior. Por primera vez, se ha podido recopilar las cifras del comercio bilateral con México de un grupo muy significativo de países, que constituyen un grupo de hasta siete socios comerciales (que se designan conjuntamente como G7 —grupo de siete socios—, o

para el periodo 1870-1929. Los dos primeros trabajos se basan enteramente en las fuentes estadounidenses, en tanto el último utiliza también las de procedencia mexicana y propone algunos criterios distintos para la reconstrucción. Por otra parte, Lorey, *United States* (1990), pp. 366-367, ofrece cifras oficiales de Estados Unidos para el comercio total con México a partir de 1900.

[12] Véase, por ejemplo, Lerman, *Comercio exterior* (1989) y "Comercio exterior" (1990); Catao, "The International Transmission" (1991) y "The Failure" (1992).

Gx, dependiendo del número de socios que se incluya en cada caso).[13] La contrastación y complementación de ambas fuentes permite cubrir lagunas, identificar las deficiencias existentes en cada una de ellas y, en ocasiones, subsanarlas, así como acceder a datos más completos y con un mayor nivel de desagregación del comercio por países y por productos.[14] En segundo lugar, además del estudio de las fuentes estadísticas de procedencia oficial, se ha llevado a cabo una extensa investigación acerca de las pautas del comercio exterior de México, tanto en lo que respecta a los flujos comerciales propiamente dichos (las rutas, la distribución geográfica a nivel internacional y la distribución regional dentro del país, etc.), como en lo que toca a las normas y usos administrativos relacionados con el registro del comercio (los criterios de valoración, los sistemas de agregación, la forma de designación del origen y el destino, etc.), y en este terreno, tanto de los utilizados por México como por sus principales socios comerciales. De esta manera se intenta ofrecer criterios informados e hipótesis explícitas en la depuración de las series originales y en la reconstrucción de los valores totales. En el siguiente apartado se explican los criterios que normaron la reconstrucción de los valores anuales del comercio, tanto de importación como de exportación. Huelga decir que, salvo aclaración en contrario, al hablar del comercio exterior se adopta el punto de vista de México, es decir, que las importaciones son las compras que México hizo en el exterior, y las exportaciones, las ventas de este país en el mercado internacional.

Importaciones y exportaciones de mercancías

La reconstrucción de las estadísticas del comercio exterior de México cuyos resultados se ofrecen en este libro ha sido un proceso largo que ha pasado por distintas fases. Enumerarlas brevemente quizá dé al lector una idea más clara de cómo se llegó a la adopción de ciertos criterios o a la estimación de los va-

[13] La lista de fuentes utilizadas en la reconstrucción de los valores anuales del comercio es muy extensa, lo que dificulta su referencia continua. Por esta razón, en la bibliografía se incluyó por separado el conjunto de fuentes de cada país utilizadas en la reconstrucción estadística, de manera que pueda distinguirse del resto de las fuentes primarias y de todas las demás fuentes empleadas. Cuando se utilicen estas fuentes o algún subconjunto de ellas, en vez de citarlas se invitará al lector a consultar la bibliografía.

[14] Siguiendo este procedimiento se han reconstruido series de largo plazo de las estadísticas comerciales de Colombia y España, entre otros países. Para España, véase Prados de la Escosura, "Una serie" (1986) y Tena, "Sector exterior" (2005); Para Colombia, Urrutia y Arrubla, *Compendio* (1970), capítulo IV.

lores definitivos. El primer paso consistió en recopilar los valores del comercio de importación y exportación, totales y por países, publicados por el gobierno mexicano (fuentes MX), así como las cifras totales y del comercio bilateral con México publicadas por cada uno de los principales socios comerciales de este país (G4 o G6). En una primera reconstrucción de los valores anuales del comercio, publicada en 2002, se tomaron como base los cuatro socios más importantes (G4): Estados Unidos (cuyas fuentes se designan en lo siguiente como EU), Gran Bretaña (GB), Francia (FR) y Alemania (DT).[15] En este libro se propone una segunda reconstrucción, en la que se incorporan las fuentes oficiales de tres países más: Bélgica (BE), España (ES) y Argentina (ARG) para constituir un grupo de hasta siete países (G7) que aparecieron como los principales socios comerciales de México a lo largo del periodo que nos ocupa. A diferencia de los otros países, Argentina fue un socio importante solamente en un tramo de nuestro periodo (de 1913 a 1929) y nada más en relación con las exportaciones.[16] Por esta razón, y debido a la limitada disponibilidad de fuentes comerciales ARG, la cobertura de países que se procura mantener en los sesenta años de este estudio se circunscribe a los seis socios principales (es decir, G6), y las cifras ARG se incorporan solamente para el periodo en que las ventas mexicanas a ese país adquieren importancia.

En el caso de cada uno de los países mencionados, se recopilaron las cifras del comercio (tanto de importación como de exportación) con México con el mayor detalle posible (es decir, producto por producto). Luego se revisó la literatura disponible sobre la reconstrucción de series del comercio internacional y también aquélla que analiza la calidad y confiabilidad de las estadísticas oficiales de cada uno de los países considerados. Esta revisión permitió conocer los criterios originales de registro de los datos del comercio exterior adoptados por cada país, que en ocasiones sufrieron modificaciones a lo largo del tiempo; reconocer las especificidades de cada fuente, e identificar las debilidades dentro de cada serie estadística. En seguida se procedió a uniformar las series, convirtiendo los valores anuales del comercio de cada país con México,[17] y de

[15] Kuntz Ficker, "Nuevas series" (2002), *passim*.

[16] Antes de 1913, las importaciones que las estadísticas ARG consignan como provenientes de México no rebasaban los 20 000 dólares. En cuanto a las exportaciones de Argentina a México, en ningún momento de todo el periodo se encontraron por encima de 500 000 dólares, y de hecho promediaron apenas 150 000 entre 1913 y 1929, la época de más intensa vinculación comercial (a través de las exportaciones mexicanas) entre los dos países. Véase República Argentina, *Anuario* (1931), *passim*. Para la conversión de las cifras a dólares, véase cuadro A.1 en el apéndice A.

[17] Se procuró en general utilizar las cifras del comercio neto, que en la terminología europea continental se denomina comercio especial. Adelante se expondrán las excepciones a este criterio general.

México con cada uno de ellos, a valores fob[18] en dólares corrientes,[19] en años fiscales hasta 1917 y naturales a partir de entonces.[20]

Esta uniformación es una condición necesaria para cualquier operación que involucre más de una serie, puesto que no es posible sumar, mezclar o siquiera comparar francos con pesos, por la misma razón que no se puede sumar peras con manzanas. Una vez que se dispuso de series temporales que expresaban lo mismo, se procedió a comparar bilateralmente los datos que las fuentes MX registraron del comercio con cada uno de sus socios con los que el socio respectivo compiló de su comercio con México. La comparación de las series bilaterales reflejó rasgos adicionales acerca de las particularidades de cada fuente, y ofreció nuevos elementos para valorar su calidad e identificar aspectos o periodos en los que el registro oficial de cualquiera de las dos partes adolecía de alguna clase de deficiencia. Este mismo ejercicio permitió establecer los periodos en que las estadísticas mexicanas eran más sólidas y confiables, por el simple hecho de que en estos casos se obtuvo un mayor grado de

[18] Fob = *free on board*, excluyendo costos de transporte y seguro. Las importaciones mexicanas proveen valores fob, al igual que las exportaciones de los socios comerciales. Las estadísticas de Estados Unidos presentan una pequeña variante, designada como valores fas (*free along side*, que incluye esos costos hasta el lugar de exportación dentro de Estados Unidos, pero los excluye en el trayecto internacional). En cuanto a las exportaciones mexicanas, mientras las fuentes MX y EU utilizan valores fob, las estadísticas europeas capturan el valor cif de sus importaciones (cif = *cost, insurance, freight*, lo que significa que se incluye el costo del transporte y el seguro.) Para hacer comparables las estadísticas de los socios europeos con MX es preciso descontar el costo del transporte y otros invisibles con el fin de uniformar todas las series reduciéndolas a valores fob. En el apartado correspondiente a las exportaciones (véase abajo) se explica el procedimiento seguido para este efecto. Para las definiciones véase Henius, *Dictionary* (1946), *passim*, y Allen y Ely, *International* (1953), pp. 85-88.

[19] Para el tipo de cambio utilizado en la conversión de las distintas monedas a dólares, véase cuadro A.1 en apéndice A.

[20] En cuanto a los periodos anuales, se utiliza el sistema mexicano del año fiscal (que inicia el 1 de julio) hasta 1917 y el natural a partir de entonces, cuando la mayor parte de los países converge en el uso del año calendario. Hasta 1917 Estados Unidos usa los mismos periodos fiscales que México, aunque los designa según la terminación y no el inicio del año (por ejemplo, el año que va de julio de 1893 a junio de 1894 se designa como 1894, por lo que fue preciso recorrer un año hacia atrás toda la información procedente de ese país). Gran Bretaña y Francia usan años calendario, que se convirtieron aquí a fiscales mediante el promedio simple de cada par de años naturales. Alemania ofrece años fiscales que empiezan el 1 de abril. La conversión se hizo usando 75% del primer año y 25% del segundo. En los casos de España y Bélgica puede presumirse que las cifras comprenden años naturales (aunque la fuente no lo menciona). Como el monto de su comercio con México es muy modesto (menos de 1% para España, y hasta 3% durante casi todo el periodo para Bélgica, que se eleva hasta 6% en los últimos años) y por lo general no exhibe variaciones de importancia de un año a otro, se decidió mantener los valores anuales tal como se presentan en la fuente oficial.

comparabilidad entre las series obtenidas de fuentes MX y las de varios de sus socios comerciales.

En términos generales, se observó que las estadísticas mexicanas exhiben una buena comparabilidad con las de sus principales socios en el periodo 1892-1912, que es también el de mayor continuidad y consistencia en los criterios de recopilación aplicados, en el tipo de valoraciones empleadas y en la forma de presentación de los datos finales.[21] En los 22 años precedentes (1870-1891) los datos oficiales son incompletos y, por lo general, poco confiables, debido al contrabando, a la irregularidad en el registro y a la falta de uniformidad en los criterios empleados; en los 18 años sucesivos (1913-1929), diversos factores —desde la guerra civil hasta los cambios en los métodos de clasificación internacional del comercio— influyen para que esos datos sean de difícil comparación en el plano internacional y de calidad muy variable.[22]

Las estadísticas oficiales de los socios comerciales suelen tener mayor continuidad durante el periodo de estudio, pero no por ello garantizan consistencia y confiabilidad a toda prueba.[23] En Estados Unidos, por ejemplo, las fuentes oficiales no registraban las exportaciones que se realizaban por tierra antes de 1892, lo cual generaba un subregistro de consideración en el comercio con

[21] Incluso en este periodo de madurez estadística, las autoridades mexicanas reconocían deficiencias en las fuentes oficiales del comercio exterior. He aquí algunas de ellas, que se mencionan en un documento firmado por el secretario de Hacienda, José Yves Limantour: "Tomando como ejemplo las estadísticas de importación y exportación, es evidente que no sólo merecen importantes correcciones, sino que se prestan a interpretaciones diversas porque no son resultado de un criterio uniforme. En las importaciones, la tendencia del comercio a rebajar el valor real de las mercancías, no tanto para substraerse al pago de los derechos (pues solamente los que causan las facturas consulares tienen por base el costo o precio de los efectos), sino para disminuir el monto de la comisión, o simplemente para ocultar al Fisco de la importancia de las operaciones; la declaración del valor de las mercancías en moneda extranjera, lo que ha hecho reducirlo a un valor común enteramente convencional, como el que ha escogido la Ordenanza de Aduanas marítimas y fronterizas: la reducción de dicho valor a moneda mexicana (que se hace en la Estadística según el precio del peso en el mercado de Nueva York, y sin tomar en cuenta el verdadero tipo de cambio exterior), y otras muchas circunstancias, desvirtúan los resultados que arrojan las noticias estadísticas. Observaciones en parte análogas podrían hacerse respecto de las cifras de nuestra exportación." Citado en *Semana Mercantil*, febrero 16, 1903, pp. 102-103.

[22] Entre los factores que afectaron la calidad de las estadísticas oficiales en este último lapso se encuentra la reaparición del contrabando, que había sido prácticamente eliminado desde la década de 1890 (véase, por ejemplo, SHCP, *Memoria... 1893-1894* (1894), p. xx). Así, por ejemplo, según una nota periodística de principios de 1921, "en la Secretaría de Hacienda se nos informó que... el contrabando está muy extendido, tanto en los puertos, como en las fronteras, y que continuamente se descubren intentos por burlar el fisco..." *Excélsior*, marzo 15, 1921, primera plana. Véase asimismo *El Universal*, diciembre 6, 1921, primera plana, y diciembre 8, p. 11.

[23] Probablemente el estudio contemporáneo más completo acerca de la fiabilidad de las series del comercio a nivel internacional es Tena, *Las estadísticas* (1992).

México, que crecía a medida que avanzaba la construcción de líneas férreas que enlazaban a los dos países.[24] Para dar otro ejemplo, las estadísticas alemanas (DT) se comparan extraordinariamente bien con las mexicanas entre 1892 y 1912, lo cual constituye una de las pruebas de la buena calidad y consistencia de las fuentes MX en este periodo y hace de aquéllas una fuente segura para la reconstrucción de éstas. Sin embargo, se dispone de pocas fuentes DT antes de 1890, y su publicación se interrumpe con la Primera Guerra Mundial, para reanudarse de manera irregular a fines de la década. En fin, que aunque las fuentes de los socios comerciales representan un recurso invaluable para la evaluación de las fuentes mexicanas disponibles y para la reconstrucción de las estadísticas del comercio exterior de México, no son un sustituto perfecto, ni pueden, por tanto, simplemente reemplazar a las mexicanas en la estimación de los valores totales o en el análisis de aspectos particulares del intercambio comercial.

El paso siguiente en la reconstrucción consistió en tratar de rastrear las fuentes de distorsión a partir de un análisis, producto por producto, de los valores del comercio bilateral (entre México y cada uno de sus socios) en los que se observaron discrepancias de cierta importancia. Ello y el conocimiento acumulado acerca de la calidad de cada fuente y de la metodología empleada originalmente en su elaboración, permitió tomar decisiones acerca de los criterios que habrían de adoptarse para eliminar las distorsiones perceptibles y, en su caso, mejorar la comparabilidad de las series de cada par de países. Para dar tan solo un ejemplo de este procedimiento, cabe mencionar el caso de las importaciones provenientes de Francia. Debido a un criterio peculiar de registro del comercio francés, las estadísticas del "comercio especial" de ese país excluían el valor de los insumos importados del exterior y que se emplearon en la elaboración de las manufacturas que Francia exportaba. Estos insumos se incluían, en cambio, en las listas del "comercio general", junto con otros artículos que constituían realmente reexportaciones de Francia y que por tanto no deben considerarse en la contabilidad del comercio neto que nos interesa aquí.

[24] Los representantes estadounidenses en nuestro país llamaron frecuentemente la atención de su gobierno sobre esta anomalía. Véase, por ejemplo, el caso del cónsul Fechet, de Piedras Negras: "...deseo de nuevo llamar muy seriamente la atención del Departamento sobre la necesidad de adoptar métodos para recolectar estadísticas de lo que vendemos a países extranjeros cuando se envía a través de puestos fronterizos interiores. Nuestro comercio con México por ferrocarril a través de Nogales, El Paso, Eagle Pass y Laredo alcanza grandes sumas, pero sólo se puede hacer estimaciones perspicaces acerca de él. ... Se cree que Estados Unidos es el único país que no sabe con precisión lo que vende a países extranjeros. El llenado bajo juramento de una lista de los envíos de exportación, asentando el volumen, cantidades y dónde se han producido, deberían ser por ley obligatorios." USDS, *Reports*, núm. 131, agosto de 1891, pp. 583-584.

Sólo un análisis producto por producto permitió detectar que buena parte de la discrepancia entre las cifras francesas y las mexicanas se originaba en el algodón y la lana que Francia importaba para luego vender a México bajo la forma de telas y ropa fabricada con esos materiales. Para México, evidentemente, esos artículos eran de procedencia francesa, de manera que el procedimiento consistió en este caso en pasar esos artículos de la lista del comercio general a la del especial para integrar la serie del comercio neto de Francia con México.[25]

Una vez que se hubo reconstruido series completas del comercio bilateral entre México y cada uno de sus principales socios comerciales, se procedió a su agregación, con el fin de acercarse al valor total del comercio mexicano (de importación o exportación) en cada uno de los años considerados. La suma del comercio bilateral que México realizaba con los seis o siete socios cuyas estadísticas sirven de base a esta reconstrucción no representa, naturalmente, el total del comercio de México con el exterior. Hay un "residuo" en los valores anuales compuesto por el comercio que México realizaba con otros socios menores, como diversos países de América Latina, otras naciones europeas (Italia, Suiza), y, hacia el final del periodo, Japón. Este residuo es, sin embargo, relativamente pequeño, y de ahí que no afecte seriamente ni las dimensiones ni las variaciones cíclicas, mucho menos las tendencias de largo plazo, de la serie así construida. De acuerdo con las fuentes oficiales mexicanas de que se dispone, la suma del intercambio que se realizaba con el grupo de países que conforma la base de este estudio (G6) representó, en promedio, 93% del comercio total de México con el exterior. Aunque la representatividad de esta muestra de socios comerciales fue menor al principio del periodo (cuando no se dispone de estadísticas DT) y disminuyó ligeramente en la década de 1920, cuando México empezó a diversificar su intercambio con el resto del mundo, solamente en algunos años de la década de 1870 la cobertura de la reconstrucción se encontró por debajo de 90% del total.[26] Pues bien, para reconstruir los valores anuales del comercio se ha estimado ese "residuo" tomando como base los porcentajes de participación en el comercio mexicano que las fuentes MX asignan a cada uno de los seis (o siete) socios en cada década. En términos generales, al valor agregado del comercio (de importación o exportación) relacionado con estos socios se otorgó una participación de entre 90 y 98% del total a lo largo

[25] Acerca de éste y otros criterios empleados en las estadísticas francesas véase Arnauné, *Le Commerce Extérieur* (1911), p. 303 y *passim*; Institut International d'Agriculture, *Notes* (1914); White, *The French* (1933).

[26] Calculado de acuerdo con la participación de cada socio en el comercio de México a partir de los años disponibles en las fuentes oficiales mexicanas. Véase fuentes estadísticas de México en bibliografía. Como se puede ver en el apéndice A, la cobertura es mayor en el caso de las exportaciones que en el de las importaciones.

de todo el periodo.[27] En los cuadros A.2 y A.4 del apéndice A se presenta el porcentaje que se atribuyó en cada año a la muestra de países disponible. Ahí se incluyen también series ajustadas (conforme a los criterios que se exponen en lo siguiente) del valor del comercio (de importación o exportación) con cada uno de los socios. Aun si se considerara que los porcentajes atribuidos a los socios no son adecuados, o si algún hallazgo en las fuentes nos llevara a modificarlos, la suma del valor de los intercambios con un grupo G6 o G7 conformado por los principales socios comerciales de México constituye la mejor aproximación disponible a los flujos reales del comercio a lo largo del periodo de estudio.

De esta manera se construyeron series completas del valor anual del comercio mexicano de importación y exportación, estableciendo en ambos casos una distinción entre el tráfico de mercancías y las transferencias de metálico. Si bien las series que aquí se ofrecen no discrepan severamente en su comportamiento y tendencias de las que se publicaron en la primera reconstrucción,[28] se han incorporado algunas novedades que merece la pena mencionar. En primer lugar, y como ya se dijo, esta reconstrucción agrega las cifras oficiales de tres países más (Bélgica, España y, en forma parcial, Argentina, cuyas estadísticas comerciales se abrevian como BE, ES y ARG respectivamente).[29] Esta adición aumenta la cobertura de la muestra de países y hace aún más pequeño el "residuo" (la diferencia entre la suma del comercio con los socios y el comercio con el resto del mundo), lo que minimiza la parte del valor total del comercio no respaldada por datos del intercambio efectivo con algún país. En segundo lugar, la reconstrucción que se presenta aquí modifica el criterio para distinguir entre comercio de mercancías y transferencias de metálico, lo cual

[27] En los casos en que no se dispuso de la cifra correspondiente a alguno de los socios, se estimó su participación en el total conforme a las fuentes MX, y se sumó este porcentaje al agregado a partir del cual se calcularon los valores totales. Los porcentajes referidos no deben entenderse como una progresión lineal ascendente, que refleje el paso de una menor a una mayor concentración del comercio. Lejos de ello, México transitó por pautas de concentración y diversificación de su comercio, asociadas tanto con el desenvolvimiento de su economía y de sus relaciones bilaterales como con eventos de carácter internacional, como la Primera Guerra Mundial, que es precisamente cuando se registró el grado más agudo de concentración de su comercio exterior.

[28] Kuntz Ficker, "Nuevas series" (2002).

[29] En el caso de España se dispone de valores anuales del comercio con México para todo el periodo (excepto 1923), y en el de Bélgica, entre 1870 y 1913. En los años faltantes (o cuando las estadísticas de los socios eran notoriamente deficientes), se adopta la práctica de utilizar los datos MX, cuando existen, y en su defecto estimar el porcentaje de participación de cada país en el total conforme a las fuentes mexicanas disponibles. Para Argentina, se utilizan solamente los datos de las importaciones provenientes de México para el periodo 1913-1929, pues por lo demás el comercio bilateral entre ambos países es estadísticamente irrelevante. Para las fuentes de cada país, véase bibliografía.

produce variaciones de importancia en las series de exportaciones (tanto en la de mercancías como en la de *specie*), y algunas de menor entidad en las de importaciones.[30] Estas y otras variantes que se explican en su oportunidad modifican en mayor o menor medida las cifras finales. En las siguientes páginas se explican esas diferencias y se sintetizan los criterios con los que se construyeron los valores anuales de las importaciones y las exportaciones, respectivamente.

Importaciones

El primer problema que enfrenta la reconstrucción de las cifras de importación son las brechas en la información oficial de procedencia mexicana. En el periodo comprendido entre 1870 y 1891 solamente en cinco años se publican valores anuales del comercio, y valores semestrales en otros dos. Entre 1892 y 1912 se observa el periodo más regular en el registro y publicación de las estadísticas comerciales, y también aquél en el que éstas son más consistentes y confiables. Esta regularidad es interrumpida por los efectos de la guerra civil sobre la administración pública en la década de 1910, de manera que entre 1913 y 1918 la periodicidad y calidad de las estadísticas comerciales disponibles deja mucho que desear. Por otra parte, aunque el recuento del comercio se retoma con cierta normalidad en 1918, la consistencia y confiabilidad de las estadísticas no se recupera hasta bien entrada la década de 1920.

Ante esta situación, una opción razonable para la reconstrucción estadística hubiera podido ser la de adoptar como base las cifras que ofrecen los socios comerciales, y a partir de ellas estimar los valores totales del comercio. Así se hace, en efecto, en aquellos lapsos en que no se dispone de información de fuentes MX, o en los que ésta acusa serias debilidades. Sin embargo, resulta especialmente valioso hacer uso de las fuentes MX cuando éstas poseen un grado aceptable de confiabilidad, debido a que sólo a partir de estas fuentes es posible realizar un análisis detallado del arancel y de sus efectos concretos sobre el comercio. De ahí que desde la primera reconstrucción del comercio se haya optado por una solución que combina el empleo de ambas fuentes (de un lado, las fuentes MX, y del otro, las de G4). Ese criterio se mantiene en lo general aquí, de manera que entre 1870 y 1891 los valores anuales de las importaciones son reconstruidos a partir de las fuentes G6 (complementados con

[30] Respecto a la forma de considerar las exportaciones mexicanas de oro y plata, véase los siguientes apartados.

las pocas MX disponibles).[31] De 1892 a 1910, la reconstrucción se basa en las estadísticas MX, lo que permite utilizarlas sin mayor dificultad para hacer un estudio de la política comercial. A partir de ese momento se ha adoptado una solución mixta: en los casos de Estados Unidos y Gran Bretaña se utilizan preferentemente las fuentes de los socios comerciales, debido a que sus estadísticas son más consistentes y a que estos dos países dominaron ampliamente el comercio exterior de México durante los años de la Revolución mexicana, para los que no se dispone de fuentes MX mínimamente confiables. En cambio, respecto al comercio con los otros países se prefieren las cifras MX, recurriendo a las estadísticas de los socios sólo en los años en que éstas son notoriamente deficientes o no existen.[32]

Tanto en los años en que la reconstrucción se basa en G6 como en los que se asienta sobre las fuentes MX, se descontó del valor anual de las importaciones provenientes de cada socio el valor de las transferencias de metálico, de acuerdo a las estadísticas que los socios comerciales proveen acerca de sus movimientos de *specie*. Se operó de esta manera debido a la dificultad de detectar estos movimientos por separado en las estadísticas MX. Como se puede apreciar en el cuadro A.3 del apéndice A, estos movimientos fueron por lo general modestos, con excepción de los años 1905-1906 y varios posteriores a 1916, en que se realizaron transferencias significativas, que por lo demás fueron registradas con mayor precisión en las estadísticas de los socios que en las fuentes oficiales de México.[33]

Para pasar de las cifras parciales que reflejan el comercio bilateral con los países del G6 a la estimación del valor total de las importaciones, se prosiguió de la siguiente forma. A la suma de las importaciones provenientes de G6 se le

[31] En el caso de las cifras de fuentes EU, se calculó el porcentaje de subestimación de las exportaciones de ese país a México que se realizaron por tierra hasta 1891 y se le agregó a los valores oficiales. El criterio se explica con más detalle en Kuntz Ficker, "Nuevas series" (2002), pp. 226-227.

[32] Cuando se utilizan las fuentes G6, se trata por lo general del comercio neto (comercio especial para los países de la Europa continental). Hay dos excepciones a este criterio: entre 1870 y 1879, las estadísticas EU registran un porcentaje considerable de reexportaciones a México. Debido a las condiciones excepcionales que privaban en esos años (interrupción de relaciones con las potencias europeas, precariedad de las conexiones marítimas, etc.), es muy probable que esas reexportaciones representaran exportaciones europeas (sobre todo británicas) que se realizaban a México vía Estados Unidos, pero se registraban como destinadas a ese país. Así lo prueba la contrastación de las cifras GB y MX entre 1872 y 1874 (al respecto, véase Kuntz Ficker, "Nuevas series" (2002), p. 225). La otra excepción se refiere a las exportaciones francesas a México: a partir de 1916 se consideran las cifras del comercio general, pues el comercio especial está severamente subestimado.

[33] El criterio con que se distingue al comercio de mercancías de los movimientos de metálico se explica en la siguiente sección.

atribuyó un porcentaje en el comercio total, a partir de varias consideraciones. Primero, se tomó en cuenta la participación de cada uno de esos socios en las cifras oficiales MX disponibles; segundo, se descontó de esa suma el porcentaje de los socios ausentes (es decir, de cuyas estadísticas no se dispone) en ese año; tercero, al modificar el porcentaje atribuido a G6, se tomó en cuenta la creciente concentración del comercio en Estados Unidos que se aprecia en los valores anuales; finalmente, se procuró sólo efectuar modificaciones en los porcentajes en años considerados normales desde el punto de vista económico.[34] Sobre esta base se han construido valores fob de las importaciones en dólares corrientes,[35] en años fiscales hasta 1917 y naturales a partir de entonces.[36]

Además de los nuevos criterios antes expuestos, las diferencias en los valores totales de las importaciones que aquí se ofrecen respecto a los que se presentan en la primera reconstrucción[37] reconocen dos posibles orígenes: a] el empleo de las cifras oficiales de las importaciones procedentes de Bélgica y España (en vez de un estimado de su participación porcentual en el total);[38] y b] la adición de las importaciones de plata en lingotes a la cuenta de mercancías, descontándolas de la de metálico. Las cifras en que se basa la reconstrucción de las nuevas series del valor anual de las importaciones mexicanas, así como los valores resultantes, se presentan en el apéndice A (cuadros A.2 y A.3).

[34] Es decir, no se modificaron los porcentajes en años de crisis económica (1891, 1907) o de cambios drásticos en las cifras del comercio, con el fin de no incidir de esa manera sobre el resultado final. También se modificaron los porcentajes en los años de la Primera Guerra Mundial, debido a los cambios impuestos por la guerra en los patrones del comercio.

[35] Para el tipo de cambio utilizado en la conversión de las distintas monedas a dólares, véase el cuadro A-1 en el apéndice A.

[36] Las importaciones mexicanas proveen valores fob, al igual que las exportaciones de los socios comerciales. Ello facilita la uniformación de las series de importación, pues evita tener que estimar costos de transporte y seguros para hacer comparables las series. Las cifras oficiales de México representan el valor declarado de las importaciones, en tanto las de los socios corresponden al valor declarado (valor actual para Francia, valor oficial revisado anualmente desde 1901 para Alemania) de las exportaciones netas (comercio especial para Francia y Alemania) dirigido a México (valores fas para Estados Unidos; fob para los demás). Fob = *free on board*, excluyendo costos de transporte y seguro. Fas = *free along side*, que incluye esos costos hasta el lugar de exportación dentro de Estados Unidos. Para las definiciones véase Henius, *Dictionary* (1946), *passim*, y Allen y Ely, *International* (1953), pp. 85-88. Acerca de los métodos de valoración en las estadísticas FR y DT véase Direction Générale..., *Tableau... 1872* (1873), p. vi; Allen y Ely, *International* (1953), pp. 291, 355, 370.

[37] Kuntz Ficker, "Nuevas series" (2002).

[38] En ocasiones, el uso de las cifras efectivas del comercio (en lugar de porcentajes supuestos) disminuyó el total estimado respecto a la primera reconstrucción, sobre todo en los primeros años del periodo.

Exportaciones

La incorporación de nuevas fuentes y la adopción de algunos criterios de reconstrucción distintos han llevado a que las series de valor de las exportaciones difieran un tanto de las que se ofrecieron en la primera aproximación. La discrepancia en los valores totales no es muy grande (2.3% para todo el periodo), pero la distribución entre exportaciones de mercancías y metálico se ha modificado, y en ambos casos se han logrado series más precisas mediante la reconstrucción, por separado, de series de exportaciones de plata en sus distintas formas a partir de los dos grupos de fuentes disponibles (MX y G6). Vale la pena detenerse a exponer los nuevos criterios con mayor detalle.

Al reconstruir el valor anual de las importaciones era importante mantener la posibilidad de recurrir a las cifras disponibles en fuentes oficiales mexicanas con el fin de estudiar aspectos específicos de la política comercial, como es el caso del impacto de los aranceles sobre ciertos rubros de la clasificación del comercio que, evidentemente, no encuentran correspondencia exacta en las fuentes de los socios comerciales. Este propósito no existe en el caso de las ventas al exterior, lo que en muchos años permite adoptar criterios simplificadores en la estimación de su valor total. Los que se han adoptado en la presente reconstrucción de los valores anuales de las exportaciones, y que difieren de los empleados en la primera reconstrucción, pueden resumirse como sigue:

A. Como se ha mencionado antes, a las cifras de EU, GB, FR y DT se suman ahora las de Bélgica (BE) y España (ES) tal como las proporcionan las fuentes oficiales de esos países, por lo que los valores totales se estiman para todo el periodo a partir de un grupo mayor de países (G6). Además, a partir de la constatación de que entre 1913 y 1929 las exportaciones a Argentina cobraron importancia, se decidió agregar —solamente para este periodo— sus valores anuales de acuerdo a las fuentes del socio comercial (ARG), por lo que en los años 1913 a 1929 la reconstrucción se basa en una muestra de siete países (G7). En todos los casos en que se recurre a las estadísticas de los socios, se emplean las cifras de las importaciones netas (comercio especial para la Europa continental) provenientes de México.[39]

[39] Vale la pena mencionar algunas especificidades de los criterios empleados para el registro del comercio por cada uno de los socios cuyas fuentes sirven de base a esta reconstrucción. En el caso de las importaciones (exportaciones desde el punto de vista de México), EU y GB empleaban valores declarados, ES valores oficiales que al parecer no se actualizaban con la frecuencia deseable; FR y DT usaban valores oficiales hasta 1920, revisados anualmente a partir de 1901, y BE, valores oficiales que en algún punto de la década de 1920 fueron sustituidos por valores

B. El recurso a las cifras de los socios (G6 o G7) para reconstruir las series de exportaciones de mercancías otorga uniformidad a los datos y permite un análisis detallado —que puede extenderse prácticamente a todo el periodo— de la composición del comercio en relación a cada país. Las excepciones a este criterio general son los años y países para los cuales no se dispone de datos de los socios (o éstos son deficientes) y se recurre por tanto las cifras disponibles en las fuentes MX. Estos casos son: las exportaciones a Alemania en 1872 a 1874 y 1877 a 1889; a Alemania y Bélgica entre 1920 y 1929, y a España en 1923. Las estadísticas mexicanas aparecen en estos casos como un sustituto adecuado que no lesiona seriamente la consistencia del criterio general ni distorsiona el resultado porque la participación de esos socios en el total es relativamente modesta, de modo que las imprecisiones que aquellas puedan contener no afectan la estimación de los valores totales.

C. Pese a las ventajas que tiene utilizar las fuentes G7 para la reconstrucción de las exportaciones, el procedimiento entraña una dificultad que no puede superarse fácilmente: con excepción de las estadísticas EU, todos los socios comerciales registraban valores cif (*cost, insurance, freight*) de sus importaciones, lo que significa que incluían en ellos el costo del transporte y el seguro. Para reconstruir las series de valor de las exportaciones mexicanas y hacerlas comparables a las series MX y a las de cualquier otro país, es preciso convertir los valores cif a valores fob (*free on board*). Como no existen estimaciones de los costos de transporte y seguro, en la primera reconstrucción se adoptó un criterio simplificador que los asumía como un factor decreciente a partir de un nivel dado.[40] En esta ocasión se dispone de mejores bases para calcular esos costos, aunque sea en forma aproximada, a partir de dos estimaciones originalmente asociadas al caso de Estados Unidos. Por un lado, se echó mano de una fuente norteamericana

declarados. Para éstos y otros criterios pueden consultarse, además de las estadísticas oficiales de cada país, Allen y Ely, *International* (1953), pp. 87, 94, 300, 370, y League of Nations, *Memorandum* (1928), pp. 22-23.

[40] La estimación que comúnmente se utiliza es la que hizo la Comisión Monetaria, según la cual el costo de transporte y seguros de las importaciones mexicanas ascendía a 15% de su valor hasta inicios del siglo XX. Por otra parte, Simon ha calculado el costo promedio del transporte de las exportaciones de Estados Unidos entre 14 y 7% de su valor para el periodo 1870 a 1900. A partir de la presunción de que las exportaciones desde México impusieron costos superiores a éstos al inicio del periodo, y que fueron "convergiendo" con ellos a medida que se profundizó la integración del país al comercio internacional, en la primera reconstrucción se supuso que esos costos representaron 15% del valor total en el periodo 1870-79, 12% en 1880-89, y 10% entre 1890 y 1929. Comisión Monetaria, *Actas* (1904), p. 146; Simon, "The United States" (1960), p. 650; Kuntz Ficker, "Nuevas series" (2002), p. 237.

que registra año con año el costo máximo y mínimo del transporte de trigo desde los puertos del Atlántico en Estados Unidos hasta Liverpool. Para adecuar esos datos al caso que nos ocupa, se promediaron ambos costos, se construyó un índice y se le convirtió en un factor que, partiendo de 15% en 1870, se fue modificando a lo largo del periodo.[41] Por el otro, se recurrió al índice comúnmente utilizado para las exportaciones estadounidenses (el índice de Simon), el cual fue traducido a un factor análogo al anterior, partiendo de 15% del costo de las exportaciones en el año inicial.[42] Con el fin de valorar su calidad, se compararon los dos índices así construidos, y se comprobó que ambos se comportan en forma similar, si bien el segundo registra consistentemente tarifas más altas (debido probablemente a que incluye costos de transporte por el Pacífico, mientras que el primero se confina a las rutas, mucho más desarrolladas, del Atlántico). Con el fin de obtener un índice representativo de todas las rutas marítimas, se promediaron ambos factores, y se obtuvo así un porcentaje designado como "factor del costo de transporte de las exportaciones" (véase cuadro A.6 en apéndice A). Este porcentaje se dedujo de los valores cif de las importaciones que cada uno de los socios reportó como provenientes de México para convertirlas en valores fob, y fueron estas últimas cifras las que se sumaron para estimar el valor total de las exportaciones mexicanas en cada año.[43]

D. Una de las principales deficiencias de las estadísticas MX disponibles es que hacen una distinción espuria entre mercancías y metales preciosos, al incluir en éstos no sólo las monedas o los lingotes de oro y plata (que algunas fuentes designan como metálico), sino también los minerales en bruto o en combinaciones con cobre y plomo y, en un estadio más avanzado, los sulfuros, cianuros, etc. Esta distinción subestima el valor y el peso relativo de las exportaciones de mercancías, y sobrestima lo que podría interpretarse como transferencias de dinero en *specie* o metálico. En esta reconstrucción se ha adoptado el criterio de considerar como transfe-

[41] Esta estimación se basa en Angier, *Fifty Years* (1920), *passim*, y abarca el periodo 1870-1914.

[42] Simon, "The United States" (1960), cuadro 6, p. 650 y cuadro 7, p. 652.

[43] Como el índice de Simon abarca tan sólo hasta 1900, entre 1901 y 1914 se utiliza como factor el que se estima siguiendo a Angier. A partir de ese momento se supuso una evolución acorde con las condiciones del contexto internacional: tres años de altos costos (20%), asociados con la Gran Guerra, dos años de transición (15%) y un costo fijo de 10% sobre el valor durante la década de 1920. Como se dijo antes, este factor se aplicó a las cifras de importación de todos los países con excepción de Estados Unidos, pues este último registraba valores fob de sus importaciones. Véase cuadro A.6 en apéndice A.

rencias de dinero solamente las de oro (en lingotes y moneda) y plata en moneda, mientras que las exportaciones de plata en barras y lingotes —y, por supuesto, en cualquier otra forma— se han incorporado a la cuenta del comercio de mercancías a lo largo de todo el periodo.[44] Este nuevo criterio, que se discute más ampliamente en el siguiente apartado, modifica naturalmente tanto la serie de exportaciones de mercancías como la de metálico.

E. La contabilidad de los metales preciosos es confusa en las estadísticas mexicanas, pero frecuentemente también lo es en las de otros países. En la mayor parte de los casos, la cuenta de las transferencias de metálico o *specie* se ofrece por separado, y se incluye en el comercio de mercancías a los metales preciosos en sus otras presentaciones: plata en lingotes o pastas, oro y plata en piedra mineral o en combinación con otros minerales, etc. Hay, sin embargo, excepciones que complican la cuestión. Por ejemplo, en las estadísticas EU, la serie del valor de las importaciones de mercancías deja de incluir las de minerales de oro y minerales y lingotes de plata a partir de 1894, y éstos artículos se rescatan en la contabilidad, presentada por separado, de los metales preciosos. Así, para obtener el valor total de las importaciones es preciso sumar al de las mercancías el de esos rubros incluidos en la cuenta llamada *"gold and silver"*. Una separación similar se registra en las estadísticas GB, aunque en ese caso solamente se incluyen los metales preciosos en barras o lingotes y en moneda, excluyéndose de esa cuenta a los minerales en estado bruto. Además, las estadísticas británicas presentan el agravante de que en la cuenta separada de metales preciosos México aparece inicialmente en un grupo designado como "Mexico, Sudamérica e Islas Occidentales, excepto Brasil", y sólo se le individualiza como país a partir de 1896.

Por estas razones, y dada la importancia de las exportaciones de plata en el comercio exterior mexicano, aunque la reconstrucción toma como base las estadísticas de los socios comerciales, se ha efectuado una corrección importante en la elaboración de las nuevas series de valor de las exportaciones de mercancías a fin de reconstruir con mayor fidelidad las exportaciones de plata no metálica.[45] El procedimiento ha consistido en separar las exportaciones de plata del resto de las mercancías, desagregarlas lo más posible en todas las fuentes disponibles y comparar las series resul-

[44] Este criterio difiere del adoptado en la primera reconstrucción, en la que se consideraba también a la exportación de plata en barras y lingotes como parte de las transferencias de metálico. Véase Kuntz Ficker, "Nuevas series" (2002), pp. 232-236.

[45] Éstas llegaron a representar hasta un tercio de las exportaciones totales en algunos años.

tantes. De este ejercicio se desprende que el registro que las fuentes MX hacían de las exportaciones de plata en pastas y lingotes era generalmente superior y probablemente más preciso que el que se podía reconstruir a partir de las fuentes G6.[46] Se optó, entonces, por descontar de la serie (cif) de cada país el valor de las importaciones de plata en lingotes procedentes de México, de manera que la suma resultante de G6 correspondiera a todas las mercancías con excepción del *bullion* de plata. A esta suma se atribuyó un porcentaje de participación en las exportaciones totales (conforme a los porcentajes que las estadísticas MX atribuyen a cada uno de los socios), a partir del cual se estimó el residuo (es decir, el porcentaje del comercio realizado con el resto del mundo) y el valor total de las exportaciones de mercancías *sin contar los lingotes de plata*. Por último, a esta cifra se le sumó la serie de exportaciones de plata en pastas y lingotes elaborada a partir de las estadísticas MX, convertida a dólares al precio comercial del mineral (y complementada en los años faltantes con las cifras G7), y con ello se obtuvo la nueva serie anual del valor de las exportaciones de mercancías. Solamente cuando no se dispuso de las cifras MX, o cuando éstas eran claramente deficientes, se recurrió a las que proporcionan sus socios, en este caso básicamente dos: EU y GB —y durante los años de la guerra mundial, únicamente Estados Unidos.

F. En cuanto a las transferencias de metálico, se ha decidido tomar como base las fuentes MX disponibles hasta 1912, aun cuando este criterio impone en algunos años discrepancias de alguna importancia respecto a la serie construida con anterioridad.[47] Pese a que ello entraña cierta subestimación de las transferencias totales (particularmente entre 1876 y 1893) atribuible al contrabando, se adoptó este criterio porque ofrece mayor homogeneidad y la posibilidad de recurrir a las cifras desagregadas de exportaciones de metálico que se publican en las fuentes oficiales mexicanas. Para obtener el valor total de estas transferencias se sumaron las exporta-

[46] El destino predominante de las exportaciones de plata *bullion* era, por mucho, Estados Unidos. Una de las explicaciones probables para la subestimación de estos flujos en las estadísticas EU es el traslado del metal de una sección a otra *dentro de una misma empresa*, cuya expansión de derrame (*spill-over investment*) la llevaba a controlar minas y fundiciones dentro del territorio mexicano y plantas de procesamiento en la frontera y aún en el interior del territorio norteamericano. Los movimientos intrafirmas resultaban más difíciles de detectar y registrar por parte de las autoridades de Estados Unidos, sobre todo a partir del momento en que las empresas tenían el aliciente de escapar a los derechos arancelarios impuestos al plomo argentífero en ese país. Véase el apartado sobre minería en el capítulo 7.

[47] Se aplica este criterio siempre que se dispone de cifras mexicanas; en los años en que se carece de ellas, se ofrece la misma cifra de la primera reconstrucción. Kuntz Ficker, "Nuevas series" (2002), p. 238.

ciones de oro en lingotes y moneda y la plata amonedada.[48] Entre 1913 y 1917 no se dispone de cifras mexicanas —o éstas denotan una sensible subestimación—, por lo que se utilizan las cifras de los socios que reportan este tipo de transferencias como si fueran totales.[49] A partir de 1920, fue preciso adoptar el criterio de combinar ambas fuentes, debido a la notoria deficiencia que se percibe en las fuentes MX en algunos años. Así, se usan cifras MX entre 1920 y 1922 y en 1924 y 1925; mientras que se recurre a las cifras de los socios para los años 1923 y 1926-1929.[50]

G. A partir de estos criterios se construyeron series de valor de las exportaciones totales (véase cuadro A.5). Como en el caso de las importaciones, se trabajó con datos uniformados para presentar valores fob de las exportaciones en dólares corrientes,[51] en años fiscales hasta 1917 y años naturales a partir de entonces.

Las series que sirvieron de base a la reconstrucción del valor anual de las exportaciones, así como los valores resultantes, se presentan en los cuadros A.4 y A.5 del apéndice A.

Las transferencias de oro y plata

Existe una gran dificultad para establecer los criterios de clasificación de los metales preciosos en las estadísticas del comercio exterior en una época en que éstos eran la base de muchos sistemas monetarios y de las transacciones internacionales. Si bien es cierto que el uso de la plata en ambas dimensiones fue disminuyendo desde el último tercio de siglo XIX, el peso de plata siguió siendo la base del sistema monetario de México hasta 1905, y circuló como moneda local en el mercado de China y otros países asiáticos aún años después. La triangulación de Estados Unidos y Gran Bretaña en el flujo de pesos mexica-

[48] De conformidad con los criterios de compilación de estas exportaciones en las estadísticas mexicanas, se tomó el valor total del oro exportado en pesos a precio comercial y se convirtió a dólares al tipo de cambio vigente. En cuanto a la plata acuñada, que en las estadísticas "tiene considerado como valor el número de piezas de un peso", simplemente se convirtió a dólares al tipo de cambio de cada año. Véase SHCP, *Boletín*, núm. 254 (1904), p. 32, y núm. 327 (1909), p. 77. El tratamiento dado a los metales preciosos se discute en el siguiente apartado.

[49] Se trata de cifras G3 (EU, GB y DT), los tres socios que registraron importaciones de specie durante estos años.

[50] En estos años, solamente las estadísticas EU registran transferencias de metálico procedentes de México, y aun así su monto es muy superior al que reportan las fuentes MX.

[51] Para el tipo de cambio utilizado en la conversión de las distintas monedas a dólares, véase el cuadro A.1 en el apéndice A.

nos a Asia era frecuente y significativa, de manera que México pagaba una parte, a veces sustancial, de las importaciones provenientes de sus principales socios en el mercado internacional, con pesos de plata.[52] La dificultad es mayor debido a que México producía la materia prima con que se elaboraba su moneda. De manera que la producción argentífera del país podía tener al menos dos destinos: el uso artesanal e industrial y el uso monetario. Como México obtenía su moneda nacional a partir de su propia producción de barras de plata, las exportaciones de estas barras podían influir sobre el monto de la acuñación que se realizaba para atender a las necesidades de la circulación interna. Hasta 1905 cualquier particular podía llevar estas barras a la casa de moneda y solicitar que se las convirtiera en dinero, o enviarlas directamente al extranjero para pagar deudas o importaciones. ¿Eran dinero estas barras de plata, o una mercancía más? Por otra parte, México utilizaba monedas de plata como el principal medio circulante en el mercado interno, pero también las empleaba para hacer pagos o depósitos bancarios en el exterior. ¿Era dinero lo que exportaba, extrayéndolo de su propia circulación monetaria, o solamente una mercancía que podía ser refundida o venderse como "peso de comercio" (*trade dollar*) para su circulación en otros países?[53]

La dificultad se presenta también, aunque en menor medida, en el caso del oro, pues desde la década de 1890 México produjo este metal en cantidades significativas, y a partir de 1905 lo adoptó como la base de su sistema monetario. Sin embargo, siendo la moneda estándar en el mercado mundial, la presencia del oro en la contabilidad del comercio exterior mexicano se presta menos a equívocos. La adopción progresiva de ese metal como base del sistema monetario de las potencias comerciales y la extensión del patrón oro en el mercado internacional sugieren que las transacciones con oro en operaciones de comercio exterior denotaban movimientos de dinero. Estos flujos servían a propósitos diversos: el pago de deudas públicas y privadas, la remisión de intereses y dividendos de las empresas extranjeras, la constitución de depósitos bancarios o la adquisición de importaciones. Si a ello se suma que el uso no monetario del oro era limitado y que las reservas de los bancos o de los gobiernos de países con patrón oro podían hacerse tanto en monedas como en lingotes áureos, podría afirmarse sin lugar a dudas que tanto las monedas

[52] "México, desde la época colonial, no ha mantenido relaciones comerciales directas con China, pero enviaba los pesos a Londres y a los EU para pagarles el saldo de la balanza de su comercio internacional." Casasús, "El peso mexicano" (1903), pp. 5-6.

[53] Los *trade dollars* eran monedas que, durante el siglo XIX, se fabricaban en varios países de Europa y en Estados Unidos para su circulación en Asia, donde se les aceptaba por la ley de plata fina que contenían. Como no eran de curso forzoso, no eran verdaderas monedas, aunque operaban como instrumentos de cambio. Casasús, "El peso mexicano" (1903), pp. 4-12.

como las barras de oro que aparecen en las cuentas comerciales de México constituían flujos de dinero. Sin embargo, pese a la supuesta vigencia de un patrón monetario bimetálico (de oro y plata), antes de 1905 el oro no circulaba en México como moneda, y en sus transacciones internas era prácticamente inexistente. ¿En vista de ello, eran las exportaciones de oro transferencias de dinero, o simples ventas de metal al exterior?

Las estadísticas oficiales mexicanas del siglo XIX dieron una solución "de bulto" a este problema. Ésta consistía en considerar todas las exportaciones de oro y plata en cualquiera de sus formas como "metales preciosos", que se distinguían del resto del comercio, clasificado como "demás artículos". El problema no era particularmente grave mientras la producción del país se concentraba efectivamente en los metales preciosos y estos debían acuñarse antes de ser remitidos al exterior.[54] Sin embargo, en 1882 se liberalizó la exportación de metales preciosos en todas sus formas, previo pago de los derechos de acuñación.[55] Además, en esos mismos años la producción minera inició un vasto proceso de diversificación que introdujo una mayor variedad en la canasta exportadora. A partir de entonces, junto a las transferencias de oro y plata en barras y moneda, las exportaciones incluyeron piedras minerales, mezclas con plomo y cobre, pastas, y posteriormente hasta sulfuros y cianuros, todos con un contenido variable de mineral áureo o argentífero. El problema es que todos estos artículos siguieron agrupándose en las estadísticas mexicanas bajo el rubro de metales preciosos, aunque una parte cada vez mayor ya no respondía a esa antigua definición. A inicios del siglo XX, tanto como 60% de las exportaciones de "metales preciosos" eran en realidad todos los otros artículos mencionados, y sólo el 40% restante, compuesto de oro y plata en barras y moneda, correspondía al espíritu original de la denominación. Al no modificar sus criterios de clasificación del comercio, la distinción de las estadísticas mexicanas se había vuelto confusa y equívoca: de un lado, algunas mercancías; del otro, metales preciosos y algunas otras mercancías. El problema era, evidentemente, qué extraer de esta última lista para colocarlo en la anterior, de manera que el viejo rubro de "metales preciosos" pudiera convertirse en uno de "dinero" o "metálico".

Como un esfuerzo inicial de depuración, en la primera reconstrucción de los valores del comercio (que precedió a este libro), trasladé a la cuenta de

[54] Hasta 1871 la exportación de metales no acuñados estaba prohibida, y entre 1872 y 1882 sólo estaba permitida en algunos puertos, previo pago del derecho de exportación (de 5% para la plata y 0.5% para el oro) y del derecho de acuñación (4.41% para la plata y 4.618% en el caso del oro). Riguzzi, "Libre cambio" (2000), pp. 297-298, y Casasús, *Estudios* (1896), pp. 356-357.

[55] Riguzzi, "Libre cambio" (2000), p. 298.

mercancías todos los productos de oro y plata que no fueran monedas y lingotes.[56] Así, entre 1870 y 1904 se consideró como "metálico" toda transferencia de oro y plata en barras y monedas. A partir de 1905, y en vista de que la Reforma Monetaria abolió la libre acuñación de la plata, reubiqué también las barras de metal argentífero en la lista de mercancías, dejando sólo como exportaciones de metálico al oro en lingotes y moneda y a la moneda de plata. El criterio de reordenamiento buscaba ser comprensivo, en vez de restrictivo. Es decir, excluir de la cuenta de metálico solamente lo que sin lugar a dudas no puede haberse transferido al exterior como dinero. En el caso del oro, el criterio adoptado parece haber sido adecuado y se mantiene aquí. Se funda en el hecho de que el oro era ya para entonces la base del patrón monetario dominante en el mercado internacional (*"the standard money metal"*, como dice un análisis de la época), y existía la práctica de mantener las reservas bancarias o gubernamentales de ese metal indistintamente en monedas o en lingotes.[57] En el caso de México, resulta evidente que todas las transferencias de oro en monedas o lingotes al exterior representaban pagos de deudas públicas o privadas, remisiones de dividendos de las empresas extranjeras o alguna otra transacción en la que el oro hacía las veces de dinero en especie.

El caso de la plata es más complejo y requiere mayor atención. Mientras que se puede descartar de entrada el uso monetario de las marquetas de plata con plomo o de los sulfuros, tal claridad se desvanece cuando se trata de los lingotes de plata pura o de los pesos "del águila". Por ejemplo, resulta difícil distinguir en qué casos el peso de plata que se exportaba era dinero que se extraía de la circulación monetaria interna para hacer pagos en el exterior, y en cuáles simplemente excedía las necesidades de la circulación monetaria interna o se acuñaba con el propósito de venderse como *"trade dollar"* en el mercado internacional. Algo similar sucede con las barras de plata, pues una parte tenía seguramente un destino industrial, mientras que otra, cuyo monto es imposible especificar, era sustraída en vez de acuñarse, impactando la oferta monetaria disponible dentro del país.

Ambas ideas pueden rastrearse en las opiniones de observadores de la época. La percepción de que las transferencias de monedas de plata al exterior se utilizaban para el pago de importaciones y restringían el medio circulante dis-

[56] Kuntz Ficker, "Nuevas series" (2002), pp. 232-236 y cuadro 2.

[57] USDC, "Changes" (1923), p. 28. En el mismo sentido, véase el estudio de la Royal Commission on Gold and Silver publicado originalmente en 1886 (y reeditado en 1936), en el que se expone el problema de la desmonetización de la plata y se ofrece, en contraste, el caso del oro: "Con el oro, en cambio, la situación es por entero distinta. A él están abiertas las casas de moneda de todos los países civilizados del mundo, y éstas y los grandes establecimientos bancarios son los mercados en los cuales aquél encuentra su camino." Robey, *The Monetary Problem* (1936), p. 171.

ponible, afectando en mayor o menor medida la actividad económica, aparece de manera periódica en publicaciones de muy diverso tipo desde el decenio de 1870 hasta la primera década del siglo XX.[58] Revisemos brevemente algunas de las coyunturas en que se hizo más patente. En 1869 se publicó un folleto que abogaba por la restricción del comercio exterior como la única forma de fomentar el desarrollo de actividades productivas en el país. El autor colocaba especial énfasis en el drenaje de plata que dejaba sin circulante a la economía nacional:

> Gran parte de los fondos que llevan las conductas serán por valor de mercancías importadas al país, y otros de particulares que los mandan a los bancos extranjeros porque los considerarán más seguros, y acaso más productivos: restringido el comercio extranjero, muchos de estos fondos no saldrían porque se emplearían en la minería, en la agricultura, en la industria fabril, en el comercio, en los caminos de fierro, en los telégrafos y en otros ramos.

El autor sostiene que una parte significativa de esos recursos salía de contrabando, engrosando la fuga, ya considerable, que se producía por medios legales:

> Hemos dicho que la producción de la plata y el oro, sube por término medio a 30 millones de pesos anuales [...además de la] producción clandestina que sale especialmente por las costas del Pacífico, de California y frontera del Norte; pero suponiendo que el contrabando no exista, las conductas son hechos públicos y positivos que sangran materialmente al país; que la moneda desaparece como por encanto de la circulación, y que apenas conocemos la emisión del año corriente: esto prueba que aún en la hipótesis que la industria minera produjera el duplo, es decir, 60 millones de pesos anuales, serían absorbidos por esa vorágine del comercio extranjero, quedando el país más pobre y más atrasado que antes.[59]

[58] En realidad, el problema se presenta desde la colonia, como lo exponen los estudios sobre ese periodo. Tal como narra David Brading, los comerciantes de la ciudad de México acumulaban pesos de plata en espera de la siguiente flota: "Naturalmente que esta acumulación de moneda y su subsecuente exportación agravaban la escasez de moneda sólida en la colonia". Brading, *Mineros* (1975), p. 142. Algo similar sucedía en la primera mitad del siglo XIX. Según Enrique Cárdenas "algunos contemporáneos estaban plenamente conscientes de que las importaciones significaban envíos de ahorro al extranjero, pues se estaban cubriendo no con exportaciones sino con reservas acumuladas de plata amonedada. Sabían también que ello disminuía la oferta de dinero en circulación lo que tenía efectos negativos en la economía." Cárdenas, *Cuándo se originó* (2003), pp. 94-95. Véase también pp. 96, 131-132.

[59] Orozco, *Observaciones* (1869), p. 12-13. The Bancroft Library, University of California, Berkeley.

Durante todo el decenio de 1870 la prensa periódica y diversos grupos de empresarios abogaron por la libre exportación de la plata en pastas y acuñada.[60] Los defensores de la medida explicaban con toda claridad la naturaleza de esas transferencias al exterior: "Es un hecho que los valores metálicos que salen de nuestro país, representan casi en su totalidad el precio de mercancías importadas". Por esta misma razón, el cobro de impuestos no podía impedirlas, afectando en cambio la rentabilidad de la minería y alentando en todo caso el contrabando.[61]

A fines de 1882 se abolió el impuesto a la exportación de los metales preciosos.[62] Ello trajo consigo un aumento extraordinario en la salida de plata acuñada, que se duplicó en el curso de ese año fiscal y todavía creció en los siguientes dos años, de manera que entre 1882 y 1884 prácticamente toda la plata que se acuñó salió del país.[63] El cónsul general de Estados Unidos en México, Warner P. Sutton, afirmaba entonces que este fenómeno había "reducido en gran medida el monto de la moneda en el país". Y más: "El dinero es más escaso que antes; el tipo de cambio es aún muy alto, y la exportación de plata para pagar importaciones y deuda externa muy probablemente reducirá el stock de plata todavía más."[64]

Pero los observadores de la época no sólo relacionaban la exportación de moneda con la disponibilidad local de dinero, sino que también asociaban la exportación de barras o lingotes de plata con la oferta monetaria interna, en virtud de su impacto sobre el monto de la acuñación. Además, asociaban estas exportaciones con el alza del tipo de cambio, y las consideraban como depósitos en el exterior a cuenta de futuras deudas o adquisiciones. Así sucedió, por ejemplo, en algún momento de 1890, cuando el tipo de cambio del peso mejoró. El cónsul general Sutton explicaba esta dinámica de la siguiente manera:

[60] Véase, por ejemplo, AGN, *Folletería*, caja 71, folleto 2 [*Peticiones que sobre el proyecto de arancel de aduanas marítimas y fronterizas, dirigen al quinto Congreso de la Unión los comerciantes, dueños de buques, mineros y propietarios del Puerto de Mazatlán*. Mazatlán: Imprenta de J.M. Ferreira a cargo de Luis J. Campuzano, 1870].

[61] *El Foro*, febrero 2, 1876, pp. 81-82.

[62] Se mantuvieron, no obstante, los impuestos del timbre y de amonedación, inclusive para las barras que se exportaban sin amonedar. Casasús, *Estudios* (1896), pp. 357-59.

[63] La acuñación de plata promedió 25 millones de pesos (con una desviación muy pequeña) durante toda la década de 1880. En 1881-82 se exportaron menos de 12 millones, mientras que en 1882-83 el monto ascendió a 23 millones, y todavía aumentó a más de 25 millones en los dos años siguientes. *Mexico's Currency Reform* [1903], p. 30. Según Paolo Riguzzi, la mayor parte de esa plata se exportaba ya de contrabando, y lo que este aumento refleja es en realidad "el registro legal de un flujo de plata y oro que anteriormente salía en forma clandestina." Riguzzi, "Libre cambio" (2000), p. 300.

[64] USDS, *Reports*, núm. 36, diciembre de 1883, p. 229.

> Si el tipo de cambio parecía por el momento demasiado alto, ellos [los importadores] mandaban sus propios pesos del águila o lingotes de plata a Nueva York o Londres para venderlos a cuenta. [...] Como las exportaciones de metal blanco crecían, se notaba una marcada escasez de pesos del águila en México, y sólo la firme y más conservadora acción de parte de los principales bancos, ayudados eficiente pero no activamente por el gobierno, evitaba una hambruna monetaria y un pánico financiero.

El cónsul calculaba que, como resultado de las transferencias de plata en lingotes y moneda al extranjero, la oferta visible de moneda había disminuido de seis a cinco pesos per cápita entre enero y octubre de 1890.[65] En los años inmediatos este fenómeno se vio agravado por la crisis económica y financiera que asoló al país, y que incluyó entre sus causas no sólo una fuerte recesión internacional, sino la pérdida de cosechas y la aparición de brotes epidémicos en varios estados. En este contexto, el cónsul John B. Richardson, de Matamoros, informaba: "Un comerciante prominente me hizo notar que estábamos sufriendo de la pérdida de dinero enviada al exterior del país a cambio de maíz, y esto, en un distrito productor de maíz."[66]

Aunque por lo visto la escasez de moneda era un fenómeno periódico que se encontraba estrechamente asociado con las transferencias que se realizaban al exterior, empezó a volverse endémico a partir de 1900, pese a la notable diversificación del medio circulante que había tenido lugar en los veinte años anteriores.[67] Así, la *Semana Mercantil* hablaba de la "escasez de numerario y paralización parcial de los negocios" que se había dejado sentir desde los últimos meses de 1900, y en septiembre de 1901 volvía a reportar "la exportación anormalmente cuantiosa de la plata acuñada".[68] En la primavera de 1902, el cónsul estadounidense se refería al mismo fenómeno:

> Una escasez extrema prevaleció en el mercado monetario mexicano por algún tiempo. Ésta se debió en gran medida a la abundante exportación de oro y plata en lingote y moneda. Las guerras en China y las Filipinas crearon una gran demanda de pesos de plata mexicanos, lo que causó un drenaje de la moneda metálica del país. Esto llegó a ser tan pronunciado que el gobierno finalmente redujo

[65] USDS, *Reports*, núm. 122, noviembre de 1890, pp. 542-543.

[66] USDS, *Reports*, núm. 127, abril de 1891, p. 607.

[67] Mientras que en 1880 el metálico era prácticamente la única forma de dinero en circulación, para 1910 se estima que alrededor de 60% del medio circulante estaba formado por billetes y depósitos a la vista. Cárdenas, *Cuándo se originó* (2003), p. 161.

[68] *Semana Mercantil*, abril 8, 1901, p. 181, y septiembre 23, 1901, p. 519.

los cargos de amonedación y la ley requerida del oro y la plata para propósitos de acuñación. Esta medida causó un alivio considerable.[69]

Con el mismo propósito de paliar la escasez de moneda argéntea en el mercado local, a fines de 1901 el Congreso autorizó al Ejecutivo para eximir de impuestos la reimportación de barras de plata destinadas a la acuñación.[70] Pese a todo, la situación se volvió a presentar en 1903. En un reporte del Bureau of Manufactures de Estados Unidos se empezaba por reconocer la función que las exportaciones de metálico desempeñaban como medio para pagar las importaciones, para luego subrayar la estrechez en que se encontraba el mercado monetario en México, debido en parte a la creciente demanda en Asia, y en parte al más amplio uso interno derivado de la mayor actividad económica.[71] La astringencia monetaria apareció de nuevo en 1904, al parecer como resultado de los mismos factores, provocando alzas en las tasas de interés.[72]

La Reforma Monetaria de 1905 eliminó la libre acuñación de la plata (aunque preservó su poder liberatorio ilimitado), reservando esa facultad al Ejecutivo, por lo que la cantidad acuñada dejó de estar asociada al volumen de plata en lingotes que permanecía en el interior del país. Con todo, las monedas de plata siguieron circulando internamente, en lo que se ha considerado como un régimen monetario bimetálico *de facto*.[73] Esta situación fue severamente alterada durante la fase más cruenta de la guerra civil, en que las distintas facciones revolucionarias expidieron billetes sin respaldo alguno y el metálico salió por completo de circulación. Durante más de dos años, el sistema monetario del país dejó de operar: "Para agosto de 1914, prácticamente toda la moneda había desaparecido. Hasta el final de 1916 existía confusión monetaria, sin un mercado de divisas que funcionara normalmente."[74]

En el invierno de 1916, en un fenómeno que Cárdenas y Manns han explicado como una "reversión de la Ley Gresham", el dinero "malo" (los billetes) fue expulsado de la circulación por el "bueno" (metálico), y el patrón oro

[69] USDS, *Reports*, núm. 259, abril de 1902, pp. 480-481.

[70] Fernández Villarreal y Barbero, *Colección legislativa* (1907), p. 851. Véase también *Semana Mercantil*, diciembre 9, 1901, p. 673.

[71] De acuerdo con el reporte, "una gran proporción de las exportaciones actuales a Estados Unidos en la forma de oro y plata en lingotes y monedas son en pago por las importaciones." USBM, *Commercial Relations* (1904), vol. II, pp. 110, 128-129.

[72] Schell, "Money as Commodity" (1996), p. 80.

[73] Cárdenas, *Cuándo se originó* (2003), p. 164; Septién, *El régimen* (1930), p. 5.

[74] USDC, "Foreign Exchange" (1925), p. 7.

se restableció.[75] Aunque los viejos pesos de plata salieron de la circulación, el uso interno de monedas de plata de menor denominación continuó en los años siguientes, en medio de un alza del precio de este metal en el mercado internacional que obligó al gobierno a restringir su poder liberatorio y a reducir en dos ocasiones su contenido de plata pura para mantener la paridad con el oro.[76] No obstante, las acuñaciones alcanzaron niveles significativos: entre 1916 y 1921 se acuñaron como promedio 16 millones de pesos de plata, en contraste con los 5 millones que promediaba la acuñación anual a principios de la década de 1910.[77] Las exportaciones de moneda argéntea, que habían disminuido considerablemente después de la Reforma Monetaria, sumaron unos 17 millones de dólares en esos mismos años (más precisamente, entre 1917 y 1921), aunque la mayor parte de ellas fue contrabandeada hacia Estados Unidos y no aparece en las estadísticas oficiales mexicanas. En la década de 1920, el hecho de que el gobierno utilizara las ganancias de señorazgo para acumular fondos para el establecimiento de las nuevas instituciones financieras (el Banco de México y el Banco Nacional de Crédito Agrario), provocó que la acuñación de moneda de plata continuara y la restricción a su poder liberatorio no se hiciera cumplir, con el resultado de que aquélla remplazaba a la moneda de oro en muchas transacciones internas. La práctica cesó súbitamente en febrero de 1927, cuando, en respuesta al pánico causado por la caída en el precio internacional de la plata y la saturación de moneda de plata en el mercado mexicano, el gobierno ordenó que se suspendiera en forma indefinida la acuñación de monedas de plata en casi todas sus denominaciones.[78]

Por su parte, la exportación de barras de plata creció significativamente desde el año mismo de la reforma monetaria y hasta 1915. Si bien entre 1919 y 1922 aquélla se redujo debido a las necesidades de la circulación monetaria interna, en 1923 aumentó considerablemente, y se mantuvo en 26 millones de dólares anuales como promedio hasta el final de la década (véase exportaciones de plata bullion en cuadro A.4, del apéndice A, y el desglose de las exportaciones de metálico en cuadro A.5 del mismo apéndice).[79]

[75] De acuerdo con estos autores, el fenómeno se produjo por el rechazo de la gente al uso de los billetes y el decreto del gobierno que impuso el pago en metálico de todos los impuestos federales y locales. Cárdenas y Manns, "Inflación" (1989), pp. 462-466.

[76] Septién, *El régimen* (1930), pp. 5-6.

[77] USDC, "Changes" (1923), p. 33.

[78] Sterrett y Davis, *The Fiscal* (1928), pp. 121-126.

[79] BNCE, *México* (1937), p. 417. Entre 1919 y 1926, la acuñación anual de monedas de plata promedió 25 millones de pesos. En diciembre de 1925 se calculaba en 270 millones de pesos las monedas de oro y en 166 millones las de plata que se encontraban en circulación, pese a las exigencias de los comerciantes organizados —reiteradas desde 1921— de que se impidiera

Fue a partir de estas consideraciones que, en la primera reconstrucción de los valores anuales del comercio, se adoptó un criterio amplio en la definición de "metálico". En esta ocasión, y a partir de las observaciones de muchos colegas y de una opinión mejor informada sobre el tema, he optado por un criterio un tanto más restringido. Como mencioné antes, mantengo la consideración de las exportaciones de oro en lingotes y moneda como metálico. Sin embargo, en el caso de la plata, aplico la denominación de metálico tan sólo a las monedas, mientras que considero a las barras o lingotes como parte del comercio de mercancías. Las razones para la adopción de este criterio más restrictivo son varias. Por un lado, se ha dicho antes que una parte de las barras de plata que se enviaban al exterior hubiera sido acuñada y destinada a un uso monetario dentro del país de no haberse requerido para el pago de importaciones. Su exportación generaba fenómenos periódicos de astringencia monetaria, y en esa medida constreñía la actividad económica. Sin embargo, esos problemas se presentaron unas cuantas veces y en coyunturas muy específicas. Fuera de estas ocasiones, las barras de plata no hubieran tenido un uso monetario en el interior del país en caso de no haberse exportado. Constituían un excedente con respecto a la demanda interna de circulante, y eran, entonces, una mercancía como cualquier otra. Una vez exportadas, las barras de plata se destinaban a usos muy diversos, entre los que se encontraba de manera significativa, si no es que preponderante, el consumo industrial. Por otra parte, aunque es cierto que los bancos de algunos países conservaban reservas en barras de plata, la extensión del patrón oro tendía a limitar cada vez más esa práctica. Como explica un estudio de la época: "La plata es considerada casi universalmente como una mercancía hasta que se le acuña". Una vez acuñado, el metal se guardaba en las reservas "a su valor nominal más que al del metal" *("at face rather than bullion value"),* es decir, en su naturaleza monetaria.[80]

la salida del oro acuñado y se restringiera la acuñación de plata. Véase, por ejemplo, *El Universal*, octubre 27, 1921, p. 1, y *Excélsior*, noviembre 7, 1921, primera plana. El valor de la acuñación se tomó de Torres Gaytán, *Un siglo* (1990), pp. 119, 145, 166, y López Rosado, *Historia* (1975), p. 84; los cálculos sobre la moneda circulante se tomaron de Pani, *La política* (1926), pp. 189-190.

[80] USDC, "Changes" (1923), pp. 4, 28. En la década de 1960, en el marco de un orden monetario internacional completamente distinto al que aquí nos concierne, el Fondo Monetario Internacional seguía el siguiente criterio respecto a la forma de contabilizar las transacciones de plata en la balanza comercial de un país: "La moneda que se encuentra en circulación es tratada como un *item* de [la cuenta de] capital. Los lingotes de plata se incluyen en la cuenta de mercancías incluso cuando la plata forme las reservas monetarias del país respectivo". En cuanto al oro, el FMI lo consideraba como moneda en transacciones realizadas por autoridades monetarias, y como mercancía cuando estaba en manos privadas. International Monetary Fund, *Balance* (1961), pp. 49, 54-57.

La adopción de este nuevo criterio modifica los resultados de la reconstrucción estadística sobre todo en el periodo anterior a 1905 (puesto que a partir de ese año ya se consideraba a las exportaciones de barras argentíferas como mercancías), y reduce lo que aquí se define como transferencias de dinero en alrededor de 20% como promedio entre 1870 y 1904. Las series así reconstruidas de plata *bullion* y de oro y plata en metálico se presentan en los cuadros A.4 y A.5 del apéndice A.

Evidentemente, las cifras resultantes son, de nuevo, una buena aproximación al valor de las transferencias anuales de dinero a lo largo del periodo. Pese a la imposibilidad de conocer el monto exacto de estos flujos, se ha considerado importante mantener la distinción entre el comercio de mercancías y el de metálico por dos razones principales. La primera es que de este modo es posible observar el desenvolvimiento de la actividad minera y de su orientación exportadora a lo largo del periodo. La segunda es que esta distinción hace posible una estimación más precisa de la balanza comercial y nos coloca en una mejor perspectiva para analizar la posición internacional del país y puede servir de base para el estudio de la balanza de pagos.

1.2 LAS NUEVAS SERIES DEL COMERCIO EXTERIOR

Los criterios aquí adoptados son consistentes en el largo plazo y permiten ofrecer series sustentadas en fuentes de confiabilidad aceptable a lo largo de todo el periodo. Las series así construidas (por comodidad designadas SK) cubren las lagunas existentes en las fuentes mexicanas y corrigen algunas deficiencias de éstas sobre las que hasta el momento no se ha llamado suficientemente la atención, y que se traslucen en discrepancias de mayor o menor magnitud respecto a las nuevas series del comercio exterior. Una somera comparación entre las series SK y las que se derivan de las fuentes MX nos dará una idea de las dimensiones y las razones de las discrepancias, así como de las debilidades de que adolecen las fuentes oficiales mexicanas y de los estudios que se han realizado con base en ellas.

Empecemos por las importaciones. Las gráficas que llevan el número 1.1 (A y B) ilustran las diferentes series que nos ocupan.

Con el fin de poner de relieve la diferencia entre el comercio de mercancías y las transferencias de metálico en ambas dimensiones del comercio, las series propias (SK) se desglosan en mercancías, metálico y totales, aunque solamente estas últimas son comparables con las cifras que proporcionan las fuentes MX. Siendo México un exportador neto de dinero en especie, las diferencias entre importaciones de mercancías y totales no son por lo general significativas, aunque por eso mismo, llama la atención la importancia que

Gráfica 1.1
Importaciones mexicanas: nuevas series SK y series MX, 1870-1929
(valores fob en dólares corrientes)

A: 1870-1912

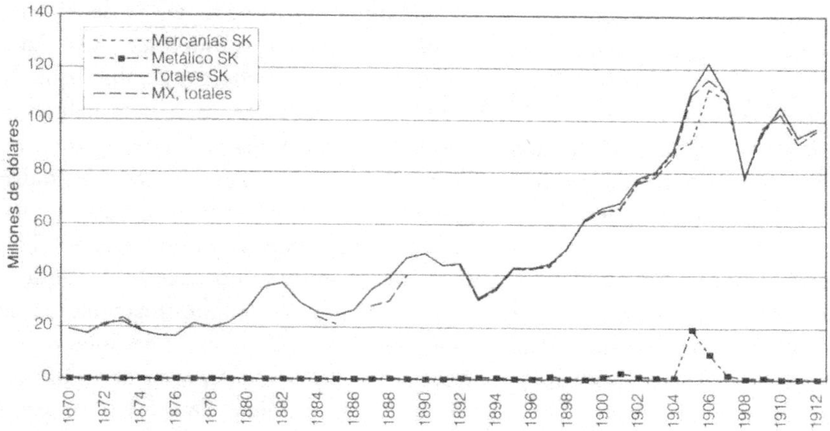

NOTA: la serie MX es la que ofrecen las fuentes mexicanas.
FUENTES: para serie MX, véase bibliografía ("Fuentes estadísticas utilizadas en la reconstrucción del comercio"); las otras series son elaboración propia (véase apéndice A).

B: 1913-1929

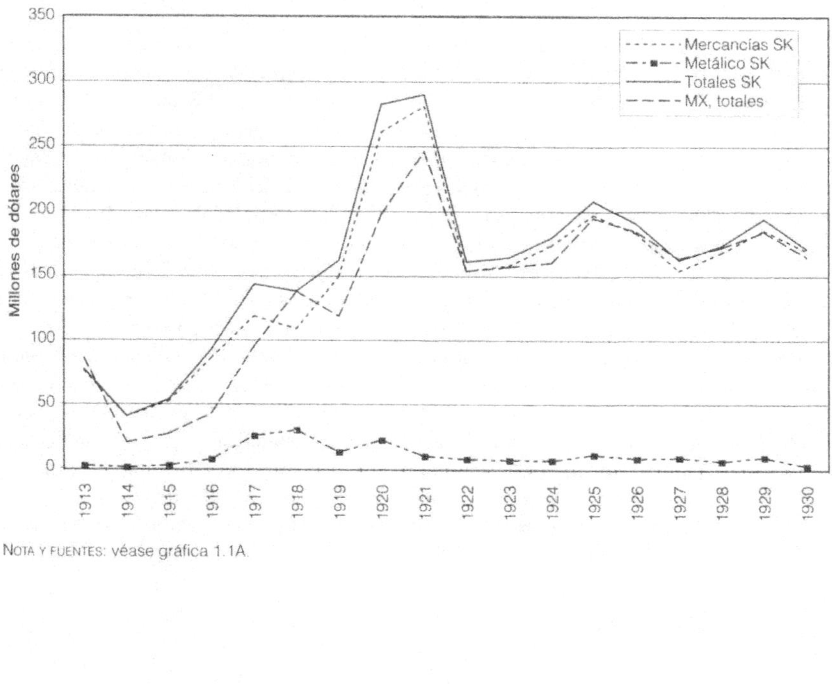

NOTA Y FUENTES: véase gráfica 1.1A.

cobraron en algunos años: por un lado, en torno a la Reforma Monetaria de 1905, y por el otro, en la etapa de astringencia monetaria que padeció México al terminar la fase armada de la revolución y hasta inicios de los años veinte. Por lo que se refiere a los valores totales, lo primero que salta a la vista son las grandes lagunas en los datos oficiales: al inicio del periodo, en 12 de 21 años se carece de fuentes MX, y en algunos más, las cifras disponibles están claramente subestimadas (1870, 1887-1889). Se comprueba, en cambio, que las estadísticas recabadas entre 1872 y 1874 son relativamente fiables, incluso en una época en que la administración se quejaba amargamente de la proliferación del contrabando.[81] Entre 1892 y 1912, como se expuso antes, las estadísticas MX muestran una buena comparabilidad con las de sus principales socios, lo cual me llevó a adoptarlas como base para la reconstrucción. Ello explica la cercana coincidencia entre ambos totales, aun cuando en algunos años las cifras MX exhiben, pese a todo, cierto grado de subestimación. Como se observa en la gráfica 1.1B, la revolución dio al traste con los notables logros en materia de regularidad estadística. La subestimación del valor de las importaciones en las fuentes MX suma 318 millones de dólares en los siete años que van de 1914 a 1921, o un promedio de 45.5 millones de dólares por año, que representaban, por término medio, 30% del valor anual de las importaciones en esos mismos años. Las deficiencias más graves en el registro MX se superaron en 1922; no obstante, persiste hasta el final del periodo una leve subestimación, atribuible al contrabando, que promedia unos 8 millones de dólares por año, equivalentes a alrededor de 4% del total importado.[82]

[81] Véase, por ejemplo, SHCP, *Informe... 1873* (1872-1873), p. 7; *Informe...1874* (1873-1874), pp. vii-viii, y *Memoria... 1878-1879* (1880), p. i-v, entre otros. El contrabando fue un problema gravísimo para la administración pública y el comercio legal desde la independencia, aunque a decir de los observadores, se agudizó con la firma del tratado de Guadalupe Hidalgo en 1848. En las últimas décadas del siglo XIX varios factores contribuyeron a disminuir considerablemente su incidencia. Por un lado, una mayor presencia y poder del Estado, que se traducía tanto en penalizaciones más severas como en la constitución de cuerpos especializados en la persecución de los contrabandistas; por el otro, mejoras en la organización aduanal, que hacían posible un control más eficaz del tráfico comercial; finalmente, la ampliación de la red ferroviaria, que si por un lado abarataba el costo de transporte, por el otro facilitaba el trabajo de los funcionarios aduanales, desalentando el tráfico ilegal. Aunque el contrabando fue reducido a su mínima expresión durante los años de madurez de la administración porfirista, reapareció durante la revolución. El tema se trata con mayor detalle en Bernecker, *Contrabando* (1994); Sierra y Martínez Vera, *El resguardo aduanal* (1971); Kuntz Ficker, "Institutional Change" (2002). En este libro se ha sorteado el problema del contrabando mediante el uso de fuentes alternativas para la reconstrucción del comercio exterior, y de ahí que no constituya un tema central. Con todo, se le retoma en el capítulo 4, en la medida en que resulta relevante para el estudio de la política comercial.

[82] Acerca del retorno y la persistencia del contrabando en la década de 1920, véase, por ejemplo, Sherwell, *Mexico's* (1929), pp. 52-53.

La comparación entre las viejas y las nuevas series de exportaciones es un tanto más compleja, pues aunque los valores totales sean similares en buena parte del periodo (véase gráfica 1.2C), su desglose es muy distinto, como se aprecia en las gráficas 1.2A y 1.2B.

Gráfica 1.2
Exportaciones mexicanas: nuevas series SK y series MX, 1870-1929
(valores fob en dólares corrientes)

A: Mercancías

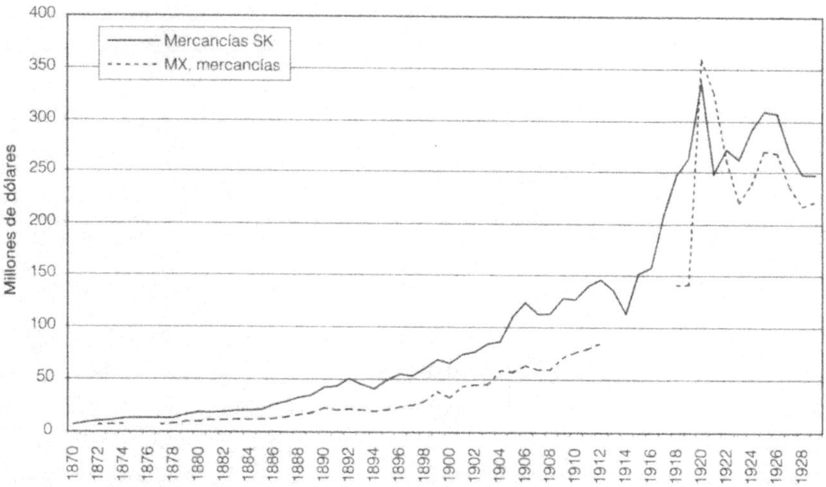

NOTA Y FUENTES: véase gráfica 1.1A.

B: Metálico *vs.* metales preciosos

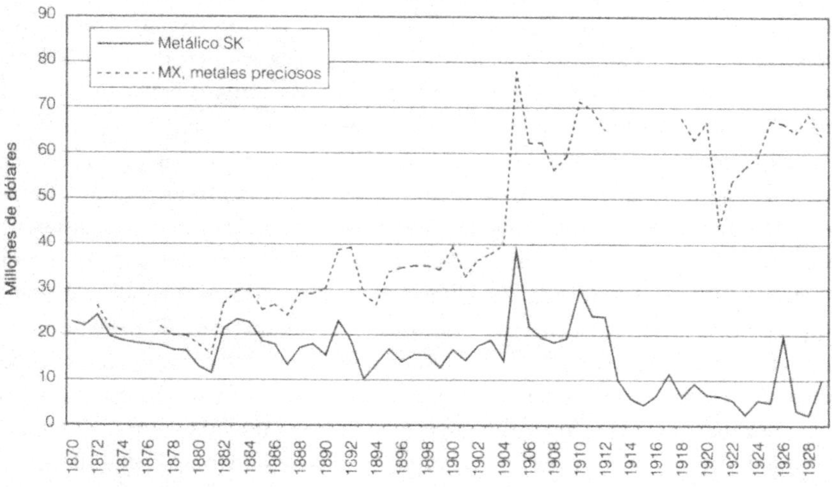

NOTA Y FUENTES: véase gráfica 1.1A.

C: Totales

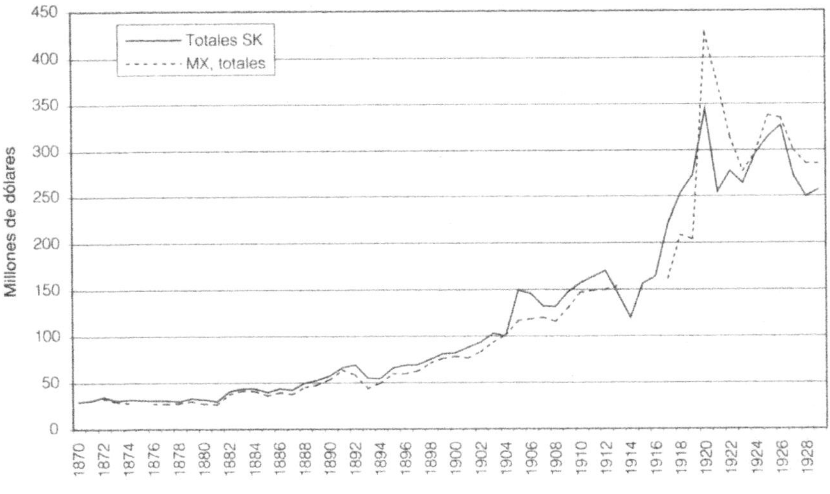

NOTA Y FUENTES: véase gráfica 1.1A.

Lo primero que destaca en estas dos gráficas es el trabajo de diferenciación entre lo que las estadísticas MX llamaban "metales preciosos" y lo que con mayor rigor hemos definido aquí como metálico o *specie* (gráfica 1.2B), y que resulta en una nueva serie de exportaciones de mercancías considerablemente más elevada que la que se deriva de las fuentes MX (gráfica 1.2A). Al atribuir las exportaciones de minerales aureos y argénteos a la cuenta de metales preciosos, las fuentes MX subestimaban severamente las exportaciones de mercancías, y esta subestimación crecía a medida que se desarrollaba el sector minero-exportador. Como consecuencia, el sesgo a la baja en la valoración del comercio de mercancías que presentan las cifras MX impide evaluar adecuadamente el desempeño del sector exportador mexicano a lo largo del periodo.

El correlato de esta subestimación del comercio de mercancías en las fuentes MX es que la cuenta de "metales preciosos" no designa con precisión lo que debería definirse como exportaciones de dinero en especie, sino que representa una mezcla que confunde pagos en el exterior con el crecimiento de las exportaciones mineras (gráfica 1.2B). Ello explica el contraste entre el comportamiento de la serie "MX, metales preciosos" y la nueva serie SK de exportaciones de metálico: mientras que la primera describe una curva similar a la de las exportaciones de mercancías, la segunda no muestra una tendencia ascendente, sino un flujo más o menos regular que refleja la medida en que se requería colocar fondos en el exterior para propósitos diversos, desde el pago de deudas o la remisión de intereses y dividendos de las empresas extranjeras hasta la realización de depósitos en instituciones bancarias del exterior. Este flujo oscilaba dentro de un rango relativamente estable de entre 10 y 20 millones de dólares antes de la revolución y por debajo de los 10 millones durante y después de la contienda armada.[83] Los picos de las transferencias de metálico que salen de ese rango deben atribuirse a circunstancias especiales de alguna naturaleza: un aumento repentino en el déficit de la balanza de mercancías debido al crecimiento súbito de las importaciones (1882-84) o a una caída abrupta de las ventas en el exterior (1891), la adquisición de oro para respaldar la reforma monetaria (1905), fugas de capital asociadas con la inestabilidad política (1910-12), o pagos elevados de la deuda externa (1926).

Finalmente, la gráfica 1.2C ofrece la comparación entre la serie MX y la propia por lo que se refiere a las exportaciones totales. Para analizar su comportamiento, es preciso distinguir entre el antes y el después de 1913, puesto que este año marca en forma notoria un corte en las prácticas de registro del comercio que se refleja en la consistencia de las cifras. El periodo anterior a la revolución se caracteriza por una mayor comparabilidad de los valores oficiales (MX) respecto a los construidos con fuentes alternativas (G6). No obstante, aún entonces se detecta cierta subestimación en los valores totales MX, que incluso aumenta en algunos años a partir de 1892, y sobre todo, de 1905. Algunos autores explican este fenómeno como resultado de cierta subvaloración en los precios de las exportaciones mexicanas calculados oficialmente respecto a los precios internacionales.[84]

Aunque el registro MX de las exportaciones continuó tras el inicio de la guerra civil, el hecho de que se hiciera originalmente en pesos vuelve muy complicada su conversión a dólares en años de devaluación y enorme volatilidad en el tipo de cambio, de manera que las cifras disponibles se vuelven difícilmente utilizables entre 1914 y 1916. La subestimación continúa entre 1917 y 1919, ahora en forma mucho más severa, lo cual puede atribuirse al contrabando y a la forma paulatina en que tuvo lugar la regularización en el registro del comercio.[85] Sin embargo, en 1920 se produce un salto por 222 millones de dólares en las cifras MX, que genera un cambio de signo en la discrepancia con la serie SK al colocar el valor de las exportaciones unos 80 millones por encima

[83] Más precisamente, las transferencias de metálico promediaron 18.6 millones de dólares anuales entre 1870 y 1912 y cayeron a tan sólo 7 millones como promedio entre 1913 y 1929.

[84] Sherwell, *Mexico's* (1929), p. 30.

[85] Existe evidencia indirecta de la salida ilegal de monedas de oro durante estos años. Véase, por ejemplo, la carta que en febrero de 1918 dirigió el Ministro de México en San Salvador al Secretario de Relaciones Exteriores, y que éste remitió al de Hacienda, en SRE, AHGE, exp. 17-10-82. Actos de contrabando con oro mexicano se sugieren también en SRE, AHGE, exp. 17-8-108. Para el contrabando de plata, véase por ejemplo SRE, AHGE, exp. 17-5-21.

de ésta. La discrepancia es aún mayor en el siguiente año, cuando rebasa los 117 millones de dólares, y aunque se suaviza en 1922 (con 37 millones de dólares de "exceso"), alcanza un acumulado de 236 millones de dólares en tan sólo esos tres años. Significativamente, las cifras mexicanas de ese trienio proceden de una misma publicación: se trata de la compilación de las estadísticas comerciales para los años de 1920 a 1922 que inaugura las publicaciones del Departamento de la Estadística Nacional.[86]

Un análisis detallado por países y por productos de las exportaciones realizadas en ese periodo me ha permitido identificar la raíz de la discrepancia, que consiste en una severa sobrevaluación de las exportaciones petroleras en las fuentes de origen mexicano. El fenómeno puede probarse recurriendo a los datos sobre las exportaciones de petróleo a Estados Unidos que registran las dos fuentes de información utilizables en este caso (véase cuadro 1.1).

Con el fin de eliminar las discrepancias que pueden derivarse de criterios de diferenciación y clasificación de los productos petroleros, en ambos casos (es decir, en las fuentes MX y en las EU) se incluye tanto petróleo crudo como todos los productos refinados y derivados del petróleo. El cuadro pone en evidencia con toda claridad el origen del problema. Mientras que el registro de la cantidad exportada en ambas fuentes es similar (la discrepancia se encuentra por debajo de 10% en todos los casos), el de los valores es fuertemente contrastante, pues exhibe una discrepancia que va desde un máximo de 213% hasta un mínimo de 76%, según se muestra en las últimas columnas del cuadro. La disparidad se origina, pues, en el precio atribuido en uno y otro caso al producto. En el cuadro se ha estimado el valor unitario implícito en los datos de cantidad y valor de las estadísticas de México y Estados Unidos: mientras que el valor unitario de esta combinación de productos petroleros con distintos

Cuadro 1.1
Exportaciones totales de petróleo mexicano a Estados Unidos, según las fuentes comerciales de ambos países, 1920-1922

	Exportaciones de petróleo a EU						*Discrepancia, fuentes MX-EU*			
	Cantidad, m³		*Valor, dls*		*Valor unitario por m³*					
	Fuentes MX	*Fuentes EU*	*Fuentes MX*	*Fuentes EU*	*Fuentes MX*	*Fuentes EU*	*Cantidad*	*Valor*	*% (cantidad)*	*% (valor)*
1920	19 056 410	17 283 521	204 574 238	65 276 798	10.74	3.78	1 772 889	139 297 440	10	213
1921	21 513 785	20 415 276	228 712 782	76 019 961	10.63	3.72	1 098 509	152 692 821	5	201
1922	22 100 460	20 622 591	147 353 334	83 688 773	6.67	4.06	1 477 869	63 664 561	7	76

NOTA: en ambos casos se incluyen petróleo crudo y todos los productos derivados, excepto asfalto.

FUENTES: para las cifras MX, DEN, *Anuario* (1923?), pp. 125-127; para las cifras EU, USTD, *The Foreign* (1893-1930), *passim*.

[86] DEN *Anuario* [1923?].

grados de elaboración era de alrededor de 3.85 dólares en las fuentes EU, en las fuentes mexicanas se encontraba entre 6.67 y 10.74 dólares, con un promedio de 9.34 dólares para los tres años. Como se verá en otra parte, este valor unitario se encuentra muy por encima del promedio internacional, independientemente de la combinación particular de productos y del tipo de petróleo de que se hable.[87] De hecho, si se suman las exportaciones mexicanas de petróleo y sus derivados a los principales socios comerciales de acuerdo con las fuentes de éstos y se estima luego el valor unitario de esa mezcla, el resultado varía entre 5.56 y 6.16 dólares en los años considerados. Estas cifras toman en cuenta el precio más elevado al que se vendían los productos petroleros mexicanos en Europa, y aún así representan casi la mitad de las tasaciones implícitas en las estadísticas mexicanas, lo que me lleva a concluir que éstas no reflejan ni los precios de precios de mercado ni las condiciones particulares en que se negociaron los productos mexicanos con sus principales socios, y carecen entonces de sustento. Por lo demás, testimonios de contemporáneos confirman la existencia de esta práctica de sobrevaloración de las exportaciones en las estadísticas oficiales, ostensible también en el caso de los minerales.[88]

En fin, aún cuando la sobrevaloración de las exportaciones en las estadísticas MX se reduce considerablemente a partir de 1923, persiste en algún grado en todos los años siguientes, y de hecho se acentúa hacia el final del periodo. Estas razones refuerzan la pertinencia del criterio adoptado aquí, en el sentido de sustentar la reconstrucción de las estadísticas de exportación en las cifras que proveen los socios comerciales, aún si éstas ofrecen un valor parcial a partir del cual es preciso estimar el de las exportaciones totales.

El comercio exterior y la economía nacional

Aunque conocemos a grandes rasgos las tendencias que registró el comercio exterior durante la era del capitalismo liberal, la falta de datos y la inclinación a fragmentar el periodo de estudio nos han impedido percibir con mayores

[87] El tema se trata con amplitud en los capítulos 6 y 7, relativos a las exportaciones.

[88] Butler Sherwell hizo notar en 1929 que las estadísticas publicadas por las agencias gubernamentales mexicanas en esos años tendían a sobrevaluar las exportaciones respecto a los precios de mercado que regían en el plano internacional. Sin embargo, Sherwell destaca la incidencia de esta práctica en las exportaciones de minerales (no combustibles) y de algunos productos agrícolas, y la pasa por alto en el caso de los combustibles. La razón es, quizá, que el autor se concentra en 1926, año en que han disminuido tanto las exportaciones petroleras como la sobrevaloración que de ellas hacía el gobierno, lo que minimizó el efecto resultante sobre las estadísticas de exportación. Véase Sherwell, *Mexico's* (1929), pp. 28-29, 32.

matices el ritmo y las fases de su desenvolvimiento. En este apartado se utilizan las nuevas series para analizar la evolución del comercio y ofrecer indicadores que nos permiten estudiar este fenómeno con mayor precisión.

En primer lugar, resulta de primordial importancia conocer la evolución de la balanza del comercio a lo largo de este periodo. El cuadro 1.2 ofrece una estimación anual, que separa el comercio de mercancías de las transferencias de metálico. Con el propósito de considerar los gastos de transporte que acarreaban las importaciones de mercancías, y que representaban al igual que éstas una erogación para México, se ha estimado el valor cif de las importaciones, añadiendo a los valores fob de éstas el factor en que se estima el costo del transporte internacional.[89] Se trata de una estimación máxima, por cuanto una parte creciente de las importaciones provenía de Estados Unidos, de donde se introducía por vía ferroviaria o marítima a un costo promedio menor al que representaban los fletes trasatlánticos. Como por otra parte no se sabe a ciencia cierta si la estimación del factor costo de transporte incluye también el de los seguros y gastos de consignación, aquélla sobrestimación contrarresta en parte esta posible carencia. En fin, todo ello significa que las cifras deben tomarse como la mejor aproximación disponible a la balanza del comercio, pero no como una reproducción exacta, que probablemente es imposible llevar a cabo.

Lo primero que merece comentarse es el grave déficit que registró el comercio de mercancías durante un lapso muy prolongado, y la necesidad de utilizar las exportaciones de metálico como una forma recurrente de saldar esta deficiencia en la balanza comercial. De hecho, tan sólo a partir de 1892 México fue capaz de pagar por sus importaciones con los recursos derivados del sector exportador propiamente dicho, y aún entonces los déficit mercantiles reaparecieron en el primer lustro de 1900 y, posteriormente, en los años de crisis originadas en el sector externo: 1907 y 1921. En segundo lugar, México fue un exportador neto de metálico desde el inicio del periodo hasta 1915, cuando esa posición se invirtió debido sobre todo a las necesidades de la circulación monetaria. Las importaciones de dinero metálico fueron particularmente significativas entre 1917 y 1920, aunque continuaron en menor medida durante la década de los veinte.

Ahora bien, la información de que disponemos hace posible distinguir entre comercio de mercancías y movimientos de metálico, pero no nos permite discernir el propósito que cumplían estos últimos, lo cual resulta crucial para saber si pertenecían a las transacciones en cuenta corriente o a la cuenta de capital. Es decir, una parte del oro y la plata que salieron del país en la forma de

[89] La estimación anual del factor costo de transporte se presenta en el cuadro A.6 del apéndice A.

medios de pago internacionales pudieron utilizarse para adquirir importaciones, remitir intereses sobre deudas públicas o privadas o dividendos de inversiones directas, y en esos conceptos formarían parte de la cuenta corriente. Sin embargo, sabemos que por lo menos una fracción de esos recursos sirvió para amortizar deudas o comprar valores en el extranjero, en cuyo caso pertenecían a la cuenta de capital. Lo mismo puede decirse de las entradas: aun cuando los ingresos turísticos y las remesas de braceros aparecieron tardíamente en el capítulo de invisibles, es de suponer que una parte de las entradas de oro y plata correspondían a transacciones de la cuenta corriente y otras —acaso la mayor parte— a la de capital. Aún así, el registro que tenemos de ésta última es de todas formas muy incompleto, lo cual se confirma a partir de nuestro escaso conocimiento sobre la magnitud de las inversiones de capital extranjero. Esto significa que, con la información disponible, no estamos en condiciones de ofrecer una estimación rigurosa de los distintos capítulos que conformaban la balanza de pagos, y ni siquiera podemos diferenciar de manera estricta los movimientos de metálico que correspondían a las transacciones de cuenta corriente y los que constituían movimientos de capital. A falta de ello, el cuadro 1.2 presenta un "saldo" de los movimientos agregados de mercancías y metálico, que por lo pronto permite conocer la capacidad de la economía mexicana para solventar sus operaciones de comercio exterior y las dimensiones del sobrante (o déficit) una vez que aquéllas habían sido cubiertas, a sabiendas de que este último se repartió, en proporciones que desconocemos, entre la cuenta corriente y la de capital.

Si se toman en cuenta los movimientos de mercancías y los de metálico, el saldo resultante es superavitario, a veces por un mínimo margen, durante casi todo el periodo. La mayor parte de los excedentes constituían en realidad intereses y dividendos del capital extranjero invertido en México, y en periodos de inestabilidad política o incertidumbre en el ambiente de negocios, fugas netas de capital.[90] Esto significa que "el balance neto de los componentes invisibles ha estado desde hace mucho tiempo en contra de México."[91] Por otra parte, los déficit que se registraron a principios de la década de 1880 se produjeron en una etapa de fuertes inyecciones de capital extranjero, que contrarrestaban el déficit comercial y que de hecho se siguieron produciendo con fuerza hasta el final del porfiriato.[92] Por otra parte, el déficit más grave, por sus dimensiones y porque probablemente no fue compensado por nuevos flujos de inversión, tuvo lugar en 1921, cuando la economía no reaccionó con la suficiente rapidez a la súbita caída de las exportaciones.

[90] Sterrett y Davis, *The Fiscal* (1928), p. 119.
[91] Sterrett y Davis, *The Fiscal* (1928), p. 118.
[92] Rosenzweig, *El desarrollo* (1989), p.145.

Cuadro 1.2

Balanza del comercio exterior de México, 1870-1929

(millones de dólares corrientes, año fiscal hasta 1917)

	Exportaciones de mercancías fob	*Importaciones de mercancías cif*	*Balanza comercio de mercancías*	*Exportaciones de metálico fob*	*Importaciones de metálico cif*	*Exportaciones netas de metálico*	*Exportaciones totales (merc+met) fob*	*Importaciones totales (merc+met) cif*	*Saldo*
1870	6.5	21.8	–15.3	22.7	0.0	22.7	29.2	21.8	7.4
1871	8.6	19.9	–11.3	21.9	0.0	21.9	30.5	19.9	10.5
1872	10.1	24.1	–14.0	24.2	0.0	24.2	34.3	24.1	10.3
1873	10.8	26.1	–15.3	19.5	0.1	19.5	30.3	26.1	4.2
1874	12.7	21.5	–8.8	18.6	0.0	18.5	31.3	21.6	9.7
1875	12.8	19.5	–6.7	18.0	0.0	18.0	30.8	19.5	11.3
1876	12.7	18.9	–6.2	17.8	0.0	17.8	30.5	18.9	11.6
1877	12.9	24.4	–11.4	17.5	0.0	17.5	30.4	24.4	6.1
1878	12.9	22.5	–9.6	16.5	0.0	16.5	29.4	22.5	6.8
1879	16.4	24.5	–8.1	16.4	0.0	16.4	32.8	24.5	8.3
1880	18.5	29.8	–11.3	12.8	0.0	12.8	31.3	29.8	1.5
1881	18.0	38.8	–20.8	11.4	0.0	11.4	29.3	38.8	-9.5
1882	18.8	40.9	–22.1	21.3	0.0	21.3	40.1	40.9	-0.8
1883	19.9	32.6	–12.7	23.3	0.0	23.3	43.2	32.6	10.7
1884	20.4	27.9	–7.6	22.6	0.0	22.6	43.0	27.9	15.1
1885	20.9	26.4	–5.5	18.4	0.0	18.4	39.3	26.4	12.9
1886	25.5	28.7	–3.2	17.8	0.0	17.8	43.3	28.7	14.6
1887	28.5	37.0	–8.5	13.2	0.0	13.2	41.7	37.0	4.7
1888	32.3	42.4	–10.1	17.1	0.2	16.9	49.3	42.6	6.8
1889	34.4	51.8	–17.4	17.9	0.0	17.9	52.3	51.8	0.5
1890	41.7	53.4	–11.7	15.4	0.0	15.4	57.1	53.4	3.7
1891	42.9	47.6	–4.7	23.0	0.0	23.0	65.9	47.6	18.3
1892	49.9	47.6	2.3	18.6	0.5	18.1	68.5	48.1	20.4
1893	44.3	32.5	11.9	10.1	0.8	9.3	54.4	33.2	21.2
1894	40.4	36.8	3.6	13.4	0.6	12.8	53.8	37.4	16.4
1895	48.7	45.7	3.0	16.7	0.2	16.5	65.4	45.9	19.5
1896	54.4	45.9	8.5	13.9	0.1	13.8	68.3	46.0	22.3
1897	52.9	46.3	6.6	15.5	1.3	14.2	68.4	47.6	20.8

1898	59.1	54.7	4.4	15.4	0.1	15.3	74.4	54.8	19.7
1899	67.9	66.3	1.6	12.6	0.1	12.5	80.4	66.3	14.1
1900	64.5	70.7	–6.2	16.6	1.2	15.5	81.2	71.8	9.3
1901	73.1	69.8	3.3	14.3	2.7	11.5	87.3	72.5	14.9
1902	75.3	80.4	–5.0	17.5	1.1	16.4	92.8	81.5	11.4
1903	83.6	84.0	–0.5	18.7	0.7	18.0	102.3	84.7	17.6
1904	85.5	93.4	–7.8	14.2	0.7	13.4	99.7	94.1	5.6
1905	110.0	97.8	12.3	38.7	20.8	17.9	148.7	118.6	30.2
1906	123.2	119.1	4.0	21.8	10.7	11.1	145.0	129.8	15.2
1907	112.3	114.4	–2.1	19.3	1.9	17.4	131.6	116.3	15.3
1908	112.7	81.4	31.3	18.2	0.4	17.9	130.9	81.8	49.2
1909	127.3	99.4	28.0	19.1	0.8	18.4	146.5	100.2	46.3
1910	126.3	109.8	16.5	30.0	0.1	29.8	156.3	109.9	46.4
1911	138.8	99.2	39.6	24.1	0.1	24.0	163.0	99.3	63.6
1912	145.5	105.2	40.3	23.9	0.1	23.9	169.5	105.3	64.2
1913	135.0	80.9	54.1	9.9	1.6	8.4	144.9	82.5	62.4
1914	112.9	44.7	68.2	5.9	0.4	5.5	118.8	45.1	73.7
1915	151.4	62.3	89.1	4.4	2.0	2.5	155.8	64.3	91.5
1916	156.9	102.9	54.0	6.5	7.8	–1.4	163.4	110.8	52.6
1917	207.9	142.0	65.9	11.3	29.8	–18.5	219.2	171.8	47.4
1918	246.2	124.6	121.6	6.1	33.7	–27.7	252.2	158.3	93.9
1919	262.7	172.0	90.7	9.1	14.1	–5.0	271.9	186.2	85.7
1920	337.3	287.0	50.4	6.6	23.5	–16.9	343.9	310.5	33.4
1921	247.8	308.5	-60.7	6.4	10.1	–3.8	254.2	318.7	-64.5
1922	271.5	169.2	102.3	5.5	7.8	–2.3	277.0	177.0	99.9
1923	261.3	173.7	87.6	2.3	7.0	–4.7	263.6	180.7	82.9
1924	291.2	190.9	100.3	5.4	6.5	–1.1	296.6	197.4	99.2
1925	309.1	216.8	92.4	4.9	11.7	–6.8	314.1	228.5	85.6
1926	307.1	201.3	105.8	19.6	8.2	11.4	326.7	209.5	117.2
1927	269.0	169.6	99.5	3.1	9.2	-6.1	272.1	178.7	93.4
1928	247.0	184.7	62.3	2.1	5.9	-3.8	249.2	190.6	58.5
1929	246.6	203.8	42.8	9.6	9.7	-0.1	256.3	213.5	42.8

NOTAS: para la estimación de las cifras cif del comercio se sumó a los valores fob de las importaciones el costo estimado del transporte a partir del factor anual que se presenta en el cuadro A.6 (apéndice A). Se trata de una estimación aproximada, pues las fuentes originales no indican si los fletes marítimos incluyen el costo del seguro. Cualquier subestimación en este sentido se contrarresta, sin embargo, por el hecho de que una parte sustancial y creciente de las importaciones mexicanas provenían de Estados Unidos, a un costo promedio de transporte mucho menor.

FUENTE: elaboración propia a partir de los criterios expuestos en el capítulo 1 y de las cifras presentadas en el apéndice A.

Ahora bien, como han hecho notar otros autores, esta forma de calcular el saldo de las transacciones comerciales y monetarias oculta el hecho de que una parte considerable del valor de las exportaciones permanecía en el exterior bajo la forma de utilidades de la inversión extranjera que dominaba el propio sector exportador. De ahí que algunos autores sugieran que debería distinguirse entre el valor total de las exportaciones y su *valor de retorno*, es decir, el valor de las exportaciones que permaneció en el país.[93] Análisis contemporáneos han estimado el valor de retorno de las exportaciones en una proporción que iría de 79% hacia el final del porfiriato hasta 66% en 1926.[94] Ello disminuiría, evidentemente, el saldo favorable en cuenta corriente, o en su caso, aumentaría el déficit. Y mientras que en el porfiriato las fugas de recursos eran compensadas con creces por nuevas inversiones de capital, no lo fueron, o al menos no en la misma medida, durante la década de 1920, por lo que en esas circunstancias las remesas de utilidades e intereses al exterior constituían una pérdida neta que debilitaba la posición internacional de México.[95]

Por otra parte, si se desea indicar que los recursos que se fugaron del país por estos conceptos (entre 21 y 34% del valor de las exportaciones, de acuerdo con esta estimación) disminuyeron la capacidad para importar de la economía mexicana y afectaron negativamente su balanza de pagos, es preciso también reparar en el hecho de que entre 1914 y 1923 México suspendió el servicio de su deuda externa, y a partir de entonces sólo lo reanudó en forma parcial e irregular.[96] "La falta de pago de la deuda resultó una ayuda para la balanza de pagos posrevolucionaria equivalente a una transferencia internacional unilateral de poder adquisitivo de varios centenares de millones de dólares." Naturalmente, el beneficio económico que de ello haya podido derivarse tuvo un costo elevado para el crédito de México en el exterior. Como el mismo autor afirma, "el alivio de la balanza de pagos se obtuvo a expensas de un grave deterioro de las relaciones entre el gobierno mexicano y la comunidad financiera internacional, relaciones que no volvieron a cimentarse sino hasta bien entrada la década de los años cuarenta."[97] En cualquier caso, el saldo favorable de las

[93] El concepto se aborda con mayor detalle en el capítulo 6.

[94] Sherwell, *Mexico's* (1929), *passim*.

[95] De acuerdo con las estimaciones de Sherwell, durante el porfiriato fluían al país inversiones de capital extranjero por un monto aproximado de 100 millones de pesos al año como promedio, de manera que en veinte años llegaron a sumar 2 000 millones de pesos. En cambio, el mismo autor estima la inversión extranjera de 1926 en apenas 16 millones de pesos. Sherwell, *Mexico's* (1929), pp. 24, 64.

[96] Sterrett y Davis, *The Fiscal* (1928), pp. 3, 6-13, 60; Marichal, *A Century* (1989), pp. 178, 213.

[97] Reynolds, *La economía* (1970), p. 244.

transacciones de mercancías y metálico aumentó en forma considerable tras el golpe propinado a las finanzas internacionales por la crisis de 1921, promediando casi 100 millones de dólares por año entre 1922 y 1927. En los últimos años de la década se combinó el aumento de las importaciones con la caída de las exportaciones de mercancías y de las transferencias netas de metálico para disminuir el superávit a menos de la mitad del monto alcanzado en los años anteriores. Esto significa que la posición internacional de México daba señales inequívocas de deterioro aun antes de que se manifestaran los efectos de la Gran Depresión.

La balanza comercial nos ofrece un acercamiento a la evolución del comercio en términos absolutos, referidos a su valor anual. Es pertinente, sin embargo, ofrecer algunos parámetros relativos del comportamiento del comercio exterior, que nos den una idea de cómo evolucionaron en relación con el resto de la economía o con la población. Estos indicadores se presentan en el cuadro 1.3, que utiliza para las estimaciones valores nominales en dólares.

Debido a que las transferencias de metálico imprimían un comportamiento peculiar a las series del comercio, el cuadro distingue las exportaciones de mercancías de las exportaciones totales, que incluyen las de *specie*. En cambio, como las importaciones de metálico no fueron por lo general significati-

Cuadro 1.3
Indicadores del desempeño relativo del comercio exterior: comercio per cápita y porcentaje del PIB, 1870-1929
(cifras en dólares corrientes)

	Exportaciones de mercancías		*Exportaciones totales*		*Importaciones totales*		*Comercio de mercancías*		*Comercio total*	
Decenios	*Per cápita*	*% del PIB*	*Per cápita*	*% del PIB*	*Per cápita*	*% del PIB*	*Per cápita*	*% del PIB*	*Per cápita*	*% del PIB*
1870-79	1.29	4.1	3.44	9.6	2.14	6.7	3.44	10.8	5.58	16.3
1880-89	2.38		4.15		3.23		5.61		7.38	
1890-99	4.08	11.2	5.33	14.1	3.60	9.5	7.65	20.6	8.94	23.6
1900-09	6.88	10.0	8.29	12.1	6.39	9.5	13.00	19.1	14.68	21.6
1910-19	11.11		11.97		6.61		17.21		18.58	
1920-29	19.45	11.2	19.91	11.5	13.99	7.8	32.80	18.7	33.89	19.3

NOTAS:
Datos del PIB: no existen cifras oficiales antes de 1895. Se utiliza como promedio para la década de 1870 la estimación que Coatsworth ofrece en pesos corrientes para 1877, y se convierte a dólares al tipo de cambio de ese año. Para la década 1890-99 se utilizan las cifras que ofrece el INEGI (valores corrientes) para el lapso 1895-99, convertidas a dólares. Para los decenios 1900-09 y 1920-29 el INEGI provee cifras anuales, que se convierten a dólares y se promedian decenalmente. Por lo demás, las cifras del PIB que provee Coatsworth arrojan una participación más alta del comercio exterior en 1895 y 1910.
Datos de población: se usan las cifras disponibles, generalmente para algunos años de cada decenio, como promedio decenal. En la década de 1920, se promedian las cifras de 1920, 1926 y 1929.
FUENTES: Coatsworth, *Los orígenes* (1990), p. 117; INEGI, *Estadísticas históricas* (1985), tomo I, pp. 9, 311.

vas, sólo se consideran las importaciones totales. De cualquier forma, se ofrecen cifras para el comercio de mercancías (exportaciones más importaciones de mercancías) y para el comercio total (incluyendo metálico).

Comentemos los datos más sobresalientes. Ambas dimensiones del comercio muestran un nivel extremadamente bajo en el punto de partida: el comercio de mercancías alcanzaba un valor de menos de cuatro dólares por habitante, y no llegaba a representar 11% del PIB. Es el desempeño característico de una economía cerrada y escasamente integrada al mercado internacional, que tenía pocos productos para vender en el exterior (apenas 1.29 dólares per cápita). Pese a ello, una dotación de recursos minerales favorable le permitía producir medios de pago internacionales para vivir por encima de sus medios o, para decirlo con mayor precisión, para adquirir más importaciones de las que su producción exportable podía sostener. Esta precaria situación empezó a modificarse ya en los años de 1880 y más claramente a partir de 1890, cuando las cifras del comercio de mercancías empezaron a mostrar niveles al menos comparables con países similares en el contexto latinoamericano y la periferia europea.[98] Entre la década de 1870 y la de 1920, el comercio de mercancías se multiplicó más de nueve veces en términos per cápita y su presencia en el PIB casi se duplicó, de manera que en esta última década alcanzaba 19% del PIB y más de 30 dólares por habitante.

Veamos ahora cada una de las dimensiones del comercio exterior. Las exportaciones totales exhiben variaciones más modestas respecto al punto de partida que las de mercancías, por la simple razón de que aquéllas estaban dominadas en un principio por los metales preciosos, cuyas transferencias se mantuvieron más o menos estables a lo largo del periodo. En cambio, las de mercancías muestran un crecimiento considerable tanto en términos per cápita como en su participación en el PIB: su valor pasó de menos de dos a más de cuatro dólares per cápita entre las décadas de 1870 y 1890, a más de 11 en la de 1910 y a casi 20 dólares por habitante en la de 1920, un desempeño notable que llevó al sector exportador desde una presencia insignificante a una contribución de más de 11% del PIB en esta última década. Cabe hacer notar, sin embargo, que el gran salto en la participación de las exportaciones en el PIB se produjo entre los años de 1870 y los de 1890, ya que después de este decenio, esa participación no se incrementó. Ello no necesariamente se debió a una desaceleración en el crecimiento de las exportaciones, puesto que su valor por habitante siguió aumentando hasta el final del periodo, sino probablemente a que, según estas cifras, a partir de la década de 1890 el sector interno

[98] Véase Bairoch, "European Foreign Trade" (1973); Bulmer-Thomas, *The Economic History* (1996), pp. 69, 195.

de la economía empezó a crecer tan rápidamente como el sector exportador. Lejos de ser un rasgo negativo, ello ofrece un primer indicio de que el crecimiento exportador no constituía un obstáculo para el crecimiento de las actividades orientadas hacia el mercado interno. Muy por el contrario, parece obvio que una parte sustancial de los recursos que en una fase temprana se invirtieron en el desarrollo de la industria y de la agricultura comercial provinieran del excedente generado por las exportaciones, el sector más dinámico de la economía.

Significativamente, las importaciones empezaron siendo superiores a las exportaciones de mercancías tanto en su valor per cápita como en su participación en el PIB, lo que confirma los rasgos que caracterizaban a la economía mexicana al inicio del periodo: una economía escasamente desarrollada, de índole tradicional, que utilizaba las importaciones para complementar una pobre oferta local de productos de consumo, pese a lo cual aquéllas representaban una erogación de apenas poco más de dos dólares por habitante. Aquí la situación cambió alrededor de los años noventa y más claramente de 1900, cuando el valor per cápita de las importaciones se triplicó respecto al punto de partida y su participación en el PIB se fue acercando al 10%, pero sobre todo cuando el valor de las importaciones empezó a ser consistentemente superado por el de las exportaciones de mercancías. En la década de 1910 llama la atención el estancamiento en el valor per cápita de las importaciones, que además contrasta con la continuidad en el crecimiento exportador. Esta aparente paradoja se explica por las condiciones creadas por la guerra civil, que si por un lado no impidieron el funcionamiento de las actividades exportadoras, por el otro distorsionaron severamente el uso que se hacía de los recursos generados por el sector exportador. En los años veinte las importaciones recuperaron cierto dinamismo, duplicando de hecho el valor per cápita que registraron en la década anterior, aunque su participación en el PIB retrocedió —y de hecho, había dejado de aumentar desde la década de 1890. Ello indica que las compras en el exterior seguían creciendo en términos absolutos, pero lo hacían a un ritmo muy similar al del resto de la economía. Como mostraremos en la segunda parte, ello no es sino el resultado de la estrecha conexión que, a partir de cierto momento, existió entre las importaciones y la modernización e industrialización de la economía mexicana.

Hasta aquí nos hemos ocupado de algunos indicadores básicos de la evolución del comercio exterior en términos nominales, es decir, a precios en dólares corrientes. Es importante, sin embargo, complementar y matizar este análisis descontando la influencia de los cambios en los precios sobre el comportamiento del comercio exterior, es decir, deflactar las series para reducirlas

Cuadro 1.4
Tasa de variación media anual de los índices de precios del comercio exterior
(porcentaje de variación)

	Exportaciones		*Importaciones*
Por décadas	*Mercancías*	*Totales*	*Totales*
1870-1880	−1.1	−3.0	−0.3
1880-1890	0.3	−0.6	−1.1
1890-1900	−3.1	−3.9	0.1
1900-1910	−0.4	−0.4	0.5
1910-1920	7.0	6.7	9.5
1920-1929	−3.4	−3.6	−6.1
Otros periodos			
1870-1929	−0.1	−0.8	0.5
1870-1890	−0.4	−1.8	−0.7
1890-1911	−1.9	−2.2	0.2
1870-1911	−1.2	−2.0	−0.2
1911-1920	8.3	7.9	10.8
1911-1929	2.3	2.0	2.0
1913-1920	8.8	8.7	13.3

FUENTES: apéndice B.

a valores reales. Para ello se han elaborado índices de precios de las exportaciones y las importaciones, cuya evolución anual se registra en el apéndice B, y cuyas tasas de variación media anual para distintos subperiodos se sintetizan en el cuadro 1.4.[99]

Como se deduce del cuadro, se han estimado índices de precios tanto para las exportaciones de mercancías como para las totales —cuyo comportamiento difiere debido al impacto de la devaluación de la plata— y para las importaciones totales. El cuadro en sí mismo ofrece estimaciones de las tasas de variación media anual de estas tres variables calculadas por década y para lapsos significativos dentro del periodo de estudio. Lo primero que salta a la vista es el deterioro en los precios de las exportaciones en casi todos los periodos anteriores a 1910, que es, sin embargo, mucho mayor cuando se atiende a las exportaciones totales, debido al peso que en ellas tenían las transferencias de plata y a la severa depreciación que sufrió ese metal en las primeras décadas del periodo. Para las mercancías, la caída de los precios se produjo a una tasa promedio de −1.2% anual entre 1870 y 1911, aunque el deterioro fue mayor en las décadas de 1870 y 1890. El único lapso en el cual los precios de las exportaciones crecieron en forma notoria fue la década de 1910, y particularmente los años de la Primera Guerra Mundial y la inmediata posguerra, caracterizados por una fuerte inflación.

[99] El apéndice B incluye tanto los índices como el procedimiento con el que se construyeron.

La evolución de los precios de las importaciones mexicanas fue mucho más estable hasta 1910, aunque muestra una tendencia a la baja en las dos primeras décadas que se revierte a partir de los años noventa. En conjunto, los precios de las importaciones descienden a una tasa de –0.2% anual entre 1870 y 1911, que es mucho menor a la que exhiben las exportaciones, y crecen a una tasa media de 10.8% anual en la década de 1910, bastante por encima de la tasa a la que crecen las exportaciones en ese mismo decenio. En cambio, los precios de las importaciones caen en forma más pronunciada que los de las exportaciones durante los años veinte (–6.1% de variación media anual, contra –3.4 de las exportaciones de mercancías), de manera que para el periodo 1911-1929 el comportamiento de los precios en ambas dimensiones del comercio termina aproximándose, con una tasa de crecimiento que ronda el 2% como promedio anual.

Con los índices de precios que aquí se comentan, y que se presentan y explican *in extenso* en el apéndice B, se han deflactado los valores del comercio exterior. Las gráficas que llevan el número 1.3 ilustran las series resultantes, y las comparan con los valores nominales que se derivan de la reconstrucción.

Como se aprecia en las gráficas, los valores reales del comercio —en sus dos dimensiones— se encontraron más cerca de sus valores nominales en el periodo anterior a la Primera Guerra Mundial. Ello fue así sobre todo por lo que respecta a las importaciones, puesto que las series nominal y real de las exportaciones

Gráfica 1.3
Comercio exterior de México, valores nominales y reales, 1870-1929
(valores fob en dólares)

A: Importaciones totales

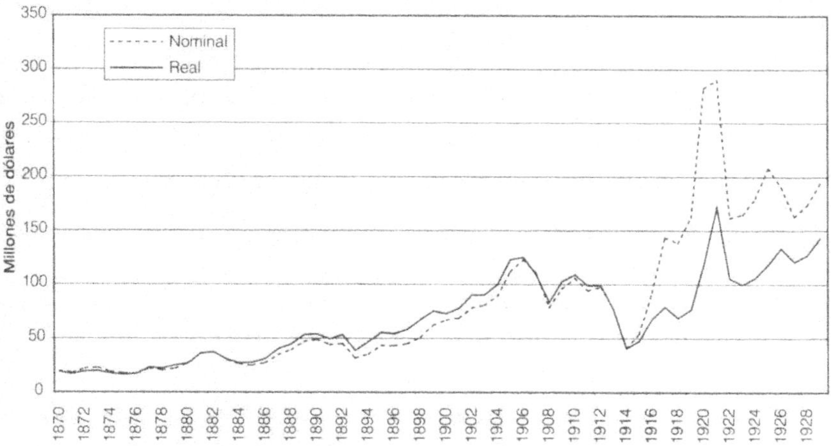

FUENTES: elaboración propia. Véase apéndices A y B.

B: Exportaciones totales

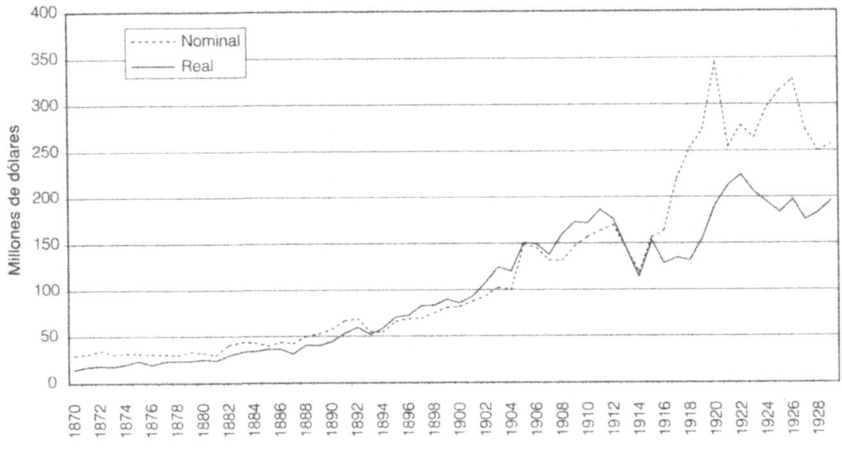

FUENTES: elaboración propia. Véanse apéndices A y B.

exhibieron una discrepancia considerable que se disimula por las diminutas dimensiones que alcanzaba su valor en los inicios del periodo. En ambos casos, el deterioro en los precios hace que a partir de los años de 1890 el crecimiento en términos reales sea mayor que lo indicado por los valores nominales, aunque el fenómeno es más acentuado en el caso de las exportaciones. De cualquier forma, en las dos dimensiones del comercio se aprecia un crecimiento consistente de los valores reales durante las primeras tres o cuatro décadas del periodo, que en el caso de las importaciones se detiene en 1906 y en el de las exportaciones continúa hasta 1911. Pese a que ambas dimensiones del comercio muestran altibajos en su evolución, las importaciones exhiben más claramente un comportamiento cíclico, relacionado con los ciclos de inversión extranjera que a su vez indican aceleraciones sucesivas —o "jalones", para decirlo en términos coloquiales— en el proceso de modernización económica. Tanto aquí como en las exportaciones se traslucen los altibajos en la economía internacional, cuyo impacto recesivo sobre el comercio exterior de México apenas se percibe en las coyunturas de 1873 y 1885, pero que fue particularmente notorio tras las crisis económicas de 1893, 1907 y 1914, aunque en esta última confluía la recesión internacional con la agudización de la guerra civil en México.[100] En esta última fecha se abre una etapa distinta en la evolución del comercio exterior, no tanto

[100] Acerca de las crisis económicas y su transmisión internacional durante la era del capitalismo liberal, véase Kenwood y Lougheed, *Historia* (1972), pp. 252 ss; Cameron, *A Concise* (1989), pp. 278-279; Ashworth, *Breve historia* (1977), pp. 252-254.

por el hecho de que los valores caigan durante los años más agudos de la guerra civil en México, sino porque sus rasgos se transforman a partir de entonces como consecuencia de los cambios producidos por la Gran Guerra en la economía internacional. Así, aunque el crecimiento se recupera tras la caída profunda pero transitoria de 1913 a 1916, desaparece la consistencia del periodo anterior, así como la relativa cercanía que se observaba entre los valores nominales y reales del comercio. Lo que destaca a partir de entonces es un comportamiento espasmódico, caracterizado por años de intensa aceleración seguidos por otros de caídas abruptas en los valores del intercambio. Asimismo, las cifras nominales se disparan muy por encima de los valores reales, ocultando la lentitud y la modestia de la recuperación en los años veinte. En particular, aunque los picos que alcanzan los valores del comercio en 1920 pueden explicarse por el auge de la reconstrucción de las economías europeas, es la hiperinflación de la posguerra la que explica sus dimensiones exacerbadas.[101] Aunque la inflación en el mercado internacional persiste durante varios años, en el segundo lustro de la década el exceso de oferta sobre la demanda internacional empieza a producir el efecto contrario, mejorando el desempeño real del comercio en relación con sus valores nominales.

Para darnos una idea más precisa del comportamiento del comercio exterior de México a lo largo de este periodo, atendamos brevemente a sus tasas medias de crecimiento anual en términos reales, que se presentan para varios periodos en el cuadro 1.5.

Cuadro 1.5
Tasa media anual de crecimiento del comercio exterior, 1870-1929
(a precios constantes en dólares de 1913)

	Exportaciones		*Importaciones*
Por décadas	*Mercancías*	*Totales*	*Totales*
1870-1880	12.4	5.7	3.7
1880-1890	8.1	5.8	7.4
1890-1900	7.8	6.9	3.1
1900-1910	7.4	7.2	4.2
1910-1920	3.1	1.1	0.8
1920-1929	0.0	0.2	2.2
Otros periodos			
1870-1929	6.5	4.5	3.6
1870-1890	10.2	5.8	5.5
1890-1911	7.9	7.1	3.0
1870-1911	9.0	6.5	4.2
1911-1929	1.0	0.3	2.1

FUENTES: basada en la reconstrucción propia de los valores anuales del comercio exterior. Véanse capítulo 1 y apéndices A y B.

[101] Kenwood y Lougheed, *Historia* (1972), pp. 298-299.

Sabemos ya que un componente importante de las exportaciones, sobre todo al inicio del periodo, eran las transferencias de metálico, y que parte de las importaciones se adquiría con dinero y no con mercancías. Por esta razón, se incluyen en el cuadro tanto las tasas de crecimiento de las exportaciones totales como de mercancías, por cuanto estas últimas nos permiten captar el desarrollo de un sector exportador propiamente dicho. Por razones que no es difícil explicar, las exportaciones de mercancías crecieron más que las totales durante todo el periodo y en casi todos los subperiodos considerados por separado. Ello es así tanto porque las transferencias de metálico eran mayores en los años iniciales como porque se mantuvieron dentro de un rango más o menos estable, sin crecer ni disminuir, en cuatro de las seis décadas consideradas. Por otra parte, salvo algunos lapsos excepcionales, tanto las exportaciones totales como las de mercancías crecieron en términos reales más que las importaciones a lo largo de todo el periodo; de hecho, las de mercancías crecieron casi al doble que las importaciones entre 1870 y 1929, lo que sugiere que el aumento de la capacidad para importar se asoció al desarrollo del sector exportador y cada vez menos a la fuga de especie hacia el exterior.

El crecimiento de las exportaciones de mercancías en valores constantes es sobresaliente desde cualquier punto de vista. Si bien es cierto que el reducido valor que encontramos en el punto de partida explica la tasa elevadísima del primer decenio, esa situación inicial no puede dar cuenta de la continuidad del crecimiento en las siguientes tres décadas. De hecho, las exportaciones crecieron a una tasa promedio de 9% anual en los cuarenta años que van del inicio de la apertura al estallido de la revolución, para luego continuar a una tasa muy respetable de 3% anual durante los agitados años de la contienda armada. De hecho, el único lapso en que las exportaciones dejaron de crecer en términos reales fue la década de 1920, aunque una mirada más cercana revelaría avances en el primer lustro de esa década y un declive persistente —y un tanto prematuro para los estándares internacionales— a partir de 1926. Con todo, y aunque el tema se tratará más ampliamente en el capítulo correspondiente, el balance no deja lugar a dudas: durante la era del capitalismo liberal, México aprovechó la ventana que se abrió en el mercado internacional para desplegar sus actividades exportadoras a un ritmo nunca antes conocido, lo que le permitió reducir su dependencia de los metales preciosos y aumentar su capacidad para importar. No debe extrañar, entonces, que las importaciones crecieran también a un ritmo notable durante la mayor parte del periodo: si se consideran las seis décadas, su tasa de crecimiento real promedió 3.6% anual, aunque en algunos lapsos más breves fue muy superior: 5.5% entre 1870 y 1890, y un notable 4.2% para las cuatro décadas anteriores a la revolución. Los únicos lapsos en los cuales el ritmo de crecimiento de las importaciones disminuyó fueron la década de la contienda armada y la de los años veinte, pese a lo cual éstas registraron un porcentaje aceptable de crecimiento para el periodo 1911-29, con 2.1% como promedio anual. Aunque es evidente que existe una conexión virtuosa entre las dos dimensiones del comercio exterior, las cifras sugieren que ésta no es inmediata, o por lo menos que no es lineal. Así, mientras las exportaciones exhiben un progreso continuo e intenso en las cuatro décadas de 1870 a 1910, las importaciones muestran fases de mayor aceleración, seguidas por otras de menor intensidad. Este comportamiento diferencial podría explicarse por el hecho de que, frente a condiciones en general favorables en el mercado internacional (aunque no necesariamente iguales para los distintos productos), el despliegue de las exportaciones dependía en buena medida de las condiciones de la oferta, a su vez asociadas con la incorporación de recursos ociosos y la ampliación del mapa productivo. En estas condiciones, la curva del crecimiento podía seguir una progresión ascendente, si bien a un ritmo menos intenso a medida que se alcanzaba la frontera de posibilidades de producción (o que disminuía la demanda externa). En cambio, el desenvolvimiento de las importaciones se asocia a elementos de naturaleza un tanto distinta. La primera y más importante aceleración, que tiene lugar durante los años ochenta, es resultado de la confluencia de dos factores: el reingreso al mercado internacional de capitales que se produjo tras la renegociación y reanudación del pago de la deuda externa, que convirtió a México en un destino atractivo para la inversión, y el arranque del programa de expansión ferroviaria, que por sí mismo abrió un campo para la inversión extranjera en una escala antes desconocida. Además, ambos factores contribuyeron a producir un vuelco en la naturaleza y función del comercio de importación, desde el consumo suntuario hacia el consumo productivo asociado con la modernización económica y, a partir de cierto momento, con la industrialización.[102] De este modo, los ritmos variables que experimenta el crecimiento de las importaciones se asocian, por un lado, con los ciclos de negocios en los países exportadores de capital, y por el otro, con los ritmos que adopta el proceso de modernización e industrialización de la economía mexicana.

Esta asociación causal se vio severamente perturbada a partir de la década de 1910, debido a dos eventos de índole diversa que afectaron, por un lado, las condiciones del mercado internacional, y por el otro, la dinámica de la economía mexicana. Me refiero, evidentemente, a la Primera Guerra Mundial

[102] Ashworth, *Breve historia* (1977), pp. 235-240. La conexión entre auge exportador y crecimiento de las importaciones relacionadas con la modernización económica es puesta de relieve en Bulmer-Thomas, *The Economic History* (1996), p. 134. El asunto será tratado con mayor detalle en la segunda y la tercera partes de este libro.

y la Revolución mexicana. La conflagración internacional generó un efecto disruptivo sobre el comercio internacional por varias razones: dividió a las potencias económicas en bandos enemigos, produjo bloqueos navales y ataques a los barcos mercantes, dificultando y encareciendo enormemente el tráfico por el Atlántico, y reorientó los recursos de las potencias europeas a la industria militar. De una forma más duradera, la guerra alentó políticas nacionalistas y proteccionistas y, en el ámbito estrictamente económico, la sustitución de materias primas por productos sintéticos.[103] La conjunción de estas circunstancias sugiere que la guerra tuvo un impacto fundamentalmente negativo sobre el comercio exterior de cualquier país, pero ello no necesariamente fue así. En el caso de México, el bloqueo marítimo eliminó el intercambio con las llamadas Potencias Centrales durante algunos años, aunque en la práctica el único socio importante dentro de ese bloque era Alemania.[104] Aunada a las dificultades del tráfico en el Atlántico, esta circunstancia produjo una severa reorientación geográfica del comercio mexicano hacia Estados Unidos, fenómeno que se vio acentuado durante los años en que la Gran Guerra coincidió con la Revolución mexicana.[105] Más allá de esta reorientación y de la mayor concentración geográfica del comercio que ella entrañaba, la conflagración internacional tuvo un efecto benéfico sobre el comercio exterior mexicano, al incrementar en forma extraordinaria la demanda de los llamados productos estratégicos, como los minerales, las fibras y el petróleo, de los que México era proveedor.[106] El aumento en la demanda produjo un auge inédito en los precios a que se cotizaban estos artículos, que incluso se acentuó por las dificultades de abasto, la competencia entre los consumidores y los altos costos del transporte marítimo. Aunque la Gran Guerra duró hasta el segundo semestre de 1918, las condiciones extraordinarias de la demanda se prolongaron aún un poco más, bajo el impulso de la intensa reconstrucción económica que siguió al fin de la guerra en las potencias europeas. Sin embargo, esas condiciones encontraron un fin abrupto en la primer gran crisis eco-

[103] Foreman-Peck, *Historia* (1995), p. 238.

[104] Acerca del efecto de la guerra mundial sobre el comercio exterior de los países latinoamericanos, véase Riguzzi, *¿Reciprocidad imposible?* (2003), pp. 198-199.

[105] Kuntz Ficker, "Las oleadas" (2003), pp. 169-175. Ambos eventos coincidieron entre agosto de 1914 (cuando estalló la guerra mundial) y la fecha que se prefiera adoptar para definir el fin de la fase armada de la Revolución mexicana: fines de 1915, con la derrota y repliegue de los principales ejércitos rebeldes; fines de 1916, con la elección de Carranza, o principios de 1917, con la promulgación de la nueva Constitución.

[106] Esto sucedió cuando las principales potencias económicas dieron un giro a la economía de guerra, tras un breve lapso inicial en el que el estallido de la conflagración produjo una caída transitoria en la demanda. Bulmer-Thomas, *The Economic History* (1996), pp. 156-157.

nómica de la posguerra, que se plasmó en el desplome de las exportaciones mexicanas en 1921.[107]

La guerra mundial creó, así, una coyuntura de alta demanda que hacía posible la obtención de ganancias extraordinarias en el mercado internacional, y la única restricción para que México aprovechara la ocasión era su capacidad para satisfacer esa demanda. Esa capacidad estaba dada, evidentemente, por factores internos, entre los que se contaban de manera determinante los eventos asociados a la Revolución mexicana. La guerra civil en México empezó a incidir sobre el comercio exterior antes de que diera inicio la Primera Guerra Mundial. Aunque el inicio formal de la revolución tuvo lugar a fines de 1910, su incidencia sobre la actividad económica, y, para lo que aquí interesa, sobre los intercambios externos, se hizo visible a medida que se generalizaron los hechos de armas y que una parte del territorio nacional se vio envuelta en la guerra civil. Como se aprecia en las gráficas que llevan el número 1.3, ello sucedió en 1913 y sobre todo en 1914, cuando el valor real de las importaciones retrocedió al nivel de 20 años atrás, y el de las exportaciones cayó por debajo del que se había registrado una década antes. A partir de 1915, y pese a que los hechos de guerra continuaban, se inició una rápida recuperación en ambos indicadores, de manera que en 1917, el primer año de relativa paz y de gobierno estable, se rebasaron ampliamente los niveles de 1912.[108] Como dijimos antes, la tendencia ascendente experimentó un vuelco dramático con la crisis internacional de 1920-21, tras el cual se reinició una recuperación menos promisoria en los siguientes años.

Sin embargo, la revolución tuvo un impacto claramente diferenciado sobre cada una de las dimensiones del comercio.[109] Sus efectos reconocidos se

[107] El impacto de la crisis de 1920-21 sobre la economía mexicana fue mucho mayor debido a que los precios de las exportaciones cayeron mucho más que los de las importaciones, acentuando la caída en los términos de intercambio que ya se venía produciendo desde 1918. Además, las importaciones tardaron un año en reaccionar al desplome de las exportaciones, produciendo un enorme déficit en la balanza comercial. Para los cambios en los precios y la caída en los términos de intercambio, véase apéndice B. Sobre el impacto de la crisis, véase Marichal, *Historia* (1988), p. 208.

[108] En un trabajo anterior, el uso de un índice de precios no construido *ad hoc* y el procedimiento elegido para la adaptación de ese índice a las exportaciones mexicanas, arrojaron resultados un tanto distintos, que llevaron a sobrestimar el crecimiento del valor real de las exportaciones en 1917 y 1918; no obstante, se estimó correctamente el comportamiento de los precios en los años siguientes. La construcción *ex profeso* de un índice de precios de las exportaciones mexicanas y el uso de un método más depurado, sugieren un inicio más tardío y una duración más breve del auge de las exportaciones durante ese decenio. Véase Kuntz Ficker, "The Export Boom" (2004).

[109] Acerca del comercio exterior de México durante la década de 1910, véase Kuntz Ficker, "El comercio exterior" (2001). Sobre el desempeño de las exportaciones, Kuntz Ficker, "The Export Boom" (2004).

ejercieron sobre el sistema monetario y el sistema de transporte ferroviario: al afectar a ambos, afectaba el movimiento de bienes dentro del territorio nacional, impidiendo la distribución y el abasto, encareciendo los artículos que debían trasladarse de un lugar a otro y generando escasez en las localidades que quedaron así temporalmente aisladas dentro del conjunto que hasta hacía poco tiempo aparecía como un mercado nacional relativamente integrado. Por la misma razón, la contienda armada impactó en mucha menor medida a las áreas periféricas del territorio: las costas, el extremo sur, la península de Yucatán, apenas fueron tocadas por la guerra civil, e incluso la frontera norte, que en ocasiones vivió una conspicua actividad revolucionaria, sufrió menos los estragos de la guerra que el centro y el centro-norte del territorio. Ello se explica porque las áreas periféricas se encontraban, por definición, directamente conectadas con el mercado externo, al que podían vender artículos a cambio de divisas y dinero metálico con el que, a su vez, podían obtener bienes para satisfacer las necesidades locales. Todas aquellas actividades de exportación que se desarrollaban en las márgenes geográficas del territorio nacional lo hacían con relativa independencia de la red ferroviaria interna, por lo que no fueron seriamente afectadas por la dislocación de ésta: el henequén de Yucatán, el café de Veracruz y Chiapas, el petróleo del Golfo o el cobre de Baja California podían transitar desde los lugares de producción hasta sus mercados exteriores sin sufrir perturbación alguna. En cambio, aquellos artículos de exportación que se producían en el interior del territorio y requerían del transporte ferroviario para su traslado, que eran resultado de procesos productivos complejos, que requerían abastecimiento de insumos o transporte de materias primas hacia los sitios de procesamiento, padecieron en mayor medida los eventos violentos y la dislocación en el sistema ferroviario. El ganado norteño, las fibras de Coahuila y Tamaulipas, los minerales que se extraían en la zona minera del norte y se procesaban en Aguascalientes, Monterrey o Torreón, tuvieron que lidiar en distintos momentos con las incursiones de revolucionarios, la toma de instalaciones o la falta de medios de transporte. En conjunto, sin embargo, y dada la notable diversificación que para entonces había alcanzado el sector exportador mexicano, las ventas al exterior sólo sufrieron una caída transitoria, tras de lo cual se recuperaron rápidamente en términos nominales, impulsadas por los altos precios de la Primera Guerra Mundial.

Las importaciones sufrieron una afectación más profunda. En primer lugar, para que éstas llegaran a su destino, no bastaba la conexión más o menos fluida de la periferia del territorio con el mercado internacional: las importaciones debían transitar por la red interna de transporte hasta sus sitios de consumo, ya fuera éste privado o productivo. La dislocación que afectaba al mercado interno alcanzaba en esa medida a las importaciones. En segundo lugar, todas aquellas actividades que no estaban de alguna manera relacionadas con la exportación, no disponían por lo mismo de medios de cambio internacionales para obtener importaciones, y padecían en cambio los efectos de la caída del sistema monetario y la proliferación de medios fiduciarios de valor mínimo y validez regional. Muchos comerciantes y empresarios se vieron privados de bienes importados, en tanto la capacidad para importar quedó en manos de un grupo reducido de compradores con acceso a divisas: exportadores, fracciones revolucionarias que incursionaban directamente en actividades de exportación o confiscaban recursos de los exportadores, y, en su momento, el gobierno de Venustiano Carranza, quien impuso contribuciones en oro y se apoderó también por otras vías de parte de las rentas generadas por el sector exportador.[110] En estas condiciones, no sólo se vio afectado el monto total de los bienes importados, sino también la canasta de importaciones: mientras que en las décadas anteriores las importaciones se habían convertido en un instrumento al servicio de la modernización económica, en la coyuntura de la guerra civil los bienes de consumo adquirieron primacía sobre los de producción, y entre aquéllos, armas y equipo limitar dominaron la cesta durante 1914 y 1915, en tanto los alimentos básicos predominaron a partir de entonces.[111] Este fenómeno sugiere que el impacto más sobresaliente de la revolución sobre el comercio exterior de México tuvo que ver con el predominio de una lógica político-militar por encima de la racionalidad económica, y en un sentido más general, del sometimiento de la actividad económica a las exigencias de la guerra civil.[112] De esta manera, aun si las actividades exportadoras pudieron seguirse desarrollando en medio de los contratiempos causados por la contienda armada, es evidente que sus eslabonamientos y efectos multiplicadores se vieron transitoriamente truncados por las perturbaciones de la guerra, que la derrama de impuestos se tradujo en la compra de armas y pertrechos militares mucho más que en inversiones productivas, y que las ganancias derivadas de las actividades exportadoras no se reinvirtieron en el interior del país en la medida en que lo hubieran hecho en condiciones de paz.[113] En suma, es probable que el efecto más serio no fuera la caída transitoria en los

[110] Uhthoff, "Los impuestos" (2005), p. 20.

[111] Kuntz Ficker, "El comercio exterior" (2001), pp. 269-270.

[112] Kuntz Ficker, "The Export Boom" (2004).

[113] Existen excepciones notables a esta última afirmación: las inversiones en la explotación petrolera se intensificaron precisamente durante estos años, y algunas corporaciones mineras, como la ASARCO, anunciaban la expansión de sus operaciones en los años de la guerra civil. Sobre el petróleo, véase el apartado correspondiente en el capítulo 7. Acerca de la ASARCO, véase ASARCO, *Seventeenth Annual Report... 1915* (spi), p. 8. Acerca de las condiciones creadas por la revolución véanse los reportes anuales 13 a 19 de la propia ASARCO, correspondientes a los años 1911-1917.

valores del comercio, sino la perniciosa desvinculación del comercio exterior respecto al resto de la actividad económica, y, consecuentemente, la pérdida de su potencial para contribuir al desarrollo económico del país. Por supuesto que esta situación prevaleció sólo y en la medida que la lógica militar se impuso sobre la lógica económica, de manera que al irse restableciendo la paz, se recuperó también el mecanismo que conectaba a las exportaciones con las importaciones, y a éstas con la inversión, en secuencias variadas que sin embargo potenciaban la contribución económica del comercio exterior. A fines de la década de 1910 ese mecanismo se había restaurado por completo, aunque los avatares del mercado internacional durante los años veinte impusieran frecuentes altibajos en el desempeño del sector externo mexicano y en su capacidad para aportar recursos y eslabonamientos virtuosos al resto de la actividad económica nacional.

La recuperación del comercio exterior mexicano que se observa tras la crisis de 1920-21 no implicó, como dijimos ya, un crecimiento consistente en el mediano plazo. El problema de sobreproducción y exceso de oferta que aquella crisis ponía en evidencia persistió en mayor o menor medida a lo largo de la década, como consecuencia de la llamada ley de Engel y la aparición de sustitutos sintéticos para muchos productos primarios.[114] En el caso de México, los principales elementos desfavorables fueron la caída en las exportaciones petroleras y la creciente desnacionalización del sector exportador, que redujo el valor de retorno de las exportaciones y socavó la posición externa del país.[115] No obstante, la situación no fue del todo desventajosa, al menos durante el primer lustro de los años veinte: tanto los términos de intercambio como el poder adquisitivo de las exportaciones mexicanas aumentaron hasta 1926, para caer en los últimos años de la década. La fragilidad externa de México, acrecentada por la caída en el valor y en el valor de retorno de las exportaciones, disminuyó el ritmo de crecimiento de las importaciones, y con él se redujeron también las conexiones virtuosas entre desarrollo exportador y modernización económica. Y sin embargo, como se aprecia en el cuadro 1.5, pese a un crecimiento casi nulo de las exportaciones durante la década de los veinte, las importaciones aún registraron una tasa de crecimiento de 2.2% anual hasta el

[114] Bulmer-Thomas, *The Economic History* (1996), p. 162. La ley de Engel es en realidad una regularidad estadística según la cual la proporción del ingreso que se gasta en necesidades básicas decrece a medida que aumenta el ingreso. Por su impacto sobre la demanda de bienes primarios, frecuentemente se alude a ella para explicar la disminución en la demanda de los países avanzados respecto a las exportaciones de materias primas y alimentos procedentes de países atrasados. Para una exposición clásica de la ley de Engel y otros fenómenos que influyen sobre la demanda, véase Kindleberger, *The Terms of Trade* (1956), p. 191 y ss.

[115] La pérdida de control nacional sobre el sector exportador parece haber sido una constante en Latinoamérica. Véase Bulmer-Thomas, *The Economic History* (1996), p. 170 y ss.

final del periodo. Todo parece indicar que para este momento la industrialización, en un principio alentada por el auge de las exportaciones, había echado raíces al punto de generar ingresos propios suficientes para mantener un ritmo moderado de crecimiento de las importaciones que, a su vez, se encontraban estrechamente vinculadas a la modernización económica. Sólo así puede explicarse el rápido giro en la orientación del crecimiento que tuvo lugar durante el proceso de recuperación de la crisis internacional de 1929.[116]

El comercio exterior y las finanzas públicas

En los capítulos siguientes ahondaremos en las variadas dimensiones de la vinculación entre el comercio exterior y la economía nacional, entre ellas la que tenía lugar a través de las políticas impositivas relacionadas con las importaciones (capítulo 4) y con las exportaciones (capítulos 6 y 7). Sin embargo, abordaremos aquí un aspecto que queda fuera de la consideración en aquéllos capítulos, a saber, la contribución del comercio exterior a las finanzas públicas. Se aborda aquí solamente su aportación a los ingresos de la federación, pues ésta tenía el monopolio sobre los derechos que se imponían sobre el comercio exterior. Sabemos, sin embargo, que los estados y municipios se beneficiaban de distintas maneras de este comercio. En ocasiones se impuso un porcentaje adicional sobre los derechos de importación a favor de los municipios. Más comúnmente, tanto los estados como los municipios imponían contribuciones sobre los terrenos, sobre las plantas de beneficio o sobre la producción de algún artículo de exportación.[117]

En las décadas que siguieron al logro de la independencia, el gobierno mexicano desarrolló una fuerte dependencia respecto a los ingresos derivados del comercio exterior.[118] Este tipo de dependencia es frecuente en países escasamente desarrollados y en estados débiles o recientemente constituidos, que suelen tener menor autonomía frente a los grupos de interés y una menor capacidad de administración y control.[119] En México, los derechos de importa-

[116] Cárdenas, *La industrialización* (1987), *passim*.

[117] A este propósito, véase capítulos 6 y 7.

[118] Cosío Villegas, *La cuestión* (1989), pp. 69 y ss.

[119] "Una de las maneras más fáciles y baratas de recolectar impuestos en los países pobres es cargarlos sobre productos que pasan hacia dentro o hacia fuera del país, y que por lo tanto tienen que canalizarse a través de un número relativamente pequeño de puertos o puestos fronterizos en los cuales es viable el control administrativo. No debería sorprender, por ello, que los impuestos sobre el comercio exterior constituyan la mayor fuente de ingresos gubernamentales en la mayoría de los países en desarrollo." Helleiner, *Comercio* (1972), p. 112.

ción llegaron a proveer hasta dos terceras partes de los ingresos totales de la federación, en tanto los de exportación —particularmente sobre los metales preciosos— aportaron hasta diez por ciento más.[120] Se trataba de exacciones relativamente fáciles de colectar y de administración poco costosa,[121] que además podían legitimarse, en el caso de las importaciones, con el argumento de la protección a la industria —y a veces a la agricultura— nacional, y en el de las exportaciones, con la premisa mercantilista que identifica la riqueza de las naciones con la acumulación de metales preciosos. Con todo, la carga impositiva pesó fuertemente sobre las importaciones, mientras que las exportaciones gozaron de un régimen moderado, e incluso cercano a la exención en algunos lapsos del periodo de estudio (véase cuadro 1.6). El monto recaudado por concepto de derechos de importación creció consistentemente en los primeros cuatro decenios debido a factores tan diversos como el aumento en el nivel de la actividad económica, las mejoras en la recaudación y la reducción al mínimo del contrabando, y tras disminuir —en su registro oficial— durante la década de 1910, volvieron a crecer en la de 1920. El que se recaudaba en relación con las exportaciones disminuyó en los años ochenta para luego aumentar y mantenerse en un nivel modesto hasta 1910. El gran salto en este terreno se dio durante los años de la revolución, cuando la recaudación pasó de menos de un millón a más de 16 millones como promedio decenal. Este crecimiento en términos absolutos no necesariamente significó que se impusiera una mayor carga fiscal sobre el comercio exterior: en el caso de las importaciones sucedió todo lo contrario, pues el porcentaje que esos derechos representaban en su valor total disminuyó desde 50% en las décadas iniciales hasta 20% o menos a partir de 1900. Por lo que se refiere a las exportaciones, la carga fiscal fue en todo momento muy reducida (de menos de 5%), y entre 1880 y 1909, más bien cercana a la exención. En forma paralela, pese a su crecimiento en términos absolutos, la participación de los derechos relacionados con el comercio exterior en los ingresos públicos disminuyó en forma constante década tras década: de 62% en la de 1870 a 43% en la de 1900 y a 33% en la de 1920. Evidentemente, el Estado había ido diversificando sus fuentes de ingresos, lo cual permitía relajar la carga que pesaba en el comercio exterior y disminuir la dependencia estatal respecto a él.

[120] Mientras que los derechos de importación se tasaban en un arancel largo y complejo, los de exportación incluían apenas unos cuantos productos, cuyo número, sin embargo, aumentó a partir de la revolución. SHCP, *Informe...1873* (1872-1873), p. 18, y *Memoria...1911-1913* (1949), p. 30; Ulloa, *Historia* (1983), pp. 250-260.

[121] En la década de 1870, el gobierno estimaba el costo de recaudación de los derechos de importación en 8% del monto recaudado, y es probable que tal porcentaje disminuyera en los años siguientes. SHCP, *Informe... 1875* (1874-1875), p. 20.

Cuadro 1.6
Impuestos relacionados con el comercio exterior:
valor, tasa impositiva y contribución a los ingresos federales, 1870-1929
(promedios decenales)

	Derechos de importación		*Derechos de exportación*		*Impuestos sobre explotación de recursos naturales*		*Participación en los ingresos federales (%)*		*Ingresos federales*
Decenios	*Valor promedio*	*% sobre valor de las importaciones*	*Valor promedio*	*% sobre valor de las exportaciones*	*Valor promedio*	*% sobre valor de las exportaciones*	*Comercio exterior*	*Com. ext. + explotación de recursos naturales*	*Valor promedio*
1870-79	9 897 807	50	999 238	3	617 744	2	62	66	17 517 838
1880-89	18 217 042	47	288 353	0.6	172 392	0.3	58	58	32 133 661
1890-99	20 957 995	26	821 751	0.7	2 418 251	2.1	46	51	47 817 535
1900-09	38 457 853	21	824 923	0.3	5 295 116	2.2	43	48	91 686 355
1910-19*	28 460 343	11	16 269 903	2	6 862 024	1.8	36	41	130 499 295
1920-29	70 171 056	17	23 662 763	4	31 041 908	5	33	44	288 247 000

NOTAS: impuestos sobre explotación de recursos naturales: hasta 1912 se refieren a los internos sobre minería (títulos de minas y prod de oro y plata); entre 1916 y 1923 comprenden solamente petróleo, y a partir de 1923, ambos.
* Se promedian los años fiscales 1910-1912 y los naturales 1917-1919.
Las cifras proveen valores nominales. Aunque no disponemos de un índice de precios para todo el periodo, se estima que en términos reales los ingresos federales se duplicaron en la década de 1920 respecto a su valor a fines del decenio de 1900. Véase Sterrett y Davis, *The Fiscal* (1928), p. 49.
FUENTES: Pérez Siller, Javier, "Los ingresos" (1982), cuadro B.2.1 (cifras totales ligeramente diferentes se ofrecen en Carmagnani, *Estado y mercado* (1994), apéndice 3; El Colegio de México, *Estadísticas* (s.f.), pp. 217-219; *Anuario Fiscal*, 1912-1913 (1914), p. 353, en CEZ, *Estadísticas mineras*, carpeta 85; DEN, *Anuario* (1932), pp. 516-521; Uhthoff, "Los impuestos" (2005), cuadro 1.

Para valorar la contribución de las actividades relacionadas con el sector externo, a los derechos sobre el comercio exterior podrían sumarse diversos impuestos que en el periodo posrevolucionario adquirieron la denominación común de "impuestos sobre la explotación de recursos naturales", pero que ya desde el principio gravaban la producción de algunos bienes exportables. En el periodo prerrevolucionario, se trata básicamente de los impuestos sobre la producción de oro y plata y, a partir de 1892, sobre títulos de minas; al término de la revolución se agregaron a éstos, con un peso mucho mayor, los impuestos sobre las propiedades y la producción petroleras. Como se observa en el cuadro 1.6, el valor y la aportación de esta clase de impuestos a los ingresos federales tuvieron alguna significación en la década de 1870 y luego a partir de la de 1890, cuando de hecho empezaron a rebasar en monto e importancia a los derechos de exportación. Si se compara el valor de estas dos contribuciones con el de las exportaciones, con las cuales estaban asociadas, se verá que en los hechos aumentaron sustancialmente la carga fiscal que pesaba sobre éstas, elevándola hasta un máximo de 9% en la década de 1920. En conjunto, los impuestos derivados del comercio exterior y de actividades relacionadas con éste proporcionaron recursos crecientes y sustanciales al erario público, si bien en términos relativos declinaron progresivamente hasta la década de 1910 para recuperar cierto terreno en la última (cuadro 1.6).

La gráfica 1.4 complementa la información anterior, ofreciendo en lugar de los promedios decenales una imagen continua de la contribución de los principales derechos a las finanzas públicas en cada uno de los años para los que se dispone de información cuantitativa a lo largo del periodo. Puede verse en ella que al iniciarse éste, la suma de los derechos de importación y exportación representaba 62% de los ingresos federales y, más allá de fluctuaciones cíclicas, se mantuvieron cerca de 60% hasta 1888. Fue a partir de ese año que, gracias a un proceso progresivo de diversificación de las fuentes de ingresos, se inició una disminución consistente en la aportación del comercio exterior a las arcas federales, la cual fue compensada en parte por el incremento en la carga fiscal impuesta sobre actividades relacionadas con el sector exportador, que aportaron en promedio 8% de aquéllos entre 1895 y 1904.

Gráfica 1.4
Contribución de las actividades relacionadas con el comercio exterior a los ingresos federales, 1870-1929
(porcentaje de los ingresos totales)

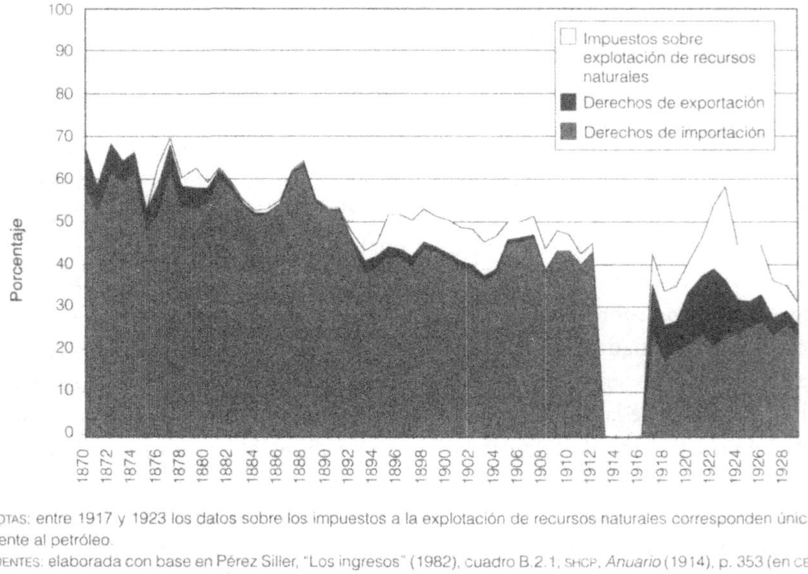

NOTAS: entre 1917 y 1923 los datos sobre los impuestos a la explotación de recursos naturales corresponden únicamente al petróleo.

FUENTES: elaborada con base en Pérez Siller, "Los ingresos" (1982), cuadro B.2.1; SHCP, *Anuario* (1914), p. 353 (en CEZ, *Estadísticas mineras*, carpeta 85); El Colegio de México, *Estadísticas* (s.f.), pp. 217-219; DEN, *Anuario* (1932), pp. 516-521; Manterola, *La industria* (1938), *passim*; Uhthoff, "Los impuestos" (2005), cuadro 1.

Como en otros aspectos relacionados con la vida política de México, la revolución impuso un corte drástico a la relación entre comercio exterior y finanzas públicas. Aunque se dispone de información acerca de los impuestos decretados y de algunos datos dispersos acerca de la recaudación, es imposible establecer con precisión cuál fue la aportación del comercio exterior a los ingresos estatales durante los años de la contienda armada. Sabemos, sin embargo, que una ventaja importante de los derechos derivados del comercio exterior sobre los impuestos interiores era que predominaba el cobro en metálico.[122] Conocemos también las diversas medidas que se tomaron en relación con esta materia: en varios momentos se dictaron incrementos en los derechos de importación, se prohibió o liberalizó la entrada y la salida de artículos específicos, y a partir de 1915 se elaboró una tarifa de exportación mucho más detallada que las que habían existido hasta entonces.[123] Sin embargo, la toma de las aduanas por parte de las distintas facciones revolucionarias, la proliferación del contrabando y la ausencia temporal de una administración central, impidieron que los recursos percibidos constituyeran un flujo regular, o siquiera aparecieran en un registro mínimamente confiable.[124]

Una vez alcanzada cierta normalización en los asuntos hacendarios, el gobierno se dio a la tarea de regularizar el cobro de los derechos aduanales, lo que en 1920 permitió recobrar el nivel de recaudación de derechos de importación que se había alcanzado en 1912. Más notables que este afán de regularización fueron, sin embargo, las novedades introducidas en la política de gravámenes relacionada con las exportaciones. Por un lado, en 1916 se publicó un arancel para las exportaciones que incorporaba un mayor número y detalle de productos, y revelaba la intención gubernamental de dirigir hacia ellas sus

[122] De acuerdo con testimonios de los constitucionalistas, "en el principio de la campaña, no fue posible tener otros ingresos en metálico que los que nos proporcionaban las exportaciones de ganado y metales que se hacían por las aduanas que se encontraban en nuestro poder." A ellos se sumaron los que se impusieron sobre el petróleo una vez que se adquirió control sobre la región petrolífera de Tamaulipas y Veracruz. Acosta, *La gestión* (1917), pp. 6-8.

[123] Para las adiciones y modificaciones a los derechos que se cobraban sobre el comercio exterior durante el periodo revolucionario, véase AGN, *Fondo Gobernación*, caja 208, varios expedientes, así como SHCP, *Memoria...1911-1913* (1949), y *Memoria...1913-1917* (1952), *passim.* Una síntesis útil se publica en Ulloa, *Historia* (1983), pp. 250-260. Véase, asimismo, Uhthoff, *Las finanzas* (1998), pp. 127-134.

[124] Estela Zavala hace un esfuerzo de sistematización de la poca información disponible para los años de la lucha armada, y concluye que entre septiembre de 1914 y abril de 1917 la hacienda pública percibió un total de 311 millones de pesos por concepto de impuestos, de los cuales 75 millones se recaudaron en oro y el resto en papel moneda. Zavala, "Los impuestos" (1982), p. 349.

afanes recaudatorios.[125] Por otro lado, desde ese año el gobierno constitucionalista hizo manifiesta su política de "hacer pagar impuestos a todos los productos que se enviaban al extranjero sin transformación alguna, en forma de materia prima, apartándose radicalmente de la política que se había seguido en el antiguo régimen, de exceptuar de impuestos las exportaciones, sin distinguir si esas exportaciones eran de productos manufacturados o de materias en bruto."[126] Aunque es falso que el régimen porfirista exceptuara de impuestos a las exportaciones, es cierto que a partir de entonces se procuraría aplicar más sistemáticamente el principio de favorecer la generación de valor agregado en las actividades exportadoras. Por otra parte, a la imposición de derechos más elevados sobre algunos productos que se exportaban sin elaborar se añadieron diversas contribuciones sobre la explotación de recursos naturales, que pesaron particularmente sobre el petróleo: en 1917 se estableció un impuesto a la producción sobre todos los productos petroleros (del que se eximía a los que se consumieran dentro del país), y en 1918 se decretó un impuesto sobre terrenos y contratos petroleros.[127]

El resultado de estas medidas fue una modificación en el balance de la política fiscal relacionada con el comercio exterior.[128] Como se aprecia en la gráfica 1.4, cuando la contabilidad fiscal recobró cierta regularidad en 1916, los derechos de importación habían disminuido drásticamente su papel como principal proveedor del erario federal; lo que es más, en un par de años (1922 y 1923) quedaron incluso por debajo de los derechos de exportación y los que se imponían a la explotación de recursos naturales considerados en conjunto. Este cambio de balance entre las fuentes de ingresos relacionadas con el comercio exterior apunta a la que pudo ser una de sus motivaciones políticas subyacentes: con excepción del henequén y de algunas otras producciones agrícolas, la mayoría de las actividades exportadoras estaban dominadas por capital extranjero. Mientras que los derechos de importación pesaban sobre las espaldas de productores y consumidores mayoritariamente mexicanos, que trataban de reparar las pérdidas y el desabasto causado por la guerra civil, los de exportación y de actividades asociadas con ella recaían en su mayoría en propietarios

[125] El número de productos de exportación gravados pasó de 5 a 93. El arancel de exportación se publicó en López, *Tarifas* (1920) (en CEZ, carpeta 81). Asimismo, véase Uhthoff, "Los impuestos" (2005), p. 21.

[126] Informe de V. Carranza al Congreso de 15 de abril de 1917, en *Los Presidentes* (1985), pp. 186-187.

[127] Además del petróleo, se gravaba dentro de este rubro a la propiedad minera y la producción mineral. Los impuestos se desglosaban en las leyes de ingreso de cada año, que se publicaban en el *Diario Oficial*. Véase, por ejemplo, *Diario Oficial*, diciembre 30, 1924, pp. 2273-2276.

[128] Uhthoff, *Las finanzas* (1998), pp. 163-164.

extranjeros, y a nadie le cabía la menor duda de que éstos debían ser obligados a pagar una cuota mayor de la riqueza que extraían del país. Al colocar el acento en las exportaciones, el gobierno aprovechaba el auge coyuntural que éstas vivían desde el estallido de la Primera Guerra Mundial, pero también actuaba a favor del interés nacional con una legitimidad irreprochable.

Sin embargo, las actividades relacionadas con las exportaciones poseían un rasgo inherente: la inestabilidad.[129] No sólo dependían de la demanda y de los flujos de inversión externos, sino también de la capacidad del gobierno mexicano para imponerse sobre las empresas extranjeras y de la fuerza negociadora de éstas. En los hechos, las fuertes oscilaciones en el mercado internacional y una correlación de fuerzas cambiante entre el gobierno mexicano y las empresas contribuyeron para reducir el valor y la importancia relativa de los ingresos relacionados con las actividades exportadoras.[130] Por ejemplo, los impuestos a la exportación, que a inicios de los años veinte estaban fuertemente concentrados en las exportaciones petroleras, se redujeron primero por la resistencia de las empresas, y luego siguieron contrayéndose progresivamente a medida que las ventas externas empezaron a caer.[131] Algo similar sucedió con los gravámenes sobre la explotación de recursos naturales. En consecuencia, estos dos rubros, estrechamente ligados a factores exógenos, aportaron transitoriamente una proporción inusitada de recursos a las finanzas públicas, llegando a proveer 34% de sus ingresos totales en 1923, pero luego se redujeron continuamente hasta un modesto 7% del total en 1929.

En cambio, los derechos de importación siguieron siendo la fuente más estable de ingresos para la hacienda federal, debido a que se mantuvo el proteccionismo arancelario y a que la economía mexicana había desarrollado una dependencia respecto a las importaciones que no podía romperse de un día para otro. Aún así, su participación en los ingresos totales se vio drásticamente disminuida respecto a los estándares históricos, al promediar 24% en la década de los años veinte. Naturalmente, esta disminución en la participación de los derechos de importación en los ingresos públicos no necesariamente refleja una reducción en su monto. En realidad, en 1920 los derechos de importación habían recuperado el valor que registraron en 1912, luego de lo cual, pese a algunos altibajos de consideración, tendieron a crecer durante toda la década: de 52 millones de pesos en 1920 a 66 en 1923, y a 82 en 1925. Incluso en 1930, cuando ya se padecían los efectos de la Gran Depresión, se registró un último record en los derechos de importación, con 97 millones de pesos recau-

[129] Cárdenas, *La hacienda* (1994), p. 34.

[130] Rippy, *El petróleo* (2003), pp. 93-97; Hamilton, *Los límites* (1983), pp. 73-78.

[131] El asunto se aborda con mayor detalle en el capítulo 7.

dados. Lo que sucede más bien es que ya a inicios de la década de 1920 resulta evidente que la hacienda pública había diversificado notablemente sus fuentes de ingreso, proceso que se intensificó con la modernización del sistema fiscal cuya primera fase culminó con la introducción del impuesto sobre la renta a mediados de este decenio.[132]

La contribución del comercio exterior a las finanzas del Estado se hace más evidente cuando la medimos en relación con el gasto público. La gráfica 1.5 presenta la evolución de ambos indicadores, incluyendo en los ingresos tanto los derivados del comercio exterior como los que se originaban en la explotación de recursos naturales.

Esta forma de presentar los datos es especialmente apropiada para ilustrar la estrecha conexión que existe entre el comercio exterior y la política del presupuesto. Los recursos de que pudo echar mano la administración provinieron en medida muy importante del comercio exterior y actividades relacionadas

Gráfica 1.5
Ingresos públicos derivados de actividades relacionadas con el comercio exterior y el gasto público, 1870-1929
(millones de pesos corrientes)

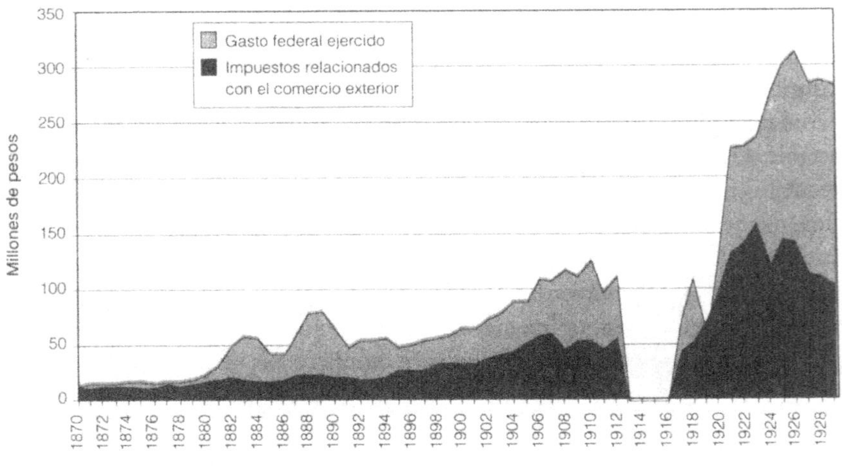

NOTA: los impuestos incluyen derechos de importación y exportación e impuestos sobre la explotación de recursos naturales, hasta donde se dispone de datos.
FUENTES: además de las utilizadas en la gráfica 1.4, véase Carmagnani, *Estado* (1994), apéndice 2; Wilkie, *La Revolución* (1978), p. 55.

[132] Pani, *La política* (1926), pp. 46-48. Como explica Luis Aboites, por "modernización" del sistema hacendario se entendía, además de su centralización, "favorecer la imposición directa sobre la indirecta, fortalecer los mecanismos de fomento económico (industrial) y adecuar la normatividad en torno a los recursos naturales, en especial al petróleo." Aboites, *Excepciones* (2003), p. 101.

con él. Este fue el origen de 66% del gasto en la década de 1870, de alrededor de 40% en los veinte años siguientes y de nada menos que 50% del gasto ejercido por el gobierno federal en las décadas de 1900 y 1920. Algunas veces el cauce que seguían los recursos desde las oficinas aduanales hasta su uso final era transparente, como cuando se les destinaba a fines específicos, tales como el pago de las subvenciones ferroviarias, la inversión en mejoras en los puertos y otras obras realizadas por el Estado.[133] Pero incluso cuando éste no era el caso, los datos disponibles indican que, en el largo plazo aquí comprendido, alrededor de la mitad de todas las erogaciones del gobierno federal se originaban en actividades relacionadas con el comercio exterior. Y si bien esas erogaciones se restringían en la década de 1870 al mantenimiento de la burocracia y el aparato militar, a partir de los años ochenta y hasta el final del porfiriato fueron ampliando sus alcances para incorporar las subvenciones al tendido de la infraestructura ferroviaria, mejoras en los puertos, el pago de la deuda pública y en menor medida la oferta de bienes públicos como justicia, educación y salud.[134] La escala con que se orientó el gasto hacia fines de naturaleza económica no tenía precedente en la historia del país, y constituyó sin lugar a dudas uno de los legados más importantes de la administración porfirista.[135] Para dar sólo un ejemplo de ello, entre 1880 y 1910 el gobierno invirtió 120 millones de pesos en el pago de subvenciones ferroviarias, que junto a unos 600 millones de pesos de inversión extranjera, contribuyeron a dotar al país de una red de transporte de alrededor de 20 000 kilómetros.[136]

Durante los años de la guerra civil, los mecanismos por los que fluían estos recursos a través de la política del presupuesto hasta difundirse en usos diversos se colapsaron temporalmente, de manera que las arcas se alimentaban en forma accidentada y los recursos se dilapidaban sin mayor preámbulo en las necesidades cotidianas de la guerra.[137] Pese a la pérdida temporal de control centra-

[133] Por ejemplo, en 1888 se decretó un dos por ciento adicional sobre los derechos de importación que se cobraban en todas las aduanas del país destinado "a los gastos de mejoramiento de los puertos". SHCP, *Memoria... 1888-1889* (1891), p. xx.

[134] Carmagnani, *Estado y mercado* (1994), pp. 200 y ss. Como bien afirma Marichal, la otra gran fuente de recursos para el programa de obras públicas del porfiriato fue el endeudamiento. Marichal, "La deuda externa" (1988), pp. 86-95.

[135] Entre 1867 y 1910 el gasto público en los nuevos sectores creció a un ritmo superior a 10% anual, de manera que en el periodo 1905-1910 las inversiones federales en infraestructura de transporte y comunicación alcanzaron 10% del PIB. Carmagnani, *El otro Occidente* (2004), p. 227.

[136] El cálculo de las subvenciones se hizo a partir de Carmagnani, *Estado y mercado* (1994), apéndice 2. La cifra de la inversión extranjera, probablemente algo exagerada, proviene de Sherwell, *Mexico's* (1929), p. 20.

[137] Sterrett y Davis, *The Fiscal* (1928), p. 8. De hecho, hubo que esperar hasta 1928 para volver a tener un presupuesto realmente ordenado y detallado. Ibid., p. 33.

lizado sobre la recolección de impuestos y el ejercicio del gasto, se ha estimado que al menos una tercera parte de los gastos de la Revolución provenían de los impuestos, de los cuales el comercio exterior y sus actividades asociadas proveían una porción fundamental.[138] No obstante, tan pronto como se asentó el gobierno revolucionario la conexión se restableció, acentuándose la idea de que el comercio exterior, y en esta etapa particularmente las exportaciones, debían redituar beneficios concretos al Estado, y que éstos debían utilizarse en pos de la modernización del país.[139] De esta manera, junto al aumento considerable en el gasto militar, se incrementaron también las asignaciones relacionadas con la construcción de carreteras, las obras de irrigación, la educación y la salubridad públicas.[140] Se ha señalado con razón que la política de gasto registró a partir de entonces un cambio cualitativo, en virtud de la presencia notable que adquirieron rubros que antes apenas se contemplaban en el presupuesto. Basten algunas cifras para dar una idea de lo que esto significa: en los rubros de educación, agricultura y fomento y salubridad pública considerados en conjunto, a los que se asignó en 1909 un presupuesto inferior a los 4 millones de pesos, se destinó un promedio de 55 millones de pesos anuales entre 1923 y 1929.[141] En cuanto al gasto propiamente económico, su mayor auge tuvo lugar durante el gobierno de Calles: entre 1925 y 1928 se destinaron casi 70 millones al programa de construcción carretera y de irrigación.[142]

La vinculación entre el comercio exterior y la política del presupuesto era tan directa, que tan pronto aparecieron signos de dificultades en el sector externo, los grandes programas de inversión se suspendieron o se cancelaron : la construcción de carreteras se frenó a partir de 1926, y la de embalses y canales

[138] Uhthoff, *Las finanzas* (1998), p. 159. Sobre los avatares de la política fiscal durante los años de la guerra civil véase pp. 69-146.

[139] No obstante, los ingresos provenientes de las exportaciones petroleras estaban atados, en virtud de los acuerdos con el Comité Internacional de Banqueros, al pago de los intereses de la deuda externa. Smith, "La deuda externa" (1988), pp. 129-136, y Turrent, "La renegociación" (1988), pp. 148-152.

[140] Sterret y Davis, *The Fiscal* (1928), pp. 46, 162-178; 216-219.

[141] Las cifras de cada año se tomaron de distintas fuentes. Para 1909, véase GBDOT, *Report* (1921), p. 14; para 1923, USDC, "Budgets" (1924), p. 54; las de 1924 provienen de Krauze, Meyer y Reyes, *Historia* (1977), p. 77, y las de 1925 a 1929 de DEN, *Anuario* (1932), pp. 516-521.

[142] El marco institucional que dio impulso a estos programas incluyó la formación de la Comisión Nacional de Caminos en marzo de 1925 y de la Comisión Nacional de Irrigación en diciembre del mismo año. Solís, "Comportamiento" (1990), p. 232. Para las inversiones en carreteras, véase Krauze, Meyer y Reyes, *Historia* (1977), p. 104; para las obras de irrigación, Beltrán, *et al.*, *México* (1960), p. 354. Este autor reporta que entre 1926 y 1930 se realizaron obras de irrigación en una superficie de 20 000 hectáreas.

poco tiempo después; el pago de la deuda externa se suspendió en 1928. Las dificultades empezaron con la caída de las exportaciones petroleras, pero no se detuvieron allí:

> Durante algún tiempo fueron las exportaciones agrícolas junto con la exportación de metales no ferrosos (cinc, cobre y plomo), que había aumentado considerablemente entre 1921 y 1927, las que permitieron al país soportar la tensión. Pero, en 1926, cuando las exportaciones de plata se hundieron como resultado de la caída de su precio en el mercado mundial, y la China y la India que eran los principales compradores, suspendieron sus negocios, las exportaciones de cinc, plomo y cobre y de productos agrícolas no fueron ya suficientes para contrarrestar las dificultades financieras. El capital huyó hacia Estados Unidos, la inversión extranjera disminuyó y el déficit de la balanza de pagos alcanzó los 50 millones de pesos en 1926. [...] Finalmente, en 1929 los dos sectores que no se habían visto afectados anteriormente, los metales no ferrosos —cinc, plomo y cobre— y la agricultura, sufrieron los efectos de la depresión mundial en toda su intensidad.[143]

Bulmer-Thomas destaca algunos rasgos de los impuestos relacionados con el comercio exterior que acarreaban consecuencias negativas para el gobierno que dependía de ellos. Primero, su tasa de crecimiento estaba condicionada por la del comercio; segundo, el comercio exterior tenía un comportamiento cíclico, y mientras que las entradas extraordinarias se gastaban fácilmente, las caídas en los ingresos públicos difícilmente se compensaban en el corto plazo con entradas provenientes de fuentes alternativas; finalmente, los derechos de importación eran específicos, por lo que los ingresos derivados de ellos no se modificaban con los cambios en los precios.[144] El último de estos rasgos fue una constante en los aranceles mexicanos a lo largo de todo el periodo, como veremos en otra parte: en la medida en que los derechos se imponían sobre la cantidad importada y no sobre su valor, cuando los precios de las importaciones se elevaban (en su equivalencia en pesos), se reducía la tasa de protección nominal, es decir, el porcentaje de derechos sobre el valor de las importaciones.[145] Aunque este sistema incidía sobre el nivel de protección de que gozaban las industrias nacionales, en realidad no necesariamente afectaba en forma negativa a las finanzas públicas. En cambio, los otros dos rasgos sí incidían negativa-

[143] Meyer, "México" (2000), pp. 168-169.

[144] Bulmer-Thomas, *The Economic History* (1996), pp. 110-111.

[145] El problema se expone con toda claridad en SHCP, *Memoria... 1877-1878* (1879), pp. 49-50.

mente sobre los ingresos, tal como se ejemplifica en la gráfica 1.6 con la evolución de los impuestos durante la última década de nuestro periodo de estudio.

La gráfica ilustra muy claramente dos de los problemas a los que alude Bulmer-Thomas: la disminución de los ingresos asociada con el declive en el comercio y el impacto de las fluctuaciones cíclicas del comercio sobre las finanzas públicas.[146] En la gráfica, el primero de estos problemas se percibe en la dramática disminución de los ingresos relacionados con el sector exportador a partir de 1923, tras un ascenso que parecía promisorio en los años iniciales de la década. Independientemente de cuáles hayan sido las causas de tal caída (si la disminución en las exportaciones o el relajamiento de la política fiscal), no cabe la menor duda que debe haber tenido un grave impacto sobre los ingresos públicos. De hecho, éstos decrecieron ligeramente entre 1921 y 1922, y se mantuvieron constantes hasta 1924, retomando la senda del crecimiento apenas un año más tarde, ésta vez sobre bases distintas. El segundo problema, el comportamiento cíclico del comercio exterior, se refleja en la gráfica en los altibajos, a veces bastante severos, de los ingresos provenientes de las importa-

Gráfica 1.6
Monto de la recaudación de impuestos relacionados con el comercio exterior, 1920-1929
(millones de pesos corrientes)

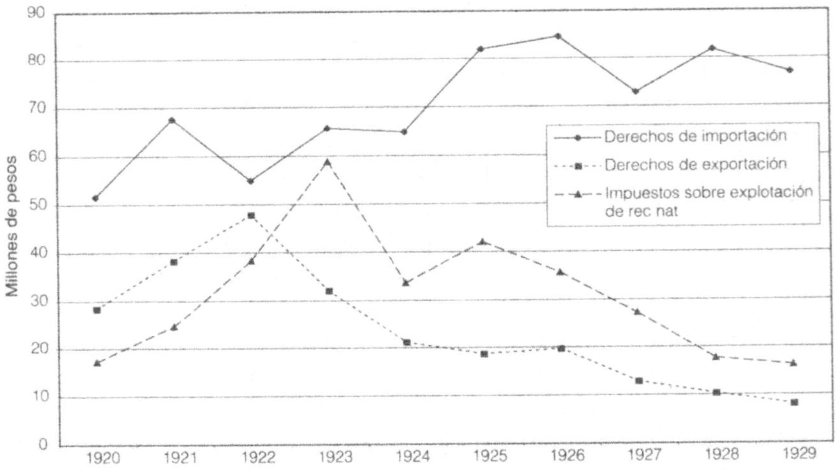

FUENTES: Pani, *La política* (1926), pp. 170-171; DEN, *Anuario* (1932), pp. 516-521; Sterret y Davis, *The Fiscal* (1928), pp. 250-252; Ferrocarriles Nacionales de México, *México económico* (1932), pp. 130, 132.

[146] Acerca de las vinculaciones del sector externo con el resto de la economía y sus implicaciones para el desempeño macroeconómico a lo largo del siglo XIX, véase también Cárdenas, "A Macroeconomic" (1997).

ciones: en un lapso de apenas seis años, los derechos de importación fluctuaron entre 51 y 85 millones de pesos. La implicación más seria de este comportamiento para las finanzas públicas era la imposibilidad de prever la cantidad de recursos que ingresaría a las arcas por este concepto, y la incertidumbre que, en estas circunstancias, rodeaba a la planeación del presupuesto. En cualquiera de los dos casos se revela la vulnerabilidad que imponía a las finanzas públicas su vinculación con el comercio exterior, cuyo desempeño dependía de variables que escapaban al control del Estado o incluso de los actores privados internos. Y es aquí donde cobran mayor pertinencia las críticas al modelo de crecimiento: en la medida en que el comercio exterior constituye una dimensión inextricablemente ligada al desempeño macroeconómico y a las finanzas públicas, en su desempeño se comprometen, en mayor o menor medida, las posibilidades de desarrollo nacional.

2
LOS CAUCES DEL COMERCIO EXTERIOR

Como se indica en el título, el propósito de este capítulo es estudiar las rutas del comercio exterior, los puntos por donde entraban y salían los productos del intercambio y los medios a través de los cuales se movían los bienes desde y hacia el mercado internacional. Ello no significa, sin embargo, que se ofrezca en él un recuento detallado y mucho menos exhaustivo de los derroteros marítimos o los itinerarios terrestres a través del ferrocarril, pues no ha sido éste el propósito de esta investigación. En cambio, se trata de ofrecer una imagen útil acerca de las condiciones relacionadas con el transporte que incidían sobre las operaciones de comercio exterior y la forma en que evolucionaron a lo largo del periodo. Por una parte, se pondrá énfasis sobre las dificultades materiales que en los inicios se imponían a la realización de operaciones de comercio exterior debido al relativo aislamiento en que se encontraba el país por la escasez de conexiones marítimas, la falta de medios de transporte terrestre, la precariedad de las instalaciones portuarias y el alto costo del transporte. Por la otra, se expondrá de qué manera y en qué medida las condiciones iniciales se fueron superando gracias a la multiplicación de los derroteros marítimos, la construcción de ferrocarriles, la realización de mejoras en los puertos y la reducción del costo de transporte. Aun cuando la situación no llegó a ser óptima y más bien se deterioró en algunos aspectos a raíz de la revolución, las transformaciones que tuvieron lugar en este terreno contribuyeron a favorecer y promover el proceso de integración de México a la economía internacional, y convergieron con otros factores que actuaban en el mismo sentido.

2.1 POR MAR

Desde la época colonial y hasta bien entrado el siglo XIX, el comercio exterior de México se realizó básicamente por vía marítima, sobre todo a través del puerto de Veracruz y, en mucha menor medida, de Acapulco. A lo largo del siglo XIX aparecieron o cobraron importancia otros puertos para el comercio de altura, como Tampico en el Golfo de México y Mazatlán en el Pacífico, y muchos más participaron en la navegación de cabotaje. Lo cierto es que hasta

1880 el intercambio con el exterior siguió realizándose sobre todo por mar, dada la precariedad de la dotación carretera y el rezago en la construcción de ferrocarriles. Y sin embargo, como México careció en todos estos años de una marina mercante propia, dependió siempre de otros países para la realización de su tráfico internacional.[1]

Con la notable excepción del puerto de Veracruz, centro tradicional del comercio exterior del país, durante la mayor parte del siglo la oferta de servicios de navegación fue muy limitada. En 1869, el encargado de la aduana en Guaymas escribía a Matías Romero que la llegada de un vapor cada cuarenta días hacía sentir a la gente del lugar "como si fuéramos arrojados cincuenta años atrás".[2] A ese inconveniente se sumaba "la falta de combinación en los transportes de mar y tierra", que entorpecía enormemente los traslados de un lugar a otro y obligaba a realizarlos mediante rodeos incomprensibles y esperas que parecían infinitas a los viajeros y comerciantes.[3] No sólo el número de embarcaciones que ingresaba al país era modesto y sus arribos a las costas mexicanas esporádicos, sino que además, no necesariamente se sujetaban a un calendario preestablecido. Muchos buques hacían sus escalas "a horarios irregulares, de acuerdo con las demandas del comercio".[4]

Aunque quizá con cierto retraso, México fue testigo y beneficiario del proceso internacional que condujo al "establecimiento de líneas regulares de navegación, con itinerarios y fechas de salida y llegada".[5] Este proceso tuvo lugar precisamente en el último tercio del siglo XIX, y estuvo estrechamente ligado a la generalización de la navegación de vapor. Los datos disponibles indican que las empresas que concentraban el tráfico internacional de México adoptaron tempranamente la tecnología del vapor, si se le compara con su propagación en el plano internacional. En efecto, mientras que el tonelaje de carga que se transportó a nivel mundial en 1890 fue conducido predominan-

[1] A mediados de los años veinte, el gobierno revolucionario se embarcó en el proyecto de conformar una marina mercante propia, principalmente para el tráfico costero, cuyos resultados económicos fueron desastrosos, razón por la cual la empresa terminó por ser arrendada a particulares. Sterrett y Davis, *The Fiscal* (1928), pp. 31-32.

[2] AHBM, *Fondo Matías Romero*, folio 04281, carta de H. Traves a Matías Romero, marzo 2, 1869.

[3] Esto es lo que el propio encargado de la aduana de Guaymas reportó a Romero para justificar su retardo en asumir ese puesto: "La falta de combinación en los transportes de mar y tierra me obligó a detenerme sucesivamente en diversos puntos, habiéndome tenido que esperar no menos que dieciocho días en Mazatlán hasta la llegada del vapor que al fin me hizo arribar a este puerto". AHBM, *Fondo Matías Romero*, folio 03444, carta de H. Traves a Matías Romero, diciembre 29, 1868.

[4] Foster, *Trade* (1878), p. 7.

[5] Orozco Vela, *La marina* (1962), p. 63.

temente en buques de vela, en México 90% de la carga que ingresó a puertos nacionales en ese año lo hizo en barcos de vapor.[6]

Puesto que el país dependía de buques extranjeros para desarrollar su tráfico exterior, el gobierno procuró atraer a empresas de navegación de todo tipo y nacionalidad "para que sean frecuentados periódicamente y regularmente los puertos de la República".[7] A tal fin, siguió la práctica de ofrecer subvenciones y diversas exenciones impositivas. Así, por ejemplo, en 1867 se firmó contrato con una compañía estadounidense (Alexander and Sons) para cubrir la ruta entre Nueva York y el puerto de Veracruz. El contrato estableció un subsidio de 2 200 pesos por viaje redondo, y la compañía se obligó a efectuar 18 viajes por año.[8] Acuerdos similares aseguraban la comunicación marítima en el Pacífico. Por ejemplo, en 1872 se firmó un contrato con la Compañía de Vapores-Correos del Pacífico, que se obligaba a tocar periódicamente en Acapulco, Manzanillo, Mazatlán y Cabo San Lucas a cambio de una subvención de 2 000 pesos mensuales y la exención de otros impuestos.[9] Otro contrato del mismo año establecía una línea de vapores de Panamá a Acapulco, que ofrecería viajes mensuales tocando además otros puertos de Oaxaca y Chiapas a cambio de exenciones fiscales y un subsidio en efectivo.[10] Asimismo, la California and Mexico Steamship Line realizaba viajes mensuales con paradas en Cabo San Lucas, Mazatlán y La Paz, a cambio de una subvención de 2 000 pesos por viaje. El cónsul estadounidense en Guaymas justificaba este pago con el argumento de que "sin la subvención el comercio no es suficiente para asegurar viajes regulares".[11] En 1878, John Foster reportaba que el tráfico marítimo entre Estados Unidos y México era cubierto, en el Golfo, por un vapor quincenal y otro trisemanal que partían, respectivamente, de Nueva York y Nueva Orleáns, y en el Pacífico, por un vapor que tocaba quincenalmente en Acapulco y mensualmente en otros puertos en el Golfo de California.[12] Varias empresas cubrían las rutas europeas hasta los principales puertos del Golfo, en derro-

[6] Woytinsky y Woytinsky, *World Commerce* (1955), p. 432; SHCP. *Noticias... 1890-91* (1892), p. 90.

[7] AGN, Biblioteca, *Misceláneas*, folleto 1, clasificación 082 MIS. 119 [Contrato con la Compañía correo-vapores del Pacífico, marzo 1 de 1872].

[8] Gallegos López, "Los fletes" (1972), p. 9.

[9] AGN, Biblioteca, *Misceláneas*, folleto 1, clasificación 082 MIS. 119 [Contrato con la Compañía correo-vapores del Pacífico, marzo 1 de 1872].

[10] El contrato se firmó con la Compañía del Ferrocarril de Panamá con una duración inicial de cinco años. La negociación con Matías Romero y los términos del contrato se encuentran en AHBM, *Fondo Matías Romero*, folios 16745 A y 16746, enero de 1872, y 17197, febrero de 1872.

[11] NAMP, *Despatches* (1964), Mf. 284, rollo 2, v. 3-4, Annual Report, 1879.

[12] Además estaban los pequeños veleros que hacían recorridos variables conforme a la demanda. Foster (1878), *Trade*, p. 7.

teros que frecuentemente incluían paradas en islas del Caribe y varios puertos de la costa oriental de Estados Unidos. Los itinerarios y la frecuencia de los viajes variaban, aunque esta última naturalmente aumentó a medida que se incrementó la demanda.

Con el paso de los años, el restablecimiento de relaciones diplomáticas con las potencias europeas, la más intensa inserción de México en el mercado internacional y una imagen saneada en términos de estabilidad y credibilidad, permitieron mejorar las condiciones para la contratación de los servicios navieros extranjeros. Exenciones estratosféricas, como la otorgada en algún tiempo a la Compañía Trasatlántica Española (que ascendía a 60 000 pesos por año) o a La Mala del Pacífico (30 000 pesos anuales), se redujeron significativamente: en el caso de la primera, a tan sólo exenciones fiscales, y en el de la segunda, a la mitad de la subvención monetaria acordada originalmente. A partir de los años de 1890, sólo se concedieron subsidios de este tipo "para aquellas empresas que, por razón de crear servicios entre puntos cuyo desarrollo comercial, industrial o agricultor conviene favorecer, han tenido perfecto derecho a ellas".[13]

Por las mismas razones, la oferta de medios de transporte marítimo aumentó considerablemente a partir de la década de 1880, tanto para la navegación de altura como para la de cabotaje. Si bien en el caso de la primera esa oferta estaba compuesta básicamente de empresas extranjeras, en el de la segunda las compañías nacionales participaban activamente, en algunos periodos gozando incluso de privilegios monopólicos en esa actividad.[14] Al parecer, sólo tenían que firmar un contrato formal con el gobierno mexicano aquellas empresas que desearan recibir alguna clase de exención y ofrecieran a cambio hacer el servicio postal y algún otro beneficio para el propio gobierno. Es difícil establecer con precisión cuántas empresas tenían contratos vigentes de este tipo en cada momento, puesto que éstos se firmaban en fechas independientes y eran de duración muy variable. A partir de las fuentes oficiales, puede constatarse que entre 1900 y 1910 el número de empresas rebasaba la veintena, y de ellas solamente las mexicanas y una inglesa-chilena comprometían una subvención gubernamental en efectivo.[15] Ello significa que, para las navieras ex-

[13] SCOP, *Memoria* (1899), p. 43.

[14] GBFO, *Annual Series* (1889), p. 3; NAMP, *Records* (1959), rollo 239, docto. 812.801/11, agosto 11, 1921. De hecho, a partir de cierto momento las leyes aduaneras contemplaban ese privilegio para los buques mexicanos, que sin embargo sólo excepcionalmente se hizo efectivo, sobre todo por la dificultad para que aquéllos cubrieran la demanda del tráfico local de manera eficiente.

[15] AGN, *Folletería*, caja 129, folleto 31, 1897 [Alberto Diaz Rugama, *Colección de contratos vigentes que han autorizado el establecimiento y explotación de líneas de vapores y ferrocarriles en la República Mexicana*, México, 1897]. SCOP, *Memoria* (1901 y 1911), *passim*. Las empresas de propiedad nacional se dedicaban al tráfico fluvial o al costero, en este último caso en el Pacífico.

tranjeras, el tráfico con puertos mexicanos se había convertido en un negocio atractivo que ya no era necesario subsidiar.

Contra los esfuerzos del gobierno por aumentar las conexiones marítimas del país conspiraba la pobreza de las instalaciones portuarias, tanto de aquellas necesarias para el arribo seguro de las embarcaciones como de las requeridas para la descarga, el despacho aduanal y, en su caso, el almacenamiento de las mercancías. Con la relativa excepción del puerto de Veracruz, hasta los últimos años del siglo XIX la dotación de servicios apropiados para el comercio internacional fue muy precaria. Pese a que muchas veces se decretó el cobro de impuestos especiales con el fin declarado de mejorar las instalaciones de algún puerto, en los hechos el presupuesto que se destinaba a ese fin era magro y alcanzaba apenas para los trabajos más elementales: la construcción de un faro, la reparación de un muelle o el desazolve de una bahía.[16] No sólo las asociaciones de comerciantes y la prensa periódica, sino hasta las publicaciones oficiales insistían en la necesidad de "mejorar las deplorables condiciones de nuestros puertos".[17] En fecha tan tardía como 1898, los comerciantes de Tampico dirigían al secretario de Hacienda una carta exponiendo toda clase de dificultades para la realización del tráfico de importación en ese puerto, desde las generadas por la falta de un muelle apropiado para la descarga de mercancías hasta la lentitud con que se efectuaba el despacho y transporte de los bienes a los almacenes de la aduana, servicios que además eran monopolizados por la compañía del Ferrocarril Central Mexicano. Sus reclamos no parecen exagerados, si se considera que el traslado del vapor a la aduana tomaba "tres, cuatro y más semanas, quedando durante este periodo de tiempo, los furgones tendidos a lo largo de las líneas del ferrocarril... y algunos por la Barra o por Tampico...", expuestos a robos, inundaciones y averías.[18]

Entre los últimos años del siglo XIX y los primeros del XX se emprendieron ambiciosas obras de modernización portuaria en Veracruz, Tampico, Coatzacoalcos, Salina Cruz y Manzanillo.[19] De acuerdo con algunas fuentes, las erogaciones realizadas por el gobierno mexicano en estos cinco proyectos ascendieron a 150 millones de pesos entre 1882 y 1910.[20] Otros puertos, como Progreso y Mazatlán, se beneficiaron también de algunas inversiones, aunque

[16] Calderón, *Historia moderna... La República* (varios años), pp. 531-534.

[17] SF, *Memoria* (1887), pp. X-XI.

[18] Comunicación transcrita en *Semana Mercantil*, diciembre 5, 1898, p. 675. Para quejas similares véase, por ejemplo, *Semana Mercantil*, febrero 4, 1895, p. 63, y agosto 12, 1895, p. 373.

[19] Peralta Zamora, "La hacienda pública" (varios años), p. 965; Connolly, *El contratista* (1997), pp. 90, 93, 341-343 y cuadro III.2 (p. 92). Sobre Veracruz, véase también USDS, *Reports*, núm. 310, julio 1906, p. 32. Una descripción de los trabajos realizados en Tampico se encuentra en NAMP, *Records* (1959), rollo 136, docto. 812.156/26, noviembre 22, 1915.

[20] Gallegos López, "Los fletes" (1972), p. 10.

de menor envergadura.[21] Sin embargo, hubo casos en los que el potencial de un puerto se desperdiciaba por la falta de inversiones que ofrecieran acceso seguro e instalaciones suficientes. En esta situación se encontró por mucho tiempo el puerto de Guaymas, que desde la terminación del Ferrocarril de Sonora en 1882 esperaba una inyección de recursos que lo colocara a la altura de la situación pero que, más allá de pequeñas mejoras, a inicios de la década de 1920 no se había beneficiado de ninguna inversión sustancial.[22] Todavía en 1922, el cónsul estadounidense en Guaymas revelaba condiciones generales para el tráfico local tan precarias que resultan difíciles de creer:

> Debido al insatisfactorio servicio de vapores, en los últimos años el grueso de las mercancías han arribado por ferrocarril vía la frontera de Nogales, Arizona. Se espera ahora que en el futuro cercano Guaymas disfrutará de un servicio de barcos de vapor con los puertos de California más confiable... Sólo un porcentaje muy pequeño de la mercancía que en el presente se vende aquí se origina en Europa, y esos bienes... se transbordan muchas veces, viniendo algunas de ellas en tránsito a través de Estados Unidos. No hay comunicación ferroviaria directa entre Guaymas y el interior de México...[23]

Otro factor disuasivo para las navieras extranjeras era la escasa carga de retorno que ofrecían muchos de los puertos mexicanos. El hecho de que las embarcaciones tuvieran que salir en lastre a completar su cargamento a otros puertos, generalmente de Estados Unidos, representaba pérdidas para las empresas y aumentaba el costo del transporte marítimo. Como lo explica un periódico de la época:

> En Tampico y Veracruz el buque que llega... no regresa siempre cargado: hay muchos que vuelven en lastre y van a la costa americana del Golfo para completar su cargamento. La inseguridad para los fletes de retorno es lo que causa esta anomalía...[24]

Un inconveniente más era la serie de impuestos que se cobraban en los puertos y la onerosa normatividad que se imponía a los barcos que arribaban

[21] Reportes pormenorizados de los proyectos y obras porturarias se encuentran las memorias de la Secretaría de Comunicaciones. Véase, por ejemplo, SCOP, *Memoria* (1899), pp. 119-129, y *Memoria* (1904), pp. 1-55.

[22] Un interesante resumen de los "planes para el mejoramiento del puerto de Guaymas" se puede encontrar en NAMP, *Records* (1959), rollo 136, docto. 812.156/49, septiembre 8, 1920.

[23] NAMP, *Records* (1959), rollo 136, docto. 812.156/108, febrero 17, 1922.

[24] *Semana Mercantil*, junio 6, 1904, pp. 900-901.

a ellos con propósitos comerciales. Aunque los derechos portuarios y su importe se modificaron varias veces a lo largo del periodo, los gravámenes más comunes eran el derecho de toneladas, de carga y descarga, de tráfico marítimo interior, de sanidad y de pilotaje (pago derivado de la obligación de todo buque de tener a bordo un piloto local con licencia). Asimismo, se establecían con frecuencia derechos adicionales (de toneladas, de faro, de barras, etc.) en los puertos en los que se había realizado o se proyectaba realizar alguna mejora.[25] A estos impuestos se sumaban los cargos por servicios consulares diversos. En algunos momentos se impusieron además derechos de puerto, así como derechos adicionales a los buques extranjeros que realizaban tráfico costero (cuando éste no era reservado a los de bandera nacional), y se sustituyeron los de toneladas por los de tráfico y arqueo. En 1916 se establecieron varios derechos nuevos, como los de practicaje y amarre y enmienda de fondeadero, y algunos extraordinarios, todos los cuales fueron derogados en 1922.[26]

Junto a estas erogaciones, las primeras leyes aduanales del periodo imponían una serie de requisitos y trámites que algunos administradores de aduanas consideraban imposibles de satisfacer. Así, por ejemplo, en 1877 el encargado de la aduana de Acapulco transmitía al ministro de Hacienda la siguiente queja del superintendente de la compañía de vapores del Pacífico: "con mucha frecuencia impone la aduana de este puerto multas a los vapores por faltas que no dependen de ellos", al grado que la empresa amenazaba con retirar sus vapores de los puertos de esa costa. Según el quejoso, ello representaría "la paralización completa del comercio, la mengua de los derechos del erario y otros muchos males que a la penetración de U. no pueden ocultarse". La queja del funcionario concluía con un ruego:

> [...] que no me obligara el Gobierno a exigirles esos documentos con todos los requisitos de la Ordenanza, ni a impugnarles las penas que ella señala para tales faltas; pues verdaderamente los capitanes a quienes me contraigo, no son culpables de ellas, ni pueden evitarlas, ni las cometen con malicia, ni al erario resulta perjuicio alguno.[27]

Además de los impuestos y del costo de los trámites consulares relacionados con el comercio exterior, los cargamentos que elegían la vía marítima in-

[25] AJYL, Fondo CDLIV, Segunda Serie, rollo 13, carta de Arrangoiz a Limantour, marzo 18 de 1902.

[26] NAMP, *Records* (1959), rollo 136, docto. 812.156/34, octubre 14, 1919, y docto 812.156/36, noviembre 13, 1919; rollo 240, docto. 812.843/27, marzo 16, 1927; *Diario Oficial*, mayo 29, 1922, pp. 330-331.

[27] AHBM, *Fondo Matías Romero*, folio 16215, carta de José Sotomayor a Matías Romero, diciembre 3 de 1871.

currían en gastos adicionales por servicios a veces indispensables como la renta de botes, el alumbrado, la descarga y el traslado de los bienes hasta el almacén o los vagones de ferrocarril, el almacenamiento, la vigilancia de los bultos, etc.[28] Aunque estos gastos evidentemente no son impuestos y no representaban una carga fija para las empresas, su monto no era en absoluto insignificante. En 1889 el cónsul británico en Veracruz explicaba así parte del problema:

> Los costos de descarga continúan causando gran insatisfacción a los importadores debido a su escala excesiva. Las cuadrillas de cargadores y carreteros consideran que tienen un monopolio (y tienen un monopolio *de facto*) en la carga y manejo de los bienes, y resienten cualquier innovación como los ferrocarriles o tranvías, como si infringieran sus derechos para hacer una gran cantidad de trabajo innecesario y ser bien pagados por ello.[29]

De acuerdo con la Cámara de Comercio de Mérida, "en muchos casos cuesta más mover las mercancías desde los buques hasta los carros de ferrocarril que el flete de las mismas desde su punto de origen a Progreso."[30]

En los primeros años del periodo los buques de bandera europea, particularmente británicos, realizaban la mayor parte del tráfico marítimo del país.[31] Sin embargo, muy pronto la marina mercante estadounidense acaparó el grueso del comercio exterior mexicano que se realizaba por la vía marítima. Comentaristas de la época sugerían que este temprano predominio se debió a que las empresas europeas restringían su interés a los puertos de primer orden y a que el servicio europeo "no es frecuente y no está ni podrá estar tan perfectamente organizado como el de Estados Unidos."[32] En estos años iniciales España ocupó transitoriamente el segundo lugar, aunque pronto fue desplazada por Inglaterra, quien se mantuvo en ese sitio hasta el final del periodo. El dominio norteamericano se agudizó con la Primera Guerra Mundial, de manera que al finalizar la década de 1910 prácticamente todo el tráfico marítimo en las costas del Pacífico y una parte sustancial en las del Golfo estaba en manos de líneas estadounidenses. Esta presencia era apenas opacada por algunas empresas europeas que reanudaron sus contratos con México al término de la Gran Guerra y por el movimiento de cabotaje que realizaban buques mexica-

[28] NAMP, *Records* (1959), rollo 136, docto. 812-156/34, octubre 14, 1919.

[29] GBFO, *Annual Series* (1889), p. 5.

[30] APEC, *Fondo Álvaro Obregón*, gav. 14, inv. 2131, leg. 1, serie 030400, exp. 115, Memorandum de la Cámara Nacional de Comercio de Mérida a Álvaro Obregón, 7 de septiembre de 1920.

[31] Herrera Canales, *El Comercio* (1977), pp. 101 y 103.

[32] *El Reproductor Campechano*, mayo 25, 1890, p. 2.

Gráfica 2.1
Navegación internacional por banderas, 1928
(toneladas de registro neto)

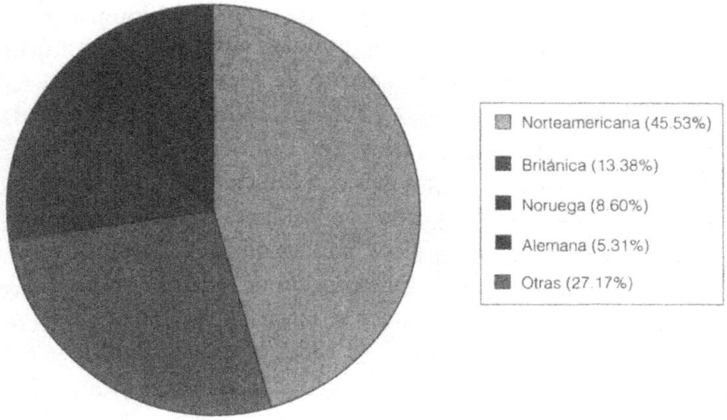

FUENTE: DEN, *Resumen* (1929), p. 41.

nos.[33] El predominio estadounidense retrocedió en alguna medida durante la década de 1920, en parte debido al retorno de las navieras europeas, incluidas las alemanas, a las costas mexicanas, pero sobre todo en virtud de una mayor diversificación tanto en las rutas como en el origen de las empresas de marina mercante que participaban en el comercio mexicano. Notablemente, sólo a mediados de esa década se abrió la primera línea de navegación que comunicaba a México con Sudamérica, pues hasta entonces aparentemente ningún derrotero vinculaba a México en forma directa con algún país que se encontrara al sur de Panamá.[34] La gráfica 2.1 ilustra la situación que prevalecía al término del periodo, aunque por razones de presentación agrupa bajo la categoría de "otros" a los pabellones que sumaron menos de 200 000 toneladas.[35]

Los derroteros que seguía el tráfico marítimo del país estaban determinados en buena medida por las tendencias del comercio, por la nacionalidad de las empresas que realizaban los viajes y por las condiciones establecidas en los contratos firmados con el gobierno mexicano. Las navieras europeas habitualmente se comprometían a realizar uno o dos viajes al mes entre diversos puertos de Europa y los de Veracruz y Tampico, y se reservaban la opción de tocar

[33] NAMP, *Records* (1959), rollo 136, docto. 812.156/47, septiembre 7, 1920.

[34] *El Comercio*, noviembre de 1925, p. 5.

[35] Los pabellones con más de 100 000 toneladas de registro fueron de nacionalidad española, francesa, holandesa, hondureña, japonesa y mexicana.

en otros puertos de menor importancia (u ofrecían una periodicidad menor cuando se trataba de ellos). En su trayecto, estas embarcaciones arribaban en ocasiones a puntos diversos en el Caribe y en Estados Unidos. En cuanto al Pacífico, la mayoría de las empresas eran de origen estadounidense, aunque esporádicamente arribaban a sus puertos buques europeos. Las compañías que tenían contratos firmados con el gobierno de México hacían habitualmente viajes redondos entre San Francisco y Panamá, tocando en su recorrido varios puertos mexicanos obligatorios (incluyendo casi siempre Acapulco, Manzanillo, Mazatlán y Guaymas), y varios más con carácter opcional. Frecuentemente, las empresas operaban en acuerdo con las líneas transoceánicas que hacían los recorridos hasta los países asiáticos, con las que se conectaban en trayectos hacia China o Japón. Antes de la construcción de ferrocarriles el comercio del Pacífico mexicano con países europeos se realizaba vía el Cabo de Hornos, y tomaba cuatro meses o más. A partir de 1882, cuando se concluyó el ferrocarril de Sonora que conectaba al puerto de Guaymas con el sistema ferroviario estadounidense, esta ruta fue desplazada por otra que, atravesando Estados Unidos por ferrocarril, desembocaba en Galveston y Nuevo Orleáns, y luego continuaba por vía marítima hasta el destino europeo. Este trayecto era más barato y tomaba la mitad del tiempo que el anterior.[36]

Huelga decir que las conexiones marítimas se ampliaron a medida que se efectuaban obras portuarias y que se concluían líneas de ferrocarril que conectaban a las costas con el interior del país. De hecho, ambos proyectos se encontraban frecuentemente vinculados, como en el caso de las obras realizadas en el puerto de Tampico. Éstas fueron contratadas en 1901 por la empresa del Ferrocarril Central con el propósito de mejorar la posición competitiva de ese puerto en relación a Veracruz, para lo cual esa empresa fue autorizada para recaudar los derechos de puerto que se cobraban a todas las embarcaciones que arribaban al lugar. Una vez dotado de instalaciones modernas y conectado con el principal sistema ferroviario del país, Tampico vivió un extraordinario auge que lo hizo convertirse en "el más grande puerto exportador de México".[37] Este florecimiento, que se inició a principios del siglo XX y se acentuó durante los años de la revolución debido a las exportaciones petroleras, se reflejó tanto en una mejora sustancial de la oferta de servicios marítimos como en el aumento del tonelaje de carga manejado localmente.[38] Los trabajos de manteni-

[36] AGN, *Folletería*, caja 129, folleto 31, 1897; USDS, *Reports*, núm. 119, August 1890, pp. 718-719. Para la frecuencia y el derrotero de algunas compañías de vapores véase también *Almanaque* (1992), p. 299.

[37] NAMP, *Records* (1959), rollo 136, docto. 812.156/26, noviembre 22, 1915.

[38] Por ejemplo, la Mexican-American Steamship Company aumentó el número de vapores de su flota y la frecuencia de sus llegadas al puerto de Tampico desde Galveston, Texas. La Ward Line

miento del puerto de Tampico se llevaron a cabo incluso bajo las difíciles condiciones impuestas por el movimiento revolucionario. En 1915 se contrató a la United Dredging Company para efectuar labores de dragado y profundización del puerto, que fueron financiadas con un fondo especial proveniente de los derechos de puerto recolectados en esa aduana desde 1903. Dos años más tarde se impuso una contribución extraordinaria a las compañías petroleras, destinada a mejorar las instalaciones portuarias, y en 1919 la propia Standard Oil solicitó se le autorizara para contratar los servicios de un experto de la U.S. Coast and Geodetic Survey con el fin de "examinar el puerto y recomendar mejoras para facilitar la navegación de vapores tanque americanos".[39]

El otro caso relevante en este sentido es el de los puertos de Coatzacoalcos (transitoriamente rebautizado como Puerto México) y Salina Cruz, ubicados a ambos extremos de la línea del Ferrocarril Nacional de Tehuantepec y cuyas obras fueron auspiciadas por el gobierno incluso antes de la terminación de la vía férrea en 1907.[40] La ruta interoceánica a través del Istmo de Tehuantepec era sustancialmente superior a las que se empleaban hasta entonces para el tránsito entre el Atlántico y el Pacífico. La distancia de Liverpool a San Francisco se acortaba a la mitad respecto al paso por Cabo de Hornos, y la de Nueva York a San Francisco a un tercio respecto a la mejor alternativa disponible.[41] De hecho, tan pronto como se concluyeron los trabajos en el Istmo se firmó un contrato con una empresa de navegación que transportaría azúcar desde Hawai hasta Nueva York. Al iniciarse la década de 1910 al menos ocho navieras europeas (la mitad de ellas inglesas) tenían conexiones directas con Puerto México, además de las norteamericanas que de por sí bordeaban las costas mexicanas y de las de otras nacionalidades, como la Toyo Kisen Kaisha

estableció en sus oficinas en Nueva York un departamento consagrado a ayudar en la elaboración de las facturas consulares y en la preparación de los paquetes y embarques entre esa metrópolis y el puerto mexicano. Ya iniciada la guerra civil en México, la French Transatlantic Company estableció un servicio directo adicional entre Havre y Veracruz y Tampico. Aún más, los reportes consulares de los años iniciales de la revolución registraban un intenso tráfico en este puerto, asociado con el despegue de las exportaciones petroleras, que incluso crecía pese a la guerra civil. Así, en 1913 se reportó que 569 buques de todas las nacionalidades ingresaron al puerto, representando una carga neta de 1.1 millones de toneladas; ello representaba 200 buques y 300 000 toneladas más que el año anterior. USDS, *Commercial relations* (1905), p. 532; USDS, *Commercial relations* (1911), p. 550; GBFO, *Diplomatic... Tampico* (1913), p. 5; GBFO, *Diplomatic... Vera Cruz* (1913), p. 5.

[39] GBFO, *Diplomatic... Mexico* (1913), p. 11; NAMP, *Records* (1959), rollo 136, doctos. 812.156/17, agosto 23, 1913; 812.156/24, octubre 27, 1915; 812.156/27, marzo 12, 1917; 812.156/28, marzo 30, 1917, y 812.156/33, octubre 28, 1919.

[40] Acerca de la inauguración del Ferrocarril de Tehuantepec y el impacto esperado, véase por ejemplo *Semana Mercantil*, enero 28, 1907, pp. 42-43, y marzo 29, 1909, p. 170.

[41] GBFO, *Diplomatic* (1888), p. 46.

Steamship Company (japonesa). En fin, también las empresas nacionales dedicadas al tráfico de cabotaje explotaron esta ruta, como la Compañía Naviera del Pacífico y otras de menor importancia.[42]

El monopolio temporal del paso más corto entre los dos océanos, aunado a la modernización de las instalaciones portuarias en ambos extremos, produjo el florecimiento transitorio de la ruta por Tehuantepec y de los puertos que la alimentaban. A principios de la década de 1910, Coatzacoalcos-Puerto México se había convertido en puerto de altura y se le atribuía una importancia similar a la del antiguo puerto de Veracruz.[43] Salina Cruz experimentó también un auge inédito, reflejado en el rápido crecimiento de los derechos aduanales recaudados: éstos pasaron de 36 000 pesos en 1903 a 280 000 en 1907 y a 690 000 en 1911, rebasando a otras aduanas del Pacífico que hasta entonces habían sido más importantes, como Manzanillo y Acapulco.[44] Como se sabe, sin embargo, tal florecimiento se extinguió tan pronto como se inauguró el canal de Panamá en 1914, apenas siete años después de la apertura del Ferrocarril Nacional de Tehuantepec.

En fin, merece mencionarse que en 1909 se concluyó el ramal de Manzanillo del Ferrocarril Central y avanzó la construcción del Ferrocarril Sudpacífico a lo largo de la costa occidental de México. Estas adiciones al sistema de transportes, aunadas a mejores instalaciones portuarias, "revolucionaron las condiciones del comercio e hicieron que esta parte de México se conociera en todo el mundo".[45] Los cónsules reportaban aumentos considerables en los medios de comunicación marítima al finalizar la primera década del siglo XX como resultado de la llegada de "numerosas líneas de navegación" a los puertos del Pacífico, tanto para incrementar la frecuencia dentro de las rutas habituales, como para diversificar estas rutas con la apertura de líneas a Hong Kong y otros puertos de Oriente.[46] En conjunto, la disponibilidad de conexiones eficientes por mar y tierra, tanto en el caso de Tehuantepec como en el de Manzanillo, auguraban una reorientación de la parte del tráfico comercial que se originaba en las costas occidentales de Estados Unidos y que hasta entonces tenía que encauzarse por los ferrocarriles que desde la frontera entre ambos países se internaba hasta el centro de la república mexicana. Ahora ese tráfico se conduciría por mar hasta Manzanillo o Salina Cruz y luego por ferrocarril

[42] AGN, SCOP, exp. 2/681-1 [FNT, Tarifas de fletes, circular núm. 24, indicando los puertos terminales de Europa y cuotas de fletes, dic 7 a 14, 1910], ff. 2-4; GBFO, *Diplomatic... Salina Cruz* (1913), p. 6.

[43] GBFO, *Diplomatic... Vera Cruz* (1913), p. 4; Rojas, "El Ferrocarril" (2004), *passim*.

[44] SHCP, *Anuario... 1912-13* (1914), pp. 192 ss.

[45] USDS, *Commercial Relations* (1911), p. 548.

[46] USDS, *Commercial Relations* (1911), p. 549.

Gráfica 2.2
Tonelaje de carga internacional ingresado a los puertos mexicanos, 1886-1926

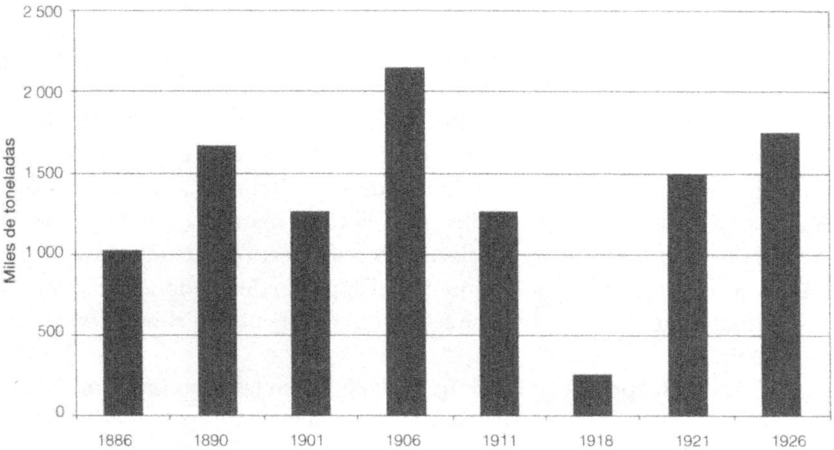

FUENTES: SHCP, *Noticias* (1888), p. 38; *Noticias* (1892), p. 90; *Boletín*, núm. 366 (1912), *passim*; *Anuario... 1912-13* (1914), s.p.; *Anuario... 1918* (1921), s.p.; DEN, *Anuario* (1923?), p. 159; *Anuario... 1926* (1927), pp. 319-321.

hasta su destino final, dentro o fuera de México.[47] Estas predicciones se realizaron sólo en parte, sin embargo, pues la apertura del canal de Panamá, la guerra civil en México y la tendencia general a que parte del tráfico internacional se realizara por tierra mediante los ferrocarriles, limitaron el desarrollo de los puertos y del tráfico marítimo. Aún así, todavía a principios de los años de 1920 el gobierno contrató la realización de amplias mejoras en el puerto de Manzanillo, en la expectativa de que ello lo convirtiera en "un puerto muy grande, puesto que es una de los accesos importantes a Guadalajara, en el estado de Jalisco, y a la ciudad de México, la capital."[48]

La evolución del tonelaje de carga que, en conjunto, manejaban los puertos mexicanos se presenta en la gráfica 2.2. En 1886, primer año para el que dispongo de información completa, ascendía a un poco más de un millón de toneladas y, como era de esperarse en una época de auge del comercio internacional, aumentó a casi 1.7 millones para 1890. A partir de allí se observan oscilaciones amplias, por lo general entre 1.2 y 1.7 millones de toneladas, pero con extremos mucho más polarizados: desde el nivel mínimo de 300 000 toneladas como consecuencia de la Primera Guerra Mundial, hasta los 2.2

[47] *Semana Mercantil*, marzo 29, 1909, p. 170.

[48] NAMP, *Records* (1959), rollo 136, docto. 812.156/80, junio 16, 1921. Véase también docto. 812.156/56, diciembre 16, 1920.

millones alcanzados en 1906, año atípico para el comercio exterior del país, entre otras cosas, por la movilización de metales con motivo de la Reforma Monetaria.

En todo caso, contra lo que cabría esperar, no hay en esta evolución un patrón ascendente, ni mucho menos. El volumen transportado en 1926 es apenas superior al de 1890, y el de 1901 casi idéntico al de 1911. Es cierto que, como veremos más adelante, la red ferroviaria absorbió a partir de cierto momento una parte de la carga relacionada con el comercio internacional, pero esto no explica los fuertes altibajos en la carga marítima. Además, como también veremos, los ferrocarriles absorbieron un cierto porcentaje de la carga y, salvo unos cuantos años, no fueron más allá, por lo que tampoco se les puede responsabilizar por lo que parece ser un estancamiento en el tráfico marítimo del país.

Por otra parte, pese al aumento que tuvo lugar en las rutas marítimas y en el número de puertos abiertos a la navegación a lo largo de estos años, el tráfico exterior exhibió una alta concentración en los principales puertos de la república. Entre 1870 y 1929 las estadísticas oficiales registraron hasta 24 puertos del Golfo y hasta 28 del Pacífico, y sin embargo más de 90% de todo el tonelaje que ingresó por la vía marítima en esos sesenta años lo hizo a través de una decena de puertos en cada una de las franjas costeras del país (véanse mapas 2.1A y B).

Lo cierto es que algunos de los puertos registrados tuvieron una vida efímera o florecimientos transitorios que luego se desvanecieron casi sin dejar huella. Para dar tan sólo un ejemplo, el puerto de Frontera registró casi 200 000 toneladas de carga de entrada en 1890, pero en la década de 1920 no rebasó las 10 000. Otros puertos que poseían cierta importancia a mediados del siglo XIX, la perdieron progresivamente debido a los cambios en la configuración interna del espacio económico o en las rutas del tráfico internacional. Así, por ejemplo, Acapulco se opacó, al tiempo que Guaymas y Coatzacoalcos cobraron cierta significación.[49] En fin, otros más estaban habilitados únicamente para la navegación de cabotaje, y aún en esa función se encontraban en condiciones de recibir carga sólo en muy pequeña escala. De hecho, los únicos puertos que, pese a algunos altibajos y cambios significativos en su posición relativa, mantuvieron su importancia en el comercio internacional a lo largo de este

[49] Acerca de la decadencia de Acapulco como puerto de acceso del tráfico internacional, el reporte de un funcionario aduanal a Matías Romero es elocuente: "Repito a usted que este puerto es casi nulo sus entradas consisten en dos vapores que mensualmente vienen de San Francisco y dos de Panamá trayendo pocas mercancías para el consumo y trasbordando el resto y tiene que ser así porque salen más baratas en esa capital y sus pueblos pertenecientes a este Estado…". AHBM, *Fondo Matías Romero*, folio 21832, agosto 30, 1877.

Mapa 2.1
Ingreso de carga a los puertos de la República mexicana

A: 1886

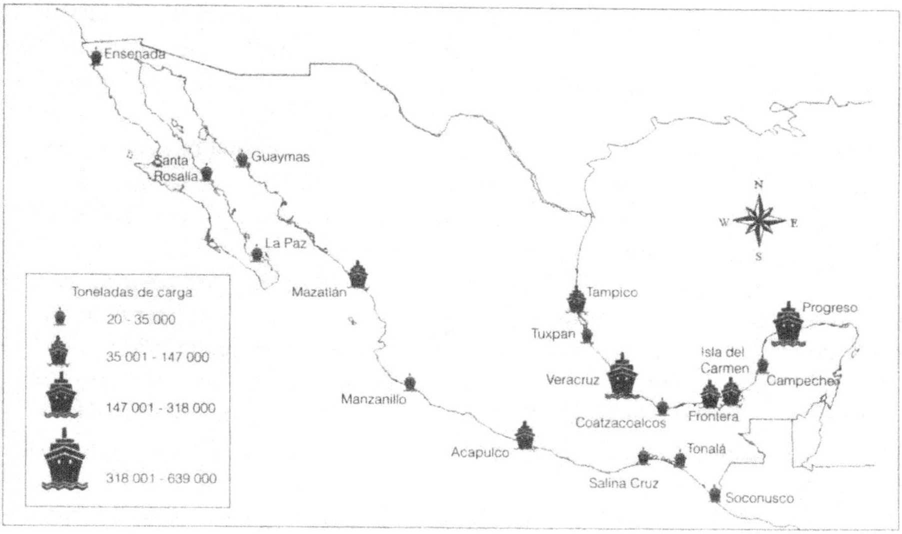

FUENTE: SHCP, *Noticias* (1888), p. 38.

B: 1926

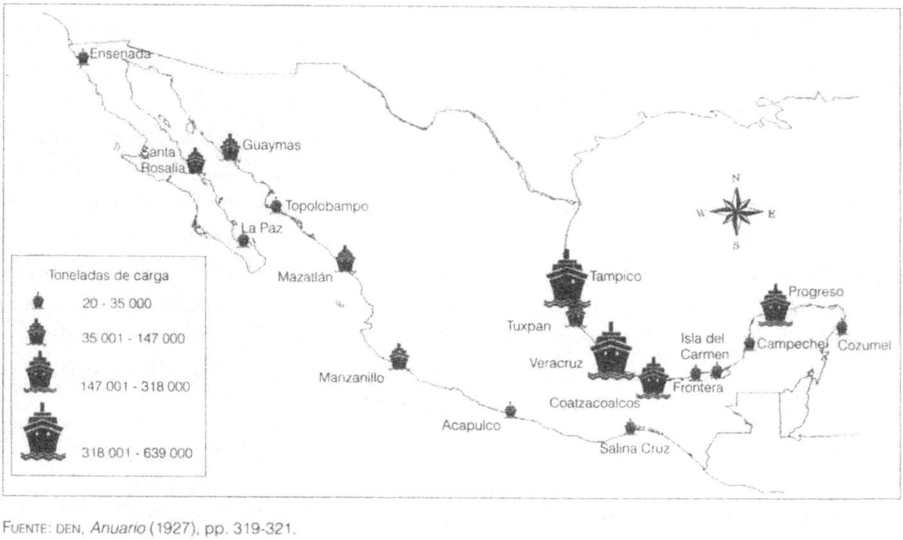

FUENTE: DEN, *Anuario* (1927), pp. 319-321.

periodo fueron Veracruz, Tampico y Progreso, todos en el área del Golfo. Juntos, estos tres puertos dieron cuenta de 80% del tonelaje que ingresó por esa franja costera en 1886, y todavía concentraban 74% del total en 1926. Lo que es aún más significativo, estos tres puertos concentraron alrededor de 60% de toda la carga marítima que entró al país a lo largo del periodo de estudio.

En el Pacífico se produjo un proceso drástico de reorganización espacial, con el resultado de un desarrollo muy diferenciado entre los distintos puertos y una menor presencia relativa de cada uno en el tráfico total de la costa occidental. De ahí que entre los puertos del Pacífico resulte más pertinente mencionar aquéllos que acrecentaron su importancia relativa, en cuyo caso cabría mencionar a Manzanillo, Guaymas y Santa Rosalía. Si en 1886 estos tres puertos recibieron apenas 10% del tonelaje manejado en la costa pacífica, para 1926 ese porcentaje aumentó a 66% de ese total. Si se añade el puerto de Mazatlán, esos porcentajes aumentarían a 27% en el primer año y 78% en el segundo. En este sentido, resulta claro que el desarrollo de algunos puertos se produjo a expensas de los demás, y que este proceso de reacomodo tuvo lugar con mayor fuerza en el área relativamente "desocupada" del Pacífico que en la región de más antiguo desarrollo en el Golfo de México.[50]

Algo similar sucedió en el contexto del intercambio entre México y Estados Unidos. Pese a que a lo largo del periodo las estadísticas del país vecino registraron hasta veinte distritos consulares desde los cuales se llevaba a cabo comercio de importación y/o exportación con México, a lo sumo cinco recibieron todas las mercancías que desde México se remitieron a ese país, y a lo sumo seis de ellos dieron cuenta de todas las salidas de bienes desde Estados Unidos hacia México a lo largo de todo el periodo (véanse gráficas 2.3 y 2.4).

Como se ve en las gráficas, al inicio del periodo los principales distritos para el intercambio entre los dos países fueron aquellos que se comunicaban por mar: Nueva Orleáns, Nueva York y Brazos de Santiago (Texas) se ocuparon de la inmensa mayoría de este intercambio en 1870. Esta situación cambió de manera progresiva, aunque no lineal ni idéntica para las distintas aduanas, con el inicio de la comunicación ferroviaria, al que nos referiremos en seguida, y con el surgimiento de pasos fronterizos que florecieron gracias a ella. Aunque la presencia relativa de cada uno de los distritos sufría fuertes altibajos año con año, a la postre el resultado de estas modificaciones fue la consolidación, dentro del territorio estadounidense, de unos cinco centros de concentración y distribución del intercambio comercial con México.

[50] La información de los párrafos anteriores procede de SHCP, *Noticias* (1888), y *Noticias* (1892); SHCP, *Estadística Fiscal* (1895); SHCP, *Anuario… 1918* (1921); DEN, *Anuario* (1923?), y *Anuario… 1926* (1927).

Gráfica 2.3
Distritos de entrada a Estados Unidos
de las exportaciones mexicanas de mercancías, 1870-1929
(porcentaje sobre el total)

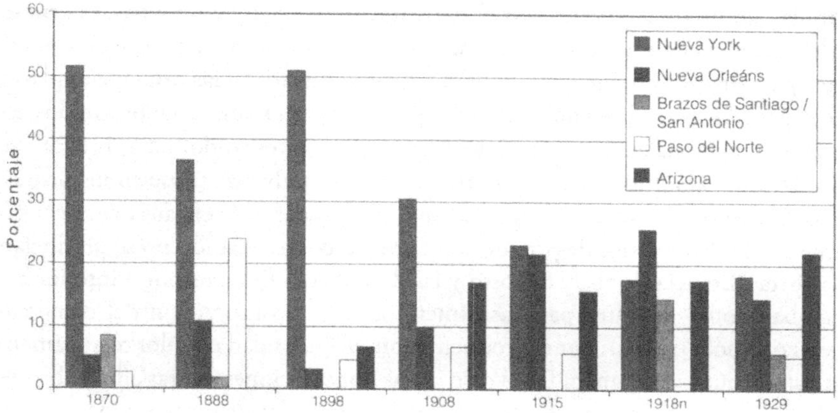

FUENTES: USHR, *Annual Report... 1871* (1872-1892), *passim*; USTD, *The Foreign Commerce* (1893-1930), *passim*.

Gráfica 2.4
Distritos de salida de Estados Unidos de las importaciones mexicanas, 1870-1929
(porcentaje sobre el valor total)

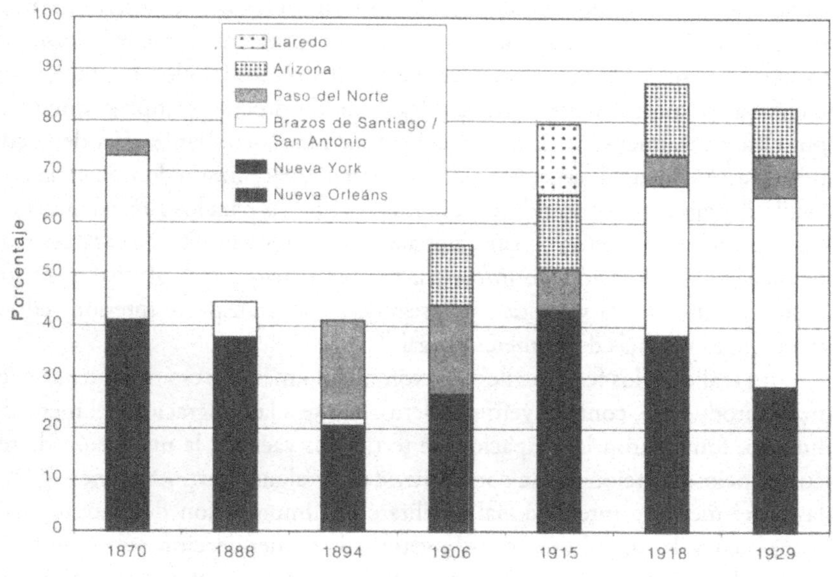

FUENTES: USHR, *Annual Report... 1871* (1872-1892), *passim*; USTD, *The Foreign Commerce* (1893-1919), *passim*.

2.2 POR TIERRA

Antes de que se construyeran los ferrocarriles, México disponía de una red pobre y descuidada de carreteras, por la cual transitaban carros, caballos y mulas, como único medio para el movimiento de bienes y personas. El grueso del comercio de importación que se hacía por la vía legal, arribaba a los puertos para distribuirse luego, mediante esta precaria red, en las principales plazas del país. Una parte menor ingresaba por la frontera con Estados Unidos en carretas y animales de carga, muchas veces de contrabando, para distribuirse en la vasta región del centro y norte de México, pulverizándose en los pequeños comercios locales. Las exportaciones, por su parte, se encauzaban penosamente desde los sitios de producción hasta las costas, cuando no se producían a corta distancia de ellas. El costo y las dificultades del transporte interior actuaban como un filtro para las dimensiones y la composición del comercio exterior: sólo pasaban por él productos con una densidad de valor relativamente alta y buena demanda. En el caso de las importaciones, el traslado de bienes de capital voluminosos y pesados resultaba particularmente caro y penoso; en cuanto a las exportaciones, fuera de los metales preciosos apenas unos cuantos bienes "exóticos" pasaban exitosamente este tamiz.

Esta situación tenía también otras consecuencias. Por un lado, propiciaba la concentración del comercio exterior en unos cuantos puertos, aquellos que además de estar mínimamente dotados de la infraestructura necesaria para el tráfico de altura, se encontraban mejor comunicados con el interior. Por el otro, favorecía el contrabando, tanto a través de las costas como de la inmensa frontera que separa al territorio nacional del de Estados Unidos. Como hemos dicho ya, el control sobre el tráfico ilegal fue un proceso complejo que pasó por el fortalecimiento de la autoridad del Estado, la reorganización de la administración aduanal, la creación de un cuerpo especializado de vigilancia con facultades ejecutivas y el endurecimiento de las penas para los contrabandistas. Pero junto a estos factores institucionales actuó también uno de carácter material: el de la dotación de infraestructura ferroviaria, que al disminuir los costos y aumentar la velocidad y la seguridad del transporte interior, redujo también las ventajas del comercio ilegal.

En realidad, los ferrocarriles hicieron mucho más que eso. Reordenaron el mapa productivo, contribuyeron poderosamente a la integración del mercado interno, fomentaron la ocupación de territorios vacíos y la utilización de recursos ociosos, mejoraron la competitividad de algunas exportaciones agrícolas en el mercado internacional, facilitaron la importación de maquinaria y otros bienes de capital que contribuyeron a la modernización económica. En lo que ahora nos atañe, los ferrocarriles produjeron una notable redistribución de los cauces del comercio exterior dentro del territorio nacional, y lo hicieron de varias maneras. La más evidente tuvo que ver con la fuerza de atracción que ejercieron las rutas ferroviarias continuas entre México y Estados Unidos, y que generaron un tráfico inédito a lo largo de esos corredores. El intercambio bilateral entre los dos países se incrementó aceleradamente, e incluso una parte del comercio con Europa empezó a encauzarse a través de Estados Unidos mediante las conexiones ferroviarias, desplazando a las antiguas rutas que desembocaban en Veracruz.[51] El representante británico en ese puerto reportaba en 1886 con cierta perplejidad:

> Las quejas en contra de las tarifas ferroviarias se fundan en el hecho algo alarmante de que la Compañía del Ferrocarril Mexicano cobra más por tonelada para transportar bienes en su corta línea de Veracruz a la ciudad de México, que lo que las compañías ferroviarias [norte]americanas cobran por transportar bienes similares a través de su largo sistema desde Nueva York hasta la ciudad de México. La solución a este aparente enigma no es difícil de dilucidar: las compañías [norte]americanas están transportando con pérdidas con el fin de modificar el curso del comercio... en la esperanza de que las corrientes del comercio, una vez establecidas, nunca se desviarán por completo.[52]

La otra forma en que la introducción de ferrocarriles modificó los cauces del comercio exterior es menos obvia pero igualmente significativa. Se trata de la redistribución del tráfico entre los propios puertos, obedeciendo a la disponibilidad de conexiones ferroviarias o, a igualdad de condiciones en materia de infraestructura ferroviaria, a diferencias en las condiciones del transporte por ferrocarril en términos de distancias, tiempo, costos, enlaces con otras líneas, etcétera.

En 1873 empezó a operar la primera línea férrea del país, el Ferrocarril Mexicano, entre la capital y el puerto de Veracruz, y se mantuvo como la única línea troncal en operación durante el resto de ese decenio. El funcionamiento del ferrocarril de Veracruz mejoró las condiciones materiales (de seguridad, velocidad y regularidad) para el traslado de bienes, pero no así las económicas, pues sus tarifas eran casi tan altas como las del transporte carretero. El cambio más sustancial sólo se produjo en el curso de la siguiente década, cuando se llevó a cabo la construcción de las grandes líneas troncales que conectarían el

[51] *Semana Mercantil*, junio 6, 1904, p. 900. La autora ha publicado varios trabajos sobre este tema. Véase Kuntz Ficker, "La redistribución" (2000); "El comercio México-Estados Unidos" (2001), y "Las oleadas" (2003).

[52] GBFO, *Miscelaneous* (1886), pp. 1-2.

Mapa 2.2

Construcción de las principales líneas férreas con fecha de terminación

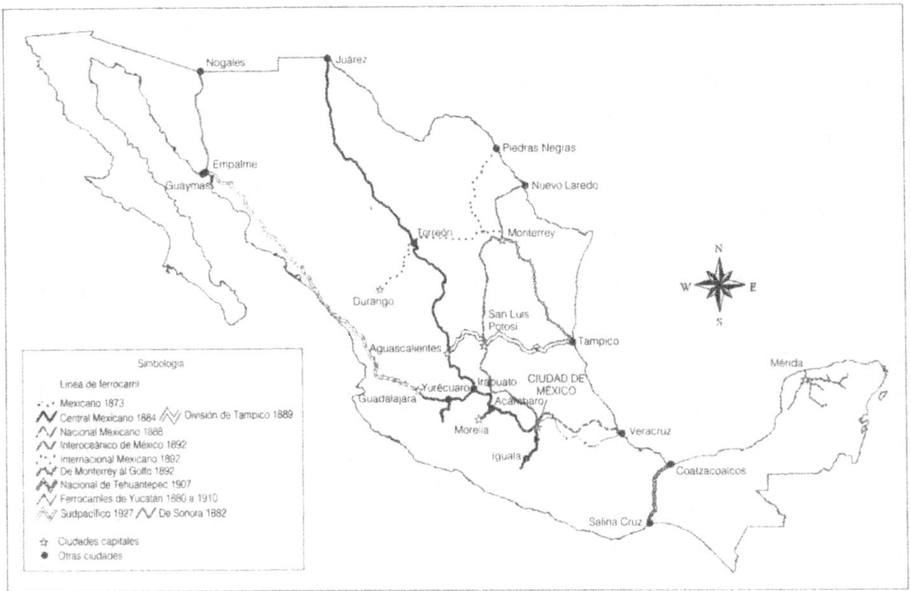

FUENTES: Calderón, "Los ferrocarriles" (varios años); FNM, *Los ferrocarriles* (1987).

centro de la república con la frontera norte. En 1884 se concluyó la primera de esas líneas, la del Ferrocarril Central Mexicano, entre México y Ciudad Juárez; hacia el final de la década se terminó la del Ferrocarril Nacional, entre Nuevo Laredo y la capital, así como un ramal del Central hasta Tampico, y a principios de los años de 1890, la del Ferrocarril Internacional, entre Piedras Negras y Durango (véase mapa 2.2). Estas y otras líneas de menores dimensiones transformaron dramáticamente el paisaje de las comunicaciones en el país, y con él, los cauces por los cuales corría tanto el flujo interior de bienes y personas como el que se originaba o desembocaba en el mercado internacional.

Entre las transformaciones producidas por la construcción de ferrocarriles en los cauces del comercio exterior, cabe destacar al menos dos, que se aprecian desde el momento mismo en que se concluyeron las líneas respectivas. La primera de ellas fue el surgimiento de una aguda rivalidad entre Veracruz, el puerto más importante desde la colonia, y Tampico, el puerto emergente vinculado al desarrollo del sistema del Ferrocarril Central.[53] El cuadro 2.1 refleja esta rivalidad, y permite también hacer notar algunos rasgos relevantes en el

[53] Las siguientes páginas se basan en Kuntz Ficker, "La redistribución" (2000), *passim*.

Cuadro 2.1
Importaciones realizadas por los puertos de Veracruz y Tampico, 1885-1905

	Veracruz		*Tampico*	
Año fiscal	*Toneladas*	*Valor*	*Toneladas*	*Valor*
1885			10 248	
1895	151 331	15 296 544	188 313	8 685 442
1901	411 257	20 986 963	541 818	10 279 068
1905	664 549	28 109 834	801 786	15 384 289

FUENTES: Mexican Central Railroad, Ltd., 25th and 28th Annual Reports (1905 y 1908, respectivamente).

desarrollo del tráfico a través de los que a partir de entonces serían los dos principales puertos de la república.

El hecho más patente es la manera en que Tampico, que recibió un tonelaje internacional insignificante en 1885, rebasó en ese terreno a Veracruz en el corto lapso de una década, y siguió creciendo más rápido en los siguientes años. Este fenómeno notable puede oscurecer otro de igual importancia. Es probable que una parte de esa carga realmente se haya "sustraído" al antiguo puerto de Veracruz, pero es claro que otra parte era carga nueva generada por la modernización económica y el abaratamiento en los transportes. Ello se hace evidente al observar la evolución en el valor de la carga internacional recibida en cada uno de esos puertos: en todo momento, y pese al aumento acelerado del tonelaje, Tampico manejó importaciones por la mitad del valor que Veracruz. Quiere decir que mientras que este último puerto siguió atrayendo el tráfico tradicional de artículos valiosos y ligeros, Tampico floreció gracias al manejo de la carga moderna, voluminosa y pesada, pero barata (en términos de valor por unidad de peso), que se requería para equipar la planta industrial del país.

El segundo de los impactos directos que tuvo la operación de los ferrocarriles sobre los cauces del comercio exterior fue la apertura de la frontera norte a un comercio masivo entre México y Estados Unidos.[54] Como se ve en las gráficas 2.5 y 2.6, este fenómeno ocurrió prácticamente de manera inmediata tras la terminación de la línea troncal entre México y Ciudad Juárez en 1884.

La gráfica 2.5 ilustra el porcentaje de las importaciones totales que se introdujo por la frontera norte, y no estrictamente el que lo hizo por la vía ferroviaria. Sin embargo, el contraste entre el "antes" y el "después" de los ferrocarriles es tan evidente, que resulta claro que la mayor parte de ese movimiento se realizó por ferrocarril. En el caso de las importaciones, el tráfico por la frontera pasó de menos de 15% del total en 1872 a más de 25% en el primer año de operación

[54] De ahí que la política de comunicaciones haya sido interpretada como una estrategia comercial que implicaba la reorientación del comercio exterior. Véase Riguzzi, "La gestión" (2006), p. 239.

Gráfica 2.5
Participación de las importaciones fronterizas en las importaciones totales, 1872-1929
(porcentaje sobre el valor total)

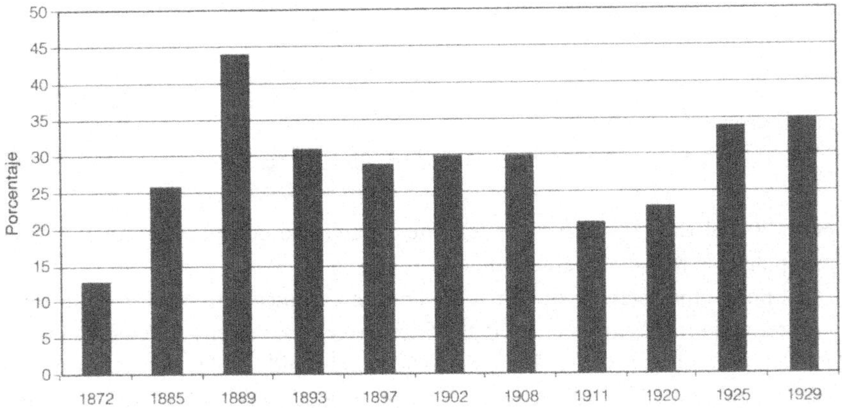

FUENTES: SHCP, *Noticias* (1880); *Noticias* (1888); *Importaciones* (1892); *Memoria... 1893-1894* (1894); *Comercio exterior* (1901); *Boletín*, núm. 353 (1910); *Anuario... 1911-12* (1913); *Anuario* (1920-1928), *passim*; DEN, *Anuario* (1932).

de las líneas, y siguió creciendo en forma extraordinaria hasta 1889. La intensidad del auge inicial debe atribuirse en parte a la introducción de material para la continuación de las obras ferroviarias, y es comprensible entonces que cesara luego de algunos años. Hubo otros altibajos temporales que afectaron la participación de la frontera en el comercio de importación; los que se observan en 1911 y 1920 están asociados con la guerra civil y los desórdenes que siguieron al establecimiento del nuevo régimen. Más allá de estas variaciones coyunturales, la gráfica ilustra que el resultado más duradero consistió en que alrededor de 30% de las importaciones se introdujeran por las rutas que se fueron abriendo a lo largo de la frontera norte con la extensión de la red ferroviaria.

Por lo que hace a las exportaciones (gráfica 2.6), se observa también un contraste notable entre el papel de la frontera antes y después de la existencia del ferrocarril. Hasta principios de los años de 1880, apenas 5% de las ventas al exterior transitó por la frontera, y, lo que es más sorprendente, apenas 10% de las que se realizaban en Estados Unidos siguió ese curso en ausencia del ferrocarril. Esto es tanto como decir que la vecindad geográfica y la enorme frontera compartida eran poco menos que irrelevantes en ausencia de medios de transporte que materializaran la proximidad entre los dos países. Tan pronto como aquéllos hicieron su aparición, la vecindad territorial se hizo efectiva, al multiplicarse por seis la proporción de las exportaciones totales que se encauzaban a través de la frontera y por cinco la de las que se dirigían a Estados Unidos por tierra y no por mar.

Gráfica 2.6
Exportaciones fronterizas como porcentaje de exportaciones totales y a Estados Unidos

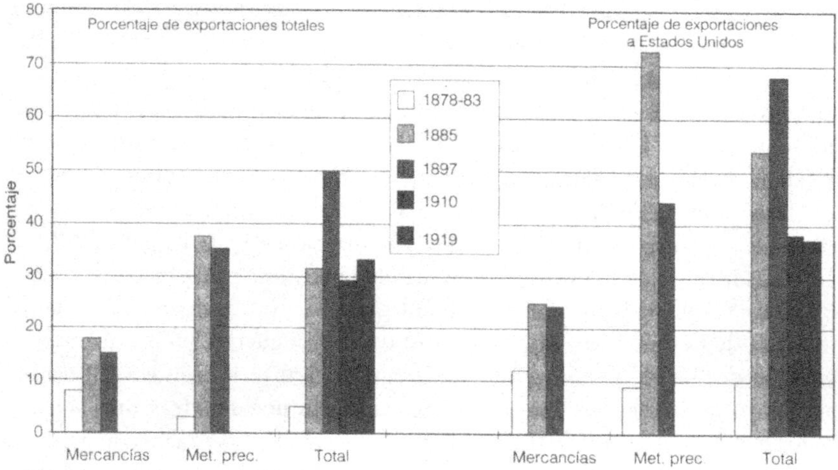

FUENTES: SHCP, *Memoria... 1883-1884* (1884); *Memoria... 1886-1887* (1887); *Boletín*, núm. 183 (1899); *Boletín*, núm. 366 (1912); *Anuario... 1919* (1922).

El auge fronterizo fue tanto más espectacular cuanto que estas proporciones aumentaron en el contexto de un crecimiento notable del comercio exterior, de manera que la frontera atrajo una porción mayor de un pastel cada vez más grande. Y sin embargo, como ocurrió con las importaciones, este salto inicial no fue el principio de una curva ascendente que se continuara en el largo plazo. Aunque aquí los datos no abarcan todo el periodo de estudio, puede apreciarse que, después de algunos años de auge, el tráfico fronterizo de exportación se estabilizó también en alrededor de 30% del total y cerca de 40% del que se dirigía a Estados Unidos.

Cabe hacer notar, por otra parte, que la mayor participación de la frontera en las exportaciones mexicanas se debió sobre todo al auge de las exportaciones mineras, englobadas por las estadísticas mexicanas con la denominación de "metales preciosos". Como hemos visto en el capítulo anterior, bajo este rubro se agrupaban no sólo las tradicionales exportaciones de plata y, en menor medida, oro, sino también, en forma creciente, productos de las minas que sólo recientemente —y en parte gracias al abaratamiento del transporte— se habían vuelto rentables: plomo, cobre, zinc y combinaciones de éstos con plata de leyes más bajas. Parte de estos minerales se extraían de explotaciones mineras nuevas en los estados del norte el país. Esto significa que si bien por una parte nos encontramos ante una redistribución del tráfico ya existente, estamos por la otra frente a un auténtico proceso de expansión de la frontera productiva, en virtud del cual nuevos territorios fueron incorporados a la actividad económica.

Aunque el auge de la frontera con Estados Unidos implicó la apertura de muchas aduanas, algunas de ellas tuvieron una existencia efímera o emergieron en la etapa tardía de nuestro periodo de estudio. Las que progresaron y se consolidaron a lo largo del tiempo fueron aquéllas establecidas en poblaciones que constituían la desembocadura de las líneas férreas y que conectaban a México con el sistema ferroviario de Estados Unidos. En estos casos, el auge de los flujos comerciales siguió de cerca el avance en la construcción ferroviaria, tal como se ilustra —para el caso de las importaciones— en la gráfica 2.7.

La aduana de Matamoros era en realidad marítima y fronteriza a la vez, y era la única que registraba un comercio legal de importancia antes de la construcción de ferrocarriles. Su prosperidad data de la guerra civil norteamericana, y su declive se inició cuando el ferrocarril alcanzó la frontera. El primer punto fronterizo favorecido por la llegada de las líneas férreas fue Nogales, cuando el llamado Ferrocarril de Sonora (en realidad el fragmento inicial de lo que sería la línea del Ferrocarril Sud-Pacífico) se extendió hacia el norte partiendo del puerto de Guaymas. El cónsul norteamericano en esta ciudad explicó así la significación de esta mejora:

Gráfica 2.7
Distribución de las importaciones fronterizas entre las principales aduanas, 1872-1929
(porcentajes sobre el valor)

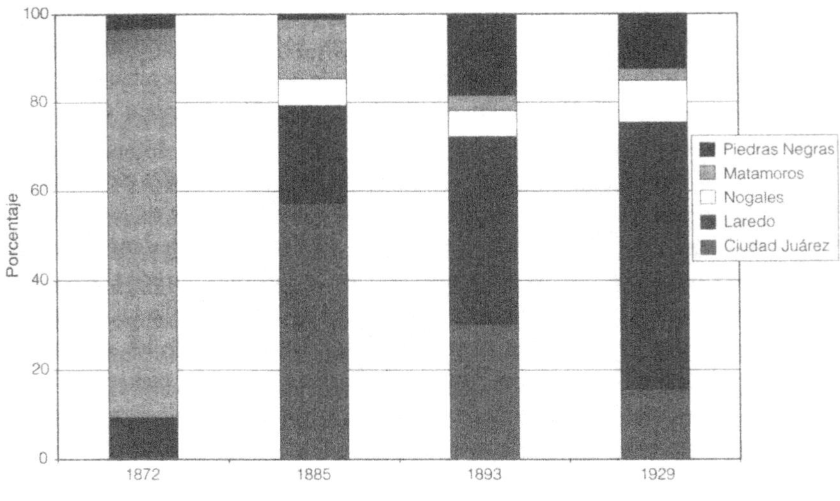

FUENTES: SHCP, *Noticias* (1880), p. 49; *Noticias* (1888), p. 119; *Memoria* (1894), p. 550; *Anuario* (1930), s.p.

> El Ferrocarril de Sonora y su conexión ha colocado a este distrito consular (en la parte noroccidental de la República Mexicana) a cuatro días de viaje de la ciudad de México, en lugar de treinta días como era antes en carreta y a caballo, y con respecto a Nueva York, seis días en lugar de 21 como era hace apenas unos cuantos años. Los efectos de esta transportación cotidiana y frecuente de mercancías, correspondencia y pasajeros desde un país hacia el otro es (como debe seguirse naturalmente) un aumento en la relación comercial y amistosa entre la gente de las dos naciones.[55]

Más vistosamente, la inauguración de la línea del Ferrocarril Central llevó a Ciudad Juárez (entonces llamada "Paso del Norte") a acaparar casi 60% del tráfico fronterizo de importación en el breve lapso de un año.[56] Bajo el mismo impulso, la conclusión de los ferrocarriles Nacional (1888) e Internacional (1892) implicó el desplazamiento de una parte del tráfico que antes concentraba la aduana de Ciudad Juárez hacia Laredo y Piedras Negras, respectivamente. En los siguientes años el comercio a través de las distintas poblaciones de la frontera experimentó fuertes altibajos, como resultado de fenómenos de muy distinta índole, desde sequías hasta los hechos violentos de la revolución. Con todo, el equilibrio que se consolidó a la postre favoreció a Laredo, por donde pasaba la ruta más corta desde el centro de México hasta el noreste de Estados Unidos.

Pese a la importancia de los ferrocarriles en la redistribución de los canales del comercio exterior, el tráfico internacional que se realizó a través de ese medio de transporte no rebasó en ningún momento —en tonelaje— al que tenía lugar por la vía marítima. La gráfica 2.8 ilustra esta situación para el caso de las importaciones.

La gráfica incluye datos para el periodo de madurez de la red ferroviaria y de las comunicaciones marítimas. Muestra un aumento continuo del volumen de las importaciones hasta 1906, y luego un comportamiento más errático, tendiendo a la baja, que se prolonga hasta la década de 1920. Tras los avatares de la década de 1910, apenas en 1926 se alcanzó un tonelaje comparable con el de 1908, año que refleja el impacto de la crisis de 1907. Aunque se dispone de poca información al respecto, es probable que en los años más tardíos el transporte carretero empezara a desplazar al ferroviario en algunas rutas terrestres, aunque en una escala todavía poco perceptible. Ahora bien, si la relación

[55] NAMP, *Despatches* (1964), Mf. 284, rollo 3, v. 5-6, diciembre 31, 1885.

[56] El cónsul norteamericano en Paso del Norte informaba en 1886 que, desde la construcción del Ferrocarril Central, esa población se había convertido en "el más importante punto de distribución para todas los estados mexicanos del norte". NAMP, *Despatches* (1950), Mf. 184, rollo 3, vol. 3, reporte correspondiente al año fiscal de 1886.

Gráfica 2.8
Transporte ferroviario y marítimo en el comercio de importación, 1901-1926
(tonelaje)

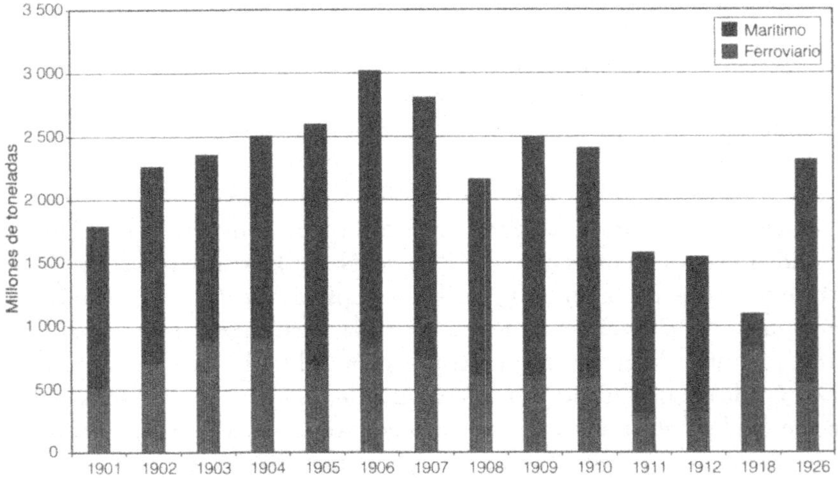

FUENTES: SHCP, *Boletín* núm. 309 (1907); *Boletín* núm. 366 (1912); *Anuario... 1912-13* (1914); *Anuario... 1918* (1921); DEN, *Anuario... 1926* (1927).

entre el transporte marítimo y el ferroviario era de rivalidad, ésta se saldó casi en todo momento a favor del primero. Salvo en el año de 1918 (y probablemente en todos los de la Primera Guerra Mundial), al menos dos terceras partes del volumen de importaciones ingresó al país por la vía marítima. Los ferrocarriles, entretanto, se hicieron cargo de entre un cuarto y un tercio de la carga de importación. Es preciso aclarar, sin embargo, que la gráfica indica solamente el medio de transporte por el cual se *introdujeron* los bienes a la república, independientemente de que, ya dentro del territorio, hayan utilizado el ferrocarril para su distribución. Ello subestima en cierto sentido la presencia de los ferrocarriles, puesto que, evidentemente, una gran parte de las importaciones marítimas se condujeron luego por la vía ferroviaria. En estos casos resulta claro, por lo demás, que los ferrocarriles complementaron al transporte marítimo, no rivalizaron con él.

El rencauzamiento del comercio exterior dentro del territorio nacional estuvo acompañado por modificaciones importantes en la distribución geográfica del comercio, fenómeno del que nos ocuparemos en otra parte. Además, como hemos apuntado antes, formó parte de un proceso más vasto que incluyó la integración del mercado interno, el aprovechamiento de recursos antes ociosos y la expansión de la frontera demográfica y productiva, favoreciendo sobre todo el florecimiento del norte del país.

2.3 LOS COSTOS DE TRANSPORTE

La tarea de estimar los costos del transporte internacional de mercancías en la era del capitalismo liberal es muy compleja. La navegación marítima era a fines del siglo XIX una industria internacional que operaba en un mercado competitivo. En parte autorreguló sus operaciones mediante la realización de conferencias, pactos y fusiones, pero, en la fijación de sus tarifas, estaba sujeta a una multiplicidad de factores internos a la industria, así como a las condiciones de la economía mundial.[57] Los fletes variaban en forma considerable conforme a la ruta, las condiciones de la demanda, la temporada del año, el tipo de productos transportados, el número de escalas y la frecuencia de los recorridos. Desde el punto de vista del historiador, la reconstrucción de estos costos enfrenta dificultades adicionales, como la escasez de series de tiempo relativamente homogéneas, las enormes variaciones en las tarifas de una ruta a otra, la disparidad entre las tarifas oficiales consignadas en las fuentes y las resultantes de contratos y acuerdos particulares, que son las que se aplicaban en la práctica, etcétera.

Para el caso de México, resulta un tanto más fácil tratar de reconstruir la evolución del costo del transporte de mercancías en el mercado interior a través del ferrocarril que hacer lo mismo con el transporte internacional, ya sea por la vía marítima o ferroviaria. Ocupémonos en primer lugar del transporte ferroviario. Ante todo, es preciso aclarar que las tarifas de las empresas ferroviarias variaban enormemente de acuerdo con el tipo de carga, la distancia recorrida y la distinción entre ocupación total o parcial de los vagones (lo que las empresas distinguían como transporte en carro por entero o en menos de carro por entero). No tiene sentido, sin embargo, presentar aquí las tarifas máximas y mínimas que se cobraban para cada una de esas variables. Lo que más nos acerca al costo promedio del transporte ferroviario son los ingresos por tonelada/kilómetro, que expresan el monto que las empresas percibieron en promedio por cada tonelada de carga y por cada kilómetro que fue transportada. La gráfica 2.9 muestra su evolución en los dos derroteros principales que conectaban el interior del territorio con los puertos del Golfo y la frontera del norte.

La gráfica muestra la pronunciada caída que experimentaron los costos del transporte ferroviario, particularmente en la década de 1880. Aunque contempla sólo los ingresos promedio para las dos rutas básicas cubiertas por las principales empresas, cabe mencionar que el punto de partida eran las elevadísimas tarifas del Ferrocarril Mexicano en la ruta México-Veracruz (de 10.4 centavos por ton/km en promedio), que apenas se distinguían de las del trans-

[57] Greenhill, "Shipping" (1977), pp. 144, 152 y *passim.*

Gráfica 2.9
Ingresos medios por tonelada/kilómetro
en las principales rutas del tráfico ferroviario, 1880-1909
(centavos por ton/km)

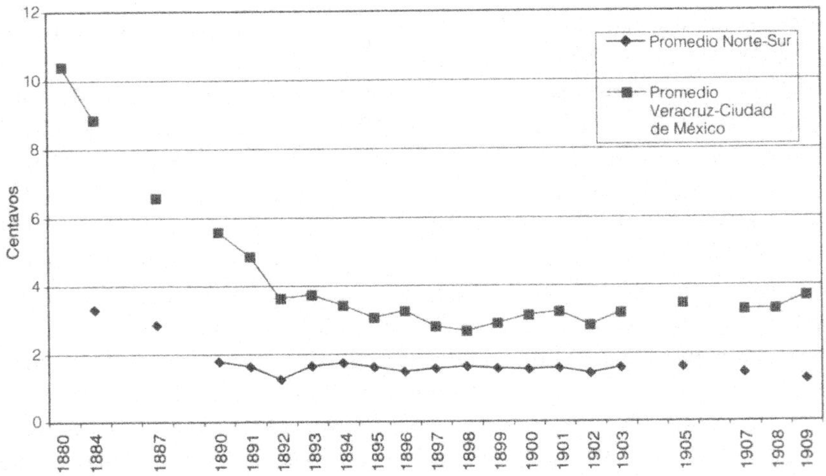

NOTAS: para el promedio norte-sur se consideraron los ferrocarriles Central, Nacional e Internacional; para la Veracruz-Ciudad de México, los ferrocarriles Mexicano e Interoceánico.

FUENTES: AGN, *SCOP*, 1/239-1, 1/248-1,1/256-1, 1/326-4, 10/3176-4, 40/149-1, 40/152-1, 40/153-1; De la Torre, *Historia* (1888), p. 15; Poor, *Manual* (1880-1910); SCOP, *Reseña* (1905), "Cuadro comercial...", s.p.; SCOP, *Reseña* (1907), "Cuadro comercial...", s.p., e informes anuales de las empresas ferroviarias.

porte preferroviario. Cuando el Ferrocarril Central inició sus operaciones en 1884 en la ruta México-Ciudad Juárez, lo hizo con tarifas mucho menores (de 3 centavos por ton/km como promedio), que marcaron la pauta para todas las líneas que se tendieron después. El descenso en las tarifas continuó en la década de 1890, aunque en menor medida. Aun cuando la tendencia descendente se detuvo en el decenio de 1900, el costo del transporte en las cinco líneas principales promediaba para entonces apenas una cuarta parte del costo inicial en la línea México-Veracruz. En conjunto, el costo promedio del transporte ferroviario disminuyó a una tasa de 1.5% anual entre 1880 y finales de la década de 1900. Por lo demás, pese a que el costo del transporte en las dos rutas más importantes del tráfico nacional disminuyó considerablemente, es importante hacer notar que siempre fue inferior en la ruta norte-sur (es decir, entre las ciudades fronterizas con Estados Unidos y la ciudad de México) que en la ruta que vinculaba al puerto de Veracruz con la capital del país.

Más complicado es reconstruir la evolución del costo del transporte de mercancías entre México y los mercados del exterior, por diversas razones. De un lado están las diferencias entre las tarifas contractuales, que frecuentemente registraban fletes máximos autorizados, y las que se cobraban de manera efectiva. En segundo lugar están las divergencias entre los fletes de las distintas empresas, así como las diferencias entre las formas de clasificarlos: en algunos casos se hablaba simplemente de tres clases, mientras que en otros se hacía un desglose muy detallado de productos difícilmente equiparables (ya sea debido a sus particularidades o a la forma de medirlos).[58] En tercer lugar está el hecho de que, una vez concluidas las principales líneas de la red ferroviaria, se establecieron tarifas especiales para rutas directas que incluían, ya la combinación de transporte marítimo y terrestre, ya la de varias empresas ferroviarias de Estados Unidos y México. Además, estas tarifas directas entraron pronto en competencia, y las guerras tarifarias involucraban tanto a las empresas ferroviarias como a las de navegación, lo mismo en México que en el exterior.[59] Por lo general, a las guerras entre las empresas rivales seguía la conformación de *pools*, que involucraban acuerdos más o menos estables sobre fletes y rutas, pero que podían romperse y desembocar en nuevas luchas a muerte en pos de la eliminación de la competencia, lo que agregaba un elemento de inestabilidad a las tarifas.[60] Una de las consecuencias de esta dinámica era que la extensión de los recorridos no constituía un factor determinante en el cálculo de los costos de transporte, al menos por lo que atañe al tráfico internacional.[61] Como explicaba el cónsul norteamericano en Piedras Negras en 1891:

> La aguda competencia en los fletes oceánicos prácticamente iguala las batallas entre rutas rivales por el tráfico ferroviario. La distance deja de ser un factor en los fletes. La mercancía se ha enviado en tránsito directo desde puertos europeos hasta puertos del interior de México por tarifas tan bajas como las de Nueva York hasta los mismos puntos.
>
> Mercancía de larga distancia puede venderse tan barato como mercancía de corta distancia. En consecuencia, Inglaterra, Alemania, Francia y Bélgica compiten activamente con Estados Unidos por el comercio mexicano y experimentan poca desventaja por la posición geográfica más favorable de Estados Unidos.[62]

[58] Incluso para un observador de la época era difícil hacer esta estimación, a juzgar por opiniones como ésta: "Es difícil comparar los costos de transporte desde Estados Unidos y Europa, debido a la dificultad para encontrar productos equiparables, a las condiciones muy diversas que las casas comerciales ofrecen a sus clientes, etc." USDS, *Reports*, núm. 146, noviembre de 1892, p. 393.

[59] Acerca de las guerras de tarifas entre las empresas ferroviarias de México y sus consecuencias, véase Grunstein, "¿Competencia o monopolio?" (1996).

[60] *Semana Mercantil*, abril 27, 1903, pp. 251-252.

[61] Un caso llamativo es el del carbón, cuyo transporte desde Pennsylvania hasta ciudades del interior de la república podía resultar más económico que si se le llevaba desde las minas del estado de Coahuila. Al respecto véase AJYL, Fondo CDLIV, Segunda Serie, rollo 30, octubre 1, 1904.

[62] USDS, *Reports*, núm. 131, agosto de 1891, p. 582.

Sin embargo, también lo opuesto era posible: la vecindad con Estados Unidos y la relativa abundancia de conexiones ferroviarias directas con ese país, hacían que muchas veces el costo de transportar mercancías europeas hasta puntos del interior de la república mexicana fuera menor atravesando parte del territorio norteamericano que mediante las rutas marítimas tradicionales. Según una opinión de la época, "una simple ojeada al mapa basta para comprender que [aquel] derrotero es larguísimo... Y sin embargo, el transporte cuesta más barato."[63] Esta anomalía parece haberse eliminado en 1911, cuando se cancelaron las tarifas de competencia entre las empresas ferroviarias. Presumiblemente, con esta medida se restableció la relación más cercana que era de esperarse entre la distancia y el costo en los distintos recorridos, lo que de paso habría anulado la ventaja que durante algunos años gozaron las aduanas fronterizas respecto a las de Veracruz y Tampico.[64]

Por otra parte, acerca del costo de transporte marítimo la evidencia disponible para el caso de México es escasa y fragmentaria. Se trata unas cuantas piezas que recogen las tarifas oficiales (que, según la declaración de las propias empresas, raras veces se aplicaban tal cual) asignadas al transporte de una lista limitada de productos por parte de algunas de las empresas de navegación para rutas específicas en unos cuantos años a lo largo del periodo. Muy rara vez las cuotas son comparables, debido a que corresponden a productos y recorridos distintos. Con todo, en los pocos casos en que tal comparación a lo largo del tiempo es posible, el resultado no deja lugar a dudas. Veamos tan sólo algunos ejemplos. El costo de conducir dinero en metálico casi en cualquier ruta desde las costas mexicanas hasta Nueva York o Londres se redujo de .75% a .50% del monto transportado entre 1868 y principios de los años 1880, y permaneció así por el resto del periodo.[65] El flete por el transporte de cueros de Veracruz a Nueva York pasó en las tarifas oficiales de 33 pesos en 1868 a 18.50 en 1899, sea que salieran de aquel puerto o del de Tampico, y 23.15 partiendo de Saltillo o San Luis Potosí, es decir, incluyendo el costo del transporte interior por ferrocarril.[66] El flete marítimo por el transporte de mercancías generales de varios puertos del Pacífico hasta San Francisco disminuyó de 20 pesos en 1872 a 14.28 en 1885.[67]

[63] *Semana Mercantil*, junio 6, 1904, p. 900.

[64] *Semana Mercantil*, enero 2, 1911, pp. 2-3.

[65] AHBM, *Fondo Matías Romero*, folio 02471, abril 4, 1868; AGN, *Folletería*, caja 129, folleto 4, junio 18, 1885 [Fletes para exportar por la Compañía Mexicana de Navegación]; *Diario Oficial*, septiembre 13, 1923, pp. 135-137.

[66] AHBM, *Fondo Matías Romero*, folio 02471, abril 4, 1868; USDS, *Reports*, núm. 222, marzo de 1899, pp. 361-364.

[67] AGN, *Folletería*, caja 129, folleto 5 México, 1872, pp. 12-13 [*Documentos referentes a la celebración de un contrato entre el Gobierno Federal de México y la Compañía de Panamá para el*

En general, la información disponible indica una disminución que posiblemente es progresiva, pero que, dada la dispersión de los datos, se percibe en saltos, sugiriendo la existencia de al menos tres etapas. La primera es la que encontramos al inicio del periodo, y está marcada por una situación de relativo aislamiento, escaso comercio y conexiones marítimas limitadas y esporádicas. El primer salto se produjo probablemente a fines de los años de 1870 o inicios de los de 1880, cuando se multiplicaron las empresas navieras que tocaban las costas mexicanas, al tiempo que aumentó la frecuencia, la capacidad de carga y el número de puertos beneficiados. Una tercera etapa debió abrirse a mediados de la década de 1880, pero se percibe claramente hacia el final de ese decenio, cuando el transporte marítimo se complementó con un número creciente de conexiones ferroviarias y las empresas rivales empezaron a ofrecer tarifas directas desde Estados Unidos y Europa hasta las ciudades del interior del país. Así, por ejemplo, en 1888 se dieron a conocer los fletes entre Liverpool y la ciudad de México a través de cuatro posibles rutas, conectando respectivamente con el Ferrocarril Central, el Ferrocarril Nacional, el Ferrocarril Internacional y el Ferrocarril de Monterrey al Golfo.[68] Las posibilidades se ampliaron en la siguiente década, y alcanzaron su punto máximo en términos de combinaciones de transporte marítimo y terrestre hacia 1910, cuando el funcionamiento del Ferrocarril de Tehuantepec hizo posible el establecimiento de tarifas directas a través de México entre Guaymas y "puertos terminales europeos".[69] Como se puede ver, un elemento central en la reducción del costo del transporte internacional tuvo que ver con la extensión de la red ferroviaria y las mejoras en las conexiones de los puertos con ésta, mejoras que a su vez impulsaron la multiplicación de los enlaces marítimos con el exterior. Era de esperarse que así fuera, puesto que en el caso de México como en otros de América Latina, las dificultades y costos del transporte terrestre constituían el principal factor de aislamiento respecto al mercado internacional. Como se ha dicho en un trabajo reciente, "la mayor parte de la diferencia en los costos de transporte desde Londres hasta las ciudades capitales latinoamericanas era la carga terrestre desde el puerto latinoamericano hasta la capital en el interior."[70]

La dificultad para estimar los costos del transporte marítimo en el largo plazo no es privativa de México, como se hace evidente al revisar la literatura

establecimiento de una línea de vapores en los puertos mexicanos del Pacífico, de Soconusco a Acapulco, en conexión con las líneas de Panamá y San Francisco]; AGN, *Folletería*, caja 129, folleto 4, junio 18, 1885.

[68] GBFO, *Diplomatic* (1888), pp. 23-37.

[69] AGN, SCOP, 2/277-1 foja 20, junio 1, 1910 [Memo de la Compañía del Ferrocarril Nacional de Tehuantepec].

[70] Bértola y Williamson, "Globalization" (2006), p. 15.

sobre el tema.[71] La complejidad de esta tarea es todavía mayor si se considera que las series que se han podido construir hasta ahora tienen un uso limitado fuera del país para el que fueron hechas, al menos por dos razones: primero, porque los fletes marítimos variaban naturalmente de un recorrido a otro; segundo, porque dependían del tipo de carga transportada, de manera que eran una función de la canasta del comercio exterior propia de cada nación. Por esta misma razón, ni siquiera los costos del transporte marítimo para un mismo país eran los mismos en las importaciones que en las exportaciones, a menos que se diera el hecho bastante raro de que ambos componentes del comercio tuvieran un contenido similar.[72]

Pese a todas estas limitaciones, en la historiografía sobre el tema existe un consenso básico, y es que el costo del transporte marítimo experimentó una clara tendencia hacia la baja que se inició desde mediados de siglo y probablemente se prolongó hasta 1910.[73] Algunos autores estiman que, a lo largo de ese periodo, el descenso se habría producido a una tasa promedio de 1.5% anual;[74] otros calculan que, como consecuencia de ese descenso, el factor flete habría pasado de 12% a 5% sobre el valor de los bienes transportados.[75] Aun si es difícil calcular las dimensiones de esa caída, hay quienes la califican de "asombrosa" ("*amazing*"), y la consideran el factor principal que favoreció la globalización antes de la Primera Guerra Mundial.[76] Esta tendencia fue el resultado de cambios tecnológicos que favorecieron importantes economías de escala, de la liberalización del mercado mundial de la navegación comercial gracias a la cual, pese a los acuerdos y las tendencias monopólicas entre las grandes empresas, éste operó como un mercado competitivo a nivel internacional, y de las mejoras en la organización del sector, que incluyeron la oferta de itinerarios fijos que se completaban dentro de un calendario estable.[77] Por otra parte, el rápido crecimiento del comercio internacional aumentó la de-

[71] Algunas de estas dificultades se reseñan en Harley, "North Atlantic" (1990), pp. 147-148.

[72] Harley expresa con claridad los alcances que pueden tener las estimaciones sobre el costo del transporte marítimo (en su caso, en las rutas del Atlántico Norte) en este periodo: "La navegación en el Atlántico norte a finales del siglo XIX envolvía interacciones complejas y cambiantes entre las mercancías. Como consecuencia, es imposible resumir las evoluciones con una sola serie de tarifas de carga... Pueden construirse varios agregados apropiados para propósitos específicos, pero ninguno es apropiado para todos los usos." Harley, "North Atlantic" (1990), p. 165.

[73] North, "Ocean Freight" (1958), p. 542.

[74] Harley, "Ocean Freight" (1998), p. 861.

[75] El factor flete se define como "el *ratio* entre el precio cif de una mercancía y la tarifa de carga pagada por su transporte." Oribe Stemmer, "Freight Rates" (1989), p. 25.

[76] O'Rourke y Williamson, *Globalization* (1999), pp. 29, 35; Romano y Carmagnani, "Componentes económicos" (1999), p. 275.

[77] North, "Ocean Freight" (1958), pp. 539-541; Greenhill, "Shipping" (1977), p. 128 y ss.

manda de transporte marítimo, incrementándose con ello el número de puertos abiertos al tráfico de altura y la cantidad de carga disponible, mejorando la rentabilidad del negocio.[78] Por lo demás, esta tendencia básica era afectada en el corto plazo por circunstancias diversas que alteraban la regularidad del tráfico marítimo, como guerras, cambios en el ciclo económico, variaciones estacionales, entre otras.[79]

En uno de los pocos trabajos que intentan estimar la evolución en el costo del transporte marítimo para países latinoamericanos, Oribe confirma la idea de que éste exhibió "una tendencia decreciente de largo plazo" en las principales rutas que ligaban a Gran Bretaña y Europa con el Cono Sur. Añade que, como es de suponer, los artículos más favorecidos fueron aquellos que tenían un factor flete alto, es decir, aquellos bienes de bajo valor unitario, como muchas materias primas agrícolas y los minerales en bruto. Sus estimaciones permiten observar, por lo demás, que los fletes bajaron mucho más en los recorridos hacia el norte que hacia el sur, lo cual actuaba también en beneficio de las exportaciones sudamericanas.[80] Es muy probable que los hallazgos de Oribe sean hasta cierto punto válidos para el comercio exterior mexicano, por lo menos en lo concerniente a la canasta de bienes que lo conformaban. Aun así, la lejanía geográfica impide que las cifras construidas para Sudamérica se apliquen en forma directa al caso de México.

Otras estimaciones, para un caso geográficamente cercano a México, se refieren a los fletes asociados con el comercio exterior de Estados Unidos. En 1958 Douglass North publicó la serie anual del índice de tarifas de carga de exportación para ese país entre 1815 y 1910, así como una serie del factor flete del trigo en cinco rutas importantes que desembocaban en Inglaterra. Aunque no pueda aplicarse directamente al caso de México, vale la pena mencionar que el factor flete del trigo originado en el Este de Estados Unidos cayó de 8.1% en 1870 a 3.8% en 1913.[81] Por su parte, la serie de North para los fletes de las exportaciones fue retomada y reelaborada por Simon, quien construyó además otra para las importaciones entre 1870 y 1900. De acuerdo con estas cifras, el índice de los fletes para productos de exportación pasó de unos 95 puntos como promedio en el primer lustro de 1870 a casi 60 en el último lustro del siglo, en tanto el de las importaciones se redujo de alrededor de 90 a 40 en el mismo lapso, exhibiendo además menos altibajos que el anterior (véase gráfica 2.10).[82]

[78] Oribe Stemmer, "Freight Rates" (1989), p. 27.
[79] Simon, "The United States" (1960), pp. 647-649.
[80] Oribe Stemmer, "Freight Rates" (1989), pp. 24-29.
[81] North, "Ocean Freight" (1958), cuadros 2 y 3, pp. 549-552.
[82] Simon, "The United States" (1960), cuadro 6, p. 650, y cuadro 7, p. 652.

Gráfica 2.10
Índice del costo del transporte marítimo para el comercio exterior de Estados Unidos, 1870-1900
(1860=100)

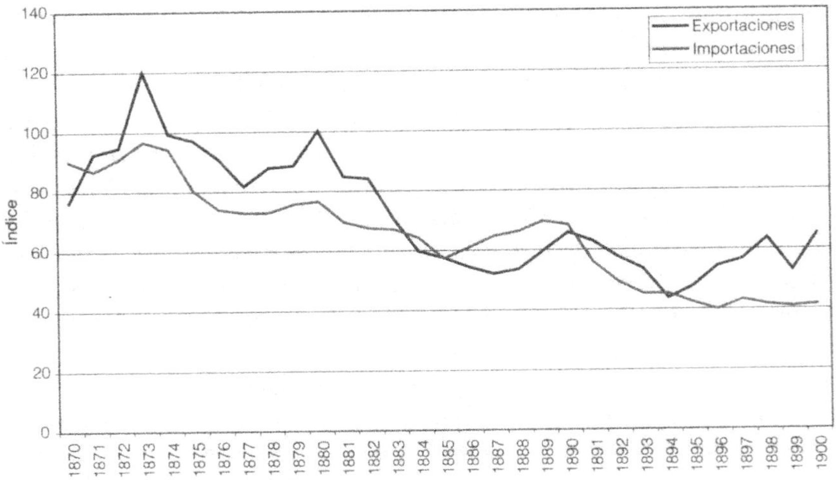

FUENTE: Simon, "The United States" (1960), cuadro 6, p. 650 y cuadro 7, p. 652.

Gráfica 2.11
Tarifas máximas y mínimas para el transporte de grano a Europa desde puertos del Atlántico de Estados Unidos, 1869-1914

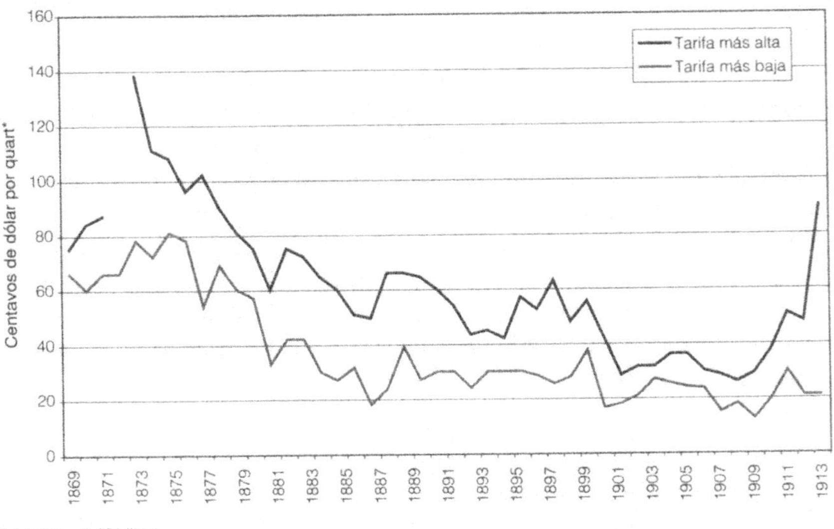

* 1 quart = 1.101 litros.

FUENTE: Elaboración propia con base en Angier, *Fifty Years* (1920), *passim*.

Por otra parte, una publicación de la época en la que se anotan observaciones acerca del tráfico marítimo alrededor del mundo entre 1869 y 1919, ofrece datos suficientes para construir una serie de tarifas máximas y mínimas para el transporte de granos desde puertos del Atlántico estadounidense hasta Inglaterra.[83] Con base en estos datos se elaboró la gráfica 2.11.

Estas cifras poseen varias debilidades, entre ellas el hecho de que los fletes máximos y mínimos pudieron ser excepcionales y poco representativos, y el costo promedio del transporte en cada año pudo haber tenido poco que ver con lo que esos extremos sugieren. Y con todo, estas cifras coinciden plenamente en su tendencia con las de la gráfica 2.10, y apuntan a la reducción progresiva en el costo del transporte marítimo, por lo menos en las rutas del Atlántico, entre inicios de los años 1870 y la víspera de la Primera Guerra Mundial.

Existen ciertas reservas para emplear estas tarifas sin más en el caso mexicano. Además de las razones ya mencionadas, abona en este sentido la muy superior densidad de tráfico y de conexiones marítimas que poseía Estados Unidos respecto a México, y el hecho de que aquella nación contaba con una marina mercante propia y en expansión, para no hablar de las diferencias tanto en la composición del comercio como en la variedad de destinos. Y sin embargo, poca duda cabe que en México se verificó un movimiento similar en los costos del transporte marítimo a lo largo del periodo. Aún más, dada la precariedad del punto de partida y la mejora sustancial que tuvo lugar en el número y la frecuencia de conexiones marítimas a partir de entonces, es incluso probable que el descenso haya sido proporcionalmente mayor al que se observa en el caso de Estados Unidos, arrancando evidentemente de un promedio de costos más elevado. Con todas las reservas del caso, es indispensable disponer de una serie, aunque sea aproximada, que nos acerque a la evolución de los costos del transporte marítimo y que nos permita estimar el factor flete que se imponía sobre el precio de las importaciones mexicanas. Con estos propósitos, hemos utilizado las estimaciones disponibles para Estados Unidos para construir una estimación de la evolución del factor del costo de transporte marítimo para México entre 1870 y 1914. A partir de esa fecha, las piezas de evidencia que nos ayudarían a estimar cómo evolucionaron los fletes internacionales se reducen al mínimo, por lo que la estimación se vuelve más vaga y simplemente procura registrar los cambios en las condiciones del tráfico in-

[83] Angier, *Fifty Years* (1920), *passim*. Esta publicación incluye comentarios muy interesantes sobre los avatares del tráfico marítimo alrededor del mundo durante este periodo, así como tarifas máximas y mínimas para algunas de las principales rutas y de los productos más comerciados en cada momento.

ternacional. El resultado completo de este ejercicio preliminar se presenta en el cuadro A.6 del apéndice A (donde también se explica el procedimiento seguido), y se ilustra en la gráfica 2.12.

Más allá del método necesariamente imperfecto con que se construyó, la gráfica muestra un hecho fácilmente demostrable, a saber, la dramática disminución en el costo del transporte internacional entre mediados de los años de 1870 y principios del siglo XX, que tomó la forma de oleadas sucesivas que tuvieron lugar aproximadamente entre 1873 y 1887, 1889 y 1893 y 1900 a 1902. Pese a ciertos altibajos, el punto más bajo se tocó precisamente en 1910, pues incluso antes de que la Gran Guerra trastornara profundamente el tráfico internacional, los costos del transporte marítimo empezaron a elevarse. De acuerdo a esta estimación, entre 1870 y 1910, el costo del transporte marítimo se habría reducido a un ritmo realmente sorprendente, de alrededor de 3% como promedio anual. A partir de entonces, la tendencia se revirtió: el punto más alto se alcanzó, como cabría esperar, durante los años más álgidos de la guerra mundial, luego de lo cual hemos supuesto una transición que llevó a una cierta "normalidad" tarifaria durante los años veinte. Ante la falta de evidencia, se ha tenido que asumir una estimación máxima razonable para los costos de

Gráfica 2.12
Estimación del factor costo de transporte marítimo, 1870-1929
(porcentaje sobre el valor del comercio)

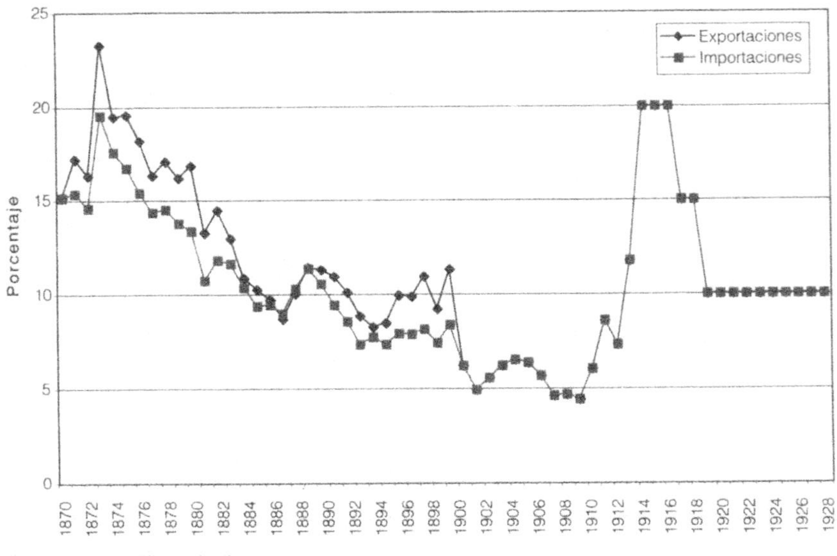

NOTA: a partir de 1901 las dos líneas se superponen.

FUENTES: elaborada con base en Angier, *Fifty Years* (1920), *passim*, y Simon, "The United States" (1960), cuadro 6, p. 650 y cuadro 7, p. 652.

transporte, que alcanzaría 10% sobre el valor de las importaciones, es decir, un factor similar al de la década de 1890 aunque superior al de la década de 1900. Entre los pocos elementos que sustentan esta conjetura informada se encuentra el hecho de que en esos años se renovaron muchos de los contratos con las empresas marítimas que cubrían el tráfico internacional de México, lo cual presumiblemente implicó ajustes tarifarios al alza. Como también las tarifas ferroviarias se ajustaron hacia arriba, el resultado debió un aumento moderado pero más o menos generalizado de los costos del transporte internacional.[84]

Más allá de la precisión que pueda atribuirse a las estimaciones presentadas arriba, las tendencias básicas están fuera de discusión. No hay razón para pensar que México se hubiera visto excluido de la tendencia general a una reducción consistente en los fletes marítimos, y más bien sabemos de algunos de los factores que pudieron acentuar esa tendencia en este caso particular. Por otra parte, la dramática transformación que tuvo lugar en el transporte interior gracias a la introducción de los ferrocarriles contribuyó a una reducción ulterior en el costo total del transporte para el tráfico internacional entre los distintos países y los sitios de producción y consumo, dentro del territorio nacional, de los bienes intercambiados. En suma, lo que parece desprenderse de la evidencia disponible para el caso de México es que a partir de la disminución sustancial que tuvo lugar en el costo del transporte internacional en el último tercio del siglo XIX, y con excepción del trastorno grave pero transitorio provocado en el tráfico interno por la Revolución mexicana y en el internacional por la Primera Guerra Mundial, aquél dejó de ser un factor que afectara seriamente la dimensión y la composición de los intercambios.[85] Si a la disminución de los fletes se suman las mejoras en la infraestructura portuaria y en la administración aduanera, así como el aumento y la diversificación de las rutas comerciales, puede concluirse sin lugar a dudas que las condiciones materiales e institucionales para el desarrollo del comercio exterior mejoraron radicalmente respecto a la etapa precedente, y actuaron como un factor que potenció su desarrollo y profundizó de manera inédita el grado de integración de México a la economía mundial.[86]

[84] Los fletes de los Ferrocarriles Nacionales aumentaron en 1922 y nuevamente en 1924, en montos que, de acuerdo con la prensa, sumaron "un ciento por ciento" respecto a la situación anterior. *El Universal*, julio 21, 1924, primera plana. Para una exposición del impacto que el primero de estos aumentos tuvo sobre la industria minera, véase AGN, *Archivo Central de la SHCP*, caja 13, exp. 101/311.1/3, agosto 7, 1923.

[85] Véase, por ejemplo, las opiniones vertidas por un editorialista en *Semana Mercantil*, enero 22, 1900, p. 43.

[86] Carmagnani alude a otros aspectos de la integración en la economía internacional que fueron favorecidos con la reducción en los costos de transporte y la intensificación de conexiones marítimas, como por ejemplo, la aceleración de la comunicación y de las transacciones financieras. Véase Carmagnani, *El otro Occidente* (2004), p. 23-236.

3
EL PATRÓN DEL COMERCIO: PAÍSES Y PRODUCTOS

El propósito de este capítulo es ofrecer un primer acercamiento al patrón del comercio exterior de México, en el cual se comprende su estructura, su orientación geográfica y su grado de concentración. Ello significa que se abordan aquí temas que serán tratados con mucha mayor profundidad en los capítulos siguientes, aunque en este caso el énfasis se coloca en la relación que existe entre estos tres aspectos, mientras que en los capítulos que se dedican respectivamente a las importaciones y a las exportaciones se ahonda en las vinculaciones entre cada una de esas dimensiones del comercio y la economía nacional. Para decirlo más claramente, en este capítulo se intentará mostrar de qué manera la distribución geográfica del comercio y su creciente concentración en un socio comercial predominante guardaba relación con la composición de ese comercio y con la forma en que ésta se fue modificando a lo largo del periodo. Se buscara, pues, poner en evidencia las razones económicas que subyacen al patrón del comercio que se fue conformando a partir del inicio de la modernización económica, y que terminó por estrechar los vínculos entre la economía mexicana y la de Estados Unidos.

3.1 ALGUNAS CONSIDERACIONES METODOLÓGICAS

En el capítulo 1 se han presentado los criterios generales para la reconstrucción estadística de las series comerciales y para la distinción entre comercio de mercancías y transferencias de metálico, así que no los repetiré aquí. Sin embargo, conviene hace algunas precisiones en cuanto al uso de estas series para el análisis de la distribución geográfica del comercio. Se parte aquí de las series totales reconstruidas en lo anterior, que ahora deberán descomponerse en sus orígenes o destinos. Es importante, entonces, recordar brevemente cómo se construyeron estas series.

Tanto los valores anuales de las importaciones como de las exportaciones se elaboraron tomando el valor anual del comercio de cada país (ya sea de acuerdo a las fuentes del país respectivo, ya con base en las proporcionadas por México). A esta suma (que comprende el valor efectivo del comercio de hasta siete socios principales con México) se le atribuyó un porcentaje de participación en el comercio total, a partir del cual se pudo pasar de la suma de los socios al valor total del comercio en cada año. Este porcentaje no es arbitrario: parte de la información sobre la participación de cada socio en el comercio total que las fuentes mexicanas proporcionan y de la que se dispone para varios años dentro de cada década, de manera que se ajusta con el paso del tiempo. Es probable que comparta las imprecisiones de que adolecen estas fuentes en algunos periodos, pero como su magnitud es relativamente pequeña, el impacto de esas imprecisiones sobre el valor estimado total no es significativo.

Ahora bien, este porcentaje constituye un residuo que engloba el intercambio con todos los otros países, pero de cuyo origen o destino no podemos dar cuenta. En el caso de las importaciones, hay aún otros "residuos" que merecen una explicación. En primer lugar, están las reexportaciones hechas por Estados Unidos, que entre 1870 y 1879 alcanzaron cifras importantes y que fueron añadidas al total en la reconstrucción de los valores de importación. Se trata de bienes que se importaron a Estados Unidos desde Europa para luego reexportarse a México, y es muy probable que gran parte de ellos procedieran de Gran Bretaña, quien durante esta década subestimó en sus registros su comercio con México. Sin embargo, como no es posible demostrar fehacientemente que esas reexportaciones se originaron exclusivamente en Gran Bretaña, se decidió incluirlas aquí en el "residuo" que completa el valor del comercio pero cuyo origen no es posible establecer. Este procedimiento aumenta en los primeros años ese residuo, pero asegura una mayor confiabilidad en relación al comercio cuya procedencia sí se encuentra documentada en las fuentes oficiales de los países involucrados. En segundo lugar, hemos dicho ya que entre 1883 y 1892 las fuentes EU adolecen de un serio defecto en su recuento del comercio con México, derivado de la ausencia de obligatoriedad de registrar las exportaciones que se realizaban por tierra. Debido a esta falla legal, a medida que avanzó la construcción de las líneas férreas que enlazaban a los dos países, se incrementó el subregistro de las exportaciones estadounidenses a México. Al reconstruir las series del comercio se estimó el monto de ese subregistro, con el fin de ofrecer cifras más próximas al valor de las importaciones provenientes de Estados Unidos. Aunque este no es un residuo en el sentido de que desconozcamos su procedencia geográfica, lo es en la medida en que no aparece en las estadísticas de Estados Unidos, y en tanto nosotros no podemos dar cuenta de su composición por ninguna otra fuente disponible. La gráfica 3.1 A y B ilustra la diferencia entre la cifra resultante de la suma del comercio con los seis socios principales y la que completa la estimación del valor total del comercio, compuesta por todos los residuos considerados aquí. Es preciso advertir que, salvo aclaración en contrario, el

Gráfica 3.1
Comercio de mercancías: suma de socios y residuo, 1870-1929
(valor fob en dólares; promedios trienales)

A: Importaciones

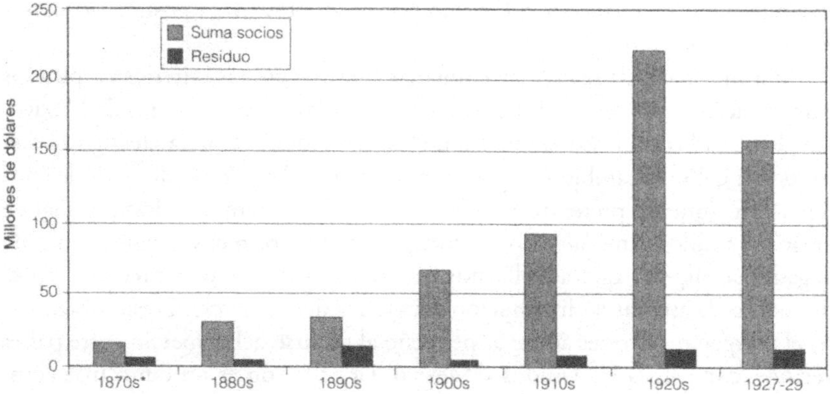

NOTAS: los promedios corresponden a tres años tempranos de cada década, los cuales, por razones relacionadas con las fuentes, pueden no ser los mismos para todos los países.
* El residuo incluye reexportaciones de Estados Unidos, seguramente procedentes de Europa, en su mayoría de Gran Bretaña.
FUENTE: elaboración propia. Véanse capítulo 1 y apéndice A.

B: Exportaciones

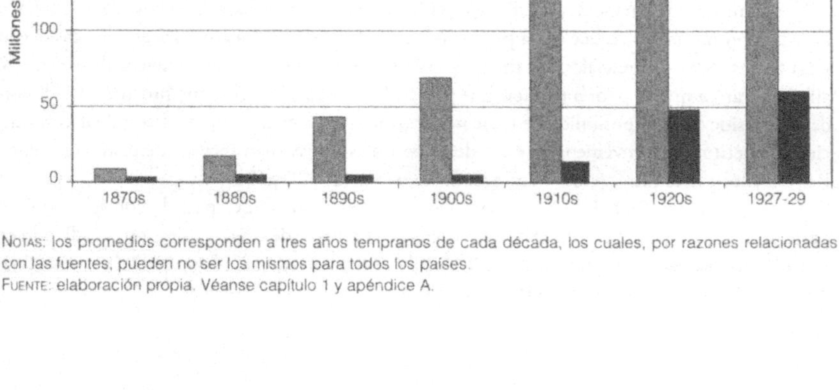

NOTAS: los promedios corresponden a tres años tempranos de cada década, los cuales, por razones relacionadas con las fuentes, pueden no ser los mismos para todos los países.
FUENTE: elaboración propia. Véanse capítulo 1 y apéndice A.

análisis del patrón geográfico del comercio que se realiza en este capítulo se basa en aquella porción de los intercambios cuyo origen y destino son conocidos (es decir, la suma de los seis socios principales), y deja de lado el "residuo", cuya pertenencia geográfica puede presumirse pero no establecerse con absoluta seguridad, o cuyo contenido por productos no es posible precisar a partir de estas fuentes.[1]

Por otra parte, vale la pena comentar brevemente los criterios empleados para la clasificación geográfica del comercio por parte de los socios de México. Estados Unidos utilizaba el criterio de "origen y destino" para efectuar la distribución del intercambio por países. A diferencia del criterio de "país de consignación" (que no pretende establecer el origen primero o el destino final de los intercambios, sino tan sólo la procedencia anterior o el siguiente punto de llegada) se supone que aquella norma garantiza una mayor precisión en el momento de asentar la distribución geográfica del comercio. Presumiblemente, el margen de error es aún más pequeño al tratarse del comercio entre países vecinos, como Estados Unidos y México. La situación es un tanto más compleja cuando nos referimos a los principales socios europeos de México. En principio, todos ellos empleaban el criterio de origen y destino, y algunos expresaban que, dada la importancia del asunto, "la administración se empeña [...] en investigar el origen o el destino real de las mercancías".[2] La mayoría, sin embargo, agregaba en su clasificación por países la leyenda de "hasta donde se conoce".[3] Aunque esta norma todavía entraña la intención de declarar la orientación geográfica del movimiento comercial, la frase "hasta donde se conoce" abre la puerta a una mayor vaguedad en la definición de la procedencia o el destino final de los intercambios. En la primera década de nuestro periodo de estudio, hemos visto que una parte importante del comercio europeo destinado a México se consignaba a Estados Unidos, desde donde se reexportaba a

[1] El análisis de la orientación geográfica del comercio se concentra en Estados Unidos y Europa, pese a que en algunos años las estimaciones de las nuevas series del comercio incluyen las exportaciones destinadas a Argentina.

[2] Ministre des Finances, *Statistique* (1875), p. viii. Y sin embargo, incluso en este caso la distribución por países parece ser la principal fuente de discrepancia entre las estadísticas belgas y las de sus socios comerciales. En un estudio crítico de las fuentes del comercio de ese país se afirma: "Parece que se podría deducir que una de las causas esenciales que provocan las discordancias reside en la imposibilidad en que nos encontramos actualmente de determinar con suficiente exactitud las proveniencias y los destinos reales de las mercancías intercambiadas entre Bélgica y los países extranjeros." Degreve, *Le commerce* (1982), p. 76.

[3] A partir de 1909, Inglaterra sustituyó ese criterio por el de "país de consignación". A partir de 1900, España hizo explícito que utilizaba el criterio de origen y destino, añadiendo en este último caso "según destino real". Allen y Elly, *International* (1953), pp. 283-284, 292, 355, 359; Kendall y Hill, *The Sources* (1952), p. 30.

nuestro país. No obstante lo anterior, sabemos que a medida que aumentaron las conexiones directas y se intensificaron las relaciones comerciales y diplomáticas entre México y Europa, el registro de la orientación geográfica del comercio se fue haciendo mucho más preciso. Un indicio de ello, entre varios otros, es la reducción abrupta de las reexportaciones estadounidenses a México a partir de 1880 y el aumento, igualmente abrupto, de las exportaciones británicas oficialmente registradas con destino a México a partir de ese mismo año.

La contrastación entre las fuentes G6 y MX a lo largo de todo el periodo me ha permitido poner a prueba la fidelidad con que se consignaba el origen y destino de los intercambios en las estadísticas de cada país, con resultados bastante satisfactorios —con las salvedades que ya se han mencionado. El análisis de los productos intercambiados y de la información cualitativa que poseemos acerca de los intercambios bilaterales con los principales socios ha confirmado la idea de que la distribución geográfica del comercio que se registra en las fuentes es relativamente confiable. Sin embargo, es prudente asumir que un cierto porcentaje del comercio tenga una asignación geográfica equivocada, con apego a la advertencia de "hasta donde se conoce". Aunque estas imprecisiones en el registro crean cierto margen de error en la distribución geográfica del comercio, un estudio muy cercano de las estadísticas comerciales me llevan a sugerir que este margen no entraña una distorsión seria de la orientación del comercio a lo largo del periodo de estudio. Así pues, el análisis que sigue provee cifras indicativas, no exactas pero probablemente muy aproximadas, del patrón geográfico del comercio exterior de México y de su evolución entre 1870 y 1929.

3.2 CONCENTRACIÓN *VS.* DISPERSIÓN GEOGRÁFICA

En su trayectoria histórica, México no se ha caracterizado por mantener un abanico amplio de socios en sus relaciones comerciales con el exterior. Durante casi tres siglos, el monopolio impuesto por el imperio español fue apenas contrarrestado por el contrabando y, tardíamente, por las autorizaciones, temporales y parciales, otorgadas por la corona para el comercio con potencias neutrales.[4] Con todo, esa apertura de la última etapa colonial anunció en parte lo que sucedería tras el logro de la independencia: un puñado de potencias comerciales europeas (sobre todo Gran Bretaña, y en menor medida Francia y Alemania) dominaron el grueso de los intercambios, en tanto Estados Unidos alcanzó entre un cuarto y un tercio de él. El temprano predominio inglés fue facilitado por la interrupción de las relaciones comerciales entre México y

[4] Lerdo de Tejada, *Comercio* (1967), p. 20; Tandrón, *El comercio* (1976), pp. 28-31.

España entre 1823 y 1836, lo que tuvo la consecuencia más duradera de relegar a la antigua metrópoli a un segundo plano.[5] En el marco de una presencia norteamericana creciente, el predominio europeo fue más contundente y prolongado en el ámbito de las importaciones. De acuerdo con las cifras disponibles, en 1840 se originaba en Gran Bretaña 67% de las importaciones mexicanas, en Francia, 13%, y en Hamburgo y Bremen 8%.[6] Otros países europeos, como Bélgica, participaban con porcentajes menores, y el resto del mundo con porciones estadísticamente insignificantes.

Contra lo que la geografía y la trayectoria histórica común sugerirían, las relaciones comerciales entre México y otros países latinoamericanos fueron ínfimas durante la mayor parte de este periodo. En realidad, se impuso en ello la lógica económica: entre las economías latinoamericanas no había complementariedad sino similitud en términos de dotación de recursos y ventajas comparativas, y su demanda de importaciones era también similar, de manera que existían pocos elementos materiales que sustentaran el intercambio interregional. Por cierto, las estadísticas mexicanas registran importaciones sudamericanas en montos no del todo insignificantes (de alrededor de un millón de dólares) a principios de los años de 1870. Sin embargo, las mismas fuentes aclaran que ese valor esta gruesamente sobrestimado debido al reembarque en Panamá de mercancías provenientes de Europa o Estados Unidos, y estiman el total realmente procedente del Cono Sur en un octavo de esa cantidad, es decir, unos 120 000 dólares a lo sumo. De hecho, cuando en 1896 los países sudamericanos vuelven a aparecer en las estadísticas mexicanas, ahora como una procedencia más fidedigna, el monto consignado apenas rebasa aquella cifra, con 150 000 dólares en total, lo que en ese momento representaba menos de 0.5% de las importaciones del país. Siempre de acuerdo con estas fuentes, el comercio de importación con el sur del continente adquirió una importancia un tanto mayor de golpe, en un momento algo tardío de nuestro periodo, cuando en 1909 pasó de unos 300 000 a algo más de un millón de dólares, o el uno por ciento de su valor total para ese entonces. Este modesto tráfico se intensificó transitoriamente en algunos momentos de la Primera Guerra Mundial, pero su rasgo más duradero en esta época fue el de exhibir fuertes altibajos de un año a otro. Así, las importaciones clasificadas en conjunto como de procedencia sudamericana se incrementaron súbitamente en 1927, cuando registraron unos 4 millones de dólares, pero descendieron a medio millón en el siguiente año, para terminar la década con cerca de 1.5 millones de dólares.

[5] Bernecker, "Comercio" (1989), p. 92.

[6] Herrera Canales, *El comercio* (1977), p. 81.

En cuanto a las exportaciones, si bien México vendía desde temprana época modestas cantidades de bienes a las repúblicas centroamericanas, particularmente a Guatemala y Honduras, este comercio nunca fue de gran entidad. Sudamérica, por su parte, sólo cobró cierta significación como destino de las exportaciones mexicanas a partir de la década de 1910, debido sobre todo a las ventas de petróleo a Argentina y, en mucha menor medida, a algunos otros países. En 1915, alrededor de 15% de las exportaciones mexicanas se destinaron a Argentina, y durante una década promediaron 7% de ellas, aunque decayeron considerablemente a partir de 1925.[7] Hacia fines de ese decenio, las exportaciones hacia países sudamericanos representaron alrededor de 3% del valor total.[8] En razón de sus dimensiones por lo general modestas, de su aparición un tanto tardía y de la precariedad de las fuentes que lo consignan, esto es todo lo que por el momento podemos decir del comercio con el resto de América Latina en la era del capitalismo liberal.

El patrón histórico de concentración heredado de la colonia no se había modificado al iniciarse nuestro periodo salvo en un aspecto, si bien crucial: hacia 1870 Estados Unidos empezaba a despegar como potencia económica, y absorbía ya una porción mayoritaria de la todavía modesta oferta de exportaciones que producía México. Por lo demás, Europa seguía siendo el origen del grueso de las importaciones (casi 60% del total), dejando a Estados Unidos apenas algo más de 20% de ellas (véase gráfica 3.2 A y B). Pero eso fue tan sólo el comienzo. En las siguientes décadas, ese país adquirió un predominio absoluto en las exportaciones mexicanas, absorbiendo más del 80% de ellas a principios del siglo XX, y ocupó también una posición preponderante en relación con las importaciones, rebasando a los abastecedores europeos y acaparando el 50% del total a partir de 1890.

[7] Tanto Argentina como Chile empezaron a adquirir petróleo mexicano en la década de 1910, aunque este último fue un comprador relativamente menor. Para el caso de Chile, véase SRE, AHGE, exp. 17-16-56 y exp. 17-13-109. Acerca de Argentina, véase República Argentina, Dirección General..., *Anuario* (1924) y (1931). Sobre el interés del gobierno Uruguayo por adquirir petróleo mexicano, véase SRE, AHGE, exp. 17-16-128. Sobre tratados con Bolivia para el mismo efecto, SRE, AHGE, exp. 16-24-152.

[8] Las estimaciones mencionadas en los párrafos anteriores sobre el comercio con Latinoamérica proceden de las fuentes oficiales mexicanas (véase bibliografía), salvo en el caso de Argentina, cuya participación en las exportaciones totales se estimó a partir de sus propias fuentes. En general, las estadísticas comerciales sudamericanas que he podido consultar también asignan al comercio con México valores modestos, que en algunos casos empiezan a crecer, con fuertes altibajos, en la década de 1910. Por ejemplo, según las fuentes chilenas, el comercio con México fue insignificante (a lo sumo 0.5%) en sus dos dimensiones durante todo el periodo. Para Argentina véase República Argentina, Dirección General, *Anuario* (1924) y (1931), *passim*. Para Chile véase Oficina Central de Estadística, *Resumen* (1916), *passim*.

Gráfica 3.2
Distribución geográfica del comercio de mercancías:
Estados Unidos y Europa, 1870-1929
(porcentaje sobre el valor; promedios trienales)

A: Importaciones

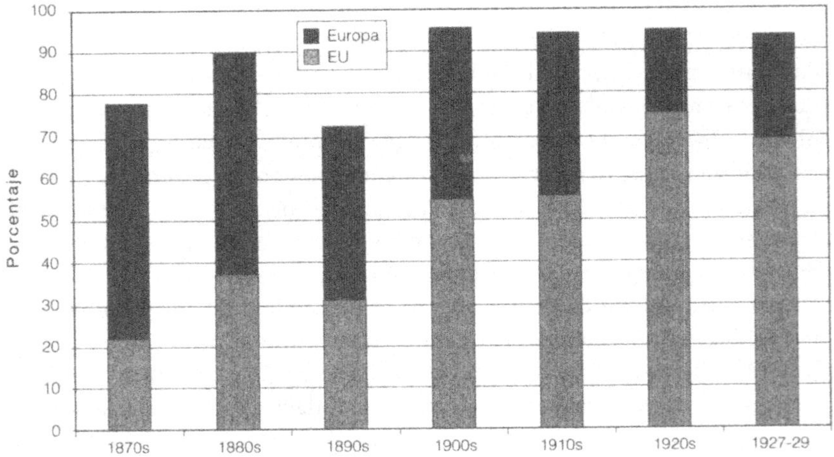

NOTAS Y FUENTES: véase gráfica 3.1A.

B: Exportaciones

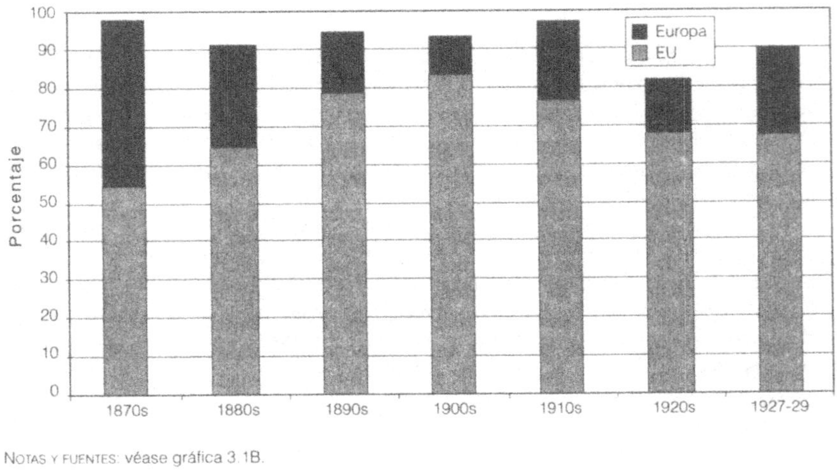

NOTAS Y FUENTES: véase gráfica 3.1B.

Aunque a partir de entonces Estados Unidos apareció como el principal socio comercial de México, su participación en el comercio exterior de este país no describió una curva ascendente que reflejara una progresión continua y lineal.[9] Por el contrario, diversos factores afectaron la presencia relativa del socio dominante en ambas dimensiones del comercio, de manera que, como se puede ver en las gráficas, su participación en las exportaciones disminuyó después del punto máximo alcanzado hacia 1900, mientras que en las importaciones tendió a estabilizarse entre 1890 y 1910, para luego crecer transitoriamente durante y después de la Primera Guerra Mundial.

En cualquier caso, la presencia preponderante que alcanzó Estados Unidos en el comercio exterior de México contribuyó a reforzar el patrón histórico de concentración del comercio en unos cuantos socios que este país ya exhibía. Por concentración del comercio se entiende no tanto el porcentaje de las importaciones o de las exportaciones que acapara uno de los socios comerciales, sino más precisamente y de acuerdo con la definición proporcionada por Albert Hirschman, el "número de países con los cuales comercia y [...] la distribución más o menos equitativa de su comercio entre estos países".[10] La primera de estas variables (el número de países) se modificó poco respecto a la situación anterior, pero la segunda se vio dramáticamente transformada con el ascenso y la consolidación de Estados Unidos como socio dominante. El propio Hirschman diseñó una fórmula para medir la concentración del comercio: se trata del índice de concentración de Hirschman, que expresa "el grado de *oligopolio, u oligopsonio, que existe en el mercado externo de un país, considerándose al monopolio como un caso límite de oligopolio*".[11] Un país cuyo comercio estuviera totalmente concentrado en un solo socio alcanzaría un índice de 100, y otro cuyo comercio estuviera igualmente distribuido entre el mayor número de socios posible, tendría un coeficiente de 14.14. La fórmula diseñada por Hirschman se puede expresar así:

$$G_{mx} = \sqrt{\Sigma\ (x_{ms} / x_m)^2}$$

donde G_{mx} representa la concentración geográfica de las exportaciones x del país m; x_{ms}, las exportaciones de m al país s, y x_m, las exportaciones totales del país m. La gráfica 3.3 presenta el resultado de mis propias estimaciones acerca del índice de concentración geográfica del comercio exterior de México de acuerdo con esta fórmula.

[9] Kuntz Ficker, "Las oleadas" (2003).

[10] Hirschman, *National Power* (1980), p. 98.

[11] Hirschman, *National Power* (1980), p. 99. Cursivas del autor.

Gráfica 3.3
Índices de concentración geográfica del comercio exterior de México, 1870-1928

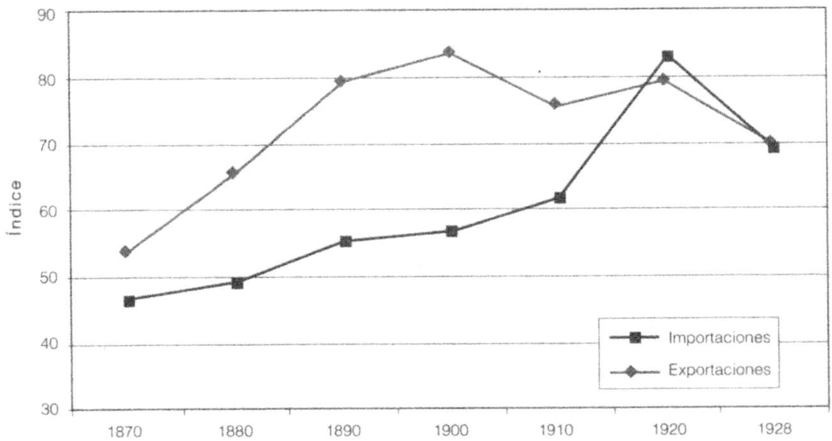

FUENTES: elaboración propia con base en las nuevas series anuales del comercio (véase apéndice A). El índice se obtuvo a partir de la fórmula propuesta por Hirschmann, *National Power* (1980), p. 98.

Como se puede ver, en el caso de México la concentración en las exportaciones fue mucho mayor que en las importaciones, lo cual coincide con las tendencias observadas a nivel internacional.[12] Hirschman y Michaely atribuyen este fenómeno a que los países económicamente atrasados exportan unos cuantos productos a unos pocos mercados, pero requieren una gran cantidad de artículos para abastecer una economía poco diversificada. Más adelante volveremos sobre este asunto.

Detengámonos por ahora en las exportaciones. Como muestra la gráfica, México arrancó de un nivel moderadamente alto de concentración, pero se precipitó luego a un ritmo vertiginoso hacia niveles elevadísimos, rebasando el índice de 80 en la primera década del siglo XX. Aunque el índice retrocedió en las siguientes décadas, en ningún momento posterior las exportaciones mexicanas registraron menos de 70, lo que refleja todavía una concentración geográfica muy elevada. Los autores que se han ocupado del problema han identificado varios factores que favorecen la concentración geográfica del comercio. En primer lugar, las exportaciones suelen estar más concentradas en los países pequeños que tienen pocos productos para exportar y lo hacen en cantidades modestas, puesto que en estos casos unos pocos socios pueden adquirir toda la producción exportable de aquéllos. Asimismo, la disponibi-

[12] Hirschman, *National Power* (1980), pp. 101, 106; Michaely, *Concentration* (1962), p. 21.

lidad de un número reducido de productos para exportar se asocia con un escaso desarrollo económico e industrialización, que redundaría en una escasa diversificación de las exportaciones. Así, una alta concentración de las exportaciones se presentaría en países pequeños, atrasados, escasamente industrializados y con una pobre variedad de productos que además, podemos inferir, serán predominantemente de origen primario.[13] Finalmente, se ha observado que la concentración es menor cuando en un territorio limitado existen muchos países, puesto que la mera vecindad propicia lazos comerciales con un número mayor de socios. "En cambio, donde un área comercial importante consiste en un solo país —es decir, Estados Unidos—, encontramos que el comercio de los países localizados cerca está fuertemente concentrado en términos geográficos, aun si estos países están altamente desarrollados, como Canadá."[14]

En el México de estos años se hace valer la correlación entre grado de desarrollo económico o industrialización y nivel de concentración de las exportaciones. Sin embargo, en este caso no actúan como factores condicionantes ni el tamaño del país (puesto que México no es un país pequeño) ni la escasa diversificación de las exportaciones. Contra lo que pudiera pensarse, pese al escaso nivel de industrialización y al origen primario de sus exportaciones, México alcanzó una diversificación considerablemente alta en su canasta exportadora, probablemente la mayor de América Latina. En el caso de México, a partir de 1890, para sumar 80% del valor exportado era necesario considerar los doce principales productos de exportación, mientras que la mayor parte de los países latinoamericanos alcanzaban ese porcentaje con tan sólo dos de sus principales productos.[15] De manera que, por lo que se refiere a México, la variedad en la composición del comercio debió actuar más bien como un factor favorable a una mayor dispersión geográfica. Sin embargo, esta condición se vio en este caso fuertemente contrarrestada por la vecindad geográfica con un territorio que, siendo un área comercial muy importante y diversa en términos de recursos, especialización productiva y desarrollo económico, consistía en un solo país. En realidad, este factor se impuso sobre todos los demás, confiriendo a México un nivel de concentración geográfica muy superior al de casi cualquier otro país de América Latina, independientemente de su tamaño y nivel de desarrollo económico, y similar tan sólo al de Cuba, el otro vecino latinoamericano de Estados Unidos que, este sí, combinaba todos los factores

[13] Michaely, *Concentration* (1962), pp. 13-14, 22, 25.

[14] Michaely, *Concentration* (1962), pp. 23-24.

[15] Bulmer-Thomas ofrece un índice de concentración para una lista de 21 países. En 13 de ellos, 70% del total de las exportaciones se alcanza con tan sólo los dos principales productos. Bulmer-Thomas, *The Economic History* (1996), p. 59, cuadro 3.2.

favorables a una mayor concentración (véase cuadro 3.1). En Canadá, el otro vecino de esa potencia, el factor desarrollo económico propició una reducción de este índice, pero no se impuso claramente sobre el factor vecindad: aunque en un grado inferior al de México y Cuba, exhibió niveles de concentración altos incluso comparados con los de países más atrasados.

El problema de la concentración geográfica de las importaciones ha recibido menos atención. Ello se debe quizás al hecho ya mencionado de que ésta ha sido históricamente más moderada que la de las exportaciones, y a que sus implicaciones son menos evidentes. Sin embargo, un simple vistazo a una muestra de países pone en evidencia el hecho de que el factor vecindad juega también un papel determinante en este fenómeno, como se observa en el cuadro 3.2.

En efecto, el cuadro ilustra una división clara entre los tres países que comparten la cercanía con Estados Unidos y todos los demás, sean éstos europeos o americanos, desarrollados o no. Entre estos últimos existen por supuesto diferencias. Por ejemplo, mientras que las naciones europeas muestran una clara tendencia a aumentar la dispersión de su comercio de importación, los latinoamericanos terminan el periodo con una mayor concentración de la que tenían al principio. Sin embargo, el verdadero contraste está entre los que se sitúan por debajo y los que se ubican por encima de la línea de los 50 puntos de concentración durante la mayor parte del periodo: México, Cuba y Canadá se encuentran en este último caso. En relación tanto con el punto de partida como con el resto de los países, estas tres naciones exhiben al final del periodo índices extraordinariamente altos de concentración geográfica de sus importaciones, incluso sin tomar en cuenta el punto más alto alcanzado en la inmediata posguerra: desde 61 para Cuba hasta 73 para Canadá, con México rozándolo en la línea de los 70 puntos.

Pero en el caso de México, hay un fenómeno que encuentro más significativo que el mero dato del aumento en la concentración de las importaciones. Para comentarlo observemos de nuevo la gráfica 3.3. Me refiero al hecho de que, hasta 1910, ese aumento, si bien consistente, fue considerablemente menor al que se verificó en las exportaciones. El significado concreto de esta disparidad es que, si bien México tendió a concentrar sus ventas en el exterior en Estados Unidos, preservó una significativa diversidad en lo referente al abastecimiento de su propio mercado a través de las importaciones. Esta multilateralidad en el intercambio comercial matiza sin duda alguna la noción de la dependencia que surgiría de la concentración del comercio (en el sentido que sugiere Hirschman, y que se comentará más adelante), y hace pensar más bien que México ejerció un alto grado de autonomía a la hora de elegir a los proveedores de sus productos de importación.[16] Ello es tanto más notable por

[16] Bulmer-Thomas, *The Economic History* (1996), p. 78.

Cuadro 3.1
Indice de concentración de las exportaciones*
Varios países de América, 1870-1928

	1870	*1910*	*1928*
Canadá	67	58	49
Cuba	84	85	75
México	54	75	70
Argentina	15	26	33
Brasil		46	47
Chile	28	43	49
Colombia	22	70	78

* Indice de Hirschmann, de acuerdo con Hirschmann, *National Power* (1980), p. 98.
FUENTES: elaboración propia. Las cifras del comercio se tomaron de Mitchell, *International... The Americas* (2003), passim, salvo las de México, que proceden del apéndice A.

Cuadro 3.2
Indice de concentración de las importaciones*
Varios países de Europa y América, 1870-1928

	1870	*1880*	*1890*	*1900*	*1910*	*1920*	*1928*
Francia	24	25	22	23	22	31	20
Alemania		25	27	28	24	33	18
Italia	41	38	32	31	28	38	25
España	56	51	43	29	30	9	27
Reino Unido	23	30	28	30	22	31	19
Canadá	59	51	60	67	67	66	73
Cuba	22		59	53	54	73	61
México	46	49	55	57	62	83	69
Estados Unidos	37	34	28	23	23	17	18
Argentina	28	30	42	40	38	41	33
Brasil				24	36	48	38
Chile	26	22	23	43	42	42	38
Colombia	12		21	23	47	49	45

* Índice de Hirschmann, de acuerdo con Hirschmann, *National Power* (1980), p. 98.
FUENTES: elaboración propia. Además de las fuentes citadas en el cuadro 3.1, se recurrió a Mitchell, *International... Europe* (2003), *passim*.

cuanto al mismo tiempo Estados Unidos se convertía en el principal origen de las inversiones directas en la economía mexicana, un factor que naturalmente aumentaría la propensión del país receptor a concentrar su comercio de importación. Esta disparidad en el grado de concentración entre las dos dimensiones del comercio disminuyó drásticamente como resultado de la Primera Guerra Mundial, cuyo efecto más notorio en este sentido fue la abrupta reorientación de las importaciones hacia Estados Unidos. Aunque la concentración en ambas dimensiones del intercambio disminuyó en 10 puntos en el curso de la siguiente década, la multilateralidad del periodo anterior a la guerra parece haber llegado a su fin, dando paso a una mayor bilateralidad en el comercio exterior de México. Como resultado de ello, a partir de entonces la concentración en las exportaciones se correspondió con una concentración muy similar en las importaciones.

La concentración del comercio ha sido generalmente percibida como algo negativo. En el trabajo que hemos comentado, Albert Hirschman consideraba que, aunque el comercio internacional era en general beneficioso para todos los participantes, generaba relaciones de dependencia que se distribuían de manera desigual entre los socios del intercambio. Esta dependencia podía expresarse como la medida del "empobrecimiento que le sería inflingido [a un país] con una interrupción del comercio exterior". La dependencia sería mayor en el caso de los países pobres, y se traduciría en una mayor vulnerabilidad en caso de que el comercio se encontrara concentrado en un socio dominante.[17] Hirschman consideraba negativa la concentración del comercio también por otras razones: porque propiciaba rigideces en la estructura del sector exportador, que además tendían a acentuarse debido a los intereses creados en torno suyo, y porque creaba hábitos de consumo y dependencias tecnológicas que ataban al sector importador a su(s) socio(s) dominante(s). Tanto en el ámbito de las exportaciones como en el de las importaciones, la concentración dificultaba la sustitución de un socio dominante por otros, aumentando su vulnerabilidad ante las políticas de poder y ante el eventual cierre del mercado dominante. Autores más recientes han señalado otros aspectos desventajosos de una elevada concentración geográfica en las relaciones comerciales. Por lo general, éstos se asocian con la mayor susceptibilidad del país cuyo comercio está fuertemente concentrado a los altibajos de la economía del país dominante.

Por otra parte, Hirschman y otros autores después de él han subrayado la posibilidad de que esa fragilidad económica devenga debilidad política en el enfrentamiento de los países débiles con las potencias dentro de una relación comercial. Sin embargo, un trabajo reciente demuestra que la disparidad económica entre dos países estrechamente asociados en términos comerciales no se traduce de manera automática en una disparidad de la misma magnitud en las relaciones de poder entre esos países, o que al menos no sucedió así en la experiencia histórica de la relación entre México y Estados Unidos. La razón de ello es que existen mecanismos de compensación para la asimetría económica y de fortalecimiento de la capacidad negociadora que pueden favorecer

[17] Hirschman, *National Power* (1980), pp. 18, 24.

al socio débil dentro de una relación de esta naturaleza.[18] En cualquier caso, parece evidente que, en términos estrictamente económicos, una mayor concentración del comercio posee implicaciones negativas para la parte que la padece, tales como una alta susceptibilidad frente al desempeño de la economía y a los cambios en la demanda del país que concentra los intercambios. No es difícil imaginar que el antídoto contra la concentración es la dispersión de las relaciones comerciales, que distribuye en un amplio número de socios la dependencia y los riesgos de la interrupción o la disminución abrupta del intercambio.[19]

3.3 DISTRIBUCIÓN GEOGRÁFICA Y COMPOSICIÓN

En las primeras páginas de este capítulo se presentan dos gráficas (3.2A y B) que muestran la forma en que evolucionó la distribución del comercio entre Estados Unidos y Europa a lo largo del periodo. Aunque se adelantaron ya algunos comentarios sobre el tema, conviene adentrarse en el análisis de esta cuestión, distinguiendo las dos dimensiones del comercio exterior.

Las importaciones

Por lo que hace al comercio de importación, llama la atención la importancia más bien escasa que para México poseía Estados Unidos como abastecedor de su mercado al inicio del periodo y el hecho de que, pese a las inversiones masivas de ese país en ferrocarriles y minas, apenas en la década de 1890 alcanzara una presencia predominante. En segundo lugar, es llamativo que el reparto de las importaciones mexicanas entre Estados Unidos y Europa se estabilizara en alrededor de 55% para el primero y 40% para la segunda, y que ese equilibrio se prolongara por más de dos décadas. Aparentemente, el acontecimiento que rompió ese equilibrio fue la Primera Guerra Mundial, que enfocó hacia adentro las energías de las potencias europeas al mismo tiempo que creó severas dificultades para el tráfico trasatlántico.[20] La Revolución mexicana también creó condiciones que favorecieron una mayor concentración del comercio en

[18] Riguzzi, *¿Reciprocidad imposible?* (2003).

[19] Hirschman, *National Power* (1980), pp. 8, 28-32.

[20] Las restricciones impuestas por los distintos países al "comercio con el enemigo" constituyeron por sí mismas un constreñimiento importante al comercio durante los años de la guerra. Algunas listas negras de comerciantes prohibidos por la proclamación *"Trading with the enemy"* del gobierno británico se pueden encontrar en SRE, AHGE, exp. 8-1-17, 1919.

Estados Unidos, entre otras razones por la facilidad con que podían realizarse los intercambios, legales o no, a través de la larga línea fronteriza que separa a ambos países. Aunque los dos fenómenos eran de naturaleza transitoria, su impacto sobre los patrones del comercio fue más duradero, de manera que para la década de 1920 Europa había encogido su participación en las importaciones mexicanas, en tanto Estados Unidos satisfacía más de dos terceras partes de esa demanda (véase gráfica 3.2A).

Pero el predominio creciente de Estados Unidos en el comercio de importación no puede explicarse si nos atenemos solamente a su dimensión cuantitativa. La gráfica 3.4 ofrece un primer acercamiento a los fenómenos que se encuentran detrás de esta evolución.

Ante todo, cabe subrayar que la gráfica no provee una cobertura exhaustiva, sino una muestra amplia de productos importados desde los principales socios comerciales.[21] Empecemos por recordar que en 1870 México obtenía una parte mayoritaria de sus importaciones de Europa. Como muestra la gráfica, en ese momento Europa proveía artículos que en su mayoría caen dentro de la definición de bienes de consumo. Al mismo tiempo, Estados Unidos, socio aún minoritario en el comercio de importación, suministraba artículos que en su mayor parte pueden clasificarse como bienes de producción. Al

[21] Las gráficas y los cuadros que sirven de base a este análisis ofrecen la sistematización de una muestra amplia de importaciones por país que ha sido dividida entre bienes de consumo y bienes de producción. La cobertura por productos varía de un país a otro y de un año a otro, pero es muy alta en el caso de los países europeos (puesto que las estadísticas de cada año están desglosadas con mucho detalle) y un poco menor en el de Estados Unidos, debido a la gran variedad de importaciones que se realizaban en montos menores y que por esta causa no fueron incluidas en mi muestreo. En cuanto a la división entre bienes de consumo y de producción, las fuentes originales permiten en algunos casos hacer una distinción muy precisa, como cuando se trata de prendas de vestir o zapatos, en el caso de los primeros, o maquinaria de diverso tipo, en el de los segundos. Sin embargo, existen rubros —por lo general menores— que probablemente mezclan ambos tipos de bienes (como por ejemplo, ferretería o artículos de metal) y denominaciones que pueden tener cualquiera de las dos finalidades (como en el caso del papel). En casos así fue preciso presumir cuál era la naturaleza predominante de los bienes y adscribirlos a esa clasificación. En consecuencia, existe un cierto margen de error que afortunadamente no afecta los rubros cuantitativamente más importantes de la canasta de importaciones. La cobertura geográfica se modifica a lo largo del tiempo, abarcando el número de países europeos para los que dispongo de estadísticas desglosadas en cada una de las fechas consideradas. Por lo que respecta a la cobertura temporal, como no siempre se disponía de estadísticas desglosadas de todos los países para los mismos años, en el caso de los países europeos se utilizan hasta la década de 1910 promedios trienales de años iniciales de cada década (pero no necesariamente los mismos), minimizando con ello variaciones temporales y la distorsión impuesta por el hecho de no usar el mismo año para todos los países. En el caso de Estados Unidos se utiliza siempre el año inicial de cada década. A partir de 1920, se usa simplemente el año indicado para todos los países de la muestra.

Gráfica 3.4
Distribución geográfica de las importaciones: bienes de consumo y bienes de producción, 1870-1928
(valores fob en dólares; promedios trienales)

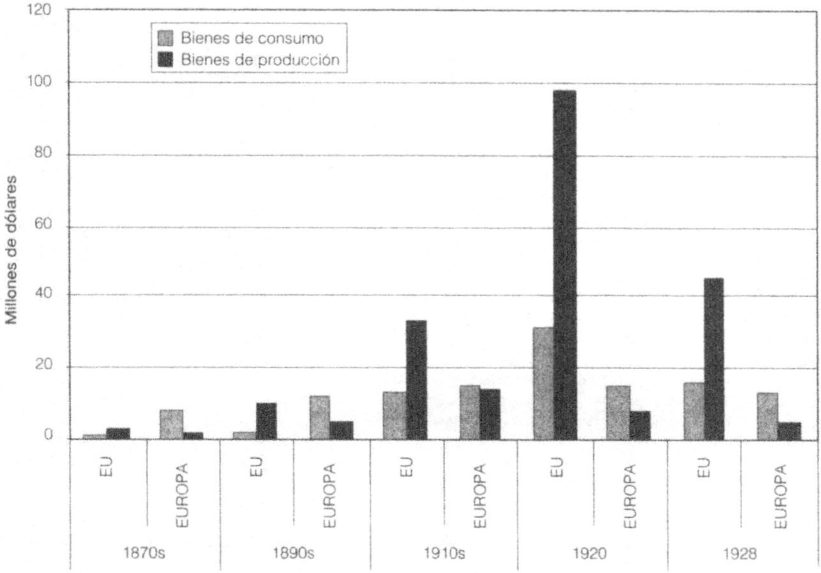

NOTAS Y FUENTES: véase gráfica 3.1B.

avanzar la mirada en el tiempo, estos dos rasgos se despliegan en toda su significación: Europa siguió aumentando su importancia como proveedor de bienes de consumo al menos hasta 1910, y el valor de las importaciones de este tipo se incrementó de hecho en forma considerable, de menos de dos a cerca de 15 millones de dólares anuales en conjunto para los países de la muestra. Estados Unidos, por su parte, fue en principio un proveedor secundario de bienes de consumo, pero en cambio ejerció un amplio predominio, que incluso se agudizó con el tiempo, en el suministro de bienes de producción. Lo relevante de esta división del trabajo es que los bienes de capital fueron desde el inicio el componente más dinámico de la canasta importadora, de manera que para 1910 eran ya por mucho su componente fundamental. Así, el crecimiento en el valor total de las importaciones está, de hecho, estrechamente relacionado con el dramático incremento en las importaciones de bienes de capital, y éste significaba una mayor presencia de Estados Unidos en el comercio de importación. Por cierto, en 1920 Estados Unidos apareció también como el proveedor dominante en el terreno de los bienes de consumo,

Cuadro 3.3
La canasta de exportaciones de los principales socios a México
(composición porcentual calculada sobre el valor; productos y países seleccionados)

	1870s				*1890s*						*1910s*						*1928*			
	EU	*GB*	*FR*	*ESP*	*EU*	*GB*	*FR*	*ESP*	*BEL*	*DT*	*EU*	*GB*	*FR*	*ESP*	*BEL*	*DT*	*EU*	*GB*	*FR*	*ESP*
Bienes de consumo																				
Alimentos y bebidas	6	0	11	78	6	0	9	48	0	0	11	0	10	29	0	0	7	3	13	52
Textiles y calzado	7	75	47	0	4	48	39	2	0	37	3	41	41	16	4	16	4	52	46	2
Otros	1	0	18	2	4	0	23	25	0	8	8	0	15	12	0	9	3	0	12	10
Bienes de producción																				
Materias primas	38	0	0	0	19	0	0	0	0	0	6	0	0	0	0	0	5	0	0	0
Combustibles	3	0	0	0	9	6	0	0	0	0	9	1	0	0	0	3	6	0	0	0
Maquinaria, etc.*	13	18	3	0	19	33	5	9	59	28	26	29	4	0	20	37	15	15	6	3
Otros	4	0	7	2	19	1	0	13	16	8	13	10	12	27	38	16	14	7	13	17
Suma muestra	72	93	85	83	80	87	76	98	75	80	77	81	81	85	62	81	54	77	89	84

NOTAS: se utilizan las siglas habituales para cada país: EU - Estados Unidos; GB - Gran Bretaña; FR - Francia; ESP - España; BEL - Bélgica; DT - Alemania. De forma excepcional, se adopta el punto de vista de los socios, de manera que se trata de importaciones a México.
Salvo 1928, que es un año natural, los periodos corresponden a tres años tempranos de cada década, los cuales, por razones relacionadas con las fuentes, pueden no ser los mismos para todos los países.
* El grupo incluye maquinaria, herramientas y artículos de metal.
Suma muestra: representa la cobertura de productos de cada país respecto al valor total de sus exportaciones a México.
FUENTES: elaboración propia a partir de las estadísticas de los principales socios comerciales de México. Véase bibliografía.

pero esa presencia coyuntural se suavizó en el curso de la década para retornar a una situación en la que compartía esa función con Europa, al tiempo que se consolidaba su dominio indiscutido en la oferta de bienes de inversión.

Así pues, existía una división del trabajo bastante clara entre los socios proveedores de bienes de consumo y los que abastecían a la economía mexicana de insumos y equipo para la producción. El cuadro 3.3 ofrece datos que permiten ahondar en esta cuestión.

El cuadro presenta la composición (en términos porcentuales) de la canasta de las exportaciones que cada uno de los principales socios de México vendió a este país. Una mirada rápida a las cifras nos permite percibir la división del trabajo de que hablábamos antes o, para decirlo mejor, la especialidad de cada uno de los abastecedores en su relación con el mercado mexicano, que probablemente refleje en alguna medida su ventaja comparativa y su especialización productiva en general. Así, por ejemplo, al inicio del periodo Estados Unidos se especializaba en venderle a México materias primas, en tanto Gran Bretaña y Francia se concentraban en los textiles,[22] y España en los alimentos y bebidas. Si avanzamos la mirada hacia los años de 1890, descubrimos la

[22] Aunque el rubro se denomina "textiles y calzado", los primeros eran, por mucho, su componente fundamental.

propensión de Bélgica por el rubro de maquinaria y herramientas y la inclinación dividida de Alemania entre textiles y ese mismo rubro.[23] La especialización inicial de Estados Unidos en el abastecimiento de materias primas se desplazó hacia la maquinaria a medida que la economía mexicana se modernizaba y la estadounidense se mostraba capaz de responder a este estímulo. De manera que, si bien esta división del trabajo reflejaba las ventajas comparativas y la especialización productiva de cada país, no era en absoluto estática, sino que respondía también a la fase de industrialización por la que atravesaba cada economía. Así, a partir de cierto momento España se sumó a los proveedores de textiles del mercado mexicano, aunque sin abandonar su preferencia por el abasto de abarrotes. Si nos sumergiéramos en la contabilidad comercial de cada socio, resultaría claro que existía una división del trabajo aún más sutil, en virtud de la cual Gran Bretaña aparecía como proveedora sobre todo de manufacturas de algodón, Francia de seda, y Alemania de lino. De la misma manera, en el gran rubro de "maquinaria, herramientas y artículos de metal" podríamos ver que mientras Estados Unidos y, en mucha menor medida, Gran Bretaña, se hicieron cargo del equipamiento de la planta industrial, los otros países satisfacían demandas más específicas de instrumentos, herramientas y artículos diversos como calentadores, cerraduras, candelabros y otros que eran de su especialidad.

Ahora bien, el que cada uno de estos países se concentrara en uno o dos rubros de ventas en su relación con México no significa que dominara esa fracción del mercado mexicano. El cuadro 3.4 muestra la importancia relativa de cada uno de los socios en el abasto de este mercado y, en la última columna de cada año, la composición porcentual de la muestra de productos, un *proxy* aceptable para la composición de la canasta de importaciones.

Como se puede ver, las importaciones de textiles constituían el componente principal de la canasta al inicio del periodo.[24] Gran Bretaña y Francia eran los principales abastecedores del mercado mexicano en este tipo de artículos y se disputaron la primacía hasta inicios de la década de 1910. Alemania era también un proveedor importante, pero aparece en el registro estadístico sólo a principios de los años noventa, cuando exhibe una participación

[23] Alemania era un proveedor importante de ambos rubros desde la primera mitad del siglo, aunque el registro estadístico completo de su comercio exterior se inicia de manera tardía. Ello explica su ausencia en el cuadro en los años iniciales de la década de 1870.

[24] Es muy probable que las cifras del cuadro incluso subestimen la importancia de los textiles al inicio del periodo debido a que la muestra de productos no es exhaustiva. De acuerdo con fuentes mexicanas, los textiles representaban 52% del valor de las importaciones totales en 1872-73. En los capítulos 4 y 5 se puede encontrar un análisis de la composición de las importaciones desde el punto de vista de las fuentes mexicanas.

Cuadro 3.4
Participación de cada país en las importaciones mexicanas
(distribución porcentual calculada sobre el valor; productos y países seleccionados)

	1870s					*1890s*							*1910s*							*1928*				
	EU	*GB*	*FR*	*ES*	*% del total*	*EU*	*GB*	*FR*	*ES*	*BE*	*DT*	*% del total*	*EU*	*GB*	*FR*	*ES*	*BE*	*DT*	*% del total*	*EU*	*GB*	*FR*	*ES*	*% del total*
Bienes de consumo																								
Alimentos y bebidas	23		45	32	9	36		34	30			7	80		11	9			5	81	3	7	9	13
Textiles y calzado*	6	58	36		50	7	39	41			13	30	15	37	30	4	1	14	17	30	51	19	0	18
Otros	7		92	1	7	17		65	11		7	10	63		19	5		13	8	79	0	16	4	5
Bienes de producción																								
Materias primas	100				16	100						11	100						12	100	0	0	0	8
Combustibles	100				1	77	23					6	92	3				5	8	100	0	0	0	8
Maquinaria, etc.**	39	53	8		13	41	33	7	2	4	13	24	66	14	1		1	17	32	87	11	2	0	25
Otros	35		63	3	4	84	2		6	2	7	12	60	8	8	6	5	13	18	89	5	4	2	23
Cobertura de la muestra					76							71							78					47

NOTAS: se utilizan las siglas habituales para cada país: EU - Estados Unidos; GB - Gran Bretaña; FR - Francia; ES - España; BE - Bélgica; DT - Alemania. Salvo 1928, que es un año natural, los periodos corresponden a tres años tempranos de cada década, los cuales, por razones relacionadas con las fuentes, pueden no ser los mismos para todos los países. Las estimaciones se basan en una muestra de los principales productos importados de cada uno de los socios principales. Si se suma la aportación de cada país en cada rubro dentro de un trienio, el resultado será 100. La cobertura de la muestra de productos para cada país se indica en el cuadro 3.3.

* El rubro está compuesto predominantemente por textiles.

** El grupo incluye maquinaria, herramientas y artículos de metal.

Porcentaje del total: composición porcentual de la muestra de productos. Aunque la cobertura no es exhaustiva, se aproxima a la composición de la canasta de importaciones.

Cobertura de la muestra: porcentaje que representan los países y productos considerados en el valor total de las importaciones.

FUENTES: elaboración propia a partir de las estadísticas de los principales socios comerciales de México. Véase bibliografía.

equivalente a un tercio de la de sus competidores europeos. Estados Unidos, por su parte, fue desde temprano un proveedor secundario de textiles y zapatos, aunque al final del periodo, y como consecuencia de la experiencia forzada de reorientación del comercio que se verificó durante y después de la Primera Guerra Mundial, superó a Francia y se ubicó en un sólido segundo lugar después del proveedor tradicionalmente dominante, Gran Bretaña. Finalmente, es elocuente el descenso en la importancia relativa de este rubro en la canasta importadora mexicana a lo largo del periodo, tanto más por cuanto ocurría al mismo tiempo que las dimensiones del mercado nacional se ampliaban y el propio comercio de importación crecía en forma acelerada. Las importaciones de esta clase de bienes, formada en proporción abrumadora por manufacturas textiles, apenas se duplicaron en términos de valor en un periodo de cuatro décadas en que las importaciones totales se multiplicaban por cinco, lo que las llevó a reducir su participación de 50% del valor total a principios de los años 1870 a 30% a comienzos de los años 1890, y a 17% hacia 1910. Como veremos en el capítulo 5, el proceso de sustitución de importaciones textiles en México explica el desempeño contrastante de este rubro de las importaciones respecto a aquellos relacionados con la actividad productiva, a los que me referiré más adelante.

En segundo lugar entre los bienes de consumo importados se encontraban los alimentos y bebidas, que México adquiría en cantidades generalmente pequeñas como un complemento de la oferta local y cuya participación por países también deja ver una cierta división del trabajo. La presencia de Estados Unidos en este ámbito fue modesta en las décadas iniciales, salvo en momentos de crisis agrícola en que México recurría a ese país para paliar la escasez de maíz. En cualquier caso, esa presencia debe atribuirse sobre todo al factor geográfico de la vecindad, lo cual se hace patente al considerar el tipo de productos que se obtenían de este país: además del maíz, se importaba manteca y cebo, pan, jamón, tocino, huevos, así como cerveza y otras bebidas de malta. Con excepción de estos últimos artículos, resulta claro que se trataba de bienes perecederos de consumo diario cuyo comercio dependía en buena medida de la cercanía. El caso de los proveedores europeos de alimentos y bebidas es distinto, e involucra un fuerte componente cultural e inercial. México importaba de España los artículos que la clase alta había adquirido de la metrópoli desde la época colonial: alimentos en conserva, aceite de oliva, almendras, avellanas, aceitunas, embutidos, así como vinos y licores.[25] Estos artículos de consumo suntuario constituían las tres cuartas partes de las exportaciones españolas a

[25] Al parecer, este patrón fue común a muchos países latinoamericanos. Véase Bulmer-Thomas, *The Economic History* (1996), p. 77.

México en 1870, y más de la mitad aún en 1928, y otorgaban a España una importancia que no tuvo en ningún otro rubro de las importaciones mexicanas (véanse cuadros 3.3 y 3.4). De Francia, México adquiría sobre todo vinos y pescados en conserva, productos en los que al inicio de nuestro periodo ya rebasaba a España como proveedor de México (cuadro 3.4), pero que resultaban secundarios en la canasta de exportaciones francesas a este país (cuadro 3.3). Más importantes dentro de la canasta francesa eran otros artículos de consumo igualmente suntuario, como la joyería, la papelería, las manufacturas de piel y de cristal, y en un momento posterior, la perfumería. A partir de 1910, Estados Unidos dominó el rubro de "otros" dentro de los productos de consumo, con artículos como velas, jabón, medicinas, papelería y muebles, posición que se consolidó tras la ruptura transitoria con los mercados europeos provocada por la Primera Guerra Mundial.

De mucho mayor interés es, sin embargo, la evolución de la canasta de bienes de producción importados. Para los fines del análisis, ésta se ha dividido en materias primas, combustibles, maquinaria, herramientas y artículos de metal, y otros. Las materias primas (granos —como cebada y trigo—[26] algodón en rama, madera, entre otros) conformaron un rubro no pequeño bajo el dominio absoluto de Estados Unidos, lo cual se explica por dos razones. La primera es obvia pero frecuentemente olvidada: la economía de ese país seguía teniendo un fuerte componente primario y una clara ventaja comparativa en muchos bienes agrícolas que ofrecía con provecho en el mercado internacional. A este factor se aunaba en este caso el de la vecindad, que para México significaba la posibilidad de recurrir a la producción norteamericana para completar la oferta local de algunos de estos bienes hasta cubrir las necesidades internas. El otro rubro casi por completo dominado por Estados Unidos fue el de los combustibles. Aunque en los años de 1890 Gran Bretaña vendió cantidades modestas de carbón a México, la cercanía y la baratura del transporte hizo que la mayor pare del carbón y el coque que consumían los ferrocarriles y la industria siderúrgica se adquirieran en el mercado norteamericano. Ya en la década de 1920 se sumaron a ellos cantidades variables de petróleo crudo y gas, todos ellos complementarios de la producción local. Lo cierto es que estos dos tipos de artículos (materias primas y combustibles) aportaron más de 40% de las exportaciones norteamericanas a México en 1870 y 15% de ellas en 1910 (cuadro 3.3), y a lo largo de todo el periodo representaron entre 16 y 20% de la canasta de las importaciones mexicanas (cuadro 3.4).

[26] Aunque el rubro de los cereales es uno de ésos cuyos componentes pueden destinarse al consumo o a la producción, se decidió incluir aquí la cebada porque es un insumo en la producción de cerveza, y el trigo debido a que se utiliza para fabricar harina. En cambio, se mantuvo al maíz en la lista de bienes de consumo. Acerca de los orígenes, usos y canales de comercialización del trigo véase Fernández y Fernández, *El trigo* (1939), *passim*.

Más complejo en su composición y en sus orígenes era el grupo de productos designado como "maquinaria, herramientas y artículos de metal". En 1870 exhibía dimensiones modestas, delatando el carácter de una economía que no ha iniciado aún el camino de la modernización económica. Su importancia creció continuamente a partir de entonces, pasando de 13 a 24 y a 32% del valor de la muestra de importaciones en 1870, 1890 y 1910, aunque retrocedió hasta 25% en 1928. Ahora bien, mientras que en el caso de Estados Unidos prevalecía dentro de este grupo lo que con propiedad puede clasificarse como maquinaria y herramientas, en el de los países europeos su composición era más diversa y no siempre se deja englobar en la definición de bienes de producción. Abarcaba, en efecto, rubros designados como ferretería y manufacturas de metal, que hacen pensar en finalidades tan variadas como el consumo doméstico, los talleres artesanales o las industrias manufacturera y de la construcción. Este margen de vaguedad es relevante sobre todo al inicio del periodo, en que el grupo se dividía a partes iguales entre la maquinaria y los otros componentes, pero pierde significación a medida que la maquinaria adquiere un claro predominio en su composición: para 1900, ese elemento aportaba 70% al conjunto aquí considerado, y para 1928, 99%, lo que no deja lugar a dudas acerca de su significado en la canasta de importaciones.

Aunque Gran Bretaña empezó dominando este rubro de las importaciones, con el paso del tiempo la participación de Estados Unidos se volvió apabullante, de manera que si en las primeras décadas ese país surtía 40% de la maquinaria importada, para 1910 alcanzaba 66%, y a partir de 1920, alrededor de 90% del total. A ello contribuyeron múltiples factores: ser el origen primordial de la inversión en actividades productivas y en la infraestructura ferroviaria, atravesar una fase de expansión productiva y exportadora, generar tempranamente enlaces y dependencias tecnológicas dentro de la economía mexicana, beneficiarse de la cercanía y la reducción en los costos del transporte terrestre, entre algunos otros. Tan relevante como el dato de una creciente concentración de estas importaciones en el socio dominante es un crecimiento más que considerable de este grupo de artículos: traducida a valores absolutos, la muestra de productos y países aquí incluida, que es amplia pero no exhaustiva, constata un incremento desde el muy modesto valor de unos dos millones de dólares en 1870 hasta casi 25 millones en 1910, para estabilizarse en unos 20 millones de dólares en los últimos años del periodo.[27]

Finalmente, se incluyó entre los bienes de producción un último grupo de productos bajo la denominación de "otros", que en realidad quiere decir "otros

[27] El papel de las importaciones en la modernización económica de México se aborda con mayor profundidad en el capítulo 5.

insumos productivos". Se trata aquí de artículos muy diversos, como corcho, vidrio hueco, cemento y otros materiales de construcción, productos químicos y explosivos, y algunas denominaciones más, que aunque quizá comprendieran en las fuentes originales algunos bienes de consumo, mayoritariamente constituían materiales con algún grado de elaboración cuya finalidad era su utilización en algún proceso productivo posterior.[28] Aunque en este rubro también prevaleció Estados Unidos como abastecedor principal, la participación de los socios europeos no fue secundaria, y refleja hasta cierto punto las especializaciones productivas de sus países de origen: tintes sintéticos de Inglaterra, corcho y azulejos españoles, productos químicos alemanes, etc. En los años iniciales de 1910, en que este rubro había cobrado cierta importancia, incluía como componentes significativos importaciones estadounidenses de locomotoras y carros para ferrocarril, importaciones británicas y alemanas de productos químicos y colorantes, francesas de químicos y carrocería, belgas de aceites, cemento y vidriería, y españolas de explosivos y armas de fuego, vidrio, corcho y pipería.[29]

En suma, el análisis del patrón geográfico de las importaciones mexicanas ha revelado algunos aspectos sobresalientes, que pueden resumirse como sigue:

- A lo largo de este periodo se produjo el tránsito de una canasta importadora fundamentalmente compuesta por bienes de consumo a una en la que dominaban ampliamente los bienes de producción. En este tránsito, Estados Unidos mostró una mayor capacidad de respuesta para abastecer las nuevas demandas de la economía mexicana, lo que tuvo como consecuencia una creciente concentración del comercio de importación en ese país.
- En cambio, los socios europeos conservaron el perfil tradicional de proveedores de bienes de consumo suntuario, participando en forma limitada del proceso de modernización de la economía mexicana y de la definición de sus rasgos tecnológicos y productivos.
- Como resultado de la presencia creciente de Estados Unidos como proveedor del aparato productivo mexicano se produjo un estrechamiento de los vínculos comerciales con ese país, así como la multiplicación de

[28] La excepción más importante es la de los vehículos automotores, que se incluyen aquí indebidamente porque en algunas estadísticas comerciales aparecen en un agregado junto con los motores y las partes de automóviles que, en rigor, constituyen insumos de la industria automotriz. Los automóviles son un componente importante en las importaciones provenientes de Estados Unidos durante la década de 1920, y en 1928 representan una cuarta parte del valor total del rubro "otros bienes de producción".

[29] Las armas de fuego se incluyen en el apartado de bienes de producción debido a que las estadísticas de algunos países las registraban en una sola denominación con los explosivos, lo que hace a ambos tipos de artículos inseparables.

asociaciones empresariales y dependencias tecnológicas generadas por la instalación de bienes de capital con características específicas, cuyo funcionamiento, mantenimiento, reparación y ampliación se mantenían en buena medida atados a los proveedores originales.

- El análisis nos ha permitido constatar que el concepto de "división internacional del trabajo" no se refiere sólo a la separación burda entre productores de bienes primarios y productores de manufacturas, sino que tiene una dimensión mucho más sutil, que nos permitió entrever que entre los países económicamente más desarrollados que abastecían a México de artículos manufacturados existían, por un lado, ámbitos diferenciados de especialización productiva, y por el otro, fases progresivas del proceso de industrialización. Así, por ejemplo, prácticamente todos los países europeos fueron accediendo en forma escalonada a la producción de textiles para la exportación, pero cada uno lo hizo en un ámbito particular compatible con su disponibilidad de materias primas y sus propias trayectorias productivas. De manera que, si bien todos podían producir textiles de cualquier tipo, Gran Bretaña dominaba ampliamente la exportación de textiles de algodón a México, Francia la de textiles de seda y Alemania la de lino, y cuando España ingresó a este estadio de su producción manufacturera, lo hizo con tejidos de algodón y lana.
- La mezcla particular de las importaciones mexicanas y su patrón de distribución geográfica eran el resultado de una conjunción de factores muy diversos. Entre ellos hemos podido detectar elementos que propiciaron la continuidad, tales como patrones culturales, la inercia de antiguos vínculos comerciales y fenómenos de dependencia de la trayectoria (*path dependence*). Asimismo, hemos identificado otros que favorecieron el cambio, como las inversiones directas, la construcción de la red ferroviaria que redujo considerablemente los costos de transporte e hizo efectiva la vecindad con Estados Unidos, la complementariedad dinámica entre las economías, que estrechaba los vínculos comerciales con países que ingresaban en fases del desarrollo económico acordes con las necesidades de la demanda local, así como el proceso de modernización por el que atravesaba la economía mexicana.

Las exportaciones

Pasemos ahora a enfocar con mayor detalle el patrón geográfico y la composición de las exportaciones. Como hemos visto ya, éstas mostraban una concentración mucho mayor en el socio principal desde el comienzo del periodo, que incluso se acentuó en los últimos decenios del siglo hasta rebasar 80% de su valor total en los primeros años de 1900 (véase gráfica 3.2B). A diferencia de lo que sucedió con las importaciones, el empuje estadounidense se detuvo a partir de entonces, de manera que Europa recuperó algo de la importancia perdida como compradora de los productos mexicanos, duplicando su presencia en el lapso de una década (de 10 a 20% entre 1900 y 1910). Y sin embargo, cuando a fines de los años de 1920 Estados Unidos redujo aún más su importancia como cliente para México, Europa ocupó sólo parcialmente ese lugar, pues para entonces los nuevos socios de este país en Asia y América Latina empezaban a despuntar con una presencia creciente, que desafortunadamente no es posible documentar con precisión. En todo caso, contrariamente a lo que se observa en las importaciones, Europa, considerada en conjunto, constituyó para México un socio secundario, con una participación menor a 30% a partir de la década de 1890, aunque recuperando terreno hacia el final del periodo. En suma, frente a los socios europeos y frente al resto del mundo, Estados Unidos exhibe históricamente un dominio incuestionable sobre las ventas mexicanas en el exterior.

Esta concentración tampoco puede explicarse debidamente si nos atenemos únicamente a las dimensiones cuantitativas del comercio de exportación, sino que es preciso adentrarnos en su composición. Empecemos por identificar el conjunto de los principales productos exportados y la manera en que éste evolucionó entre 1870 y 1928. La gráfica 3.5 ofrece esta información por lo que respecta a las ventas realizadas a los principales socios comerciales.

Es importante hacer notar que la gráfica incluye tanto artículos individuales (café, azúcar, garbanzos, etc.), como productos designados genéricamente (fibras), y grupos de productos del mismo origen sectorial aunque con distintos grados de elaboración (como minerales y metales, o petróleo y derivados). Estas agrupaciones subestiman en cierta medida la diversidad de las exportaciones, pues ésta sería aún mayor si se enlistaran uno a uno los artículos que las conformaban. Por último, vale la pena mencionar que se ha incluido excepcionalmente al metálico (oro en monedas y lingotes y plata en monedas) entre las exportaciones, con el propósito de hacer notar la importancia desproporcionada que estas transferencias tuvieron durante un largo tiempo para saldar las cuentas deficitarias de México con el exterior.[30]

Hechas estas consideraciones, analicemos la información que ofrece la gráfica. Llama la atención, en primer lugar, la inmensa modestia de la canasta exportadora al inicio del periodo. No sólo el número de productos que se ex-

[30] Por lo demás, recuérdese que las transferencias inusualmente altas de metálico (sobre todo oro en moneda) a inicios de la década de 1910 deben atribuirse en buena medida a fugas de capital ocasionadas por el estallido de la Revolución mexicana.

Gráfica 3.5
Composición de las exportaciones mexicanas, 1870-1928
(valores fob en dólares; promedios trienales)

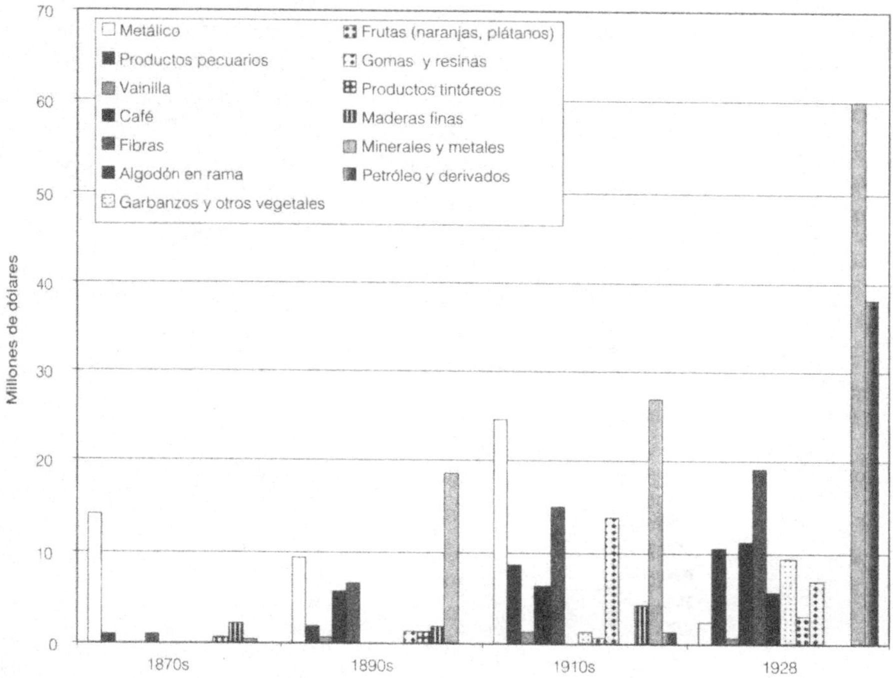

NOTA: si se exceptúan las transferencias de metálico, incluidas sólo con fines ilustrativos, la cobertura de la muestra va de un máximo de 87% de las exportaciones de mercancías en los años 1890s a un mínimo de 67% en 1928, con un promedio de 74% para todos los años considerados.
OTRAS NOTAS Y FUENTES: véase gráfica 3.1B.

portaba era muy reducido, sino que sus ventas representaban valores muy pequeños, si se deja fuera la transferencia de metálico que servía para saldar una balanza de pagos permanentemente deficitaria. Esta situación había cambiado sustancialmente al iniciarse la década de 1890: el número de productos había aumentado considerablemente, y el valor de las exportaciones de cada uno era también mucho mayor. Lo mismo se observa en cada uno de los dos registros temporales que siguen, de manera que para 1928 la mayoría de los artículos se exportaba en valores importantes, y muchos de ellos se encontraban de hecho en el punto más alto de su ciclo exportador, o en el comienzo de su declive. Unos cuantos artículos (las maderas, los tintes naturales, la vainilla y el azúcar) habían completado para entonces ese ciclo, lo cual se refleja en esta gráfica a partir de los valores decrecientes, o ya inexistentes, de sus ventas en el exterior a medida que se avanza a lo largo de la línea temporal considerada.

Un acercamiento más atento a esta evolución permite observar ciertas pautas en el proceso de expansión y diversificación del sector exportador mexicano. En otra parte propuse la existencia de tres fases del desarrollo exportador que se percibían al analizar el intercambio de México con Europa.[31] Sin embargo, por cuanto los socios europeos absorbieron una parte limitada y decreciente de las exportaciones mexicanas, no ofrecían una muestra lo suficientemente representativa como para comprobar sin lugar a dudas la existencia de ese patrón. Pues bien, ese patrón del desarrollo exportador en el que pueden distinguirse tres fases o "generaciones" se confirma plenamente al incorporar al análisis al principal socio comercial de México, Estados Unidos. La cuestión se ilustra en la gráfica 3.6.

Gráfica 3.6
Fases del desarrollo exportador en México, 1870-1928
(principales productos exportados a socios principales)
(valores fob en dólares, promedios trienales)

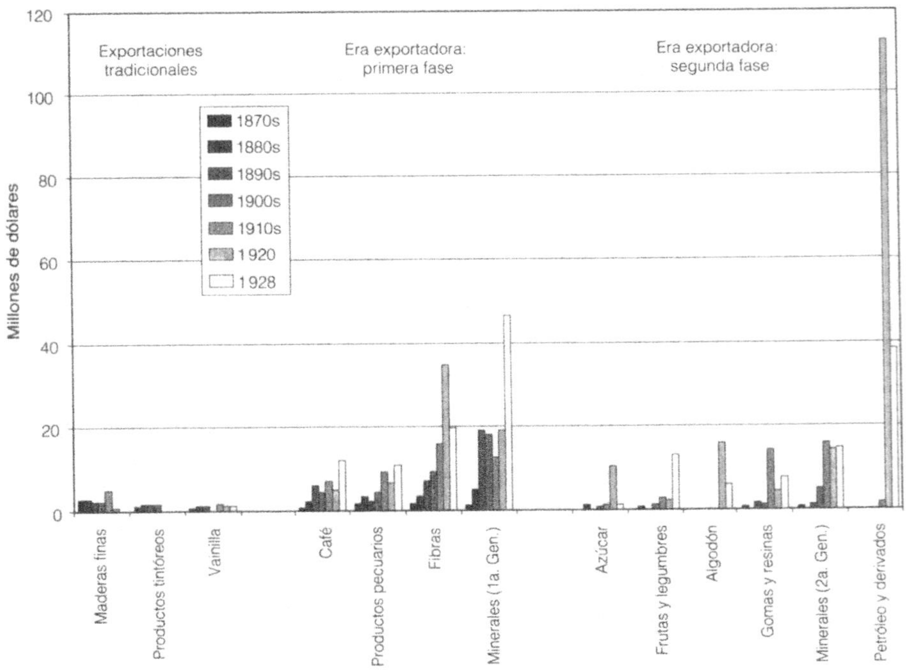

NOTA: la cobertura de la muestra va de un máximo de 87% del valor total de las exportaciones de mercancías a inicios de la década de 1890 a un mínimo de 65% a inicios de los 1900, con un promedio de 74% para todos los años considerados. Para el contenido de los grupos, véase texto y gráfica 2.5.
FUENTES: estadísticas de México y sus principales socios comerciales. Véase gráfica 3.1B y bibliografía.

[31] Kuntz Ficker, "El patrón" (2006), pp. 143-172.

Para elaborar la gráfica, se efectuó un mayor agrupamiento de algunos productos de exportación (como en el caso de frutas y legumbres, que se reunieron en virtud de su mismo origen sectorial y de que pertenecen a la misma fase del desarrollo exportador), y se hizo una distinción dentro de los productos minerales entre los de primera y los de segunda generación. En los primeros se incluyeron minerales de oro, plata, cobre y plomo con escaso grado de elaboración, así como la plata en barras, el producto más tradicional de la industria minera mexicana que se empezó a exportar legalmente tan pronto como se levantó su prohibición. En los segundos se agruparon productos más elaborados o de explotación más tardía: el cobre en barras, bloques y otras formas resultantes de la fundición, así como el antimonio y el zinc.

La gráfica presenta, en una forma que me parece inequívoca, el desenvolvimiento de fases o generaciones sucesivas, que no necesariamente se excluyen o desplazan mutuamente, dentro de la actividad exportadora. La primera es una fase previa al *boom* exportador, lo que se pone en evidencia por el monto modesto que registran las ventas al exterior.[32] En esta fase tradicional, los productos que conformaban la canasta exportadora eran sobre todo bienes de origen colonial, resultantes de la explotación de algún recurso natural en una escala muy limitada y de manera tradicional, sin inversiones ni mejoras tecnológicas, cuyo propósito era satisfacer la demanda de bienes "exóticos" proveniente fundamentalmente de Europa. Hablamos aquí de artículos como las maderas preciosas, algunos tintes naturales (como la cochinilla, el palo de moral y el palo de tinte) y la vainilla. La escala de explotación de estos bienes no aumentó con el auge exportador; antes bien, algunos de ellos llegaron al final de su ciclo, al ser sustituidos por productos sintéticos (como ocurrió claramente en el caso de los tintes).

Este patrón tradicional, de origen colonial, sobrevivió durante la mayor parte del siglo XIX, y empezó a modificarse apenas en la década de 1880. Se inició entonces la primera fase del auge exportador de la economía mexicana, caracterizada por la incorporación de productos de la agricultura tropical en gran escala (inicialmente, el henequén y el café), de minerales de la primera generación y de productos agropecuarios, particularmente ganado y cueros y pieles (véase gráfica 3.6). Pese a que se trata aún de productos de origen primario, esta primera fase del auge exportador representó un cambio radical respecto a las condiciones prevalecientes hasta entonces. En primer lugar, refleja claramente una expansión de la frontera productiva dentro del territorio nacional: hacia la península de Yucatán, en el caso del henequén, y hacia el norte del país,

[32] El análisis se limita al comercio de mercancías, por lo que deja fuera las transferencias de plata amonedada que constituían la mayor parte de las exportaciones en esta primera fase del periodo.

en el de los minerales y la producción agropecuaria. No significa que antes de este periodo ambas regiones se mantuvieran inexplotadas, y ni siquiera que no produjeran los artículos que en ese momento empezaron a figurar en la cesta de exportaciones, sino que la escala de la explotación que tuvo lugar a partir de entonces no tenía precedentes. En segundo lugar, la producción de estos artículos en gran escala refleja en buena medida la incorporación de recursos que antes se mantenían ociosos, o se destinaban a usos menos productivos. En el primer caso se encontraban las grandes extensiones de tierra que se dedicaron a la ganadería cuando el cercamiento y la mejor especificación de los derechos de propiedad hicieron más segura y rentable esa inversión, o los yacimientos mineros cuya producción no era rentable por falta de medios de transporte.[33] En el segundo estaban los vastos terrenos de la península de Yucatán, que se mantenían en parte yermos y en parte se destinaban a la producción de maíz para la subsistencia antes de que se destinaran al cultivo del henequén.[34] En tercer lugar, el desarrollo de estas actividades requería fuertes inversiones de capital, ya fuera en la infraestructura de transporte que daba acceso a las zonas productoras y cauce a sus productos, ya en maquinaria y equipo para llevar a cabo el proceso productivo mismo. Para poner en movimiento estas actividades, se tendieron líneas de ferrocarril, se desaguaron minas, se construyeron tiros más profundos y se mejoraron los sistemas de beneficio de los minerales en los principales centros mineros del país. En cuarto lugar, las nuevas actividades exportadoras implicaron la movilización de fuerza de trabajo, desde los pueblos y comunidades hacia las haciendas que la empleaban en forma temporal o permanente, desde la poblada meseta central hasta el norte minero o la península de Yucatán. Esta movilización implicaba también cambios, a veces sustanciales, en las relaciones laborales, las condiciones de trabajo, las formas de pago y otros rasgos socioeconómicos relacionados con esa porción creciente de la población que se veía involucrada en las actividades del sector exportador. En suma, pese a que seguía tratándose de la exportación de materias primas, era, sin duda, una fase cualitativamente distinta a la precedente, lo cual se reflejó también en un salto cuantitativo de gran magnitud: el valor de los productos de exportación incluidos en esta muestra se triplicó entre 1870 y 1880, y casi se cuadruplicó entre este año y 1900. Las responsables de este auge no eran las exportaciones tradicionales, que mantuvieron su escala y sus pequeñas dimensiones tradicionales, sino las nuevas y pujantes exportaciones de los años ochenta del siglo XIX.

[33] "Es evidente que la valorización de estos recursos naturales y del trabajo está condicionado... por el costo del transporte". Romano y Carmagnani, "Componentes económicos" (1999), pp. 241, 244.

[34] El asunto se aborda con mayor detalle en el capítulo 7.

Hacia principios del siglo XX empezó a despuntar una tercera fase en el desarrollo exportador del país, que se muestra ya con claridad al iniciarse la década de 1910. Esta fase, que se prolongaría, pese a las incidencias de la Primera Guerra Mundial y la Revolución mexicana, hasta el colapso del comercio mundial en 1929, ofrece también rasgos que la distinguen de la precedente. Por un lado, entrañó la expansión y consolidación de la agricultura tropical, con la incorporación de nuevos artículos, como el garbanzo y otras leguminosas, algunas frutas (plátano, naranja), resinas de diversos orígenes (chicle, hule, guayule)[35] y algodón.Esta diversificación productiva implicó, evidentemente, una nueva ampliación geográfica del sector exportador: hacia el noroeste (Sonora, Sinaloa), hacia el norte y noreste (Coahuila y Tamaulipas), hacia el sur (Chiapas). Por otro lado, esta fase significó el tránsito hacia una nueva etapa en la explotación de los productos minerales: se incorporaron nuevos artículos (antimonio, zinc) y se elevó el nivel de procesamiento y refinación de algunos de los minerales que ya se exportaban, particularmente el cobre. Por último pero no menos importante, se inició la explotación del petróleo, cuyas ventas en el exterior apenas se aprecian al iniciarse los años de 1910 pero son absolutamente descollantes en 1920 (véase gráfica 3.6). Aunque en la gráfica no se llega a este nivel de detalle, dentro del propio sector petrolero se produjo un desarrollo notable, que se reflejó en la diversificación de los productos derivados que se exportaban, los cuales a su vez entrañaban mayores niveles de refinación.[36]

Bajo esta luz, el despliegue exportador de la economía mexicana difícilmente puede definirse simplemente como el auge de las exportaciones primarias, aunque de manera muy gruesa pueda reducirse a eso. Lejos de ello, el proceso describió fases sucesivas que implicaban la expansión y la profundización de las actividades exportadoras, la incorporación de fuerza de trabajo, de capital y de tecnología en cantidades crecientes. Para mantenernos en lo que ahora nos concierne, probablemente lo que explica los alcances y la duración del auge exportador mexicano es el hecho de que las dos fases de auge que experimentó, una a partir de los años 1880 y la otra a principios del siglo XX, se empalmaron y reforzaron mutuamente, prolongando su duración y multiplicando el número de productos y regiones participantes. El fenómeno se ilustra en la gráfica 3.7.

[35] Aunque algunas resinas, como el chicle y el caucho del árbol del hule, se explotaban en escala comercial desde la década de 1880, solamente hacia finales del siglo adquirieron mayor significación. En 1907 se sumó a esos productos el guayule, con exportaciones que en varios años rebasaron los 10 millones de dólares, lo que marcó el mayor auge de este grupo de las exportaciones.

[36] Véase capítulo 7.

Gráfica 3.7
Aportaciones de las distintas fases al crecimiento de las exportaciones, 1870-1928
(valores fob en dólares; promedios trienales)

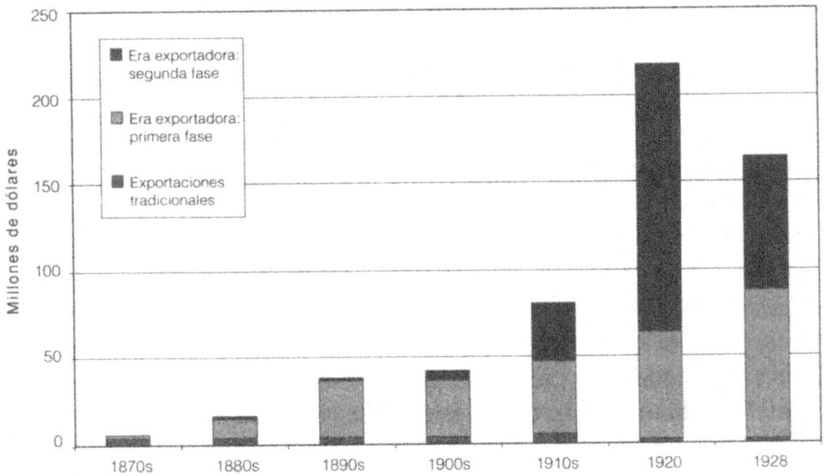

NOTA: se suma el valor de la muestra de productos considerada en cada fase y destinada a los socios principales. La cobertura de la muestra va de un mínimo de 65% del valor total de las exportaciones de mercancías en los primeros años de 1900, a un máximo de 87% en los de 1890, con un promedio de 74% para todos los años considerados.
OTRAS NOTAS Y FUENTES: véase gráfica 3.1B.

Varios aspectos de esta gráfica merecen comentario. Obsérvese, en primer lugar, la modesta presencia que exhiben en todo momento los productos agrupados en las exportaciones tradicionales, y su virtual extinción en la década de 1920. Esas exportaciones constituyen los restos de una economía cerrada, sin orientación exportadora, que vende al exterior el diminuto excedente de bienes para los que no tiene demanda en el mercado interno. Su aportación al auge exportador que se inicia en la década de 1880 es casi nula, y el fin de su ciclo se produce mucho antes que el del sector exportador considerado en su conjunto. Véase enseguida la forma en que aparecen los productos de la primera fase. En realidad, están allí desde el periodo precedente, como fruto de la dotación de recursos de la economía, los cuales, sin embargo, se encuentran en su mayor parte inexplotados o subutilizados. Esos productos se asoman ya en la década de 1880, en dimensiones modestas que no obstante superan claramente a las de las exportaciones tradicionales, que permanecen prácticamente estancadas. El hecho es que durante esa década las exportaciones de la primera fase experimentaron el mayor auge que vivirían hasta el nuevo salto que se manifiesta en la gráfica en 1920. Un despunte similar tiene lugar en la segunda fase del auge exportador. Se insinúa apenas a inicios de los noventa, puesto que algunos de los productos que lo conforman se producían ya en ese entonces, aunque en escala muy limitada; aparecen, aún modestamente, a inicios de los 1900, y despegan durante ese decenio hasta acercarse en términos de valor a los de la fase anterior. El auge de las exportaciones de la segunda fase en la década de 1910 no tiene parangón, y se percibe todavía en el lugar sobresaliente en que aparecen en 1920. En este último año, el componente más conspicuo de la canasta exportadora es el petróleo y sus derivados (véase gráfica 3.6), y su declive tanto en términos absolutos como relativos provoca también el declive de esta segunda fase en el segundo lustro de los años veinte. En cambio, los artículos de la primera fase muestran para entonces un desempeño robusto, que los hace incluso rebasar en valor a los de la fase más avanzada del desarrollo exportador. A partir de la evidencia presentada en la gráfica, puede afirmarse que fueron los productos de la primera fase los que describieron el ciclo exportador más prolongado y dotaron al sector de mayor estabilidad relativa a lo largo de todo el periodo.

El desarrollo exportador de México no sólo posee una clara periodización en la que se distinguen fases sucesivas, sino que exhibe un patrón geográfico que guarda cierta correspondencia con ellas. La cuestión se ilustra en la gráfica 3.8.

Gráfica 3.8
Patrón geográfico de las exportaciones mexicanas
en las distintas fases del desarrollo exportador, 1870-1928
(valores fob en dólares; promedios trienales)

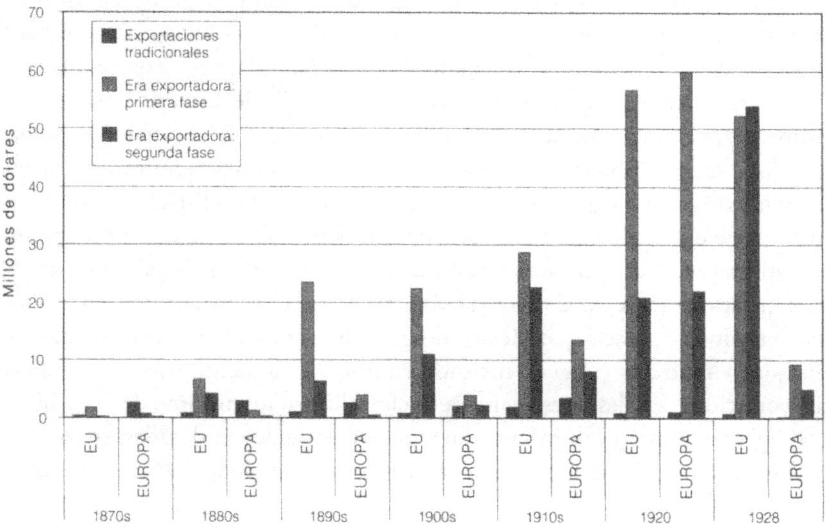

NOTA: La cobertura de la muestra es la misma que en la gráfica anterior.
OTRAS NOTAS Y FUENTES: véase gráfica 3.1B.

En los primeros años del periodo, Europa, considerada en su conjunto (o mejor dicho, la muestra de los principales socios europeos que consideramos aquí) todavía absorbía una parte proporcionalmente mayor de las exportaciones mexicanas. Y sin embargo, Estados Unidos adquiría desde entonces casi todos los artículos que protagonizarían la primera fase exportadora, aún por llegar. De manera notable, la participación de Estados Unidos en la compra de bienes de la canasta tradicional de exportaciones mexicanas fue siempre mínima, en contraste con la de Europa. Lo que es aún más llamativo, el despegue de la primera fase de la era exportadora apenas y se reflejó en las ventas a los países europeos, y fue en cambio lo que potenció el intercambio con Estados Unidos. Significativamente, fue tan sólo a inicios de la década de 1910 cuando Europa cobró un mayor relieve como comprador de las exportaciones mexicanas, adquiriendo una canasta que combinaba artículos de las tres fases, en tanto Estados Unidos se concentraba en los de las últimas dos. El único momento en que la mezcla exportadora mexicana se distribuyó en forma casi idéntica entre su socio norteamericano y los europeos fue 1920: los artículos de las tres fases se orientaron en proporciones casi iguales a sus dos destinos básicos, lo que significa no sólo que Estados Unidos retrocedió en su participación cuantitativa en las exportaciones mexicanas al paso que Europa recuperó terreno, sino que los socios europeos se pusieron al día en la adquisición de las generaciones más recientes de esas exportaciones. Hacia el final del periodo, y en vísperas del *crack* de 1929 que pondría en jaque a la economía norteamericana, Europa volvería a una participación porcentual y una distribución merceológica de sus compras mexicanas similares a las que había exhibido en 1910, en tanto Estados Unidos absorbía la inmensa mayoría de los artículos que componían las dos fases del auge exportador.

Varios factores explican el enorme predominio de Estados Unidos en el comercio mexicano de exportación. En primer lugar, la vecindad geográfica, que, una vez potenciada por el desarrollo de la infraestructura ferroviaria, facilitó la salida de artículos que encontraban en la distancia un obstáculo a su movilidad, como el ganado y los minerales en bruto. En segundo lugar, ese predominio se explica por las dimensiones relativamente modestas de la oferta de exportaciones mexicanas respecto al tamaño del mercado norteamericano. Como veremos en el capítulo 6, pese a que México dirigía la mayor parte de sus exportaciones a Estados Unidos, su cuota de mercado en ningún momento superó 10% de las importaciones totales de ese país. De hecho, alcanzó un máximo de 7% a inicios del siglo XX, y aunque disminuyó un tanto en las siguientes décadas, estabilizó su participación en alrededor de 5% hasta el final del periodo.[37] En tercer lugar, el

[37] El asunto se retoma en el capítulo 6. Para éstos y otros indicadores de la asimetría entre las economías de México y Estados Unidos, véase Riguzzi, *¿Reciprocidad imposible?* (2003), *passim*.

fuerte predominio de los capitales estadounidenses en el sector exportador mexicano contribuyó también a orientar los frutos de éste hacia los sitios de origen de la inversión. Muchas de esas inversiones constituían de hecho una extensión o derrama de actividades productivas que se realizaban en territorio norteamericano, y muchas otras eran promovidas precisamente para atender a alguna demanda ya existente en ese mismo mercado.

En este sentido, cabría preguntarse por la influencia que la política comercial de los socios comerciales pudo haber tenido en la orientación geográfica del comercio. El mejor estudio disponible se refiere a Estados Unidos, y sugiere que, aun cuando las estrategias comerciales pudieron incidir en ciertas coyunturas en el comercio de algún producto en particular, lo que se impuso como determinante fueron los factores económicos de cercanía, eslabonamientos productivos y complementariedad. Así, por ejemplo, la tendencia a una mayor concentración de las exportaciones mexicanas en el mercado de Estados Unidos se acentuó en las décadas de 1880 y 1890 a pesar de la aparición de factores contrarrestantes en el ámbito de la política del comercio. Del lado de México, cabe citar la elevación drástica de los aranceles y la extensión de la Zona Libre a toda la frontera con Estados Unidos en 1885. Del lado de Estados Unidos, el naufragio del tratado de reciprocidad Grant-Romero a mediados de los años ochenta y el aumento de los derechos de importación para productos clave de la canasta de exportaciones mexicanas en 1990.[38] Esta última medida tuvo consecuencias un tanto imprevistas, pero ninguna de ellas tuvo que ver con un cambio en la orientación geográfica del comercio. En particular, es conocido el hecho de que la imposición de un arancel muy elevado a las importaciones mexicanas de plomo argentífero por parte del gobierno de Estados Unidos produjo el desplazamiento de las plantas de beneficio de minerales hacia México, lo cual constituyó sin duda alguna un beneficio neto para la economía mexicana.[39]

Parece claro que, en ausencia de ventajas especiales por parte de los socios europeos, las inversiones norteamericanas en México y la infraestructura ferroviaria favorecían la orientación de la producción exportadora mexicana hacia ese país, de manera que Europa adquiría el excedente que el mercado norteamericano dejaba de absorber. En la fase de madurez de la era exportadora varios factores favorecieron, sin embargo, una mayor presencia de Europa como compradora de productos mexicanos. Por un lado, el crecimiento de las exportaciones mexicanas, que generó un excedente que no era rápidamente absorbido por el mercado norteamericano. En segundo lugar, la consolidación

[38] Riguzzi, *¿Reciprocidad imposible?* (2003), pp. 130-155.

[39] Riguzzi, *¿Reciprocidad imposible?* (2003), p. 153.

de inversiones europeas en actividades exportadoras dentro de la República mexicana, produjeron eslabonamientos productivos similares a los que existían entre México y Estados Unidos (como en el caso del cobre controlado por capital francés), o facilitaron las redes de distribución y la formación de nichos de mercado para los productos mexicanos en el exterior (como en el caso del café producido por alemanes). Esta tendencia a una ampliación de la clientela europea en el comercio mexicano de exportación se vio a todas luces frenada en los últimos años de la década de 1920. Aunque el asunto merece investigarse con mayor profundidad, es muy probable que el ascenso de políticas proteccionistas ejerciera cierta influencia sobre los flujos comerciales. En el caso de Alemania, existen indicios de que el peso de la reparaciones impuestas tras la Primera Guerra Mundial, el déficit público y otras circunstancias adversas, condujeron a sus autoridades a imponer aranceles elevados sobre el café, afectando severamente las ventas mexicanas en ese país.[40] Otro caso de interés lo ofrecen las exportaciones de garbanzo a España. Las ventas del producto se frenaron abruptamente debido al arancel que ese país decretó en 1926, y cuya derogación precisó de arduas y prolongadas negociaciones bilaterales.[41] Es probable que situaciones similares se presentaran en otros países y respecto a otros productos, pero será necesario encontrar nuevas fuentes de información que completen el panorama antes de poder valorar la influencia agregada de estas medidas sobre la orientación del comercio.

En suma, este primer acercamiento a las características del sector exportador pone de relieve algunos rasgos que vale la pena destacar:

- Las ventas al exterior muestran una temprana concentración en un socio comercial predominante, atribuible, entre otros factores, a las reducidas dimensiones del sector exportador mexicano, tanto en términos absolutos, como relativos al tamaño del mercado norteamericano. Esta concentración alcanzó su culminación a principios del siglo XX, y luego se detuvo e incluso cedió, debido en parte a que los socios europeos tradicionales recuperaron algo del terreno perdido, y en parte a la emergencia de nuevos clientes en Asia y América Latina.
- Al inicio del periodo, el sector exportador mexicano exhibe una modestia notable, tanto en sus dimensiones como en su variedad. La canasta de exportaciones se limitaba a unos cuantos bienes, generalmente de

[40] SRE, AHGE, exp. IV-227-13.

[41] Foreman-Peck, *Historia* (1995), pp. 237-238. SRE, AHGE, exp. 20-12-231 y exp. 18-7-7. Acerca de las vicisitudes del intercambio entre los dos países, véase los reportes contenidos en SRE, AHGE, exp. III-220-22. Sobre las abundantes ventas de garbanzo mexicano al mercado de Estados Unidos, véase SRE, AHGE, exp. 16-9-196 y exp. IV-220-445.

origen colonial, que se producían en pequeña escala, en condiciones tradicionales y sin implicar transformaciones significativas en el espacio productor, mucho menos en su entorno. La única excepción a este cuadro eran las exportaciones de plata que se realizaban en gran escala desde la época colonial, y que en gran medida consistían en transferencias de metálico para saldar el saldo deficitario de la balanza comercial.

- El auge exportador que se inició durante el porfiriato y que continuó durante y después de la revolución se explica en virtud de un despliegue del sector exportador que le permitió abarcar zonas más amplias del territorio nacional y diversificar considerablemente su composición. Este despliegue se produjo en dos fases sucesivas, la primera a partir de 1880 y la segunda arrancando en 1900, que al empalmarse intensificaron la potencia del auge de las exportaciones y prolongaron su duración.
- En contraste con los rasgos característicos de las exportaciones tradicionales, las dos fases del auge exportador implicaron una ampliación de la frontera productiva, la incorporación de recursos ociosos, la inversión de capital, la movilización de fuerza de trabajo y, en ocasiones, la transformación de las condiciones de producción. En la segunda fase se produjo además la consolidación de la agricultura tropical, la aparición de la industria petrolera y la realización de avances sustanciales en el sector minero-metalúrgico, que entrañaron tecnología más moderna y la exportación de productos nuevos y más elaborados.
- Aunque las exportaciones exhibieron una concentración por países mucho mayor que las importaciones, su patrón de distribución geográfica fue similar, en el sentido de que Europa tendió a absorber la canasta más tradicional, mientras que Estados Unidos se hizo desde época temprana con la que caracterizaría a las dos fases del auge exportador. Ello sugiere un fuerte componente inercial en el intercambio comercial, que, como vimos antes, caracterizaba también a las importaciones. En las primeras décadas del siglo XX, la importancia de los países europeos como compradores de las exportaciones mexicanas se modificó en la medida en que empezaron a adquirir los artículos propios del auge exportador.
- La política comercial de los países compradores merece ser investigada con mayor profundidad. Entretanto, los indicios de que disponemos sugieren que su papel en la orientación de los flujos del comercio fue secundario respecto a otros factores determinantes, como la vecindad o el origen de los flujos de inversión. En la década de 1920 las medidas proteccionistas impuestas por casi todas las potencias comerciales afectaron algunos productos mexicanos de exportación, como el café y el garbanzo, pero no redefinieron la orientación general de las exportaciones.

CONCLUSIONES

Pese al ingreso tardío a la era estadística y a las deficiencias que acusan las fuentes mexicanas en algunos periodos, es posible reconstruir series completas del valor del comercio exterior de México durante la era del capitalismo liberal. En este trabajo lo hemos hecho mediante el recurso a las estadísticas oficiales de los principales socios comerciales de México, un grupo de seis —y en un breve lapso, hasta siete— países con el que México realizó más de 90% de sus transacciones comerciales a lo largo del todo el periodo de estudio. Estas estadísticas fueron cuidadosamente capturadas, valoradas y uniformadas para expresar valores fob en dólares antes de definir los criterios con los que se les utilizaría para reconstruir o completar las series anuales de valor del intercambio de México con el exterior. El resultado son nuevas series del comercio de importación y exportación construidas a partir de criterios explícitos y que muestran rasgos de consistencia y comparabilidad en el largo plazo muy aceptables para los estándares de la disciplina. Aunque se ofrecen series de los valores totales, se ha considerado importante mantener alguna línea de diferenciación entre el comercio de mercancías y las transferencias de dinero, para lo cual se ha utilizado un criterio más restrictivo que en reconstrucciones anteriores, al considerar como metálico solamente los movimientos de oro (en lingotes y moneda) y plata en moneda durante todo el periodo. Como además se ofrecen estas series por separado, el lector puede optar por aceptar o no ese criterio de acuerdo con sus propias opciones interpretativas y necesidades de información.

Al comparar las nuevas series con las disponibles a partir de las fuentes oficiales mexicanas se ponen en evidencia las lagunas y las deficiencias de que éstas adolecen. Además de los periodos en que no existía un recuento regular del comercio exterior, se destacan problemas persistentes de subestimación de las importaciones debido al contrabando, y de las exportaciones de mercancías como consecuencia del criterio clasificatorio que las separaba de los "metales preciosos". El tercer problema más grave de las estadísticas oficiales refiere a lo que aparece como una severa sobrestimación del valor de las exportaciones a principios de los años veinte, resultante de la sobrevaloración de las ventas petroleras en las fuentes mexicanas con respecto a las de sus socios en el mercado internacional.

Las nuevas series que aquí se presentan nos han permitido ofrecer una estimación anual de la balanza del comercio de mercancías e indicadores del lugar del comercio exterior en la economía mexicana y de su desempeño a lo largo del tiempo. El resultado que arrojó este primer acercamiento es que hasta 1892 la balanza del comercio de mercancías fue persistentemente deficitaria, y se compensó mediante transferencias de metálico al exterior. A partir de ese año México fue por lo general capaz de pagar sus importaciones con los frutos derivados de sus actividades exportadoras, salvo en años de crisis agudas en el sector externo, como 1907 y 1921. En cambio, si al intercambio de mercancías se suman las transferencias de metálico, que podían representar operaciones en la cuenta corriente o de capital, el saldo es casi siempre superavitario, salvo en dos coyunturas bien identificadas: los inicios de la década de 1880, cuando el déficit debió compensarse con fuertes inyecciones de capital extranjero en los proyectos de expansión ferroviaria, y el año de 1921, cuando las importaciones tardaron en reaccionar a la severa contracción en las exportaciones, sin que probablemente hubiera nuevos flujos de inversión que contrarrestaran el efecto de esta caída sobre la balanza de pagos. Sin embargo, en tanto no dispongamos de información más precisa y seriada acerca de los pagos por servicios y los flujos de capital, no será posible llevar a cabo un análisis más profundo de la posición internacional del país en la era del capitalismo liberal.

El análisis de las nuevas cifras del comercio nos permite concluir que en las últimas décadas del siglo XIX se produjo en México el tránsito desde una economía tradicional, cerrada y muy escasamente integrada al mercado internacional a otra en la que el comercio exterior constituía un componente central de la economía y del proceso de crecimiento. Las exportaciones de mercancías iniciaron un auge cuyo indicador más elocuente fue el salto en su contribución al PIB, de 4% a 10% en tan sólo dos décadas, y que permitió sustentar un ritmo de importaciones cada vez más intenso —y, como veremos en otra parte, cada vez más asociado con el proceso de modernización económica del país. A partir de cierto momento, sin embargo, el crecimiento de las exportaciones dejó de traducirse en aumentos considerables de su participación en el producto, lo cual constituye un indicador fehaciente de que la creación de riqueza había empezado a extenderse a otras actividades económicas relacionadas con el mercado interno. La transformación produjo un nuevo balance entre las actividades económicas, que dotaba al comercio exterior de una mayor importancia y al país de indicadores comparables a los de otras economías en proceso de modernización en el plano internacional.

Al deflactar las series del comercio para traducirlas a valores reales se revelaron otros aspectos interesantes de su desempeño. En primer lugar, aun cuando éste fue notable en todo el periodo (las exportaciones de mercancías crecieron a una tasa promedio de 6.5% anual y las importaciones de 3.6% por año entre 1870 y 1929), resulta claro que hubo una primera fase de gran expansión que tuvo lugar entre 1870 y 1910 —y aun con mayor intensidad entre 1870 y 1890—, y otra de fuertes altibajos y desaceleración entre 1911 y 1929. En los hechos, este comportamiento reflejaba el cambio de condiciones en el mercado internacional, anunciando el agotamiento en el modelo de crecimiento incluso antes de que se produjera su abrupto final como resultado de la Gran Depresión.

Más allá de su lugar e importancia en el contexto de las actividades económicas y de la producción de riqueza, el comercio exterior contribuyó en forma crucial a sostener las finanzas públicas federales a lo largo de todo el periodo. El gobierno mexicano desarrolló una temprana dependencia respecto a los derechos derivados de las importaciones, que sólo se moderó con el diseño progresivo de un sistema fiscal más complejo y moderno y con el desarrollo de la economía en su conjunto. Y si bien la mayor carga fiscal se impuso generalmente sobre las importaciones, a partir de cierto momento las exportaciones y las actividades relacionadas con ellas (genéricamente designadas como "explotación de recursos naturales") fueron severamente gravadas, al punto de convertirse temporalmente en la principal fuente de recaudación. Cualquiera que fuera su origen, los impuestos derivados del comercio exterior contribuyeron a producir una transformación sin precedentes en las finanzas públicas: éstas remontaron el déficit en que habían estado sumidas por décadas hasta alcanzar una situación de solvencia y hasta prosperidad inéditas. En el proceso se reanudó el pago de la deuda externa y se reactivó el crédito internacional, y se transformó el gasto de un fondo básico de supervivencia para el aparato estatal en una fuente de recursos para la promoción económica y para la provisión de bienes públicos.

Esta vinculación con las finanzas del Estado acrecentó la importancia del comercio exterior para la economía mexicana pero también acentuó la vulnerabilidad de ésta, en la medida en que los choques externos que se transmitían desde el mercado internacional a través de las actividades exportadoras impactaban la demanda agregada no sólo debido a la caída en la demanda privada y en el empleo, sino también en virtud de la contracción obligada del gasto público. De esta manera, la vulnerabilidad externa trazaba los límites del crecimiento y de la estabilidad macroeconómica en el marco de un modelo orientado por las exportaciones y marcado por una mayor integración al mercado internacional. Lo que los críticos de este modelo suelen pasar por alto es que fueron esos mismos rasgos los que hicieron posible el crecimiento de la economía mexicana durante varias décadas en la era del capitalismo liberal.

El análisis de las rutas del comercio que se ofrece en el capítulo 2, intenta transmitir una imagen cercana de las condiciones materiales en que se realizaba el tráfico de mercancías entre México y los mercados externos al inicio del periodo. El cuadro resultante remite a una situación extremadamente precaria, caracterizada por la escasez de rutas marítimas, la irregularidad de las conexiones, la falta de instalaciones portuarias y de medios de transporte terrestres y la carestía de los fletes. Aunque poco se ha reparado en este fenómeno, lo cierto es que configuraba un conjunto de condiciones muy poco propicias para el comercio internacional. Por un lado, estas condiciones actuaban como una inmensa barrera de protección para las actividades productivas, que gracias a ellas y a los elevados aranceles controlaban el abasto del mercado interno. Por el otro, sin embargo, esas mismas condiciones ponían límites estrechos a su desenvolvimiento, al encarecer la adquisición de materias primas y bienes de capital y elevar con ello tanto las barreras de acceso a las actividades industriales como los costos unitarios de la producción.

En el marco de un proceso más general de reincorporación a la comunidad internacional que incluyó la reanudación del pago de la deuda externa y de las relaciones diplomáticas con las grandes potencias, México mejoró progresivamente sus conexiones internacionales, otorgando alicientes y garantías a las principales navieras para que tocaran puertos mexicanos e incrementaran los derroteros hacia Estados Unidos y Europa, primero, y posteriormente también a Asia y los principales puertos de Centro y Sudamérica. El proceso se vio acompañado por la extensión de la red ferroviaria, que dotó al país por primera vez en su historia de un medio de transporte terrestre eficiente y barato. El resultado de estos cambios fue un crecimiento notable en el tráfico internacional que se realizaba por la vía marítima o terrestre: el tonelaje de carga que ingresaba a los puertos mexicanos se duplicó entre 1886 y 1906, al pasar de uno a dos millones de toneladas por año, al mismo tiempo que, en este contexto de expansión, los ferrocarriles absorbían hasta un tercio de la carga relacionada con el comercio exterior. Además del progreso cuantitativo, tuvo lugar una redistribución de los cauces del comercio internacional, que llevó al surgimiento y consolidación de nuevos puertos y ciudades fronterizas y a la decadencia de otros, en un reordenamiento que en buena medida siguió las sendas trazadas por la dotación de medios de transporte.

Aunque es cierto que las mejoras en las condiciones materiales para el tráfico internacional contribuyeron por sí mismas a remover los obstáculos y promover los intercambios con el exterior, su impacto hubiera sido limitado de no haberse visto acompañadas por una disminución sustancial en los costos del transporte, tanto interno como internacional. De acuerdo con las estimaciones que es posible hacer a partir de la información disponible, entre 1880 y 1907 el costo del transporte terrestre se redujo a una tasa media de 1.5% anual en las principales líneas ferroviarias del país; por su parte, el del transporte marítimo en las rutas del Atlántico cayó a un ritmo aun mayor, y durante un lapso más prolongado: entre 1870 y 1910, el declive se produjo a una tasa promedio de 3% anual. Como en muchos otros aspectos de la vida económica de México, la revolución y la Primera Guerra Mundial ocasionaron cambios significativos tanto en las condiciones como en el costo del transporte. Desafortunadamente, su seguimiento a lo largo de las dos últimas décadas del periodo se dificulta por la falta de fuentes confiables. El tema merece, sin duda alguna, una indagación más profunda.

El capítulo 3 ofrece un acercamiento al patrón del comercio exterior de México, que comprende su grado de concentración, su distribución geográfica y su composición. Lo primero que se destaca es que el país no superó un rasgo probablemente heredado de la época colonial, consistente en una elevada concentración del comercio en un reducido número de socios, en realidad unos cuantos países europeos y Estados Unidos. La novedad se introdujo en el ámbito de las exportaciones: en un momento tan temprano como 1870, Estados Unidos absorbía ya una porción mayoritaria de la modesta canasta de ventas mexicanas en el exterior. A partir de entonces se produjo una tendencia creciente a la concentración del comercio en la nación vecina, incluido el de importación, aunque esa tendencia no fue lineal ni estuvo carente de retrocesos en coyunturas específicas, como en algunos momentos de los decenios de 1900 y 1920. En términos comparativos, la concentración que el comercio exterior de México exhibió respecto a un socio dominante fue particularmente elevada, sobre todo por lo que respecta a las exportaciones. Entre los principales factores que la motivaron se encuentran un bajo nivel de desarrollo económico que hacía que las exportaciones fueran poco cuantiosas, por lo que podían ser absorbidas por unos cuantos mercados dominantes, y la vecindad con una gran área comercial que además coincide con las fronteras territoriales de un solo país. Para entender mejor esta circunstancia, vale la pena comparar la situación de México, cuya frontera norte colinda solamente con el inmenso territorio de Estados Unidos, con la de, por ejemplo, Bélgica o Italia, cuyas fronteras los colocan en medio de una gran área comercial, y al mismo tiempo en colindancia con tres o cuatro países. Este factor también influyó en el creciente predominio de Estados Unidos en el comercio mexicano de importación, aunque en éste, como hemos dicho, el grado de concentración era menor. Lo que llama la atención en este caso es que México haya sido capaz de mantener un abanico relativamente amplio de proveedores pese a que destinaba la mayor parte de sus exportaciones a un solo país, lo cual refuerza la noción de multilateralidad en el comercio y de autonomía relativa en la elección de los socios comerciales. Ambas cualidades, sin embargo, se vieron severamente limitadas durante y después de la Primera Guerra Mundial, la cual produjo una acentuación del predominio estadounidense y de la bilateralidad en las relaciones comerciales.

Además de los factores generales antes mencionados, un análisis más detallado de la forma en que evolucionó la composición del comercio exterior de México nos permite identificar otros factores que disminuyeron la importancia del intercambio con Europa y promovieron su concentración en los Estados Unidos. En el lado de las importaciones, el fenómeno se relaciona con el tránsito desde una canasta compuesta por bienes de consumo, muchos de ellos de carácter suntuario, a una conformada en gran parte por bienes de producción. Mientras que los principales socios europeos mantuvieron el perfil tradicional de proveedores de artículos de consumo con un fuerte componente inercial y cultural, Estados Unidos mostraba una gran capacidad de respuesta a las nuevas demandas de la economía mexicana, reforzada por las inversiones directas de ese país en la creación de infraestructura o en actividades productivas. Ello creó lazos de dependencia de un nuevo tipo, relacionados con asociaciones empresariales o simplemente con el equipamiento y mantenimiento de la planta industrial.

Por lo que se refiere a las exportaciones, México mostró una concentración más temprana y mayor en Estados Unidos como socio dominante, la cual alcanzó su culminación a principios del siglo XX. Este fenómeno se explica mejor si nos adentramos en las características y la evolución del sector exportador. Al inicio del periodo, éste se conformaba por unos cuantos productos de raíces coloniales, que se producían en pequeña escala y en condiciones tradicionales. El auge de las exportaciones se produjo en dos fases sucesivas y acumulativas: la primera, que arrancó en la década de 1880, entrañó la ampliación de la infraestructura, la expansión de la frontera productiva hacia el norte del país, la incorporación de recursos ociosos, inyecciones considerables de capital y el inicio de cambios estructurales en el sector metalúrgico, factores que en conjunto promovieron una primera diversificación de la canasta de exportaciones y un aumento considerable en su volumen. La segunda, que asoma en 1900 y se consolida hacia 1910, implicó la consolidación de un sector agrícola de exportación, con la aparición de nuevos productos y regiones productoras, la intensificación del cambio estructural en el sector minerometalúrgico y la aparición del sector petrolero, que adquiriría una importancia crucial durante las últimas décadas del periodo. Es la acumulación de estas dos fases o generaciones del crecimiento exportador lo que explica su intensidad y su duración.

Pues bien, aunque los factores de vecindad y escaso nivel de desarrollo económico son fundamentales para explicar la elevada y creciente concentración de las exportaciones en Estados Unidos, un factor adicional está dado por la complementariedad dinámica de las economías y la enorme responsividad del mercado estadounidense ante el despliegue de las exportaciones mexicanas. En forma similar a lo que sucedía con las importaciones, los socios europeos se concentraron durante un tiempo demasiado largo en los productos tradicionales que México podía ofrecer: unos cuantos bienes "exóticos" anclados en la inercia del comercio tradicional y destinados a extinguirse ante la aparición de nuevos proveedores o de sustitutos sintéticos. En cambio, Estados Unidos absorbía rápidamente la nueva producción exportadora mexicana, en parte porque ésta satisfacía las necesidades de su propia economía en proceso de modernización, y en parte porque constituía de hecho una ramificación (o derrama) de las empresas norteamericanas fuera del territorio de Estados Unidos. En algún momento de la década de 1900, Europa recuperó cierto terreno en la compra de artículos mexicanos, en la medida en que empezó a adquirir los productos propios del auge exportador, aunque esta dispersión incipiente y promisoria del comercio de exportación se vio temporalmente interrumpida por el estallido de la Primera Guerra Mundial. En las condiciones inéditas de la posguerra, ya no sería Europa sino América Latina y Asia los que contribuirían a aligerar, aunque en corta medida, el predominio de Estados Unidos en el comercio exterior de México.

SEGUNDA PARTE

LAS IMPORTACIONES Y LA ECONOMÍA NACIONAL

INTRODUCCIÓN

El propósito de esta segunda parte consiste en analizar algunos aspectos del comercio de importación y de su vinculación con el proceso de modernización económica. En el capítulo 4 se abordará el estudio de la política comercial en relación con las importaciones, con el fin de evaluar tanto su índole (en el marco de un espectro que iría desde el proteccionismo hasta el libre cambio) como sus motivaciones y su intencionalidad (es decir, si poseía objetivos primordialmente fiscales o se planteaba propósitos de desarrollo económico). En el capítulo 5 se estudiarán dos dimensiones de la vinculación de las importaciones con la economía: por un lado, la contribución de las importaciones al proceso de modernización económica; por el otro, la sustitución de importaciones.

En el capítulo 4 el análisis se centra en los aranceles, sus modificaciones y su incidencia sobre los niveles de protección. Aborda asimismo aspectos regulatorios del comercio exterior, en la medida en que éstos afectaban las operaciones comerciales. En cambio, el proceso por el cual diversos grupos de la sociedad intentaban influir, o de hecho influían sobre la política comercial escapa a los propósitos de esta investigación, debido sobre todo al tipo de acercamiento y a las peculiaridades que entraña el estudio de los grupos de interés, su formación, su actuación y sus mecanismos de influencia sobre las políticas públicas. El tema es sin lugar a dudas de enorme importancia, pero requiere una investigación propia, con instrumentos de análisis especialmente diseñados para ese propósito.

El capítulo 5 se propone analizar dos aspectos de la relación entre importaciones y modernización económica. El primero de ellos se refiere a la composición de la canasta de importaciones y su evolución, en la medida en que ésta refleja cambios en la economía y una orientación creciente en el sentido de la modernización económica y la industrialización. El segundo se relaciona con la sustitución de importaciones, o la medida en que artículos que al inicio del periodo se importaban fueron sustituidos por producción local. Aunque la información disponible para hacer un estudio como éste es limitada, nos permite acercarnos a una valoración preliminar del éxito de la política arancelaria en el propósito de promover la industrialización.

4
LA POLÍTICA COMERCIAL

En más de una ocasión me pareció que el mejor modo de alcanzar un resultado que en definitiva estuviese de acuerdo con las ideas libre cambistas, era el de usar medios proteccionistas por un tiempo más o menos largo.
JOSÉ YVES LIMANTOUR[1]

Entendemos por política comercial el conjunto de mecanismos e instrumentos diseñados por el gobierno para regular el comercio exterior.[2] Aunque una dimensión de la política comercial tiene que ver, entonces, con las exportaciones, el objeto de este capítulo es aquélla que atañe al comercio de importación. A lo largo de nuestro periodo de estudio, el instrumento básico de la política comercial fue el arancel o tarifa de importación.[3] El arancel se complementaba con una normatividad que establecía las reglas del juego para el intercambio con el exterior y que al facilitar, entorpecer u obstaculizar las operaciones comerciales, influía sobre su evolución.[4]

En el periodo que nos ocupa llegó a su ocaso una larga tradición de proteccionismo comercial en su versión más radical, que incluía no sólo tarifas muy elevadas y prácticas discrecionales en su aplicación, sino elementos de prohibicionismo.[5] Si se parte de esta larga tradición proteccionista, lo que sucede después puede definirse como el inicio de una transición, no necesariamente lineal, hacia un régimen comercial moderadamente liberal.[6] Esta evolu-

[1] Limantour, "La política" (1987), p. 86.

[2] La primera parte de este capítulo utiliza dos trabajos publicados con anterioridad que hasta hoy no han salido a la luz en español: por un lado, Kuntz Ficker, "Institutional Change" (2002), y por el otro, Kuntz Ficker, "The Import Trade Policy" (2005).

[3] Riguzzi, "La política" (2001), pp. 107-108.

[4] Ambos instrumentos de la política comercial se compendiaban en la *Ordenanza General de Aduanas Marítimas y Fronterizas*. Adicionalmente, otras medidas que podían afectar algún aspecto de la política comercial formaban parte de la ley de ingresos aprobada anualmente por el Congreso.

[5] Reyes Heroles, *El liberalismo* (1988), p. 421.

[6] Como bien apunta Bulmer-Thomas, "a diferencia de Gran Bretaña, *'free' trade* en Latinoamérica nunca implicó tarifas cero". Bulmer-Thomas, *The Economic History* (1996), p. 140. Para

ción tuvo lugar como resultado de la consolidación de los liberales en el poder, y formó parte de una serie de cambios que apuntaron a crear condiciones institucionales propicias al desarrollo de la propiedad privada, la actividad empresarial y la libre circulación de bienes, así como a la creación de mercados de tierras, capital y trabajo que movilizaran los recursos con que contaba el país y le permitieran salir de su prolongado estancamiento.[7]

No es posible abordar el análisis de la política comercial en este periodo sin atender brevemente a dos condiciones subyacentes que, de manera distinta, marcaron su evolución: por un lado, la severa dependencia que los ingresos públicos experimentaban respecto a los derechos de importación; por el otro, la difundida práctica del contrabando. Por lo que hace a lo primero, la gráfica 4.1 ilustra suficientemente el problema: entre 1870 y 1890, los recursos provenien-

Gráfica 4.1
Participación de los derechos de importación en los ingresos federales, 1870-1912

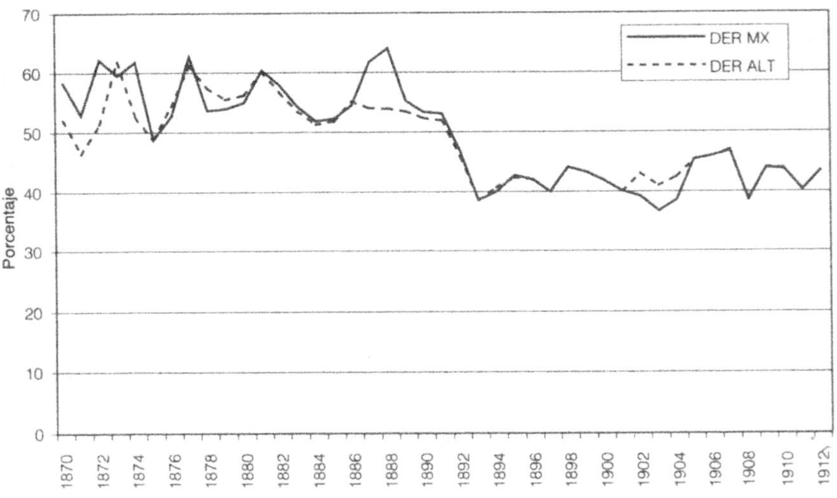

NOTA: existen series discrepantes sobre el monto de los derechos recaudados. Para ilustrar esta disparidad, se calcula la protección nominal utilizando dos series de derechos recaudados, hasta el momento en que ambas se vuelven idénticas. DER MX procede directamente de fuentes oficiales, mientras que la serie de derechos alternativos (DER ALT) se tomó de una fuente secundaria.

FUENTES: Las cifras DER MX proceden por lo general de SHCP, *Memoria* (varios años), complementadas con SHCP, *Boletín* (1896-1911) y Romero, *Geographical* (1898), p. 147. Las cifras DER ALT vienen de Carmagnani, *Estado* (1994), apéndice, quien los tomó de las *Cuentas del Tesoro Federal* (véase p. 419 de Carmagnani). Los ingresos federales se encuentran en Pérez Siller, "Los ingresos" (1982), t. 2, cuadros A y B.2.

---

un resumen de las tendencias fundamentales en la historia arancelaria de México, véase Banco Nacional de Comercio Exterior, *México* (1939), pp. 766-768.

[7] Carmagnani, *Estado y mercado* (1994); *Riguzzi*, "Libre cambio" (2000); Riguzzi, "Un modelo" (1999).

tes de los aranceles representaron en promedio 56% de todos los ingresos de la hacienda pública federal, y en varios años dentro de esas dos décadas de hecho aportaron dos terceras partes de éstos.

Parece claro que esta dependencia representaba un serio constreñimiento para la elaboración de la política comercial, pues ataba las decisiones en esta materia a la prioridad de satisfacer las necesidades del erario. Mientras esto fue así, los aranceles estuvieron marcados por una clara motivación fiscal. Esta situación se modificó a partir de la década de 1890, cuando se consolidaron fuentes alternas de ingresos públicos y los derechos de importación redujeron súbitamente su importancia en la recaudación federal, que a partir de entonces y por el resto del porfiriato giró en torno a 40% de los ingresos totales. Aunque esto no liquidó la dependencia del gobierno respecto a los derechos de importación, ciertamente creó un mayor margen de maniobra para la definición de los intereses estratégicos de la política comercial.

Por lo que respecta al contrabando, aunque es imposible cuantificarlo, existe abundante evidencia cualitativa acerca de su amplia difusión y sus efectos perniciosos sobre la industria y el comercio legal. A juzgar por las observaciones de informantes de muy diverso origen, su presencia fue más conspicua en el norte del país, y sus dimensiones más significativas en las primeras dos décadas del periodo. En los años en que se dispone de estadísticas oficiales mexicanas dentro de esas décadas, la diferencia entre éstas y las cifras de importaciones que hemos reconstruido aquí promedia unos tres millones de dólares, equivalentes a 10% de su valor efectivo en ese periodo. Aunque el contrabando no afecta seriamente las estimaciones que presentaremos en lo siguiente acerca de los niveles generales de protección (pues éstos pueden estimarse con base en la serie reconstruida), es obvio que ejerció una fuerte distorsión sobre las tasas de protección de que efectivamente gozaban los productores nacionales.[8] El contrabando representa nada menos que el desconocimiento del arancel por parte de un sector de los actores económicos, que actúan como *free riders* y se benefician de una exención que no existe para los demás, a cambio de enfrentar el riesgo de la confiscación. Por esta vía, obtienen una renta extraordinaria aún vendiendo por debajo del precio de las importaciones legales más el arancel. Los importadores legales, por su parte, se ven obligados a sacrificar una parte de sus ganancias e incluso a vender por debajo del precio de factura más el arancel. Los productores deben ser capaces

[8] La teoría del comercio internacional se ha ocupado relativamente poco del contrabando, y los estudios disponibles difieren en lo que toca a sus implicaciones y sus efectos sobre la protección y el bienestar. Los trabajos más conocidos sobre el tema son probablemente Bhagwati y Hansen, "A Theoretical" (1973); Bhagwati, "Alternative" (1981); Pitt, "Smuggling" (1981); Lovely y Nelson, "Smuggling" (1995).

de ofrecer los artículos que compiten con las importaciones a un precio inferior al precio internacional más la protección que el arancel supuestamente les otorga. En suma, el contrabando reduce los niveles de la protección arancelaria para los productos que se trafican ilegalmente, pero lo hace en una forma que escapa al control de quienes diseñan la política comercial y distorsiona los precios relativos dentro del mercado nacional.

La transición que tuvo lugar en México durante las últimas décadas del siglo XIX implicó el despliegue de las cualidades legislativas, administrativas y ejecutivas del Estado mexicano para imponer un marco legal uniforme y eficiente a nivel nacional, para frenar el contrabando y para desarrollar un régimen fiscal que permitiera reemplazar a los derechos de importación como la fuente principal de ingresos públicos y asegurar la supervivencia del aparato gubernamental. El tránsito en estas direcciones fue paulatino y no exento de retrocesos. Del ritmo y la medida en que esas condiciones se fueron cumpliendo en el curso de las últimas décadas del siglo XIX dependió la puesta en práctica de una política comercial más liberal y menos condicionada por motivaciones de índole fiscal. Éstas, a su vez, cedieron progresivamente su sitio a objetivos de carácter económico, orientados a estimular el surgimiento o desarrollo de industrias que contaban con ciertos antecedentes en nuestro país o que por alguna razón se consideraban dignas de protección. En la etapa de madurez del porfiriato (y coincidiendo con la gestión de José Yves Limantour al frente de la Secretaría de Hacienda) se delineó una política comercial motivada por objetivos desarrollistas, que concilió una disminución considerable de la altura promedio de la barrera arancelaria con tarifas proteccionistas para un grupo selecto pero creciente de productos que competían con industrias nacientes. Este diseño arancelario se había perfeccionado considerablemente cuando estalló la revolución. Como ocurrió en otros ámbitos, la dinámica y las exigencias de la guerra civil afectaron, mediante medidas de emergencia y cambios repentinos y transitorios, los propósitos estratégicos de la política comercial. El establecimiento del régimen revolucionario no ofreció, sin embargo, un cambio notable en esta materia: aunque muchos grupos de la tarifa sufrieron reformas durante la década de 1920, el diseño arancelario que se había configurado en los últimos años del porfiriato perduró hasta el final del periodo.

4.1 LA POLÍTICA COMERCIAL DEL RÉGIMEN LIBERAL: 1870-1911

Entre la consolidación del régimen liberal y el estallido de la revolución, pueden identificarse cuatro fases en el desenvolvimiento de la política comercial. La primera, que abarca de manera aproximada la década de 1870, constituyó el primer esfuerzo liberalizador, que sin embargo se limitó a la esfera formal de la uniformación legislativa. La segunda, que se enmarca en los años de 1880, representó un reforzamiento del proteccionismo fiscal, derivado de un aumento en las obligaciones financieras contraídas por el gobierno. En la tercera etapa, a partir de los primeros años de 1890, convergieron la diversificación de las fuentes de ingresos con una mayor capacidad de recaudación para aligerar las motivaciones fiscales del arancel. Al mismo tiempo, varios lustros de depreciación de la plata habían producido un encarecimiento progresivo de las importaciones que actuaba como una barrera protectora no arancelaria, que se mantendría mientras subsistiera el patrón monetario basado en la moneda de plata.[9] En ese contexto se produjo la primera liberalización significativa de la política comercial, que implicó tanto una reducción en el nivel de la barrera arancelaria como el aligeramiento de la reglamentación relacionada con el comercio exterior. Estas medidas convergieron con la eliminación de las alcabalas y las mejoras en el transporte para producir una reducción generalizada de las barreras al comercio internacional y al movimiento de bienes dentro del país.

La reforma monetaria de 1905 modificó las condiciones que habían inspirado esa política comercial, al poner fin a los efectos derivados de la devaluación del peso de plata y atar la economía mexicana al patrón oro. A las nuevas circunstancias se sumaron las presiones favorables a una mayor protección por parte de aquellos grupos empresariales comprometidos en actividades industriales. Se impuso entonces una reforma al arancel que intentaba restablecer los niveles de protección erosionados por la devaluación e incluso elevarlos cuando se trataba de favorecer a las industrias nacientes. En el ocaso del régimen porfirista se produjo un retroceso relativo en el proceso de liberalización arancelaria, pero para entonces se había consolidado una estructura en cascada que combinaba ámbitos de libre comercio con espacios de protección de gradación variable. Veamos con mayor detalle esta evolución.

Al iniciarse nuestro periodo se encontraba en vigor el arancel de 1856, que contemplaba dos tipos de gravamen sobre las importaciones: los derechos de importación en sentido estricto, y los llamados derechos adicionales, que se cobraban como un porcentaje sobre aquéllos y se destinaban a fines específicos, como la amortización de la deuda pública, mejoras materiales, entre otros.[10] En conjunto, estos derechos adicionales significaban un recargo de alrededor de

[9] Las autoridades reconocían la conexión entre ambos fenómenos, y declaraban que ante "la depreciación de la plata, sería de absoluta necesidad rebajar proporcionalmente los derechos de importación". SHCP, *Memoria... 1891-1892* (1892), p. 17.

[10] La *Ordenanza* de 1856, así como otras que se promulgaron en los años siguientes y algunas de sus reformas hasta la caída del régimen porfirista, se tomaron de la colección legislativa compilada por Dublán y Lozano. Para esta ley en particular, véase Dublán y Lozano, *Legislación*

70% sobre los derechos regulares de importación. Además, las importaciones pagaban derechos de tránsito y consumo en muchos estados y en los territorios, y la moneda que se exportaba en pago por las importaciones estaba sujeta también al pago de un impuesto. Casi tres docenas de artículos se importaban libres de derechos (maquinaria, arados y carbón, entre otros), pero otros 18 estaban prohibidos según el arancel (entre ellos, notablemente, productos agrícolas como el azúcar, el café, el tabaco y el trigo). Aunque los derechos variaban considerablemente de un producto a otro, algunas estimaciones sugieren que, en promedio, la carga arancelaria representaba alrededor de 50% sobre el valor de las importaciones registradas.[11]

La legislación arancelaria adolecía de una notable falta de uniformidad tanto en sus propias normas como en el alcance de su aplicación. Para dar algunos ejemplos, algunos derechos eran específicos (es decir, se calculaban sobre la cantidad y no sobre el valor de los artículos) y otros *ad valorem*, calculados como un porcentaje sobre el valor de plaza. La ley no empleaba un sistema único de pesas y medidas, ni referencias monetarias uniformes (denominaciones en pesos coexistían con otras en reales). Incluso las prohibiciones eran relativas, puesto que no aplicaban a ciertas aduanas, al gobierno o a importadores que gozaran de una licencia especial.[12] Más aún: el arancel general coexistía con piezas arancelarias de alcance regional, de manera que ciertas aduanas o grupos de aduanas podían remitirse a legislaciones distintas a la hora de gravar las importaciones que llegaban a ellas.[13]

Un paso adelante: el Arancel de 1872

Si bien la *Ordenanza* de 1856 fue reformada en un sentido relativamente liberal durante el imperio de Maximiliano, su sustitución sólo tuvo lugar con la expedición del arancel que entró en vigor en julio de 1872.[14] Esta nueva orde-

(1876-1912), t. 8, (1877), pp. 42-94. Debe hacerse notar, sin embargo, que el conjunto de reformas arancelarias publicadas en esta colección legislativa no es exhaustivo. Para completarlo se recurrió a la *Semana Mercantil* (1885-1911) y el *Diario Oficial* (1917-1930).

[11] Salvucci y Salvucci, "The Politics" (1994), p. 103.

[12] Kuntz Ficker, "The Import Trade Policy" (2005), p. 309.

[13] Así, por ejemplo, en el puerto de Veracruz regía la "tarifa Cevallos", mientras que en norte operaba la "tarifa Vidaurri", ambas llamadas así por el nombre del gobernador que las impuso. Ibarra Bellón, *El comercio* (1998), pp. 65-70.

[14] Para las reformas introducidas en el arancel de 1856 por Maximiliano, véase Maillefert, *Directorio* (1992), p. 101; para el arancel que entró en vigor en julio 1872 (aunque se promulgó el 1 de enero), Dublán y Lozano, *Legislación* (1876-1912) t. 12 (1882), pp. 3-87.

nanza cambió el marco institucional vigente para las operaciones de comercio exterior en al menos tres aspectos fundamentales: por un lado, eliminó las prohibiciones y duplicó el número de artículos libres de derechos, simplificando además el pago de impuestos al asimilar los derechos de importación y los llamados derechos adicionales. Además, al ampliar sustancialmente la lista de productos a los que se les asignaba una cuota fija sobre la cantidad importada, generalizó el uso de derechos específicos, y sólo para los artículos no contemplados previó un *ad valorem* de 55% sobre el valor de plaza.[15] Por el otro, uniformó la legislación, de manera que se impuso en ella el empleo de un solo sistema monetario (con el peso como base) y de un sistema único de pesas y medidas (basado en el sistema métrico decimal), así como la vigencia de la ley a nivel nacional, desconociendo las reglamentaciones de alcance regional que se habían aplicado hasta entonces.[16] Finalmente, este arancel era mucho más detallado que sus predecesores, lo que significaba una mejor especificación de las normas y menos lugar a equívocos en su interpretación.

Los cambios mencionados incidieron favorablemente en una liberalización *formal* del arancel, tanto respecto a las normas como a las prácticas vigentes hasta entonces.[17] Desaparecieron así no sólo las zonas sustraídas a la vigencia de la ley general, sino también el sistema de licencias y excepciones que otorgaba privilegios a grupos e individuos a partir de tratos especiales con el gobierno.[18] La contabilidad para el pago de los impuestos se simplificó de varias maneras: una ampliación sustancial de la lista de productos permitió a los importadores ubicar más fácilmente los artículos de su interés; el predominio de los derechos específicos minimizó la recurrencia de los engorrosos procedimientos necesarios para demostrar y/o averiguar el precio de aforo de las mercancías, y la asimilación de los derechos de importación y los adicionales facilitó su cálculo y su pago. No obstante estas modificaciones en un sentido liberal, el arancel de 1872 mantuvo algunos aspectos marcadamente restrictivos o proteccionistas. Por lo que respecta a lo primero, la ordenanza tenía el propósito manifiesto de reafirmar la presencia del Estado en puertos y fronte-

[15] Dublán y Lozano, *Legislación* (1876-1912), t. 12 (1882), p. 39.

[16] Acerca de la variedad de reglamentaciones concernientes al comercio exterior, algunas de existencia fugaz, véase por ejemplo Reyes Heroles, *El liberalismo* (1988), p. 512. Por otra parte, la capacidad de aplicar todas las prescripciones del arancel de 1872 en escala nacional encontró límites muy claros. Por ejemplo, para el gobierno federal fue imposible en el mediano plazo hacer cumplir el artículo que prohibía a los estados imponer cualquier clase de gravámenes a las importaciones. Apenas en 1886 se consiguió que este tipo de contribuciones se limitaran a un máximo de 5% sobre los derechos de importación. SHCP, *Memoria... 1886-87*, (1888), p. xxviii.

[17] Carmagnani, "Introducción" (2000), p. 3; Carmagnani, *Estado y mercado* (1994), p. 36.

[18] Sin embargo, esta ley no podía hacer nada para eliminar las alcabalas, derechos de tránsito pagaderos en las aduanas interiores que subsistieron en la mayoría de los estados hasta 1896.

ras y demostrar su capacidad de administración y de control sobre las operaciones relacionadas con el comercio exterior. Para los hombres de la época, esto parecía significar ser capaces de regular escrupulosamente cada detalle de estas operaciones, y de imponer y hacer cumplir normas y requisitos estrictos para llevarlas a cabo. De esta manera, el arancel introdujo un abundante conjunto de procedimientos y trámites, seguido por una no menos abundante serie de penas y castigos en caso de incumplimiento. Tal actitud resulta un tanto paradójica de parte de un Estado que se había mostrado hasta entonces incapaz de controlar el territorio y eliminar el contrabando, pero acaso deba interpretarse en parte como un desplante motivado precisamente por esa incapacidad.

En cuanto a lo segundo, los derechos de importación siguieron siendo muy elevados para amplias franjas de la tarifa de importación. Matías Romero, secretario de Hacienda y artífice de esta ley, aunque librecambista por convicción, expresó en su exposición de motivos que no se proponía introducir cambios fundamentales en las tarifas con respecto a la *Ordenanza* de 1856. La razón de fondo era la severa dependencia de las finanzas públicas respecto a los ingresos aduanales. En 1870, los impuestos sobre el comercio exterior representaron 58% de los ingresos federales, y en años anteriores habían alcanzado hasta dos tercios de la recaudación total.[19] En palabras del propio Romero, los derechos de importación no podían ser "atacados", por la sencilla razón de que sin ellos "no sería posible la marcha de la administración".[20] Así, aunque las cuotas para artículos específicos mostraban grandes variaciones, la altura de la barrera arancelaria se mantuvo por encima de 50% con respecto al valor de las importaciones.[21] Esta es una proporción aproximada, cuya precisión debe tomarse con cierta reserva, no sólo por la disparidad entre las cifras oficiales y las reconstruidas acerca del valor total de las importaciones, sino por la discrepancia entre las propias cifras oficiales en lo que concierne a los derechos de importación. Por ejemplo, para los años de 1872-1874 se dispone de las cifras sobre derechos líquidos percibidos, publicados en las *Memorias* de la Secretaría de Hacienda, y de las cifras sobre los derechos causados, incluidas con todo detalle en las estadísticas comerciales. Estas últimas permiten un análisis pormenorizado de la estructura del arancel, puesto que aparecen desglosadas por rubros de la tarifa, pero sobrestiman el monto de los recursos realmente recaudados por el erario, puesto que no descuentan ciertas rebajas otorgadas a las importaciones que se realizaban por el puerto de Veracruz y a las destinadas a la Zona Libre.[22] La diferencia en el cálculo de la protección nominal

[19] SHCP, *Memoria... 1869* (1869), p. 13.

[20] SHCP, *Memoria... 1869* (1869), p. 13.

[21] Las estimaciones de la altura de la barrera arancelaria se presentan en la gráfica 4.4 (pág. 244). Para los datos oficiales, véase SHCP, *Noticia* (1880), *passim*; SHCP, *Memoria... 1878-79*, (1880), p. xxii.

Cuadro 4.1
Composición de las importaciones y derechos de importación.
Clasificación por rubros, 1872-73
(porcentajes)

Rubros	*Derechos de importaciones sobre valor de factura*	*Importaciones de rubro sobre importaciones totales*	*Derechos de cada rubro sobre derechos totales*
Efectos libres de derechos	0	12	0
Algodones	71	35	42
Lino y cáñamo	60	5	5
Lanas	66	5	6
Sedas	65	2	2
Mezclas de diversas materias (textiles)	59	5	5
Abarrotes y comestibles	60	18	18
Cristal, vidrio y loza	62	1	1
Mercería, ferret y quincallería	58	6	6
Drogas medicinales y efectos de tlapalería	79	1	1
Miscelánea	80	7	10
Merc. cotizadas con arreglo al art 21*	66	3	3
Suma		100	100
% derechos sobre importaciones gravadas	67		
% derechos sobre importaciones totales	59		

NOTA: el monto de los derechos que sirven de base a estos cálculos es el que se deriva de la aplicación del arancel, tal como se consigna en la fuente. Sin embargo, los derechos líquidos recaudados fueron inferiores, debido a descuentos otorgados a las importaciones que se realizaban por Veracruz y a las destinadas a la Zona Libre. La clasificación por rubros es la que corresponde a las estadísticas oficiales.
*El artículo 21 se refiere a las mercancías no contempladas en la tarifa de importación, a las que se asigna por ley un derecho de 55% sobre el valor de plaza, de acuerdo con la estimación del vista aduanal.
FUENTES: elaborado con base en SHCP, *Noticia* (1880), *passim*.

según se utilice una u otra fuente es de siete puntos porcentuales como promedio para los tres años: 52% si se utilizan los derechos líquidos, 59% si se emplean los derechos causados. Aunque los primeros constituyen una medida más certera de la protección nominal vigente, recurriremos brevemente a los segundos con el fin de sacar provecho de la fuente que los consigna para mostrar algunos rasgos interesantes del arancel de 1872, sin olvidar que acusan una cierta sobrestimación. El cuadro 4.1 sintetiza los indicadores más importantes.

[22] La Zona Libre se creó por decreto del gobernador de Tamaulipas en 1858, y fue ratificada por el gobierno federal en 1861. Inicialmente abarcaba solamente ese estado, y en 1885 se amplió a toda la línea fronteriza con Estados Unidos, en una extensión de 20 km. a lo largo de la línea divisoria. La Zona Libre fue abolida en 1905. El estudio más completo acerca de la Zona Libre es el de Herrera *La zona libre* (2004); véase también Kuntz Ficker, "La redistribución" (2000), *passim*.

El cuadro utiliza la clasificación por rubros empleada en las estadísticas oficiales mexicanas para mostrar la tasa impositiva que pesaba sobre cada rubro, la participación de cada uno de ellos en las importaciones y su contribución al total de derechos de importación. De acuerdo con estas cifras, en el año fiscal de 1872 los derechos de importación representaron 67% del valor de las importaciones gravadas, y 59% respecto al valor de las importaciones totales (es decir, incluidas las que se introdujeron libres de derechos, que representaron 14% del total). Estos porcentajes muestran que la altura promedio de la barrera arancelaria era muy elevada, pero no exhiben las variaciones que pudieron haber existido entre los distintos rubros del arancel. Ocupémonos brevemente de este asunto.

Entre los rubros gravados con las tarifas más altas se encuentran los textiles, que causaron derechos promedio de 65%, y particularmente los de algodón, con una tasa de 71%. El gobierno justificaba esta carga con un argumento netamente proteccionista: la industria textil del algodón se había implantado en México desde hacía varias décadas y prosperaba gracias a la sombra protectora del gobierno, que no podía disiparse de la noche a la mañana. Acaso un argumento similar podía esgrimirse en el caso de los textiles de lana, aunque las dimensiones de esta industria (más bien artesanal) eran mucho más modestas. Pero las tasas que pesaban sobre los textiles de lino y seda, que soportaban aranceles superiores a 60%, no podían justificarse con el argumento de la protección industrial, puesto que no competían con ninguna industria doméstica de cierta entidad. Por otra parte, si se exceptúa a los textiles de algodón, a la miscelánea y a rubros de importancia menor como las drogas y efectos de tlapalería, lo que destaca es una notable uniformidad en las tasas arancelarias que soportaban los distintos rubros de productos importados. Sin considerar los rubros mencionados antes, la desviación estándar de la tasa de protección en toda la lista de importaciones es de apenas 3% respecto a la media. Se trata, pues, de un arancel extremadamente plano, carente de los matices a través de los cuales se puede expresar la variedad de objetivos de una verdadera política comercial. Lo que delata esta estructura es en realidad el predominio indisputado de su motivación fiscal.

Si ensayáramos un mayor acercamiento a las tasas impositivas que pesaban sobre los distintos artículos, se reforzaría la imagen de una estructura arancelaria poco coherente desde el punto de vista de la protección. En muchos casos, los derechos afectaban tanto a los productos acabados como a las materias primas y otros insumos necesarios para producirlos. Para seguir con el ejemplo de los textiles de algodón, mencionemos que había derechos más o menos elevados sobre el algodón en rama, sobre el hilo de algodón, sobre las telas y sobre la ropa del mismo material. De esta forma, la protección que supuestamente se concedía al gravar los artículos terminados, se diezmaba al imponer derechos sobre los insumos necesarios para elaborarlos. Además, se gravaba un amplio espectro de artículos que no se producían en el país en escala suficiente como para merecer alguna clase de protección, o que no se producían en absoluto. Para sólo mencionar algunos ejemplos fuera del sector textil, muchos tipos de papel y cartón que no se fabricaban localmente soportaban altos derechos, así como los coches y carruajes y sustancias químicas de todo tipo que merecían desgravarse por su empleo como insumos en la producción.[23]

Un segundo aspecto de interés en el cuadro es el de la participación de cada rubro en las importaciones y en la recaudación. No me detendré a analizar la primera de estas cuestiones porque es materia de otro capítulo, pero vale la pena hacer notar la presencia dominante de las manufacturas textiles: 52% del total, si se suman todos los tipos de textiles que contemplaba la tarifa. Más sobresaliente aún es el hecho de que mientras casi todos los rubros de la tarifa aportaban a la recaudación una parte proporcional a su participación en las importaciones, la contribución de los textiles de algodón y de la miscelánea (compuesta por artículos de consumo suntuario) era notablemente superior. La estructura básica del arancel que aquí se trasluce indica que las importaciones textiles, particularmente las de algodón, y las de artículos suntuarios (abarrotes, comestibles y miscelánea) constituían la parte medular de los derechos de importación y, en los hechos, el soporte de las finanzas públicas.

Un estudio realizado en 1878 con el propósito de emprender la reforma del *Arancel* confirma algunas de las ideas sugeridas en lo anterior. Éste concluyó que la principal falla de la ley de 1872 consistía en haber adoptado los derechos de importación establecidos en la *Ordenanza* de 1856, sin tomar en cuenta los cambios en los precios que se habían verificado desde entonces. Como hemos dicho antes, el arancel de 1872 había consolidado la práctica de cobrar tarifas específicas, es decir, cuotas fijas con base en la cantidad importada. Ello significa que la cuota *ad valorem*, esto es, la tasa porcentual sobre el valor de la mercancía, no era una proporción constante, sino que se modificaba al cambiar este último. Como en esos lustros los precios de las manufacturas en el mercado internacional habían tendido hacia la baja, las cuotas *ad valorem* correspondientes se habían elevado considerablemente. Para dar sólo algunos ejemplos representativos, la ropa de algodón blanqueada y la teñida (artículos que sumaban nada menos que 66% de todas las importaciones de algodón) soportaban en ese momento una tasa impositiva de 145% sobre su valor de factura, por efecto del descenso en sus precios. Pese a los altos arance-

[23] SHCP, *Noticia* (1879), pp. 2-15.

les, los textiles constituían el principal rubro de las importaciones, y los derechos que se derivaban de ellos constituían alrededor de 60% de todos los ingresos arancelarios del gobierno federal. La inelasticidad de la demanda de textiles importados proveía, así, el aliciente para mantener tarifas elevadas bajo el ropaje de la protección.

Sirva un episodio ocurrido en estos mismos años para reforzar la idea de que este arancel poseía una motivación primordialmente fiscal. A fines de la década de 1870, el Congreso discutió la posibilidad de aumentar los derechos de importación sobre el algodón en rama. Puesto que México no producía esta materia prima en cantidad suficiente, se trataba de una disposición abiertamente contradictoria con el propósito de proteger a la industria textil, que en este caso se hacía descansar en la supuesta protección brindada a los cultivadores de algodón. Un acre debate enfrentó a los representantes de estos intereses conflictivos: quienes hablaron en favor de los manufactureros evocaron la "regla de la protección a la industria basada en la libertad de las materias primas y en los gravámenes de las manufacturadas"; los que se alinearon con los cultivadores aseguraron que "Las naciones para robustecerse tienen que proteger los elementos de vida propia... y México tiene que ser más agricultor que industrial". La aprobación final del aumento desnudó el impulso que dominaba la política fiscal de la época. En palabras del diputado Artigas: "El derecho va a procurar un aumento en los ingresos del Estado que no debe tenerse en poco, dado las condiciones actuales del erario, porque siendo manifiesta la situación angustiosa del tesoro, no podrá menos que aliviarla".[24]

Como anunciábamos antes, el arancel de 1872 no sólo mantuvo tarifas de importación elevadas, sino que hizo más estricta la reglamentación relacionada con el comercio exterior. Esta postura se derivaba sobre todo del esfuerzo por mostrar una mayor presencia del Estado, y del afán legítimo de controlar más cercanamente las operaciones de comercio exterior. La reglamentación incluía trámites y procedimientos muy específicos para los exportadores que enviaban sus productos desde el exterior, los cónsules mexicanos que certificaban los envíos, los capitanes de barcos y los importadores. Cada procedimiento incluía el llenado de hasta cinco documentos en originales idénticos que contenían información precisa acerca de la mercancía importada. La información llegaba hasta el último detalle: características del cargamento, número y peso de cada paquete, contenido de cada paquete y, respecto a éste, marca, material, clase, número, peso, medida, costo y clasificación fiscal. Además, cada trámite implicaba el pago de algún derecho, y la mayor parte también requería de revisión por parte de algún inspector aduanal. El incumplimiento de cualquier

[24] *Diario de los Debates* (1880), pp. 359-385.

norma esta penado por la ley, como por supuesto lo estaba cualquier forma de contrabando, fraude, suplantación o la descripción inexacta de los bienes importados. La pena máxima era la confiscación (para el contrabando), a la que seguía el pago de dobles o triples derechos en caso de suplantación, y pagos menores para el resto de las violaciones. Con el fin de evitar la corrupción de los funcionarios aduanales, el arancel preveía la repartición de las multas entre el fisco y los propios empleados de la aduana, de acuerdo a cuotas establecidas por la ley.[25] Aunque en algún sentido la minuciosa reglamentación introducida en 1872 representaba una mejor especificación de las normas, lo que favorecía los intercambios con el exterior, también es cierto que aumentaba la complejidad de los procedimientos e imponía un mayor reto a las capacidades administrativas del Estado. En suma, el arancel de 1872 proporcionaba un marco institucional más conforme con el espíritu liberal de uniformidad formal e igualdad en el diseño y la aplicación de la ley, si bien por otra parte imponía una reglamentación estricta y restrictiva que complementaba un arancel proteccionista de clara orientación fiscal.

Dos pasos atrás: los aranceles de la década de 1880

Desde comienzos de los años ochenta, el gobierno mexicano enfrentó dos retos importantes: la reorganización de la deuda externa, que entre otras cosas implicó reasumir su pago tras cincuenta años de insolvencia, y el proyecto de dotar al país de una red ferroviaria, que tendría que ser en parte impulsado con recursos públicos. Este último propósito en realidad afectaba de dos formas las finanzas del Estado: primero, porque todas las importaciones involucradas con las obras de construcción se harían libres de derechos; segundo, porque las grandes concesiones para el tendido de vías férreas contemplaban subsidios a cuenta del tesoro federal. Estos dos compromisos modificaron la estructura del presupuesto, pero sobre todo elevaron considerablemente las erogaciones anuales. De un gasto total de casi 21 millones de pesos en 1879-80 se produjo un salto hasta 31 millones en 1881-82, a casi 50 millones en 1882-83 y a 59 millones un año más tarde. De manera que el gasto casi se triplicó en un lapso de apenas cuatro años. Los responsables de este aumento fueron en buena medida los dos rubros antes mencionados: la reanudación del pago de la deuda externa implicó desembolsos de alrededor de 6.5 millones de pesos en los

[25] Kuntz Ficker, "Institutional Change" (2002), pp. 184-87. De hecho, pese a las varias modificaciones hechas a la ley, esta práctica se mantuvo hasta la década de 1920. Sterrett y Davis, *The Fiscal* (1928), p. 41.

años fiscales de 1881 y 1882, y de 17.5 millones en 1883-84. Aunque las cifras descendieron transitoriamente en los tres años siguientes, el pago de los compromisos externos significó erogaciones de 26 millones de dólares como promedio en el resto de la década (entre 1884 y 1889). Por su parte, el presupuesto destinado a obras públicas brincó de 600 000 pesos en 1880 a 3.5 millones en 1882-83, y aunque disminuyó en los años siguientes, mantuvo un promedio de 1.2 millones anuales.[26] En conjunto, la construcción de tan sólo los primeros tramos de vía proyectados (unos 3 600 km comprendidos en las concesiones otorgadas entre 1881 y 1883) representaban una erogación total de unos 30 millones de pesos.[27]

Estas necesidades no podían ser ni remotamente cubiertas con los recursos que percibía habitualmente el tesoro federal: unos 18 millones de pesos como promedio entre 1872 y 1880. Desde mediados de los años setenta el gobierno había iniciado reformas en materia fiscal con la intención de reorientar los ingresos públicos hacia fuentes internas. La principal de ellas fue la sustitución del impuesto de papel sellado por el del timbre, cuyo alcance se ampliaría progresivamente hasta convertirse en un derecho de consumo.[28] Sin embargo, los frutos de esos esfuerzos sólo podían cosecharse en el mediano plazo. Ya en 1879 el impuesto del timbre rindió 3.8 millones de pesos, equivalentes a 18% de los ingresos públicos, pero aún estaba muy lejos de equipararse a la contribución de los derechos de importación. Estos ascendieron a unos 12 millones de pesos, representando casi 55% de los ingresos federales en ese mismo año. Así, ante la imposibilidad de disfrutar de inmediato de los frutos de la incipiente reforma fiscal, para incrementar sus ingresos el gobierno no podía más que recurrir al viejo pero confiable expediente de los derechos arancelarios.[29]

Entretanto, el comercio exterior de México experimentaba cambios radicales. Por un lado, la primacía tradicional de Europa era amenazada por la presencia creciente de Estados Unidos como socio comercial, bajo el impulso de las inversiones ferroviarias y las que se originaron bajo el aliciente que ellas representaban. Por el otro, la construcción de ferrocarriles trajo consigo un aumento considerable de las importaciones, primero, y poco después de las exportaciones mexicanas, con el resultado de un crecimiento continuo y pu-

[26] Carmagnani, *Estado y mercado* (1994), apéndices.

[27] Kuntz Ficker, "The Import Trade Policy" (2005), pp. 313-314; Romero, *Geographical* (1898), pp. 119-140.

[28] Carmagnani, *Estado y mercado* (1994), pp. 264-269.

[29] Para la política del presupuesto, Carmagnani, *Estado y mercado* (1994), *passim*. Los ingresos federales se consignan en los apéndices del libro de Carmagnani, y se pueden encontrar también en Pérez Siller, "Los ingresos" (1982), t. 2, cuadros A y B.2.

jante del volumen del comercio exterior. Este fenómeno representó un reto para la administración aduanal, que debía enfrentar modificaciones en los cauces del comercio y al mismo tiempo un incremento sustancial de las operaciones comerciales. Por si fuera poco, la composición de las importaciones sufrió cambios considerables, al reducirse en términos relativos la canasta de artículos de lujo al tiempo que crecía la de bienes de producción. Estos últimos, sin embargo, redituaban poco al erario público, puesto que muchas veces se introducían libres de derechos debido a privilegios especiales otorgados por el Estado —típicamente, los concedidos a las empresas ferroviarias y mineras. Los cambios en la política arancelaria apuntaban a responder a esta transformación en las características del comercio exterior y a dotar al mismo tiempo de mayores recursos a un Estado que enfrentaba nuevas responsabilidades financieras.

En la década de los ochenta se expidieron tres aranceles. El primero, publicado en noviembre de 1880, constituía en realidad una refundición de todas las disposiciones vigentes en materia arancelaria, incluidas las reformas que se habían operado en la tarifa de importación.[30] El segundo, en vigor a partir del 1 de julio de 1885,[31] fue el primer arancel dictado por el Ejecutivo, en uso de facultades especiales otorgadas por el Congreso que de hecho habrían de ampliarse en los siguientes años.[32] Finalmente, el propio general Díaz decretó una nueva ordenanza de aduanas en 1887, que estuvo vigente por el resto de esa década.[33]

Mientras que el arancel se convertía cada vez más en un dominio del poder Ejecutivo, otras medidas que afectaban la política comercial corrían a cuenta del Legislativo, a través de la ley de ingresos publicada anualmente. En 1880 se discutió en la Cámara de Diputados la iniciativa de aplicar un descuento general de 10% sobre las tarifas de importación, pero fue rechazada. En cambio, la misma legislatura aprobó al año siguiente el llamado "derecho de bulto", que representó un incremento no pequeño en la tasa arancelaria de algunos productos. Este derecho consistía en el pago adicional de 50 a 100 centavos por cada 100 kilos de mercancía importada, con la peculiaridad de que sería aplicado incluso a los artículos que se introducían libres de derechos, como maquinaria y carbón —excepción hecha de los que importaran

[30] El arancel de 1880 se encuentra en SHCP, *Memoria... 1880-81* (1881), pp. 9-69.

[31] El arancel de 1885 se publicó en SHCP, *Memoria... 1884-85* (1884), pp. 411-441.

[32] Riguzzi, "Libre cambio" (2000), p. 296; Kuntz Ficker, "The Import Trade Policy" (2005), pp. 314-315. Como explica Paolo Riguzzi, entre 1873 y 1905 el ejecutivo disfrutó de la facultad casi permanente de reformar el arancel. Riguzzi, "La política" (2001), pp. 111-112.

[33] El arancel de 1887 se puede consultar en Dublán y Lozano, *Legislación* (1876-1912), t. 18 (1887), pp. 35-174.

las empresas ferroviarias, exentas de impuestos a las importaciones relacionadas con las obras en virtud de sus contratos de concesión. El derecho de bulto era un impuesto de motivación enteramente fiscal, destinado a reducir el déficit en que incurría el gobierno debido a sus crecientes compromisos. Afectaba a los artículos pesados más que a las mercancías ligeras y valiosas, de manera que dejaba prácticamente intacta la carga fiscal que pesaba sobre las importaciones de lujo y reducía la protección efectiva de que gozaban las actividades productivas. Una estimación hipotética de la tasa impositiva que representaba el derecho de bulto sobre algunos artículos exentos del pago de derechos de importación, indica que aquél podía significar desde un mínimo de 14% sobre el valor de factura de la maquinaria hasta un máximo de 70% sobre el del carbón, pasando por tasas intermedias de 20% para la madera de construcción y 44% para el alambre de púas. En artículos gravados, el derecho de bulto implicaba sobretasas de 7% para la harina de trigo, 10% para el hierro fundido y 36% para los ladrillos comunes.[34] No se trataba, pues, de un sobrecargo inocuo desde el punto de vista de los impuestos a la importación.

El derecho de bulto se mantuvo en vigor durante dos años, a fin de procurar recursos adicionales al erario en tanto se reformaba el arancel. Como esta reforma se postergó más allá de ese lapso, la administración tomó nuevas medidas persiguiendo el mismo propósito en los siguientes años. En 1882 se decretó un aumento general de 2% en los derechos de importación, como compensación por la liberación arancelaria de las exportaciones de oro y plata. Al año siguiente, aquel aumento se hizo llegar a 5% sobre los derechos de importación.[35]

El ascenso tanto en las importaciones como en los derechos incidió positivamente en los ingresos gubernamentales. La recaudación por este concepto aumentó de 12 a 18 millones de pesos entre 1879 y 1882. Y sin embargo, como vimos antes, el gasto creció aún más rápido, debido al pago de subsidios y de la deuda pública. La imposibilidad para enfrentar estos compromisos con los recursos disponibles influyó probablemente en el ánimo de la administración para diseñar el arancel más proteccionista de todo el periodo. La nueva ordenanza, expedida en 1885, redujo el número de artículos libres de 66 a 21, completó la sustitución del cobro de derechos con base en el aforo a valor de plaza por derechos específicos, y aumentó las cuotas que gravaban la importa-

[34] Kuntz Ficker, "The Import Trade Policy" (2005), cuadro 2. Estas son estimaciones hipotéticas porque, al no disponerse de datos oficiales sobre las importaciones para los años en que estuvo vigente el impuesto, se calculan con base en el valor de las realizadas en 1889-90. Por otra parte, las estimaciones están sesgadas a la baja, puesto que suponen que se aplicó siempre el extremo inferior del derecho de bulto (50 centavos).

[35] *Diario de los Debates* (1882), pp. 1043-1044; SHCP, *Memoria... 1883-84* (1884), p. xix.

ción de un gran número de productos.[36] Los artífices de esta ley declararon en su momento que tuvieron especial cuidado en el tratamiento de las importaciones de algodón, dada su importancia en los ingresos públicos. Por ejemplo, lograron aumentar "el producto del impuesto" cambiando el criterio de cobro, del número de hilos contenidos en el tejido a la distinción entre telas lisas blancas y de color.[37] De esta forma, como se verá en seguida, la tasa *ad valorem* implícita en las importaciones textiles se elevó considerablemente en los años de vigencia de este arancel. La ordenanza de 1885 generó un caudal de protestas por parte de la prensa y los comerciantes organizados, por lo que, casi de inmediato, el gobierno se vio forzado a preparar su reemplazo. Éste tuvo lugar en 1887, cuando se expidió un arancel que atendía algunos de los reclamos más difundidos acerca de los extremos en que incurría la tarifa anterior reduciendo las cuotas de algunos productos, aunque en otros mantenía la línea proteccionista de aquélla.[38]

Por otra parte, al valorar los niveles generales de protección frente a las importaciones es preciso tener en cuenta que el arancel no era la única contribución que pesaba sobre ellas. No me refiero sólo a que los artículos de importación estaban sujetos además al pago de distintos derechos (consulares, de faro, de puerto, de navegación, etc.), sino a que, una vez dentro del país, debían pagar impuestos de tránsito y consumo en la mayoría de los estados y territorios. En efecto, pese a que las alcabalas habían sido formalmente eliminadas por la Constitución de 1857, sobrevivieron en los hechos hasta 1896, recargando las importaciones con montos que iban de 5 a 18% sobre los derechos de importación.[39] Estos recursos no favorecían a la hacienda federal (sino a las de los estados), y sin embargo incidían sobre la carga impositiva real que pesaba sobre las importaciones.

Para este momento, el auge en la construcción ferroviaria y de la inversión extranjera en minería llevó la importación de artículos libres de derechos a su máxima expresión. Si en la década de 1870 éstos representaban alrededor de 15% del valor total de las importaciones y en 1884 llegaron ya a 24% de

[36] SHCP, *Memoria...1884-85* (1884), pp. 411-441. Comentarios interesantes de la comisión que elaboró el proyecto de ley para este arancel se encuentran en AGN, *Aduanas Marítimas y Fronterizas*, Indiferente, 1885 (393-410), Todas las Aduanas del Norte, caja 23, exp. 276, p. XXIV y *passim*. Curiosamente, los autores de este proyecto aseguraban no haber introducido grandes cambios en las cuotas respecto al arancel anterior.

[37] AGN, *Aduanas Marítimas y Fronterizas*, Indiferente, 1885 (393-410), Todas las Aduanas del Norte, caja 23, exp. 276, pp. XXV-XXVI.

[38] Adicionalmente, a fines del año siguiente (1888) se decretó un impuesto de 2% para obras de los puertos que se sumaría a los derechos de importación pagados regularmente. *The Board of Trade Journal*, diciembre 24, 1902, p. 598.

[39] Riguzzi, "La política" (2001), p. 110.

él, para 1889 alcanzaron 41% de las importaciones totales. El valor de las importaciones libres pasó de unos tres millones de pesos en los años de 1870 a 21 millones en 1889 (el año en que su valor fue más alto), mientras que las importaciones gravadas ni siquiera se duplicaron, al pasar de unos 18 a 31 millones de pesos entre la década de 1870 y 1889. Como la recaudación aumentó al mismo tiempo de unos 11 millones en 1873 a 22.5 millones en 1889, es obvio que la carga sobre los artículos gravados tiene que haber crecido considerablemente. Ello explica la evolución un tanto paradójica de la barrera arancelaria: mientras que la protección nominal (medida como el porcentaje de los derechos sobre el valor total de las importaciones) descendió progresivamente a partir de su punto más alto en 1885, la protección implícita, esto es, el porcentaje de derechos de importación sobre el valor de las importaciones gravadas, aumentó de manera sustancial. Así, la primera pasó de más de 50% a mediados de los ochenta a 36% en 1890; en cambio, la segunda saltó de 59% en 1877 a 66% en 1885 y a 73% en 1888 y 1889 (véase gráfica 4.5, en la página 247). Como esto ocurrió a pesar de la reducción en algunas de las tarifas *ad valorem* que tuvo lugar en 1887, es preciso pensar que un grupo selecto de productos que se importaba en grandes cantidades mantuvo tarifas extraordinariamente altas incluso en el arancel expedido en este último año.

Aunque los datos disponibles limitan las posibilidades de análisis, el cuadro 4.2 muestra algunos indicadores de la forma en que evolucionó la estructura del arancel a lo largo de esta década. El cuadro toma como punto de referencia el año de 1874 para valorar los cambios ocurridos en la década de 1880. Varios hechos llaman la atención. En primer lugar, el ya mencionado aumento en el porcentaje de los artículos importados libres de derechos respecto a las importaciones totales. En segundo lugar, el hecho de que los textiles siguieron constituyendo el rubro que sostuvo la recaudación, seguidos por los abarrotes y comestibles. Se trata de un fenómeno tanto más notable por cuanto la participación de ambos rubros en el valor total de las importaciones se redujo: en el caso de los textiles, de 54 a 22%; en el de los abarrotes, de 16 a 14%. Y no obstante lo anterior, los textiles aportaron 47% de la recaudación total en 1889, en tanto los abarrotes aumentaron su participación a 22% de ese total. Para que esto fuera posible, los artículos de estos rubros debían soportar cargas arancelarias muy elevadas, y así fue, en efecto. La tasa *ad valorem* implícita sobre las importaciones de textiles aumentó a 126% en 1885 y se mantuvo por encima de 100% en 1889, mientras que la de los abarrotes permaneció cercana a 80% durante los años ochenta. Otras tasas tendieron a la baja, como las de los rubros de mercería, ferretería y quincallería y drogas y efectos de tlapalería, lo que quizá revela afanes incipientes de

Cuadro 4.2
Tasa arancelaria y contribución por rubros a los derechos de importación, años fiscales 1874, 1885 y 1889
(porcentajes)

	1874			1885			1889		
	A	*B*	*C*	*A*	*B**	*C*	*A*	*B*	*C*
Efectos libres de derechos	0	15	0	0	24	0	0	41	0
Textiles (suma)	76	54	66	126	41	58	106	22	47
Abarrotes y comestibles	69	16	17	85	16	19	78	14	22
Cristal, vidrio y loza	77	1	2	106	2	2	111	1	3
Mercería, ferretería y quincallería	66	6	6	72	7	9	61	9	11
Drogas medicinales y efectos de tlapalería	82	1	1	67	2	2	60	3	4
Otros	68	7	8	68	8	10	65	10	13
Suma		100	100		100	100		100	100
Derechos de importación (pesos)			11 821 533			15 001 029			22 454 155

A: Derechos de importación sobre valor de factura.
B: Importaciones de cada rubro sobre importaciones totales.
C: Derechos de cada rubro sobre derechos totales.
NOTA: Existen variaciones de mayor o menor importancia en los derechos de importación que registran las diversas fuentes. Las cifras utilizadas aquí (derechos causados) determinan un sesgo hacia arriba en el cálculo del *ad valorem* implícito (columnas A).
FUENTES: SHCP, *Noticias* (1880), *passim*; *Memoria... 1878-1879* (1880), p. xxii; Romero, *Geographical* (1898), p. 147; SHCP, *Noticias* (1888), PASSIM; SHCP, *Importaciones* (1892), pp. 247-249.

promoción económica por parte del régimen, puesto que éstos se componían en parte de insumos para la producción. Aparentemente, el gobierno podía permitirse este margen de maniobra en el caso de artículos que aportaban relativamente poco a las importaciones y a la recaudación.

En cualquier caso, y pese a las imprecisiones que seguramente acusan los datos presentados debido a la fragilidad de las fuentes, resulta evidente el sentido de los cambios en la política comercial que tuvieron lugar durante los años de 1880. En un primer momento, se observa un alza considerable en las tarifas que procuraba compensar el crecimiento de los artículos importados libres de derechos y al mismo tiempo proveer mayores recursos al erario. En una segunda fase, se aprecia una reducción moderada en las tasas *ad valorem* de diversos rubros que sin embargo se combinó con otras suficientemente altas como para compensar la exención impositiva de 40% de la canasta importadora. Aunque las tarifas de finales de los ochenta se encontraban muy por encima de las registradas quince años atrás, el resultado de los cambios operados fue una disminución general de la altura de la barrera protectora. Esta evolución se ilustra más adelante, en la gráfica 4.2 (página 220).

Junto a la agudización del proteccionismo arancelario tuvo lugar en esta década un notable endurecimiento del marco institucional que normaba las operaciones de comercio exterior. Tanto la reglamentación aduanal como las penas que la acompañaban se hicieron más estrictas y severas. Los trámites se volvieron más abundantes y engorrosos, el número de documentos que había que llenar se multiplicó, lo mismo que los detalles que era preciso incluir en cada uno. Se aplicaban multas por violaciones consideradas graves pero que eran en realidad faltas insignificantes. Tomemos un caso ocurrido en la aduana de Mazatlán. Un comerciante del lugar fue multado por la suma de 2 205 pesos debido a una "suplantación de lienzos". Al revisar el expediente, resulta que en realidad sucedió algo mucho más inocuo que eso. El importador declaró lienzos de algodón claro, liso, de 10 500 yardas de tiro y 27/28 de ancho, pero que en realidad medían 11 400 yardas de 28 ¼ pulgadas.[40] Y sin embargo, por ese pequeño margen de error, el importador estaba condenado a pagar la pena de dobles derechos de importación. En general, las penas en contra del contrabando se hicieron más severas, de manera que ahora incluían prisión de entre dos meses y cinco años para los contrabandistas, sus cómplices y los empleados aduanales que se involucraran en el crimen.[41]

De hecho, la situación empeoró con el arancel de 1885. Un comentarista de la época opinaba que en su parte reglamentaria había prevalecido "un temor exagerado del contrabando y de ahí han venido las excesivas precauciones e inútiles trabas que abundan en el reglamento, las cuales conviene eliminar...".[42] La complejidad de las reglas y la desmesura de las penas hacían de éste un reglamento oneroso y opresivo para las operaciones comerciales. Algunas salvedades que aligeraban el rigor de los aranceles anteriores se suprimieron en éste. Por ejemplo, se desconoció en él la aclaración de que diferencias de 3% en las declaraciones sobre pesos y medidas (que podían deberse a variaciones impuestas por la humedad o el clima) no calificaban como suplantación, de manera que, con esta legislación, cualquier mínima diferencia en las declaraciones era considerada como suplantación e imponía el pago de dobles derechos.[43] En carta dirigida al secretario de Hacienda, Manuel Dublán, Joaquín Redo desplegaba su indignación por la aprobación de la *Ordenanza* de 1885: "...deploro que un hombre de su talento e ilustración autorice con su firma esa ley... El espíritu dominante del

[40] AGN, *Aduanas Marítimas y Fronterizas*, Confiscaciones y multas, 1884, Mazatlán (actas de multas), 27-357, caja s.n., exp. 61.

[41] La pena de encarcelamiento por contrabando se decretó desde junio de 1879, y se incluyó también en el *Arancel* de 1880. Sierra y Martínez Vera, *Historia* (1973), pp. 180-181.

[42] *Semana Mercantil*, septiembre 7, 1885, p. 372.

[43] *Semana Mercantil*, agosto 31, 1885, p. 358.

nuevo arancel es que todos los comerciantes son contrabandistas, y pícaros todos los empleados."[44]

Pero acaso el documento más elocuente en contra de esta ordenanza es el que remitió la Cámara de Comercio al Presidente de la república. En él se exponía:

> ...las dificultades prácticas, a veces insuperables, que se presentan casi todos los días en las aduanas marítimas y fronterizas, la negativa que ya oponen varios fabricantes y productores del extranjero para hacer envíos directos a México, el sinnúmero de multas que se aplican a cada instante a los importadores de buena fe, las trabas incesantes, las molestias, las dilaciones de todo género, las circulares aclaratorias de la Secretaría de Hacienda, la opinión unánime, en fin, de todo el comercio del país y de todas las casas extranjeras que hacen remisiones de mercancías a la república, han demostrado, Señor Presidente, hasta la evidencia, la imprescindible necesidad de una reforma radical y violenta en la Ordenanza...[45]

Aparentemente, el arancel de 1885 formaba parte de un plan más extenso para eliminar el contrabando, pues su expedición fue acompañada por otras medidas encaminadas al mismo fin. Así, en ese mismo año se organizó la Gendarmería Fiscal, un cuerpo de hombres armados emplazado en el norte del país, con facultades amplias para vigilar el territorio, revisar la carga conducida por cualquier medio de transporte, perseguir e incluso aprehender a los contrabandistas.[46] De acuerdo con los reportes del gobierno, el efecto combinado de una regulación más severa con un control más estrecho sobre el territorio contribuyó a la virtual eliminación del contrabando al iniciarse la siguiente década.[47]

En contraste con el endurecimiento del proteccionismo y el marco regulatorio del comercio exterior, en esta década se hizo perceptible la tendencia declinante de los costos del transporte tanto marítimo como interior. Como vimos en otra parte, se estima que en ambos tipos de transporte ese descenso

[44] AGN, *Aduanas Marítimas y Fronterizas* 1885, Sección de Aranceles, 1-69, caja s.n., exp. 50, febrero 6, 1885.

[45] AGN, *Aduanas Marítimas y Fronterizas*, Indiferente, 1885 (393-410), Todas las Aduanas del Norte, caja 23, exp. 410, septiembre 2, 1885. La carta se reprodujo en *Semana Mercantil*, septiembre 14, 1885, p. 391.

[46] Sobre las actividades de la Gendarmería Fiscal véase por ejemplo el interesante documento [SHCP], *Informe que el general* (1886), *passim*.

[47] En el mismo año de 1885 se amplió la Zona Libre a toda la franja fronteriza. Como resultado de esta medida, las importaciones introducidas a la zona pagaban 10% de los derechos de importación vigentes, porcentaje que aumentó a 18.5% en 1891. Por su parte, los artículos que se manufacturaban en la zona pagaban derechos de importación como si fueran extranjeros al internarse en el país. Kuntz Ficker, "La redistribución" (2000), p. 125.

se produjo a partir de 1880 a una tasa aproximada de 1.5% anual (y aún mayor para el transporte marítimo), en algunos casos prolongándose hasta la víspera de la Primera Guerra Mundial. Durante la mayor parte del siglo XIX, los altos costos de transporte constituyeron una barrera natural frente a las importaciones, y en esa medida representaban una forma de protección adicional que no se derivaba de la política comercial. En la década de 1880, la reducción en los costos del transporte actuó como un factor contrarrestante del alza en la protección arancelaria, en la medida en que operaba una disminución en el precio final de los artículos importados. Posteriormente, cuando la protección derivada de los aranceles empezó a disminuir (véase el apartado siguiente), la caída en los costos de transporte acentuó esta tendencia liberalizadora, produciendo una convergencia entre el curso de la protección arancelaria y la no arancelaria. Sin embargo, la reducción en los costos de transporte no posee un significado único. Aunque los productores nacionales se veían crecientemente desprovistos de esa barrera natural para las importaciones que competían con los artículos de producción interna, se beneficiaban siempre que adquirían insumos, maquinaria y combustibles importados a un costo de transporte menor. Al mismo tiempo, experimentaban un beneficio aún mayor al abrirse frente a ellos un mercado interior sustancialmente ampliado por obra de la integración del territorio y el abaratamiento del transporte.

Liberalización y proteccionismo industrial: la década de 1890

Hacia el final de los años ochenta, las condiciones que habían obligado al gobierno a endurecer su política comercial se modificaban a pasos agigantados. En efecto, el valor de las importaciones casi se duplicó entre 1885 y 1889, y la recaudación por el impuesto del timbre pasó de 6 a 9.5 millones de pesos en el mismo lapso. Las inversiones extranjeras en ferrocarriles y minería fluían en forma constante, y las actividades exportadoras empezaban a desplegarse con bastante éxito. De esta manera, un aumento considerable en la actividad económica, en el rendimiento del derecho del timbre y en el volumen de las importaciones permitía emprender algunos ajustes moderadamente liberalizadores sin sacudir las finanzas públicas.

Otros sucesos actuaban en favor de una reducción de los aranceles. Por un lado, la persistente devaluación del peso, iniciada hacía ya varios lustros, incrementaba el precio de las importaciones en moneda nacional y elevaba con ello, en forma indirecta, la barrera de la protección.[48] Por el otro, la disminución

[48] Márquez, "Tariff Protection" (1998), *passim*.

del contrabando y las mejoras en la administración aduanal procuraban recursos crecientes al erario, pese a la reducción en algunos aranceles que se experimentó en 1887. Así, los derechos de importación aumentaron en números redondos de 15 a 22 millones de pesos entre 1885 y 1889.[49] Adicionalmente, esos logros y la mayor presencia territorial del Estado aumentaron la confianza del gobierno en su fortaleza y su capacidad para hacer cumplir la ley. Una prueba de ello fue la progresiva reducción de los cuerpos de la Gendarmería Fiscal. Al iniciarse la siguiente década, se les replegó a la franja fronteriza, al mismo tiempo que se fueron limitando severamente sus atribuciones.[50]

Estas condiciones precedieron la expedición del nuevo arancel en 1891, que fue, sin duda alguna, el más liberal y menos restrictivo del periodo que nos ocupa. Aumentó en forma significativa la lista de artículos libres de derechos, que llegó a 115, y redujo las cuotas de la mayoría de los productos gravados. Introdujo una ampliación sustancial en la nomenclatura, que buscaba un trato más preciso y comprensivo de los artículos importados —aunque desafortunadamente la mera ampliación de la lista dificulta la comparación de este arancel con los de las décadas anteriores. Al mismo tiempo, el arancel de 1891 incluyó modificaciones en el marco regulatorio que representaban una liberalización sustancial de las normas y penalizaciones a que estaban sujetas las operaciones de comercio exterior. La coincidencia de cambios en las tarifas y en la regulación hace pensar en una disposición inequívocamente orientada hacia la liberalización de la política comercial.[51] Todo lo anterior permite afirmar que este arancel refleja ya la fortaleza del aparato estatal, la madurez de la administración y los objetivos que ésta perseguía en el diseño de la política comercial. De hecho, aunque este arancel experimentó numerosas modificaciones en los años siguientes, no fue reemplazado por otro completamente nuevo hasta el año de 1930.[52]

Es preciso hacer notar, sin embargo, que el ánimo liberalizador del gobierno se vio hasta cierto punto contrarrestado por un evento que escapaba a su control: nueve meses antes de la publicación de esta ordenanza, se promulgó

[49] Romero, *Geographical* (1898), p. 147.

[50] Dublán y Lozano, *Legislación* (1876-1912), t. 33/1 (1907), pp. 392-393; t. 35 (1908), pp. 527 ss.; t. 37/2 (1909), pp. 1120 ss.

[51] En palabras de Limantour: "El criterio de la Secretaría de Hacienda a este respecto, fue siempre dar todo género de facilidades en materia de procedimientos y formalidades, simplificando hasta donde se creyó prudente, los requisitos muy complicados y anticuados de la Ordenanza de Aduanas entonces vigentes, y fijar cuotas de importación que dieran un margen racional de utilidades al productor nacional en tiempos normales, pero sin suprimir del todo la competencia de los artículos similares extranjeros." Limantour, "La política" (1987), p. 87. Acerca de la liberalización normativa, véase, por ejemplo, SHCP, *Memoria... 1895-1896* (1896), p. xiii. El tema se trata con amplitud en Kuntz Ficker, "Institutional Change" (2002), pp. 177-190.

[52] Cosío Villegas, *La cuestión* (1989), p. 18.

en Estados Unidos la tarifa McKinley, un arancel marcadamente proteccionista que afectaba severamente algunas de las exportaciones que México dirigía a ese país, como minerales de plata y plomo, ganado, y cueros y pieles. Además, como explica Paolo Riguzzi, la tarifa McKinley formaba parte de una estrategia comercial dirigida por Estados Unidos a toda América Latina que amenazaba con imponer represalias tarifarias en respuesta a aranceles que ese país considerara "injustos y no razonables".[53] El gobierno mexicano reaccionó incluyendo en la ordenanza de 1891 aumentos de tarifas a casi una veintena de artículos que se importaban básicamente de Estados Unidos. Como muchos de ellos se producían también en México, era posible justificar el aumento desde el punto de vista de la protección.[54] Lo que es más, puede ser que esta respuesta fuera solamente la reacción inmediata ante el impacto de la tarifa estadounidense, puesto que en los siguientes años se publicaron reformas al arancel de 1891 que constituían evidentemente acciones de represalia y que revertían en forma parcial algunas de las expresiones liberalizadoras que aquél contenía.[55]

Pero las reformas a la ley de 1891 merecen una mayor atención, porque reflejan el proceso por el cual la administración porfirista empezó a delinear un arancel conforme a sus propósitos, que ahora se habían vuelto más complejos. Por un lado, se trataba de producir una reducción visible en la altura de la barrera arancelaria; en segundo lugar, de responder al proteccionismo estadounidense con cuotas de represalia que adicionalmente cumplían un objetivo fiscal; en tercer lugar, de diseñar una estructura arancelaria orientada por objetivos desarrollistas. Estos tres propósitos se reflejaron en las reformas a la tarifa de importación que se publicaron entre octubre de 1892 y febrero de 1893. Por la cantidad y el sentido de las reformas, puede decirse que en esos años terminó de definirse lo que el régimen deseaba de su política comercial. De hecho, entre marzo de 1893 y noviembre de 1898, la ordenanza no sufrió modificaciones de importancia. Aunque se publicó una veintena de reformas en ese lapso, cada una contenía por lo general un número reducido de produc-

[53] Riguzzi, *¿Reciprocidad imposible?* (2003), pp. 138-39; véase asimismo Riguzzi, "La gestión" (2006), pp. 243-246.

[54] De acuerdo con el recuento de Riguzzi, estos artículos incluían varias fracciones de ganado, tabaco en rama, ladrillos y losas de barro, velas, carnes frescas, grasas animales. Los aumentos afectaron también artículos que no se producían en el país, como artefactos de hierro y acero. Riguzzi, *¿Reciprocidad imposible?* (2003), p. 143.

[55] Salvo el episodio del arancel McKinley, no nos ocupamos aquí de la relación entre la política arancelaria de México y la de sus principales socios comerciales. El único estudio que aborda esta dimensión del problema, para el caso de la relación con Estados Unidos, es Riguzzi, *¿Reciprocidad imposible?* (2003).

tos, afectando principalmente a textiles, artículos de hierro y acero y algunos otros artículos aislados, y su propósito era hacer ajustes que preservaran la orientación general del arancel. Así, pues, vale la pena analizar con mayor detenimiento las reformas operadas en los primeros años de esta década, que se concentran en el cuadro 4.3.[56]

El cuadro incluye los artículos cuya tarifa específica sufrió algún cambio entre 1891 y 1893, y establece la comparación con la cuota que fijaba el arancel de 1891. Con el fin de dar sentido a las múltiples modificaciones que tuvieron lugar, el cuadro ordena los productos en cuatro grupos, a partir de la motivación que, a mi juicio, explica en cada caso el cambio en la cuota arancelaria. De los 115 artículos que la ordenanza de 1891 definió como libres de derechos, 44 dejaron de serlo en el curso de los veinte meses siguientes. Aunque la razón de esa reversión no se explican, es probable que se tratara de medidas de represalia: con unas cuantas excepciones, los cambios afectaban insumos productivos que generalmente se adquirían en Estados Unidos y a los que se impuso una cuota casi simbólica, por lo general de un centavo por kilogramo. La mayor parte de los productos eran artículos de hierro o sustancias químicas, por lo que los gravámenes producían el doble efecto de disminuir ligeramente la protección efectiva y rendir un pequeño beneficio fiscal, pero ambos en escala mínima. Por ejemplo, una máquina de vapor que pesara 150 kilogramos pagaría un derecho de 1.50 pesos a su importación. Algunas excepciones, de productos que competían con actividades domésticas y a los que se impusieron derechos más altos, dejaban traslucir algún afán de protección: es el caso de los costales de henequén.

[56] En algunos trabajos se utilizan solamente las reformas más conocidas al arancel (como las de 1891, 1905, etc.) para estimar las tasas de protección y sus variaciones anuales (véase, por ejemplo, Gómez, "The Impact" (1999), p. 740; Márquez, "Tariff Protection" (1998), p. 409. En este último artículo no se dice de dónde se tomaron los aranceles, pero se afirma que el estudio de los cambios que tienen lugar entre 1891 y 1909 se basa en el arancel de 1891). Éste es un procedimiento equivocado y distorsiona la percepción sobre la evolución de la política comercial, puesto que la tarifa de importación se modificaba continuamente. Para dar sólo un par de ejemplos, a las telas de algodón lisas, blancas (fracción 458) se les asignó una cuota de nueve centavos por metro cuadrado en el arancel de 1891, la cual fue sustituida tan sólo un año más tarde (en octubre de 1892) por la de siete centavos. El algodón sin pepita (fracción 125) vio reducir su tarifa de ocho a siete centavos entre 1891 y febrero de 1893, y así sucesivamente. Las tarifas así reformadas no necesariamente tenían una vida más larga que las originales, de manera que un acercamiento riguroso al problema requiere la revisión de todos los aranceles y sus reformas. Para el siglo XIX, ninguna publicación las incluye en forma exhaustiva, por lo que es preciso acudir a Dublán y Lozano, *Legislación* (1876-1912) y a *Semana Mercantil* (1885-1911) para una cobertura completa. Para el siglo XX, además de las ordenanzas publicadas por la Secretaría de Hacienda, debe revisarse el *Diario Oficial* (1917-1930). Los cuadros que se incluyen en el resto de este capítulo contienen las referencias precisas a todas las reformas arancelarias aludidas.

Cuadro 4.3

Clasificación de las reformas al arancel entre 1891 y 1893: represalia, liberalización, protección y motivos fiscales

Fracción (en 1891)	*Artículo*	*Unidad*	*Tarifa específica (centavos) junio 1891*	*oct. 1892*	*feb. 1893*
1. Modificaciones por represalia					
11	pescado fresco	kb	ex	0.02	
71	bandas de cuero para máquinas, con ellas	kb	ex		0.01
231	cable de fibras de 3 cm diám. o más	kb	ex		0.02
233	costales yute, henequén, etc.	kb	ex		0.015
260	crisoles de platino	kb	ex		0.01
306	acero en barras para minas	kb	ex	0.01	
312	zapatas de hierro o acero	kb	ex	0.01	
314	alambre para amarrar bultos	kb	ex	0.01	
315	barriles de hierro	kn	ex	0.01	
316	cable de todos los gruesos	kb	ex	0.01	
317	cañería, incluso estañada	kn	ex	0.01	
319	herramientas agrícolas	kb	ex	0.01	
320	crisoles de hierro	kb	ex	0.01	
325	hierro para tamices	kb	ex	0.01	
355	amianto en fibra o polvo	kb	ex		0.01
359	cal y cemento romano o Portland	100 kb	ex	0.5	
361	blanco de España	100 kb	ex		0.05
364	esmeril	kl	ex		0.01
580	fieltro de lana en banda, unido a máquina	kb	ex		0.01
653	ácido arsenioso	kl	ex		0.02
656	ácido fénico	kl	ex		0.02
683	cloruro de cal, sosa y potasa	kb	ex		0.01
697	hiposulfito de sosa	kb	ex		0.01
707	permanganato de potasa	kb	ex		0.02
710	potea de estaño	kb	ex		0.03
716	salitre o nitrato de potasa y sosa	kb	ex		0.01
719	sulfato de cobre	kb	ex		0.01
720	sulfato de sosa y magnesia	kl/kb*	0.03		0.04
721	sulfito bisulfito y trisulfito de cal y sosa	kb	ex		0.01
727	veneno para pieles	kl	ex		0.02
785	aparatos para reproducir manuscritos	kb	ex		0.05
787	bombas y turbinas	kb	ex	0.01	
792	gruas y escafandras	kb	ex	0.01	
800	máquinas de vapor y refacciones	kb	ex	0.01	
801	máquinas n.e. y refacciones sin pedal o palanca	kb	ex	0.01	
806	martinetes para clavar estacas	kb	ex	0.01	
808	prensas para imprenta y útiles n.e.	kb	ex	0.01	
809	relojes para edif públicos	kb	ex	0.02	
845	detonadores para explosivos (1891: para minas)	kb	ex	0.05	
846	dinamita y explosivos n.e.	kb	ex	0.03	
848	mechas para minas	kb	ex	0.03	
849	pólvora para minas	kb	ex	0.03	

Cuadro 4.3 *(continuación)*

Fracción (en 1891)	*Artículo*	*Unidad*	*Tarifa específica (centavos)* junio 1891	oct. 1892	feb. 1893
851	piroxilina o algodón polvora	kb	ex	0.03	
861	bandas de hule con su maquinaria	kb	ex		0.01
862	bandas n.e. para transm. de mov. con máquina	kb	ex		0.01
2. Modificaciones liberalizadoras					
3	caballos y yeguas	cabeza	30.00	15.00	
4	cerdos	kg	0.03	0.02	0.025
5	ganado vacuno	kg	0.03	0.02	
6	ganado lanar y cabrío	cabeza	1.50	1.00	
10	carne fresca	kn	0.10	0.08	
12	carnes ahumadas	kl	0.20	0.12	
23	grasas animales	kb	0.10	0.08	
24	hueso	kl	0.10		0.03
25	lana en vellón	kn	0.10		0.08
26	lana cardada	kn	0.15		0.12
27	marfil	kl	0.25		0.08
28	nácar	kl	0.25		0.05
39	cantártidas	kl	1.00		0.50
46	manteca de cerdo	kn/kb*	0.20	0.10	
51	albumina	kl	0.10		0.05
53	cola fuerte	kb	0.10		0.05
54	coral	kl	0.25		0.08
59	grenetina	kl	0.15		0.10
61	ictiocola	kl	0.15		0.10
122	velas esteáricas	kb	0.20		0.18
123	velas de sebo	kb	0.20		0.18
125	algodón sin pepita	kb	0.08		0.07
128	cáñamo, lino y otras fibras n.e. en rama	kl	0.05		0.02
148	semillas medicinales	kl	0.20		0.10
158	espiga de maíz o mijo	kb	0.03		0.02
164	raíces y hierbas medicinales	kl	0.20		0.10
166	tabaco virgina en rama	kn	0.25	0.15	
179	alcanfor	kl	0.50		0.25
191	añil	kl	1.50	1.00	
295	zinc en lingotes, limaduras, etc.	kb	0.05		0.01
322	hierro y acero lingotes o pedacería	kb	0.03	0.01	
323	hierro fleje	kb	0.10	0.06	
334	alambre cubierto de tela	kl	0.20	0.12	
341	muebles de hierro	kb	0.20	0.15	
377	yeso y estuco	kb	0.10	0.01	
386	vaselina	kl/kb*	0.15		0.10
458	telas de algodón lisas blancas menos 30 hilos	m2	0.09	0.07	
459	telas de algodón lisas blancas más de 30 hilos	m2	0.11	0.10	
460	telas algodón pintadas lisas menos 30 hilos	m2	0.12	0.10	

Cuadro 4.3 *(concluye)*

Fracción (en 1891)	*Artículo*	*Unidad*	*Tarifa específica (centavos)*		
			junio 1891	*oct. 1892*	*feb. 1893*
652	acetato de aluminca, amoniaco, cal, etc.	kl	0.08		0.05
654	ácido clorhídrico, sulfúrico	kb	0.03		0.015
655	ácido acético, nítrico	kl	0.05		0.03
658	ácidos en cristal (1891: o polvo, n.e.)	kl	1.00		0.40
659	aderezo para telas	kl	0.08	0.05	
668	azúcar de leche	kl	0.40		0.25
699	lejias concentradas	kb	0.03		0.01
702	nitrato de plata	kl	8.00		2.00
712	sal común o de mesa	kb	0.03		0.02
718	sosa y potasa cáusticas	kb	0.03		0.01
722	sulfo oleina	kb	0.07		0.05
729	yodo	kl	1.00		0.50
733	aguas minerales, nat o artif	kl	0.05	0.02	
899	jabón sin aroma	kb	0.25		0.20
3. Modificaciones proteccionistas					
240	tabaco de mascar	kl	0.70		1.00
241	tabaco en hebras para cigarrillos	kn/kl*	1.25		1.50
242	tabaco en polvo o rape	kl	2.75		3.00
243	tabaco picado para pipa	kn/kl*	1.25		1.50
244	tabaco labrado en cigarrillos	kl	1.50		2.00
245	tabaco labrado en puros	kn	5.50		7.00
4. Modificaciones por motivos fiscales					
636	cubierta y forros de seda con mezcla para sombrillas	kn	5.00		9.00
637	moños de seda o mezclas	kn	5.00		9.00
728	vinos medicinales	kn	0.25		0.40
736	gotas amargas	kn	0.30		0.35
737	licores	kn	0.25		0.35
755	papel enlienzado y apergaminado	kl	0.05	0.20	
888	estuches y neceseres	kl	0.75		1.20

* Se modificó de uno a otro entre la primera y la segunda tarifa registrada.
ex: exento de derechos de importación.
n.e.: no especificado.
FUENTES: Para el arancel de 1891, Dublán y Lozano, *Legislación* (1877-1912), t. 21 (1898), pp. 179-483. La reforma de octubre 18, 1892, está en Dublán y Lozano, *Legislación* (1877-1912), t. 22 (1898), pp. 311-312; la de febrero 22, 1893, en Dublán y Lozano, *Legislación* (1877-1912), t. 23 (1898), pp. 69-72.

Sin embargo, la represalia comercial no anuló el impulso liberalizador ni la decisión de diseñar una tarifa que racionalizara la protección y sirviera a los propósitos de la modernización económica. Así, a los numerosos artículos que experimentaron rebajas en las cuotas de importación con el arancel de 1891 se sumaron en los dos años siguientes 53 más. Algunas de las reducciones de hecho afectaban productos que en 1891 habían sido recargados por motivaciones de represalia, como diversos tipos de ganado, las velas y el tabaco en rama. En muchos casos la disminución en las cuotas aumentaba la protección efectiva sacrificando ingresos fiscales, como sucedía con todos los artículos de hierro y los productos químicos. En otros más, se trataba simplemente de disminuir los niveles de protección, como en las tres clases de telas de algodón incluidas en el cuadro, ya fuera porque se tratara de tipos particulares de productos que no competían con los fabricados localmente, ya porque se considerara que la protección que antes se concedía a éstos era excesiva.

El resto de las modificaciones en las cuotas que se realizaron para afinar el diseño arancelario creado en 1891 afectó a un número menor de mercancías, y puede asociarse con dos tipos de motivaciones: una presumiblemente proteccionista, por la que se elevaron las tarifas a todos los tipos de tabaco; la otra, claramente fiscal, por la que se impusieron aranceles aún más elevados de lo que ya eran a artículos de consumo suntuario, que se importaban en cantidades modestas pero exhibían una demanda notoriamente inelástica. Con propósitos igualmente fiscales, en mayo de 1896 se decretó que los productos de importación pagarían por concepto de impuesto del timbre un 7% adicional sobre los derechos de importación, en sustitución de los derechos de consumo (5%) y de internación (2%).[57]

El cuadro analizado antes no contempla un aspecto muy relevante de la política arancelaria que empezó a delinearse en la ordenanza de 1891 y que se consolidó en el curso de la siguiente década. Me refiero al diseño "en cascada" de la tarifa de importación, en virtud del cual se liberalizaba la importación de insumos al mismo tiempo que se imponía tarifas elevadas a la de los productos intermedios o finales que competían con la producción local.[58] De esta manera, la protección otorgada selectivamente a algunos artículos se combinaba con la reducción de los derechos en otros para producir un doble fenómeno: el aumento de la protección efectiva en el marco de una liberalización comercial. Al primero nos referiremos más adelante, en un apartado que intenta ofrecer un balance de la evolución de la política comercial a lo largo del periodo (4.3). El segundo, que se trata en seguida, tiene que ver con la forma en que evolucionó el nivel promedio de la protección arancelaria.

En el marco de esta estructura mucho más compleja y diversa del arancel, los niveles generales de protección tendieron a disminuir. Como muestra la gráfica 4.2, desde el punto más alto que se tocó a resultas del arancel de 1885,

[57] *The Board of Trade Journal*, diciembre 24, 1902, p. 598. En estos mismos años se gravó con impuesto del timbre a los naipes (1893) y las bebidas alcohólicas de importación (1895), y se introdujo un derecho de carga y descarga en los puertos (1898). Estos gravámenes se fueron asimilando a las tarifas regulares a partir de 1902, y los que sobrevivieron se derogaron con la reforma al arancel en 1905. *The Board of Trade Journal*, septiembre 14, 1905, p. 505.

[58] Beatty, *Institutions* (2001), p. 64; Beatty, "Trade Policy" (2002), pp. 220-221.

Gráfica 4.2
Estimaciones de la altura de la barrera arancelaria, 1885-1903
(derechos de importación como porcentaje del valor en pesos de las importaciones)

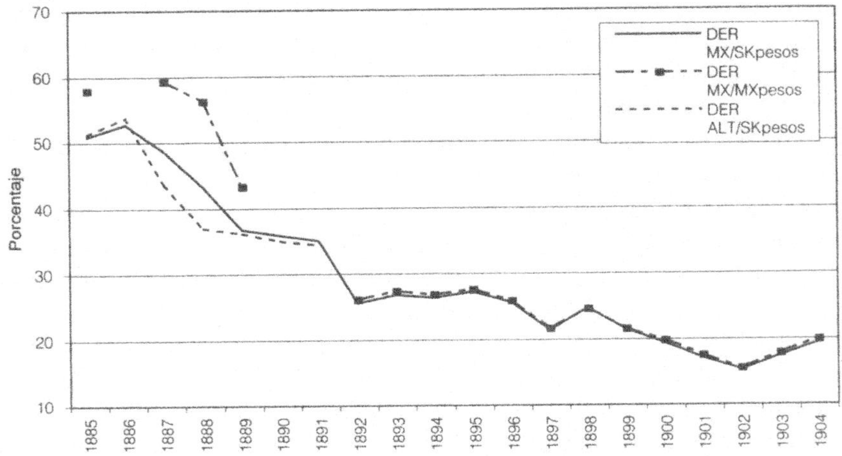

NOTAS: Se utilizan dos series del valor de las importaciones, convertidas a pesos: los valores reconstruidos (SK) y los valores MX, que son los de fuentes oficiales mexicanas. Por otra parte, existen series discrepantes sobre el monto de los derechos recaudados. Para ilustrar esta disparidad, se calcula la protección nominal utilizando dos series de derechos recaudados, hasta el momento en que ambas se vuelven idénticas. DER MX procede directamente de fuentes oficiales, mientras que la serie de derechos alternativos (DER ALT) se tomó de una fuente secundaria.
FUENTES: para las series SK y MX del valor de las importaciones, véase apéndices y bibliografía. Las cifras DER MX proceden por lo general de SHCP, *Memoria* (varios años), complementadas con SHCP, *Boletín* (1896-1911), *passim* y Romero, *Geographical* (1898), p. 147. Las cifras DER ALT vienen de Carmagnani, *Estado* (1994), apéndice, quien los tomó de las *Cuentas del Tesoro Federal* (véase p. 419 de Carmagnani).

la altura media de la barrera arancelaria fue reduciéndose en forma consistente en los siguientes cinco años: se colocó por primera vez por debajo de 40% en 1889 y cayó hasta 26% en 1892. Luego de este descenso pronunciado, el promedio de la tarifa se estabilizó en alrededor de 25% por el resto de la década. La barrera arancelaria alcanzó su nivel más bajo en 1902, cuando promedió apenas 15.5% sobre el valor de las importaciones.[59]

Ciertamente, una parte de la disminución se debió a las menores cuotas arancelarias impuestas a muchos productos, pero otra fue resultado del desgaste en los niveles de protección provocado por la devaluación de la plata y el consecuente incremento de los precios de las importaciones en pesos.[60] Expliquemos el asunto con mayor detalle.

[59] Diversas estimaciones de los niveles de protección para todo el periodo se presentan en las gráficas 4.4 y 4.5, más adelante.

[60] Edward Beatty estima que la devaluación del peso es el principal factor que explica la reducción de la altura de la barrera arancelaria de alrededor de 50% en los años de 1870 a alrededor de 20% a principios del siglo xx. Beatty, *Institutions* (2001), p. 53.

Si se toma en cuenta que el arancel mexicano establecía tarifas específicas (es decir, impuestas sobre la cantidad del artículo importado y no sobre su valor), tres factores podían incidir sobre la tasa de protección que pesaba sobre un artículo (el *ad valorem* implícito), a saber: a] un cambio en el precio de la mercancía en dólares; b] un cambio en la cotización del peso; c] un cambio en el arancel. Si el precio de la mercancía en dólares aumentaba, lo hacía también su precio en pesos, y en esa proporción disminuía el equivalente *ad valorem* de la cuota arancelaria. A la inversa, si aquél disminuía, se reducía también el equivalente en pesos, lo que hacía aumentar el impacto proporcional del arancel sobre el precio final. El segundo caso refiere a la devaluación de la moneda: si el peso se devaluaba, el precio en pesos del artículo aumentaba en forma proporcional, y con ese aumento disminuía el equivalente *ad valorem* de la tarifa impuesta sobre él. Si el peso recuperaba terreno, el artículo se abarataba en su valor en pesos, lo que aumentaba el impacto de la cuota arancelaria sobre el precio final. Por último, un aumento en la tarifa específica incrementaba, *ceteris paribus,* la tasa de protección implícita sobre el precio del producto.

Esto significa que la tendencia devaluatoria que experimentó el peso mexicano, sobre todo entre 1892 y 1904, tenía un doble efecto: al encarecer el precio de las importaciones en pesos elevaba en forma indirecta la protección, pero al mismo tiempo erosionaba la tasa de protección que otorgaba el arancel. Es decir, imponía una forma de protección que carecía de impacto fiscal. El cuadro 4.4 ejemplifica la cuestión.

El cuadro toma de las estadísticas comerciales mexicanas una muestra de artículos que se encontraban entre los más comerciados en los dos años considerados. Empleando la información oficial acerca de la cantidad y el valor de factura de las importaciones se obtiene en primer lugar el valor unitario en dólares de cada uno de ellos. Luego, se utiliza el tipo de cambio implícito en las propias estadísticas comerciales para calcular su equivalencia en pesos. Debe hacerse notar que se eligieron dos años en los que la cotización del peso alcanzó puntos extremos, con el fin de ilustrar el impacto de la devaluación.[61] En la tercera columna correspondiente a cada uno de esos años se enlista el arancel específico que estaba vigente en el año respectivo. En la cuarta columna se ofrece la tasa *ad valorem* implícita, es decir, el porcentaje que la cuota arancelaria representaba respecto al valor unitario de la mercancía en pesos. La última columna de cada año simplemente suma los componentes del precio final de la mercancía: el valor unitario más el arancel. Evidentemente, no es éste el

[61] Graciela Márquez estima el impacto de los distintos factores año por año dentro de este periodo, lo que le permite distinguir fases en las que el peso de la devaluación fue menor con respecto a los otros factores actuantes. Márquez, "Tariff Protection" (1998), p. 422.

Cuadro 4.4
Factores que inciden en la variación de la tasa de protección arancelaria
(productos seleccionados, años fiscales 1895 y 1902)

	1895					*1902*						*Diferencia 1902-1895* *Composición de la diferencia MX2-MX1 (porcentajes)*		
Productos (fracción)	*VU dólares*	*VU pesos*	*Arancel pesos*	*Tasa ad valorem %*	*Precio MX1 pesos*	*VU dólares*	*VU pesos*	*Arancel pesos*	*Tasa ad valorem %*	*Precio MX2 pesos*	*Precio MX2-MX1 pesos*	*Precio*	*Devaluación*	*Arancel*
Algodón sin pepita kgb (125)	0.15	0.28	0.07	25	0.35	0.19	0.48	0.07	15	0.55	0.20	24	76	0
Cañería de hierro, de todas dimensiones, incluso estañada kgn (317)	0.06	0.11	0	0	0.11	0.07	0.18	0.01	6	0.19	0.07	15	70	15
Hierro o acero en láminas lisas, ne, y en tejas para techos, incluso galvanizado kgb (326)	0.06	0.11	0.04	36	0.15	0.06	0.15	0.04	26	0.19	0.04	0	100	0
Telas de algodón, crudas o blancas, de tejido liso, menos de 30 hilos de pie mc (458)	0.05	0.09	0.07	75	0.16	0.06	0.15	0.07	46	0.22	0.06	20	80	0
Telas de lana de todos tejidos incluso bordadas, entre 100 y 250 gr por m^2, kgn (557)	1.49	2.78	2.75	99	5.53	1.92	4.84	2	41	6.84	1.31	22	65	13
Papel de estraza y para empaque (746)	0.06	0.11	0.05	45	0.16	0.07	0.18	0.06	34	0.24	0.07	12	72	16
Máquinas de vapor y sus piezas de refacción kgb (800)	0.13	0.24	0.01	4	0.25	0.14	0.35	0.01	3	0.36	0.11	10	90	0
Dinamita y demás explosivos ne kgb (846)	0.19	0.35	0.03	8	0.38	0.21	0.53	0.03	6	0.56	0.18	13	87	0

VU = valor unitario.

NOTAS: El valor unitario se obtuvo dividiendo el valor de factura entre la cantidad importada de acuerdo con las estadísticas mexicanas de cada año. De las propias estadísticas se tomó el tipo de cambio implícito para hacer la conversión a pesos. El tipo de cambio (dólares por peso) en cada uno de esos años fue: 1895: .5363; 1902: .3967. Se incluye entre paréntesis el número de fracción de cada artículo según la tarifa de importación.

FUENTES: los datos de valor y cantidad provienen de SHCP, *Estadística Fiscal* (1899), y SHCP, *Boletín*, núm. 255 (1904). Los cambios en el arancel se encuentran en Dublán y Lozano, *Legislación* (1877-1912), t. 22 (1898), pp. 311-12; t. 23 (1898), pp. 69-72; t. 24 (1898), pp. 64-65; t. 25 (1898), pp. 33-34; t. 27 (1898), pp. 92-93 y 288-289; t. 29 (1899), 454-456; *Semana Mercantil*, junio 10, 1895, p. 265; agosto 12, 1895, p. 373; noviembre 18, 1895, pp. 541-542; abril 13, 1896, p. 195; mayo 18, 1896, p. 265; julio 13, 1896, pp. 379-380; septiembre 7, 1896, p. 490; noviembre 9, 1896, pp. 616-617; marzo 1, 1897, p. 115; julio 12, 1897, p. 380; noviembre 8, 1897, pp. 615-616; diciembre 6, 1897; p. 672; junio 6, 1898, p. 318; agosto 8, 1898, p. 443; enero 9, 1899, p. 21; mayo 8, 1899, p. 261; diciembre 11, 1899, p. 690; febrero 5, 1900, p. 79; julio 9, 1900, p. 387; agosto 6, 1900, p. 443; septiembre 17, 1900, p. 527; octubre 15, 1900, p. 582; febrero 18, 1901, p. 92; junio 10, 1901; p. 310; abril 21, 1902, p. 227.

precio al que llegaría el producto al consumidor, puesto que no se han computado aquí los costos adicionales de transporte e intermediación comercial. Una vez calculado el precio en ambos años, se registra la diferencia del precio en 1902 respecto a 1895 (MX2-MX1). Por último, en las tres columnas finales se descompone esa diferencia en sus partes proporcionales: la que debe atribuirse a una variación en el precio de la mercancía en dólares, la que se deriva de la devaluación, y la que responde a un cambio en la cuota arancelaria.

El cuadro ofrece varios aspectos de interés. Se observa una tendencia al alza en el precio en dólares de la mayoría de los productos, que se ve amplificada en forma considerable por la devaluación del peso. Los aranceles específicos, en cambio, se mantuvieron muy estables dentro de esta muestra de productos (la cuota sólo cambió en tres casos) entre esos dos años. Pese a ello, la tasa *ad valorem* implícita disminuyó en todos los productos (salvo uno), debido precisamente a que la misma cuota arancelaria se imponía a un artículo de un valor más alto. De hecho, el único caso en que se combinó el impacto de la devaluación con una reducción en el arancel específico (telas de lana de la fracción 557), la caída de la tasa *ad valorem* fue bastante espectacular: de 99 a 41%. No obstante la disminución en las tasas de protección arancelaria, el precio final aumentó en todos los casos, y el principal componente de este aumento fue la devaluación. El resultado de esta situación era que el Estado percibía más o menos los mismos derechos en proporción a las cantidades que se importaban de cada artículo, aunque ofrecía una tasa de protección arancelaria menor; del otro lado del espectro, este desgaste en el nivel de la protección arancelaria no beneficiaba al consumidor, puesto que los precios aumentaban de todos modos por efecto de la devaluación.[62]

El otro aspecto relevante de la política comercial en la década de 1890 tuvo que ver con la consolidación del control estatal sobre el tráfico internacional, el perfeccionamiento de la administración aduanal y el progresivo relajamiento de las reglas y prácticas que por mucho tiempo habían sofocado al comercio exterior. Para dar algunos ejemplos de esto último, en 1893 se dero-

[62] Los analistas contemporáneos atribuían a la devaluación del peso mexicano un auge industrializador sin precedentes. De acuerdo con su percepción, los empresarios se veían atraídos por las inversiones en actividades industriales en la medida en que enfrentaban costos en plata y competían ventajosamente con importaciones valuadas en oro. Esta idea es correcta dentro de ciertos límites. Los importadores enfrentaban costos en plata para todos los insumos y la fuerza de trabajo obtenidos dentro del país, pero no para aquellos que provenían del exterior. Por otra parte, la ventaja que para ellos representaba la depreciación pudo persistir mientras que la economía mexicana estuvo lo suficientemente cerrada al comercio exterior como para impedir que la inflación de los precios de las importaciones se transmitiera al mercado interno. De acuerdo con Beatty, ello fue así hasta 1899, pues a partir de 1900 los precios en México aumentaron más rápidamente que los de importación. Beatty, *Institutions* (2001), pp. 56-57.

garon las multas por adiciones y rectificaciones a las facturas consulares, manteniéndose sólo las que se imponían a la suplantación.[63] En 1898 se eximió a los capitanes de barco de la obligación de declarar el peso bruto de cada bulto, y se les autorizó a modificar sus manifiestos hasta dos días después de zarpar. Al mismo tiempo, se empezó a abrir la posibilidad de descargar las embarcaciones en horas inhábiles, lo que agilizaba el despacho de las mercancías pero resultaba impensable cuando la prioridad era impedir el contrabando.[64] Finalmente, a partir de estos años y hasta los primeros de 1900, se relajó el control sobre las importaciones que se realizaban por la vía ferroviaria: primero, se prohibió la "segunda revisión" de los furgones; más adelante, se autorizó su descarga sólo en caso de sospecha, otorgando por lo demás paso libre y expedito a los trenes.[65] Tal como se expresaba en algunas de estas disposiciones, el propósito del Ejecutivo era "favorecer al comercio, aboliendo aquellas prácticas que entorpezcan sin objeto o graven inútilmente sus operaciones...".[66] El otro aspecto de la racionalización afectó a la administración aduanal. El primer paso, dado en 1893, fue la jerarquización de las aduanas y la definición de sus jurisdicciones. Simultáneamente, se favoreció la profesionalización de su personal. El proceso culminó en 1900 con la formación de la Dirección General de Aduanas, que concentró las atribuciones hasta entonces ejercidas separadamente por la Secretaría de Hacienda y la Tesorería General de la Federación. La nueva oficina estaba dotada de autonomía para el manejo del servicio aduanero, aseguraba una mejor vigilancia y facilitaba la presentación de recursos de inconformidad por parte de los causantes.[67]

En la década de 1890, el gobierno mexicano se liberó parcialmente de la pesada dependencia de los derechos de importación que siempre había padecido, al consolidar una fuente alternativa de recursos fiscales: el impuesto del timbre. Los ingresos derivados de éste pasaron de 9.5 millones en el año fiscal de 1889 a 21.6 millones en 1897-98, para rebasar por primera vez a lo derechos de importación (que ascendieron a 21 millones de pesos en ese año) como fuente de ingresos. De esta manera, la participación de los derechos de importación en los ingresos federales disminuyó de 53% en 1890 a 42% en 1900. Asimismo, la bonanza económica que siguió a la crisis financiera internacional de inicios de los años 1890, aunada a una política presupuestal cada vez más ortodoxa, se tradujo en éxitos recaudatorios y solvencia en las finanzas públicas. Como se sabe, a partir de 1895 y bajo la gestión de José Yves Liman-

[63] Dublán y Lozano, *Legislación* (1876-1912), t. 23 (1898), abril 20, 1893, p. 102.

[64] Dublán y Lozano, *Legislación* (1876-1912), t. 29 (1899), noviembre 12, 1898, pp. 353 ss.

[65] Dublán y Lozano, *Legislación* (1876-1912), t. 33/1 (1907), pp. 392-393; t. 35, pp. 527 ss.

[66] Dublán y Lozano, *Legislación* (1876-1912), t. 23 (1898), p. 102.

[67] Dublán y Lozano, *Legislación* (1876-1912), t. 23 (1898), pp. 459 ss.; t. 32, pp. 133 ss.

tour la hacienda pública registró una serie consistente de superávit que sólo se interrumpieron como resultado de la crisis de 1907.[68]

El equilibrio presupuestario y la diversificación de las fuentes de ingresos otorgaron a la administración porfirista un mayor margen de maniobra para diseñar su política comercial. Estas condiciones propicias para la redefinición de prioridades fueron reforzadas por la postura personal del ministro de Hacienda, quien creía firmemente en la importancia de "estimular la inversión en el sector manufacturero" para desarrollar "una base industrial mexicana".[69] Una vez definidas sus prioridades, el gobierno elaboró una tarifa que impuso aranceles elevados a los productos de consumo que competían con las industrias nacientes que consideró merecedoras de protección, liberalizó una amplia gama de artículos, particularmente bienes de producción que participaban en el propio proceso de industrialización, y encontró la manera de preservar los intereses del fisco sin afectar las necesidades del aparato productivo.[70] Por otra parte, durante toda esta década la devaluación erosionó la tasa de protección concedida por el arancel, aunque al mismo tiempo ejerció un impacto fuertemente proteccionista al elevar los precios de las importaciones en pesos. Con todo, según las quejas de los comerciantes, las fluctuaciones en el tipo de cambio eran aún más dañinas que la propia devaluación, porque hacían impredecibles los precios y cambiantes las condiciones del mercado. Así, pese a su nivel de complejidad y sofisticación, la política arancelaria no podía alcanzar una madurez completa hasta que las variaciones en la cotización de la moneda dejaran de incidir sobre los objetivos de la política comercial.

Consolidación de la política arancelaria: 1902-1912

Muchas de las reformas que experimentó el arancel entre los últimos años del siglo XIX y los primeros del XX tuvieron como finalidad mantener los propósitos de la política comercial en medio de las fluctuaciones en el tipo de cambio, aunque algunas se inscribían en el propósito de reforzar la protección a las industrias nacientes. Además de esas reformas a artículos sueltos, a partir de enero de 1903 y hasta junio de 1904, se adoptó un sistema de ajuste automático de los derechos de importación que proveía una compensación para las fluctuaciones en la tasa de cambio. De acuerdo con este sistema, los derechos regu-

[68] Carmagnani, *Estado y mercado* (1994), pp. 293-300.

[69] Riguzzi, *¿Reciprocidad imposible?* (2003), p. 163.

[70] Coatsworth y Williamson se refieren a este proceso como el "giro del proteccionismo maximizador del ingreso [público] al proteccionismo industrial". Coatsworth y Williamson, "Always Protectionist?" (2004), p. 219.

lares de importación debían dividirse entre dos y multiplicarse por la tasa fijada mensualmente por la Secretaría de Hacienda, que no sería menor a 220%. Es decir, se imponía un recargo mínimo de 10% sobre los derechos establecidos por el arancel, pero variable en razón de la devaluación del peso. En promedio, el ajuste impuesto representó un incremento de 17% sobre los derechos establecidos por la tarifa en 1903 y de 11% en el primer semestre de 1904.[71]

La reforma monetaria de 1905 puso fin a la devaluación del peso al establecer una paridad fija con el oro, y eliminó con ello la incidencia de aquel factor en la formación de los precios en pesos de las importaciones y en los niveles de protección. A partir de ese momento, el *ad valorem* implícito en las tarifas específicas sólo se modificaría como resultado de cambios en el precio de las mercancías en dólares, o como resultado de reformas en el propio arancel. En condiciones normales, el impacto del arancel se volvería mucho más predecible y estable, lo cual lo hacía un instrumento más apto para traducir los propósitos que el gobierno se planteaba al diseñarlo y modificarlo. De ahí que a la promulgación de la reforma monetaria siguiera en el curso de unos cuantos meses la reforma al arancel vigente, para aprovechar la oportunidad de fijar esas intenciones con la certeza de que no serían bruscamente perturbadas por una devaluación o un cambio abrupto en los precios. Aquélla tuvo lugar en junio de 1905, y fue sin duda la más extensa desde que se expidiera la *Ordenanza* de 1891. El arancel reformado incorporaba todas las tarifas adicionales que se habían dictado en el curso de los tres lustros anteriores, con la única excepción del impuesto municipal de 1.5 a 2% y, cuando aplicaban, de los derechos de carga y descarga vigentes desde 1898. De acuerdo con un reporte de la prensa británica, la nueva tarifa contenía aumentos en 217 cuotas y disminuciones en 175.[72]

Ahora bien, la reforma de 1905 debe entenderse como un punto de llegada, y no como el punto de partida en la elaboración de la política arancelaria. Coronó los esfuerzos del régimen por diseñar un arancel que acogiera todas las motivaciones que lo inspiraban: principalmente, las de satisfacer las necesidades fiscales y apoyar el proceso de modernización y de desarrollo industrial.[73] Con el fin de valorar las orientaciones que se traducían en esa reforma, el cuadro 4.5 recoge una muestra muy amplia de artículos cuya cuota arancelaria fue modificada, rastreando los cambios tarifarios que estos artículos experimentaron en las múltiples modificaciones que siguieron al arancel de 1891.

[71] Dublán y Lozano, *Legislación* (1876-1912), t. 34 (1907), pp. 902, 988. Para el tipo mensual establecido por Hacienda, véase *Ibid.*, ts. 35 (1908), 36 (1908) y 37/1 (1909), *passim*. Véase también *The Board of Trade Journal*, diciembre 24, 1902, p. 598.

[72] *The Board of Trade Journal*, agosto 3, 1905, pp. 218-219.

[73] Cárdenas, *Cuándo se originó* (2003), p. 168.

Cuadro 4.5
Historial de las principales reformas a la tarifa de importación de 1905

		Cuota vigente al momento de la reforma			Reforma de 20 junio 1905	
*Fracción**	*Artículo*	*Unidad*	*Fecha de expedición*	*Cuota*	*Nueva fracción*	*Cuota*
3	caballos y yeguas	cabeza	18 oct 1892	15.00	2	45.00
10	carne fresca	kn	"	0.08	4	0.10
12	carnes ahumadas	kl	"	0.12	5	0.15
25	lana en vellón, sucia	kb	12 sep 1901	0.06	16	0.07
25a	lana en vellón, lavada o desengrasada	kb	"	0.10	17	0.11
26	lana cardada	kn	22 feb 1893	0.12	18	0.14
30	pelo de cabra y de camello	kb	12 sep 1901	0.10	22	0.12
34b	pieles sin curtir, n.e.	kb	30 dic 1898	0.03	28	0.035
68	artefactos de cuero, n.e.	kl	30 dic 1898	1.50	59	2.00
69	bandas de cuero para maq., con o sin ellas	kb	4 feb 1904	0.50	60	0.55
72	becerrillos, charoles, gamuzas, etc. curtidas	kl	30 dic 1898	1.30	62	1.60
83	pantuflas con adornos de seda o met no prec., -12cm	par	12 sep 1901	0.25	69	0.30
84	pantuflas con adornos de idem, 12 a 20 cm	par	"	0.35	70	0.40
85	pantuflas con adornos de idem,mas de 20 cm	par	"	0.50	71	0.60
91	botines de cuero o tela, sin metal fino, - 12 cm	par	"	0.50	73	0.70
92	botines de idem, 12 a 20 cm	par	"	0.80	74	1.15
93	botines de idem, más de 20 cm	par	"	1.25	75	1.75
122	velas esteáricas	kb	22 feb 1893	0.18	83	0.20
125	algodón sin pepita	kb	"	0.07	85	0.077
138	frutas secas n.e.	kb	12 sep 1901	0.09	98	0.10
146	cebada en grano para cerveza (malta)	kb	30 jun 1897	0.05	96a	0.05
183	aceite de coco y linaza en carro o buque tanque	kn	"	0.10	136	0.055
183a	aceite de coco y linaza en madera, tambor o lata	kb	"	0.09	137	0.05
188	alquitrán vegetal	kb	"	0.06	141	0.05
231	cable de fibras de 3 cm diám. o más	kb	5 jun 1897	0.08	168	0.09
233	costales yute, henequén, etc.	kb	"	0.11	169	0.12
237	jarcia y cordelería de hasta 1 cm diám.	kl	"	0.12	173	0.14
237a	ídem de 1 a 3 cm diám.	kl	"	0.08	174	0.09
240	tabaco de mascar	kl	22 feb 1893	1.00	176	1.10
241	tabaco en hebras para cigarrillos	kl	"	1.50	177	1.70
242	tabaco en polvo o rape	kl	"	3.00	178	3.30
244	tabaco labrado en cigarrillos	kl	"	2.00	179	2.20
245	tabaco labrado en puros	kn	"	7.00	180	7.70
250	muebl. mad. fina o chapa, sin metal	kl	30 dic 1898	0.30	161	0.35
252	muebl. mad. toda clase, con adornos no preciosos	kl	"	0.60	163	0.70
266a	bronce, latón y metal blanco en ling. o granulado	kb	4 feb 1904	0.04	195	0.05
270	alambre de cobre, latón, etc. forrado	kb	"	0.05	199	0.10
271	alambre desnudo cobre etc. -2 mm diám.	kb	"	0.08	200	0.10
272	alambre desnudo de cobre etc. +2 mm diám.	kb	"	0.05	201	0.06
272a	cable no armado de cobre etc. forrado o no todo diám.	kb	"	0.05	207	0.06
276a	artef. de cobre o metal común, más de 10 kg	kl	30 ab 1894	0.40	204	0.22
291	estaño en barras y greña	kb	12 sep 1901	0.12	217/kl	0.10
294	plomo en barras o lingotes	kb	"	0.03	220	0.04
295	zinc en lingotes, limaduras, etc.	kb	22 feb 1893	0.01	221	exento
297	artefactos de plomo n.e.	kl	12 sep 1901	0.08	223	0.10

Cuadro 4.5 *(continuación)*

			Cuota vigente al momento de la reforma		*Reforma de 20 junio 1905*	
*Fracción**	*Artículo*	*Unidad*	*Fecha de expedición*	*Cuota*	*Nueva fracción*	*Cuota*
300	plomo en láminas y tubos y plomo de vidriero	kb	"	0.05	224	0.06
305	acero en barras varias formas	kb	"	0.05	228	0.055
307	alambres diám. mayor .20 (+ de 1 mm.)	kb	4 feb 1904	0.05	229	0.055
308	alambres diám. menor .25 (menos de 1 mm)	kb	"	0.08	230	0.09
311	alambre para cercas	kb	"	0.02	231	0.025
313	arados, sus piezas y refacciones	kb	12 sep 1901	0.01	232	0.0165
315	barriles de hierro	kb	4 feb 1904	0.03	233	0.033
316	cable de todos los gruesos	kb	18 oct 1892	0.01	234	0.011
322	hierro y acero lingotes o pedacería	100 kb	4 feb 1904	0.015	239	0.02
322a	hierro forjado tosco y acero en lingotes	kb	"	0.02	240	0.025
323a	hierro fleje	kb	"	0.07	242	0.08
324	hierro en escuadra y en T	kb	"	0.05	241	0.06
326	hierro o acero en láminas, estriado, n.e.	kb	"	0.06	243	0.066
326a	ídem sin pintar ni galvanizar, menos 50 cm largo	kb	23 feb 1897	0.02	244	0.011
327	hoja de lata en láminas	kb	18 oct 1892	0.01	245	0.08
329	muelles de acero para carros y carruajes	kb	12 sep 1901	0.10	246	0.11
331	postes hierro o acero para conduct. eléct.	kb	4 feb 1904	0.015	247	0.03
332	rieles hierro o acero fc, +12kg/m	kb	"	0.01	248	0.02
332a	rieles hierro o acero fc, –12kg/m y agujas, clavos etc.	exentos	"		249	0.01
333	vigas y viguet hierr./acero edif. sin corte esp.	kb	"	0.02	250	0.03
333a	vigas, viguetas etc. con corte esp., y demás para constr.	kb	"	0.03	251	0.04
334	alambre cubierto de tela	kl	18 oct 1892	0.12	252	0.14
336a	artefactos hierro y acero de menos de 10 kg	kl	"	0.15	254	0.22
336a	artef. de hierro o acero esmaltados en todo o parte	kl	12 sep 1901	0.25	255	0.30
340	clavos, tornillos, remaches, hierro o acero	kl	4 feb 1904	0.10	257	0.12
340a	estufas de hierro	kb	18 oct 1892	0.05	258	0.08
359	cal y cemento romano o Portland y blanco de España	kb	"	0.005	268	0.0055
360	carbonatos de magnecia, barita o estronciana	kb	12 sep 1901	0.03	270	0.033
361	blanco de España	kb	22 feb 1893	0.05	268	0.0055
365	espatos	kb	12 sep 1901	0.08	271	0.10
374	plombagina negra	kb	"	0.05	274	0.06
377	yeso y estuco	kb	18 oct 1892	0.01	275/kl	0.04
378	aceite mineral impuro	kn	30 ab 1894	0.03	276	0.033
379	aceite mineral purificado, bencina, cera min y parafina	kl	4 feb 1904	0.08	277	0.09
386	vaselina	kb	22 feb 1893	0.10	280	0.11
389	artefactos de marmol menos 50 kg	kb	30 ab 1894	0.25	282	0.30
389a	ídem más de 50 kg, por el excedente	kb	"	0.15	283	0.18
395a	azulejos con molduras	kb	4 feb 1904	0.05	287	0.06
396	bujías de parafina	kb	12 sep 1901	0.18	289	0.20
404	losas de marmol para pisos, labrada sólo una cara	kb	30 ab 1894	0.015	295	0.016
406	losas de marmol para muebles o con cantos pulidos	kb	"	0.12	296	0.15
417	aisladores vidrio o loza para conduc. eléct.		12 sep 1901	exentos	302	0.01
419	botellas de vidrio corriente para bebidas	kb	4 feb 1904	0.02	303	0.022
419a	botellas de vidrio corriente con marca	kb	"	0.02	304	0.06
444	cordones de algodón menos 10 mm	kl	30 dic 1898	1.20	325	1.32
447	hilo algodón en ovillos y madejas para rebozos	kl	"	1.20	328/kn	1.40

Cuadro 4.5 *(continuación)*

			Cuota vigente al momento de la reforma		*Reforma de 20 junio 1905*	
*Fracción**	*Artículo*	*Unidad*	*Fecha de expedición*	*Cuota*	*Nueva fracción*	*Cuota*
458	telas de algodón lisas blancas menos 30 h.	m^2	18 oct 1892	0.07	333	0.08
459	telas de algodón lisas blancas más de 30 h	m^2	"	0.10	334	0.11
460	telas algodón pintadas lisas menos 30 h.	m^2	"	0.10	335	0.11
462	telas algodón crudas, blancas o color, tejido no liso	m^2	4 feb 1904	0.18	337	0.20
465	telas alg toda clase con adornos metal no precioso	kl	12 sep 1901	2.00	339	2.20
474a	cobertores y cortinas algodón sin bordar	kl	22 feb 1893	1.00	351	1.10
474b	cobertores ídem bordados	kl	"	1.50	352	1.70
481	flecos, mallas, cinta, etc. con adornos metal o vidrio	kl	12 sep 1901	1.00	357	1.15
483	pañuelos algodón con encaje algodón	uno	"	0.20	359	0.22
499	hilaza de lino, cáñamo, etc. n.e.	kl	"	0.10	374	0.18
500	hilo de lino en madejas	kl	18 oct 1892	0.12	376	0.25
501	hilo de lino en carretes	kl	"	1.00	377	1.10
508a	telas ídem hasta 12 hilos en 5 mm	m^2	11 feb 1895	0.13	385	0.15
510	telas lino, etc., blancas o color, tejido no liso	m^2	4 feb 1904	0.22	387	0.25
527a	cortinas, colchas lino sin bordar	kl	22 feb 1893	1.25	405	1.40
527b	cortinas colchas lino bordados	kl	"	1.70	406	2.00
530	fleco, cinta mallas, lino con adornos vidrio o metal	kl	12 sep 1901	1.00	408	1.25
532	pañuelos lino con encaje algodón o lino	uno	"	0.40	410	0.45
544	tiras de tela de lino bordadas no seda	kl	4 feb 1904	2.50	421	2.75
545	tiras tela lino bordadas con adornos vidrio o metal	kl	"	1.50	422	1.70
546	cordón lana, -10mm diám.	kl	"	2.50	423	2.75
556	telas lana todo tejido, hasta 100gr/m^2	kn	12 sep 1901	2.50	429	3.00
557	telas lana todo tejido, 100-180 gr/m^2	kn	"	2.00	430	2.60
558	telas lana todo tejido, 180-450 gr/m^2	kn	"	3.25	431	4.00
559	telas lana todo tejido, +450 gr/m^2	kn	"	2.00	432	2.60
563	alfombras de rizo de lana	m^2	"	0.90	434	1.00
565	alfombra de lana acordonada	m^2	"	0.90	436	1.00
566	manuf. punto de medio lana n.e., incluso adornos no seda	kl	4 feb 1904	1.75	437	2.50
569	camisas y calzoncillos lana, peq. adornos seda	kl	30 dic 1898	2.50	440	2.75
575	cortinas lana, auch con forro, bordadas, sin seda	kl	"	2.75	444	3.00
593	ropa hecha n.e. lana todo tejido, inc. adornos no seda	kl	4 feb 1904	5.50	459	6.00
595	ropa hecha n.e. lana con seda, incl. adornos no metal fino	kl	"	6.00	460	7.00
652	acetato de aluminca, amoniaco, cal, etc.	kl	22 feb 1893	0.05	516	0.06
654	ácido clorhídrico, sulfúrico	kb	"	0.015	518	exento
655	ácido acético, nítrico	kl	"	0.03	520	0.04
658	ácidos en cristal	kl	"	0.40	522	0.20
664	alizarinas naturales o artificiales	kb	12 sep 1901	0.07	515	0.08
670	barnices blancos y de colores	kl	"	0.20	530	0.22
676	bicarbonato de potasa y sosa	kl	"	0.08	531	0.09
677	cianuros alcalinos	kl	22 feb 1893	0.02	536	exento
679	colores en polvo o cristales	kb	12 sep 1901	0.07	543	0.08
679a	colores preparados	kb	"	0.12	544	0.15
683	cloruro de cal, sosa y potasa	kb	"	0.01	538	0.07
693	extractos de maderas tintóreas	kb	"	0.07	550	0.08
697	hiposulfito de sosa	kb	22 feb 1893	0.01	553	exento
716	salitre o nitrato de potasa y sosa	kb	"	0.01	559	exento

Cuadro 4.5 *(concluye)*

			Cuota vigente al momento de la reforma		*Reforma de 20 junio 1905*	
*Fracción**	*Artículo*	*Unidad*	*Fecha de expedición*	*Cuota*	*Nueva fracción*	*Cuota*
719	sulfato de cobre	kb	"	0.01	562	exento
720	sulfato de sosa y magnesia	kb	"	0.04	564	0.045
720	sulfito bisulfito y trisulfito de cal y sosa	kb	"	0.01	565	0.015
731	aguardiente en vasijas de barro o vidrio	l	"	0.55	569	0.75
732	aguardiente en vasijas de madera	l	"	0.40	570	0.55
734	cerveza, sidra y refrescos, en botella	kn	12 sep 1901	0.20	572	0.25
735	cerveza y sidra en barril	kb	"	0.08	573	0.10
738	vinage en vasijería de madera	kb	30 dic 1898	0.06	576	0.055
743	papel sin cola para libros y periódicos	kl	18 oct 1892	0.07	582	0.16
743	papel de cola o media cola para impr., filtro y secante	kl	12 sep 1901	0.07	583	0.075
743a	papel sin cola o media cola para impr. y empaque liso	kl	23 feb 1897	0.08	584 y 585	0.20
746	papel de estraza y para empaque n.e.	kl	12 sep 1901	0.06	586	0.09
767	artefactos n.e. de papel o cartón	kl	30 dic 1898	0.40	597	0.45
779	sacos para empaque de papel, incl. con rótulo n.e.	kl	4 feb 1904	0.07	604	0.20
785	aparatos para reproducir manuscritos	kb	22 feb 1893	0.05	607	0.06
786a	apagadores, focos, contactos, fusibles, etc.	kb	4 feb 1904	0.10	608	0.11
795	instrumentos musicales de todas clases	kl	"	0.50	691	0.055
800	maq. todas clases ind, agric, min y artes, n.e. y piezas	kb	"	0.02	612	0.0165
815	carretas y todo vehículo, n.e., -200 kg peso c/u	kn	"	0.20	623	0.22
816	carretas y todo vehículo, +200 kg peso c/u	kn	"	0.05	624	0.055
817	carretillas de una o más ruedas	kb	12 sep 1901	0.01	625	0.0165
819	carruajes toda clase n.e. para personas, -250 kg	kn	4 feb 1904	0.60	627	0.66
821	carruajes toda clase n.e. para personas, 250-750 kg	kn	"	0.50	628	0.055
823	carruajes toda clase n.e. para personas, +750 kg	kn	"	0.40	629	0.045
825	carruajes sin vestir ni pintar, -250 kg	kn	"	0.30	630	0.33
827	carruajes sin vestir ni pintar, 250-750 kg	kn	"	0.20	631	0.22
829	carruajes sin vestir ni pintar, +750 kg	kn	"	0.10	632	0.11
838	triciclos sin llanta de hule para niños	kn	30 dic 1898	0.25	635	0.30
838a	velocipedos todas clases n.e. y refacciones	kn	"	1.00	636	1.10
846	dinamita y explosivos n.e.	kb	18 oct 1892	0.03	642	0.033
854	aceites para lubricar	kb	12 sep 1901	0.05	647	0.06
860	bandas de hule para maquinaria, con o sin ella	kb	4 feb 1904	0.10	654	0.11
898a	jabón con aroma	kl	12 sep 1901	0.75	692	1.00
899	jabón sin aroma	kb	22 feb 1893	0.20	693	0.25

* La fracción debe tomarse más como indicativa de la posición del artículo en la lista que como ubicación exacta en el momento de la última modificación previa a la reforma de 1905, debido a que se operaban múltiples reformas al vocabulario del arancel que podían afectar esa ubicación.

FUENTES: Dublán y Lozano, *Legislación* (1877-1912), t. 22 (1898), pp. 311-12; t. 23 (1898), pp. 69-72; t. 24 (1898), pp. 64-65; t. 25 (1898), pp. 33-34; t. 27 (1898), pp. 92-93 y 288-289; t. 29 (1899), 454-456; t. 36 (1908), pp. 109-115. *Semana Mercantil,* junio 10, 1895, p. 265; agosto 12, 1895, p. 373; noviembre 18, 1895, pp. 541-542; abril 13, 1896, p. 195; mayo 18, 1896, p. 265; julio 13, 1896, pp. 379-380; septiembre 7, 1896, p. 490; noviembre 9, 1896, pp. 616-617; marzo 1, 1897, p. 115, julio 12, 1897, p. 380; noviembre 8, 1897, pp. 615-616; diciembre 6, 1897, p. 672; junio 6, 1898, p. 318; agosto 8, 1898, p. 443; enero 9, 1899, p. 21; mayo 8, 1899, p. 261; diciembre 11, 1899, p. 690; febrero 5, 1900, p. 79; julio 9, 1900, p. 387; agosto 6, 1900, p. 443; septiembre 17, 1900, p. 527; octubre 15, 1900, p. 582; febrero 18, 1901, p. 92; junio 10, 1901, p. 310; abril 21, 1902, p. 227; febrero 15, 1904, pp. 706-708; marzo 21, 1904, p. 764.

Significado del sombreado: se emplea sombreado claro en aquellas tarifas que aumentaron respecto a la anterior; sombreado oscuro para las que disminuyeron, y sin sombreado las que no sufrieron modificación alguna.

El cuadro incluye 170 reformas al arancel decretadas en 1905. De ellas, 45 se hicieron sobre cuotas que se habían impuesto en los primeros años de 1890, y que constituían en realidad ajustes a la *Ordenanza* expedida en 1891. Otras 25 afectaron cuotas establecidas en el resto de esa misma década, y constituían por lo general adecuaciones para contrarrestar cambios en los precios y en algunos casos para elevar la protección efectiva, frecuentemente mediante la reducción de las tarifas impuestas a los insumos importados. Sin embargo, la mayor parte de las reformas de 1905 (97) se impusieron sobre cuotas que ya habían sufrido modificaciones entre 1901 y 1904. Si se toma en cuenta que el arancel estaba compuesto de unos 900 artículos, ello significa que había un grupo más o menos reducido de productos que constituía el centro de atención de la administración hacendaria, y cuyos aranceles se ajustaban continuamente para lograr el efecto deseado. Es preciso aclarar que en muchos casos las modificaciones previas a la reforma de 1905 en realidad entrañaban cambios en la nomenclatura, definiciones más finas de los artículos o un mayor desglose de sus variantes, cuya consecuencia indirecta era una mayor recaudación —pero que no implicaban un cambio en la tarifa. En el cuadro, cuando la cuota vigente al momento de la reforma de 1905 no había sido modificada por las reformas anteriores, se indica sin señalación alguna; cuando aquélla representaba un aumento respecto a la tarifa anterior, se presenta con sombra clara, y si esa cuota representaba una disminución, con sombra oscura. Estas indicaciones nos permiten observar que entre 1892 y 1904 no existe una tendencia dominante en la orientación de las reformas arancelarias: muchas de ellas representaron simples modificaciones en el vocabulario, otras, ajustes al alza o a la baja en las cuotas precedentes. Una excepción notable en este sentido es la de los artículos de hierro y acero, en los que las reformas ya denotaban un reforzamiento de la protección arancelaria. La apertura de la Fundidora de Hierro y Acero de Monterrey en 1900 fue acogida con singular entusiasmo por parte de la administración y particularmente del secretario de Hacienda, Limantour, quien estaba convencido de que se trataba de una industria con buenas posibilidades de desarrollo y merecía por lo tanto ser protegida de "la competencia del Trust Americano".[74] Ello explica que un grupo relevante de productos de hierro y acero sufriera modificaciones al alza en los aranceles, la mayor parte de las cuales se verificó en 1904.

[74] AJYL, 1903, rollo 19, carpeta 10/22, carta de Limantour a Javier Arrangoiz, México, noviembre 19, 1903; rollo 24, 1904, carpeta 6/29, carta de A.C. Grant Duff, encargado de negocios de Inglaterra a Limantour, México, junio 9, 1904, y respuesta de Limantour, junio 11, 1904. El acta constitutiva de Fundidora está firmada el 5 de mayo de 1900, aunque sólo en 1903 se concluyeron los hornos convertidores de acero y se empezó a trabajar en el alto horno. AF, Compañía Fundidora, *[Informes anuales]. Primer ejercicio social* (1902), y *Tercer informe...* (abril de 1904).

A diferencia de los cambios de orientación diversa que habían tenido lugar en los años anteriores, la reforma de 1905 constituyó inequívocamente un ajuste general hacia arriba de los grupos neurálgicos de la tarifa, cuyo propósito primordial debe haber sido compensar a los productores por la pérdida de la protección que hasta entonces otorgaba la devaluación y establecer (o en su caso, reestablecer) los niveles de protección arancelaria deseados.[75] Evidentemente, el alza no afectaba a todos los productos del arancel, pero sí a aquéllos que, como dijimos antes, constituían la columna vertebral de la política arancelaria, y que representaban alrededor de 10% de la lista de productos contemplada en la tarifa. Como en el caso anterior, las cuotas que representaron una elevación de las tarifas anteriores aparecen con sombra clara, y las que constituyeron una disminución, oscura. En las cuotas al alza, ampliamente mayoritarias en esta lista, encontramos bienes que competían con actividades productivas locales e insumos necesarios para la producción; con frecuencia, estos artículos eran de los más comerciados, y por ello particularmente sensibles a modificaciones en el arancel. Veamos el asunto con mayor detenimiento.

Una de las presencias más conspicuas en la lista de reformas de 1905 es la de los artículos de algodón, la industria tradicionalmente más protegida y la que mayores éxitos había mostrado en términos de sustitución de importaciones.[76] Claramente, se produjo aquí una elevación pareja, desde insumos (algodón, hilo, colorantes, químicos) hasta productos finales, entre ellos los tres de mayor presencia en la canasta importadora (458, 460 y 462). De esta manera, el alza, que promediaba alrededor de 12%, dejaba prácticamente intacta la protección efectiva elevando ligeramente la altura de la barrera para todo el grupo. Algo similar sucedió con la otra rama de la industria textil: la de los tejidos de lana. Aunque su base tecnológica era más tradicional y su carácter el de una artesanía ampliamente difundida, merecía habitualmente la protección arancelaria del gobierno. En este caso se produjo también una elevación general de la barrera protectora, aunque el alza promedió 19% en los productos terminados y 14% en los insumos, lo que, *ceteris paribus*, habría significado una ligera elevación de la protección efectiva. Alzas similares se verificaron en relación con manufacturas textiles de otras fibras, como el lino o el henequén. Como se sabe, este último se cultivaba exitosamente en México, y su mayor procesamiento en el país era fomentado, con regular éxito, por el gobierno.

[75] Otras circunstancias que favorecían el alza de las tarifas se exponen en Riguzzi, *¿Reciprocidad imposible?* (2003), p. 187.

[76] Acerca del desempeño de la industria textil en el primer tercio del siglo xx, véase Gómez, "The Impact" (1999), *passim*.

Otras actividades tradicionales que vieron aumentada la protección implícita fueron las industrias del calzado y otros artículos de piel, el tabaco, la fabricación de carretas, la cerveza y el jabón.[77] Algunas de éstas se mantenían como actividades artesanales ampliamente extendidas; otras transitaban hacia la producción en mayor escala dentro de establecimientos fabriles. Entre las primeras se encontraba la fabricación de carretas y hasta cierto punto, de artículos de cuero; entre las segundas debe contarse a la cerveza, el tabaco, el papel y el jabón. En los cuatro casos se habían desarrollado, a partir de la década de 1890, industrias de ciertas dimensiones que abastecían con sus productos porciones significativas del mercado nacional, y que podían reclamar legítimamente el derecho a la protección que reivindicaban las industrias nacientes.[78] En todos los casos se produjeron incrementos en la cuota arancelaria, aunque de distinta magnitud: alrededor de 28% para el calzado y el jabón, 10% para las carretas y carruajes (aunque entre éstos, dos tipos experimentaron bajas considerables en la cuota establecida) y para los artículos de tabaco (tanto en los insumos como en los productos finales), y muy variable para los de papel.

El grupo más numeroso de mercancías afectadas por cambios al alza en las cuotas arancelarias fue el de los artículos de cobre, plomo y, sobre todo, de hierro y acero. En este último caso, el alza se relacionaba con la apertura de la planta fundidora de Monterrey, a cargo de empresarios mexicanos.[79] Significativamente, para muchos de estos artículos esta era la segunda vez en poco más de un año que se efectuaban ajustes hacia arriba de no poca significación; algunos de ellos se encontraban en el grupo selecto de los que más se importaban (fracciones 311, 326, 332, 336), y muchos formaban parte de la lista de artículos que la fundidora había empezado a producir y a sustituir: rieles, vigas y viguetas, barras de fierro y acero, varillas y vaciados.[80] Los aumentos variaban considerablemente de un producto a otro, debido probablemente a que, tratándose de una industria nueva, se buscaba diseñar la estructura de la protec-

[77] Algunas de estas industrias existían desde el último tercio del siglo XIX, como era el caso de las cigarreras y las cervecerías, y otras, como la jabonera, surgieron en el cambio de siglo. En cualquier caso, la creciente escala de sus operaciones las colocó en condiciones de exigir mayor protección. Acerca del desarrollo de las diversas ramas de la industria, véase Haber, *Industria* (1992), pp. 66-73.

[78] Haber, *Industria* (1992), pp. 66-73.

[79] Los principales accionistas eran Antonio Basagoiti, León Signoret, Eugenio Kelly y Vicente Ferrara. Les seguía un nutrido grupo de inversionistas regiomontanos y de otras partes del país. AF, *Acta Constitutiva,* mayo 5, 1900, y *Actas asambleas generales. 1900-*, Lista de accionistas en 1907.

[80] AF, Compañía Fundidora..., *[Informes Anuales]. Primer ejercicio social* (1902) y *Sexto Informe* (1907). Véase asimismo Gómez, "El desempeño" (1997), p. 217.

Gráfica 4.3
Franjas de protección arancelaria, 1907
(tasas *ad valorem* implícitas en el valor unitario)

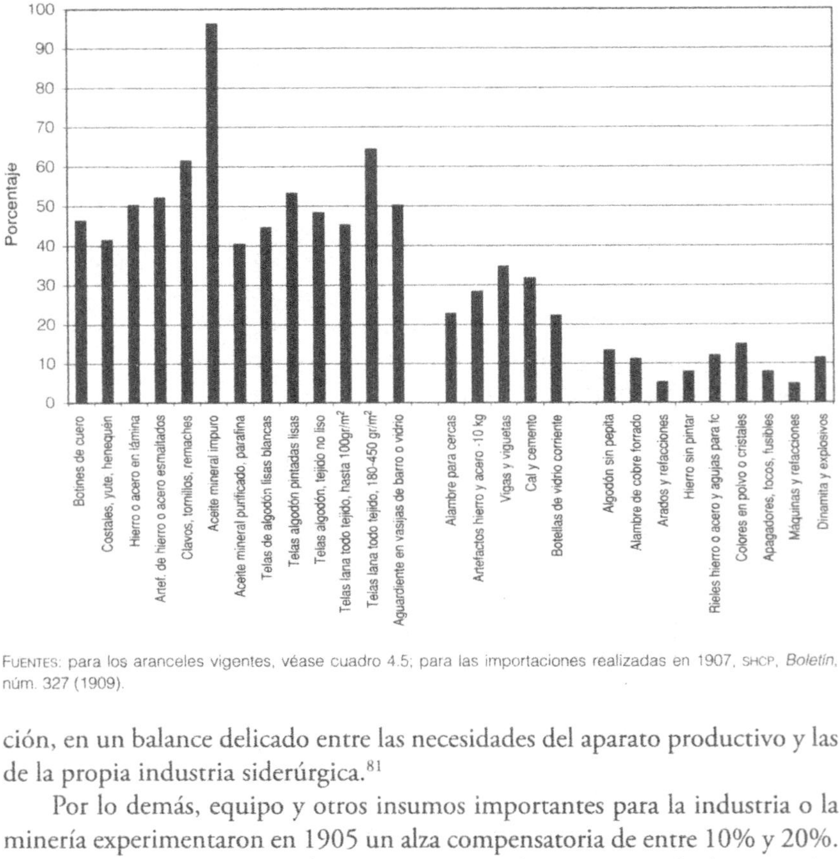

FUENTES: para los aranceles vigentes, véase cuadro 4.5; para las importaciones realizadas en 1907, SHCP, *Boletín*, núm. 327 (1909).

ción, en un balance delicado entre las necesidades del aparato productivo y las de la propia industria siderúrgica.[81]

Por lo demás, equipo y otros insumos importantes para la industria o la minería experimentaron en 1905 un alza compensatoria de entre 10% y 20%. En este caso se encontraron la maquinaria, muchos químicos, la dinamita, las velas, entre otros. En forma excepcional, algunos artículos de estos tipos fueron favorecidos con disminuciones y hasta exenciones plenas en sus derechos de importación, como sucedió con aceites vegetales, ciertos artefactos de cobre y algunos productos químicos.

Un mayor acercamiento a la estructura arancelaria que se consolidó con la reforma de 1905 lo ofrece la gráfica 4.3. En ella se han incluido cerca de trein-

[81] En este sentido, Beatty considera que la industria siderúrgica "ilustra cómo los hacedores de políticas se encontraban con frecuencia atrapados entre intereses contradictorios al establecer los niveles tarifarios." Beatty, *Institutions* (2001), p. 71.

ta artículos, entre los que registraron mayores importaciones en 1907, y se han dividido en grupos, con el simple criterio de la tasa de protección implícita que pesaba sobre ellos en ese año. Se identificó así la existencia de tres grupos o "franjas" de protección arancelaria: una de protección arancelaria muy elevada (con aranceles equivalentes a más de 40% sobre el valor unitario), otra media (de entre 20 y 35%) y una última baja (de entre 5 y 15%).

Lo relevante de esta agrupación es que la distribución de productos en las tres franjas no es aleatoria ni mucho menos arbitraria. Lejos de ello, cada franja corresponde al nivel impositivo que le otorga un diseño arancelario muy preciso: en la de protección elevada se encuentran los artículos que compiten con la producción interna: calzado, manufacturas de fibra, textiles, artículos de hierro y acero, aceites minerales y aguardiente; es decir, buena parte del catálogo de la producción industrial del porfiriato tardío. En la franja de protección intermedia se refleja, por así decirlo, la ambivalencia de la política comercial: se trata de productos que compiten con la industria local pero que al mismo tiempo constituyen insumos necesarios para otras actividades productivas: alambre y otros artículos de hierro y acero, vigas, cemento y botellas de vidrio. Todos se han empezado a producir en México, pero en una escala que aún no alcanza a satisfacer las necesidades del mercado nacional, de manera que, en la visión de la administración, se justifica una cierta moderación en la protección. Por último, la franja inferior refleja con toda claridad el espectro de lo imprescindible, es decir, de los bienes de producción de los que dependía la continuidad de la modernización en la infraestructura y la planta industrial: insumos como el algodón, la dinamita y los tintes; maquinaria agrícola e industrial; rieles para los ferrocarriles, alambre de cobre y otros insumos para la electrificación. Resulta evidente, entonces, que un derecho de importación de alrededor de 10% era considerado como estrictamente fiscal.

En fin, aunque pueda encontrarse alguna excepción a este patrón, no cabe duda que para entonces el arancel se había convertido en un instrumento de notable precisión para expresar los objetivos de la política comercial.

4.2 RETROCESOS, AVANCES Y CONTINUIDADES EN LA POLÍTICA COMERCIAL: 1912-1929

Caos administrativo y urgencia fiscal: la década de 1910

El estallido de la revolución y la caída del régimen porfirista no produjo cambios visibles en la política arancelaria. El régimen de Madero decretó un aumento general de 5% en los derechos de importación, que fue elevado a 10%

por la administración de Victoriano Huerta.[82] Lo que siguió fue un desorden administrativo atribuible a la generalización de la guerra civil, que así como impidió el recuento regular del comercio debió obstruir severamente la recaudación de derechos por ese concepto. Y sin embargo, existía un marcado interés en que estos flujos no se detuvieran, puesto que, como las propias autoridades reconocían años después, fuera de los fondos que proporcionaban las emisiones de papel moneda, el Ejército Constitucionalista y luego gobierno provisional sólo disponía de lo que podía recaudar por concepto de derechos al comercio exterior "de las aduanas que se encontraban en nuestro poder". Por lo demás, durante el periodo más álgido de la lucha, esos recursos escapaban al control de cualquier administración central, y se encontraban más bien a disposición de los jefes de las distintas facciones militares. Por lo que respecta al constitucionalismo, Venustiano Carranza exponía ante el Congreso en 1917:

> ...en muchos casos hubo necesidad de dejar enteramente las oficinas recaudatorias de Hacienda a disposición de los jefes militares, con el fin de que éstos pudieran proveerse inmediatamente de fondos, y en la mayor parte de los casos los Comandantes Militares asumían, obligados por la necesidad, facultades hacendarias que llegaban hasta imponer contribuciones especiales.[83]

En los hechos estas ocasiones fueron numerosas, y se relacionaban con las exigencias de la guerra o con las circunstancias excepcionales, de hambruna e inflación, provocadas por la guerra civil en distintos puntos del país. Así, el periodo de 1914 a 1916 se caracterizó por la publicación continua de decretos que modificaban algunas cuotas o imponían la exención de derechos, muchas veces de manera temporal, con el fin de mejorar el abasto de bienes, sustituir la pérdida de cosechas, o paliar la escasez debida a cualquier otra eventualidad. Es imposible dar seguimiento a estos decretos, y tampoco tiene sentido hacerlo debido a su transitoriedad y a la ausencia de un plan económico en su expedición. Vale la pena consignar, sin embargo, que abarcaban no sólo numerosos productos alimenticios (maíz, manteca, azúcar, semillas, harina, etc.), sino

[82] El 5% adicional entró en vigor el 13 de junio de 1912. Respecto al otro incremento decretado, una fuente secundaria afirma que se trataba de un "aumento del 50% a los derechos de importación", con fecha de octubre 23, 1913. Sin embargo, en su informe ante el Congreso, Huerta se refiere al importe "del cinco y diez por ciento adicional sobre los derechos de importación" que se habrían introducido durante 1912 y 1913. Asimismo, en los considerandos de la reforma al arancel de 1916, se expone que "debe suprimirse el 10% adicional sobre los derechos de importación", presumiblemente vigentes desde el régimen de Huerta. Ludlow, *Los secretarios* (2002), t. II, p. 337; *Los Presidentes* (1985), p. 89; [SHCP], *Tarifa* (1916), s.p.

[83] *Los Presidentes* (1985), p. 186.

también otros artículos de consumo como jabón, telas de algodón y otras fibras, y en algunos momentos insumos para la producción.[84]

El primer intento sistemático por recoger todas las modificaciones y presentarlas ordenadamente para dar al menos cierta apariencia de estabilidad se produjo en agosto 1916, cuando el todavía Primer Jefe del Ejército Constitucionalista y Encargado del Poder Ejecutivo, investido de facultades extraordinarias, decretó la reforma a la tarifa de importación de la ordenanza vigente.[85] De hecho, tras la promulgación de la *Ordenanza General de Aduanas* de 1891 se verificaron numerosas modificaciones a la tarifa de importación, pero únicamente dos de gran envergadura: la reforma de 1905, a la que me he referido antes, y la de 1916, antes aún de que terminara la guerra civil. Lo que distingue a estas dos reformas de las decenas que tuvieron lugar antes y después es, en primer lugar, su carácter mucho más comprensivo, que las hacía afectar porciones sustanciales de la tarifa de importación; en segundo lugar, el hecho de que ambas modificaban las fracciones con que se numeraba a los artículos incluidos, así como muchos aspectos del vocabulario; y por último, que las dos se emprendieron para enfrentar cambios radicales en las condiciones en que se realizaba el comercio exterior: en el caso de la primera, el tránsito a un nuevo patrón monetario; en el de la segunda, las mudanzas producidas por la revolución y, en alguna medida, por los trastornos en el comercio internacional generados por la Primera Guerra Mundial.

La reforma de 1916 fue sucedida, casi de inmediato, por nuevos decretos que modificaban las cuotas con el fin de enfrentar las condiciones económicas especiales por las que todavía atravesaba el país. Para facilitar estos cambios, a partir de diciembre de 1918 el Ejecutivo gozó de facultades especiales para reformar el arancel.[86] Estas modificaciones no formaban parte de un plan arancelario general, y frecuentemente eran concebidas como transitorias, en tanto se superaban las circunstancias que las motivaron. Los objetos principales de estas reformas eran artículos de primera necesidad, como cereales, manteca y leguminosas, pero también alcanzaban a otros artículos de consumo, como textiles o calzado, y a pertrechos de guerra.[87] A fines de 1920 se publicó una compilación del arancel de 1916 y todas sus reformas, que aunque no incluía ningún cambio respecto a aquellos, ofrecía cierta apariencia de norma-

[84] Véase, por ejemplo, SHCP, *Decretos... 1914-1915* (1915), *passim.*

[85] Para la reforma de 1916 véase [SHCP], *Tarifa* (1916), *passim*, y SHCP, *Memoria 1913-17* (1952), vol. II, pp. 14-359.

[86] Informe de Venustiano Carranza ante el Congreso, septiembre 1, 1919, en *Los Presidentes,* (1985), p. 348.

[87] Véase, por ejemplo, los decretos contenidos en SHCP, *Memoria 1913-17* (1952), vol. II, pp. 361-373. Véase igualmente *Diario Oficial,* 1917-1919, *passim.*

lización y la promesa de estabilidad futura en la política arancelaria.[88] Lo cierto es que en la década que se iniciaba se publicaron en el *Diario Oficial* unas 150 reformas al arancel y su vocabulario, de diversa importancia y objetivos igualmente variables. Los esfuerzos que las autoridades hacían para racionalizar el sentido de las modificaciones revelan el inmediatismo que generalmente las motivó. Veamos unas cuantas explicaciones:

> En todo caso se ha obedecido a la idea de procurar que la política aduanera se amolde a las circunstancias del momento; y en los casos más importantes, como en lo relativo al tabaco, al jabón, a la sosa cáustica, el propósito ha sido siempre el de favorecer por medio del sistema aduanero, la industria nacional. [Septiembre de 1919].
>
> ...se aumentó la [cuota] correspondiente a ciertos impuestos sobre importación y exportación, atendiendo a las fluctuaciones del mercado, a la necesidad de restringir la entrada de artículos de uso nocivo ... y a la conveniencia de proteger a ciertas industrias indígenas. [Septiembre de 1921].[89]

La aceptación de la continuidad: los años veinte

Por fin, en 1922 se reconoció lo que ya era evidente: que la administración no tenía intención alguna de emprender un cambio sustancial en el régimen arancelario en el corto plazo. A partir de entonces, la "piedra angular" del esfuerzo administrativo estribó en "no lastimar las fuentes de recaudación, desviándolas de sus viejos cauces, [...y] posponer, para cuando la situación sea más despejada, el desarrollo de las reformas que paulatinamente se propone introducir en el sistema fiscal que heredamos del pasado...". Así, las reformas que se llevaron a cabo quedaron constreñidas a "medidas aisladas de restringido alcance".[90] Cuando algunos años más tarde el secretario de Hacienda Alberto J. Pani exponía ante el Congreso de Industriales sus inclinaciones librecambistas, justificaba, como habían hecho en su momento Matías Romero y Limantour, la persistencia de tarifas proteccionistas dentro del arancel. Como se verá en seguida, a estas alturas del desarrollo administrativo del Estado el argumento fiscal seguía ocupando un lugar central, junto al argumento, siempre defendible, de la protección:

[88] López, *Tarifas* (1920), *passim* (CEZ, carpeta 81, *Legislación impositiva, 1919-1920*).

[89] Informes al Congreso de Venustiano Carranza y Álvaro Obregón, respectivamente, en *Los Presidentes* (1985), pp. 348, 467.

[90] Informe de Álvaro Obregón ante el Congreso, septiembre 1 de 1922, en *Los Presidentes* (1985), pp. 531-532.

> No es posible, naturalmente, transformar en un instante una política tradicional y de tan fuertes raigambres económicas, pues previamente a esa transformación habrá que compensar la pérdida de ingresos fiscales que implica, aparte de que las industrias nacidas y desarrolladas al amparo de la protección arancelaria tienen el derecho de subsistir y, por tanto, de que se les conceda el plazo en que puedan adaptarse —si tal cosa es factible— a las condiciones de concurrencia internacional impuestas por el libre-cambio.
>
> De allí que en el periodo de casi tres años a que se refiere la presente exposición [1923-1925] no se haya introducido ninguna reforma fundamental en nuestro sistema aduanero.[91]

Una actitud similar se sostuvo en lo relativo al marco regulatorio y la organización aduanal: aunque se realizaron diversas reformas para mantener y mejorar el servicio, se preservó en lo esencial el marco normativo delineado durante el porfiriato. Algunas de las reformas que se llevaron a cabo dentro de esta situación general de continuidad fueron la supresión de algunas aduanas, que fueron convertidas en secciones aduanales debido a su escasa importancia, la asimilación de los muchos derechos que se imponían sobre el tráfico marítimo en unos cuantos que facilitaban el cálculo y la liquidación, y la simplificación de otros trámites y procedimientos.[92] Una mención especial merece el restablecimiento de la Gendarmería Fiscal. Ésta se había extinguido prácticamente años atrás, cuando se consideró liquidado el contrabando, pero las condiciones de descontrol territorial y caos administrativo generadas por la revolución, no totalmente superadas para entonces, llevaron a que resurgiera en escala ampliada: esta vez se estableció no sólo en la frontera norte, sino en la del sur, con cuerpos de la propia gendarmería en el estado de Veracruz y de contrarresguardo en Monterrey.[93]

Sin embargo, esta continuidad básica en la política arancelaria se daba en un marco completamente distinto al que la vio delinearse por primera vez. Entre el segundo lustro de los años 1890 y el primero de 1900 la situación de bonanza económica y equilibrio presupuestal ofrecían un margen cada vez más amplio para la definición de objetivos diversos y la adopción de mecanismos más afinados para lograrlos. En cambio, a inicios de los años veinte, la fragilidad presupuestal del régimen revolucionario se combinaba con necesidades crecientes de gasto e inversión y con las presiones para regularizar el

[91] Pani, *La política* (1926), pp. 57-58.

[92] Informes al Congreso de Venustiano Carranza, septiembre 1, 1919, y Álvaro Obregón, septiembre 1 de 1922, en *Los Presidentes* (1985), pp. 348, 532.

[93] Informe de Álvaro Obregón ante el Congreso, septiembre 1, 1923, en *Los Presidentes* (1985), p. 589.

pago de la deuda externa. Los ingresos públicos se recuperaron rápidamente al iniciarse la década, aumentando de 131 a 238 millones de pesos entre 1919 y 1920 y luego a 280 millones en 1921, pero luego mostraron un estancamiento preocupante, pues se mantuvieron en torno a los 265 millones hasta 1924. Además, la inestabilidad política seguía colocando las exigencias del ramo de guerra en un punto muy alto (alrededor de un tercio del presupuesto hasta 1924), lo que imprimía una inflexibilidad considerable al manejo presupuestario.[94]

Por otra parte, el aumento considerable en el valor de las importaciones a inicios de los años veinte resultante de la inflación contrastaba con derechos de importación prácticamente estancados debido al mantenimiento de aranceles específicos, que se imponían sobre la cantidad importada sin tener en cuenta las variaciones en los precios. Como las cantidades importadas no se modificaron sustancialmente, la altura de la barrera arancelaria descendió de 23% antes de la revolución a 14% a comienzos de los años veinte, aunque posteriormente volvió a un nivel cercano al anterior, con 21% del valor de las importaciones totales (véase gráfica 4.4, en la página 244). Fue en parte la misma rigidez en la recaudación lo que provocó un descenso en la contribución de los derechos de importación a los ingresos públicos, de 43% en la primera década del siglo a 24% en la de 1920. Lejos de marginar esta fuente de ingresos en las preocupaciones del gobierno, esta situación constituía un acicate para encontrar mecanismos que le permitieran explotarla mejor. Estas circunstancias produjeron una agudización de las motivaciones fiscales en los acercamientos al arancel. De ahí que en 1924, además de la aprobación de un impuesto sobre la renta que terminaría de producir el giro hacia las fuentes internas de recaudación, se recurriera "al expediente inevitable de aumentar algunos impuestos" en vistas a procurar el "restablecimiento del equilibrio de los Presupuestos".[95]

Esta fue acaso la primera de las motivaciones subyacentes en las numerosas modificaciones que sufrió la tarifa de importación durante esta década, pero hubo otras que la administración manifestó en diversos momentos y que vale la pena recoger. Por un lado, la necesidad de realizar ajustes frente a las fluctuaciones de los precios, que permite explicar modificaciones aparentemente aleatorias, por lo general a artículos aislados. En segundo lugar, la de reaccionar ante las peticiones de los antiguos grupos empresariales que reclamaban la continuidad de la protección en los campos de actividad que se desarrollaron desde el porfiriato, así como de los que incursionaban en activida-

[94] Meyer, *México* (1968), p. 31; Iturriaga de la Fuente, *La revolución* (1976), p. 63.

[95] Informe de Álvaro Obregón ante el Congreso, septiembre 1, 1924, en *Los Presidentes* (1985), p. 642.

des emergentes. En tercer lugar, la exigencia de atender a grupos vulnerables, que si bien habían tenido siempre un espacio de protección dentro del arancel, adquirieron desde la revolución mayor resonancia sobre las políticas públicas. Me refiero, por ejemplo, a campesinos (favorecidos con la exención de derechos a arados y tractores), pequeños empresarios (beneficiados por las modificaciones a los derechos de importación para "materias primas para pequeñas industrias"), o consumidores de bajos ingresos (para los que tradicionalmente se eximía de derechos a las importaciones de granos en condiciones de escasez). En cuarto lugar, la conveniencia de sacar un mayor provecho de las importaciones de artículos de lujo o de aquellas cuyo consumo se buscaba desalentar, pues además de ser superfluos desde el punto de vista de las necesidades del país, implicaban un drenaje de recursos al exterior.[96] En este espíritu, se creó un impuesto adicional sobre vinos, que arrojó unos dos millones de pesos anuales en el segundo lustro de esta década.[97]

A partir de 1925 empezó a manifestarse dentro de la administración hacendaria una clara disposición en favor del diseño de un nuevo arancel. Resultaba evidente que el que se había elaborado treinta años atrás no podía satisfacer las necesidades de una economía en pleno proceso de modernización que se situaba en el contexto de un sistema económico internacional complejo y cambiante. Incluso si se mantenía el propósito genérico de promover la modernización económica, el significado de este objetivo no era el mismo que treinta años antes, ni podían serlo los medios para alcanzarlo. Nuevos actores, nuevas industrias y actividades económicas, una fase distinta dentro del proceso de industrialización, capacidades y requerimientos tecnológicos diferentes, consumidores más numerosos y con demandas diversificadas, una relación cambiante con los socios comerciales, creaban en conjunto una situación diametralmente distinta a la que había dado origen a aquel arancel.

El proceso de cambio se inició en 1925, cuando el gobierno tomó varias medidas tendientes a diseñar una nueva ordenanza que incorporara modificaciones en la tarifa y en el marco regulatorio del comercio exterior, y al mismo tiempo a procurar que, mientras se producía el cambio deseado, los asuntos del ramo funcionaran más eficazmente. Se crearon así dos comisiones: una para elaborar una reforma integral a la Ordenanza General de Aduanas, y la otra, la llamada Comisión de Aranceles, para racionalizar la toma de decisio-

[96] Véase al respecto la justificación que frecuentemente se daba en los informes presidenciales para las medidas adoptadas en materia arancelaria en *Los Presidentes* (1985), *passim*.

[97] Pani, *La política* (1926), pp. 170-171; Sterrett, *The Fiscal* (1928), pp. 50, 252; FNM, *México económico* (1932), pp. 130, 132.

nes en relación con las tarifas de importación. Esta última se conformó con dos delegados de la Secretaría de Hacienda y dos de la de Industria, con voz y voto, y un delegado con voz informativa de las secretarías de Agricultura y de Comunicaciones, así como de las Confederaciones de Cámaras de Comercio y de Industria. La comisión acogería todas las peticiones de reforma arancelaria y las estudiaría, contando para ello con la opinión de los representantes de las organizaciones de comerciantes e industriales, quienes sin embargo no participarían en el proceso resolutivo. Asimismo, los miembros de la comisión traducirían sus decisiones en cambios concretos en el arancel, redactando proyectos de decretos que la Secretaría de Hacienda turnaría para su aprobación al Ejecutivo.[98] La comisión se reformó en 1927, y a partir de ese año se ocupó activamente de elaborar un nuevo arancel, incorporando en una sola tarifa los diversos impuestos que pesaban sobre el comercio exterior, y reformar íntegramente la política aduanal. Estos propósitos empezaron a dar frutos desde el mismo año de 1927, en que se publicó una Ley de Agentes Aduanales y su reglamento, como preámbulo para una nueva Ley Aduanal. Aunque esta última se concluyó en 1928, su promulgación se dilató en espera de la nueva tarifa de importación. Ambas entraron en vigor el 1 de enero de 1930, sustituyendo a la antigua ordenanza tanto en su aspecto regulatorio como en el arancelario.[99]

Esta fue la evolución institucional de la política arancelaria a lo largo del periodo que nos ocupa. No obstante las continuidades básicas y las motivaciones persistentes, se produjeron en esa época numerosas reformas al arancel, entre las cuales tres fueron particularmente importantes por su extensión y por la muestra de productos contemplados: las de mayo de 1921, julio de 1922 y enero de 1927.[100] Las dos primeras se ocupaban con detalle de los artículos de algodón, modificando las cuotas, introduciendo cambios en las unidades de medida y una mayor diferenciación de tipos y clases que en conjunto permitían dirigir con más precisión el afán protector y recabar mayores recursos para el erario. La última fue por mucho la más extensa de las reformas que se produjeron desde 1916, y abarcó prácticamente todos los grupos sensibles de la tarifa, ya lo fueran por razones de protección, ya debido a las posibilidades de recaudación. La reforma abarcaba artículos de piel, tabaco, madera, fibras, metales (cobre, latón, hierro y acero), joyería, vidrio y papel.

[98] Informe de Plutarco Elías Calles al Congreso, septiembre 1, 1925, en *Los Presidentes* (1985), p. 713.

[99] *Los Presidentes* (1985), pp. 872-873, 1034.

[100] *Diario Oficial*, junio 2, 1921, pp. 409-413; jul 26, 1922, pp. 1113-1116, y febrero 12, 1927, pp. 2-13.

4.3 LA POLÍTICA COMERCIAL EN LA ERA DEL CAPITALISMO LIBERAL: UNA VISIÓN DE LARGO PLAZO

Hasta aquí se ha procurado presentar una reconstrucción histórica de la forma en que se desenvolvió la política comercial a lo largo del periodo, recogiendo los rasgos particulares de cada fase y sus diferencias respecto a las que le precedieron. Tal acercamiento no permite, naturalmente, obtener una visión de largo plazo en la evolución de esta política, ni reconocer cómo se inscribían los cambios particulares en el trayecto general. Este es el propósito del presente apartado.

La escasez de fuentes cuantitativas, sobre todo en los años tempranos, y la forma muy diversa en que se presenta la información de una fase a otra a lo largo de todo el periodo de estudio, dificultan un acercamiento de largo plazo a la política comercial. Sin embargo, es posible construir algunas estimaciones generales que ofrecen indicios acerca de los niveles de protección. La primera medición refiere a la altura de la barrera arancelaria, es decir, el porcentaje de derechos de importación sobre el valor total de las importaciones, al que designaremos también como "protección nominal". La evolución de este indicador se presenta en la gráfica 4.4.

Es preciso reparar, ante todo, en que la disparidad existente entre las fuentes disponibles obliga a ofrecer no una, sino varias estimaciones de la protección nominal. En la gráfica se utilizan dos series alternativas del valor de las importaciones (convertidas a pesos): por un lado, las cifras oficiales (MXpesos), que, sin embargo, presentan grandes lagunas antes de 1892 y en la década de 1910; por otro, la serie reconstruida en este libro (SKpesos), que ofrece valores para todos los años, aunque sólo pueda emplearse cuando se dispone también del dato sobre los derechos de importación (cosa que no sucede en algunos de los años de 1910 y principios de 1920). Además de las lagunas, MXpesos tiene la desventaja de subestimar severamente el valor de las importaciones en los años de 1880, lo que resulta en un nivel de protección más elevado. Podría pensarse, sin embargo, que esta era la tasa que se obtenía respecto a las importaciones registradas, y entonces, la que reflejaba el nivel de protección impuesto efectivamente al comercio legal.

Por otra parte, se recurre a dos series sobre el monto de los derechos de importación: una procede de fuentes oficiales (DER MX) y la otra de fuentes secundarias (DER ALT), que sin embargo refieren a documentación primaria como su fuente original. Las mayores discrepancias entre ambas series se presentan en los años iniciales: entre 1870 y 1872 DER ALT impone un sesgo hacia abajo que parece salirse del patrón general, y en 1874 DER MX produce un salto de casi diez puntos porcentuales en la estimación. La discrepancia impuesta por los derechos de importación vuelve a ser notoria en la década de

Gráfica 4.4
Estimaciones de la altura de la barrera arancelaria, 1870-1929
(derechos de importación como porcentaje del valor en pesos de las importaciones)

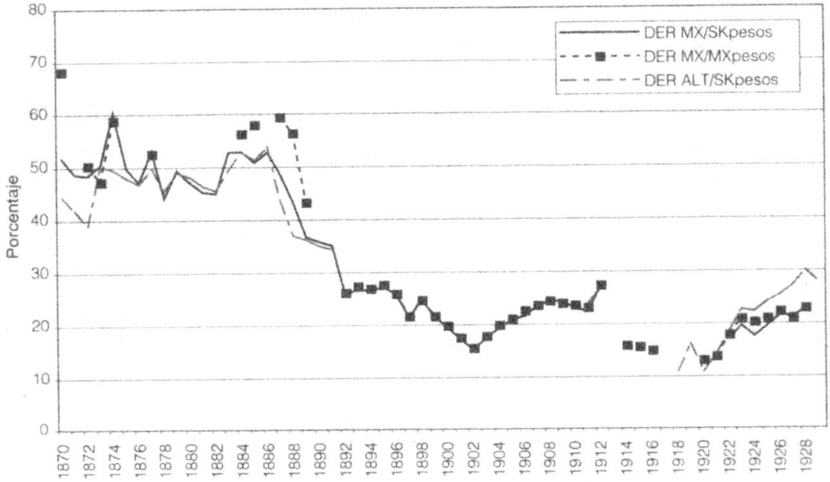

NOTAS: se utilizan dos series del valor de las importaciones convertidas a pesos: los valores reconstruidos aquí (SK) y los valores MX, que son los de fuentes oficiales mexicanas. Por otra parte, se utilizan dos series de derechos de importación: DER MX procede de fuentes oficiales, mientras que DER ALT viene de dos fuentes secundarias (Carmagnani hasta 1910, y Cosío Villegas a partir de ese año).

FUENTES: para las series SK y MX, véanse apéndices y bibliografía. Para las cifras DER MX, véase gráfica 4.1, así como SHCP, *Memoria...1923-1924-1925* (1926), t. I, p. 30, y *Memoria...1911-1913* (1949), p. 29; *Anuario estadístico* (1927), p. 164, y (1930), p. 198; *Los Presidentes* (1985), p. 89. Para DER ALT, Carmagnani, *Estado y mercado* (1994), apéndice, y Cosío Villegas, *La cuestión* (1989), p. 58.

1920; entre 1923 y 1928 produce una diferencia de casi 5% en la altura de la barrera arancelaria. Con todo, como se observa en la gráfica las cifras alternativas sobre derechos de importación coinciden con la "oficial" en todos los años restantes, y poseen la ventaja de ofrecer una serie más completa que la que yo he logrado recuperar de las publicaciones oficiales.

Si dejamos de lado las discrepancias debidas a las fuentes, emerge una evolución muy clara en la altura promedio de la barrera arancelaria. Entre 1870 y 1888, ésta se mantuvo, salvo contadas excepciones, por encima de 45%; de hecho, promedió 48.6% (con una desviación estándar de 3.6) para ese periodo de casi 20 años. En ese último año se inició visiblemente un descenso que culminaría en 1892: de 44% en 1888 a 37% en 1889, a 35% en 1891 y, finalmente a 25% en 1892. Este último es el nivel superior de un rango (cuyo nivel inferior se ubica en alrededor de 20%) dentro del cual se definió la política arancelaria del régimen en su madurez, y que sufriría algunas variaciones fuera de ese rango determinadas sobre todo por la devaluación del peso. De hecho, el nivel de protección que se alcanzó como promedio entre 1892 y 1904 (22.1%), apenas se modificó tras la reforma monetaria (22.9%), de manera que la tasa media para el periodo 1892-1911 fue de 22.4%.[101] Este porcentaje se elevó moderadamente en 1912 (a 27%) y luego cayó en más de diez puntos como consecuencia, primero, del desorden administrativo y la limitada capacidad recaudatoria en el contexto de la guerra civil, y luego del aumento en los precios de las importaciones, que produjo el efecto de disminuir la tasa de protección nominal pese a un aumento considerable en la recaudación (pasó de 51 a 68 millones de pesos entre 1920 y 1921). La situación parece volver a la normalidad en 1922, cuando se restauró el nivel previo al estallido de la guerra civil, con alrededor de 20%. A partir de ese año, observamos dos evoluciones un tanto contrastantes: la que se deriva de la serie "oficial" de los derechos de importación (que sin embargo es incompleta), y la que se desprende de la que proporciona Daniel Cosío Villegas. Mientras que la primera procede de las propias estadísticas comerciales o de las *Memorias* de Hacienda, Cosío Villegas dice tomar las suyas de una oficina llamada "Departamento Técnico Fiscal".[102] Lo cierto es que la discrepancia entre ambas fuentes asciende a unos 15 millones de pesos en promedio para los años 1823-28, que representan hasta 20% por encima de la recaudación reportada en las fuentes primarias consultadas. La implicación de esta discrepancia es que, en tanto las cifras oficiales entrañan una protección nominal de 21% en el lapso mencionado, las que presenta Cosío Villegas harían aumentar la altura de la barrera arancelaria hasta 26% como promedio para esos años. Además, mientras que en el primer caso estaríamos frente a un nivel casi constante, en el segundo nos encontraríamos ante una tendencia francamente ascendente en los niveles de protección, que rozaría el 30% hacia el final de la década.

La altura promedio de la barrera arancelaria constituye un indicador básico del grado de apertura de la economía al comercio exterior.[103] Sin embargo, como medida de los niveles de protección impuestos por el arancel es un indicador imperfecto, que incluso puede distorsionar la imagen que se genere acerca de la política comercial. El motivo principal es que ofrece simplemente un

[101] En un artículo reciente, Coatsworth y Williamson afirman correctamente que en estas décadas tuvo lugar en México el giro del proteccionismo fiscal al proteccionismo industrial, pero se equivocan al aseverar que "entre 1890 y la Revolución de 1910, las tasas arancelarias medias se dispararon (*soared*)". Las tarifas descendieron en la década de 1890 respecto al nivel anterior, aunque ciertamente se incrementaron después de 1905. El mismo error se refleja en la gráfica 3 del citado artículo, en donde la protección nominal de México aparece por debajo de 20% en las décadas de 1870 y 1880, para supuestamente incrementarse a partir de 1890. Coatsworth y Williamson, "Always Protectionist?" (2004), pp. 222, 211.

[102] Cosío Villegas, *La cuestión* (1989), p. 58.

[103] Beatty, *Institutions* (2001), p. 52.

promedio de los derechos que pesan sobre el conjunto de las importaciones, sin tomar en cuenta siquiera el hecho elemental de que muchas de ellas se introducían libres del pago de derechos. Por ello, un indicador más apropiado, que por lo menos considera esta circunstancia, es el del porcentaje de derechos sobre el valor de las importaciones *gravadas*, es decir, sobre aquella franja de la canasta importadora que efectivamente está sometida al pago de aranceles. Este indicador proporciona lo que llamaremos la tasa de protección implícita. Para calcularla es preciso constreñirse al uso de las fuentes oficiales por lo que se refiere al valor de las importaciones, puesto que sólo en ellas puede encontrarse la distinción entre importaciones libres y gravadas. Desafortunadamente, existen grandes lagunas en este tipo de información, sobre todo antes de 1890 y en la década de 1910. Con los datos disponibles, hemos construido las series que se presentan en la gráfica 4.5.

La gráfica incluye tres indicadores. El primero se ilustra con una línea continua, y representa el porcentaje de las importaciones gravadas sobre las totales, de acuerdo con las fuentes MX (en pesos). Los otros dos indicadores se presentan con columnas, y expresan dos formas de calcular la tasa impositiva que pesa sobre las importaciones: la que aquí interesa es la protección implícita, esto es, el porcentaje de derechos sobre el valor de las importaciones gravadas; la otra, incluida aquí con fines de comparación, es la protección nominal, o lo que comúnmente se conoce como la altura promedio de la barrera arancelaria. Analicemos estos datos con mayor detenimiento. Aunque por lo general el porcentaje de importaciones gravadas se ubicó entre 80 y 90% del total, en algunos años cayó por debajo de 70, e incluso de 60%, lo que significa que el monto total de los derechos de importación, cualquiera que éste haya sido, pesaba sobre una porción muy reducida de las importaciones. En 1918 la caída de las importaciones gravadas coincidió con una recaudación muy disminuida, pero ello no ocurrió en los años de 1888 y 1889, cuando las importaciones gravadas cayeron a 66 y 59% del total, respectivamente. Lo llamativo es que en esos dos años la recaudación se ubicó en un nivel similar al de los años colindantes (unos 20 millones de pesos en promedio). La implicación más seria de este hecho es que una porción hasta 25% menor de las importaciones debió soportar gravámenes suficientes para redituar una recaudación igual. Esta circunstancia arrojó niveles de protección implícita muy elevados y fuertemente discrepantes respecto a los de protección nominal, fenómeno que, por razones que se explicaron ya en el primer apartado de este capítulo, parece haberse extendido a la mayor parte del decenio de 1880. El porcentaje de derechos sobre las importaciones gravadas alcanzó entre 65 y 75% en los años en que se dispone de información dentro de esa década, al mismo tiempo que la protección nominal caída precipitadamente hasta la mitad de su nivel

Gráfica 4.5
Importaciones gravadas y niveles de protección, 1870-1929

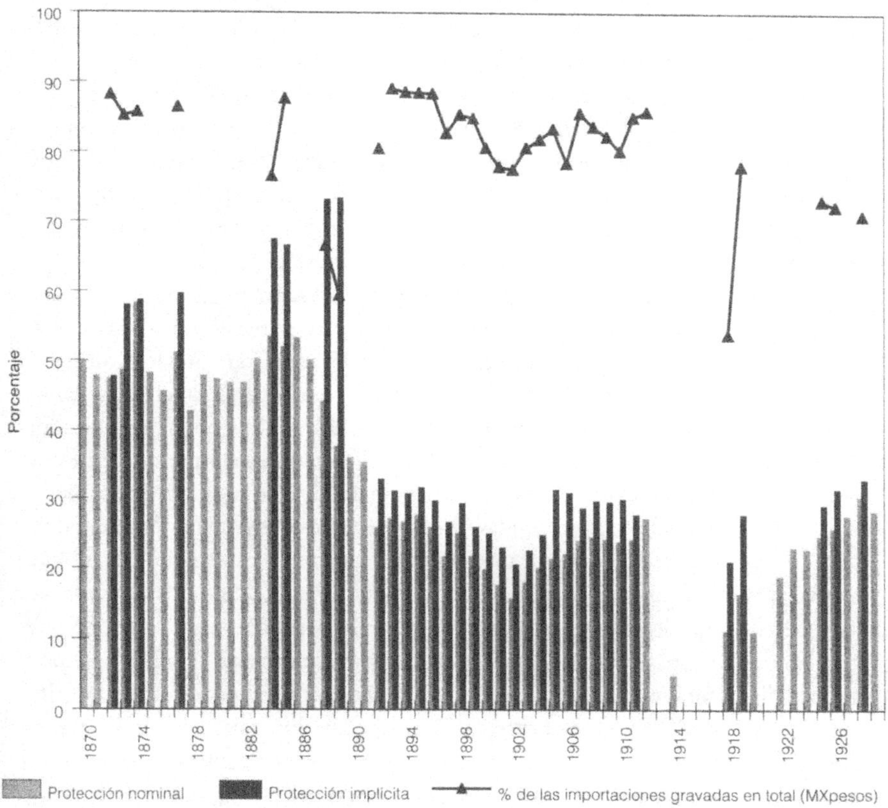

NOTAS Y FUENTES: la protección nominal es el porcentaje de derechos de importación calculado sobre el valor de las importaciones totales, en tanto la protección implícita lo calcula solamente sobre las importaciones gravadas. Para fuentes véase gráfica 4.4.

más alto, alcanzado hacia mediados de esa década. La discrepancia entre ambos indicadores ofrece la mejor evidencia de que se dispone de que en esos años se produjo una pronunciada acentuación del proteccionismo arancelario incitado por motivos fiscales. Por lo demás, la gráfica muestra cómo fuera de estos años anómalos la diferencia entre la protección implícita y la nominal mantuvo una distancia similar, que promedió 6% para el resto del periodo.

Aun cuando la denominada protección implícita constituye un indicador más certero de la carga que se imponía a las importaciones, ésta sigue siendo un promedio, que como tal oculta las variaciones en las cuotas que se imponían a distintos tipos de productos, o más precisamente, la estructura del arancel. En los apartados anteriores se mostró ya la existencia de "franjas" arancelarias que otorgaban distintos niveles de protección a los diferentes grupos de productos en función de su destino dentro del mercado mexicano (la producción o el consumo) y de su significado económico (como insumos o productos competitivos con la producción interior). Esas franjas se fueron delineando con la maduración del aparato estatal, y reflejaban crecientemente las distintas motivaciones y la intencionalidad de la política comercial en cada una de sus fases. Idealmente, un estudio sobre la política arancelaria debería ser capaz de ir más allá, para evaluar en qué medida la protección implícita otorgada por los aranceles se traducía en protección efectiva para las actividades domésticas. Como se sabe, un arancel muy elevado en, por ejemplo, telas de algodón puede significar una protección efectiva mínima si los insumos importados necesarios para la producción de las telas soportan también aranceles elevados. Para que la protección efectiva sea alta, es necesario que tarifas elevadas para el producto final se combinen con tarifas bajas o nulas para los insumos. En ambos casos, el indicador relevante es el equivalente *ad valorem* de la tarifa arancelaria, que nos dice qué porcentaje del costo añade el arancel por encima del valor unitario de un bien.

Como hemos dicho antes, en las últimas décadas del siglo XIX, y sobre todo a partir de los años de 1890, se fue diseñando un arancel en cascada que disminuía el nivel de protección implícita de muchos artículos manufacturados de consumo sin que ello significara necesariamente disminuir la protección efectiva de que gozaban las industrias domésticas que producían esos artículos, siempre y cuando aquella disminución se combinara con una reducción igual o mayor de los principales insumos.[104] En ambos casos se produjo una liberalización de las tarifas arancelarias compatible con el otorgamiento de niveles razonables de protección a la industria. De manera que, aunque parezca paradójico, al opacarse la motivación fiscal del arancel se hizo posible otorgar una mayor protección efectiva a las actividades que competían con las importaciones en el marco de un proceso de liberalización comercial. Naturalmente, también podía darse el caso de que la disminución en las tarifas tanto de insumos como de productos finales produjera una *reducción* de la protección efectiva, o que mantuviera estáticos los niveles de protección efectiva en el marco de un descenso en la altura de la barrera arancelaria.

Ahora bien, el cálculo de la protección implícita es relativamente simple, siempre y cuando se disponga de unos cuantos datos acerca del artículo en cuestión: la cantidad y valor de las importaciones de ese artículo (pues al dividir éste sobre aquélla se obtiene el valor unitario previo al arancel) y la tarifa de importación que se le aplica, ambos para un mismo punto en el tiempo. En cambio, el cálculo de la protección efectiva es una tarea muy compleja. Requiere no sólo aquella informa-

[104] Beatty, *Institutions* (2001), p. 64.

ción para los productos finales, sino también para todos los insumos importados que forman parte del costo final del producto, así como una ponderación de la participación de cada uno en este costo final. Evidentemente, semejante ejercicio rebasa las posibilidades de esta investigación a partir de la información histórica disponible. No obstante, es posible ofrecer indicadores significativos de la evolución de la política arancelaria en un lapso relativamente largo, y comparar así a grandes rasgos la manera en que evolucionaron la altura de la barrera arancelaria, las tasas de protección implícita e incluso, aunque en forma aproximada, la protección efectiva para grupos relevantes de productos. Los resultados de este ejercicio para el periodo anterior a la revolución se presentan en el cuadro 4.6.

Cuadro 4.6

Protección implícita (equivalentes *ad valorem*) en productos seleccionados, 1889-1912

(porcentajes sobre el valor unitario, años fiscales)

Fracción 1887/1891/1905/ posterior	*Artículo*	*1889*	*1898*	*1900*	*1903*	*1907*	*1912*
	Algodón						
3/125/85	algodón en rama	34	28	16	14	14	14
/679/543	colores en polvo o preparados	46	18	20	13	16	21
23/448/328a	hilo de algodón en carretes	70	30	25	17	35	37
37/458/333/334a	telas de algodón liso, blanco	134	62	47	44	49	46
39/460/335/335a	telas de algodón estampadas, lisas	148	62	57	48	51	74
41/462/337	telas finas de algodón	128	58	48	44	46	49
	Piel						
397/72/62	pieles preparadas	82	35	30	26	30	22
394/68/59	artículos de piel	64	48	40	35	50	40
413/98/75	botines y zapatos (adulto)	40	40	nd	32	45	42
	Lana						
/25/17	lana en vellón	nd	11	9	6	12	9
110/557/430	telas de lana (ligeras)	84	47	43	49	52	50
111/558/431	telas finas de lana (pesadas)	133	86	62	61	65	71
	Fibras vegetales						
/128a/90	yute y otras fibras	nd	4	9	4	36	3
19/231/168	cable de distintas fibras	ex	20	16	17	17	20
30/233/169	costales de yute, henequén, etc.	ex	59	50	47	42	49
305/237/173	jarcia y cordelería (cierto diámetro)	46	24	24	19	23	28
	Papel						
198, 239, 246/742/581	desechos y pulpa para fabricarlo	ex	ex	ex	ex	ex	ex
388/743a/582	papel para impresión (cierto peso)	86	36	28	27	nd	44
387/746/586	papel de estraza y para empaque	126	39	36	52	nd	89
/767/	artículos de papel	nd	nd	nd	34	38	40
	Hierro y acero						
228/307/229	alambre (cierto diámetro)	3	41	35	40	55	61
225/322/239	hierro y acero en lingotes	72	42	27	24	49	58

Cuadro 4.6 *(concluye)*

Fracción 1887/1891/1905/ posterior	*Artículo*	*1889*	*1898*	*1900*	*1903*	*1907*	*1912*
239/323a/242	hierro fleje, redondillo, etc.	45	63	51	55	75	85
/305/228	acero en barras	nd	36	24	23	27	33
238/326/243	hierro y acero en láminas	100	30	27	32	51	62
34/332/248	rieles de hierro y acero (cierto peso)	ex	ex	ex	ex	30	42
246/333/250	vigas y viguetas	36	13	13	16	46	65
317/235	cañería hierro	ex	9	8	7	4	26
235/340/257	clavos, tornillos, remaches, etc.	112	68	54	52	61	69
	Otros artículos						
156/731/569	aguardiente en vasijas de vidrio	81	nd	45	35	50	nd
175/180/130	harina de trigo	162	131	nd	111	78	56
/359/268	cal y cemento romano o Portland	nd	25	25	24	42	45
/419/303	botellas de vidrio corriente	nd	14	34	59	22	24
415/379/277	aceites minerales purificados	118	98	nd	70	41	60
416/378/276	aceites minerales impuros	36	87	86	71	96	462
/677/536	cianuros alcalinos	nd	nd	2	3	ex	ex
/718/561	sosa y potasa cáusticas	nd	nd	9	9	9	11
/800/612	maquinaria	ex	3	3	3	5	6
/846/642	dinamita y explosivos	ex	7	7	7	12	11
	ad valorem **promedio de los artículos gravados de la muestra**	83	42	31	33	39	53

nd: información no disponible; ex: exento.

NOTAS: debido a cambios en la clasificación arancelaria, algunos artículos que aparecen en las tarifas de importación de 1891 y años posteriores no tienen un equivalente exacto en 1889. Cuando fue posible, se incluyó el producto cercano, y cuando no se encontró un equivalente, se omitió de la lista. Debido a cambios en las fuentes, dos métodos distintos se emplearon para calcular los equivalentes *ad valorem*. En 1889 la fuente ofrece cifras de los derechos pagados por la importación de cada producto, por lo que simplemente se obtuvo la proporción que aquéllos representaban respecto al valor de factura. En los años siguientes, se dispone solamente de las tarifas específicas y de los datos de cantidad y valor de las importaciones, por lo que se calculó el porcentaje que la tarifa representaba en el valor unitario de éstas.

FUENTES: para las cifras de importación, SHCP, *Importaciones* (1892); SHCP, *Comercio... 1898-99* (1901); SHCP, *Boletín*, núm. 225 (1901); SHCP, *Boletín*, núm. 270 (1905); SHCP, *Boletín*, núm. 327 (1909); SHCP, *Anuario... 1912-13* (1914). Para las reformas en la tarifa entre 1891 y 1905, véase cuadro 4.5. Para las posteriores a 1905, Dublán y Lozano, *Legislación* (1877-1912), t. 40/2 (1910), pp. 653-654 y 863-869.

La muestra de productos incluida en el cuadro incluye algunos de los artículos de mayor importación, y en cualquier caso abarca una porción muy significativa del valor total de las importaciones: los cerca de 40 artículos que forman esta muestra representaron en promedio 42% del valor total de las importaciones efectuadas en 1907 y 1912. Si se piensa que la tarifa de importación estuvo formada hasta por 900 artículos, resulta claro que este grupo selecto de productos debió haber sido foco de la atención de quienes elaboraban la política arancelaria, por la doble razón de que muchos de ellos eran fuente importante de ingresos para el erario y de que jugaban un papel relevante en la economía doméstica, ya porque compitieran con las actividades locales, ya porque constituyeran bienes de producción esenciales para éstas.

Los artículos han sido agrupados por ramas industriales —salvo el último grupo, que ofrece una lista adicional de productos relevantes por alguna otra razón y al que me referiré más adelante. En algunos casos, es posible distinguir dentro de cada grupo a los insumos de los productos finales, y hacer una estimación gruesa de la protección efectiva a partir de la comparación entre la protección implícita concedida a unos y otros. En el caso de los artículos de hierro y acero se enlistan simplemente los principales artículos que pertenecen a esa rama industrial, en el entendido de que, siendo productos con algún grado de elaboración, podían encontrarse en la doble situación de competir con la producción local y al mismo tiempo constituir un insumo importante para otra actividad.

Cabe hacer notar que, al abarcar un periodo de más de veinte años, el cuadro retiene momentos de una situación que es en sí misma dinámica, y que tiene que ver con el avance en el proceso de modernización económica y de industrialización. Ello significa no sólo que las prioridades de la política arancelaria podían modificarse a medida que lo hacía la especialización productiva del país (el caso típico es el tránsito de una economía agrícola a una industrial), sino también que el papel de algunos artículos en la canasta importadora podía sufrir cambios importantes de una fase del proceso a otra. El ejemplo más elocuente de esto último lo ofrecen los rieles para ferrocarril: mientras que en una primera etapa eran introducidos libres de derechos por su importancia en el tendido de la infraestructura ferroviaria, a partir de cierto momento empezaron a competir con la incipiente producción doméstica, y de un régimen de exención pasaron por ese solo hecho a uno de protección.

Aunque se refiere solamente a un grupo representativo de artículos, el cuadro confirma los rasgos y tendencias de la política arancelaria que hemos descrito en las páginas anteriores. En promedio, la tasa de protección que pesaba sobre esta muestra de productos pasó de 83% en 1889 a 53% en 1912, aunque si se omite la tasa exorbitante impuesta en este último año a los aceites minerales impuros, el promedio para 1912 se reduce a 42%, un valor más representativo del cambio ocurrido a lo largo del periodo. En realidad, el salto más drástico se observa en la comparación entre las cifras de 1889 y 1900: un descenso considerable, de más de 60%, que marcó el cambio en la política comercial del régimen, tal como ésta se reflejaba en el arancel: desde una aún señaladamente proteccionista (la del arancel de 1887) por una mucho más liberal (a partir de 1891).[105] Como veremos más tarde, este giro terminó defi-

[105] Recordemos que la tarifa de 1887 representaba ya un aligeramiento considerable de los rasgos más agudos de proteccionismo fiscal que habían estado presentes en su antecesora, lo cual nos lleva a sopesar en toda su importancia la liberalización que tuvo lugar a partir de entonces. Al respecto, véase Riguzzi, *¿Reciprocidad imposible?* (2003), p. 133.

niendo lo que habría de ser a grandes rasgos la política arancelaria del gobierno mexicano hasta el final de este periodo.

Las fluctuaciones que se observan en la protección implícita entre 1898 y 1903 son en parte resultado de las variaciones en el tipo de cambio y, en menor medida, de cambios en el valor en dólares de las mercancías, aunque en un número no pequeño de artículos que salen del patrón, aquéllas se debieron a modificaciones en la tarifa de importación. En cambio, las tasas que se observan en 1907 registran el resultado de los ajustes más o menos generalizados que se efectuaron en la tarifa de importación en 1905 con el fin de adaptarla a la nueva paridad y de preservar las tasas de protección deseadas en el marco de un tipo de cambio fijo. Como se observa, la constante en esas modificaciones fue un ajuste al alza en la mayor parte de los productos considerados, acentuado en algunos casos por un deseo expreso de otorgar mayor protección a algunos artículos, sobre todo entre los de hierro y acero. Una vez eliminado el factor devaluatorio sobre las tasas de protección, los cambios que se observan entre 1907 y 1912 son atribuibles a variaciones en los precios o, más frecuentemente, a cambios en las tarifas de importación.

Dentro de esta evolución general, puede hacerse una primera distinción entre tarifas muy bajas o nulas, tarifas intermedias y tarifas elevadas, que se correspondían, en términos generales, con la función y prioridad que se concedía a cada artículo en la escala valorativa de la política arancelaria, asunto al que ya me he referido antes. Los bienes de producción e insumos indispensables que no podían sustituirse internamente gozaban generalmente de exención de derechos, o pagaban uno muy pequeño, estrictamente fiscal, generalmente de alrededor de 10%. En este caso se encontraba la maquinaria, algunos productos químicos, la pulpa para fabricar papel y la lana. Un poco por encima de éstos estaban otros insumos de origen agropecuario que competían con productores internos a los que no se podía "desamparar" completamente. Era el caso del algodón y de las pieles preparadas. Cabe hacer notar que pese a mantener una tasa *ad valorem* un tanto mayor a la estrictamente fiscal, ambos productos experimentaron una caída considerable en la protección arancelaria de que disfrutaban: el primero de 34 a 14%, y las segundas de 82 a 22% sobre el valor unitario. Este movimiento refleja con bastante elocuencia el cambio en la postura de la administración gubernamental, desde una de protección a los intereses agrarios, hasta otra que se inclinaba más francamente por la protección industrial.

En un segundo nivel se ubicaban generalmente insumos importantes para los cuales existía un sustituto doméstico o productos que competían con bienes intermedios o finales que eran al mismo tiempo insumos para otras actividades productivas, y cuya demanda no podía ser del todo satisfecha internamente. Para mencionar algunos casos incluidos en el cuadro, esto sucedió con el cemento, el hilo de algodón, las botellas de vidrio corriente, entre otros.[106]

Detengámonos ahora en los distintos grupos que presenta el cuadro. Los textiles de algodón fueron, como hemos dicho repetidamente, el grupo tradicionalmente privilegiado por la política proteccionista del gobierno mexicano. Sin embargo, existen marcadas diferencias entre los niveles de protección que les concedía la tarifa de 1889 y las que le siguieron: de tasas superiores a 100% sobre el valor de factura, y en ocasiones cercanas a 150% de éste, se pasó a tasas de alrededor de 60% como promedio, y luego todavía inferiores para ciertos productos, hasta encontrarse, con algunas excepciones, por debajo de 50% *ad valorem*. La protección no era idéntica para los distintos tipos de textiles, ni estática para cada uno a lo largo del tiempo, en atención a las ramas específicas de la industria y a su evolución, de manera que se relajaba la protección a las ramas que en cada momento se consideraban más competitivas y se acentuaba para las que se encontraban en una fase incipiente de desarrollo. Pese a una disminución significativa, las tasas de protección implícita concedidas a los textiles de algodón fueron considerablemente altas hasta el ocaso del porfiriato.

Los insumos involucrados con la producción de textiles de algodón pasaron también por un proceso importante de liberalización arancelaria. Los tres que se han incluido aquí (algodón en rama, colorantes e hilo) vieron disminuir sus cuotas *ad valorem* en 50% o más a lo largo del periodo. La disminución no fue, sin embargo, idéntica, ni proporcionalmente mayor a la de los productos terminados. Así, la modesta disminución inicial en la tasa de impuestos al algodón en rama refleja el conflicto de intereses entre los cultivadores de algodón y los fabricantes de telas, dando lugar a medidas de política arancelaria que podían ser ambivalentes o francamente contraproducentes, según la prioridad que tuvieran en mente sus autores. En el caso de los colorantes, una vez disminuida la tasa de 46 a 18% entre 1889 y 1898, es muy claro que se deseaba mantener un *ad valorem* de alrededor de 20%, y a ese efecto se realizaron un par de reformas en la tarifa de importación. En cambio, el hilo de algodón pasó por un proceso de liberalización seguido por uno de aumento en la protección: la tasa implícita bajó primero de 70 a 30% sobre el valor de factura, y luego volvió a descender hasta 17%, para luego aumentar, mediante la reforma del arancel, a 35% en 1907. Por esta vía, que reducía la protección efectiva de

[106] Las botellas de vidrio corriente fueron objeto de negociación continua entre el gobierno y los productores, propietarios de Vidriera Monterrey. Éstos se quejaban precisamente de una protección insuficiente, a lo que el gobierno respondía que los productos se encarecían excesivamente debido a los fletes ferroviarios. AGN, *Archivo Central de la SHCP*, caja 12, exp. 101/311.1/38, diciembre de 1924.

que gozaba la industria textil, se evidenciaba el frágil equilibrio, no carente de tensiones, entre la protección que se deseaba otorgar a los hilados y a los tejidos de algodón.

En conjunto, la tasa de protección impuesta sobre este grupo de artículos disminuyó en 56% entre 1898 y 1912. Aunque los insumos soportaron una tasa implícita inferior a los productos terminados, la tasa de protección efectiva no necesariamente era mayor, puesto que la disminución en éstos fue a veces menor que en aquellos. En este caso, intereses en conflicto y la complejidad de la industria impidieron que la introducción de insumos se liberalizara más radicalmente.

Esta suerte de ambivalencia se observa también, hasta cierto punto, en el caso de las fibras vegetales y del papel. Aunque México era un gran productor de henequén e ixtle, estas fibras se exportaban casi totalmente sin mayor elaboración.[107] La pequeña parte de la producción de estas fibras que permanecía en el país, era convertida en cuerda o costales elaborados por métodos artesanales, y sólo tardíamente a través de algún procedimiento industrial. En cambio, en el Estado de México y en Orizaba se establecieron dos fábricas de artículos de yute, cuyo principal insumo era, sin embargo, importado.[108] El uso de estos artículos para la minería y para el empaque de un sinfín de productos impedía, por otra parte, que se impusiera un derecho muy elevado a su importación. De manera que si bien el yute se inscribió en la franja de aranceles meramente fiscales durante la mayor parte del periodo, los productos elaborados de ésta y otras fibras pertenecieron más bien a la franja de los derechos intermedios. La única excepción fue en este caso la de los costales de fibra, cuyos derechos disminuyeron a lo largo del periodo pero se mantuvieron dentro de la franja propia de la política protectora.

En el caso del papel, la ambivalencia se manifestó en forma un tanto distinta. El insumo principal para su fabricación mantuvo la exención de derechos durante todo el periodo. En cambio, las manufacturas de papel experimentaron pronunciados vaivenes en los niveles de protección: en el caso del

[107] Para el estudio del henequén como artículo de exportación, véase el capítulo 7.

[108] Una solicitud de protección arancelaria para los fabricantes de artículos de yute se encuentra en AGN, *Archivo Central de la SHCP*, caja 12, exp. 101/311.1/13, sin fecha. Los autores del documento argumentan las razones por las cuales, pese a utilizar insumos importados, la industria es merecedora de protección. Otras industrias establecidas en la época utilizaban fibras cultivadas en el país. A principios del siglo XX se estableció en Mérida la fábrica de cordelería de henequén La Industrial, que sin embargo tuvo una historia inicial tortuosa, consolidándose sólo al final de nuestro periodo de estudio. A mediados de los años veinte había otras dos fábricas de este tipo en el país: una de ixtle, en San Luis Potosí, y otra de henequén, en Mérida. Producían en conjunto unas tres mil toneladas de artículos. SICT, *La industria* (1928), p. 57.

papel de estraza y para empaque, de un *ad valorem* de 126% a otro de 36%, para regresar a uno de 89%, considerablemente elevado para este momento tardío. Si puede identificarse un patrón en esta evolución, acaso sea el de la disminución progresiva de la protección entre 1889 y 1900, que incluso llegó a colocar estos artículos en la franja de la protección intermedia, y un retroceso hacia la franja superior hacia el final del periodo.[109]

En cambio, los casos de los artículos de piel y lana son mucho más diáfanos. En un primer momento, las actividades artesanales asociadas con la producción de pieles (una de las principales ramas derivadas de la ganadería) merecieron una protección incluso superior respecto a las que se dedicaban a la manufactura de artículos de piel. El desarrollo de estas últimas, sin embargo, produjo a partir de cierto momento un cambio en las prioridades del gobierno, en virtud del cual se redujo sustancialmente la tasa impositiva sobre los insumos y se elevó con ello la protección efectiva de que gozaba la industria. Vale la pena hacer notar que ello sucedió al mismo tiempo que se reducía en forma sustancial la tasa arancelaria que protegía a los artículos de piel y se mantenía casi intacta la que preservaba a la industria del calzado de la competencia externa. En cuanto a la lana, la evolución de las tasas arancelarias es también muy clara. La importación del principal insumo se mantuvo gravada por un arancel fiscal de alrededor de 10%, mientras que los tejidos experimentaron un descenso de más de 40% en las tasas de protección implícita, desde niveles de protección extremadamente altos (133% para los tejidos más finos en 1889) hasta otros todavía elevados pero mucho menores (71% para este mismo tipo de tejidos en 1912). Es evidente en este caso que la protección efectiva disminuyó en forma considerable. Como esto tuvo lugar desde la década de 1890, este fenómeno probablemente pueda atribuirse a la supresión del motivo fiscal y su reemplazo por el nivel de protección que se consideraba razonable. Ello se confirma por el hecho de que entre 1903 y 1912 se mantuvo en lo general el nivel de protección implícita para cada tejido y para su insumo principal. Pese a esta continuidad básica, debe hacerse notar que la protección arancelaria privilegió a los tejidos más finos, que en 1912 gozaron de una tasa implícita 20% más elevada que la que aplicaba a los tejidos comunes.

Los artículos que forman el grupo de hierro y acero no necesariamente responden a la distinción entre insumos y productos terminados que se utilizó hasta ahora, aunque se distinguen en su interior bienes con distintos grados de elaboración. Lo más destacable en este caso es la manera en que las modificaciones en las tasas *ad valorem* reflejan el tránsito por distintas fases

[109] Esta evolución es tanto más paradójica por cuanto la principal fábrica de papel, San Rafael y Anexas, abrió sus operaciones en 1890. Haber, *Industria* (1992), p. 66.

del proceso de modernización y de industrialización. Así, el alambre, que en el inicio del periodo era considerado un insumo indispensable para el cercamiento de las propiedades y para la guarda de los hatos ganaderos, fue modificando su papel económico y su lugar en el arancel hasta convertirse en uno de los productos más protegidos en la tarifa de importación: pasó de una tasa implícita de 3% a una de 61% en un poco más de veinte años. Otros artículos fueron siempre protegidos, porque se producían ya, aunque en corta escala y con procedimientos rudimentarios, en las herrerías del país. Fue el caso del hierro fleje y los clavos y tornillos. Otros se encontraron atrapados entre la lógica de la sustitución de importaciones y la del abasto necesario para muy diversas actividades productivas. Así sucedió con la cañería de hierro o el acero en barras, cuyas tasas se mantuvieron a medio camino entre las que se concedían a los insumos y las que se otorgaban a los bienes que competían con las industrias domésticas.

Algunos artículos más incluidos en este grupo brindan la ocasión para volver a subrayar el carácter dinámico de la política comercial, que refleja con mayor o menor fidelidad el tránsito de la economía a fases más avanzadas del proceso de industrialización, e incluso fases sucesivas de la especialización productiva. Un caso ilustrativo es el de las vigas y viguetas empleadas en la construcción. En el primer año considerado en el cuadro (1889), pesaba sobre estos artículos un arancel de 36%, algo más elevado que las tarifas estrictamente fiscales pero moderado para la época. El importante papel de este insumo en el avance de la urbanización forzó un cambio sustantivo de su lugar en el arancel, pasando a formar parte de los insumos indispensables a los que se imponían tarifas de entre 10 y 15%. Las condiciones volvieron a modificarse cuando se estableció la planta fundidora en Monterrey, y particularmente cuando ésta empezó a producir ese artículo en una escala mayor. La protección *ad valorem* casi se triplicó entre 1903 y 1907, y experimentó un nuevo salto entre este año y 1912, para terminar el periodo en el grupo de las tasas más elevadas, de orientación proteccionista, que contemplaba la tarifa de importación.

El último grupo lo componen productos de muy diversa índole, que comparten sin embargo los rasgos de haber mantenido una presencia importante en la canasta de importación y de haber desempeñado, entonces, un papel significativo en la economía nacional. Los bienes de consumo incluidos (aguardiente y harina de trigo) competían con actividades tradicionales muy difundidas en el país, lo que acaso explica la presencia de derechos muy elevados en la mayor parte del periodo. Los dos productos siguientes participan claramente de esa franja intermedia de productos que competían con actividades internas pero constituían insumos necesarios para otra industria: la de la construcción, en el caso de la cal y el cemento, y la de la cerveza, en el de las botellas. Hacia el final del periodo, sin embargo, el cemento conquistó la franja superior de la barrera arancelaria, tras la apertura de grandes empresas productoras potencialmente capaces de satisfacer buena parte de la demanda interna y, por tanto, merecedoras de mayor protección.[110] Un tanto distinto es el caso de los aceites minerales. Como el establecimiento de plantas de refinación precedió a la extracción de petróleo en México, en los primeros años los aceites minerales impuros pagaban una tarifa moderada, en tanto se otorgaba protección al proceso local de refinación. La situación cambió al iniciarse la explotación petrolera: desde que se descubrieron los primeros yacimientos, y aun cuando la producción apenas era comercialmente rentable, se establecieron derechos muy elevados a la importación de crudo, manteniéndose igualmente altos los de productos refinados. En 1912, al iniciarse la extracción de crudo en gran escala, se establecieron derechos absolutamente prohibitivos a su importación, al tiempo que los de los aceites purificados fluctuaban, dentro de un margen más bien elevado, en virtud de las necesidades de la demanda doméstica. Los últimos cuatro artículos incluidos en la muestra representan insumos productivos considerados indispensables, y que por tanto se mantuvieron en la franja más baja de la importación libre de derechos o del arancel estrictamente fiscal. Merece mencionarse que en el caso de la dinamita la protección concedida al sector minero prevaleció sobre la que se brindó a la fábrica de dinamita que ostentaba el monopolio de la producción nacional.[111]

Por varias razones, es evidente que la Revolución mexicana representó un corte en la política comercial que se había conformado trabajosamente en las décadas anteriores. Primero, por el caos administrativo que impidió la recaudación regular de los derechos aduanales. Segundo, por las exigencias de diversa índole que se sobrepusieron a los criterios económicos en las reformas arancelarias durante los años de guerra. Al término de ésta, por el resurgimiento de ingentes necesidades fiscales que impuso un retroceso hasta la época en que se confundían y mezclaban las motivaciones de la política arancelaria. A estas circunstancias se sumaron las originadas en el conflicto internacional de la Primera Guerra Mundial y sus secuelas de disrupción en el tráfico internacional, aumento de precios y desabasto de productos considerados estratégicos. De ahí que, pese a la intención de ofrecer un acercamiento de largo plazo a la evolución de esa política, sea necesario reconocer ese corte y sus implicaciones. El cuadro 4.7 constituye una continuación del análisis que hemos realizado

[110] Haber, *Industria* (1992), pp. 71-72.

[111] La Compañía de Dinamita se estableció en 1901, pero empezó a producir apenas en 1907. Haber, *Industria* (1992), p. 68.

Cuadro 4.7

Protección implícita (equivalentes *ad valorem*) en productos seleccionados, 1912-1929

(porcentajes sobre el valor unitario, años fiscales)

Fracción 1905/1916/ posterior*	*Artículo*	*1912*	*1918*	*1924*	*1929*
	Algodón				
85/74	algodón en rama/sin pepita	14	insig	32	24
543/537/538	colores en polvo o preparados	21	7	12	25
328a/309	hilo de algodón en carretes	37	19	22	nd
334a/313/313a/315b	telas de algodón liso, blanco	46	23	20	46
335a/319/320c	telas de algodón estampadas, lisas	74	26	29	79
337/322/322b	telas finas de algodón	49	31	47	53
	Piel				
62/57	pieles preparadas	22	7	0.4	18
59/50	artículos de piel	40	50	29	50
75/66	botines y zapatos (adulto)	42	30	31	25
	Lana				
17/17	lana en vellón/lavada	9	2	4	3
430/417	telas de lana (ligeras)	50	26	35	52
431/418b	telas finas de lana (pesadas)	71	41	48	62
	Fibras vegetales				
90/78/78a	yute y otras fibras	3	1	0	0
168/156	cable de distintas fibras	20	13	18	21
169/366/367a/368a	costales de yute, henequén, etc.	49	37	18	nd
173/160	jarcia y cordelería (cierto diámetro)	28	12	14	47
	Papel				
581/579	desechos y pulpa para fabricarlo	ex	ex	ex	ex
582/580	papel para impresión (cierto peso)	44	38	nd	45
586/586	papel de estraza y para empaque	89	nd	nd	nd
/596	artículos de papel	40	45	nd	29
	Hierro y acero				
229/216	alambre (cierto diámetro)	61	19	57	52
239/214/213	hierro y acero en lingotes	58	13	25	10
242/233	hierro fleje, redondillo, etc.	85	29	26	44
228/231	acero en barras	33	21	30	37
243/234	hierro y acero en láminas	62	27	51	63
248/238	rieles de hierro y acero (cierto peso)	42	17	nd	36
250/240	vigas y viguetas	65	24	33	20
235/228/227	cañería hierro	26	5	nd	13
257/226	clavos, tornillos, remaches, etc.	69	50	44	38
	Otros artículos				
569/567	aguardiente en vasijas de vidrio	51	60	nd	35
130/119	harina de trigo	56	20	nd	54
37/31a	manteca de cerdo	30	10	nd	9
34/29	conservas alimenticias/animales	37	2	31	33
268/249	cal y cemento romano o Portland	45	30	27	29
303/287/288b	botellas de vidrio corriente	24	35	17	30

Cuadro 4.7 *(concluye)*

Fracción 1905/1916/ posterior*	*Artículo*	*1912*	*1918*	*1924*	*1929*
536/531	cianuros alcalinos	ex	ex	ex	ex
561/557	sosa y potasa cáusticas	11	5	37	38
277/261a	aceites minerales purificados parafina, aceites para alumbrado)	60	35	51	49
276/257	aceites minerales impuros	462	301	ex	ex
612/613	maquinaria	6	3	3	2
642/644	dinamita y explosivos	11	19	ex	ex
	***ad valorem* promedio de los artículos gravados**	53	31	27	34

nd: información no disponible.
ex: exento.
NOTAS: Aunque se ha procurado mantener un criterio uniforme para los productos que se contemplan a lo largo del tiempo, cambios en la nomenclatura hacen que en ocasiones la correspondencia no sea exacta. En los casos en que una fracción de la tarifa se desglosó en varios incisos, se tomó aquél que registró el mayor volumen de importaciones. La tasa *ad valorem* se calculó como el porcentaje que la tarifa específica representaba sobre el valor unitario de las importaciones. El valor unitario se calculó dividiendo el valor entre la cantidad importada de acuerdo con las estadísticas oficiales.
*Fracción: se anota la fracción estipulada en las reformas a la tarifa de importación de los años señalados. Las principales reformas tuvieron lugar en 1905 y 1916, pero muchos artículos sufrieron cambios en su clasificación en otros momentos (generalmente posteriores), en cuyo caso también se indica.
FUENTES: para las cifras de cantidad y valor de las importaciones: SHCP, *Anuario... 1912-13* (1914); *Anuario... 1918* (1921); DEN, *Anuario* (1925), vol. 1; SEN, *Estadística* (1934). Para los aranceles vigentes en cada momento, *Diario Oficial*, diciembre 2, 1920, p. 1434; enero 1, 1921, pp. 1-2; enero 12, 1921, pp. 196-197; marzo 14, 1921, pp. 1203-1204; junio 2, 1921, pp. 409-413; junio 10, 1921, p. 524; septiembre 6, 1921, pp. 65-67; noviembre 26, 1921, p. 1418; febrero 11, 1922, p. 625; febrero 28, 1922, p. 860; julio 26, 1922, pp. 1113-1116; octubre 10, 1922, p. 547; noviembre 24, 1922, p. 1139; diciembre 20, 1922, pp. 1521-1522; enero 13, 1923, p. 225; enero 25, 1923, p. 385; enero 31, 1923, p. 482; febrero 12, 1923, p. 721; enero 7, 1924, p. 67; agosto 15, 1924, p. 1855; octubre 14, 1924, p. 769; octubre 22, 1924, p. 932; marzo 23, 1925, pp. 1489-1492; agosto 31, 1925, p. 11 y 15; mayo 19, 1926, p. 259; junio 8, 1926, pp. 1-2; junio 28, 1926, p. 931; septiembre 25, 1926. pp. 1-3; octubre 19, 1926, pp. 2-3; febrero 12, 1927, pp. 2-13; junio 10, 1927, p. 3; agosto 26, 1927, p. 3; agosto 27, 1927, p. 3; diciembre 22, 1927, p. 2; enero 5, 1928, pp. 1-3; octubre 4, 1928, pp. 1-3; noviembre 15, 1928, pp. 1-2; febrero 20, 1929, pp. 1-2; marzo 4, 1929, p. 1; mayo 7, 1929, p. 2; julio 2, 1929, pp. 1-2; julio 12, 1930, pp. 1-2.

hasta ahora. En él se comprende el periodo que inicia con la revolución y concluye con la crisis de 1929, atendiendo a la tasa de protección impuesta sobre los mismos productos que se habían considerado en el cuadro 4.6.

El cuadro incluye estimaciones de la tarifa *ad valorem* para los años 1918, 1924 y 1929, y utiliza 1912 como punto de comparación y nexo con el periodo anterior. Recordemos que en este último año se había verificado un aumento en el promedio de protección concedida a esta muestra de artículos, con respecto al nivel más bajo alcanzado en 1900 y como resultado de los ajustes al alza realizados tras la reforma monetaria de 1905. Como en el cuadro anterior, debe tenerse presente que las estimaciones presentadas ofrecen un retrato de la situación en algunos puntos temporales a lo largo del periodo, y pueden no reflejar lo que sucedía en los años intermedios.

En promedio, la muestra de productos incluida en el cuadro experimentó un descenso en la tasa de protección implícita a lo largo del periodo, aunque la curva exhibe una tendencia descendente en los primeros años y cierta recuperación en el último quinquenio: de 53% (42% si excluimos los aceites minerales impuros) a 23% entre 1912 y 1918; de 23 a 27 y luego a 34% entre 1918, 1924 y 1929. Aunque hubo algunos cambios en la tarifa de importación en los años de la Primera Guerra Mundial, resulta claro que el principal factor que actuó sobre los niveles de protección en ese lapso fue la inflación, y parece probable que la caída en los precios que se experimentó después del punto máximo alcanzado en 1920 hubiera actuado en sentido contrario, empujando esos niveles hacia arriba.[112] En este caso, al impacto del descenso en los precios se habrían sumado numerosos cambios en las tarifas que apuntaban a recuperar los niveles de la preguerra.[113] De todas formas, la tasa promedio de protección para esta muestra de artículos era muy inferior en 1929 con respecto a la de 1912. Para entender mejor lo que está detrás de esta evolución, es preciso ahondar en el contenido del cuadro.

A primera vista, es difícil descubrir la lógica que subyace a las variaciones de los equivalentes *ad valorem* en este grupo de artículos. La protección implícita otorgada a cada uno de ellos varió de un año a otro en forma considerable, y a veces en direcciones opuestas. Las telas de algodón estampadas arrancaron con un *ad valorem* de 74% sobre su valor unitario, pasaron luego a uno de 26%, que aumentó apenas tres puntos en los siguientes seis años, y terminaron rebasando el punto de partida, con una tasa de protección de 79% en 1929. Muchos otros artículos reprodujeron este patrón de una caída severa en la protección implícita que se revirtió al final del periodo: los colorantes, las otras telas de algodón y las de lana, las láminas de hierro y acero, la harina de trigo. Pero otros describieron cambios pronunciados en su tasa de protección que no correspondían a este patrón. Por ejemplo, la que se imponía sobre los botines y zapatos disminuyó considerablemente a lo largo del periodo, lo mismo que la del hierro y acero en lingotes, el hierro fleje, las vigas y viguetas, los clavos y tornillos o el cemento. Algunos de estos productos iniciaron el periodo con tasas de más de 60% *ad valorem* y lo concluyeron con tasas de 20 y hasta 10% sobre su valor. Otros más subieron y bajaron sin ton ni son: los artículos de piel, los de papel, el alambre, la cañería de hierro, el aguardiente, las botellas de vidrio.

[112] Se trata del "efecto inflación-deflación del arancel específico", que Coatsworth y Williamson documentan para toda América Latina. Coatsworth y Williamson, "Always Protectionist?" (2004), pp. 205, 227. Para el índice de precios de las importaciones mexicanas, véase apéndice B.

[113] Coatsworth y Williamson, "Always Protectionist?" (2004), p. 213.

¿Cuál fue el resultado neto de estos cambios sin coherencia aparente? ¿Aumentó la protección implícita, o más aún, se percibe la intención de aumentar la protección efectiva de la muestra aquí considerada? Veamos uno a uno los grupos incluidos en el cuadro. En el caso del algodón, dos de los insumos terminaron el periodo con tasas de protección implícita más elevadas de las que tenían al comienzo, y en cualquier caso, los tres insumos exhibían tasas *ad valorem* más bien elevadas para la franja propia de los bienes de producción. Ello puede explicarse por el tránsito de estos artículos a la franja de los insumos que competían con la producción local: a estas alturas, el algodón no sólo se cultivaba exitosamente para el mercado interno, sino para la exportación; una incipiente industria de productos químicos empezaba a producir colorantes con cierto éxito, y las hilanderías de algodón habían sido siempre demandantes de protección. Entretanto, los textiles de algodón variaron desquiciadamente sus niveles de protección, para terminar prácticamente donde empezaron. El descenso pronunciado en 1918 se explica en estos casos por la intención de mejorar el abasto de estos artículos de consumo, intención que se manifestó en reducciones en el arancel. En cambio, en 1924 la tasa muy reducida de protección debe atribuirse a un aumento en los precios, puesto que desde principios de la década las tarifas de importación se habían ajustado al alza en todos los casos. Los movimientos en los precios fueron probablemente un factor actuante durante toda la década, puesto que las alzas sucesivas en las tarifas (en 1920, 1921, 1922 y 1927) no lograron más que igualar o rebasar ligeramente las tasas de protección que estos productos habían alcanzado en 1912. En el marco de estos cambios a veces difíciles de explicar, la protección efectiva parece haber disminuido seriamente entre 1918 y 1924, recuperándose hacia el final de los años veinte.

Los artículos de piel y los de fibras muestran una evolución igualmente desconcertante. En el primer caso, el insumo principal vio caer su tasa de protección desde 22% hasta menos de un punto porcentual (por obra de una rebaja arancelaria que tuvo lugar en 1921), pero luego la vio crecer (como resultado de alzas al arancel en 1927 y 1929) hasta acercarse al punto de partida, con 18% sobre el valor de factura en 1929. Al mismo tiempo, los artículos de piel sufrieron altibajos en la tasa de protección, para acabar con una más alta que la inicial, en tanto los botines y zapatos, el artículo más representativo de la sustitución de importaciones dentro del rubro, vio disminuir constantemente su protección implícita, en lo que sin duda constituyó también un descenso en la protección efectiva. En este caso, sin embargo, la política arancelaria fue sólo en parte responsable de una evolución a todas luces contradictoria. El aumento en la tasa *ad valorem* de los artículos de piel tuvo lugar gracias a incrementos en las tarifas (en 1916, 1927 y 1929), mientras que la disminución en la de los zapatos se verificó *pese* a aumentos sucesivos en el arancel (en 1920 y 1926), lo que significa que los precios jugaron aquí un papel importante.

Por su parte, los componentes del grupo de fibras vegetales marcharon en direcciones opuestas: el insumo principal cayó desde una tasa meramente fiscal hasta una tasa cero, lo cual habría sido consecuente con una política de protección. El cable se mantuvo en la franja intermedia de los productos que compiten con la producción local pero que son a la vez insumos para otras industrias, mientras que los costales de yute transitaron de la franja de protección a la franja intermedia y la jarcia de la franja intermedia a la de protección, pasando por una desgravación drástica entre 1918 y 1924. Sorpresivamente, estos cambios tuvieron lugar precisamente en la dirección planeada por el arancel: las tarifas de importación del cable se ajustaron al alza dos veces para recuperar la tasa de 1912; las de los costales aumentaron en 1916 para contrarrestar el efecto de los precios, pero disminuyeron en 1920 para producir una tasa de protección menor; finalmente, los artículos de jarcia y cordelería habían visto deteriorarse su tasa de protección implícita a resultas de la inflación, hasta que dos alzas sucesivas al arancel la elevaron casi al doble del nivel inicial. No puede descartarse que, después de todo, esta evolución sea coherente con objetivos de protección, dentro de los cuales se consideraba al cable y los costales de yute como insumos importantes para diversas actividades productivas al mismo tiempo que se tomaba un paso decisivo en la protección de la industria de cordelería que florecía en Mérida, en Veracruz y en el Estado de México.[114] Algo similar pudo haber sucedido con los artículos de papel: se mantuvo la protección para el papel para impresión, pero se desgravaron los artículos de papel, que pasaron a formar parte de la franja intermedia de la política arancelaria.

La explicación de la forma en que evolucionaron las tasas de protección impuestas sobre los artículos de hierro y acero puede ser más simple de lo que se esperaría. Todos estos productos experimentaron ajustes al alza en el arancel en 1916; después de esta fecha, las variaciones en la protección deben atribuirse casi enteramente a los movimientos en los precios. El resultado fue una tendencia decreciente en los equivalentes *ad valorem* de la mayoría de los productos. En este caso, el gobierno actuó por omisión: al no intervenir en el ajuste de las tarifas, permitió que se erosionara severamente la protección concedida a los productores de esos artículos, o bien consideró que las nuevas tasas *ad valorem* eran consistentes con las necesidades de protección de esa industria y del aparato productivo en su conjunto. Debe hacerse notar que

[114] SICT, *La industria* (1928), p. 57; *Yucatán* (1998), pp. 384-385.

hubo excepciones a esta regla general, pues la administración elevó la protección arancelaria de algunos artículos de hierro y acero no contemplados en la muestra.[115]

Por último, ocupémonos brevemente del último grupo de artículos considerados en el cuadro. En algunos bienes, tanto de producción como de consumo, la evolución de las tasas implícitas es consecuente con las necesidades de abasto de la población y del aparato productivo: los equivalentes *ad valorem* de la manteca de cerdo y la maquinaria disminuyeron, en tanto los cianuros alcalinos se mantuvieron exentos. La dinamita pasó de una tasa de protección moderada a una de exención, priorizando las necesidades de la minería por encima de las de los productores de este explosivo. Asimismo, se mantuvo una protección efectiva elevada para la industria de la refinación de petróleo, pues la importación de petróleo crudo se hacía libre de derechos en tanto los productos derivados exhibían tasas implícitas elevadas. En tres casos los aranceles ajustaron los niveles de protección a la franja intermedia de insumos que eran a la vez productos de industrias sustitutivas: el cemento, las botellas y la sosa y potasa cáusticas. En otros casos, sin embargo, los movimientos son menos coherentes con alguna intencionalidad reconocible. El aguardiente, supuestamente protegido, vio subir y caer su protección implícita; la harina de trigo, atrapada entre los intereses de los productores y los de los consumidores, experimentó una caída en el *ad valorem* seguida por un aumento a niveles casi prohibitivos.[116] Las conservas, artículos de consumo más bien suntuario, transitaron por una fase casi de exención para volver a una franja intermedia más propia de los insumos o los artículos de consumo popular.

Debe hacerse notar, sin embargo, que en la década de 1920 aparecieron nuevas preocupaciones y prioridades en la política arancelaria de la administración. Un puñado de industrias de reciente creación, muchas de ellas medianas y pequeñas, llamó la atención del gobierno, el cual manifestó en forma explícita su inclinación a apoyarlas y estimular su desarrollo. Se trataba en su mayor parte de empresas controladas por capital nacional, que representaban una suerte de democratización tanto en los patrones de inversión como en los de consumo, y por estas razones resultaban tanto más dignas de protección a los ojos del régimen revolucionario. Entre ellas pueden mencionarse fábricas de cerillos, muebles, frutas y pescado enlatados, lámparas eléctricas, cintas para máquina de escribir, techos de asbesto, entre otras. Muchas de estas acti-

[115] Por ejemplo, artefactos no especificados y artefactos de hierro esmaltado, cuyas tarifas fueron ajustadas al alza en 1927. *Diario Oficial*, febrero 12, 1927.

[116] Acerca de esta contraposición de intereses véase, por ejemplo, APEC, exp. 46, leg. 1, ff. 5-6, gav. 40, inv. 2682, mayo 31 de 1922, y foja 8, junio 6, 1922.

vidades se desarrollaron gracias a la imposición de aranceles elevados a la importación de los artículos que competían con ellas.[117]

En cualquier caso, si nos atenemos a la canasta de productos que constituía la parte neurálgica de la tarifa desde el porfiriato, la evolución de los aranceles en la década de 1920 carece de un patrón claro. En ello se encuentra en fuerte contraste con la que observábamos en el porfiriato, donde la muestra de productos relevante desde el punto de vista económico experimentaba cambios en la protección que respondían a una lógica discernible. Esta evolución un tanto desordenada de la política arancelaria puede atribuirse a una serie de factores: por una parte, la ausencia de una reforma integral al arancel, que obligó a innumerables cambios fragmentarios en un arancel ya muchas veces reformado antes de la revolución, sacrificando cada vez más la coherencia de las medidas adoptadas. En segundo lugar, cambios continuos en los precios, que dificultaban la tarea de actualizar las tarifas para mantener los niveles de protección. Finalmente, en algunos momentos el gobierno parece haber sido más susceptible al *lobbying* por parte de grupos de interés, sobre todo de aquellos cercanos al nuevo grupo gobernante. Entre estos grupos cobraron una fuerza considerable los nuevos empresarios agrícolas, que demandaban protección para artículos de la agricultura comercial como el trigo, el algodón y la cebada. Este tipo de exigencias hizo renacer la antigua ambivalencia, que hacia el final del porfiriato parecía haberse desvanecido, entre los intereses agrícolas y los industriales en el momento de diseñar la estructura de la protección.

En suma, en los sesenta años de política comercial que hemos analizado presenciamos el tránsito desde un elevado proteccionismo motivado por requerimientos fiscales a un diseño más orientado a las necesidades de la economía; de un arancel marcado por el contraste violento entre importaciones libres de derechos y tarifas estratosféricas, a uno caracterizado por franjas de protección selectiva combinadas con otras de orientación fiscal en un marco de liberalización arancelaria. Todavía dentro de ese periodo histórico, observamos la manera en que, tras la reforma monetaria de 1905, la tarifa de importación fue sometida a un ajuste general que buscaba restablecer los niveles de protección y expresar con mayor precisión los objetivos de la política comercial. Finalmente, los cambios que las fuentes disponibles nos dejan ver relacionados con la política comercial durante y después de la revolución son muchas veces transparentes en términos de sus motivaciones, pero no así en lo concerniente a su coherencia interna, sus propósitos específicos y su adecuación para alcanzarlos.

[117] USDC, *Trade* (1929), p. 5.

5
IMPORTACIONES, MODERNIZACIÓN ECONÓMICA E INDUSTRIALIZACIÓN

El estudio de la evolución de las importaciones a lo largo del tiempo es útil para nuestros propósitos desde dos puntos de vista. Primero, porque la composición de éstas refleja los rasgos de la economía y la manera y ritmo en que ésta transitó desde su configuración tradicional hacia una moderna, dejando traslucir asimismo algunos de los cambios estructurales que caracterizan ese tránsito.[1] Segundo, porque permiten medir un aspecto específico del cambio estructural que es el avance de la industria. Para incluir en la reflexión tanto el sentido general del pasaje como uno de sus componentes específicos, hablamos aquí de modernización económica e industrialización, dos aspectos relacionados pero distintos de un mismo fenómeno. El primero de estos conceptos designa un proceso de carácter general de transformación económica que abarca la creación de infraestructura (ferroviaria, portuaria, carretera), la urbanización (drenaje, pavimentación, alumbrado) y el cambio en los hábitos de consumo de la población.[2] El segundo refiere a un aspecto mucho más específico que implica el establecimiento de una planta fabril, con uso de maquinaria y de tecnología moderna para la producción de artículos manufacturados en una escala relativamente grande. Aunque estos procesos pueden coincidir en el tiempo, el primero suele aparecer con anticipación al segundo, y constituye en parte un prerrequisito para que este último tenga lugar. De hecho, si bien el desarrollo de la industria es apenas un aspecto del proceso general de cambio estructural de una economía tradicional a una moderna, constituye uno de sus aspectos culminantes, pues condensa las transformaciones que se han llevado a cabo en el conjunto de la sociedad (como la urbanización, la proletarización de la fuerza de trabajo, la extensión de la disciplina fabril, etc.) y hace que el tránsito se vuelva irreversible.

El cambio en la composición de las importaciones puede señalar también el punto en que se encuentra este pasaje. Para ofrecer un ejemplo típico, en una fase inicial el paso de una economía tradicional a una moderna se reflejará

[1] Acerca del cambio estructural de la economía mexicana en la primera mitad del siglo XX, véase Reynolds, *La economía* (1970), capítulos II y V y *passim*.

[2] No es un objetivo de este capítulo abordar los aspectos relacionados con el cambio de hábitos de consumo de la población, sino enfocar las dimensiones más generales del proceso de modernización económica que se relacionan con los rasgos y el desempeño de la economía.

en la canasta importadora en el aumento de bienes de producción y bienes intermedios destinados, digamos, a la construcción de infraestructura y la urbanización, como los rieles de acero y el cemento. Sin embargo, si el proceso de modernización es exitoso, a partir de cierto momento esta clase de importaciones dejará de aumentar y, de hecho, empezará a disminuir debido a que el aparato productivo se habrá desarrollado lo suficiente para empezar a sustituirlas. Este fenómeno señala una fase más avanzada de la modernización económica que incluye un desarrollo de la industria en el que, además de bienes de consumo, se empieza a producir insumos intermedios. En un proceso acabado de industrialización, la sustitución debería proseguir hasta abarcar la maquinaria y el equipo que en las primeras fases se importaron del exterior. Este papel dinámico de las importaciones puede ilustrarse mediante una gráfica de campana en la que todos aquellos artículos que hicieron parte del fenómeno general de modernización económica aumentaron primero su importancia para luego disminuirla como resultado de un avance exitoso de la industrialización.[3]

Para cumplir nuestros propósitos, el uso que se hace de las estadísticas comerciales en este capítulo depende, como en otros casos, de las características de las fuentes y de las necesidades del análisis. Por ejemplo, se utilizan las fuentes mexicanas en los aspectos relacionados con la política comercial, mientras que se recurre a las de los socios para desagregar las exportaciones dirigidas a México a lo largo de todo el periodo. En fin, como se ha hecho hasta aquí, se echa mano de las estadísticas de los principales socios comerciales de México para llenar las lagunas de información en las fuentes mexicanas, que en el caso de las importaciones afectan la mayor parte del periodo anterior a 1892 y el lapso de guerra civil generalizada, entre 1913 y 1917.[4]

5.1 IMPORTACIONES Y MODERNIZACIÓN

En la historiografía económica sobre el porfiriato han prevalecido varias ideas que pueden ser ya consideradas lugares comunes. Por un lado, la noción de que, al igual que en las décadas iniciales del periodo independiente, persistió durante este periodo una política comercial marcadamente proteccionista, una percepción a la que ya me he referido en el capítulo anterior. Por otro lado, la certeza de que esta política habría estado determinada básicamente por moti-

[3] Bulmer-Thomas, *The Economic History* (1996), p. 138.

[4] No está de más asentar que cuando se usan las fuentes de los socios comerciales, aplican los mismos criterios y reservas que se explicaron en capítulos anteriores; cuando se usan las de México, hay reservas sobre su precisión y confiabilidad, sobre todo en algunos periodos.

vos fiscales,[5] una interpretación que se defiende pese a la drástica disminución en la importancia de los derechos de importación para los ingresos públicos (aquéllos pasaron de 55% en promedio entre 1870 y 1891 a 42% como promedio entre 1892 y 1912). Al explicar el proteccionismo mexicano por razones principalmente fiscales se desconocen los cambios dramáticos que tuvieron lugar en la política arancelaria a partir de la década de 1890. En particular, esa visión no permite entender ni la reducción de la altura de la barrera arancelaria ni el diseño de una tarifa claramente dividida en áreas de liberalización y áreas de protección. Aunque este diseño se fue perfeccionando con el paso del tiempo, desde esa década puede percibirse en él una clara intencionalidad: en términos generales, dentro de las áreas de protección coexistían bienes de consumo suntuario y artículos que competían con la producción interna, mientras que en las áreas de liberalización se concentraban insumos, combustibles y maquinaria, es decir, bienes de producción necesarios para la actividad industrial. Puede argumentarse que cuando las tarifas arancelarias son elevadas es imposible reconocer su motivación; sin embargo, ésta es inequívoca cuando implica el sacrificio de recursos para el erario público. Es exactamente esto lo que sucedía cuando, en aras de una mayor protección efectiva para las actividades industriales, la cuota impuesta por el arancel a los bienes de producción se mantenía en un nivel bajo e incluso tendía a disminuir. En el capítulo anterior se ha presentado la evolución de las tarifas *ad valorem* para varios artículos que se encontraban en este caso. El cuadro 5.1 reproduce algunos ejemplos ilustrativos.

Cuadro 5.1
Tarifas *ad valorem* para bienes de producción seleccionados, 1889-1929
(porcentaje sobre el valor de factura)

Artículo	*1889*	*1898*	*1900*	*1903*	*1907*	*1912*	*1918*	*1924*	*1929*
Algodón en rama	34	28	16	14	14	14	insig	32	24
Colores en polvo o preparados	46	18	20	13	16	21	7	12	25
Pieles preparadas	82	35	30	26	30	22	7	0.4	18
Lana en vellón	nd	11	9	6	12	9	2	4	3
Yute y otras fibras	nd	4	9	4	36	3	1	0	0
Desechos y pulpa para fabricar papel	ex	ex	ex	ex	ex	ex	ex	ex	ex
Cañería hierro	ex	9	8	7	4	26	5	nd	13
Cianuros alcalinos	nd	nd	2	3	ex	ex	ex	ex	ex
Sosa y potasa cáusticas	nd	nd	9	9	9	11	5	37	38
Maquinaria	ex	3	3	3	5	6	3	3	2
Ad valorem promedio de los artículos gravados de la muestra	54	16	12	9	16	14	4	13	15

nd: no disponible; insig: monto de las importaciones insgnificante; ex: exento.
FUENTES: véase capítulo anterior, cuadro 4.6.

[5] Bulmer-Thomas, *The Economic History* (1996), p. 146; Coatsworth y Williamson "Always Protectionist?" (2004), *passim*.

El cuadro muestra varios aspectos relevantes. En primer lugar, que el punto de inflexión tuvo lugar claramente en la década de 1890, cuando la tasa promedio para este grupo de productos cayó de 54% a 16% de su valor. Segundo, que a partir de entonces la mayoría de los insumos productivos tuvieron cuotas muy inferiores a las que se imponían en el resto de la tarifa, y algunos estuvieron exentos del pago de derechos de importación. En tercer lugar, que esto no significa que la política arancelaria fuera completamente consistente, ni que las intenciones liberalizadoras perduraran después de la revolución. En algunos casos, los precios afectaban las tasas *ad valorem*, y este efecto persistía hasta que las autoridades hicieran el ajuste pertinente; en otros, el lugar que algún producto ocupaba en la economía y en el arancel se modificaba como consecuencia del arranque en la producción nacional de ese artículo (lo cual explica saltos repentinos, y en ocasiones transitorios, en la protección, como los de la cañería en 1912 y la sosa y potasa cáusticas a partir de 1924); en algunos más, las necesidades fiscales resurgían, confundiéndose con el impulso industrializador. Con todo, la liberalización que se produjo en esta muestra de productos a partir de los años noventa no se revirtió en el resto del periodo, como se evidencia por el hecho de que la tasa arancelaria promedio en ningún momento se encontró por encima de 16% *ad valorem*.

En suma, la política proteccionista del régimen se ejercía al menos en dos dimensiones: la del mantenimiento de altos derechos arancelarios a los artículos que competían con la producción nacional y la del mantenimiento de derechos bajos para los que coadyuvaban al proceso de industrialización. A través de este último mecanismo se liberalizaba la importación de bienes de capital a costa de los ingresos públicos. Más aún: la combinación de ambos mecanismos tenía como resultado la reducción de las importaciones de artículos de consumo, es decir, de los que redituaban más recursos para el erario, y el aumento de las importaciones de bienes de producción, o sea, de los que rendían menos impuestos. En suma, un efecto contrario al que hubiera buscado el proteccionismo de motivación estrictamente fiscal. Y este fue precisamente el giro que trató de impulsar la política comercial del gobierno mexicano a partir de la década de 1890.

La canasta de importaciones de un país refleja con un grado aceptable de precisión algunos rasgos característicos de su economía y su sociedad. La principal diferencia puede establecerse entre una mezcla de importaciones compuesta fundamentalmente por bienes de consumo y una formada por bienes de producción. Pero uno puede adentrarse en esa mezcla y atisbar si se trata de bienes de consumo básico o suntuario, o si los bienes de producción consisten sobre todo en materias primas, combustibles o equipo industrial. En cualquiera de esos casos obtendremos indicios acerca del tamaño de la economía, de su grado de diversificación, de las necesidades que no puede cubrir con la producción interna, y de si estas necesidades apuntan a satisfacer a los consumidores o a apoyar al sector productivo. Si este es el caso, sabremos de qué tipo de actividades se conforma: un país que importa sobre todo arados e implementos agrícolas probablemente tiene a la agricultura como actividad principal; uno que importa grandes cantidades de maquinaria se encuentra presumiblemente en una etapa de establecimiento o fortalecimiento de su planta industrial, sin ser capaz de producir por sí misma los bienes de capital que requiere para ello. Finalmente, un país que adquiere en el exterior una gran cantidad de materias primas y ningún equipo industrial revela que su economía ha alcanzado un estadio avanzado en la industrialización, y no produce los insumos agrícolas o mineros que sus procesos productivos demandan.

Al analizar esta dimensión del comercio exterior debe tenerse presente que en este periodo las importaciones se financiaban de dos formas posibles: el ahorro interno y la inversión extranjera. Mientras que esta última dominaba el sector ferroviario, la minería y el petróleo, aquél auspiciaba las importaciones de bienes de capital para la industria. Ahora bien, aun cuando una parte del ahorro interno se generaba en actividades relacionadas con el mercado interno (agricultura, ganadería, producción artesanal y manufacturera), en una era caracterizada por el auge de las exportaciones la mayor parte de él procedía en realidad de la venta de productos mexicanos en el exterior. En la medida en que las exportaciones constituyeron a fines del siglo XIX el sector más dinámico de la economía, una parte sustancial del crecimiento de las importaciones sólo puede explicarse por el aumento de las exportaciones, que proporcionaban los recursos adicionales a los que generaba el modesto sector mercantilizado de la economía doméstica. Esta derrama, además, se realizaba en oro, es decir, en la divisa que se utilizaba como medio internacional de pago y cuya obtención directa (mediante las exportaciones) permitía escapar a las vicisitudes cambiarias del peso mexicano de plata. En esta medida, cualquier proceso de industrialización y modernización económica que haya tenido lugar en el contexto de la era exportadora era un proceso hasta cierto punto inducido por las exportaciones.[6] Otra parte de las importaciones de bienes de capital constituía en realidad la materialización de los flujos de inversión extranjera, que crecieron desde las últimas décadas del siglo XIX hasta el inicio de la Revolución y luego de una breve interrupción se reanudaron hasta cierto punto en los años veinte. A diferencia del ahorro interno, la inversión extranjera se concentró en la moderniza-

[6] De hecho, como Bulmer-Thomas afirma, en América Latina la suerte del desarrollo industrial en este periodo estuvo estrechamente asociada con el desempeño de las exportaciones: "la madurez industrial estaba claramente correlacionada con las tasas previas de crecimiento de las exportaciones y con el nivel de exportaciones per cápita." Bulmer-Thomas, *The Economic History* (1996), p. 191.

ción de la infraestructura ferroviaria y de actividades extractivas orientadas al mercado internacional, aunque no faltaron capitales extranjeros en algunas ramas de la industria de la transformación, sobre todo en la década de 1920. De manera que la inversión extranjera y el auge exportador, dos fenómenos valorados negativamente por parte de una vertiente muy difundida de la historiografía sobre el periodo, son responsables de esta transformación que incidió de manera crucial a favor de la modernización de la economía mexicana.[7]

Este capítulo se ocupará de analizar la evolución de la canasta mexicana de importaciones en el entendido de que aquélla permite entrever los rasgos de la economía y su progresiva transformación. Aunque puedan mencionarse algunas modestas excepciones, no sería errado afirmar que México no era en este periodo un país productor de bienes de capital, y por esta razón dependía en forma prácticamente absoluta del exterior para abastecerse de ellos.[8] Es preciso, sin embargo, hacer la distinción entre insumos y combustibles, por un lado, y maquinaria y equipo pesado, por el otro. En cuanto a los primeros, la economía mexicana desarrolló una capacidad creciente para producir internamente muchos de ellos, como cemento, artículos de hierro y acero, carbón y más tarde petróleo. Por lo que hace a los segundos, el abasto dependía casi totalmente del exterior. En conjunto, las importaciones de estos artículos, sumadas cuando es el caso a la producción interna, ofrecen un índice confiable del equipamiento de la planta productiva y de los avances de la industrialización. Si se considera que dentro de las importaciones se contaba no sólo maquinaria industrial, sino también equipo y material para la construcción de ferrocarriles y otras vías de comunicación, para la electrificación y para obras urbanas diversas (drenaje, pavimentación, etc.), las importaciones proporcionan también un indicador certero del proceso de modernización económica. De hecho, en la medida en que no existe información acerca de la inversión de capital fijo para la mayor parte de este periodo, las importaciones de maquinaria y equipo constituyen el mejor acercamiento disponible a los flujos de inversión, a sus pautas de evolución y a sus ritmos de crecimiento en el mediano y largo plazo.

Por cuanto en estos años un puñado de países monopolizaba la producción de bienes de producción que México importaba, no es aventurado asumir

[7] Una valoración convencional, de carácter básicamente negativo, se puede encontrar en Catao, "The Failure" (1992) y "Mexico" (1993). Una de las primeras revaloraciones positivas sistemáticamente articuladas acerca del papel del auge exportador en el desarrollo latinoamericano se debe a Bulmer-Thomas, *The Economic History* (1996), p. 153 y *passim*. Más recientemente se han publicado otros trabajos que refuerzan esta revaloración. Véase, por ejemplo, Haber, "The Political Economy" (2006) y, para el caso de México, Cárdenas, *Cuándo se originó* (2003).

[8] Haber, Razo y Maurer, *The Politics* (2003), p. 170; Cerutti, *Burguesía y capitalismo* (1983), pp. 122-124.

que la muestra de socios que sustenta este estudio prácticamente agotaba el universo de sus proveedores de esta clase de bienes. Ya se dijo en otra parte que, en términos generales, Europa mantuvo con México un patrón de intercambio muy tradicional, fuertemente atado a los artículos de consumo suntuario que lo habían caracterizado desde fines de la colonia, y con fuertes componentes inerciales y culturales ligados a los patrones de consumo de las clases altas de ascendencia hispana. En cambio, Estados Unidos, país joven y socio más reciente para México, se enganchó rápidamente a la demanda más dinámica de importaciones de bienes de producción, aunque dada su enorme diversidad productiva y una vecindad potenciada por la extensión de las vías férreas, fue también un importante proveedor de alimentos y otros artículos de consumo. Vale la pena mantener por el momento esta distinción geográfica con el fin de profundizar en las diferencias que en este ámbito prevalecían entre las dos grandes zonas proveedoras del mercado mexicano. Empecemos por analizar la canasta de las importaciones procedentes de los principales socios europeos. El cuadro 5.2 resume la información disponible para los cinco socios principales, de acuerdo con sus propias fuentes oficiales.

El cuadro incluye información de una muestra muy representativa (de entre 80 y 90% del valor total de los países considerados) de las importaciones mexicanas procedentes de los principales socios comerciales europeos entre inicios de la década de 1870 e inicios de la de 1920. Para los propósitos del análisis, he agrupado los artículos exportados por esos países a México en ocho rubros: cuatro correspondientes a la categoría de bienes de consumo y cuatro a la de bienes de producción. La composición inicial de la canasta muestra un predominio absoluto de los primeros sobre los segundos, reflejo de una economía tradicional, más bien pequeña, que utilizaba las importaciones para satisfacer la demanda de un pequeño segmento del mercado constituido por las clases acomodadas. Más de 50% de toda la canasta la conformaban los textiles de algodón, lana, seda y lino. Más de la mitad de los textiles importados era de telas burdas de algodón, lo cual revela que el aparato productivo local no alcanzaba a satisfacer ni la demanda de aquellos sectores integrados a la economía monetaria pero de bajos ingresos. El resto eran productos superiores, orientados al consumo suntuario de un mercado pequeño y selecto. A este mismo mercado se destinaban los otros dos rubros dentro de los bienes de consumo. El de alimentos procesados y bebidas se componía de conservas alimenticias, aceite de olivo, aceitunas, avellanas, almendras, embutidos y, sobre todo, de vinos, todos originarios de Francia y España. Los otros bienes de consumo estaban conformados por cristalería, joyería, perfumería, naipes y varios artículos más, todos menudos y valiosos. Junto a los más de 8 millones de dólares en artículos de consumo, los bienes de producción aparecen en la

Cuadro 5.2
Canasta de importaciones procedentes de los principales socios europeos, 1870-1928
(dólares)

	1870s *3 socios*	*1880s* *4 socios*	*1890s* *5 socios*	*1900s* *5 socios*	*1910s* *5 socios*	*1920s* *5 socios*	*1928* *3 socios*
Bienes de consumo							
Alimentos no procesados	0	0	0	0	0	310 865	0
Alimentos procesados y bebidas	979 916	1 789 066	1 452 273	1 153 055	1 744 200	1 402 582	1 942 889
Textiles	5 501 465	7 148 006	7 416 142	7 570 549	10 129 155	12 118 024	9 069 327
Otros artículos de consumo	1 789 980	3 482 147	2 898 803	3 508 504	4 277 063	3 500 390	1 846 395
Porciento en el total	87	80	69	53	55	54	76
Bienes de producción							
Insumos	950 624	2 334 947	3 515 248	8 535 036	9 072 869	11 370 304	1 750 751
Combustibles			379 094	600 314	166 858		
Maquinaria	289 062	723 215	1 331 885	1 810 254	3 381 296	3 018 789	2 009 697
vehículos y motores	0	0	17 618	71 502	671 871	480 230	243 075
Porciento en el total	13	20	31	47	45	46	24
Suma	9 511 046	15 477 381	17 011 062	23 249 213	29 443 312	32 201 185	16 862 135
Total	10 562 609	17 645 846	20 093 262	26 098 610	36 110 806	35 583 732	21 232 778
Cobertura	90	88	85	89	82	90	79

NOTAS: los datos se refieren al promedio de tres años iniciales de cada década. Debido a la disponibilidad de fuentes, no siempre se trata de los mismos años. En las fuentes no siempre es posible distinguir vehículos particulares de vehículos de carga, o entre éstos y los motores para vehículos y locomotoras. Se entiende, entonces, que una proporción no diferenciable de este rubro pertenece más bien a los bienes de consumo duraderos. 3 socios: Gran Bretaña, Francia y España; 4 socios: incluye a Bélgica; 5 socios: incluye a Alemania.
FUENTES: estadísticas comerciales de los socios respectivos (véase bibliografía).

lista con una presencia increíblemente pequeña, con un valor de 1.2 millones y apenas 13% de participación en la muestra. En este momento inicial hablamos de máquinas, artículos de hierro e hilo de algodón procedentes de Inglaterra; sacos de lino y yute, pieles preparadas y trabajos de metal traídos de Francia, y azogue importado de España, todos en cantidades diminutas.

Una década más tarde la situación no había cambiado en forma notoria: las importaciones procedentes de Europa se dividían entre bienes de consumo y de capital en una proporción de cuatro a uno, aunque su monto total se había elevado en forma considerable, de 10.6 a 17.6 millones de dólares. Todos los rubros de la canasta crecieron, reflejando la mejoría en las condiciones económicas y acaso el inicio del equipamiento industrial. Pero habiendo empezado de niveles muy bajos, el incremento notable en la importación de insumos y maquinaria tuvo todavía resultados modestos. De hecho, casi todo el aumento se debió al crecimiento de las adquisiciones de artículos de hierro y maquinaria ingleses, relacionados con la dotación de infraestructura ferroviaria y quizá con la rehabilitación y equipamiento de algunas minas. En cualquier caso, los bienes de producción apenas rebasaron entonces los 3 millones de dólares como promedio trienal.

Este estado de cosas se fue modificando más rápidamente a partir de entonces. En el marco de un comercio de importación creciente, los bienes de capital fueron aumentando su participación en el total en forma bastante notable: de 20 a 29% entre principios de los años ochenta e inicios de los noventa, y a 46% a inicios del siglo XX. Lo que es más relevante, las importaciones de todos los rubros dentro de los bienes de consumo se estancaron durante veinte años en su valor de inicios de los ochenta, en tanto las de insumos productivos se multiplicaron casi por cuatro. Esta estructura importadora prevaleció, salvo coyunturas extraordinarias, por el resto del periodo, de manera que a principios de los veinte, 54% de las importaciones europeas eran de bienes de consumo y 46% de bienes de capital.

Aún así, las importaciones de maquinaria siguen pareciendo pobres, lo cual se explica en parte porque Europa no era el principal origen de esta clase de bienes. Lo que sucedía más bien era que, mientras que Estados Unidos abastecía la mayor parte de la demanda mexicana de maquinaria de todo tipo, las potencias industriales europeas se especializaban en tipos particulares de equipo industrial. Por ejemplo, de acuerdo con un reporte de los años veinte, Gran Bretaña dominaba las ventas a México de turbinas de vapor y maquinaria textil, en tanto Alemania prevalecía en las de motores diesel, bombas, aserradoras y maquinaria metal-mecánica.[9]

[9] USDC, "Mexican Market" (1929), p. 4.

Por las razones que se expusieron antes, el análisis del patrón del comercio con Europa impone un sesgo que impide apreciar la evolución en la estructura de las importaciones mexicanas. Para corregirlo es preciso integrar al análisis las importaciones procedentes de Estados Unidos. La información pertinente se presenta en el cuadro 5.3.

El patrón de comercio con este país presenta rasgos muy distintos. Desde el inicio del periodo, los bienes de capital tuvieron un claro predominio, de manera que, vista de forma gruesa, la estructura del comercio no se modificó sustancialmente a lo largo del tiempo. Sin embargo, sería un error suponer que esta composición indica desde el principio un proceso pujante de modernización económica. En realidad, las importaciones de insumos intermedios y de maquinaria eran en un principio modestas, tanto en términos absolutos como relativos, y lo que destaca es la presencia prominente de las materias primas. Lejos de reflejar una industrialización floreciente, esa estructura denota más bien la dependencia externa que la incipiente industria mexicana exhibía en relación a sus principales insumos. Así, en 1870, de 1.9 millones de dólares de materias primas importadas, 1.6 correspondieron a algodón en rama. Diez años más tarde, de 1.9 millones, 1.5 fueron de esa fibra y 250 000 dólares más de tabaco y maderas. De hecho, en algunos años la sola importación de algodón equivalía a más de 30% del total de las exportaciones norteamericanas a México, una proporción que nos recuerda las escasas dimensiones que por entonces tenía el comercio exterior del país. Al caso de las materias primas debe sumarse el de los combustibles. Como veremos en la siguiente sección, en las primeras fases de su proceso de modernización económica México padeció una severa escasez energética, que representaba un serio constreñimiento al desarrollo. Finalmente, incluso cuando la dependencia externa de materias primas y combustibles había disminuido, ésta renacía y hasta se agudizaba en coyunturas extraordinarias. Por ejemplo, en 1920 se importó algodón por 4.8 millones de dólares y trigo por 3.7 millones, pese a que en años normales la producción interna ya alcanzaba para satisfacer el grueso de la demanda.

En concordancia con esta dependencia respecto a las materias primas, México recurría a Estados Unidos para complementar su propia oferta de alimentos básicos, lo cual creaba picos en las importaciones siempre que se padecía pérdida de cosechas en el interior del país. También recurría a él para ampliar la oferta de alimentos procesados no necesariamente suntuarios (a diferencia de los que ofrecía Europa), como manteca de cerdo y sus sustitutos, cuyas importaciones alcanzaron 5.3 y 7.6 millones de dólares en 1920 y 1928, respectivamente. En fin, la cercanía y la facilidad de las comunicaciones hacía que los comerciantes mexicanos acudieran al país vecino para remediar cualquier escasez provocada por causas naturales o de otro tipo. Así, en 1920 se

Cuadro 5.3

Canasta de importaciones procedentes de Estados Unidos, 1870-1928

(dólares)

	1870	*1880*	*1890*	*1900*	*1910*	*1920*	*1928*
Bienes de consumo							
Alimentos no procesados	169 350	0	389 619	905 197	4 867 031	1 047 276	544 020
Alimentos procesados y bebidas	123 718	372 631	585 647	582 889	2 103 121	5 329 029	8 283 089
Textiles y calzado	359 524	1 031 621	611 533	1 082 133	2 086 989	17 034 668	4 127 816
Otros artículos de consumo	221 506	488 205	667 264	2 109 064	4 714 875	7 816 689	3 924 173
Porcentaje	24	26	19	15	29	24	23
Bienes de producción							
Materias primas	1 922 572	1 857 843	2 951 531	3 442 037	5 264 489	11 548 891	5 299 343
Bienes intermedios	492 910	2 170 656	3 143 135	13 030 800	16 869 249	52 319 331	18 284 787
Combustibles	153 613	173 155	1 210 789	2 952 490	3 409 020	6 028 773	4 910 651
Maquinaria	202 288	1 077 918	1 502 359	6 157 642	5 280 735	19 871 969	20 382 659
Vehículos y motores	0	0	771 625	402 882	3 145 759	8 630 597	8 499 874
Porcentaje	76	74	81	85	71	76	77
Suma	3 645 481	7 172 029	11 833 502	30 665 134	47 741 268	129 627 223	74 256 412
Total*	5 082 533	9 198 077	14 199 080	35 857 837	60 408 058	200 816 260	113 434 000
Cobertura	72	78	83	86	79	65	65

* exportaciones domésticas.

NOTA: el cuadro se basa en las fuentes EU, que acusan un severo subregistro de las exportaciones por tierra hasta 1893, lo que en este caso afecta sobre todo las cifras de 1890. Por lo demás, se trata de cifras anuales y no trienales, como sucedía en el cuadro anterior.

FUENTES: estadísticas comerciales de Estados Unidos (véase bibliografía).

aprecia un aumento notable pero transitorio en las importaciones de textiles, calzado y otros artículos de consumo (como jabón), destinadas a reabastecer el mercado mexicano golpeado por los años de actividad revolucionaria.[10]

En donde realmente se pueden detectar las dimensiones del proceso de modernización económica es en la creciente capacidad de la economía mexicana para satisfacer por sí misma sus necesidades de materias primas y de algunos artículos de consumo, y en el recurso a la economía estadounidense en pos de bienes intermedios y de capital.[11] En 1880 tanto los insumos intermedios como la maquinaria cobraron importancia por primera vez dentro de las importaciones, lo cual se asocia claramente al inicio de la construcción ferroviaria y de la inversión en minería. Aunque predominantes desde una fase temprana, los bienes de producción elevaron su participación en la canasta importadora en forma consistente hasta 1900, cuando representaron 86% del valor de las adquisiciones provenientes de Estados Unidos, y luego disminuyeron ligeramente para estabilizarse en alrededor de tres cuartas partes del comercio originado en ese país. Aun más que por su incremento absoluto (de por sí sobresaliente) las importaciones de bienes intermedios son notables por su diversidad: hacia principios del siglo XX incluían implementos agrícolas y herramientas de muchos tipos, correas para maquinaria, una gran variedad de artículos de hierro y acero, de zinc, cobre y aluminio, productos químicos, almidón, parafina, cemento, bisagras, cerraduras y otros artículos para construcción, dinamita y explosivos. La maquinaria comprendía locomotoras para ferrocarril, máquinas de vapor y, ya en el siglo XX, maquinaria eléctrica y transformadores. El último rubro del cuadro es una mezcla (obligada por la clasificación empleada en las fuentes) de coches, carruajes y camiones, es decir, de equipo vehicular que se empleaba en el transporte de bienes y personas, con partes y piezas de refacción de esos mismos artículos, y con motores de combustión interna destinados al ensamblaje de coches en plantas que se establecieron en México durante los años veinte.[12] Es decir, mientras los primeros son indicadores del proceso de modernización económica, los últimos son en realidad insumos intermedios que se empleaban en la naciente industria del ensamblaje automotriz.

La evolución que intentamos rastrear se aprecia mejor si se considera de manera conjunta la estructura de las importaciones de todos los socios princi-

[10] Acerca de las importaciones de alimentos procedentes de Estados Unidos, véase USFDCB, "The Mexican Market" (1925), *passim*. Asimismo, véase Sherwell, *Mexico's* (1929), p. 6.

[11] Como decía un informante a mediados de los años veinte, lejos de amenazar al comercio exterior, "una producción agrícola e industrial incrementada meramente cambiará, al menos por muchos años por venir, el carácter de nuestro comercio con ese país, incrementando las exportaciones de equipo agrícola e industrial". USDC, "Mexico as a Market" (1925), pp. 11-12.

[12] Siempre que fue posible, se dejaron fuera otros tipos de motores de uso industrial.

Gráfica 5.1
Estructura de las importaciones de socios principales, 1870s-1920s

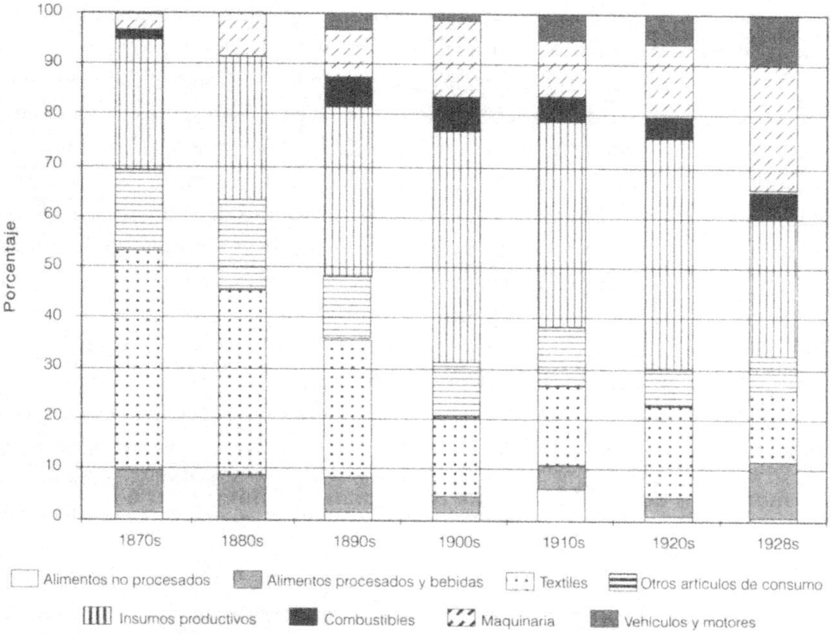

NOTA: se trata de cifras aproximadas con valor indicativo, puesto que los datos de Estados Unidos son anuales y los de Europa, trienales.
FUENTES: cuadros 5.2 y 5.3.

pales —es decir, sumando Estados Unidos a los socios europeos. El resultado se presenta en la gráfica 5.1.

Al inicio del periodo, 70% del valor de las importaciones mexicanas consistía en artículos de consumo, y de él, 45% correspondía a los productos textiles. En cambio, los bienes de capital representaban el 30% restante, y dentro de ellos la maquinaria mostraba un porcentaje modestísimo, de menos de 5% del total. El papel que los distintos tipos de bienes desempeñaban en las compras de México en el exterior se traducía con absoluta transparencia en la lista de importaciones del arancel. Por ejemplo, el arancel de 1872 incluía 223 entradas para productos textiles, mientras que toda la maquinaria que se podía importar estaba comprendida en dos entradas: una para las locomotoras o máquinas de vapor y otra para las "máquinas y aparatos de todas clases para la industria, la agricultura, la minería, las ciencias y las artes, y sus partes sueltas o piezas de refacción".[13] En

[13] Dublán y Lozano, *Legislación* (1876-1912) t. 12 (1882), pp. 9-17.

realidad, aunque en las décadas siguientes los bienes de capital exhibieron un mayor desglose en la tarifa, el hecho de que los ingresos fiscales se originaran en las importaciones de artículos de consumo motivaba un mayor detalle en su tratamiento por parte de las autoridades hacendarias.

Desde los años ochenta se percibe un movimiento, moderado al principio y acelerado en la década siguiente, que redujo la presencia de los artículos de consumo hasta 30-40% del total, aumentando la de los bienes de producción hasta alcanzar el 60 o 70% restante. Este vuelco en la estructura de las importaciones, que por lo visto se produjo en algún momento de la década de 1890, constituye un indicio certero del tránsito de una economía tradicional a otra en franco proceso de modernización económica.

Si bien las importaciones de insumos (materias primas y bienes intermedios) tienen el rasgo positivo de vincularse con la producción y no con el consumo, muchas veces reflejan carencias o desbalances en el aparato productivo mexicano más que avances en el proceso de modernización. Por ello, el mejor indicador de la naturaleza de este proceso lo ofrecen las importaciones de maquinaria, que pueden reconstruirse año con año y desglosarse para diversos momentos dentro del periodo. Atendamos en primer lugar a la información que se presenta en la gráfica 5.2.

La gráfica 5.2 ofrece series anuales del valor de la maquinaria importada: dos de ellas se reconstruyeron con las estadísticas mexicanas y de los socios comerciales de México, respectivamente; la tercera se elaboró estimando el quantum de importaciones a partir del índice de precios proporcionado por Kuznets.[14] Es notable, en primer lugar, la fuerte convergencia y complementariedad entre las dos primeras series, rasgos que nos ofrecen una medida de la confiabilidad de los datos en este nivel de desagregación y nos permiten disponer de una serie prácticamente completa de uno de los componentes centrales de la formación de capital fijo en la economía mexicana para este largo periodo de sesenta años. De acuerdo con estas cifras, las importaciones de maquinaria aumentaron de un valor minúsculo de 300 000 dólares (corrientes) en 1870 hasta 28 millones de dólares en 1929, es decir que se multiplicaron por más de 90. Crecieron a una tasa media anual de 8% durante todo el periodo, aunque mucho más alta entre 1870 y 1910 (9.4%) que entre 1910 y 1929 (4.8% como promedio anual). De hecho, aunque fuertemente correlacionadas con el PIB (con un coeficiente de correlación de .85), las importaciones de maquinaria crecieron a un ritmo mucho mayor que éste, revelando acaso el exceso de capacidad que ha-

[14] Aunque el índice se construyó para la producción doméstica de bienes de capital de Estados Unidos, el hecho de que la mayor parte de las importaciones mexicanas de maquinaria procediera de ese país justifica la pertinencia de su uso para deflactar esta serie. Kuznets, *Capital* (1961), pp. 596-597.

Gráfica 5.2
Importaciones de maquinaria, 1870-1929
valores y quantum (en dólares de 1929)

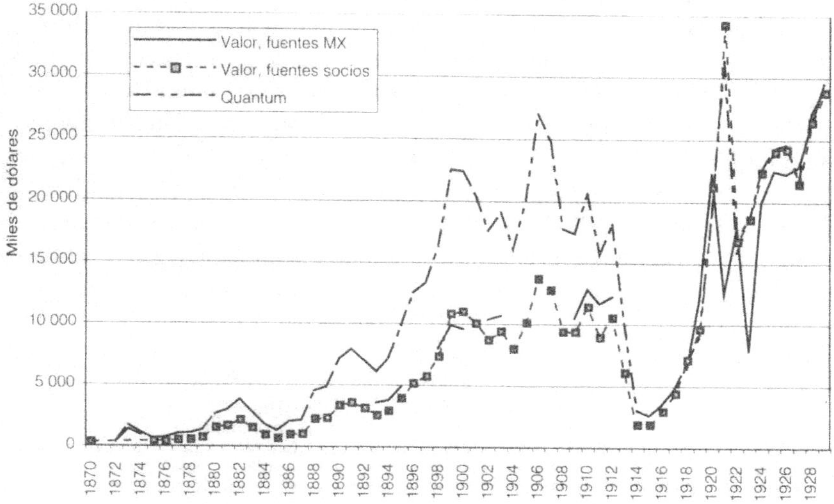

NOTAS: se reconstruyeron dos series de importaciones, una a partir de las fuentes MX y otra como resultado de la suma de las importaciones provenientes de los socios principales (EU, GB, AL y FR). La tercera estima la evolución del quantum de importaciones a precios constantes a partir del índice de precios de bienes de producción duraderos elaborado por Kuznets para Estados Unidos.
FUENTES: estadísticas de México y de los principales socios comerciales (véase bibliografía), complementadas con GBDOT, *Report* (1920-1931), *passim*; Kuznets, *Capital* (1961), pp. 596-597.

bría de caracterizar a la industrialización mexicana en ésta su primera fase.[15] Por otra parte, a diferencia de lo que ocurrió en otras dimensiones del crecimiento económico, en este ámbito el impacto de la guerra civil fue dramático, pues en algunos años redujo las importaciones de maquinaria al nivel que tenían en el inicio de la modernización económica. Si consideramos los años de 1910 como un decenio perdido (las importaciones de maquinaria fueron casi las mismas en 1919 que a inicios de esa década), el crecimiento de los años veinte destaca con un sobresaliente 11% como tasa media anual. Para minimizar las debilidades de que adolece cualquier serie de valor, se ofrece también una estimación del quantum de la maquinaria importada a precios constantes. Bajo esta óptica, la evolución de las importaciones de capital fijo en el periodo anterior a la revolución adquieren su verdadera dimensión: crecieron a una tasa promedio de 12% anual entre 1872 y 1910, y pese a la caída estrepitosa que se produjo durante los años de la guerra civil, esa tasa alcanzó 5.2% como promedio anual entre

[15] Este mismo rasgo haría posible el vuelco hacia adentro de la economía y el inicio de la fase más acelerada de industrialización sustitutiva durante el proceso de recuperación de la crisis de 1929.

1872 y 1929. En fin, mientras que las exportaciones mexicanas empezaron a declinar a partir de 1925, las importaciones de maquinaria crecieron continuamente (salvo por el bache de 1927) desde 1922 hasta 1929.

Si bien las estadísticas de los socios europeos muchas veces no ofrecen un detalle suficiente para profundizar en la estructura de las importaciones, las de Estados Unidos, sobre todo a partir de los años veinte, permiten desagregar sus elementos e incluso reacomodar algunos de sus componentes, lo cual nos brinda la posibilidad de precisar de qué clase de industrialización y modernización económica estamos hablando. Como además para este momento Estados Unidos predominaba ampliamente en las importaciones mexicanas de bienes de capital, el análisis de éstas nos da una visión muy representativa del conjunto. Algunos datos relevantes para este propósito se presentan en el cuadro 5.4.

Cuadro 5.4
Importaciones de maquinaria procedentes de Estados Unidos: crecimiento y estructura, 1910-1928
(números índices y participación en el valor total)

	1910	*1922*	*1924*	*1926*	*1928*
1. Relativos de valor (números índices)					
Maquinaria agrícola	nd	100	185	284	211
Maquinaria minera	100	73	82	107	95
Maquinaria petrolera	nd	100	94	60	101
Maquinaria para construcción	nd	100	123	260	238
Molinos (harina, azúcar, arroz, madera)	100	443	433	346	316
Maquinaria textil	nd	100	158	238	221
Maquinaria metal-metálica	100	274	220	399	338
Bombas, máquinas de vapor y motores*	100	138	316	165	147
Maquinaria y aparatos eléctricos	100	198	280	327	479
Otra maquinaria	100	92	87	78	107
2. Participación en el total (%)					
Maquinaria agrícola	nd	7	9	14	9
Maquinaria minera	23	10	8	10	8
Maquinaria petrolera	nd	7	5	3	5
Maquinaria para construcción	nd	3	3	6	5
Molinos (harina, azúcar, arroz, madera)	2	6	4	3	3
Maquinaria textil	nd	6	7	10	9
Maquinaria metal-metálica	2	3	2	3	3
Bombas, máquinas de vapor y motores*	22	18	29	15	12
Maquinaria y aparatos eléctricos	17	20	20	24	32
Otra maquinaria	34	19	13	11	14
suma de los porcentajes	100	100	100	100	100
suma del valor de la muestra	7 920 636	13 182 510	18 518 828	18 721 165	20 382 659

* Incluye motores de combustión interna.

NOTAS: nd: dato no disponible. En los años en que la maquinaria aparece dentro de artículos de hierro y acero, se excluye la entrada "*all other*".

FUENTE: USDC, *The Foreign Commerce... 1926*, Volume I (1927), *passim*.

El cuadro presenta, por un lado, números índices del valor de las importaciones que permiten seguir su evolución entre 1910 y 1928, y por el otro, porcentajes de participación de cada tipo de maquinaria dentro del total en cada uno de los años considerados. A fin de hacer más útil la información disponible, el cuadro propone una reagrupación de la lista EU de exportaciones de maquinaria a México que revela con mayor nitidez las actividades productivas en que participaban o el tipo de modernización económica que sustentaban. Aunque se incluyó como punto de referencia el año de 1910, debe hacerse notar que el menor nivel de desagregación que ofrecían las estadísticas en este año provoca la ausencia de varios rubros de maquinaria que evidentemente ya se importaban, lo cual, a su vez, resulta en un mayor porcentaje para el residuo que se agrupa bajo el rubro "otra maquinaria". Por lo demás, en todos los años ese mismo rubro incluye algunos bienes de capital que jugaban un papel importante en la industrialización mexicana pero que no siempre se desglosaban en las estadísticas, como las máquinas para fabricar zapatos, cigarros o cerveza.[16]

El cuadro ofrece varios aspectos de interés. El desempeño más pobre correspondió a los rubros de maquinaria minera y petrolera, que apenas crecieron durante el periodo, aunque el primero fue siempre un rubro más importante en términos absolutos. Las importaciones de maquinaria metal-mecánica se incrementaron en forma considerable respecto al punto de partida, pero representaban una porción muy pequeña del conjunto: entre 2 y 3% del valor total de las importaciones de maquinaria en todos los años considerados, una participación que refleja claramente la situación de una industria aún incipiente, que operaba en escala reducida y abastecía mercados de herramientas y artículos de metal de alcance regional. Otros rubros mostraron un mejor desempeño, aunque casi todos experimentaron retrocesos en el último año considerado. El grupo de "molinos" (de trigo, azúcar, madera) cuadruplicó sus importaciones anuales entre 1910 y 1922, después de lo cual se estancó y retrocedió ligeramente hacia el final de la década. El valor de la maquinaria agrícola importada casi se triplicó entre principios y mediados de los años veinte. ¿Las razones? La aparición de los arados mecánicos y el auge de los tractores (en 1926 se importó un millón de dólares entre distintos tipos de tractores y partes y motores para los mismos). Las importaciones de maquinaria para construcción crecieron sobre todo durante la fase más intensa de ampliación carretera y de obras de irrigación que tuvo lugar durante el gobierno de Calles, dentro de un programa al que se destinaron casi 70 millones de pesos de inversión pública entre 1925 y 1928. La adquisición de maquinaria

[16] Este tipo de equipo aparece desglosado en otras publicaciones, como USDC, "Mexican Market" (1929), pp. 1-2, 33.

textil siguió un patrón similar. Duplicó su monto anual, pasando de .8 a 1.6 millones de dólares entre 1922 y 1925, aumentó todavía en 300 000 dólares al siguiente año, y rondó el millón y medio anual durante el resto de la década. Si se considera que se trata aquí de flujos y no de stocks, que la maquinaria solía mantenerse en uso por cuarenta años o más, y que Gran Bretaña y no Estados Unidos era el proveedor principal en este ramo, se puede apreciar mejor la significación de esos montos de inversión en términos de la extensión progresiva de la actividad industrial.[17]

Pero acaso los indicadores más elocuentes del sentido que tomaba la modernización del aparato productivo son las importaciones que tuvieron una mayor participación en el conjunto: las bombas, máquinas de vapor y motores, y la maquinaria eléctrica. Ambos eran ya rubros importantes en 1910, con un monto anual de 1.7 y 1.3 millones de dólares y una participación conjunta de casi 40% en el valor total de las importaciones de maquinaria estadounidense, pero los dos duplicaron su valor para 1922. Hacia mediados de la década las importaciones de bombas, máquinas de vapor y motores promediaron 5 millones de dólares, luego de lo cual se redujeron a poco más de la mitad por el resto de la década. Cabe mencionar que se trata de equipo útil en las más diversas actividades productivas: las bombas se utilizaban tanto en la minería como en la irrigación; las máquinas de vapor en la minería y la industria de la transformación, y los motores de algún tipo eran de uso general en las industrias de ciertas dimensiones. En cuanto a la maquinaria eléctrica, su crecimiento fue más constante: de 2.7 a 3.8 millones de dólares entre 1922 y 1924, a 4.4 en 1926, y a 6.5 en 1928. El dinamismo de estos dos rubros refleja la actualización tecnológica de la planta productiva: en el primero se incluían motores estacionarios y portátiles, diesel y semi-diesel, para uso industrial, transformadores, transmisores y bombas centrífugas. El segundo abarcaba generadores, baterías, motores eléctricos para la minería y la industria, y en cantidades más pequeñas, lámparas, aparatos de radio y telefonía y de rayos X. En suma, industrialización y modernización económica en el sentido más amplio. En conjunto, las importaciones estadounidenses de maquinaria crecieron en forma casi continua a lo largo de los años veinte, tocando una primera cumbre en 1925 para caer en los dos años siguientes, pero recuperándose notablemente al final de la década, para llegar a una segunda y última cumbre nada menos que en 1929. Su valor absoluto pasó de 7.9 millones de dólares en 1910 a 19.3 millones en 1925 y a 21.6 millones en el último de los años veinte.

[17] USDC, "Mexican Market" (1929), pp. 21, 24. La información que proveen Haber y sus colaboradores respecto a los flujos de inversión nueva en los principales ramos de la industria corrobora este planteamiento. Véase Haber, Razo y Maurer, *The Politics* (2003), p. 172.

Al inicio de este periodo, el comercio de importación de México era modesto y desempeñaba un papel insignificante en el desarrollo económico: dos tercios de la cesta de importaciones se componía de artículos de consumo, algunos básicos, la mayor parte suntuarios. Incluso el pequeño segmento de los bienes de producción que se importaban constituía más un reflejo de las debilidades de la economía mexicana que de su inminente despegue, pues se componía de materias primas y combustibles que el país no había desarrollado la capacidad para producir por sí mismo. De manera que el pasaje que tuvo lugar a partir de los años ochenta, y más claramente a partir de 1890, no puede ser subestimado. En 1890 los bienes de producción se emparejaron con los de consumo, y 10 años más tarde duplicaban el valor de éstos en el conjunto de las importaciones. Por lo que se ve, en el marco de un proceso caracterizado por un auge exportador y una más profunda integración en la economía internacional, México no sólo tenía más recursos que gastar, sino que había aprendido cómo hacer mejor uso de ellos.

5.2 LA SUSTITUCIÓN DE IMPORTACIONES

Hasta hace unos treinta años, la historia económica de México era escrita preferentemente por economistas, cuyo interés era casi siempre el siglo XX y, en forma secundaria, cómo se llegó a él. Muchas veces bajo el influjo de las ideas estructuralistas, percibían en el pasado de México cortes diáfanos y fáciles de definir, a partir generalmente del porfiriato (o a lo sumo, la etapa liberal), que aparecía como el primer periodo inteligible e interesante desde el punto de vista económico: la etapa prerrevolucionaria se habría caracterizado por un crecimiento hacia fuera, orientado por las exportaciones; la revolución habría abierto el camino al nacionalismo económico y al surgimiento de una burguesía nacional; la crisis de 1929 habría forzado a la economía a volcarse hacia dentro, y la Segunda Guerra Mundial habría acabado de crear las circunstancias propicias para la industrialización, que habría continuado en varias fases, dentro de una dinámica sustitutiva, hasta las últimas décadas del siglo XX.[18] A medida que se desarrolló un gremio de historiadores económicos con un interés intrínseco por el pasado, la visión de que la industrialización fue un fenómeno de la segunda posguerra fue cuestionada primero y francamente superada después. En un trabajo pionero de 1983, Mario Cerutti empezó a hablar de "bur-

[18] Véase, por ejemplo, Vernon, *El dilema* (1966). Acerca del *timing* de la industrialización mexicana Leopoldo Solís se refiere al "proceso de industrialización observado a partir de la segunda guerra mundial". Solís, "Comportamiento" (1990), p. 232.

guesía y capitalismo" en Monterrey entre 1850 y 1910, y sus trabajos siguieron esta línea en los años siguientes, con un énfasis cada vez mayor en la dimensión modernizadora e industrializadota de esa burguesía.[19] Dos trabajos del segundo lustro de los ochentas acabaron en México con aquella visión: en 1987, Enrique Cárdenas publicó un libro sobre la industrialización mexicana durante la Gran Depresión, en el que se demuestra que en muchas ramas de la actividad industrial, ese proceso se encontraba muy avanzado para 1929;[20] en 1989, empezó a circular en inglés un libro de Stephen Haber cuyo título incluía la frase "la industrialización de México, 1890-1940".[21] A partir de entonces, una vertiente amplia de la historiografía económica sobre México se ha dedicado a detallar, profundizar y aportar nueva evidencia que confirma esta interpretación.[22] Valga esta digresión para expresar mi extrañeza por el hecho de que, pese al claro predominio y a la amplia difusión de la tesis sobre la "temprana" industrialización mexicana, en cierta literatura comparativa que se ocupa generalmente de América Latina sigue repitiéndose la vieja idea de que en esta región la sustitución de importaciones fue un fenómeno propio de la segunda posguerra, que, si acaso, encontró sus orígenes en los años de recuperación de la crisis de 1929. Por ejemplo, un estudio publicado muy recientemente reproduce esta visión al establecer una comparación entre lo que supuestamente sucedió en México y las experiencias de Argentina y Uruguay. De acuerdo con los autores, "esta importante porción del cono sur no pasó por una experiencia de industrialización significativa antes de 1930, y parece improbable que otros países latinoamericanos pasaran por una experiencia de industrialización más dramática."[23] Lo insólito del caso es que ambas visiones coexisten, incluso dentro de las mismas publicaciones, sin comunicarse ni afectarse mutuamente.[24]

[19] Véase Cerutti, *Burguesía y capitalismo* (1983); Cerutti, *Burguesía, capitales* (1992).

[20] Cárdenas, *La industrialización* (1987). Al inicio del libro, Cárdenas alude críticamente a la visión entonces prevaleciente (p. 8): "En cuanto al proceso de industrialización [...] se ha sugerido que se inició como respuesta a la segunda guerra mundial, que provocó una escasez de equipo y de materias primas provenientes de los países beligerantes, lo cual a su vez dio lugar a un fuerte proceso de sustitución de importaciones. Aunque también se piensa que ya en los años treinta hubo cierta sustitución de importaciones, la literatura convencional lo ha descartado por considerarla poco importante."

[21] Haber, *Industry* (1989); para la versión en español véase Haber, *Industria* (1992).

[22] Véase, por ejemplo, Beatty, *Institutions* (2001), Cárdenas, *Cuándo se originó* (2003); Cárdenas, Ocampo y Thorp, "Introducción" (2003); Gómez, "The Impact" (1999); Haber, *The Politics* (2003); Marichal y Cerutti, *Historia* (1997), entre muchos otros.

[23] Bértola y Williamson, "Globalization" (2006), p. 48.

[24] Para sólo mencionar dos ejemplos, el capítulo de Leopoldo Solís citado antes forma parte de un libro en el que se enfatiza y documenta el desarrollo de la industria en el larguísimo plazo, y ciertamente en las etapas anteriores a la Segunda Guerra Mundial. Por otra parte, el texto de

En la lógica de las interpretaciones de viejo cuño, las actividades industriales que se desarrollaron en las décadas anteriores al *crack* del 29 habrían sido meras ampliaciones residuales de la actividad productiva generadas por el proceso de crecimiento o por las actividades exportadoras. El proteccionismo arancelario de los regímenes de esa época habría perseguido el propósito de mantener o elevar los ingresos públicos, y el que algunas industrias se hubieran desarrollado bajo el amparo de esa protección constituiría un resultado accidental o secundario de políticas que no estaban encaminadas en esa dirección. A lo sumo, cualquier postura de proteccionismo industrial en esa época habría sido poco más que "acuerdos fragmentarios."[25] Una interpretación como ésta nos impide captar la dinámica del crecimiento económico de México en el largo plazo, identificar los aspectos de ruptura y continuidad en los modelos de desarrollo y entender el pronto despunte de la industrialización a partir de los años treinta. En el plano de las políticas públicas, nos impide reconocer la intencionalidad de la política comercial anterior a la crisis del 29 y discernir si la sustitución de importaciones que de hecho se produjo en aquel periodo fue un fenómeno accidental, o el producto de un programa exitoso encaminado a ese fin.

Un aspecto más de confusión en estas interpretaciones se produce por el hecho de que en aquella época tuvo lugar en casi todos los países latinoamericanos un auge exportador sin precedentes. Al combinar la percepción de este fenómeno con la idea de que la industrialización arrancó en los años treinta o cuarenta, es fácil concluir que el crecimiento orientado por las exportaciones era por definición incompatible con un proceso de industrialización. Muy por el contrario, como varios autores han señalado, en los países latinoamericanos "la expansión de las exportaciones era casi una precondición para el crecimiento temprano de la manufactura moderna", puesto que sólo ellas podían proporcionar los medios de pago utilizados para importar los bienes de capital necesarios para el establecimiento de una planta industrial.[26] Fue, en suma, un "proceso de desarrollo industrial [que tuvo lugar] como consecuencia del crecimiento del sector exportador".[27] Lejos de ser excluyentes, ambos fenómenos aparecen, así, como complementarios.

Bértola y Williamson coexiste con los trabajos de Steve Haber y de Richard Salvucci en los que se sostiene decididamente la tesis de una industrialización previa a la etapa de sustitución de importaciones. Véase Solís, "Comportamiento" (1990), y Arias, *Industria y Estado* (1990), *passim*; Bértola y Williamson "Globalization" (2006); Haber, "The Political Economy" (2006); Salvucci, "Export-Led" (2006).

[25] Thorp, "Economy" (1989), p. 78.

[26] Bulmer-Thomas, *The Economic History* (1996), p. 134; Haber, "The Political Economy" (2006), *passim*.

[27] Haber, "The Political Economy" (2006), p. 540. Por su parte, Richard Salvucci, en un capítulo titulado "Export-Led Industrialization", sostiene la tesis de que la industrialización que

En México, como en el resto de América Latina, las condiciones de atraso económico imponían serios obstáculos a la industrialización. Probablemente el mayor de ellos era el tamaño y las características del mercado, pero no era el único.[28] Al problema del mercado se sumaban el alto costo de una base tecnológica importada, la falta de instituciones de crédito, la escasez de mano de obra calificada y la baja productividad del trabajo.[29] Y sin embargo, la construcción de ferrocarriles, el auge de las exportaciones y la depreciación del tipo de cambio real contribuyeron a superar parcialmente algunos de estos obstáculos y crearon condiciones más propicias para la industrialización.[30] A partir de 1890 estas condiciones se vieron reforzadas por una actitud más proactiva de parte del Estado, que incluyó una política de proteccionismo arancelario y la creación de un programa de incentivos fiscales para las nuevas industrias.[31] Como resultado de esta convergencia de estímulos, la actividad industrial empezó a difundirse en muchas ciudades y en un puñado de ramas desde los últimos diez o quince años del siglo XIX. Muchas empresas intensivas de capital y que producían en gran escala que se fundaron entonces constituyeron los cimientos de la industrialización mexicana del siglo XX: "Al momento de estallar la Revolución mexicana, muchos de los gigantes industriales del día de hoy se habían establecido."[32] Pese a las profundas desigualdades regionales y sectoriales que marcaron el proceso de industrialización, no cabe duda de su significación en términos del cambio estructural de la economía mexicana: "el crecimiento de la industria a gran escala entre 1890 y 1910 no fue el resultado de la expansión gradual de la producción en pequeña escala, sino que marcó una discontinuidad en el desarrollo de los procesos productivos."[33]

Aun cuando las limitaciones de la demanda siguieron siendo un importante constreñimiento al pleno uso de la capacidad instalada y a un crecimiento más

---

tuvo lugar en muchos países latinoamericanos durante el periodo de 1870 a 1930 "no fue independiente del comercio internacional, mucho menos opuesta a él, sino complementaria, consistente o incluso consecuente con la expansión del sector externo". Salvucci, "Export-Led" (2006), p. 249.

[28] De acuerdo con Enrique Cárdenas, el carácter todavía rural del país generaba una gran dispersión de la población, que derivaba en altos costos de transacción y de transporte. Como además el sector agrícola era el de más baja productividad, "el mercado para bienes y servicios industriales [estaba confinado] a la población urbana y, en menor medida, a las comunidades mixtas." Cárdenas, *La industrialización* (1987), p. 20. Véase igualmente Haber, "La economía" (1990).

[29] Haber, *Industria* (1992), pp. 47-55.

[30] Haber, "The Political Economy" (2006), 541; Haber, Razo y Maurer, *The Politics* (2003), p. 125.

[31] Beatty, *Institutions* (2001), pp. 133-158.

[32] Haber, Razo y Maurer, *The Politics* (2003), p. 125.

[33] Beatty, *Institutions* (2001), p. 69.

rápido del producto industrial,[34] quienes han estudiado el caso de México coinciden en afirmar que el proceso de crecimiento industrial antecedió en varias décadas a la Segunda Guerra Mundial e incluso a la crisis de 1929. No es que no hubiera diferencia alguna entre el desarrollo industrial en una y otra etapa, sino que, como afirma Stephen Haber, "no existe una división tajante entre el periodo anterior y posterior a 1930 en términos de políticas gubernamentales, la adopción de tecnologías mecanizadas, la escala de la empresa y la orientación hacia dentro de la industria."[35]

Junto a este consenso, tiende a consolidarse la idea de que la política arancelaria desempeñó un papel crucial desde las fases iniciales de la industrialización. Como se mostró en el capítulo anterior, a partir de la década de 1890 se desplegó en México una política comercial impulsada por objetivos de desarrollo industrial que, pese a las distorsiones impuestas primero por las necesidades fiscales, luego por las circunstancias extremas de la guerra civil y más tarde aún por la renovada urgencia fiscal del régimen posrevolucionario, mantuvo a grandes rasgos esa orientación hasta el final del periodo.[36] Teóricamente, al encarecer las importaciones, los aranceles producen una modificación en los precios relativos que favorece a la producción doméstica, incentivando su consumo respecto al de los productos importados. Es oportuno añadir unas cuantas cuestiones a propósito de este tema.

¿A quién favorecía el proteccionismo de esta época? Durante la mayor parte del siglo XIX se dio una pugna no resuelta entre productores agrícolas e industriales, que enfrentaba, por ejemplo, a los cultivadores de algodón con los empresarios textiles, o a los plantadores de tabaco con los fabricantes de puros y cigarros. Ambos reclamaban protección arancelaria del gobierno, y a menudo ambos la obtenían. En 1889 el algodón en rama exhibía una tasa implícita de 34% que lesionaba el efecto protector de las tarifas impuestas a los textiles, de todas formas muy elevadas (134% sobre el valor de factura, en el caso de las más baratas). Para 1898 estas últimas habían sufrido una violenta reducción en su tasa de protección implícita (62%), y sin embargo el algodón seguía gozando de un *ad valorem* de 28%, muy por encima de la franja fiscal

[34] Como explica Salvucci, las limitaciones de la demanda se relacionaban no sólo con los bajos ingresos de la mayor parte de la población, sino con un crecimiento demográfico penosamente lento. Salvucci, "Export-Led" (2006), p. 278.

[35] Haber, "The Political Economy" (2006), pp. 538-539.

[36] Edward Beatty sostiene una postura similar a ésta por lo que se refiere al porfiriato, al afirmar que "la naturaleza comprensiva y consistente de esta estructura [arancelaria], junto con el testimonio de hacedores de política como Matías Romero y José Yves Limantour en Hacienda y sus contrapartes en Fomento, sugieren que después de 1890 se apuntaba en forma intencional al objetivo de industrialización sustitutiva de importaciones." Beatty, *Institutions* (2001), p. 69.

que ya por entonces se asignaba a los insumos productivos (véase cuadro 5.1). Ello significa que el aligeramiento de las motivaciones fiscales del gobierno fue solamente un primer paso en el proceso que lo llevó a delinear una política de proteccionismo industrial; un segundo paso consistió en tomar partido por la burguesía industrial. Y en efecto, aun cuando la política comercial nunca fue completamente coherente, parece claro que a medida que se afirmó la vocación industrializadora del régimen, la protección efectiva hacia la industria se elevó precisamente mediante reducciones en las tarifas impuestas a los insumos agrícolas. Así, a partir de 1900 la tasa arancelaria que pesaba sobre el algodón en rama se mantuvo alrededor de 15%, una tarifa que reconocía la necesidad de complementar la oferta local de algodón con importaciones, y forzaba a los agricultores mexicanos a competir con éstas. Además, combinada con aranceles consistentemente altos para las manufacturas textiles, aquella tarifa inclinaba claramente la balanza de la protección hacia la actividad industrial. En general, en México "la economía política del proteccionismo [...] entre las décadas de 1890 y 1930 descansó en fundamentos que favorecían los intereses proteccionistas de los capitalistas urbanos", y más precisamente, de los industriales.[37]

Ahora bien, ¿cómo podemos valorar aspectos como la efectividad del arancel o su impacto sobre el crecimiento? Antonio Tena apunta en esa dirección cuando afirma: "en teoría, hay más espacio para un impacto positivo de la protección sobre el crecimiento en países con un sector agrícola mayor [y] un diferencial de productividad más elevado entre el sector tradicional y el industrial". En estos casos se expresa con toda claridad el mecanismo que conecta a las tarifas con el crecimiento mediante "el potencial que tiene impulsar el cambio estructural de la agricultura a la industria para aumentar el producto por trabajador. Los aranceles pueden acelerar el movimiento de trabajadores agrícolas de baja productividad a trabajos manufactureros de alta productividad."[38] Todo parece indicar que la economía mexicana se encontraba en esta situación. La agricultura orientada al mercado interno tenía la tasa de crecimiento más baja de toda la economía, pese a concentrar la mayor parte de la fuerza laboral. Entre 1895 y 1910 su tasa de crecimiento (de 2% anual) representaba menos de la mitad de la que exhibía la agricultura de exportación, un tercio de la del sector minero-metalúrgico y algo más de un tercio de la industrial.[39] La agricultura creció aún menos en las décadas siguientes en relación

[37] Coatsworth y Williamson, "Always Protectionist?" (2004), p. 221.

[38] Tena, "The Good Reputation" (2006), pp. 7, 3, 11.

[39] Las cifras varían de una fuente a otra. Estas estimaciones se obtuvieron a partir de El Colegio de México, *Estadísticas* (s.f.), *passim*; INEGI, *Estadísticas* (1985), t. I, p. 311 y Beltrán, *et al.*, *México* (1960), p. 585.

con los otros sectores, de manera que de hecho redujo su participación en el PIB, de 20% en 1910 a 14% en 1929.[40] No parece muy arriesgado concluir que, en efecto, en México se cumplían las condiciones que maximizaban el impacto benéfico de la protección arancelaria: un vasto sector agrícola y un amplio diferencial de productividad entre éste y el sector industrial.

Si resulta relativamente sencillo mostrar que la política arancelaria del gobierno fue adquiriendo rasgos cada vez más consistentes de proteccionismo industrial, mucho más difícil es demostrar la eficacia de esa política, o la medida en que produjo el efecto deseado sobre las industrias favorecidas. Además, sabemos que las industrias nacientes se beneficiaron de factores independientes de la política arancelaria: la reducción de los costos del transporte terrestre y los avances en la unificación del mercado interno, la ampliación de ese mercado derivada del crecimiento y la incorporación de franjas crecientes de la población a la economía monetaria, un ambiente institucional más propicio a la inversión, gracias a los avances en el marco legal y a la mejor definición de los derechos de propiedad,. La única forma de distinguir el impacto de estos factores del que pudo tener el arancel es meramente aproximativa: mientras que esas condiciones favorables otorgaban beneficios a todas las actividades en forma más o menos homogénea (salvo por la circunstancia de que algunas zonas se encontraban mejor integradas que otras a la red ferroviaria), el arancel actuaba en forma selectiva sobre industrias particulares.[41] Esto se percibe más claramente en los casos de actividades emergentes, en las que se puede identificar el momento en que se inicia la protección arancelaria y su relación con el arranque de la producción nacional. En este sentido, es interesante comparar la evolución de las tasas de protección que se estudió en el capítulo anterior con el *timing* del crecimiento industrial que se ha reconstruido en la historiografía sobre el tema y que en parte se presentará en las siguientes páginas. Tal ejercicio confirma la percepción de que la estructura arancelaria anterior a 1890 era mucho menos eficaz para promover el crecimiento de la industria con respecto a la que se fue delineando a partir de ese año, y sugiere una relación estrecha entre los artículos protegidos y el despegue de su producción.

Lo que sí es posible detectar con la información de que disponemos es la medida en que la suma de circunstancias favorables —las de impacto genérico más el efecto diferencial del arancel— produjeron un proceso de crecimiento en la producción nacional que permitió primero satisfacer la nueva demanda

[40] Beltrán, *et al.*, *México* (1960), p. 585.

[41] Clark Reynolds reconoce la imposibilidad de separar "los efectos de la política gubernamental de los efectos de los cambios en las condiciones del mercado durante el proceso de industrialización [...] por el hecho de que estos dos conjuntos de fuerzas han estado completamente entremezclados en el transcurso del siglo pasado". Reynolds, *La economía* (1970), p. 197.

(generada por la integración y el crecimiento del mercado interno) y luego empezar a sustituir importaciones. De hecho, bajo el supuesto de una demanda interna creciente, el sólo hecho de que las importaciones no crezcan es indicativo de los avances en la producción nacional. Bajo ese supuesto, el que las importaciones empiecen a disminuir indica un mayor grado de maduración de la industria, o una situación en la que ésta no sólo complementa la oferta de productos importados, sino que compite con ella (con la ayuda del arancel, por supuesto).

Por otra parte, si bien no es posible aislar matemáticamente el impacto específico del arancel, podemos valorar su importancia al preguntarnos si las industrias que se desarrollaron en este periodo tenían ventajas comparativas que hicieran propicia su existencia. Este no parece haber sido el caso más frecuente.[42] No es sólo que en México no se produjera la maquinaria que sustentaba el proceso de industrialización, o que se careciera de una de una fuerza de trabajo disciplinada y capacitada para desempeñar los distintos tipos de trabajo fabril que la industrialización requería. Se trata de que en el momento en que se establecieron, muchas de esas industrias carecían de un suministro interno garantizado de las materias primas que supuestamente habrían de transformar. Por ejemplo, la industria textil del algodón dependió durante décadas de las importaciones de algodón procedentes de Estados Unidos, pues el abasto de la fibra veracruzana era notoriamente insuficiente para satisfacer su demanda. Ya entrados en nuestro periodo se desarrolló su cultivo en la región de la Laguna, no obstante lo cual hasta principios de la década de 1890 más de la mitad del abasto nacional provenía del país vecino. Aunque en esa década la producción nacional cubrió una parte mayor de la demanda, las importaciones representaron todavía entre 20 y 30% del abasto total (véase gráfica 5.3).

De hecho, antes de 1905 las importaciones de esta materia prima rara vez estuvieron por debajo del millón y medio de dólares, y en algunos años se acercaron a los 4 millones. Aún cuando hacia el final de la década de 1900 se alcanzó prácticamente la autosuficiencia en este campo, en coyunturas críticas reaparecía la dependencia del suministro norteamericano. Así ocurrió en 1913 y entre 1920 y 1923, años en los que las importaciones promediaron 2.3 millones de dólares.[43] La propia industria textil importaba productos químicos y tintes de Europa, para no hablar de la maquinaria, toda de origen extranjero. En suma, la fabricación de textiles de algodón era en sus primeras etapas a tal

[42] De acuerdo con Haber y sus colaboradores, "Prácticamente ninguna de estas industrias hubiera podido existir sin el apoyo del gobierno bajo la forma de altos aranceles". Haber, Razo y Maurer, *The Politics* (2003), p. 128.

[43] USDC, *The Foreign Commerce* (1893-1930), *passim*; El Colegio de México, *Estadísticas* (s.f.), p. 71.

Gráfica 5.3
Composición de la oferta de algodón crudo en México, 1892-1901
(procedencia, en porcentajes)

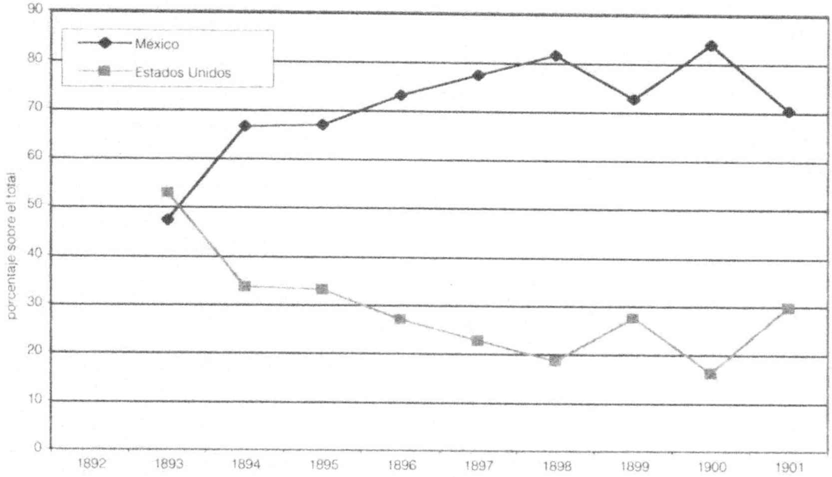

FUENTE: USDCL, *Commercial... 1903* (1904), p. 115.

punto dependiente de insumos y equipo provenientes del exterior, que su desarrollo es difícilmente concebible sin altos niveles de protección arancelaria.

Igualmente llamativa es la dependencia de energéticos que México padeció en las fases iniciales de su industrialización. Antes de 1890 la producción de combustibles minerales en el país era prácticamente inexistente, por lo que las importaciones dan una idea muy precisa de las modestas dimensiones que alcanzaba su uso. Como se sabe, la producción nacional de carbón arrancó precisamente en esos años, y una década después se inició la de petróleo, que se destinó inicialmente al mercado interno. Las importaciones procedentes de Estados Unidos y, más tarde, de Inglaterra complementaban la oferta local, y juntas satisfacían la demanda generada sobre todo por los ferrocarriles y la industria de la fundición. Apenas en los últimos años del porfiriato la producción nacional de carbón rebasó a las importaciones, aunque las características del coque nacional impidieron que la sustitución fuera completa. En cuanto al petróleo, las pequeñas importaciones que se verificaron desde fines de la década de 1880 se destinaban sobre todo a la iluminación y lubricación de máquinas, y sólo posteriormente se extendió su uso como combustible en la industria y el transporte. La sustitución de ambas importaciones fue posibilitada por la dotación de recursos y activada por las necesidades del aparato productivo —y en el caso del petróleo, por la demanda externa—, en un proceso estrechamente vinculado con la modernización económica del país. La gráfica 5.4 ofrece una estimación del consumo aparente de ambos combustibles entre 1890 y 1929 y el lugar de las importaciones en él.

Hasta 1907, entre 50 y 75% de las necesidades energéticas de la economía mexicana se cubrían con importaciones. Además, esas necesidades crecieron rápidamente en las primeras dos décadas del periodo que comprende la gráfica: el consumo aparente pasó de unas 500 000 toneladas por año a principios de la década de 1890 a un millón en 1898, a 2 millones en 1902 y a 3 millones en 1910. Dos cambios relevantes se produjeron a partir de entonces: primero, la cuota importada de combustibles disminuyó a menos de 25% del consumo aparente por el resto del periodo; segundo, el consumo anual se volvió mucho más inestable, cayendo en algunos años hasta menos de la mitad del máximo alcanzado. Aparentemente, el factor crucial en este comportamiento fue la demanda externa de petróleo, que determinó que en algunos años en que la producción disminuía, el petróleo disponible para usos domésticos cayera abruptamente. Las variaciones erráticas en el consumo aparente cesaron hacia 1923, cuando éste registró un salto importante respecto al nivel con que había iniciado la década anterior y su volumen se estabilizó en algo más de 4 millones de toneladas por año, 80% de las cuales se cubrieron con producción nacional.

Aunque estos son quizá los casos más agudos de dependencia externa, otras industrias que se desarrollaron tempranamente dependían en mayor o menor medida de insumos importados. A lo largo de todo el periodo, las compras en

Gráfica 5.4
Consumo aparente de energía mineral, 1890-1929
(carbón y petróleo)

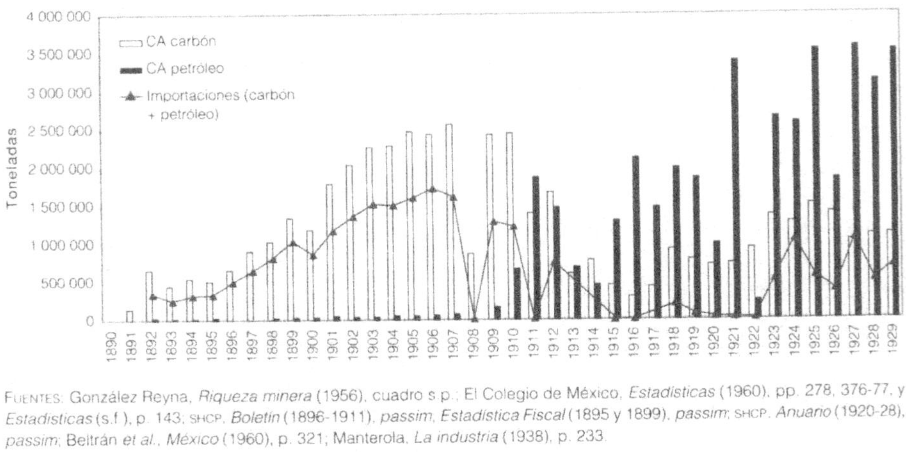

FUENTES: González Reyna, *Riqueza minera* (1956), cuadro s.p.; El Colegio de México, *Estadísticas* (1960), pp. 278, 376-77, y *Estadísticas* (s.f.), p. 143; SHCP, *Boletín* (1896-1911), *passim*, *Estadística Fiscal* (1895 y 1899), *passim*; SHCP, *Anuario* (1920-28), *passim*; Beltrán *et al.*, *México* (1960), p. 321; Manterola, *La industria* (1938), p. 233.

el exterior complementaban la producción nacional de tabaco, lana, pulpa para papel, cebada para elaborar cerveza y trigo para fabricar harina. De hecho, antes de 1900, las importaciones de materias primas procedentes de Estados Unidos superaban en valor a las de maquinaria.[44] Pero incluso en los años veinte se producía el fenómeno un tanto paradójico de que el gobierno protegiera una industria que no era especialmente moderna y no podía abastecerse internamente de su insumo principal. Me refiero a la decisión gubernamental de proteger a los molineros de trigo reduciendo los derechos del trigo importado (y a veces exceptuándolo de todo derecho) y aumentando los de harina de trigo "como un incentivo a los molineros locales", lo que generó "menor producción y más importación" del grano.[45] Contra lo que se esperaría, en algunos años México importó lana, azúcar, seda y otras materias primas de sus socios europeos. Evidentemente, la dependencia de insumos intermedios era más permanente y mayor.

De manera que, para que experimentara una industrialización medianamente sustentable, la economía mexicana debió pasar primero (o simultáneamente) por un proceso de sustitución de importaciones... de productos primarios. Algunas industrias, sobre todo entre las que se establecieron más tardíamente, disfrutaban de mayores ventajas comparativas y un mejor potencial de desarrollo en el momento de su aparición. Por ejemplo, una vez que los ferrocarriles mejoraron la integración del territorio y disminuyeron los costos de transportar bienes voluminosos, se abrió el umbral para la producción de cemento, de vidrio o de hierro y acero gracias a la ventaja que brindaba el acceso a los yacimientos de minerales que constituían sus principales insumos. Asimismo, el desarrollo de la producción carbonífera contribuyó a paliar la dependencia de combustible extranjero. Incluso entonces se dependía de la maquinaria y otros insumos procedentes del exterior, lo cual significaba altos costos iniciales para los inversionistas, y aún entonces ciertas condiciones derivadas del atraso económico (como el modesto tamaño del mercado) limitaban el uso de la capacidad instalada, elevando el costo unitario de la producción. Todo ello hacía que la industria mexicana "virtualmente no pudiera existir si no hubiera sido por la protección arancelaria".[46] Sin embargo, la reducción en los costos de transporte y una menor dependencia del exterior en algunos insumos primarios hacía que la posición competitiva

[44] Una muestra representativa de productos indica que en 1890 las importaciones de materias primas representaron casi el doble que las de maquinaria (tres millones de las primeras frente a 1.5 de las segundas). En años anteriores la preponderancia de las primeras era generalmente mucho mayor. USDC, *The Foreign Commerce* (1893-1930), *passim*.

[45] USDC, "Mexico as a Market" (1925), p. 14.

[46] Haber, "The Political Economy" (2006), p. 548.

de las industrias domésticas en relación a las importaciones fuera un tanto más favorable, y la dependencia de la protección arancelaria, consecuentemente, menor.

Aun cuando algunas industrias empezaron a desarrollarse en México en la década de 1830, solamente en la década de 1890 puede hablarse de un proceso más generalizado y difuso de industrialización. Los primeros indicios de ese proceso tuvieron lugar algunas décadas antes, con la aparición de fábricas textiles, de papel, cerveza y tabaco que empezaron a desplazar a las artesanías tradicionales que operaban en esas ramas de la actividad manufacturera. En la última década del siglo, sin embargo, se multiplicaron en número y en variedad los establecimientos fabriles de medianas y grandes dimensiones que empezaron a transformar el paisaje de las principales ciudades del país. Aparecieron entonces grandes fábricas textiles, de cerveza, papel, jabón y tabaco, a las que habría que sumar establecimientos metalúrgicos que introdujeron en el sector minero tradicional parámetros tecnológicos y de escala sin precedentes.[47] Si la mayoría de las industrias que se inauguraron en esos años se concentraban en la producción de bienes de consumo, una década más tarde surgieron otras que anunciaban una fase más avanzada del proceso de industrialización, al orientarse a la producción de insumos intermedios. Me refiero a industrias como la del cemento, el vidrio y, caso único en Latinoamérica, la siderurgia.[48] Por lo demás, aunque éstas fueron las actividades más llamativas por sus dimensiones y su desenvolvimiento, en muchas otras ramas se produjo una multiplicación del número de establecimientos y una ampliación en la escala de las operaciones que sugiere un tránsito acelerado a la fase industrial. Entre ellas pueden incluirse la producción de calzado, cordelería, herramientas y artefactos de hierro y acero, textiles de lana, conservas alimenticias, molinos de trigo e ingenios azucareros, entre otras. El proceso de difusión de la industria se vio temporalmente frenado por los efectos de la etapa más violenta de la Revolución mexicana. Si bien ésta no impuso una cuota elevada de destrucción a la planta productiva industrial, sí incidió en forma desfavorable sobre su ritmo de actividad y su crecimiento, debido sobre todo a las dificultades de abasto provocadas por la disrupción del sistema ferroviario y la fragmentación del mercado interno.[49]

[47] Según datos de Mario Cerutti, en Monterrey, sin duda el polo de desarrollo industrial más exitoso, se otorgaron 98 concesiones para el establecimiento de industrias por parte del gobernador Bernardo Reyes entre 1890 y 1910. Cerutti, *Burguesía y capitalismo* (1983), p. 115.

[48] El estudio clásico sobre el tema es Haber, *Industria* (1992), pp. 66-73.

[49] Haber, *Industria* (1992), pp. 155-186; Haber, Razo y Maurer, *The Politics* (2003), pp. 124-189.

En la década de 1920 varios factores contribuyeron a intensificar el ritmo de la industrialización. Por un lado, el programa de obras públicas (principalmente carreteras y obras de irrigación) emprendido por el Estado creó importantes externalidades positivas que aprovecharon los productores nacionales. Asimismo, el aumento de la inmigración "mejoró la capacidad empresarial y alimentó el cambio tecnológico".[50] Al mismo tiempo, las políticas públicas favorecieron —a través del arancel y de subsidios o exenciones impositivas— el establecimiento de fábricas pequeñas y medianas, lo que amplió la lista de actividades industriales para incluir cerillos, tuberías, destilerías, lámparas eléctricas, papel carbón y cintas para máquina de escribir, techos de asbesto y algunos productos químicos.[51] Para entonces, además, el desarrollo de la industria metalúrgica y la refinación de buena parte del petróleo extraído habían transformado el perfil del sector exportador, conduciendo el proceso de industrialización hacia su consolidación.

Los datos disponibles para mostrar los avances de la industrialización, y en particular el proceso de sustitución de importaciones, no son uniformes. En casos excepcionales se puede acceder a series de producción y de importaciones para algunos años, lo que permite reconstruir el consumo aparente y sus orígenes (nacional o extranjero), proporcionando una estimación muy cercana de la medida en que se sustituían bienes que antes se importaban. Sin embargo, en la mayor parte de los casos el proceso de sustitución de importaciones es difícil de documentar, frecuentemente porque no se dispone de datos completos acerca de la evolución de la producción. En algunos casos simplemente se carece de información cuantitativa serial, y la única evidencia disponible son testimonios, apoyados en algunas cifras no oficiales, acerca del desempeño de alguna industria en particular. Por ejemplo, un informe del agente especial del Departamento del Comercio de Estados Unidos sobre México afirmaba en 1925:

> México [...] produce actualmente artículos para abastecer todo o una porción muy grande del consumo doméstico en líneas tales como telas sin blanquear, cobijas de lana, zapatos, cerveza y bebidas suaves, y muchas clases de manufacturas textiles."[52]

En la industria del calzado, caracterizada por la existencia de un gran número de establecimientos pequeños y medianos que sumaban su producción a la de unas cuantas grandes fábricas, el recuento de lo que se producía

[50] Cárdenas, *La industrialización* (1987), p. 137.
[51] USDC, "Mexican Market" (1929), pp. 5-6.
[52] USDC, "Mexico as a Market" (1925), p. 6.

nacionalmente es defectuoso. Aún así, existen testimonios que hablan en forma inequívoca de que un proceso sustitutivo estaba teniendo lugar. El informe recién citado agregaba:

> En 1918 la mayor fábrica mexicana de calzado produjo 144 718 pares de zapatos, y México importó 947 623 pares de Estados Unidos; en 1923 esa misma planta produjo 448 512 pares, y México importó solamente 540 151 pares de Estados Unidos. El incremento neto en la producción de tan sólo esta compañía fue de 303 794 pares, y la pérdida neta para los exportadores [norte]americanos, 407 472 pares entre esos dos años.[53]

Un recuento no exhaustivo de algunas industrias para las que se dispone de alguna información cuantitativa correspondiente a los últimos años de la década de 1920 se condensan en el cuadro 5.5. Junto a la gran variedad de actividades, puede apreciarse la acusada diversidad en el número y el tamaño de cada una de ellas. De acuerdo con esta información, en conjunto, el capital invertido en estas industrias rebasaba los 450 millones de pesos, pero mientras que en algunas ramas la inversión se encontraba por encima de los ochenta millones de pesos, en otras todos los establecimientos juntos apenas llegaban al millón. La presencia más importante en términos del capital invertido la tenían los ingenios azucareros y las fábricas textiles, los primeros con una inversión total de 140 millones de pesos distribuidos entre 106 unidades productivas, y las segundas con 87 millones que se dividían entre 173 establecimientos. Aunque evidentemente se trataba de unidades de distintas dimensiones y con características tecnológicas diversas, una inversión promedio de 1.3 millones de pesos para los ingenios azucareros y de 500 000 pesos para las fábricas textiles, no puede considerarse pequeña. Si bien estas ramas llaman la atención por exhibir el mayor monto invertido, otras traslucen actividades que se realizaban en gran escala y con un alto nivel de concentración industrial. Me refiero a la industria del cemento, que en 1929 reportó un capital de 8.3 millones de pesos dividido en tan sólo cinco plantas, o una media de 1.7 millones de pesos por establecimiento; a las cervecerías, con una inversión total de 21.2 millones en treinta fábricas, y a la industria del papel, con 20 establecimientos y una inversión promedio de 650 000 pesos por fábrica. Con una inversión promedio algo menor (de entre 100 000 y 300 000 pesos por unidad) pero aún en el rango de la empresa fabril encontramos fábricas de vidrio, de cerillos, de productos químicos y de tabaco. En el rango de los 80 000 pesos de inversión media por establecimiento se ubicaban las mueblerías, los molinos de

[53] USDC, "Mexico as a Market" (1925), p. 6.

Cuadro 5.5
Establecimientos industriales en México, *ca.* 1929

	Núm. de establecimientos	*Capital invertido (miles de pesos)*	*Producción anual*		*Núm. de trabajadores*	*Trabajadores por establecimiento*
			Miles de pesos	*Miles de kilos*		*Promedio*
Textiles	173	87 132		39 554	49 628	287
Cordelería	40	2 129		7 943		
Hierro y acero	79	31 442		58 000		
Tabaco	163	22 435	29 124		5 501	34
Harina	197	17 187	41 208		2 259	11
Azúcar	106	140 000		168		
Enlatadoras	10	935	771		327	33
Aceites vegetales	96	7 929		5 122		
Cervecerías	30	21 150	26 702		3 037	101
Destilerías	1150	39 611	18 953	38 953*	2 861	2
Jabón	172	7 631	13 701		1 954	11
Curtidurías	539	5 163	11 163		2 670	5
Botas y zapatos	771	6 673	16 061	8 000**	10 520	14
Cemento	5	8 301			1 008	202
Muebles	59	5 251				
Cerillos	16	2 300	4 200		1 629	102
Vidrio	9	2 747	2 130			
Velas	181	1 508				
Refrescos	845	17 484				
Hielo	176	6 041	4 315		1 114	6
Productos químicos	16	2 147	2 296		475	30
Azulejo y cerámica	482	4 317				
Sombreros	133	1 243		11 933***		
Papel	20	12 898	18 974		2 292	115

*miles de litros.
**miles de pares.
***miles de sombreros.
NOTA: se excluyen los establecimientos que no ofrecen información cuantitativa.
FUENTE: USDC, *Trade* (1929), p. 6.

harina y las fábricas de aceites vegetales. Muy por debajo de esta media, entre 8 y 52 000 pesos por unidad productiva, se encontraba el resto de las actividades incluidas en la lista. Aun cuando se sabe que había entre ellas algunas empresas de grandes dimensiones (por ejemplo, fábricas de zapatos y de jabón), esta inversión media sugiere una mayor dispersión geográfica y productiva y la existencia de numerosos talleres artesanales que coexistían con unas cuantas industrias que producían en gran escala.

Esta percepción se confirma cuando se atiende al número de trabajadores empleados en promedio por empresa: el cuadro abarca desde la gran industria (textiles, cemento) hasta el taller artesanal (destilerías, curtidurías), pasando por ramas en las cuales probablemente coexistían grandes fábricas con pequeños establecimientos (tabaco, botas y zapatos). En fin, debe tenerse en cuenta que el cuadro ofrece una imagen parcial de la actividad industrial, pues, según la fuente, excluye todas aquellas unidades productivas para las que no se dispuso de datos estadísticos compatibles con los registrados aquí.

En otros casos se dispone de información cuantitativa que permite un seguimiento del desempeño de cada industria a través del tiempo. El cuadro 5.6 condensa datos acerca de la evolución de la producción para varias de ellas.

Vale la pena recordar que el aumento en la producción es indicativo del crecimiento de la industria, pero no necesariamente significa que está teniendo lugar un proceso de sustitución de importaciones. Ello es así porque al mismo tiempo puede producirse un aumento en la demanda interna que absorba la nueva producción sin disminuir en absoluto las importaciones. Sin embargo, antes de pasar a este asunto, resulta interesante evaluar el desempeño de las distintas industrias en sí mismo, es decir, independientemente de su relación con las importaciones o de su peso relativo en el consumo aparente del país.

Lo primero que llama la atención es que el crecimiento del producto en las industrias seleccionadas se dio en forma desfasada, es decir, que dentro de un contexto general de crecimiento industrial, éste no fue uniforme. En algunos casos el desarrollo industrial parece haber sido más pujante durante el auge porfiriano que en la década de 1920. Por ejemplo, la producción de cigarrillos pasó de un índice de 100 en 1899 a uno de 159 en 1907, pero luego evolucionó de manera fluctuante hasta que en 1927 experimentó un nuevo ascenso, alcanzando un índice de 165. La de lingotes de hierro alcanzó su cifra más alta en 1911, triplicando el nivel del año inicial (1903), pero luego experimentó serios altibajos y apenas se acercó a su nivel más alto en el último lustro del periodo. La producción de acero creció considerablemente en las postrimerías del porfiriato, acercándose de hecho a la capacidad instalada de Fundidora en 1911, pero luego no volvió a alcanzar esos niveles hasta finales de los años veinte.[54] En este caso, las restringidas dimensiones de la demanda siguieron siendo el constreñimiento principal para el desarrollo de la industria. De acuerdo con un estudio de Adolfo Prieto, directivo de la empresa, el problema principal era lo que nosotros llamaríamos la falta de eslabonamientos hacia delante debida a que el desarrollo del sector moderno de la economía seguía siendo poco uniforme y balanceado:

[54] La capacidad de producción de acero por parte de Fundidora Monterrey ascendía a 100 000 toneladas anuales. Cerutti, "Industria pesada" (1993), p. 56.

Cuadro 5.6
Evolución de la producción, industrias seleccionadas, 1878-1929
(índice de cantidad)

Año	*Algodón*	*Cigarrillos*	*Lingote de hierro*	*Lingote de acero*	*Cemento*	*Dinamita*
1878	100					
1883	104					
1889	114					
1893	167					
1895						
1898		100				
1899	315	114				
1900	355	111				
1901	356	113				
1902	321	123				
1903	356	142	100	41		
1904	381	147	165	137		
1905	422	153	20	100		
1906	475	159	117	155	100	
1907	582	157	75	148	150	
1908	501	153	78	134	200	
1909	427	156	273	276	250	
1910	428	150	209	315	300	
1911	464		331	393	250	
1912	434		151	310	200	
1913	406		54	91	150	
1914					125	
1915				31	50	
1916				89	100	
1917			57	103	150	
1918	245		97	121	200	100
1919	415		97	174	200	257
1920	406		72	150	225	214
1921			193	201	250	234
1922	449		110	245	350	189
1923	412	125	206	275	450	194
1924	388	116	90	175	535	178
1925	516	117	229	353	550	405
1926	445	137	281	362	757	472
1927	420	165	188	299	789	1 055
1928	408	165	227	369	1 021	1 580
1929	529		279	464	790	1 909

Cantidades producidas en el año base: algodón = 73 597 000 metros; cigarrillos = 329 millones de paquetes; lingote de hierro = 21 553 toneladas; acero = 8 823 toneladas; cemento = 20 000 toneladas; dinamita = 301 644 toneladas.
FUENTES: Haber, Razo y Maurer, *The Politics* (2003), pp. 164-166; González Reyna, *Riqueza* (1956), cuadro s.p.; Cerutti, "Industria pesada" (1993), pp. 56-57. Las cifras de lingotes de acero se corrigieron a partir de Beltrán, *et al.*, *México* (1960), p. 217.

El mercado de acero mexicano es reducido. Falta en el país desarrollo industrial, agrícola y de transporte [...] el mercado sólo tiene capacidad para absorber el 50 por ciento de lo que se puede producir en Monterrey con los cilindros disponibles. Fácilmente podrían fabricarse rieles por varios millones adicionales al año, pero no hay quien pueda pagarlos si se hacen. El consumo de acero por habitante es miserable."[55]

En su comentario a este informe, Mario Cerutti afirma que, de hecho, ese mercado se encogió durante algunos años de la década de 1920, lo cual parece confirmarse con las cifras de producción presentadas arriba. En cualquier caso, en algunas actividades el crecimiento que se produjo en las últimas décadas del porfiriato fue realmente notable. De acuerdo con estimaciones realizadas por Edward Beatty, las industrias del cemento y de hierro y acero crecieron a tasas cercanas a 20% como promedio anual entre 1903/06 y 1911, en tanto la de la cerveza lo hizo a una tasa promedio de 16.5 por año entre 1892 y 1910.[56]

El cuadro 5.6 deja ver también algunos ejemplos del impacto que tuvo la revolución sobre la producción industrial. Desafortunadamente, se dispone de cifras de producción solamente para algunas industrias de bienes intermedios, por lo que los estudiosos del tema han tenido que recurrir a otros indicadores para mostrar la magnitud de ese impacto en los bienes de consumo. La conclusión a la que han llegado es que las perturbaciones más duraderas —más allá de los trastornos transitorios provocados por la ocupación de los ejércitos revolucionarios— tuvieron que ver con la dislocación del tráfico ferroviario y del sistema monetario, pues ambas dificultaban el abasto y la distribución de la producción. Asimismo, el impacto parece haber sido mucho más severo en el caso de los bienes intermedios, debido a que producían para mercados geográficamente extensos y dependían en mayor medida del abastecimiento de insumos y combustibles a mediana y larga distancia. Sin embargo, por cuanto la destrucción de capital físico durante la contienda fue mínima, el efecto de mediano plazo no fue desastroso, y tan pronto como terminaron los hechos de guerra se reanudó la operación de la industria con cierta normalidad.[57]

A juzgar por los datos del cuadro, independientemente de cuándo alcanzaron su madurez productiva, estas industrias experimentaron fuertes fluctuaciones en su desempeño, o al menos en los volúmenes producidos, durante la década de 1920. La del algodón se recuperó muy rápidamente tras la guerra civil, pero su producción osciló de índices inferiores a 400 a otros superiores a

[55] Citado por Cerutti, "Industria pesada" (1993), pp. 73-74.

[56] Beatty, "The Impact" (2000), p. 422.

[57] Haber, *Industria* (1992), pp. 163-177.

500 en el lapso de un trieno; la de cigarrillos fluctuó de 125 a 116 y a 165 dentro de un quinquenio, y la de cemento experimentó altibajos todavía más pronunciados en el último lustro del periodo. En cualquier caso, todos los indicadores señalan una recuperación total de estas industrias antes de que esa década llegara a su fin.

De manera un tanto inexplicable, los estudios sobre la industrialización de México no suelen tomar en cuenta las ramas relacionadas con el procesamiento de minerales o petróleo. Ello tiene que ver probablemente con su estrecha vinculación con la actividad extractiva, pero me parece equivocado desde el punto de vista del análisis de la estructura de la economía o de la estimación del valor agregado por el sector industrial. De acuerdo con datos oficiales, además de la fundición de hierro (que sí es habitualmente incluida en los estudios sobre la industria), existían en 1926 siete fundiciones de cobre, nueve de plomo, dos calcinadoras y una destiladora de zinc, dos plantas para el tratamiento de arsénico, una planta de mercurio y una de antimonio.[58] Más allá de la extracción de bienes primarios —que también adquirió en el curso del periodo una creciente complejidad tecnológica—, se desarrolló así un proceso industrial en el beneficio de minerales que se encontraba fuertemente concentrado, se realizaba en gran escala, era intensivo de capital y empleaba tecnología de punta.[59] Algo similar sucedía en el sector petrolero. Si en la década de 1910 prevalecían claramente las exportaciones de petróleo crudo, en la de 1920 una porción creciente del combustible extraído se refinaba localmente, lo que produjo una significativa diversificación de las exportaciones hasta incluir petróleo combustible, asfalto, aceite mineral purificado, parafina, vaselina, grasas lubricantes, gasolina, kerosene, gas oil y otros productos refinados.[60] Si bien una porción de esta producción se orientaba a satisfacer necesidades internas, la mayor parte se destinaba a la exportación. De hecho, los metales y los productos derivados del petróleo constituyeron los primeros grupos de insumos intermedios que México exhibió en su canasta de exportaciones.

En cambio, la industria siderúrgica sí es por lo general incluida en los estudios sobre la industrialización. Aunque no es posible rastrear su desenvolvimiento con el detalle deseado, es evidente que la industria del hierro y acero se desarrolló lo suficiente como para desplazar a una parte de las importaciones o, en su

[58] USDC, "Mexican Market" (1929), p. 12.

[59] El desarrollo de la industria metalúrgica se estudia en un capítulo posterior, pero es pertinente no olvidar su contribución al proceso general de industrialización. En su estudio sobre el caso regiomontano, Mario Cerutti asume correctamente la existencia de tres grandes ramas de la actividad industrial: la industria de la transformación, la metalurgia y la siderurgia. Cerutti, *Burguesía, capitales* (1992), pp. 178-179, 194.

[60] El tema se trata con más detalle en el capítulo 7.

defecto, cubrir la nueva demanda, intensificada por el auge de la construcción y las obras públicas en los años de 1920. Lo que es más, en la coyuntura excepcional creada por la Primera Guerra Mundial, Fundidora Monterrey palió las dificultades de distribución que imponían las condiciones del mercado interno exportando parte de sus productos a China y Japón, Cuba y Estados Unidos.[61] Al restablecerse la paz, sin embargo, la empresa volvió a depender enteramente de la demanda nacional. El cuadro 5.7 muestra una estimación de la proporción en que ésta se satisfacía con producción interna y con importaciones.

Independientemente de que su capacidad para cubrir la demanda interna fuera todavía incompleta, Fundidora Monterrey inició su consolidación en la década de 1920 gracias a la adquisición del Cerro del Mercado y de Hércules, en la Sierra de las Cruces. Estas medidas no sólo representaban un nivel superior en la integración vertical de la empresa, que ya controlaba yacimientos de carbón y plantas para su transformación en coque, sino que garantizaban el monopolio de las reservas conocidas de mineral de hierro en el país. La expansión de la compañía en este decenio incluyó también el inicio de la fabricación de alambre y caños y el establecimiento de una fábrica de ladrillos.[62]

Además de la conocida Fundidora de Fierro y Acero de Monterrey operaba, en la misma ciudad, la Monterrey Iron and Steel Works, que en 1928 reportó ventas por 11 millones de pesos en productos, y en la ciudad de México la Consolidated Rolling Mills and Foundries Co., que producía una gran variedad de artículos de hierro y acero.[63] Aunque mucho más pequeñas que Fundidora, entre las tres cubrían en parte segmentos diferenciados del mercado nacional, en algunos casos sustituyendo importaciones de artículos específicos. Por ejemplo, para fines de los años veinte la demanda nacional de rieles ligeros se satisfacía casi totalmente con la producción interna, no sólo porque las especificaciones del producto se adecuaban a las que requerían las empresas ferroviarias, sino porque "su precio es tal que desalienta la competencia externa".[64]

En algunos casos es posible documentar con más nitidez el avance de la industria y el proceso de sustitución de importaciones. En el caso de la industria textil del algodón, existen numerosos indicadores que apuntan en esa dirección. Por ejemplo, el algodón consumido por esta industria aumentó de 11 500 toneladas en 1877 a 23 000 en 1896, y alcanzó su máximo en 1901, con 43 000 toneladas. Aunque este récord no se repetiría en los años siguientes, el consumo nacional creció de 20 a 40 000 toneladas entre 1918 y 1925, y se mantuvo en ese

[61] Cerutti, "Industria pesada" (1993), pp. 64-65.

[62] Cerutti, "Industria pesada" (1993), pp. 68-69, 77.

[63] USDC, "Mexican Market" (1929), p. 17.

[64] USDC, "Mexican Market" (1929), p. 10.

Cuadro 5.7
Consumo aparente de hierro y acero en México, 1903-1922
(procedencia, toneladas y porcentaje)

	Toneladas			*Porcentaje*	
	Extranjero	*Nacional*	*Total*	*Extranjero*	*Nacional*
1903	168 920	9 932	178 852	94	6
1904	139 392	23 430	162 822	86	14
1905	184 149	19 684	203 833	90	10
1906	210 726	31 062	241 788	87	13
1907	230 402	23 082	253 484	91	9
1908	184 996	23 555	208 551	89	11
1909	261 415	48 686	310 101	84	16
1910	208 242	54 698	262 940	79	21
1911	161 521	63 965	225 486	72	28
1912	171 417	57 832	229 249	75	25
1913	5 000	12 758	17 758		
1914	—	—	—		
1915	14 586	1 714	16 300	89	11
1916	33 109	19 981	53 090	62	38
1917	34 928	19 119	54 047	65	35
1918	31 305	25 891	57 196	55	45
1919	99 619	30 904	130 523	76	24
1920	105 869	26 034	131 903	80	20
1921	99 217	24 110	123 327	80	20
1922	95 681	41 574	137 255	70	30
1923		44 000			
1924		19 000			
1925	80 052	49 000	129 052	62	38
1926	75 424	62 000	137 424	55	45
1927	66 725	41 000	107 725	62	38
1928	62 527	51 000	113 527	55	45
1929	85 907	60 000	145 907	59	41

NOTA: acerca de las cifras de producción, existen discrepancias entre las fuentes empleadas, pese a que ambas remiten a los informes anuales de Fundidora Monterrey como su fuente original.
FUENTES: Gómez, "El primer" (1990), p. 84; Haber, *Industria* (1992), p. 207; DEN, *Anuario* (1932), p. 474.

nivel por el resto de la década. La estimación del ritmo de sustitución de importaciones se dificulta en este caso por el alto grado de diferenciación de los artículos que eran objeto de importación y la imposibilidad de compararlos con las cifras gruesas de producción nacional. Además, sabemos que la sustitución fue completa en algunos tipos de textiles (las telas burdas), mientras que en otros fue incompleta, parcial o incipiente. Una imagen indicativa, pero no rigurosa del proceso de sustitución la ofrece la gráfica 5.5, que compara la evolución de las importaciones de lienzos y tejidos con la de la producción nacional de textiles de algodón.

Pese a su carácter aproximativo, la gráfica ofrece cifras homogéneas de las importaciones de lienzos que demuestran su drástica disminución a inicios

Gráfica 5.5
Sustitución de importaciones: textiles de algodón, 1874-1929

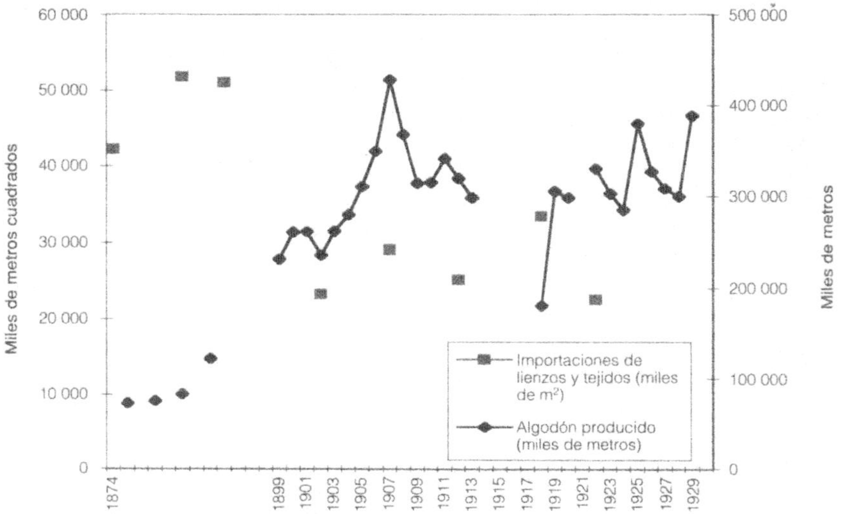

FUENTES: para las importaciones, fuentes MX del comercio exterior (véase bibliografía). Para la producción, Haber, Razo y Maurer, *The Politics* (2003), p. 164.

del siglo XX en comparación con el nivel que era habitual en las últimas décadas del siglo anterior. Aunque esa cifra no sea comparable con la que mide la producción nacional, esta última sí constituye un indicador uniforme del avance de la industria, y muestra tanto el crecimiento vertiginoso de la producción en varios años del decenio de 1900 como sus altibajos y límites en el de 1920. De acuerdo con Stephen Haber, este comportamiento se explica porque, una vez desplazados los productos competidores de procedencia extranjera, la industria sólo podía crecer al ritmo de crecimiento del ingreso o de la población.[65]

Más fácil de rastrear es el intenso proceso de sustitución que tuvo lugar en la industria cervecera durante este periodo.[66] Las primeras fábricas de cerveza se establecieron en 1865, y una de las más grandes se inauguró en 1890. A partir de ese momento se produjo una ampliación constante de la escala de la producción y del mercado, lo que hace presumir tanto una sustitución cre-

[65] Haber, Razo y Maurer, *The Politics* (2003), p. 172.

[66] En este caso, la dificultad para documentar la sustitución de importaciones estriba en que las fuentes comerciales mexicanas registran casi siempre a la cerveza junto con la sidra, por lo que es imposible distinguir el volumen y valor de sus importaciones.

Gráfica 5.6
Indicadores de sustitución de importaciones: cerveza, 1889-1929

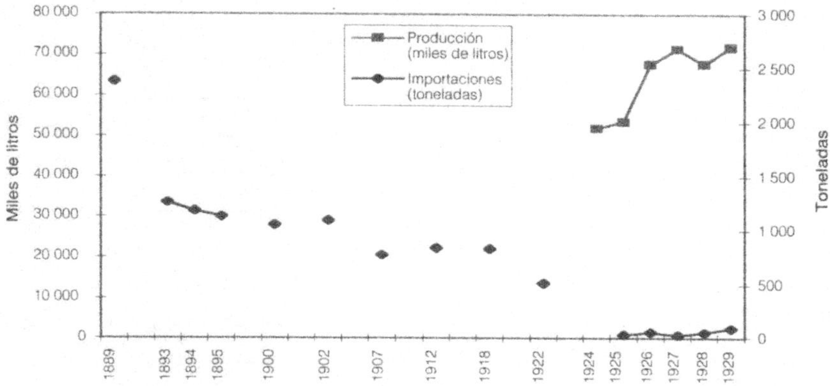

FUENTES: para las importaciones, fuentes MX del comercio exterior (véase bibliografía). Para la producción, Haber, Razo y Maurer, *The Politics* (2003), p. 163.
NOTA: hasta 1918, en las estadísticas de importación la cerveza aparece junto con la sidra.

ciente de las marcas importadas como la satisfacción de nueva demanda con producción nacional.[67] El proceso se vio claramente favorecido por la protección arancelaria del régimen porfirista: en 1898 la tasa de protección implícita ascendió a 45% sobre el valor de factura, y aunque descendió a 39% en 1903, volvió a elevarse hasta 51% en 1912. Hacia mediados de los años veinte, nos encontramos ante una industria consolidada y próspera, que representaba un capital de alrededor de 30 millones de pesos, daba empleo a unos 5 000 obreros y producía cerca de 17 millones de litros. Desafortunadamente, las cifras de producción disponibles arrancan demasiado tarde para rastrear el *timing* del proceso sustitutivo, pero, como se observa en la gráfica 5.6, hacia el final de la década éste parece haberse completado, a juzgar por el reducido volumen de las importaciones: unas 90 toneladas, por valor de 21 000 pesos.[68]

Aún más claro es el proceso que tuvo lugar en la industria del cemento. La producción nacional se multiplicó por diez en algo más de dos décadas, al crecer desde 20 000 toneladas en 1906 hasta 204 000 en 1928. Por su parte, las importaciones, que alcanzaron la cifra récord de 132 000 toneladas en 1907, disminuyeron drásticamente a partir de entonces, promediando unas 22 000 toneladas durante toda la década de 1920 y elevándose sólo en el últi-

[67] Haber, *Industria* (1992), pp. 73-75.

[68] El dato se refiere a la importación de cerveza en botella. Curiosamente, las importaciones se computaban en kilogramos. SEN, *Estadística* (1934).

Gráfica 5.7
Punto de sustitución: cemento, 1906-1929

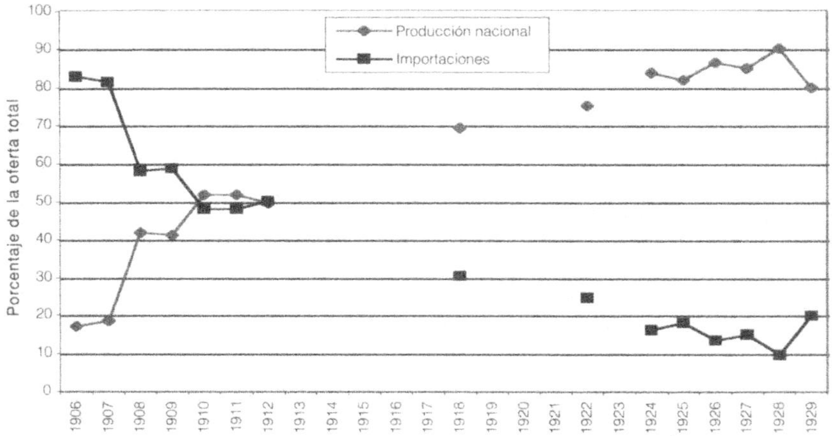

FUENTES: para las importaciones, fuentes MX del comercio exterior (véase bibliografía). Para la producción, Haber, *Industria* (1992), p. 59; INEGI, *Estadísticas históricas* (1985), t. II, p. 511.

mo año a casi 40 000.[69] La gráfica 5.7 ilustra el proceso de sustitución tal como se verificó en este caso.

El hecho de que se trate aquí de un producto homogéneo para el cual las cifras de producción y las de importación son perfectamente comparables permite seguir con todo detalle el proceso de sustitución de importaciones, identificando lo que llamamos el punto de sustitución, es decir, el momento en el cual la producción doméstica de cemento rebasó a las importaciones en el abasto del mercado nacional. Éste, como se ve, tuvo lugar en un momento relativamente temprano en la historia de esta industria, que coincidió con los años postreros del porfiriato. El seguimiento de ambos indicadores hasta el final del periodo es muy interesante, pues muestra la creciente presencia de la producción nacional y la forma en que la sustitución casi alcanzó a completarse a fines de los años veinte.

Aunque la información disponible no permite hacer un seguimiento estrecho del desempeño del sector industrial en su conjunto a lo largo de este periodo, algunos indicadores ofrecen una idea aproximada de su evolución. De acuerdo con la información proporcionada por Clark Reynolds, el índice del valor agregado en la manufactura se duplicó entre 1900 y 1926, y aunque su ritmo de crecimiento se redujo hacia el final de los veintes, registró una tasa media de casi

[69] Para las cantidades producidas véase Haber, *Industria* (1992), p. 59, e INEGI, *Estadísticas* (1985), t. II, p. 511. Las importaciones se tomaron de las fuentes MX habituales (véase bibliografía) y de DEN, *Anuario* (1932), p. 474.

3% anual en las tres décadas iniciales del siglo.[70] Esta tasa, modesta como puede parecer, es muy similar a la del crecimiento de las exportaciones, y casi el doble de la tasa del crecimiento del PIB en términos reales a lo largo de esos treinta años.[71]

Un acercamiento más general al punto de llegada de este proceso lo ofrecen los datos que arrojó el Censo Industrial de 1930, el primero en su género. El cuadro 5.8 presenta un resumen de las cifras sobre el valor de la producción nacional en las principales industrias.

El cuadro se refiere solamente a la industria de la transformación (dejando fuera la metalurgia y la refinación de petróleo). Los datos han sido organizados en orden descendente del valor de la producción de las industrias que superaron el millón de pesos, excluyendo además los talleres artesanales de las ramas textil y del calzado, que el censo incluía por separado. Llama la atención que la mayor contribución al producto industrial la hiciera una actividad más bien

Cuadro 5.8
Valor de la producción industrial, 1929

	Pesos
Harina de trigo	47 255 969
Cerveza	43 148 091
Hilados y tejidos de algodón	31 264 588
Artículos de hierro y acero	24 275 798
Calzado de todo tipo	19 500 308
Papel y manufacturas	17 329 921
Hilados y tejidos de lana	15 451 164
Curtidurías	13 840 436
Cemento y otros materiales de construcción	9 126 366
Hilados y tejidos de fibras duras	6 681 352
Explosivos	3 869 237
Muebles	3 296 781
Vidrio	2 766 231
Talabarterías	1 676 075
Herramientas y piezas de refacción	562 258
Artículos de cobre, bronce y latón	128 052
Suma	240 172 627

NOTAS: las industrias se agruparon por ramas y se seleccionaron productos con valor superior a 1 000 000. En hilados y tejidos de algodón, lana y calzado, el censo incluye la producción de talleres, mientras que aquí sólo se incluye la producción fabril.
FUENTES: SEN, DGE, *Primer censo* (1933-34), vol. I y vol III, tomos I-IV, *passim*.

[70] Reynolds, *La economía* (1970), pp. 462-463. Por su parte, el índice del volumen físico de la producción de la industria de transformación se multiplicó por algo más de dos entre 1900 y 1929. Beltrán *et al.*, *México* (1960), p. 197.

[71] El crecimiento real del PIB (en pesos de 1950) se calculó a partir de INEGI, *Estadísticas* (1985), t. I, pp. 311-320.

tradicional como era la molienda de trigo, que combinaba algunas plantas propiamente fabriles con miles de pequeños establecimientos difundidos por todo el país. Las tres industrias que le siguen sí son altamente representativas del proceso de industrialización que había tenido lugar en las décadas anteriores: la cerveza, que como vimos antes prácticamente había completado el ciclo sustitutivo, los hilados y textiles de algodón y los artículos de hierro y acero. Le siguen en importancia las industrias del calzado, el papel, la lana y el cuero. Por debajo de los 10 millones de pesos se encontraban dos tipos de industrias: las que por su escala y sus rasgos tecnológicos eran más bien de carácter artesanal (como muebles y talabarterías) y aquellas en las que los montos de producción eran relativamente modestos, pero provenían de industrias técnicamente avanzadas y altamente concentradas que producían algún artículo, generalmente homogéneo, en gran escala. Me refiero claramente al cemento, los explosivos y el vidrio, industrias modernas en pleno florecimiento.

En el mejor estudio disponible acerca de la sustitución de importaciones en la época de la gran depresión, Enrique Cárdenas elabora esta información para estimar de una manera más precisa el grado de avance que para entonces exhibía la industrialización. El cuadro 5.9 muestra algunos de los resultados de esta evaluación.

El cuadro presenta la composición del valor agregado industrial y el coeficiente de importación para las principales actividades económicas. Como se puede ver, el proceso sustitutivo había avanzado sobre todo en el área de los bienes de consumo no duradero, responsables de más de 80% del valor agregado por la industria, y en forma más discreta en la de los bienes intermedios, que aportaron 13% más. Lo más relevante es, sin embargo, que para 1929 el coeficiente de importación de esta muestra de productos alcanzaba apenas 40% del total, lo que significa que el 60% restante era ya para entonces de producción nacional. Más interesante resulta aún adentrarnos en el coeficiente de algunas industrias particulares: con excepción de algunos químicos (otros se adscriben a los bienes de producción), artículos de cuero y cerámica y vidrio, todos los productos de la lista de bienes de consumo no duradero exhiben coeficientes de importación inferiores a 20%. Esto significa que en 1929 la producción nacional representaba 80% o más de la oferta total de textiles, vestido, alimentos y bebidas y tabaco, ramas que aportaban 73% del valor agregado de la industria. Los coeficientes son mucho más modestos en los otros grupos de bienes, con la excepción significativa de los materiales de construcción (25%). En otros insumos intermedios y en los bienes de capital, el coeficiente de importación es alto, como era de esperarse dada la estructura de la industria en ese momento.

De acuerdo con Cárdenas, el desempeño que tuvo la industria nacional antes de 1929 fue tan notable que junto a él los avances en la sustitución de importaciones en la década de 1930 parecen modestos:

Cuadro 5.9
Valor agregado de las principales industrias y coeficiente de importación (CI), 1929
(miles de pesos)

	Valor agregado industrial		*CI*
	Miles de pesos	*Contribución al total (%)*	*Imps./oferta total*
Total	*221 112*	*100*	*39.5*
BIENES DE CONSUMO	180 870	81.8	21.1
Consumo no duradero		80.8	17.7
textiles		26.0	18.7
vestido		5.2	20.2
alimentos y bebidas		37.2	15.8
tabaco		4.9	0.7
químicos		2.7	38.7
cuero		0.2	39.4
imprenta y fotografía		3.8	12.8
cerámica y vidrio		0.8	43.0
Consumo duradero		1.0	81.8
muebles		0.1	67.4
eléctricos		0.0	89.6
otros		0.9	82.9
BIENES INTERMEDIOS	27 639	12.5	64.1
acero y hierro		3.4	62.2
materiales de construcción		2.0	24.8
madera		3.1	45.7
cuero		1.0	34.5
papel		1.7	44.6
químicos		1.4	78.0
otros		0.0	100.0
BIENES DE CAPITAL	12 603	5.7	78.7

FUENTE: Cárdenas, *La industrialización* (1987), cuadros 5.3 y A1.7, pp. 116 y 200. Se combinaron los porcentajes del cuadro 5.3 con las cifras en pesos del A1.7 con el fin de traducir los porcentajes en valores absolutos. El coeficiente de importación se mide con respecto a la oferta total de cada producto.

> Básicamente puede decirse que el hecho de que la sustitución de importaciones estaba ya bastante avanzada en 1929, especialmente con respecto a los bienes de consumo no duradero del sector industrial, hace aparentar una reducción limitada en el coeficiente de importaciones [entre 1929 y 1940].[72]

Esta afirmación me permite retomar un tema ya planteado al inicio de este apartado, y es que la importancia del desarrollo industrial en México antes de los años treinta ha sido frecuentemente subestimada, sobre todo en cierta literatura comparativa de origen extranjero. Ello se debe quizá a que las principales fuentes sobre la contabilidad nacional de México son ya muy antiguas

[72] Cárdenas, *La industrialización* (1987), p. 118.

y no han sido revisadas ni reelaboradas en tiempos recientes. Por ejemplo, en su revisión comparativa del desarrollo industrial latinoamericano, Victor Bulmer-Thomas considera que el desempeño de México fue más bien mediocre, puesto que en 1910 la industria representaba apenas 12.3% del PIB, mientras que Argentina aparecía con 16.6% y Chile con 14.5%. Para 1929, la participación de la industria en el PIB habría sido incluso menor, con un muy modesto 11.8% mientras que Argentina había alcanzado 19.5% del PIB. En su artículo reciente, Bértola y Williamson meramente retoman esas estimaciones, arribando a las conclusiones que comentamos antes.[73] Al hacerlo, estos autores reproducen en el caso de México una de las fuentes convencionales sobre la composición del PIB, cuyas proporciones se sintetizan en el cuadro 5.10.

El problema con estas proporciones es que el criterio clasificatorio y las denominaciones asignadas a cada sector crean confusiones o equívocos en un lector poco familiarizado con la estructura y evolución de la economía mexicana. Por un lado, se identifica un sector de "manufacturas", que fácilmente se traduce como "industria"; por el otro, uno de minería. Ni una palabra acerca de la industria metalúrgica, que floreció a partir de 1895 con el establecimiento de enormes plantas de procesamiento intensivas de capital y tecnológicamente avanzadas que transformaron por completo la naturaleza y la escala del procesamiento de minerales en México.[74] El desarrollo de la metalurgia no sólo transformó el sector exportador y la estructura de las exportaciones mexicanas, sino también el paisaje industrial en general. Pues bien, es evidente que el producto de la metalurgia no está incluido en el producto industrial, y es

Cuadro 5.10
Participación por sectores en el producto total, 1895-1929
(porcentajes)

	1895	*1910*	*1921*	*1929*
Agricultura	23.8	19.9	17.9	13.9
Ganadería	9.6	7.5	7.4	6.7
Minería	4.9	7.5	4.2	9.5
Petróleo		0.1	6.9	2.0
Manufacturas	9.1	12.3	10.4	13.2
Transportes	2.3	2.2	2.8	4.3

FUENTES: Beltrán, *et al.* Mexico (1960), p. 585. Las cifras varían de una fuente a otra. Véase Solís, *La realidad* (1981), pp. 79-80; INEGI, *Estadísticas históricas* (1985), t. I, p. 311, y Reynolds, *La economía* (1970), p. 98.

[73] Bértola y Williamson, "Globalization" (2006), p. 48.

[74] En 1913 la capacidad de procesamiento de los hornos de fundición de plata y plomo representaba más de 40% de la que en ese momento exhibía Estados Unidos. Bernstein, *The Mexican* (1964), p. 40.

más bien probable que se le haya asimilado al de la minería. Sin embargo, convendremos en que no hay ninguna razón para que la producción metalúrgica se excluya de la contabilidad del producto industrial. De acuerdo con el *Standard Industrial Classification Manual* que desde 1940 publica las Naciones Unidas, "la fabricación de productos primarios de metales preciosos y metales no ferrosos", se encuentra claramente separada de la "explotación de minas y canteras" (que constituiría propiamente la minería como actividad extractiva) y forma parte de las industrias manufactureras, junto a la fabricación de productos textiles o de maquinaria. Dentro del rubro que nos interesa se comprenden actividades como la "producción y refinado de metales preciosos sin labrar y labrados [...] a partir de minerales y residuos", y la producción de plomo, cobre, zinc y otros metales comunes a partir de minerales, así como sus aleaciones y semiproductos.[75] De hecho, México amplió su criterio clasificatorio a partir de 1950, para incluir en el sector industrial tanto a la manufactura como al conjunto de la industria extractiva (es decir, minería y metalurgia), lo cual refleja el carácter tecnológicamente avanzado que desde tiempo atrás había alcanzado la explotación minera, pero sacrifica de nuevo la precisión (esta vez por exceso) al mezclar la extracción de materias primas con su *transformación* que es lo que, en sentido estricto, define a la producción industrial.[76] Sólo a partir de 1960 el país adoptó un criterio clasificatorio similar al de Naciones Unidas, distinguiendo correctamente entre las actividades extractivas y las industrias metálicas básicas.[77]

Si supusiéramos que el incremento en la participación del sector "minero" en el PIB se debió al desarrollo de la industria metalúrgica, que tuvo lugar precisamente a partir de 1895, el sector industrial aumentaría su contribución a alrededor de 15% del PIB en 1910, y a 18% en 1929. Es posible estimar la participación de la industria metalúrgica en el producto por otra vía. Según cifras disponibles para 1927, en ese año su producción alcanzó 250 millones de pesos, cifra ligeramente superior al valor agregado de la producción industrial en 1929 (véase cuadro 5.8).[78] El problema es que aquella cifra probablemente incluye el valor de los minerales, cuya participación en el total del producto minero-metalúrgico desconocemos. Podemos acercarnos al valor agregado por

[75] United Nations..., *Classifications* (sitio de internet sin fecha).

[76] Reynolds, *La economía* (1970), cuadro E.12, pp. 464-465.

[77] Datos del Banco de México, reproducidos en Reynolds, *La economía* (1970), apéndice F, pp. 472-475.

[78] La estructura del producto minero-metalúrgico en 1927 se tomó de DEN, *Anuario... 1927* (1929), p. 2. Si se toma en cuenta el desempeño de la economía mexicana —y particularmente del sector exportador— en los últimos años de la década, es probable que el valor del producto haya disminuido un tanto para 1929.

la metalurgia aplicando las proporciones disponibles para 1907, según las cuales 48% del producto del sector correspondió a la minería y 52% a la metalurgia.[79] Si supusiéramos que el valor del producto de la industria metalúrgica fue igual en 1929 que en 1927, y que su distribución entre minería y metalurgia era similar a la de 1907, la contribución de aquél habría alcanzado 7% del PIB en 1929, lo que haría ascender el producto industrial a 21% del PIB en este año. En suma, las dos estimaciones sugieren que la actividad industrial (manufacturas y metalurgia) tuvo una participación cercana a 20% del PIB en 1929, seis puntos porcentuales por encima de la agricultura. Por lo demás, estamos hablando de una contribución muy similar a la de la industria argentina ("el ejemplo más convincente" de industrialización antes de la Segunda Guerra Mundial, según Bértola y Williamson) al producto nacional en 1930.[80] Huelga decir que las proporciones así recalculadas para México no incluyen la pequeña contribución que en ese año hicieran la refinación de petróleo y la industria eléctrica.[81]

En suma, aunque no siempre es posible demostrarlo con precisión, la evidencia disponible permite afirmar que el proceso de industrialización en México antes de la crisis de 1929 había avanzado lo suficiente como para "capturar el mercado interno de las importaciones extranjeras". De hecho, Stephen Haber sugiere que este proceso "se encontraba prácticamente concluido" para 1911, y si la revolución pudo haberlo debilitado temporalmente, la recuperación de los años veinte sin duda lo consolidó.[82]

[79] Estas proporciones probablemente subestiman la aportación de la industria metalúrgica en 1927, debido a que en esta fecha el procesamiento de los minerales era mucho mayor, pero no dispongo de datos fiables para fechas posteriores a 1907. Las proporciones utilizadas proceden de Flores Clair, *et al.*, *Estadísticas* (1985), p. 142. Como por otra parte es posible que el valor de la producción minero-metalúrgica haya disminuido entre 1927 y 1929, aquella subestimación es en alguna medida contrarrestada por cierta sobrestimación del valor total de la producción en 1929. En cualquier caso, lejos de intentar ofrecer cifras exactas sobre el asunto, la estimación tiene un valor meramente indicativo.

[80] Bértola y Williamson, "Globalization" (2006), p. 48. En Argentina, la contribución de la industria al PIB en ese año ascendió a 19.5%, y suele aparecer como la más alta de América Latina. Ver Bulmer-Thomas, *The Economic History* (1996), p. 192.

[81] El sector petrolero (que incluye extracción y refinación) contribuyó con 2% del PIB en 1929, y la industria eléctrica con .7% adicional. Beltrán, *et al.*, *México* (1960), p. 585. Para la industria eléctrica véase Solís, *La realidad* (1981), pp. 79-80. Las estimaciones del autor acerca del producto "manufacturero" y "minero" son un tanto distintas a las de la fuente citada antes.

[82] Haber, Razo y Maurer, *The Politics* (2003), pp. 187-188.

CONCLUSIONES

En los capítulos anteriores hemos abordado dos dimensiones de la vinculación entre el comercio de importación y la economía nacional. La primera es la que tenía lugar a través de la política comercial, que lo conectaba con las finanzas públicas, con los precios relativos y, por esa vía, con la conformación de una estructura diferenciada de incentivos para la inversión. La segunda es la de la modernización económica, o la medida en que las importaciones contribuyeron al cambio estructural que produjo el tránsito de una economía tradicional a una moderna en el país. Este acercamiento nos permite ofrecer algunas conclusiones de interés.

En primer lugar, cabe la pena preguntarse: ¿cómo evaluar la política comercial de México durante la primera globalización? Para los estándares de los países avanzados, puede decirse simplemente que era una política proteccionista, puesto que la altura promedio de la barrera arancelaria se mantuvo por encima de 20% (sobre el valor total de las importaciones) durante todo el periodo, mientras que en el resto del mundo promedió menos de 15% hasta la Primera Guerra Mundial. De acuerdo con las estimaciones de Coatsworth y Williamson, no sólo las potencias europeas sino sus vástagos extraeuropeos e incluso países atrasados de la periferia europea y del continente asiático ostentaban en estos años niveles inferiores de protección.[1] Sin embargo, una aseveración como aquella pasa por alto aspectos fundamentales en la evolución de la política arancelaria de México. El primero es que al decir que México era un país proteccionista a fines del siglo XIX se desconoce la trayectoria que siguió desde el fin de la época colonial, y en particular la tradición fuertemente proteccionista, y en algunos momentos incluso prohibicionista, que caracterizó esa trayectoria durante la mayor parte del siglo. En este sentido, no es irrelevante distinguir entre una barrera arancelaria de alrededor de 50% en promedio (prevaleciente al menos hasta los años de 1880) y una que no llegaba a la mitad de ese nivel (que se consolidó en la década de 1890). ¿Proteccionista? Quizás, pero en el marco de un importante proceso de liberalización comercial que disminuyó sustancialmente los niveles de protección arancelaria que pesa-

[1] Coatsworth y Williamson, "Always Protectionist?" (2004), pp. 209-210.

ban sobre las importaciones. En este sentido, para valorar el papel de la política comercial en el desarrollo de un país no basta saber cómo se comparaba con la de otros países en un punto en el tiempo, sino conocer su propia trayectoria arancelaria, las fases de liberalización y retorno al proteccionismo, el *timing* de los cambios y su intencionalidad.

En segundo lugar, la afirmación de que México era en estos años un país proteccionista ignora el contenido específico del arancel y la manera en que éste evolucionó a lo largo del tiempo. El periodo arrancó con un arancel fuertemente motivado por razones fiscales y enfocado por ello a gravar excesivamente artículos de consumo cuya demanda era inelástica, acerca de los cuales en ocasiones podían enarbolarse razones de protección. La estructura del arancel era visiblemente plana, lo que delataba la unilateralidad de propósitos que éste encauzaba. En el decenio de 1880 la situación incluso empeoró para los productos gravados, que debieron soportar tarifas más elevadas como compensación por el crecimiento de la canasta de artículos que se importaba libre de derechos. En la década de 1890, el diseño de la tarifa de importación empezó a mostrar una clara intencionalidad desarrollista y modernizadora, que aun cuando heredaba en parte las antiguas motivaciones de la política comercial, empezaba a distinguir una franja de productos gravados por razones proteccionistas, de otra de artículos gravados por razones estrictamente fiscales y una más de mercancías liberadas de todo gravamen para responder a las exigencias de la modernización económica. Aunque en este diseño no dejó de haber inconsistencias y contradicciones, en él se traslucía por primera vez la intención del Estado de utilizar la política comercial como un instrumento para promover simultáneamente ciertos objetivos de desarrollo económico y de solvencia hacendaria. Si bien los acontecimientos asociados con la guerra civil en la década de 1910 distorsionaron temporalmente la función central del arancel, durante los años veinte se retomó esa intencionalidad básica, y a falta de acciones radicales, se procuró mantener y afinar ese instrumento para hacerlo cumplir de mejor manera sus propósitos. Ciertamente, las circunstancias del momento hicieron que en esos años las motivaciones fiscales volvieran a adquirir cierta preeminencia sobre las desarrollistas. Esto no representaba, sin embargo, una ruptura con la postura adoptada desde la década de 1890; más bien, modificaba temporalmente el balance dentro del juego complejo y nunca del todo resuelto entre las motivaciones fiscales y las modernizadoras de la política arancelaria.

En un sentido más general, podría cuestionarse el uso de la altura de la barrera arancelaria como indicador único para calificar la política comercial de un país, o para construir una tipología de alcance internacional.[2] Ciertamente, tiene

[2] Coatsworth y Williamson, "Always Protectionist?" (2004).

las ventajas de ser la medida más fácil de colectar y la más homogénea de que se dispone, y por esas dos razones resulta especialmente favorable para un estudio comparativo de amplios alcances. Sin embargo, como bien afirma Antonio Tena: "El promedio total del arancel puede no sólo ofrecer poca información para interpretar el mecanismo causal entre tarifas y crecimiento, sino acaso ser un [indicador] erróneo. [...] el promedio total de la tarifa no es un buen *proxy* para una estrategia de protección industrial".[3] En este sentido, debe admitirse que la información que el arancel promedio provee acerca de la política comercial es muy escasa y probablemente distorsionada. No nos dice nada acerca de la estructura de la protección, de la magnitud de los contrastes entre grupos de artículos, de la preferencia por la protección a la agricultura o a la industria, del tipo de industrialización que se intenta fomentar. Es, en suma, un indicador insuficiente e incierto cuando se trata de estudiar la política comercial.

Por lo demás, en el marco de la discusión acerca de la intencionalidad de la política comercial debe inscribirse el asunto de los beneficiarios del diseño arancelario. El debate se ha establecido entre quienes consideran que Porfirio Díaz —y, de una manera distinta, el régimen surgido de la revolución— favoreció a un reducido grupo de amigos y cómplices del grupo en el poder, quienes se enriquecieron gracias a las rentas derivadas de la protección (y a otros mecanismos que no interesan aquí), y aquellos que consideran a la política comercial como una de varias estrategias delineadas y practicadas consistentemente por el Estado en pos de propósitos de modernización y desarrollo.[4] Aunque no se ha planteado como un objetivo central de este capítulo, la evidencia presentada apunta más bien en la segunda dirección: la política de protección arancelaria con fines desarrollistas se extendió por un lapso prolongado de tiempo, favoreció un rango muy amplio de industrias que combinaban actividades de viejo raigambre y otras de reciente aparición, en las que participaban pequeños, medianos y grandes empresarios, de orígenes regionales diversos y con distinto grado de cercanía respecto a la élite gobernante. La muestra de actividades protegidas que se revela en la estructura del arancel rebasa, por su número, su variedad y la diversidad de características subyacentes a cada industria, lo que podría esperarse de un a política discrecional dirigida a la promoción de un estrecho círculo de "favoritos". Por el contrario, evoca lo que cabría esperar de una política de promoción industrial en proceso de formación, que sin embargo habría antecedido en varias décadas a las grandes políticas de industrialización de los países latinoamericanos.

[3] Tena, "The Good Reputation" (2006), pp. 3-4.

[4] La primera de estas posturas es la que parecen sostener Haber, Razo y Maurer en *The Politics* (2003); la segunda se delinea claramente en Beatty, *Institutions* (2001), p. 59 y *passim*.

En el curso de la primera era de crecimiento orientado por las exportaciones, México alcanzó las condiciones para la industrialización: un mercado relativamente integrado, un excedente disponible para invertir en el establecimiento de una planta industrial, una política comercial cada vez más orientada por propósitos de desarrollo y un mayor poder de compra por parte de un sector creciente de la población. Bajo estas circunstancias, el comercio de importación, que hasta entonces se había caracterizado por sus modestas dimensiones y una clara orientación hacia el consumo de lujo, se reconfiguró para convertirse en un instrumento clave para el cambio estructural en el sentido de la modernización económica y la industrialización. El proceso dio inicio con la ampliación de la infraestructura de transportes y el equipamiento de la minería; experimentó una clara profundización con el surgimiento de la industria metalúrgica, y se extendió en fases sucesivas hacia la producción de manufacturas, primero para el consumo y luego para la producción. Tras la interrupción transitoria provocada por la fase más aguda de la guerra civil, el proceso se intensificó en la década de 1920 con el inicio del tendido de una red carretera y de obras de irrigación que ampliaron el alcance de la modernización económica y generaron importantes externalidades que favorecían la actividad industrial, la cual, por su parte, se extendió a nuevas ramas, como la metal-mecánica, la química y la automotriz. En la base de este proceso se encontraban las importaciones como la principal fuente de formación de capital fijo de la economía mexicana, a la que también proveyó de materias primas y combustibles que hicieron posible el funcionamiento del sector moderno de la actividad económica. Cárdenas y Haber sugieren que los límites a la industrialización antes de 1929 estaban relacionados menos con la falta de inversión y capacidad instalada que con las posibilidades de absorción del mercado mexicano —y de ahí que muchas de las industrias de la época operaran muy por debajo de su capacidad durante la mayor parte del periodo. Si ello es así, los flujos de inversión materializados en bienes de capital que hemos reconstruido en parte no sólo produjeron el crecimiento industrial que se observa en este periodo, sino que, tal como estos autores sugieren, una vez superadas las limitaciones de la demanda que impedían el uso pleno de la capacidad instalada, constituyeron uno de los principales factores del crecimiento industrial en las primeras etapas de la fase conocida como industrialización por sustitución de importaciones.[5]

Pero estrictamente hablando, el proceso de sustitución de importaciones se inició en México mucho antes, y lo hizo gracias al impulso que le brindaba

[5] Haber, Razo y Maurer, *The Politics* (2003), p. 171; Cárdenas, *La industrialización* (1987), pp. 131-132.

el auge exportador. Para 1910, este proceso había realizado progresos sustanciales en la producción de bienes de consumo, y en la década de 1920 avanzó también, en forma más modesta, en la de bienes intermedios de producción. Además, el desarrollo de la industria metalúrgica a partir de 1895 produjo una progresiva sustitución de exportaciones primarias por exportaciones de bienes intermedios con mayor grado de procesamiento y valor agregado. A partir de los años veinte, un fenómeno similar tuvo lugar en el sector petrolero, que empezó a desarrollar una capacidad creciente de refinación y elaboración de productos secundarios que sustituyeron en parte a las exportaciones iniciales de petróleo crudo. La gran diferencia entre estas actividades (la metalurgia y la refinación de petróleo) y las manufacturas no radicaba, como tácitamente se ha asumido, en si eran o no actividades industriales, sino en su orientación: mientras que las primeras destinaban la mayor parte de sus productos al mercado internacional y estaban, por tanto, atadas a las vicisitudes de éste, las segundas dependían de la demanda interna. En los últimos años del periodo, incluso ésta condición empezaba a modificarse, en la medida en que una parte significativa y creciente de la producción metalúrgica y petrolera permanecía en el país para satisfacer la demanda de otras actividades productivas. En el fondo, ese cambio en las condiciones estructurales y en los eslabonamientos productivos de las actividades exportadoras fue uno de los factores que les permitió resistir el golpe asestado por la crisis de 1929 y contribuir a que se produjera el giro de la economía hacia el mercado interno, impulsándola a consolidar el proceso de industrialización por sustitución de importaciones.

TERCERA PARTE
LAS EXPORTACIONES Y SU CONTRIBUCIÓN ECONÓMICA

INTRODUCCIÓN

Como se ha explicado al inicio de esta obra, el estudio del comercio exterior ha sido dividido, con propósitos analíticos, en sus dos grandes dimensiones: la de las importaciones, que se trató en la segunda parte del libro, y la de las exportaciones, que se abordará en lo siguiente. Sin embargo, esta distinción analítica no debe llamar a error, pues se refiere a dos fenómenos íntimamente relacionados. Baste recordar que el proceso de industrialización y de modernización económica dependían en gran medida de las importaciones, y que las divisas necesarias para adquirirlas sólo podían originarse en la inversión extranjera, los préstamos o las ventas en el exterior. Como bien apunta Edward Beatty, "en ausencia de los medios de cambio extranjeros obtenidos mediante las exportaciones, México no hubiera podido sostener un proceso de industrialización intensivo de importaciones sin recurrir a un considerable endeudamiento externo".[1] Por esta y otras razones, el sector exportador posee una dimensión interna, o mejor, formas de vinculación e impacto sobre el sector interno que pueden favorecer u obstaculizar el crecimiento de la economía nacional en su conjunto. Además de la obtención de divisas, el sector exportador se relaciona con la economía nacional de muy diversas formas, que serán objeto de análisis en los dos capítulos que componen la tercera parte de este libro. En el capítulo 6 se describirá el desempeño del sector exportador a lo largo del periodo de estudio, luego de lo cual se abordará el debate acerca de la contribución de las exportaciones al crecimiento económico y se propondrán diversas líneas de análisis para profundizar en el tema. En el capítulo 7 se estudiarán las principales actividades exportadoras a la luz de aquellos aspectos que resultan relevantes para evaluar su contribución económica.

[1] Beatty, "The Impact" (2000), p. 401. Véase también Cárdenas, *La industrialización* (1987), p. 18.

6
LAS EXPORTACIONES Y LA ECONOMÍA NACIONAL

6.1 LA ERA DE LAS EXPORTACIONES: MÉXICO EN EL CONTEXTO INTERNACIONAL

En América Latina, la era del capitalismo liberal se caracterizó por un intenso crecimiento de las exportaciones que en muchos casos ofreció la salida a un prolongado estancamiento económico e imprimió dinamismo a las economías nacionales, lo que dio lugar a la tesis de una era del crecimiento impulsado por las exportaciones (*export-led growth*). México no fue la excepción. Las ventas de mercancías en el exterior, que a duras penas habían crecido a una tasa promedio anual de 0.9% entre 1800 y 1870, se incrementaron en términos reales a una tasa media de 6.5% anual entre 1870 y 1929.[2] Si bien esta estimación nos permite abarcar todo el periodo de estudio, es preciso reparar en el hecho de que 1929 no es el mejor año para cerrar la medición, puesto que para entonces el sector exportador mexicano había iniciado ya su declive. Si se mide el ritmo de crecimiento tomando como punto de término el año en que las exportaciones alcanzaron su última cumbre (1926), entonces la tasa de crecimiento para toda la era exportadora asciende a 7.1% anual en términos nominales, 6.8% en términos reales. Para ponerlo en números absolutos, el valor real de las ventas de mercancías al exterior se multiplicó por 40, al pasar de 4.6 a 185 millones de dólares entre 1870 y 1926.[3]

De hecho, el tránsito de una economía cerrada y escasamente integrada al mercado internacional a una economía con orientación exportadora provocó un aumento considerable en la participación de las exportaciones en el PIB en la fase inicial: de alrededor de 9.6% en 1877 a 16.6% en 1895.[4] En las siguien-

[2] La cifra para 1800 se estima a partir de los datos decenales que se ofrecen en Cárdenas, "A Macroeconomic" (1997), pp. 67-73. Se deduce del valor de las exportaciones el de las exportaciones de oro y plata, y se obtiene el promedio anual a partir de las cifras decenales. Las tasas de crecimiento no son muy distintas si se incluyen las exportaciones de metálico.

[3] La estimación sería distinta si nos remitiéramos al crecimiento de las exportaciones totales, puesto que, por ejemplo, en 1870 se transfirieron al exterior 16 millones de dólares en moneda de plata, lo que hizo ascender el valor total exportado en ese año a 20.6 millones de dólares.

[4] Estas estimaciones se basan en las cifras que proporciona Coatsworth acerca del PIB en pesos corrientes y en la serie propia del valor de las exportaciones convertida a pesos. Véase Coatsworth,

tes décadas, el auge exportador propició un aumento en el nivel general de la actividad económica que impulsó el ahorro y la inversión productiva, y generó externalidades positivas que contribuyeron también a la aceleración del crecimiento en otros sectores, por lo que su participación en el PIB se estabilizó en alrededor de 12% a finales del porfiriato y durante la década de 1920.[5] Más allá de estas proporciones, no cabe duda alguna de que el sector exportador se encontró entre los más dinámicos de la economía durante la mayor parte de la primera era exportadora.[6]

Es posible, sin embargo, señalar matices en la evolución de las exportaciones a lo largo del periodo. Como se aprecia en el cuadro 6.1, su ritmo de crecimiento fue mucho más intenso y consistente en la etapa prerrevolucionaria que en la que arranca en los años de 1910. Mientras que entre 1870 y 1911 el valor real de las exportaciones creció a una tasa media de 9% anual, entre 1911 y 1929 esa tasa se redujo a tan sólo 1% como promedio anual.

Cuadro 6.1
Tasas de crecimiento medio anual de las exportaciones mexicanas
(porcentajes)

	Nominales		*Reales*	
Periodos	*EXP MERC*	*EXPS TOT*	*EXP MERC*	*EXPS TOT*
1870-1929	6.4	3.8	6.5	3.9
1870-1890	9.8	3.4	10.2	3.8
1890-1911	5.9	5.1	7.9	7.1
1870-1911	7.8	4.3	9.0	5.5
1911-1920	10.4	8.7	1.9	0.3
1911-1929	3.2	2.5	1.0	0.3
1911-1926	5.4	4.7	1.0	0.4
1870-1926	7.1	4.4	6.8	4.1

FUENTES: elaboración propia, con base en la reconstrucción del valor anual de las exportaciones (véase apéndice A). Las series de los valores nominales se deflactaron para obtener valores constantes a partir del índice de precios que se presenta y explica en el apéndice B.

Los orígenes (1990), p. 117. Las estimaciones arrojan resultados más modestos si se utilizan las cifras que proporciona el INEGI, *Estadísticas históricas* (1985), p. 311 (véase el cuadro 1.3).

[5] Estas proporciones son comparables a las que exhibían naciones en franco proceso de modernización durante este periodo, como Australia, Canadá o Suiza. Véase O'Rourke y Williamson, *Globalization* (1999), p. 30. Acerca de la contribución de las exportaciones al crecimiento véase el análisis que, para el caso de España, se ofrece en Prados, *De imperio* (1988), pp. 206-210.

[6] Independientemente de la valoración que se haga del fenómeno, dentro de la historiografía mexicana existe consenso acerca de la "importancia decisiva" (para usar la frase de Coatsworth) que el sector exportador adquirió dentro de la economía mexicana durante el porfiriato. Al respecto, véase Coatsworth, *Los orígenes* (1990), p. 161; Rosenzweig, *El desarrollo* (1989), p. 213 y *passim*.

Aun cuando en el periodo anterior a 1911 se experimentaron algunos altibajos en el desempeño de las exportaciones, relacionadas generalmente con recesiones económicas en alguna de las grandes potencias de la época (como las de 1891 o 1907), esta fase, considerada en su conjunto, exhibió una tendencia expansiva muy consistente, tanto en términos nominales como reales (véase gráfica 6.1).

No se puede decir lo mismo de los siguientes 20 años. Durante la década de 1910 tuvieron lugar dos fenómenos que incidieron de distinta forma en el desempeño de las ventas mexicanas en el exterior. Por un lado, un acontecimiento de carácter interno, la Revolución mexicana, que afectó a la economía tanto porque implicó el quiebre temporal del sistema monetario y de la red de transporte ferroviario como porque impuso interferencias e interrupciones de mayor o menor intensidad y duración a las actividades productivas dentro de las zonas de conflicto.[7] La guerra civil produjo una caída pronunciada, si bien transitoria, en el valor de las exportaciones, perceptible en la gráfica hacia 1914. Por otro lado, la Primera Guerra Mundial, un evento que afectó al sis-

Gráfica 6.1
Valor de las exportaciones mexicanas de mercancías, 1870-1929
(millones dólares corrientes y constantes)

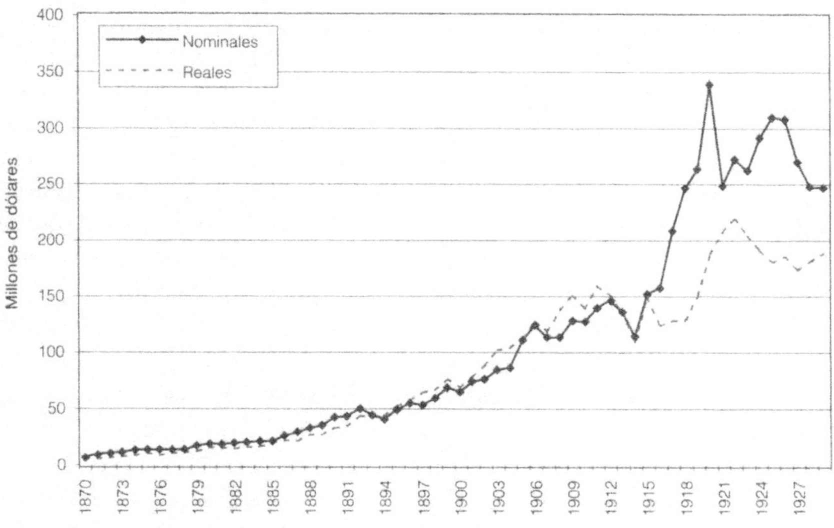

FUENTES: elaboración propia. Para las series de valor, véase apéndice A; para el índice de precios, apéndice B.

[7] Y no obstante, tal como sugirió John Womack hace varias décadas, y como ha demostrado más recientemente Steve Haber, la revolución no tuvo un impacto catastrófico sobre la economía. Véase Womack, "La economía" (1987); Haber, *Industria* (1992), cap. 8; Haber, Razo y Maurer, *The Politics* (2003).

tema económico internacional que se había construido durante el siglo XIX y que había propiciado el intercambio entre los países incorporados a él dentro de un marco multilateral y relativamente liberal. La conflagración produjo no sólo presiones y francas prohibiciones para el trato con los países enemigos, sino el bloqueo material del comercio a través del Atlántico. Al mismo tiempo, sin embargo, la guerra generó una demanda extraordinaria de materiales considerados estratégicos (como los minerales y el combustible) que hizo subir sus precios a niveles estratosféricos. Para México, el significado económico de la Gran Guerra fue doble: si por una parte implicó la interrupción obligada de las transacciones comerciales con los países de la triple alianza y la intensificación del predominio estadounidense en el comercio exterior mexicano, por la otra ofreció una ocasión inigualable para colocar en el mercado internacional muchos de los productos que conformaban la canasta de exportaciones mexicanas a precios excepcionalmente altos. Y así lo hizo, en efecto: entre 1914 y 1918, el valor nominal de las ventas mexicanas de mercancías se multiplicó por más de dos, al pasar de 113 a 246 millones de dólares, y continuó creciendo hasta acercarse a los 340 millones de dólares en 1920. El desempeño en términos reales fue bastante más modesto, sin embargo, pues en 1916-18 las exportaciones retrocedieron ligeramente respecto a su valor de 1913, aunque a partir de entonces y hasta 1922 experimentaron un crecimiento notable.[8] Aún así, el punto alcanzado en 1920 podría hacer pensar que tras el impacto transitorio de aquellos dos acontecimientos el crecimiento exportador se reanudaría con cierta normalidad bajo parámetros similares a los de la etapa anterior. Sin embargo, ello no fue así. La rápida recuperación estimulada por la reconstrucción de las economías europeas afectadas por la guerra fue sucedida por una severa contracción en la demanda internacional en 1920 (que se reflejó en el valor de las exportaciones mexicanas en 1921). Este nuevo tropiezo interrumpió la reactivación económica que se venía produciendo y de alguna forma señaló sus límites: como se observa en la gráfica, aunque las ventas se recuperaron en términos nominales hasta 1925, a partir de entonces iniciaron un declive que culminó con el quiebre final del modelo de crecimiento —y del sistema económico internacional tal como se conocía hasta entonces— como

[8] En un trabajo anterior, el uso de un índice de precios no construido *ad hoc* y el procedimiento elegido para la adaptación de ese índice a las exportaciones mexicanas, arrojaron resultados un tanto distintos, que llevaron a sobrestimar el crecimiento del valor real de las exportaciones en 1917 y 1918; no obstante, se estimó correctamente el comportamiento de los precios en los años siguientes. La construcción *ex profeso* de un índice de precios de las exportaciones mexicanas y el uso de un método más depurado, sugieren un inicio más tardío y una duración más breve del auge de las exportaciones durante ese decenio. Véase Kuntz Ficker, "The Export Boom" (2004).

resultado de la Gran Depresión de 1929. De hecho, entre 1913 y 1926, en un contexto de crecimiento de las exportaciones a nivel internacional, México aumentó su participación en el valor total mundial de .82 a 1.15%, mientras que entre 1926 y 1929, en un contexto de declive del comercio internacional, México contrajo su participación de 1.15 a .87% del valor mundial de las exportaciones.[9]

En suma, si bien puede decirse que la era exportadora se extendió a lo largo de casi seis décadas entre el último tercio del siglo XIX y el primero del siglo XX, es posible distinguir en su interior una fase ascendente y expansiva y otra en la que el modelo de crecimiento daba señales claras de crisis y agotamiento. En ésta, México parece haberse adelantado a otros países con un declive prematuro del modelo exportador. De acuerdo con las cifras registradas por la Sociedad de Naciones, en 1926 México ocupó el lugar número 21 en términos de su participación en las exportaciones mundiales (y el tercero a nivel latinoamericano, tan sólo por debajo de Argentina y Brasil), mientras que para 1929 cayó hasta el lugar 32, y hasta el quinto en el contexto latinoamericano (por debajo de esos dos países y de Cuba y Chile).[10]

Más indicativa del desempeño de las exportaciones mexicanas es la estimación de la manera en que evolucionaron sus cuotas de mercado en un contexto más delimitado: el de sus principales socios comerciales. A partir de los datos disponibles, el cuadro 6.2 presenta estimaciones para los dos socios más importantes, Estados Unidos y Gran Bretaña.

Es evidente que la cuota de mercado que México podía ocupar en el comercio exterior de las principales potencias económicas de la época tenía que ser modesta. Dicho esto, lo primero que merece destacarse es el notable crecimiento en la participación de productos mexicanos en las importaciones de Estados Unidos: partiendo de una proporción casi insignificante de tan sólo 1.2% en el primer decenio, llegó a abastecer 7% del mercado estadounidense de importaciones en la década de 1900, el punto más alto de todo el periodo. A partir de entonces, esa participación se fue comprimiendo, primero a 6 y luego a 5% del total en la década de 1920. Estas variaciones indican que en las primeras cuatro décadas las ventas mexicanas a Estados Unidos crecieron más rápido que el comercio de importación de ese país, que por lo demás se encontraba en pleno proceso de expansión, y que a pesar de seguir creciendo en las dos últimas décadas, lo hicieron a un ritmo más lento que las importaciones

[9] League of Nations, *Memorandum* (1928), pp. 10-13, y *Memorandum* (1930), pp. 22-23.

[10] League of Nations, *Memorandum* (1928), pp. 10-13, y *Memorandum* (1930), pp. 22-23. Como se verá más adelante, estas proporciones difieren según la fuente que se utilice; en todo caso, ofrecen órdenes de magnitud que son útiles para nuestros propósitos.

Cuadro 6.2
Participación de México en las importaciones de mercancías de Estados Unidos y Gran Bretaña, 1870-1929
(promedios decenales)

	Importaciones totales de mercancías		*Café*		*Caucho (crudo)*		*Henequén*		*Pieles y cueros*		*Cobre y manufacturas*		*Petróleo y derivados*	
Decenio	*A // B*	*Particip. de México (%)*	*A // B*	*Particip. de México (%)*	*A // B*	*Particip. de México (%)*	*A // B*	*Particip. de México (%)*	*A // B*	*Particip. de México (%)*	*A // B*	*Particip. de México (%)*	*A // B*	*Particip. de México (%)*
1. Estados Unidos de América														
1870s	512 // 6.2	1.2	45 // .4	0.8	5 // .05	1.0			nd // 1.5					
1880s	680 // 16.5	2.4	53 // 1.6	3.0	13 // .2	1.5			25 // 1.4	5.6	1 // 0			
1890s	757 // 38.3	5.1	85 // 4.6	5.4	20 // .05	0.3			29 // 1.7	5.9	2 // 1.6	80.0		
1900s	1 088 // 75.9	7.0	70 // 2.6	3.7	41 // 3.5	8.5	14 // 12.7	91	64 // 4.4	6.9	28 // 13.5	48.2	1 // 0	
1910s	2 240 // 136.1	6.1	122 // 5.1	4.2	127 // .8	0.6	29 // 26.3	91	142 // 7.3	5.1	73 // 17.8	24.4	14 // 13	90.4
1920s	3 964 // 193.2	5.0	228 // 6.2	2.7	254 // .4	0.2	18 // 13.6	76	120 // 1.9	1.6	92 // 14.3	15.5	105 // 62.9	59.9
2. Gran Bretaña														
1870s	1755 // 2.7	0.15	31 // 0	0.0	79 // 1.3	1.7	10 // .08	0.8	29 // .35	1.2	35 // .03	0.1	0	
1880s	1916 // 2.9	0.15	22 // .05	0.2	79 // 1.1	1.4	11 // .2	1.8	28 // .32	1.1	40 // .14	0.4	0	
1890s	2121 // 2.4	0.11	18 // .06	0.3	94 // .6	0.6	11 // .17	1.6	22 // .31	1.4	49 // .8	1.6	0	
1900s	2776 // 6.7	0.2	13 // .13	1.0	124 // .2	0.2	18 // .10	0.6	18 // insig		94 // 2.6	2.8	0	
1910s	4447 // 14.6	0.3	15 // .3	2.0	161 // insig		29 // .19	0.7	29 // insig		155 // 5.1	3.3	99 // 8	8.1
1920s	5644 // 30.3	0.5	17 // .1	0.6	211 // insig		19 // .2	1.1	19 // insig		142 // 8.3	5.9	205 // 24.7	12.1

A // B: A = importaciones totales de Estados Unidos o Gran Bretaña; B = importaciones desde México. Ambas en millones de dólares.
insig = cantidades insignificantes
*En la denominación "metales no ferrosos" de las estadísticas británicas se incluyen las exportaciones mexicanas de plata, cobre y plomo.
Nota: la selección de los productos depende de la disponibilidad de datos sobre las importaciones totales que registran los socios respectivos.
Fuentes: para México, fuentes estadísticas de México y sus principales socios (véase bibliografía). Para Estados Unidos, *Historical Statistics* (2006), Vol. V, Part E, pp. 5/500-501 (totales); 5/554-559 (productos). Para el henequén, USTD, *The Foreign Commerce* (varios años), *passim*. Para Gran Bretaña: Mitchell, *Abstract* (1962), pp. 283-284 (totales) y 298-299 (productos).

norteamericanas totales. La cuota de mercado de distintos productos no necesariamente siguió ese patrón, pues en este caso incidía otro tipo de factores, como el ciclo de producto, la llegada temprana de los artículos mexicanos a un mercado recién abierto, o el tránsito de una canasta de exportaciones más tradicional a una que reflejaba la modernización económica. Y sin embargo, en casi todos se aprecia un fuerte impulso inicial que llevó a que la mayor presencia de productos mexicanos en el mercado norteamericano tuviera lugar entre las décadas de 1890 y 1900, seguida por un declive progresivo en las últimas décadas. Ahora bien, este declive en la importancia relativa de los productos mexicanos en las importaciones estadounidenses posee orígenes diversos. Como se desprende de la información presentada en las columnas A // B (en las que el símbolo "//" separa el valor de las importaciones totales de cada producto del valor de las importaciones del mismo producto procedentes de México), en algunos casos la disminución en la presencia relativa de los artículos mexicanos obedecía a una caída en términos absolutos, como sucedió con el caucho a partir de la década de 1910. En otros, sin embargo, las ventas mexicanas siguieron creciendo durante esa década pero lo hicieron en menor medida que la demanda norteamericana, que hubo de satisfacerse con importaciones de otros orígenes. Este fue el caso de las importaciones de cobre, pieles y cueros, y hasta cierto punto de henequén, pues en todos ellos la participación porcentual de las importaciones mexicanas en el total disminuyó (o, como en el henequén, se estancó) pese al aumento de las ventas en términos de valor. En esos tres casos, sin embargo, las ventas mexicanas disminuyeron sustancialmente en términos absolutos en el curso de los años veinte, por lo que a la postre la pérdida en la cuota de mercado es también atribuible al descenso en las ventas mexicanas a ese país. Por último, tenemos aquellos productos cuya presencia relativa se redujo pese a que su valor siguió aumentando hasta el último decenio, como el café y el petróleo, y en los cuales esa reducción no se asocia necesariamente con un declive en el ciclo de producto.[11] En cualquiera de los dos casos, la pérdida de cuota de mercado de las exportaciones mexicanas refleja probablemente una pérdida de competitividad, en virtud de la cual los compradores en el mercado de Estados Unidos dirigían su mirada a otros proveedores para satisfacer parte de la nueva demanda.

Un patrón distinto se observa en relación con Gran Bretaña. Antes que nada, la importancia de México en las importaciones británicas era muy inferior y, pese a un crecimiento consistente a partir del decenio de 1890, siguió siendo muy modesta hasta el final del periodo. Por lo que se refiere a los pro-

[11] De hecho, México aparecía a fines de los años veinte como el tercer proveedor del mercado norteamericano de café, después de Brasil y Colombia. SRE, AHGE, exp. IV-266-15.

ductos, se observan tres comportamientos claramente diferenciables. En primer lugar, encontramos algunos artículos, generalmente de la canasta tradicional, que se compraban en cantidades más o menos fijas (y en los que los cambios en el valor de las importaciones reflejan probablemente variaciones en el precio): se trata de los colorantes naturales y el henequén. De los primeros, Gran Bretaña obtenía de México entre 300 y 350 000 dólares al año como promedio, y la significación porcentual de esa cifra dependía más bien de las variaciones en el valor de las importaciones totales. En cuanto al henequén, con excepción de dos decenios (el de 1870 y el de 1900), el mercado británico absorbía alrededor de 200 000 dólares anuales en promedio de la fibra mexicana, y la cuota de mercado que esta cifra representaba dependía del valor total de las compras en cada año. Un segundo caso es el de las maderas de ebanistería, un artículo de la canasta tradicional que disminuyó su participación en las importaciones británicas al mismo ritmo que se agotaba su ciclo exportador en México. Por último, está el caso de productos que aumentaron consistentemente el valor de sus ventas al mercado británico, y con él se incrementó también su cuota de mercado: se trata de los metales no ferrosos, el petróleo y, hasta la década de 1910, el café.

Finalmente, aunque la reducción en la cuota de mercado de los principales socios suele apuntar a una pérdida de competitividad de las exportaciones, el cuadro sugiere la posibilidad de que en ocasiones se trate más bien de una reorientación en los flujos del comercio. Obsérvese, por ejemplo, cómo la disminución en el valor de las ventas de café mexicano al mercado británico se corresponde con un aumento mucho mayor en las realizadas al mercado estadounidense (que sin embargo no le impidieron disminuir la cuota mexicana en ese mercado). Otro ejemplo lo ofrece la comparación entre las ventas de cobre a Estados Unidos y las de metales no ferrosos a Gran Bretaña: la disminución de las primeras en la década de 1920 se corresponde con un aumento similar en las segundas, aunque la distinta composición de este rubro no permite hacer una afirmación concluyente al respecto.

Otro ámbito de comparación que resulta ilustrativo para nuestros propósitos lo ofrece el ritmo de crecimiento de las exportaciones. A la luz de los parámetros internacionales, México tuvo un desempeño realmente extraordinario en este terreno. Empecemos por algunas comparaciones lejanas. De acuerdo con las cifras más utilizadas, el valor de las exportaciones de Europa occidental creció en términos reales a una tasa media de 3.2% anual entre 1870 y 1913, con un registro mínimo para algunos países de entre 2.2 y 2.7% (Italia, Gran Bretaña y Francia), y uno máximo de 4.1% (Alemania). La tasa de crecimiento mundial para ese periodo no fue muy distinta, promediando 3.4% anual. En este contexto, México destaca con un sobresaliente 8.2% (comercio de mercancías), el doble que el exportador europeo más exitoso, y más del doble que cualquier otro país europeo. En este punto es preciso detenernos, sin embargo, para acotar este contraste a primera vista tan espectacular. El hecho es que mientras las exportaciones europeas habían estado creciendo a una tasa media de entre 4 y 5% anual desde la década de 1830, las mexicanas lo hicieron a lo sumo a una tasa media de 2.7% anual (en precios corrientes) en el mismo lapso, crecimiento que, además, tuvo lugar en medio de fuertes oscilaciones.[12] Esta tasa, que a primera vista no parece tan mala, se alcanzó debido a que el registro arranca de un punto de partida muy bajo, tras la caída provocada por la crisis de independencia: las exportaciones disminuyeron de 16.3 millones de pesos como promedio anual en el decenio 1800-1810 a 7.7 millones en 1821-30, y para el siguiente decenio promediaban 10.2 millones, es decir, un tercio por debajo del nivel alcanzado en la última década del periodo colonial.[13] De hecho, es probable que este nivel sólo se volviera a alcanzar en la década de 1860, aunque la falta de continuidad en los datos nos impide asegurarlo.[14] Pero el resultado es inequívoco: México arrancó su propio proceso de desarrollo exportador tarde y en una situación de marcado rezago respecto a otros países.[15] En este sentido, las elevadas tasas de crecimiento en los años iniciales de la era exportadora reflejan en parte el bajo nivel del punto de partida, aunque representaran también una convergencia significativa respecto a las naciones más adelantadas.

Aunque el capitalismo liberal sobrevivió en buena parte del mundo a la Primera Guerra Mundial, el comercio internacional exhibió un comportamiento espasmódico desde entonces, y no llegó a recuperar la continuidad en el crecimiento que lo había caracterizado en las décadas anteriores. Las naciones europeas fueron probablemente las que más padecieron los efectos de la guerra: la tasa media de crecimiento de las exportaciones de Europa occidental fue de apenas .16% por año entre 1913 y 1929, en tanto la tasa mundial

[12] Para la estimación se toma el valor promedio de las exportaciones de mercancías en la década 1831-1840, que ascendió a 7.7 millones de pesos, y se le compara con los 29.2 millones que se exportaron en 1870, incluyendo las transferencias de metálico. Las estimaciones decenales del comercio exterior se encuentran en Cárdenas, *Cuándo se originó* (2003), p. 98.

[13] Cárdenas, *Cuándo se originó* (2003), p. 98.

[14] Herrera Canales, *El comercio* (1977), cuadro 21, p. 60. La autora ofrece datos sobre el valor de las exportaciones para los años en que se dispone de fuentes oficiales entre 1821 y 1874-75. En ningún año anterior a la década de 1870 se registra un valor superior al promedio del decenio 1800-1810 que arrojan las estimaciones de Cárdenas, aunque, como apuntamos antes, hay altibajos pronunciados de un año a otro. Véase Cárdenas, "A Macroeconomic" (1997), pp. 67-73.

[15] Como bien dice Bulmer-Thomas, "la evolución de la economía mundial ofreció una ventana de oportunidad para los exportadores de productos primarios a partir de 1850 (si no antes), la cual necesitaba ser aprovechada en una fase temprana." Bulmer-Thomas, *The Economic History* (1996), pp. 67-68.

ascendió a 2.16% en ese mismo lapso. México se encontró muy por encima de la tasa europea y prácticamente igualó la registrada por el comercio mundial, con 2.1% como promedio anual (en términos reales).[16]

La comparación es más cercana y pertinente respecto a países latinoamericanos de características semejantes. El cuadro 6.3 ofrece estimaciones de las tasas de crecimiento para una muestra de ellos.

Salvo en el caso de México (en que las tasas se estiman a partir de valores en dólares), se utilizan para las estimaciones los datos de Mitchell, quien ofrece valores nominales en la moneda de cada país, de manera que los resultados deben tomarse con cierta reserva. Aun si las cifras resultantes son aproximativas y no reflejan ni la devaluación que pudieron experimentar las distintas monedas (con excepción de México) ni los cambios en los precios internacionales de las exportaciones, no dejan lugar a dudas acerca del notable desempeño de México en el contexto latinoamericano. En los sesenta años que abarca esta primera era exportadora, el valor de las ventas mexicanas en el mercado internacional creció (en términos nominales) a una tasa de 6.4% anual, por encima de cualquier otro país dentro de la muestra, incluido Argentina, al que se considera habitualmente, junto con Cuba, el más exitoso de los exportadores latinoamericanos.[17] De acuerdo con estos datos, el desempeño fue muy similar entre ambos en cada uno de los grandes subperiodos (1870-1913 y 1913-1929), y la diferencia en el promedio de largo plazo estuvo dada por la mayor intensidad del crecimiento

Cuadro 6.3
Tasa de crecimiento anual de las exportaciones latinoamericanas de mercancías
(porcentaje estimado con base en el valor nominal)

	México	*Argentina*	*Brasil*	*Chile*	*Colombia*	*Venezuela*
1870-1929	**6.4**	**6.0**	5.5	4.2	3.6	4.6
1870-1890	**9.8**	6.3	3.4	3.8	−1.2	4.0
1890-1913	5.2	**8.5**	5.7	5.8	4.6	1.2
1870-1913	**7.3**	6.9	4.2	4.5	1.6	2.4
1913-1920	**14.0**	10.5	8.6	8.9	11.6	1.5
1920-1929	−3.4	−1.0	9.2	−0.4	7.3	**18.5**
1913-1929	3.8	3.9	**8.9**	3.6	**9.2**	**10.8**

NOTA: para México, se estima la tasa de crecimiento de los valores en dólares de acuerdo con mi reconstrucción; para el resto de los países, se utilizaron los datos que ofrece Mitchell, y que se presentan en valores corrientes de la moneda de cada país. Se enfatizan con negritas los casos de mejor desempeño en cada periodo.
FUENTES: Mitchell, *International* (2003), pp. 443-454. Para Argentina, véase también República Argentina, *Anuario* (1931).

[16] Los datos sobre Europa provienen de Bairoch, "European" (1973), pp. 20, 27.

[17] Se ha dejado a Cuba fuera de esta consideración debido a que, en términos de la dotación de recursos, el tamaño y la estructura de la economía, no es un país de características comparables a México.

de las exportaciones mexicanas en el lapso inicial y un mejor desempeño en la década de 1910. Lo cierto es que, nuevamente, en el caso de México la aceleración de los primeros años no puede entenderse adecuadamente sin atender al bajo nivel del punto de partida, mientras que en varios de los otros casos estamos hablando de la continuidad de un proceso que se inició antes, y entonces de un crecimiento más moderado, pero de magnitudes superiores.

El crecimiento de las exportaciones mexicanas fue mayor al de los otros países gracias a un desempeño sobresaliente en casi todos los subperiodos, con la notable excepción de los años 1920-29. Contra lo que se suele pensar, ello no se debió a que la ventana de oportunidad para los países exportadores se hubiera cerrado con el fin de la Gran Guerra, puesto que, como se puede ver, las economías exportadoras de Venezuela, Colombia y Brasil vivieron sus mejores momentos en esos años. Es innegable, sin embargo, que en el caso de México la caída de las ventas petroleras y un proceso de diversificación inconcluso, indujeron un declive prematuro del sector exportador.

Para tener el cuadro completo acerca de la era exportadora, a las ventas de mercancías deben sumarse las transferencias de metales preciosos bajo la forma de dinero metálico (monedas de plata en una primera fase, y más tarde también monedas y lingotes de oro), que contribuían al pago de las importaciones y a saldar el déficit en la balanza comercial. Como se observa en la gráfica 6.2,

Gráfica 6.2
Valor de las exportaciones mexicanas, mercancías y metálico, 1870-1929
(millones de dólares corrientes)

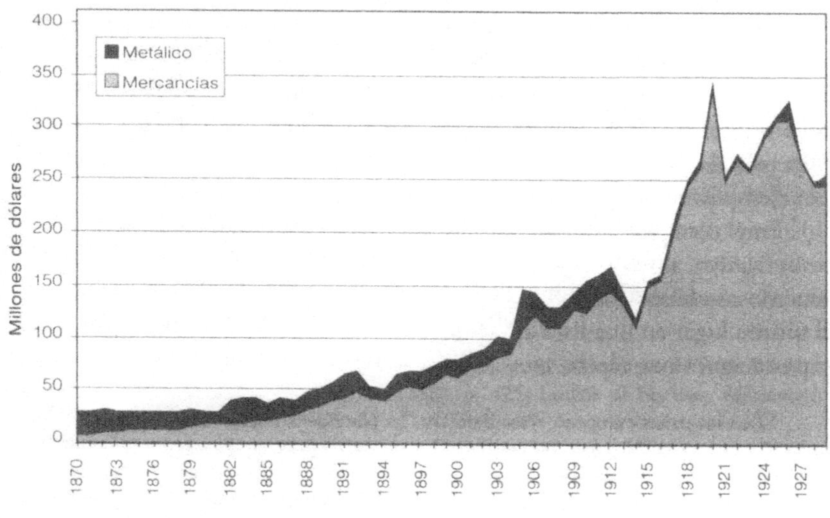

FUENTES: reconstrucción propia (véanse capítulo 1 y apéndice A).

en los primeros dos o tres lustros del periodo, cuando el sector exportador se encontraba muy pobremente desarrollado y las exportaciones de mercancías exhibían una escala modesta y avanzaban lentamente, las transferencias de metálico constituían un componente crucial de las transacciones de México con el exterior. De la misma manera, a medida que aquél intensificó su crecimiento y su diversificación, la importancia de estas últimas disminuyó progresivamente, al tiempo que los propios metales preciosos se integraban a la canasta exportadora bajo formas distintas a la dineraria.

Aunque al analizar el desempeño de las exportaciones es prudente mantener la distinción entre mercancías y metálico, podemos detenernos un momento en la serie de exportaciones totales para hacer algunas comparaciones interesantes sobre la evolución de largo plazo entre México y otros países. Empecemos por hacer notar que, en términos per cápita, el valor de las exportaciones totales que México registraba al inicio del periodo (algo más de 3 dólares) era similar al que promediaba Europa entre 1800 y 1840. A partir de entonces las exportaciones de algunos países europeos empezaron a crecer aceleradamente, de manera que su valor promedio per cápita aumentó a 10 dólares en 1870, a 21 en 1913 y hasta 30 dólares en 1929. La media oculta, por supuesto, fuertes disparidades entre países: los más desarrollados alcanzaron niveles de entre 27 (Alemania) y 48 dólares (Gran Bretaña) en 1910, en tanto la periferia europea, con un nivel de desarrollo económico hasta cierto punto comparable al de México, exhibía valores de 9 dólares para España y 11 para Italia antes de la Primera Guerra Mundial. Pues bien, empezando a crecer varias décadas más tarde (pues, como dijimos, en la década de 1870 las ventas mexicanas per cápita apenas rebasaban los 3 dólares, es decir, la cifra que promedió Europa entre 1800 y 1840), México alcanzó los valores per cápita que caracterizaban a la periferia europea hacia 1910, e incluso las rebasó en los años veinte: en 1910, México exportó 10.31 dólares per cápita, y en 1926 la cifra rebasó los 21 dólares por habitante, que comparan muy favorablemente, por ejemplo, con los 18 dólares de Italia en ese mismo año.[18]

En el contexto latinoamericano, México mejoró notablemente su desempeño relativo, aunque nunca superó a los grandes exportadores de la región. De acuerdo con las estimaciones de Bulmer-Thomas, hacia 1870 México ocupaba el último lugar en una lista de 20 países de América Latina en términos de sus exportaciones per cápita, con 2.3 dólares que él estima como promedio tri-

[18] Para los países europeos, véase Bairoch, "La place de la France" (1977), pp. 39, 40; Bairoch, "European" (1973), *passim*. Para México, estimaciones propias basadas en las nuevas series del valor de las exportaciones y en las cifras de población que proporciona INEGI, *Estadísticas históricas* (1985), t. II, p. 9. Cifras ligeramente distintas para México se ofrecen en League of Nations, *Memorandum* (1928), pp. 40-41.

anual, frente a 47 dólares de Uruguay y 44 de Cuba, que encabezaban la lista en ese momento, y muy por debajo incluso de países pequeños y pobres, como El Salvador (con 7.3 dólares per cápita), Haití (6.5) o Nicaragua (3.5). Con cifras algo distintas, un observador calificado de la época, el embajador John Foster, también colocaba a México en el último lugar de una lista de 13 países latinoamericanos en 1876. La situación se modificó drásticamente en el curso de las siguientes décadas: de acuerdo con Bulmer-Thomas, México ascendió de un inaudito vigésimo lugar entre los países latinoamericanos en 1870, al onceavo en 1912; de acuerdo con las cifras proporcionada por la Liga de las Naciones, siguió mejorando su situación relativa hasta alcanzar el sexto lugar en 1926, tan sólo por debajo de Cuba, Argentina, Uruguay, Chile y Venezuela.[19]

Quiere decir que en el marco de un modelo de crecimiento orientado por las exportaciones que marcó el desarrollo de América Latina, el desempeño del sector exportador mexicano se encontró por encima del de la mayor parte de los países de la región. Como se apreció también en la comparación con Europa, este fenómeno aconteció de manera un tanto tardía, puesto que para 1890 México seguía ubicado en la retaguardia de los países latinoamericanos (en el sitio 19 de 20). Este despegue tardío impuso sin duda una fuerte limitación a los alcances del modelo de crecimiento en el largo plazo, tanto porque su duración fue más breve como porque su desenvolvimiento fue más violento y, entonces, potencialmente más desestabilizador.[20]

6.2 EL DESEMPEÑO DE LAS EXPORTACIONES MEXICANAS: PRODUCTOS, PRECIOS Y TÉRMINOS DE INTERCAMBIO

A diferencia de lo que sucedió en la mayor parte de las naciones latinoamericanas, el auge de las exportaciones mexicanas no fue un fenómeno meramente cuantitativo, resultante del aumento vertiginoso en la exportación de uno o dos productos importantes que prácticamente agotaban la canasta de las exportaciones. Lejos de ello, en el caso de México el auge exportador probablemente no se hubiera producido de haberse concentrado en los productos tradicionales, y debe atribuirse, en cambio, a la diversificación del sector. Éste fue

[19] Bulmer-Thomas, *The Economic History* (1996), p. 69; el informe de John Foster está incluido en SHCP, *Memoria...1878-1879* (1880), p. 425; League of Nations, *Memorandum* (1928), pp. 40-41.

[20] Alan Knight sostiene esta última tesis cuando afirma: "El crecimiento paulatino es menos desestabilizador que los altibajos repentinos... Para México la participación en la división internacional del trabajo vino tarde, de manera drástica y , por ende, con tendencia desestabilizadora." Knight, "El estímulo" (2003), p. 175.

un proceso complejo que entrañó la incorporación de recursos ociosos, la inversión en infraestructura y bienes de capital, la movilización de fuerza de trabajo, cambios en las relaciones laborales, la ampliación geográfica de la frontera productiva y, consecuentemente, del mapa de las actividades exportadoras.[21] Resumamos brevemente este fenómeno.

En el capítulo 3 vimos que era posible distinguir tres fases en el despliegue de las exportaciones: en la década de 1870 nos encontramos todavía con una etapa tradicional, previa al *boom*, en la que las ventas mexicanas en el mercado internacional eran modestas tanto en el número de productos como en el monto exportado —con la única excepción de la plata amonedada, que servía para saldar el déficit en la balanza comercial. Los productos que se vendían en el exterior (tintes naturales, maderas preciosas, vainilla) revelan sus raíces tradicionales, frecuentemente coloniales, así como el hecho de que resultaban de la explotación de un recurso natural en escala limitada y sin innovaciones técnicas, y se orientaban a satisfacer la demanda de bienes "exóticos" que generaban las potencias comerciales europeas y Estados Unidos.[22] A partir de la década de 1880, y como consecuencia de varios factores convergentes tales como cambios institucionales que favorecieron la inversión, el desarrollo de la infraestructura ferroviaria y la llegada de capitales extranjeros, se produjeron transformaciones cruciales en el sector exportador mexicano. Estas transformaciones impulsaron el tránsito desde una larga etapa en la que prevalecieron exportaciones tradicionales enraizadas en la época colonial, hacia lo que he definido como la primera fase del auge exportador, que arrancó en la década de 1880 y fue básicamente el resultado de la incorporación de recursos ociosos a la producción en gran escala. Por efecto de esa incorporación se produjo tanto el despegue de la agricultura tropical (henequén, café) y de la actividad agropecuaria (ganado, cueros y pieles), como la diversificación del sector minero (plata para uso industrial, plomo, cobre). El proceso implicó una primera ampliación de la frontera productiva hacia el norte y hacia la península de Yucatán, regiones ambas que se habían mantenido aisladas y al margen del proceso de desarrollo nacional.

A partir de 1900 se inició una segunda fase en el auge del sector exportador mexicano, que habría de profundizarse en las décadas siguientes. Ésta nueva fase se caracterizó, en primer lugar, por la expansión y consolidación de la agricultura tropical, mediante la ampliación de las zonas explotadas y la inclusión

[21] Véase capítulo 3.

[22] En palabras de Romano y Carmagnani, en esa etapa "el desempeño de las economías americanas dependió más de la identificación de algunos nichos de mercado no saturados que de una real inserción en el mercado internacional". Romano y Carmagnani, "Componentes económicos" (1999), p. 272.

de nuevos artículos primarios, o la ampliación de la escala en que se exportaban. Los casos más notables son los del guayule, el plátano, el caucho, el garbanzo y el algodón. En segundo lugar, por nuevos avances en el sector minero que permitieron añadir productos a la canasta de minerales explotados (antimonio, zinc) y realizar cambios estructurales cuyo resultado más notable fue el desarrollo de una industria metalúrgica moderna, concentrada y técnicamente avanzada, que permitió el tránsito definitivo de la exportación de minerales a la de metales con distinto grado de procesamiento y un mayor valor agregado (a los que designamos como minerales de segunda generación). Finalmente, durante esta etapa tuvo lugar el arranque de la explotación petrolera, que se produjo a principios de la década de 1910 y vivió una época de auge hasta principios de los años veinte. Como era de esperarse, la adición de productos a la canasta exportadora en cada una de estas fases resultó en una notable variedad de las exportaciones mexicanas, particularmente a partir del despegue de la segunda fase.[23] Asimismo, esta última entrañó una nueva ampliación geográfica de las actividades exportadoras (hacia el norte, hacia el noroeste, hacia el sur) y, entonces, la incorporación de áreas y regiones que se habían mantenido al margen de la modernización económica en las décadas anteriores. Los mapas 6.1 y 6.2

Mapa 6.1
Rubros y número de productos exportados por aduanas, 1885

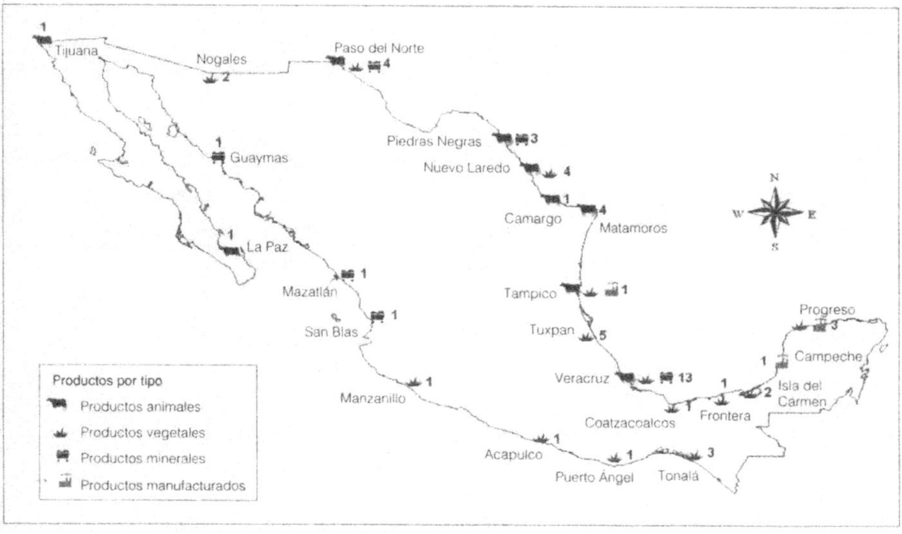

FUENTE: elaborado a partir de SHCP, *Noticia* (1887), pp. 33-46.

[23] El asunto se trata con mayor amplitud en el capítulo 3, y se ilustra en las gráficas 3.8 y 3.9.

Mapa 6.2
Rubros y número de productos exportados en estados y localidades principales durante el apogeo de la era exportadora

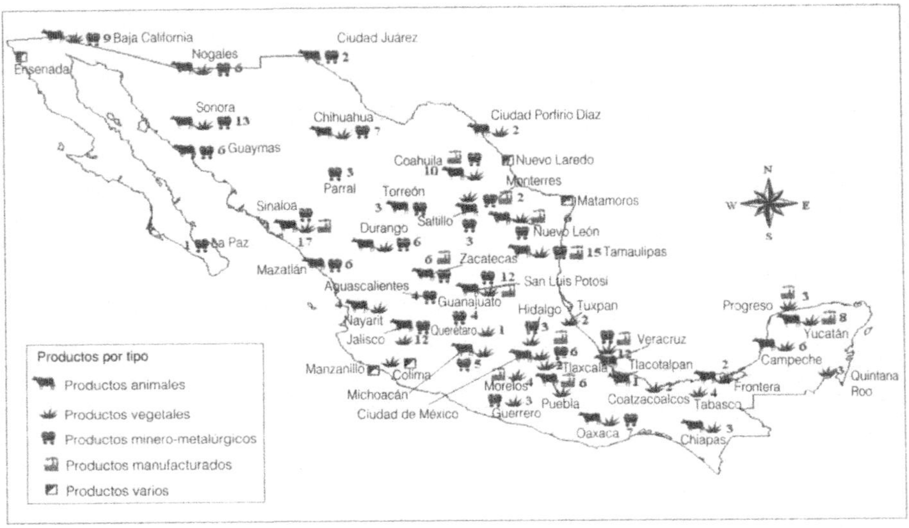

FUENTE: USDCL, *Merchandise* (1904), pp. 1952-1963; Schnitzler, *The Republic* (1924), pp. 262-300.
NOTA: el mapa incorpora la información sobre las exportaciones proveniente de dos fuentes: una (para el año 1902-03), de procedencia estadounidense, en la que se divide el territorio en distritos consulares y se reportan las exportaciones de todas las localidades donde opera un cónsul de ese país; otra (1924), procedente de un *Handbook* sobre México, en la que se reportan las exportaciones por estados. Ello implica cierta duplicación en aquellos casos en que se registra información por localidad y por estado, pero ofrece una cobertura más amplia que si se usara únicamente alguna de las dos fuentes.

ilustran el alcance de estos cambios. El primero ofrece una aproximación al paisaje de las regiones exportadoras en un momento inicial del auge exportador, mientras que el segundo muestra el grado que alcanzó la difusión geográfica de las exportaciones y su variedad en el apogeo de la era exportadora.

El mapa 6.1 ofrece en realidad la ubicación de las aduanas por donde se encauzaban las exportaciones. Aunque no da cuenta precisa de la localización de las actividades productivas, la escasez de medios de transporte terrestre hace pensar que ésta no debió ser muy distante de los puntos de salida. De hecho, muchas de las exportaciones de esta época eran viables precisamente debido a su localización cercana a los puertos y fronteras, como en el caso del ganado fronterizo o el café de Veracruz, aunque en algunos casos era la importancia de los puertos lo que atraía el flujo de las exportaciones regionales. En cualquier caso, el mayor contraste con el mapa 6.2 radica probablemente en el hecho de que en éste último el interior del territorio se ha poblado densamente de actividades exportadoras, incluso en estados que tradicionalmente no orientaban su producción al mercado internacional. En muchos casos, es notorio el papel de la comunicación ferroviaria en el desarrollo de las actividades productivas, como por ejemplo en el caso de la minería norteña, la agricultura coahuilense o la ganadería de Chihuahua. En fin, aunque este mapa adolece de ciertas duplicaciones motivadas por el uso de dos fuentes distintas, ilustra un fenómeno incuestionable: la manera en que las actividades exportadoras han "penetrado" en el territorio, en el doble sentido de su difusión geográfica y su profundización en la estructura productiva del país.

El despliegue de un sector exportador cada vez más diversificado y complejo se aprecia mejor si atendemos a la evolución del quantum (volumen a precios constantes) de los principales rubros que lo componían, tal como se presenta en la gráfica 6.3.

Llama la atención la modestia inicial que exhibe el quantum de las exportaciones mineras, que es, sin embargo, un tanto engañosa. Refleja, por un lado, el prácticamente nulo desarrollo de la minería de metales no preciosos, y por el otro, las limitaciones de un marco institucional que hasta 1882 mante-

Gráfica 6.3
Quantum de exportaciones mexicanas, por rubros, 1870-1930
(millones de dólares, a precios de 1913)

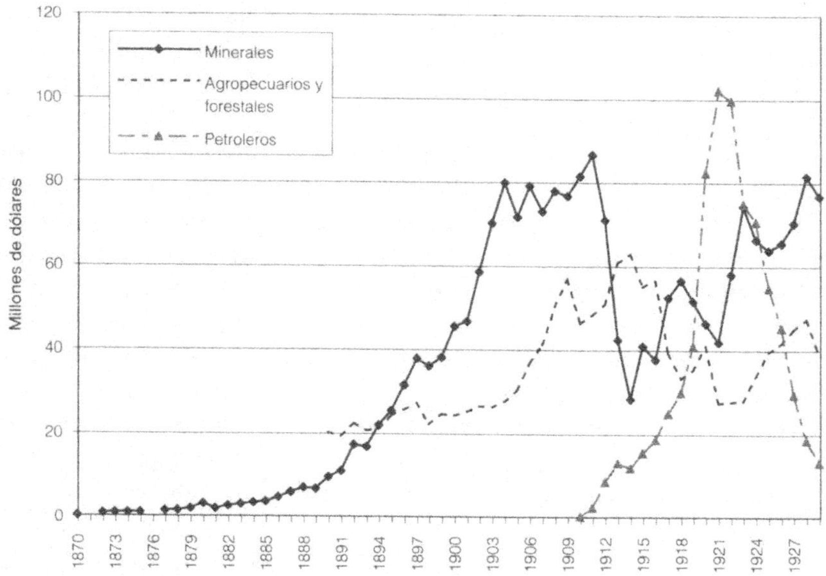

FUENTE: elaboración propia a partir de las fuentes oficiales de México y sus principales socios comerciales (véase bibliografía).

nía restricciones a la exportación de metales preciosos sin acuñar.[24] Una vez que se tiene en cuenta esta circunstancia, la gráfica permite seguir el desarrollo de un sector minero-exportador que desbordaba la producción de medios de pago para satisfacer la oferta monetaria interna o los requerimientos financieros externos, y que en poco tiempo aportó la porción más grande y más dinámica de la canasta. El despegue de la minería moderna se inició claramente en 1890. Un par de años antes empezaron a destacar las ventas de plata en barras y mezclas, pero en ese preciso año experimentaron un salto cuantitativo las de plomo y las de cobre; apenas dos años más tarde, las exportaciones de oro no acuñado cobraron también cierta entidad. Aunque hablaremos de ello en el siguiente capítulo, este fenómeno es atribuible a una serie de cambios que implicaron inversiones sustanciales en la construcción de infraestructura ferroviaria, la incorporación de recursos que habían permanecido ociosos a los factores de la producción, la modernización en las técnicas de explotación minera y los primeros avances en el beneficio de los minerales. Estas innovaciones precedieron a los importantes cambios estructurales que tuvieron lugar en el sector a partir de 1895, cuando se establecieron grandes plantas para el procesamiento de minerales que implicaron el inicio de la producción industrial en gran escala, altamente tecnificada y concentrada en unos cuantos establecimientos de grandes dimensiones. Como se observa en la gráfica, el quantum de las exportaciones de minerales creció intensamente a partir de 1893 y hasta 1904, y pese a los altibajos de los años siguientes, todavía registró algún incremento hasta 1911. La evolución que tuvo lugar a partir de entonces se explica mejor si se tienen en cuenta los cambios en el valor y el quantum exportado, tal como se presentan en la gráfica 6.4.

Entre 1911 y 1914 se verificó una pronunciada contracción en el quantum de las exportaciones que debe explicarse por la caída en la producción como consecuencia de la guerra civil en México. Aquélla se reflejó en un desplome muy similar en el valor de las ventas externas en virtud de que los precios internacionales todavía no mostraban el efecto que produciría el estallido de la Primera Guerra Mundial a mediados de 1914. A partir de ese momento se observa un ascenso prodigioso en el valor exportado hasta 1918 (resultado de los precios de guerra) y uno más modesto en el quantum, reflejo de una recuperación en la producción que, sin embargo, no alcanzó los niveles anteriores a la revolución. En realidad, el quantum de minerales exportados alcanzó su punto máximo en 1911, y los picos alcanzados posteriormente en el valor

[24] Como se explicó en otra parte, hasta 1871 estuvo prohibida la exportación de oro y plata sin acuñar, y hasta 1882 se permitió sólo en algunos puertos y previo pago de derechos de acuñación y exportación.

Gráfica 6.4
Valor y quantum (a precios de 1913) de las exportaciones de minerales y metales
(millones de dólares)

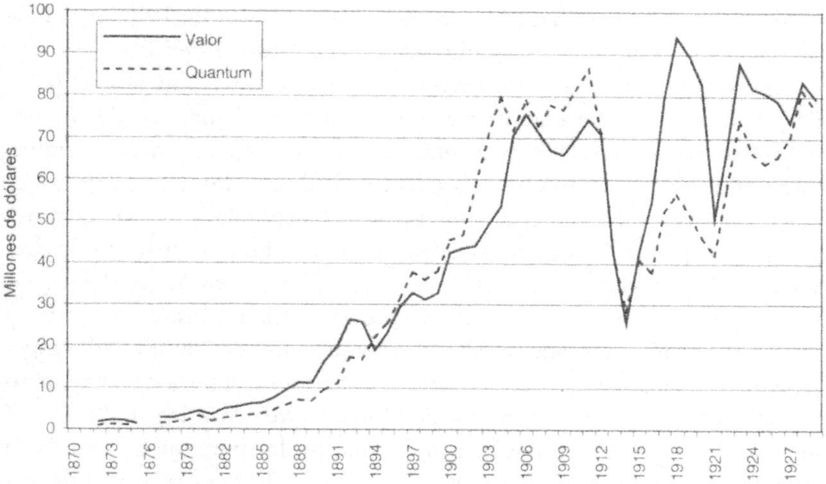

FUENTE: elaboración propia a partir de las fuentes oficiales de México y sus principales socios comerciales (véase bibliografía).

se debieron a auges temporales en el precio internacional de alguno de sus componentes.[25] Sólo en un caso el quantum de exportaciones tocó de nuevo la cima de aquel año: el del plomo, que rebasó el quantum de 1911 en un breve pero poderoso auge entre 1923 y 1928. En términos de su precio, los minerales sufrieron una suerte desigual a partir de la Gran Guerra. El de la plata se elevó vertiginosamente hasta 1920, para después padecer una caída estrepitosa en el siguiente año, a la que sucedió un declive casi continuo por el resto de la década. El precio del cobre se mantuvo alto hasta 1918 y luego cayó

[25] Debe tenerse presente que todo el análisis que se presenta en esta parte tiene como base el valor unitario de las exportaciones mexicanas implícito en las estadísticas comerciales (que ofrecen datos de cantidad y valor a partir de los cuales se estima aquél). Como se sabe, el valor unitario refleja el precio promedio al que México vendió su particular combinación de un producto o tipo de productos, con determinada calidad y nivel de elaboración, a un grupo específico de socios comerciales, todo lo cual distingue el valor unitario del precio internacional. En consecuencia, la serie de valores unitarios así obtenidos no es replicable ni reproduce necesariamente el comportamiento de los precios internacionales, pero tiene la ventaja de ofrecer de una manera más apegada a la realidad efectiva el desempeño de los precios de la canasta de exportaciones mexicanas para cada uno de esos años. A propósito de las diferencias entre precios y valores unitarios, véase Lipsey, *Price and Quantity* (1963), pp. 95-102; Price Statistics Review Committee, *The Price Statistics* (1961), p. 79.

tres años seguidos, para estabilizarse con ligeros altibajos a partir de entonces. El del plomo tuvo una evolución un tanto más estable: se elevó en los primeros años de la guerra y se mantuvo alto hasta la caída de 1921 (que compartieron todos); luego se recuperó hasta alcanzar una nueva cumbre en 1925, para después descender al nivel que mantendría hasta el colapso posterior a 1929.

La diversificación del sector exportador y el tránsito de una fase tradicional a una de auge se refleja también en el crecimiento del quantum de productos agropecuarios y forestales (véase gráfica 6.3). Su composición inicial indica el predominio de artículos que se producían desde la colonia en condiciones tradicionales y en escala relativamente pequeña (cochinilla, añil, palo de tinte, vainilla), la explotación indiscriminada de la riqueza forestal (maderas de ebanistería), y la exportación de los modestos excedentes (*vent for surplus*) de tabaco, azúcar, ganado y algunos de sus productos derivados, como pieles y cueros. El "sector" exportador estaba constreñido a unos cuantos estados especialmente dotados y/o bien comunicados y, dentro de ellos, a cierto número de localidades. Se hablaba del azúcar de Morelos y Veracruz, la vainilla, el café y el tabaco de Veracruz, las maderas de Campeche, los tintes de Oaxaca. Ni la escala de las exportaciones ni sus características productivas permiten sugerir que se tratara de un sector especialmente dinámico, mucho menos capaz de orientar el crecimiento de la economía. Antes bien, el despegue de las ventas agropecuarias en el exterior requirió de la aparición de productos nuevos o escasamente explotados hasta entonces, cuyo cultivo se extendió geográficamente y se volvió más sistemático. Me refiero particularmente a productos como el café y el henequén, que marcaron el arranque del auge de las exportaciones imprimiéndoles una escala y un dinamismo hasta entonces desconocido. En esa misma etapa hicieron su aparición otros productos agrícolas que, aunque menos exitosos en términos de su contribución a la canasta exportadora, reflejan el surgimiento de nuevas zonas productoras para el mercado internacional y la disposición de recursos para explotarlas. Me refiero, por ejemplo, al ixtle, que se producía en la zona nororiental del territorio nacional, sobre todo en los estados de Coahuila y Tamaulipas, al caucho y el chicle, cultivados en el estado de Chiapas y en algunas zonas del Golfo de México. Además, algunos productos que ya se exportaban exitosamente empezaron a cultivarse en otras regiones del país, como sucedió de manera sobresaliente con el café en Chiapas.

Este proceso continuó, aún con mayor brío, en la última fase del auge exportador, cuando cobró impulso la producción de guayule en Coahuila, de garbanzo en Sonora, de algodón para la exportación —pues ya se producía en gran escala para el mercado interno— en Coahuila, de plátano en Tabasco, y así sucesivamente. De hecho, como se observa en el mapa 6.2, en esta última fase las actividades exportadoras dejaron de ser un fenómeno más o menos localizado y reservado a ciertas regiones del país para convertirse en uno de los destinos de la inversión en cualquier estado y cualquier localidad. Florecieron las exportaciones de frutas originadas en Nuevo León, Michoacán y Jalisco, las de jitomate y caña de azúcar en Sinaloa y de caña en Nayarit y Tamaulipas, las de algodón en Mexicali, al tiempo que las de productos ganaderos se difundieron prácticamente por todo el territorio nacional. Además de reflejar más fielmente la dotación de recursos con que contaba México, la diversificación productiva del sector exportador revela una movilidad de los factores productivos que parecía impensable 50 años atrás. Su arraigamiento a lo largo y ancho del territorio ofrece una medida de la capacidad de las nuevas actividades para transformar las viejas estructuras productivas y superar las pautas tradicionales en pos de procesos productivos que reflejaban mejor las ventajas comparativas del país.

Para concluir con los comentarios sobre la gráfica 6.3 ocupémonos de la evolución del quantum de las exportaciones de petróleo y sus derivados, que describió un ciclo más breve y mucho más intenso que las de los otros productos estudiados aquí. La producción petrolera, que venía creciendo intensamente desde la década de 1910, alcanzó su apogeo entre 1920 y 1922, para descender, primero paulatina y luego precipitadamente, a partir de entonces. La significación de ese breve pero intenso apogeo desde el punto de vista de las exportaciones mexicanas fue compensar en parte la disminución que experimentaban otros rubros por efecto de la revolución, conferirles durante algunos años una escala nunca antes vista y prolongar el auge exportador por unos años más en la década de 1920. Finalmente, aunque la gráfica no lo muestra, en su momento veremos que también este crecimiento entrañó cambios estructurales y avances tecnológicos que llevaron de la simple extracción de crudo a la producción de combustible y de productos con mayor grado de elaboración, como gasolina, lubricantes y gas oil.

A diferencia del crecimiento en el valor de las exportaciones, que puede derivarse de incrementos en los precios, el aumento en el quantum nos remite necesariamente a un crecimiento en el volumen exportado, que puede ser resultado de alguno de dos fenómenos (o de los dos): la incorporación de nuevos recursos a la actividad económica, que aumentan la escala de la producción y, entonces, el volumen producido, o la incorporación de mejoras en la organización y las técnicas productivas, que aumentan la productividad. En el caso de México, la evidencia disponible sugiere que tuvo lugar una confluencia de ambos fenómenos para generar un incremento en la producción que reflejaba tanto la incorporación de recursos ociosos como avances en la productividad.

Ello nos lleva a considerar un viejo tema de debate en la literatura sobre el papel del comercio exterior en el crecimiento: el de los términos de intercambio entre los productores primarios y los países industrializados. Analicemos brevemente la cuestión. La gráfica 6.5 ilustra la evolución de la relación real de intercambio neta con el exterior (RRI), o términos de intercambio, que expresa la cantidad de importaciones que se puede adquirir con cada unidad exportada, o:

$$RRI = P_x : P_m$$

en donde P_x es el índice de precios de las exportaciones y P_m el índice de precios de las importaciones. Se han incluido en la gráfica dos mediciones de los términos de intercambio: una refiere exclusivamente a las exportaciones de mercancías (merc) y la otra a las totales (tot), es decir, incluyendo las transferencias de metálico.

En ambos casos se observa un deterioro consistente en el largo plazo, si bien mucho más notorio en el caso de las exportaciones totales, debido al co-

Gráfica 6.5
Índice de las relaciones reales de intercambio (netas), 1870-1929
(1913 = 100)

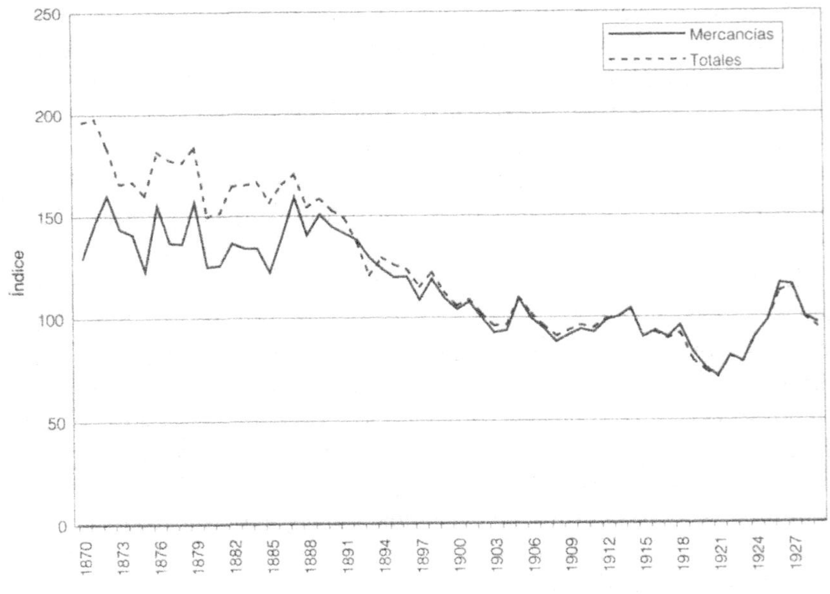

FUENTE: elaboración propia. Véase apéndice B.

nocido fenómeno de la devaluación de la plata. De hecho, si nos atenemos solamente al comercio de mercancías, la relación de intercambio permanece, aunque con ciertos altibajos, sin una tendencia definible en las primeras décadas, y sólo empieza a declinar a partir de 1890. La fase descendente continúa hasta 1908, luego de lo cual se inicia una etapa de cierta estabilidad en la relación real de intercambio que se prolonga por los siguientes 10 años. La hiperinflación de la posguerra tiene, como se observa, un saldo negativo para México, aunque la situación mejora, arrancando desde un nivel muy bajo, a principios de los años veinte.

Las corrientes estructuralista y dependentista atribuían un significado inequívocamente negativo a la caída en los términos de intercambio: ésta señalaba, según ellas, un deterioro secular de los precios relativos de las exportaciones primarias frente a las importaciones de manufacturas, lo cual representaba para los países productores de aquéllas una pérdida de renta real y, a la postre, un aumento en la brecha de la desigualidad.[26] Sin embargo, tal argumento desatiende la posibilidad de que la disminución en el precio de las exportaciones sea consecuencia de un aumento en la productividad (y no de una caída en los precios internacionales).[27] Más aún, independientemente del comportamiento de los precios externos, un aumento en la productividad que redujera los costos de producción en el mismo grado o más que el descenso de los precios externos, contrarrestaría la pérdida de renta real implicada en el deterioro de los términos de intercambio.[28] De acuerdo con la literatura clásica sobre el tema, dos circunstancias pueden modificar el significado —en principio negativo— del deterioro en los términos de intercambio: "si éste resulta de rápidos incrementos en la productividad o (en el contexto de desempleo) en las oportunidades de empleo".[29]

[26] La versión original de esta tesis se encuentra en Prebisch, "The Economic" (1962), publicado originalmente en 1950, y Singer, "The Distribution" (1950).

[27] "Si el cambio en los términos de intercambio fuera exógeno, normalmente sería posible identificarlo con una ganancia/pérdida de bienestar, ya sea absoluta o relativa a los socios comerciales. Si el cambio es endógeno, su significado en términos de bienestar no es obvio". Spraos, *Inequalising Trade?* (1983), p. 6.

[28] Kenwood y Lougheed, *Historia* (1972), pp. 265-269. Edward Beatty rechaza esta posibilidad con el argumento de que (salvo en el caso del henequén y en algún momento el petróleo) México no podía imponer sus precios en el mercado internacional. Sin embargo, para que los términos de intercambio declinantes no tuvieran un significado negativo lo único que se necesita es que los precios externos decrecientes coincidieran con aumentos internos de la productividad que produjeran una reducción igual o mayor en los costos de producción. En otros aspectos, el análisis de Beatty es coincidente con el que aquí se ofrece. Véase Beatty, "The Impact" (2000), p. 413.

[29] Spraos, *Inequalising Trade?* (1983), p. 7.

¿Pudo haber sido éste el caso de México? Por lo que se refiere a la plata, es sabido que la caída en los precios motivada por el abandono progresivo del patrón plata y el consecuente descenso en la demanda a nivel internacional precedió a las innovaciones tecnológicas que redujeron sus costos de producción, aunque a partir de los años de 1880, y sobre todo de 1890, es posible que ambos fenómenos se desenvolvieran en forma paralela. Pero aun así, el impacto de la depreciación del metal para una economía de patrón plata no necesariamente debía ser negativo, aunque por otras razones. Como Foreman-Peck diagnosticó para casos como el de México:

> Si había recursos desempleados o subempleados en estos países, la depreciación habría aumentado las rentas nacionales al aumentar la demanda de exportaciones y la sustitución de importaciones. El aumento de las rentas podría haber provocado, a su vez, un incremento de la inversión, aumentando la competitividad de las exportaciones y elevando aún más las rentas.[30]

Pero si dejamos de lado el fenómeno particular de la plata, no es arriesgado sugerir que, a partir de cierto momento, la caída en el índice de precios de las exportaciones mexicanas que produjo este declive en los términos de intercambio estuvo acompañado de aumentos en la productividad en la minería y la agricultura de exportación.[31] De acuerdo con la evidencia disponible, las innovaciones en el sector minero se iniciaron a partir de finales de los años 1880 y principios de los noventa, y se intensificaron con el establecimiento de la industria metalúrgica a partir de 1895.[32] Algo similar sucedió en el sector de la agricultura mexicana orientado al exterior: como se ha demostrado en todos los estudios disponibles, su productividad era muy superior a la de la agricultura orientada al mercado interno, y crecía mucho más rápido que ésta.[33] De acuerdo con las estimaciones disponibles, el sector minero-metalúrgico creció a una

[30] Foreman-Peck, *Historia* (1995), p. 208. El autor añade que, en general, "la depreciación facilitó el comercio de los países del patrón plata", como se comprueba por el hecho de que en esos países las exportaciones crecieron a una tasa anual de 4%, mientras que en las de patrón oro lo hicieron a apenas 1% anual. Ibid., p. 209.

[31] Un acercamiento más preciso al problema requeriría información acerca de la productividad del trabajo en las distintas actividades exportadoras a lo largo del tiempo de la que desafortunadamente no se dispone. Al respecto véase Spraos, *Inequalising Trade?* (1983), *passim.*

[32] Véase el estudio sobre el sector minero que se ofrece en el capítulo 7.

[33] De acuerdo con Rosenzweig, entre 1877 y 1907 la agricultura para el mercado interno creció a una tasa de 0.5% anual, mientras que la orientada al exterior lo hizo a 5.6% anual en promedio. Coatsworth ha reestimado el ritmo de crecimiento de la primera en 1.8% como promedio anual, todavía muy por debajo de la agricultura de exportación. Rosenzweig, *El desarrollo* (1989), p. 148; Coatsworth, *Los orígenes* (1990), p. 175.

tasa de 7% anual entre 1895 y 1910, y la agricultura para la exportación a 5.8% como promedio anual en el mismo lapso, ambos muy por encima del crecimiento del PIB, que registró en esos años una tasa promedio de 3.9% en términos reales.[34] Lo que es más, es probable que la economía mexicana satisficiera en esos años un requisito aún más exigente, que consiste en haber mejorado la productividad de su sector exportador o de una parte de éste no sólo en términos absolutos, sino relativos a los de sus socios comerciales. En efecto, existen indicios de que éste fue un periodo de convergencia con las economías más desarrolladas.[35] Si, como es de esperarse, la convergencia se debió a las actividades exportadoras que aumentaron su productividad durante este periodo, la caída en los términos de intercambio respecto a los principales socios, en tanto habría tenido lugar en un marco de convergencia, no poseería el significado de una pérdida de renta para la economía mexicana.[36] Por último, la información de que se dispone acerca de la población ocupada y los patrones de empleo antes y durante la era exportadora permite sugerir que la expansión de la producción para el mercado exterior abrió oportunidades de empleo y asignó fuerza de trabajo procedente de ocupaciones de baja productividad a actividades mejor remuneradas en las que la productividad era más alta. En ambas dimensiones del problema, pues, el significado del deterioro en los términos de intercambio no habría sido negativo, al menos en las décadas de 1890 y 1900.

Entre 1908 y 1914 los términos de intercambio de las exportaciones mexicanas mejoraron, si bien en forma moderada. El empeoramiento que se observa a partir del último año fue claramente el resultado de un fenómeno exógeno: la inflación de precios que se inició con la guerra y continuó en la inmediata posguerra, y que por lo visto se tradujo en un mayor aumento en los precios de las importaciones que el que se produjo en los de las exportaciones mexicanas. En este lapso de siete años, la caída en los términos de intercambio tenía un significado llano, a saber, una pérdida de bienestar para la economía mexicana, puesto que ésta obtenía menos importaciones por cada unidad de producto exportada sin que existieran aumentos en la productividad o en el

[34] Se trata en todos los casos de estimaciones en valores constantes de 1900. Las cifras deben tomarse como meras aproximaciones, pues los datos varían de una fuente a otra. El Colegio de México, *Estadísticas* (s.f.), *passim*; Coatsworth, *Los orígenes* (1990), pp. 117-120; Beltrán *et al.*, *México* (1960), pp. 587-588.

[35] La evidencia más difundida para sustentar la idea de que la economía mexicana convergió con sus principales socios comerciales durante el periodo 1895 y 1910 es la que presenta Coatsworth, *Los orígenes* (1990), p. 83.

[36] El indicador pertinente en este caso son los términos de intercambio doble-factoriales *(double factoral terms of trade)*, que mide los cambios en el "bienestar relativo entre socios comerciales", a diferencia de los términos de intercambio unifactoriales *(single factoral terms of trade)*, que se refieren al bienestar absoluto de un país. Spraos, *Inequalising trade?* (1983), capítulo IV.

Gráfica 6.6
Poder adquisitivo de las exportaciones, 1870-1929
(millones de dólares)

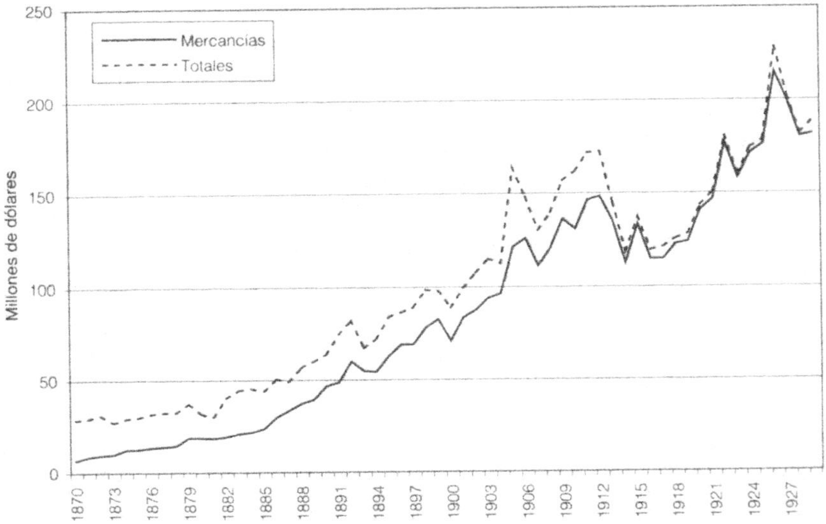

FUENTE: elaboración propia. Véase apéndices A y B.

empleo que contrarrestaran esa situación. La relación real de intercambio neta con el exterior mejoró a partir de 1922, aunque apenas había rebasado el nivel de 1913 cuando empezó a deteriorarse de nuevo, esta vez como preludio de una caída más abrupta y definitiva relacionada con el *crack* de 1929.

Pese al deterioro en los términos de intercambio, el poder adquisitivo de las exportaciones (es decir, el valor de las exportaciones dividido por el índice de precios de las importaciones) creció durante buena parte del periodo, como se observa en la gráfica 6.6. Ello significa que, independientemente de la forma en que evolucionara la relación de intercambio con el exterior, el crecimiento de las exportaciones mexicanas permitía importar una cantidad de productos cada vez mayor.[37] Esto fue así, al menos, hasta 1912, pues en el curso de la década de 1910 el poder adquisitivo de las exportaciones mexicanas se deterioró severamente, recuperándose sólo en medio de fuertes altibajos en la década de 1920.

[37] En este caso, entonces, no se cumplió el pronóstico de que "una caída en los términos de intercambio netos pudiera conducir a una reducción aguda en la capacidad de compra" de las exportaciones. Como el propio Bulmer-Thomas afirma, para que esto no sucediera, el declive en los términos de intercambio debía originarse en una "productividad mejorada en el sector exportador". Bulmer-Thomas, *The Economic History* (1996), p. 81.

Si bien el deterioro de los términos de intercambio puede señalar en algunos momentos una pérdida persistente de renta para la economía mexicana, probablemente el impacto más directo y visible de las condiciones del mercado internacional sobre el sector exportador tenía lugar debido a los bruscos altibajos en los precios que en algún momento sufrieron prácticamente todos los productos de la canasta de exportaciones. Tomemos como ejemplo el caso de los dos productos agrícolas más importantes: el café y el henequén. Las gráficas 6.7 A y B muestran el comportamiento de sus precios (valores unitarios) a lo largo de toda la era exportadora.

En ambos casos se perciben intensas fluctuaciones en los precios: en el henequén, el relativo de precio pasa de 139 en 1870 a 64 en 1875 y a 48 en 1885; vuelve a 140 en 1889, sólo para caer hasta 38 seis años después, y así hasta el final del periodo. Los picos son aún más acentuados a partir de la década de 1910: el precio sube de un índice de 93 en 1916 a un máximo de 266 en 1918, para caer a 60 en 1922. El caso del café no es más alentador: de 73 en 1870 a 114 en 1875, a 50 en 1882, a 113 en 1890... En la gráfica del café hemos agregado una línea de tendencia (polinómica) según la cual ni siquiera puede establecerse que en este caso tenga lugar un deterioro progresivo en el precio, sino más bien agudas fluctuaciones que en los años de la posguerra tienen lugar en el marco de una tendencia al alza, la cual sin embargo incluye dos momentos de desplome, en 1921 y 1929-30.

El contraste entre la evolución de los precios de la plata y el plomo ofrece otro ejemplo ilustrativo (véase gráfica 6.8).

Mientras que el precio de la plata exhibe un declive pronunciado y consistente, el del plomo muestra un comportamiento cíclico, según el cual años de altos precios son sucedidos por otros de precios bajos. A partir de 1892, esto ocurrió en el marco de una clara tendencia al mejoramiento en los precios de ese metal, por lo que aquí el problema no era el de un deterioro secular, sino el de variaciones abruptas y en ocasiones extremas en el precio: los años de 1870, 1895, 1908, 1914, 1921 y 1928, que no por casualidad coinciden con momentos de recesión en la economía internacional, atestiguaron caídas de mayor o menor intensidad en el precio internacional de ese metal.

Para el sector exportador considerado en su conjunto, la caída en el precio de un producto podía ser contrarrestada por el aumento en otro(s), y la diversificación del sector disminuía la vulnerabilidad externa. En cambio, para cada una de las actividades exportadoras y las zonas en que se ubicaban, los altibajos en los precios podían generar efectos catastróficos sobre las ganancias, el empleo y la vida económica regional. El grado de vulnerabilidad dependía, evidentemente, de la dependencia que la economía guardaba respecto a sus productos de exportación, y el caso extremo se presentaba entonces en condiciones de

Gráfica 6.7
Evolución del precio de dos productos agrícolas de exportación, 1870-1929
relativos de precio (1913 = 100)

A. Henequén

FUENTE: estadísticas oficiales de México y sus principales socios comerciales. Véase bibliografía.

B. Café

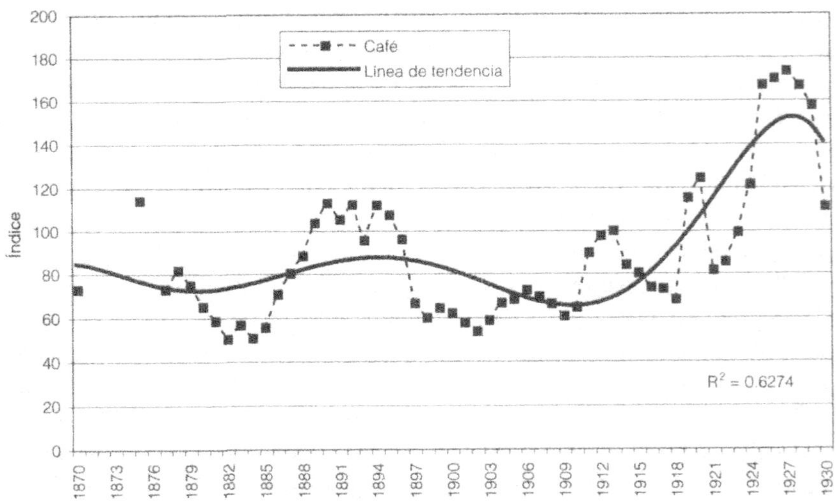

FUENTE: estadísticas oficiales de México y sus principales socios comerciales. Véase bibliografía.

Gráfica 6.8
Evolución del precio de dos productos minerales: plata y plomo, 1870-1929
relativos de precio (1913 = 100)

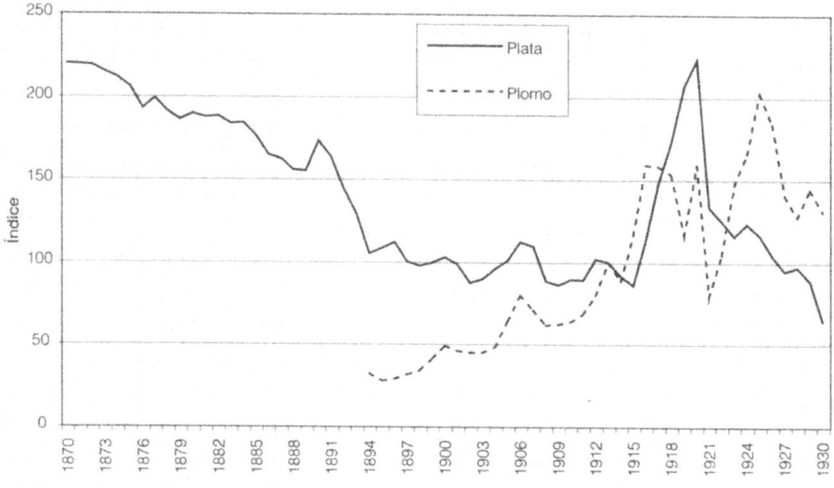

FUENTE: estadísticas oficiales de México y sus principales socios comerciales. Véase bibliografía.

especialización extrema o monoproducción. Las fuentes aportan evidencia irrefutable acerca del impacto dramático que tuvo la caída en el precio de algún artículo de exportación sobre las empresas productoras, los salarios, el número de trabajadores empleados, las actividades asociadas, el comercio y los impuestos en distintos momentos a lo largo de la era exportadora. Para sólo mencionar un caso extremo, en la coyuntura fatídica de 1907, la caída en los precios de los minerales ha sido considerada una de las causas económicas de la revolución.[38]

6.3 LAS POLÍTICAS PÚBLICAS EN RELACIÓN CON LAS EXPORTACIONES

El crecimiento orientado por las exportaciones fue promovido por políticas públicas favorables a la apertura y a la integración del país a la economía internacional. De hecho, las interpretaciones que convencionalmente han valorado en forma negativa esta etapa suelen culpar a esas políticas de las "distorsiones" provocadas por el crecimiento hacia fuera. En el caso de México, el corte impuesto por la Revolución mexicana ha empujado aún más la interpretación, identificando a la administración de Porfirio Díaz con políticas excesivamente liberales y

[38] Guerra, *México* (1988), t. II, pp. 248-260.

favorables a los intereses extranjeros, y a los gobiernos revolucionarios con políticas intervencionistas y defensoras del interés nacional. En este libro se ha sostenido la idea de que el corte relevante en términos del modelo de crecimiento no fue la revolución, sino la crisis de 1929. Como veremos en seguida, ello vale también por lo que respecta a las políticas públicas, cuya evolución a lo largo de la era exportadora es un tanto más compleja de lo que habitualmente se cree.

Lo que es más, toda la secuencia de políticas públicas relacionada con las exportaciones puede explicarse por una racionalidad económica más que por la mayor o menor voluntad política de sus impulsores. En fases tempranas del desarrollo económico, la apertura de nuevos campos para la inversión —en minería, tierras o yacimientos petroleros— exige una inyección de recursos que en ese estadio simplemente no está disponible dentro de la economía nacional, particularmente si ésta muestra rasgos de atraso, por lo que es preciso permitir y promover la entrada de capital extranjero. Luego, si el proceso se desenvuelve en forma exitosa, sucede lo que Charles Kindleberger explicó con claridad hace casi medio siglo: "En un estadio posterior ... los empresarios extranjeros están comprometidos, la salida se vuelve difícil (o, lo que es lo mismo, costosa), y los términos del acuerdo original pueden ser susceptibles de ser alterados por parte del país subdesarrollado.[39] En estas nuevas condiciones aumenta la capacidad de negociación del país receptor de las inversiones, y su postura transita naturalmente desde la promoción hacia la regulación de las inversiones y las operaciones del capital extranjero.

En el caso que analizamos, pueden distinguirse varias fases en la evolución de las políticas públicas relacionadas con las exportaciones (véase cuadro 6.4). En la fase inicial (1870-1882), caracterizada por una situación económica precaria y un alto grado de subutilización de los recursos disponibles, el Estado heredó la visión mercantilista del periodo anterior, y de acuerdo con ella gravaba la exportación de metales preciosos, que sólo se podían exportar en moneda, así como la de algunos productos tradicionales que se encontraban en franca decadencia: la orchilla y las maderas de ebanistería. El fin de esta etapa "mercantilista" puede fijarse en 1882, cuando se eliminaron los derechos que pesaban sobre la exportación de metales preciosos, al tiempo que se mantenían libres de derechos las exportaciones de nuevo tipo, que empezaban a despuntar.

En una segunda etapa (1883-1892), el gobierno adoptó la visión liberal de la economía política clásica consistente en aprovechar la ventaja comparativa del país para integrarse a la economía internacional.[40] Tanto en el plano

[39] Kindleberger, *The Terms of Trade* (1956), p. 253.

[40] Ésta era la postura que sostenía abiertamente Matías Romero, quien estuvo al frente del Ministerio de Hacienda entre 1868 y 1872, de 1877 a 1879 y por última vez de 1892 a 1893,

Cuadro 6.4
Fases en la evolución de las políticas públicas relacionadas con las exportaciones, 1870-1929

Años	*Fase*	*Rasgos principales*
1870-1882	Herencia mercantilista	Subsisten gravámenes sobre la exportación de metales preciosos y de productos tradicionales.
1883-1892	Promoción de las exportaciones	Descarga fiscal a metales preciosos y nuevas exportaciones; reformas legales favorables a la inversión; dotación de infraestructura.
1893-1911	Contribuciones moderadas	Impuestos moderados a las exportaciones exitosas y a la producción de metales preciosos.
1911-1918	Transición	Inestabilidad en la política impositiva, que exhibía propósitos ajenos a la promoción económica o a la racionalidad presupuestal.
1918-1929	Maximización del beneficio nacional	Aumento de la carga fiscal sobre las exportaciones; estímulo a la formación de valor agregado.

FUENTES: elaboración propia.

regional (henequén, café) como en el nacional (minería) se incentivó la explotación de los recursos naturales abundantes que podían ser competitivos en el mercado mundial. Incursionar en ese terreno significó resolver el problema de la escasez de otros factores productivos, mediante la movilización geográfica de la población (forzada mediante coacción extraeconómica o atraída por mejores salarios) y a través de incentivos institucionales (privilegios fiscales, mejor especificación de los derechos de propiedad) que atrajeran capitales nacionales o extranjeros a las actividades que se quería desarrollar. Las medidas de política económica se encaminaron decididamente al fomento de la inversión, mejorando la infraestructura, perfeccionando el marco institucional y sacrificando recursos fiscales que buscaron obtenerse por otros medios. Como resultado de esta política, que se llevó a la práctica en forma tan consistente como las circunstancias lo permitían, despegó por primera vez una dinámica exportadora pujante y exitosa, que llevó a las exportaciones a ocupar un lugar importante en el conjunto de la economía mexicana, y a figurar en el contexto internacional. En suma, la opción fue promover procesos exportadores nacientes, que consolidaban las ventajas comparativas proporcionadas por la dotación de recursos y ofrecían más posibilidades de crecimiento en el largo plazo, dada la estrechez del mercado interno.[41]

Una tercera fase (1893-1911) coincidió con la gestión de José Yves Limantour al frente de la Secretaría de Hacienda, y en más de un sentido reflejó su

aunque ejerció una gran influencia sobre la política hacendaria incluso desde fuera de ese ministerio. Bernstein, *Matías Romero* (1982), p. 182 y ss.

[41] Bardhan, "The Contributions" (1995), p. 2991.

visión del desarrollo económico de México.[42] La nueva política partió de la certeza de que el esfuerzo promotor había fructificado en la consolidación de las actividades que gozaban de una ventaja comparativa en el plano internacional, y había llegado el momento de que una pequeña parte de sus beneficios se trasladara al Estado. Se fueron introduciendo así gravámenes sobre el henequén y el ixtle, el café, los cueros y pieles, la vainilla, y pronto también la raíz de zacatón, el chicle y el guayule. Aunque desde la década de 1880 se liberalizó la exportación de metales preciosos, la minería en su conjunto fue gravada mediante la imposición de contribuciones a los títulos de minas y a la producción de oro y plata,[43] mientras se protegía a los minerales que atravesaban una fase incipiente de desarrollo, como el cobre, el hierro y posteriormente el zinc. Pero esta nueva actitud no perdía de vista el afán promotor: los impuestos solían ser moderados, y se establecieron a sabiendas de que la depreciación de la plata representaba un subsidio para los productores, que hacían desembolsos en la moneda devaluada mientras obtenían oro por sus ventas en el exterior. Además, el gobierno mostró una alta responsividad a los cambios en las condiciones económicas y en el desempeño de cada actividad: como reacción a la caída del precio del café (véase gráfica 6.7B), el derecho que pesaba sobre su exportación se abolió desde 1900; tras la Reforma Monetaria de 1905 que eliminaba el subsidio tácito a la plata, se alivió también la carga impositiva que pesaba sobre ella; finalmente, como respuesta ante la crisis de 1907 que produjo un descenso pronunciado en los precios de las fibras en el mercado internacional, se eliminaron las contribuciones que pesaban sobre el ixtle y el henequén.[44]

Tras una fase inicial heredada del periodo anterior, se consolidaron así parámetros bastante consistentes en las políticas relacionadas con el sector exportador: se estimulaba a las actividades exportadoras en su fase de despegue, se les gravaba cuando mostraban rasgos de consolidación, y eventualmente se les liberaba de cargas fiscales en momentos de crisis o decadencia, todo ello en el marco de una política impositiva moderada. Como estas políticas se desplegaban en el contexto de un crecimiento continuo de las exportaciones, el resultado fue que la carga fiscal que pesaba sobre ellas disminuyó desde 3% en los años iniciales hasta un insignificante 0.3% en la década de 1900, aun cuando su monto se mantuvo más o menos constante —con la notable excepción

[42] Para las posturas contrastantes de Romero y Limantour, véase Riguzzi, *¿Reciprocidad imposible?* (2003), pp. 163-164.

[43] Estas contribuciones, que en rigor no se imponían sobre el comercio exterior sino sobre actividades relacionadas con él, se han englobado bajo la denominación de "impuestos sobre la explotación de recursos naturales", que es la forma en que se les conoció a partir de la revolución. Véase cuadro 6.5.

[44] Pérez Siller, "Los ingresos" (1982), *passim*.

del decenio de 1880, en que éste cayó en forma considerable (véase cuadro 6.5). Al mismo tiempo, el énfasis de la política impositiva se trasladó desde los derechos de exportación propiamente dichos hacia impuestos que gravaban la producción de algunos artículos exportables, que en la etapa prerrevolucionaria se reducían a los metales preciosos. Las contribuciones sobre títulos de minas y producción de oro y plata representaron algo más de 2% del valor total de las exportaciones, y aportaron entre 5 y 6% de los ingresos federales en las décadas de 1890 a 1910. En conjunto, tras una década de mayor imposición (la de 1870) y una cercana a la exención (los años de 1880), los impuestos que gravaban al sector exportador en forma directa o indirecta representaron alrededor de 3% del valor de las exportaciones y aportaron alrededor de 7% a las finanzas del Estado federal en las décadas anteriores a la revolución.

Una cuarta fase (1911-1918) constituyó en realidad una transición accidentada hacia una política más estable (véase cuadro 6.4). La caída del régimen dio paso a una sucesión de gobiernos y medidas de corta duración que desembocó en la generalización de la guerra civil. Ésta no acabó con las contribuciones, pero las desligó de los fines propios de una política fiscal para convertirlas en fondos de guerra asequibles a cualquier fuerza que se impusiera en cada región e incluso en cada localidad. Se trataba de impuestos extraordinarios y contribuciones forzosas utilizados con fines bélicos, para el pago de tropas y la adquisición de armas, municiones, alimentos o animales. Tan pronto como el ejército carrancista tuvo un mayor control sobre el territorio hacia

Cuadro 6.5
Impuestos relacionados con las exportaciones:
valor, tasa impositiva y contribución a los ingresos federales, 1870-1929
(promedios decenales)

	Derechos de exportación (A)			*Impuestos sobre explotación de recursos naturales (B)*			*A + B*		
Decenio	*Valor promedio*	*% sobre el valor de las exportaciones*	*% de los ingresos federales*	*Valor promedio*	*% de los valor de las exportaciones*	*Valor ingresos federales*	*Valor promedio*	*% sobre el valor de las exportaciones*	*% de los ingresos federales*
1870-79	999 238	3	6	617 744	2.0	4	1 616 982	5.2	9
1880-89	288 353	0.6	1.0	172 392	0.3	0.5	460 745	0.9	1.5
1890-99	821 751	0.7	2	2 418 251	2.1	5	3 240 002	2.8	7
1900-09	824 923	0.3	1	5 295 116	2.2	6	6 120 039	2.5	7
1910-19*	9 296 387	2	7	6 862 024	1.8	5	16 158 411	3.8	12
1920-29	23 662 763	4	8	31 041 908	5.3	11	54 704 671	9.3	19

NOTA: Impuestos sobre explotación de recursos naturales: hasta 1912 se refieren a los internos sobre minería (títulos de minas y producción de oro y plata); en la década de 1920 incluyen también los impuestos sobre el petróleo.

*Se promedian los años fiscales 1910-1912 y los naturales 1917-1919.

FUENTES: Pérez Siller, "Los ingresos" (1982), cuadro B.2.1 (cifras totales ligeramente diferentes se ofrecen en Carmagnani, *Estado y mercado* (1994), apéndice 3); El Colegio de México, *Estadísticas* (s.f.), pp. 217-19; SHCP, *Anuario...1912-13* (1914), p. 353, en CEZ, *Estadísticas mineras*, carpeta 85.

principios de 1915, dictó algunos impuestos a las exportaciones con objetivos que en ocasiones iban más allá de los meramente fiscales: intentaban, por ejemplo, evitar la salida de alimentos o ganado en momentos de escasez. Se gravó, además, con particular fuerza, la operación de las empresas petroleras, aunque los frutos de estas contribuciones no siempre llegaron a manos del ejército constitucionalista. Y sin embargo, estos gravámenes eran mecanismos de emergencia que no entrañaban ni una modificación en las condiciones en que tenían lugar las actividades exportadoras, ni una derrama importante sobre la economía.[45] A medida que se fue asentando el nuevo régimen, las contribuciones ganaron en coherencia y en intencionalidad, aunque la prioridad solía ser obtener el mayor provecho posible para el tesoro público.

La última fase de la política en relación con el sector exportador (1918-1929) podría caracterizarse a grandes rasgos por los propósitos de aumentar el impacto fiscal de las actividades exportadoras, sobre todo de las de propiedad extranjera, estimular la formación de valor agregado dentro del país, y en algunos casos, fomentar una reorientación de la producción hacia el mercado interno. Más que en la retórica revolucionaria, el origen de estos cambios debe buscarse en las condiciones en que se desenvolvía el sector exportador. Por una parte, éste se componía en su mayor parte de empresas consolidadas, con una experiencia prolongada en la producción y conocimiento profundo acerca de los canales de comercialización en el mercado internacional. Por la otra, eran actividades que se desarrollaban en el contexto de una economía con cierto grado de desarrollo industrial, lo que posee un doble significado: primero, que existían condiciones materiales para que los productos primarios fueran objeto de una mayor elaboración; segundo, que el propio funcionamiento de la economía demandaba en forma creciente insumos y combustibles de origen primario que antes se destinaban al mercado internacional. Finalmente, las empresas extranjeras que controlaban estos procesos productivos habían comprometido para entonces una gran cantidad de recursos difícilmente recuperables en plantas e instalaciones fijas, lo que aumentaba la capacidad de negociación del gobierno y disminuía el riesgo de fugas de capital propiciadas por la política impositiva. El resultado de la conjunción de estos factores se aprecia también en el cuadro 6.5: durante los años veinte, los impuestos recaudados sobre las exportaciones aumentaron en forma sustancial, y más aún los que se derivaban de la explotación de recursos naturales, que afectaban a la producción de petróleo y de productos minerales. Los primeros (derechos de exportación) representaron 5% del valor de las exportaciones, y los segundos sumaron 9% adicional; entre los dos, contribuyeron con un muy respetable 19%

[45] Ulloa, *Historia* (1983), pp. 259-260.

de los ingresos federales totales, aunque ese porcentaje sufrió fuertes altibajos a lo largo de la década.

Si bien el gobierno federal detentaba el monopolio de los gravámenes sobre el comercio exterior, los gobiernos estatales y municipales se beneficiaban también de las actividades exportadoras y de otras asociadas con éstas, ya mediante impuestos a la producción, a las propiedades o al comercio. Los ingresos públicos de los estados se triplicaron entre 1881 y 1904, y se volvieron a triplicar para 1926.[46] En la etapa prerrevolucionaria, única para la que se dispone de datos, las arcas municipales experimentaron un crecimiento aún mayor, multiplicándose por 4.5 a lo largo del periodo, al aumentar de 4.6 millones de pesos en 1881 a más de 20 millones en 1908 y 1909, los años más prósperos a nivel municipal.[47] Aun cuando esta derrama es mucho más difícil de rastrear, es evidente que las exportaciones dinamizaban poderosamente los presupuestos estatales y municipales, tanto en los casos en que se gravaba directamente la producción agrícola, minera o metalúrgica, como porque aquéllas estimulaban las operaciones con propiedades raíces, las licencias para realizar ciertas actividades y el comercio.

Inversionistas y observadores de la época coinciden en sugerir que el gobierno se excedió en su empeño por extraer un mayor beneficio de las exportaciones. De acuerdo con Butler Sherwell, un analista de la época, las compañías mineras pagaban alrededor de 65% de sus ganancias netas en impuestos, y las petroleras desembolsaban por el mismo concepto entre 30 y 40% del valor del petróleo en los yacimientos.[48] El propio Sherwell opinaba:

> Es generalmente conocido que la carga impositiva que se ha puesto sobre las dos más importantes actividades de este carácter en México, las industrias petrolera y minera, ha sido tan pesada que la producción rentable se ha vuelto imposible en un gran número de casos y se ha impedido o detenido la producción en gran escala. [...] Difícilmente puede decirse que las contribuciones impuestas sobre estas industrias hayan conducido a una existencia próspera o siquiera satisfactoria.[49]

Como veremos en el siguiente capítulo, la política impositiva exhibió matices tanto a lo largo del tiempo como en relación con los distintos productos de la canasta de exportaciones, de manera que algunos debieron soportar gra-

[46] Las cifras comprenden los ingresos públicos de todos los estados del país en pesos corrientes. SFCI, *Cuadro* (1910), p. 94; SFCI, *Anuario* (1903), pp. 324-325; Sterrett y Davis, *The Fiscal* (1928), p. 256.

[47] SFCI, *Cuadro* (1910), p. 95.

[48] Sherwell, *Mexico's* (1929), p. 104.

[49] Sherwell, *Mexico's* (1929), p. 103.

vámenes excesivos mientras otros volvieron a la postre a una carga impositiva moderada. No obstante, es cierto que, en términos generales, se percibe en los gobiernos revolucionarios la intencionalidad de gravar con más fuerza al conjunto del sector.

Pese a la agresividad fiscal de los gobiernos revolucionarios respecto a algunas actividades exportadoras, las transformaciones de la política estatal propiciadas por la revolución no deben llamar a error: no modificaron ni la orientación exportadora de la economía, ni el origen nacional de los recursos empleados en las actividades exportadoras, ni la intención de que el beneficio que de ellas obtuviera el tesoro público no debía afectar seriamente la continuidad de la explotación. La primera era exportadora de la economía mexicana concluyó, así, por causas económicas (en algunos casos, el fin del ciclo de algunos productos, en otros, el impacto de la crisis internacional), y no debido a algún giro en la orientación del crecimiento planeado por el régimen surgido de la revolución.

6.4 LA CONTRIBUCIÓN DE LAS EXPORTACIONES A LA ECONOMÍA: LOS TÉRMINOS DE LA DISCUSIÓN

Durante muchos años, la literatura sobre América Latina abordó el problema de la primera era exportadora, y en particular de la contribución de las exportaciones al crecimiento económico, mediante la clave interpretativa que ofrecía el concepto de *enclave*. La visión más difundida era la que consideraba al sector exportador como un islote de intereses extranjeros dentro del país en cuestión, con escasas vinculaciones con la economía del espacio receptor. En la medida en que los recursos invertidos en las empresas que producían para la exportación eran de origen extranjero, que los insumos eran importados del exterior, y que la mayor parte de la mano de obra calificada procedía también del extranjero, la mayor parte de sus beneficios se fugaban hacia fuera, dejando una derrama irrisoria en salarios de hambre para los trabajadores no calificados y para la economía nacional. Si se considera además que las exportaciones consistían básicamente en productos primarios, y en el caso que nos ocupa, de productos minerales o combustibles que se exportaban sin mayor elaboración, el grueso de la actividad exportadora representaba poco más que la expoliación de recursos no renovables que se arrebataban al país sin la debida compensación.[50]

Si bien en principio el término fue acuñado y difundido por las corrientes estructuralista y dependentista, pronto se convirtió en el parámetro con el cual

[50] Una versión tardía de esta idea se desarrolla en Catao, "The Failure" (1992).

se evaluaba la etapa histórica del crecimiento orientado por las exportaciones y, abusando aún más de la generalización, el modelo de crecimiento hacia fuera en cualquier época y región. Aunque en la literatura sobre el tema el término adquirió connotaciones muy diversas y, en el fondo, un margen de definición más bien laxo, en general se entendía por enclave "un núcleo de actividades primarias monopolizadas por los capitalistas extranjeros", aunque bajo algunos enfoques lo característico de los enclaves era "que la producción se orienta al mercado externo".[51] En cualquiera de los dos casos, el problema principal de un enclave era que "tiene vínculos muy limitados con el resto de la economía por varias razones: produce un bien [...] principalmente para exportación, emplea un número relativamente pequeño de trabajadores, usa pocos insumos nacionales y es esencialmente propiedad de extranjeros".[52] De estas condiciones se desprendía una serie de consecuencias nefastas para el desenvolvimiento de las economías de las naciones exportadoras: como los ingresos se concentraban en el sector de enclave, y en su mayor parte se fugaban a los países de origen de la inversión, no era posible consolidar un mercado interno ni una burguesía nacional que llevara a cabo las transformaciones estructurales necesarias para la modernización económica.[53] Por su naturaleza, el enclave "en general no provoca efectos dinamizadores para la economía y sociedad en su conjunto", y "si bien la presencia del enclave provoca una cierta expansión de un proceso de modernización", "sus beneficios son en general capitalizados directamente por él". La contribución fiscal del enclave era mínima, porque "han existido siempre formas de reducir al máximo la parte que toca el Estado", pero incluso si no lo era, resultaba enteramente contraproducente, puesto que los impuestos percibidos por las actividades de enclave "siempre se han orientado a favorecer al enclave como en el caso de los ferrocarriles, instalaciones portuarias, préstamos para obras, etc." Lo mismo puede decirse de la fuerza de trabajo ocupada en el enclave: la mejor remunerada era de origen extranjero, pero "si bien el enclave ocupa mano de obra nacional... los productos que consumen los trabajadores del enclave son muchas veces los traídos directamente de la metrópoli". De ahí la "imposibilidad" de que "el sector exportador se articule con la economía nacional en su conjunto, sino en forma muy limitada", y de

[51] Sariego, *Enclaves* (1988), pp. 16, 18.

[52] Cárdenas, *La industrialización* (1987), p. 3. Debe hacerse notar que si bien Enrique Cárdenas proporciona esta definición que es particularmente clara y completa, ello no significa que el autor suscriba esta concepción. Quien sí se adscribe a ella es Luis Catao, quien atribuye el fracaso del crecimiento orientado por las exportaciones en México al carácter de enclave del sector exportador, incluso en actividades que, como la producción de henequén, estaban en manos de capitalistas nacionales. Catao, "The Failure" (1992), pp. 3, 51.

[53] Cardoso y Faletto, *Dependencia* (1971), p. 53.

que en el contexto de una economía de enclave pueda constituirse un mercado interno que sustente el desarrollo de una industria nacional.[54]

En otras partes nos hemos referido ya a la falsedad del argumento que hace incompatible el crecimiento hacia fuera con las posibilidades de industrialización.[55] En lo siguiente exploraremos la utilidad del concepto de enclave para analizar el papel de las exportaciones y propondremos otras formas de acercamiento que permiten evaluar más certeramente la contribución del sector exportador a la economía nacional.

El primer problema con la noción de enclave es su imprecisión conceptual: ¿el enclave se define por el origen de la propiedad, o, como el término sugiere, por el aislamiento económico en que se mantenía respecto al resto de la economía nacional? Porque, aunque los autores del término confundían ambos enunciados, una cosa no necesariamente implicaba la otra. Muchas actividades exportadoras se desarrollaron, en efecto, con recursos de origen extranjero, como la minería. Otras no, como fue el caso del henequén, la exportación agrícola más exitosa durante todo el periodo. Y nadie diría que la derrama económica de la minería era necesariamente menor a la del henequén, tan sólo debido al origen del capital. Los enlaces y las externalidades positivas de la actividad exportadora no necesariamente dependían de la nacionalidad del capital invertido, sino de las características productivas, tecnológicas, sociales y de localización de cada actividad. Para dar otro ejemplo, la minería y el petróleo, ambos sectores controlados por capital extranjero, tuvieron una relación muy distinta con la economía nacional: la primera fue una actividad profundamente imbricada en la vida económica y social del país, mientras que la segunda, físicamente emplazada en la zona del Golfo y conectada directamente con el mercado exterior, tenía enlaces limitados con la economía nacional.

Ahora bien, si se reduce el concepto de enclave a los procesos que "tenían enlaces hacia delante y hacia atrás muy limitados con el resto de la economía",[56] podría argumentarse con éxito que la mayor parte de las actividades exportadoras que se desarrollaron en México no caían en esa definición, pues, como veremos en el capítulo siguiente, casi siempre generaron eslabonamientos y efectos de arrastre sobre el conjunto de la economía de mayor o menor importancia.[57] En el peor de los casos, los "enclaves" de propiedad extranjera

[54] Bambirra, *El capitalismo* (1978), pp. 74-77.

[55] Además de los trabajos ya referidos, véase al respecto Knight, "El estímulo" (2003), p. 180.

[56] Cárdenas, *La industrialización* (1987), p. 18.

[57] Pese al clima dependentista prevaleciente en la época en que escribió la mayor parte de su obra, Rosenzweig no cayó en la trampa de subestimar la contribución económica de las exportaciones y su capacidad transformadora de la economía en su conjunto. Véase Rosenzweig, *El desarrollo* (1989), p. 213 ss.

generaban una derrama económica en el pago de salarios, la adquisición de insumos y alimentos y el pago de impuestos. Ello tampoco agotaba las posibles conexiones de la unidad exportadora con la economía nacional. La apertura de una región al comercio de exportación podía requerir inversiones asociadas en caminos, ferrocarriles y puertos, y la profundización de la producción exportadora producía tarde o temprano una demanda de bienes y servicios que debía satisfacerse con los recursos derivados de la propia actividad exportadora. La construcción de edificios para la habitación, para las instalaciones productivas o para almacenes, la instalación de colonias y centros mineros con su dotación de vivienda, comercios, escuelas y servicios públicos; el crecimiento de ciudades que concentraban población y servicios, como alumbrado, pavimentación, drenaje, todas ellas fueron externalidades positivas que aparecieron como resultado de muchos procesos productivos orientados al mercado exterior.

El segundo problema generado por el uso de este concepto es que la literatura que se ha ocupado de la era exportadora suele exagerar el carácter de enclave de las actividades exportadoras, y esto de varias maneras. Primero, se sobrestima la influencia que el origen extranjero de la propiedad tenía sobre el valor de retorno de las exportaciones.[58] Sectores igualmente dominados por capital extranjero, como la minería y el petróleo, podían tener un valor de retorno muy distinto, dependiendo de la cantidad de trabajadores empleados y los salarios que éstos percibieran, el uso de insumos nacionales, la carga fiscal, etc. Segundo, se subestima severamente el grado de elaboración y el creciente valor agregado de muchas de las exportaciones mexicanas, particularmente en el sector minero y petrolero. Por ejemplo, al tipificar a la región latinoamericana como exportadora de materias primas, Bulmer-Thomas consiente en reconocer algunas excepciones, "como sombreros de paja de Ecuador y Colombia, o harina de trigo de Argentina y Chile", pero sorprendentemente ignora los productos de la industria metalúrgica mexicana, de elaboración más compleja y tecnológicamente avanzada que los sombreros de paja o la harina de trigo, sin duda.[59] De manera similar, Enrique Cárdenas, que por lo general es mucho más generoso al valorar la importancia del desarrollo exportador en México, afirma en algún momento que "prácticamente todos los productos exportados fueron materias primas y casi siempre no procesadas".[60] Ambos autores pasan por alto el importante auge de la industria metalúrgica a partir de 1895, que, como veremos en el siguiente capítulo, llevó a que la mayor parte de los minerales exportados tuvieran algún grado de procesamiento in-

[58] Cárdenas, *La industrialización* (1987), p. 26.
[59] Bulmer-Thomas, *The Economic History* (1996), p. 78.
[60] Cárdenas, *La industrialización* (1987), p. 28.

dustrial. Desconocen, asimismo, el hecho de que, a partir de la década de 1920, el sector petrolero empezó a desarrollar una rama industrial que posibilitó la refinación de una parte creciente del petróleo extraído e imprimió mayor complejidad y valor agregado a las ventas petroleras en el exterior. En fin, el calificativo de "enclave" entraña un problema de medición que aumenta su carga ideológica, porque ¿cuántos enlaces, cuántas externalidades positivas, cuánta derrama salarial y fiscal se necesitan para que una actividad no sea considerada un enclave? Acaso este tipo de definiciones sea útil para calificar situaciones extremas, pero no ofrece matices una vez que se decide que la actividad en cuestión se vinculaba *en alguna medida* a la economía local, utilizaba *algunos* insumos nacionales, empleaba fuerza de trabajo y en ocasiones, pagaba impuestos a nivel municipal, estatal y/o federal. En estos casos, que abarcan todas las actividades exportadoras que se desarrollaron en México durante esta época, parece necesario desechar un adjetivo que es de entrada una descalificación, y sustituirlo por un estudio profundo y cuidadoso que valore tanto los efectos que se pueden medir como los de carácter cualitativo sobre el entorno económico local, regional y nacional.[61]

Un concepto alternativo para la medición de la contribución de las exportaciones a la economía es el de *valor de retorno*. Aunque no está exento de problemas, incluidos también los de medición a los que nos referiremos más adelante, este concepto no tiene la carga ideológica y frecuentemente negativa que sí presenta la noción de enclave, entre otras cosas porque no califica de entrada y en términos binarios la naturaleza del proceso, sino que intenta medir a través de distintas variables su contribución a la economía. El valor de retorno se define como el porcentaje del valor de las exportaciones que permanece en el país. Representa la ganancia neta de las ventas realizadas en el mercado externo, una vez deducidas las utilidades de los inversionistas extranjeros, las deudas contraídas en el exterior y las importaciones de maquinaria e insumos empleados en la actividad exportadora.[62]

[61] Desechar la noción de enclave no significa ignorar, como bien ha hecho notar Alan Knight, "la importancia de las diferentes economías locales y regionales" y cierta fragmentación territorial que, pese al efecto integrador de los ferrocarriles, todavía persistía a principios del siglo XX. Knight, "El estímulo" (2003), p. 168.

[62] Para utilizar la definición que proporciona Bulmer-Thomas: "El "valor de retorno" de las exportaciones refiere a la proporción de las ganancias declaradas de la exportación que permanecen en el país como resultado de gastos en sueldos y salarios, pagos de impuestos y costos locales de material. Es entonces teóricamente (y prácticamente) posible que los valores declarado y retenido de las exportaciones se muevan en direcciones opuestas en el corto a mediano plazo." El autor recuerda que el concepto se utilizó por primera vez en el estudio de Reynolds sobre la industria chilena del cobre. Para México, en esa misma década lo utilizaron Becket, "The Economic" (1969), y Meyer, *México* (1968).

Acaso el primer esfuerzo sistemático de calcular el valor de retorno de las exportaciones mexicanas es el que realizó Butler Sherwell a fines de los años veinte, con el propósito de evaluar la posición internacional de México y su capacidad para cumplir sus compromisos financieros. El autor estimó ese valor de retorno para 1909-10 y 1926, mediante el procedimiento de calcular en cada rubro de las exportaciones la parte del valor que permaneció en el país, ya porque sus propietarios fueran mexicanos, ya por concepto de costos de producción (incluyendo salarios, gastos corrientes, compras locales de equipo, impuestos y misceláneos).[63] Visto del otro lado de la moneda, del valor total de las exportaciones descontó el monto que se fugó al exterior, ya fuera como utilidades de las empresas extranjeras, ya como pago por los servicios de carga, seguro y diversos. Los resultados del ejercicio se sintetizan en el cuadro 6.6.

Pese a las reservas con que él mismo maneja las cifras de procedencia mexicana, el cálculo de Sherwell arroja resultados interesantes. Por un lado, era de esperarse que el sector petrolero se hallara entre los más desnacionalizados de la economía mexicana, pero causa sorpresa encontrar en segundo lugar no a los productos minerales, sino a algunos de carácter agrícola. Más llamati-

Cuadro 6.6
Estimación del valor de retorno de las exportaciones mexicanas
de acuerdo con Butler Sherwell, 1909-10 y 1926
(valor en pesos corrientes)

	1909-10		*1926*	
Productos	*Valor de retorno*	*Porcentaje del valor exportado*	*Valor de retorno*	*Porcentaje del valor exportado*
Minerales	123 963 900	79	240 656 566	81
Henequén	21 322 865	97	29 938 010	87
Café	7 392 977	92	19 820 505	84
Caucho y guayule	11 146 981	43	4 822 037	25
Chicle	647 819	19		
Plátanos	—	—		
Vegetales	16 806 607	94	38 318 817	79
Productos ganaderos	18 294 808	91	12 164 834	86
Manufacturas	3 381 039	96	4 560 545	87
Varios	2 169 562	100	—	—
Combustibles minerales	—	—	88 646 227	39
Algodón	—	—	18 364 745	84
Total	**205 126 558**	**79**	**457 292 286**	**66**

NOTA: el autor aclara que hace las estimaciones con base en las cifras oficiales exicanas, que acusan ciertas deficiencias en la valoración.
FUENTE: elaborado con base en Sherwell, *Mexico's* (1929), *passim*.

[63] Sherwell, *Mexico's* (1929), p. 10.

vo es aún el fenómeno de "desnacionalización" progresiva de una parte no pequeña de las empresas exportadoras, que condujo a que el valor de las exportaciones que se fugaba al exterior aumentara en un 13% entre 1910 y 1926. Ello debe atribuirse básicamente al sector petrolero, dominado por compañías extranjeras y responsable de una porción considerable (una tercera parte) del valor total de las exportaciones en 1926.[64] Pero no sólo: campos en los que el capital mexicano había tenido tradicionalmente una presencia mayor, disminuyeron su componente nacional en el tránsito del régimen porfirista al revolucionario. Así sucedió, por ejemplo, con el henequén, el café, los vegetales, los productos ganaderos y las manufacturas. Pese a todo, las exportaciones registraron un valor de retorno notablemente alto en 1910 (79%) y menos bajo de lo que cabría esperar en 1926 (66%). Esto significa que, pese a la propiedad extranjera de una parte sustancial de los activos dentro del sector exportador, al menos dos terceras partes del valor de las ventas mexicanas en el exterior permanecían en el país. Ello, por supuesto, no debe llevar a subestimar el impacto que la tercera parte que sí se fugaba al exterior por concepto de remesas al capital extranjero poseía sobre la balanza de pagos, debilitando la posición internacional de México.[65]

Dicho esto, es preciso dar cuenta de las debilidades de esta estimación, así como de las razones por las cuales posee una utilidad limitada para nuestros propósitos. En primer lugar, y pese al reconocimiento del predominio de capital extranjero en la producción minera, da la impresión de que el autor exagera el valor de retorno de las exportaciones mineras. Tras deducir los costos de producción (incluyendo impuestos) del valor exportado, concluye que se fugó al exterior tan sólo 20% de éste, cosa difícil de sostener a partir de la evidencia disponible. En un sentido más general, se calcula de una manera muy gruesa la porción del valor de las ventas externas que permanece en el país y la que se fuga al exterior. Por ejemplo, en casi todos los casos el valor de retorno se sobrestima debido a que no se computan las fugas de recursos destinados a adquirir insumos importados para los procesos productivos, de modo que todos los costos de producción aparecen como desembolsos realizados dentro del país. Por otra parte, el sustento de las estimaciones es con frecuencia vago y endeble, como cuando Sherwell dice basar sus cálculos en "reportes verbales" o "investigaciones personales".[66]

[64] Un análisis más detallado del valor de retorno de las exportaciones petroleras se encuentra en Meyer, *México* (1968), pp. 28-34.

[65] Una discusión interesante sobre el uso de estimaciones sobre el valor de retorno para calcular la balanza por cuenta corriente de la economía española se encuentra en Prados, *De imperio* (1988), 191-197.

[66] Sherwell, *Mexico's* (1929), pp. 17, 45.

La mayor aportación de las estimaciones de Sherwell consisten en ofrecer cuantificaciones, aun cuando no representen más que órdenes de magnitud, del valor de retorno de las exportaciones mexicanas. Ahora bien, su utilidad para los propósitos de esta investigación es limitada por varias razones. Por un lado, lo que el autor ofrece es una fotografía que reproduce dos momentos del fenómeno exportador. El centro de sus estimaciones es la diferencia entre el valor de las exportaciones y los costos de producción, y ésta se modificaba año con año en virtud de factores que afectaban en proporciones cambiantes a ambas variables. Así, incluso si aceptáramos la confiabilidad de los resultados, éstos sólo tendrían validez para el año utilizado en la estimación. Tal característica se distancia del propósito de nuestro acercamiento, que es evaluar la contribución de las exportaciones a la economía mexicana en el largo plazo que comprende la primera era exportadora. Por otro lado, como el objetivo del autor es estimar la posición internacional de México, se interesa tan sólo por conocer en forma aproximada cuál es la parte del valor de las exportaciones que efectivamente debe acreditarse en la balanza comercial del país. Evidentemente, la indagación debe ir más allá, y ocuparse de la forma en que esos recursos se utilizaban en el contexto de la economía mexicana, de las dimensiones de la derrama económica que producían, de los eslabonamientos y otros efectos dinamizadores que pudieron generar. Como veremos en el siguiente capítulo, estos aspectos no siempre pueden estudiarse con indicadores cuantitativos precisos, y más bien requieren profundizar en aspectos cualitativos que atañen al funcionamiento de la economía, a sus rasgos estructurales y su marco institucional. Esto significa que el concepto de valor de retorno es en sí mismo insuficiente para analizar este fenómeno, y en ausencia de un análisis cualitativo más profundo, termina por colocarnos frente a un problema de medición e interpretación similar al que veíamos con el concepto de enclave. Es decir, ¿qué porción del valor de las exportaciones debería permanecer en el país para empezar a valorar positivamente su contribución? ¿Un tercio? ¿La mitad? ¿Tres cuartos?

En realidad, si se intenta valorar el peso negativo que representaba el origen extranjero de la propiedad, habría que introducir un razonamiento contrafactual que permitiera tomar en cuenta la diferencia entre el valor de retorno generado por un sector exportador dominado por el capital extranjero y el que habría producido un sector exportador sostenido sólo con los recursos que la economía nacional fuera capaz de generar: se trataría seguramente de un valor de retorno mucho mayor respecto a un valor exportado mucho más pequeño. El verdadero origen del problema era la escasez de recursos internos que pudieran invertirse en el aprovechamiento de las ventajas comparativas que sólo potencialmente ofrecía en su dotación de recursos el territorio nacional, y la debilidad de las instituciones financieras que hubieran podido contribuir a movilizar los recursos existentes.[67] Para pasar de la potencia al acto, no sólo se requería de fuertes inversiones en la exploración, la excavación y la habilitación de las minas, o en la adquisición y preparación de las tierras para el cultivo, o en la compra de grandes terrenos para la explotación ganadera, o en la búsqueda de petróleo, sino también en la dotación de la infraestructura necesaria para dar salida a esos productos, para no hablar de los recursos que había que invertir en la adquisición de bienes de capital, la contratación de trabajadores, las instalaciones asociadas con la producción, el pago de impuestos, etcétera. Por lo general, el capital extranjero no ocupó esos espacios productivos a costa de los empresarios nacionales, sino que los ocupó porque se encontraban vacíos y en alarmante necesidad de recursos. La disyuntiva contrafactual que se le presentaba a la economía mexicana no era entre un auge exportador protagonizado por capitalistas extranjeros o nacionales, sino entre un auge exportador liderado por capitalistas extranjeros o ninguno. Es decir, que la inversión extranjera constituía un sustituto para un prerrequisito faltante en la economía mexicana, si se me permite utilizar la famosa metáfora de Gerschenkron.

Pero la sustitución no era inocua: acaso la limitación más seria a la contribución de las exportaciones a la economía nacional era la que imponía el origen extranjero de la propiedad en muchas de las actividades exportadoras. Una cantidad considerable de las divisas generadas por las ventas externas salía del país en la forma de intereses y dividendos de la inversión extranjera, en vez de utilizarse para adquirir importaciones que contribuyeran, por ejemplo, al equipamiento de la planta productiva nacional. Según una estimación, en 1910 la salida de recursos por concepto de remesas de utilidades e intereses de empresas extranjeras en México equivalía a 34% del valor de las importaciones mexicanas, proporción que incluso aumentó a 42% en 1926. Como bien explica Enrique Cárdenas, esta circunstancia hacía que "las variaciones en el nivel de exportaciones no tuvier[a] una relación de uno a uno con su poder de compra; esa relación dependía de la distribución relativa de las utilidades, salarios y materias primas empleadas en las industrias exportadoras, y de los precios de las importaciones."[68]

En fin, si bien el concepto de valor de retorno ofrece un acercamiento más riguroso a la estimación de lo que las exportaciones aportan a la economía nacional, no pretende ir más allá en el análisis de las posibles vinculaciones entre el sector exportador y el resto de la economía. Ante las limitaciones de

[67] Marichal, "Obstacles" (1997).

[68] Cárdenas, *La industrialización* (1987), pp. 21-22.

las herramientas de análisis disponibles, en 1996 Victor Bulmer-Thomas propuso un modelo para estimar el impacto que la primera era de crecimiento hacia afuera pudo tener sobre las economías de los países latinoamericanos que la experimentaron. Diseñó una matriz que hacía depender la magnitud de ese impacto de unas cuantas variables principales: la duración del ciclo exportador, su ritmo de crecimiento en relación con la población, su tamaño y sus vinculaciones con el resto de la economía.[69] Las tres primeras eran más o menos asequibles, o por lo menos reducibles a una magnitud cuantitativa; la última requería adentrarse en el estudio de cada país, y en ocasiones de cada rama de la producción exportadora, cosa más complicada en un trabajo comprensivo como el que el autor proponía. En cualquier caso, el acercamiento mismo fue muy fructífero, y abrió la posibilidad de una valoración más precisa del impacto del auge exportador sobre las economías latinoamericanas. Sus resultados ofrecieron, además, la posibilidad de comparar y tipificar los países de acuerdo a la duración del fenómeno, sus dimensiones y el alcance probable del impacto sobre el conjunto de la economía. Nuestro conocimiento sobre el primer auge exportador latinoamericano avanzó significativamente al sistematizarse la información sobre el volumen y valor de las exportaciones, los productos comerciados, su evolución a lo largo del tiempo, sus ciclos, su importancia relativa en los mercados internacionales, etcétera.

De acuerdo con el modelo propuesto por Bulmer-Thomas, el auge de las exportaciones estaba en posibilidad de rendir frutos positivos para las economías que lo sustentaban solamente bajo ciertas condiciones: en primer lugar, debía tener una duración lo suficientemente larga como para aprovechar el lapso en el cual las condiciones (de precios, demanda y apertura de mercados) fueron favorables en el mercado internacional. Este periodo arrancó en algún momento hacia mediados del siglo XIX, y se extendió hasta la Primera Guerra Mundial, aunque se prolongó para algunos productos, y en medio de fuertes altibajos, hasta la crisis de 1929, cuando se produjo su cierre definitivo. En segundo lugar, debía exhibir gran dinamismo y producir una diversificación de las actividades exportadoras, de manera que se pudiera evitar la dependencia respecto a uno o dos productos y a unos cuantos mercados consumidores, y minimizar la vulnerabilidad resultante de una elevada concentración. En tercer lugar, el sector exportador debía crecer lo suficientemente rápido como para aumentar su tamaño relativo dentro de la economía e impactar el crecimiento del PIB, de manera que éste fuera de al menos 1.5% anual en el largo plazo. Un sector exportador pequeño, aun si fuera muy productivo, tendría poca influencia sobre el crecimiento, mientras que uno muy grande pero cuya

[69] Bulmer-Thomas, *The Economic History* (1996), pp. 56-60.

productividad no fuera muy distinta a la del resto de la economía, no dotaría a ésta de una capacidad de crecimiento extraordinaria. La meta de crecimiento necesaria dependía de dos variables: la tasa de crecimiento demográfico y la tasa de crecimiento del sector no exportador de la economía: en el primer caso, tasas más altas imponían una exigencia mayor al desempeño del sector exportador; en el segundo, tasas más elevadas relajaban la meta de crecimiento que debía alcanzar éste para procurar un proceso exitoso de crecimiento económico. Finalmente, y éste es probablemente el aspecto más difícil de dilucidar, las posibilidades de éxito del sector exportador aumentaban a medida que se multiplicaban sus vinculaciones con el resto de la economía, mediante eslabonamientos, derramas salariales y fiscales, y otros efectos multiplicadores.[70]

El carácter comprensivo de la investigación de Bulmer-Thomas lo obligaba a apoyar su análisis en las cifras oficiales de cada país, sin someterlas a ninguna clase de crítica o revisión. Los resultados que ofrece son, entonces, aproximaciones sensatas al conjunto, que no pretenden dar cuenta precisa de la evolución del fenómeno en alguna nación en particular. Un estudio más detallado del caso de México nos permite ahondar y precisar algunos de los resultados propuestos por Bulmer-Thomas. De acuerdo con el autor, en México la baja productividad del sector no exportador y el reducido tamaño del sector exportador (como porcentaje del PIB) exigían un gran dinamismo de las exportaciones para que éstas pudieran ejercer un impacto benéfico de largo plazo sobre el resto de la economía. Por dinamismo entendía tanto la capacidad de diversificación que mostrara la economía exportadora como su tasa de crecimiento anual. El único elemento que aligeraba estas exigencias era un lento crecimiento poblacional (1% como promedio anual entre 1850 y 1912). El autor reconoce la mayor diversificación del sector exportador mexicano en relación con otras economías de la región, aunque quizá no le otorga a esta circunstancia el realce que merece: afirma correctamente que dos mercancías aportaban 40% del valor de las exportaciones, mientras que en otros países una sola llegaba a representar 70% o más del total.[71] A esa constatación habría que agregar, sin embargo, que en México para sumar el 80% del valor exportado era preciso añadir 12 productos de la canasta exportadora, lo cual habla no sólo de una diversificación extraordinaria, sino incluso de cierta dispersión en la producción exportable una vez que salimos del pequeño núcleo de los productos dominantes. En fin, es en el otro aspecto del análisis en el que quisiera fijar la atención. De acuerdo con Bulmer-Tho-

[70] Bulmer-Thomas, *The Economic History* (1996), pp. 56-68.

[71] Bulmer-Thomas, *The Economic History* (1996), p. 59.

mas, puesto que el resto de la economía crecía a una tasa muy modesta (entre 1.5 y 2% anual) y el sector exportador representaba entre 10 y 20% del PIB, un modelo de crecimiento exportador exitoso exigía que la tasa de crecimiento de las exportaciones se encontrara entre 4.5 y 11.5% en el más de medio siglo que va de 1850 a 1912, cuando la ventana de oportunidad estuvo abierta para los países exportadores en el mercado internacional. En cambio, según sus estimaciones, las ventas mexicanas en el exterior crecieron a una tasa de apenas 3% anual, lo que, pese a la extraordinaria aceleración que tuvo lugar durante el porfiriato, colocaría a México entre los casos fallidos de desarrollo impulsado por las exportaciones.[72]

Una cosa es cierta: el inicio tardío del auge exportador de la economía mexicana significó la pérdida de una veintena de años de crecimiento y el desperdicio (relativo) de la oportunidad que ofrecía la apertura del mercado internacional durante ese mismo lapso. Sus consecuencias fueron un rezago relativo respecto a otros países latinoamericanos, y el arrancar desde un nivel muy bajo y en condiciones de mayor competencia una vez que estuvo en condiciones de hacerlo. Sin embargo, en algunos casos y para productos específicos, la ventana de oportunidad no se cerró en 1912: aun cuando tuviera lugar en medio de fuertes altibajos y entrañara el riesgo de una vulnerabilidad mayor, el crecimiento exportador continuó hasta su quiebre definitivo como consecuencia de la Gran Depresión.[73] Si se modifican los parámetros temporales, durante este periodo (1870-1929), la tasa media de crecimiento de las exportaciones mexicanas se encontró dentro del rango considerado indispensable para el éxito del modelo: 6.4% en términos reales. Lo que es más, a partir de 1890 el sector no exportador de la economía creció también a un ritmo muy superior al supuesto por Bulmer-Thomas (de apenas 1.5% anual), lo que de por sí disminuía la exigencia de crecimiento que pesaba sobre las exportaciones. La confluencia de ambas variables en el lapso 1895-1912, y en forma más titubeante, 1895-1929, produjo un proceso exitoso de crecimiento orientado por las exportaciones y secundado por el desarrollo de un sector de la econo-

[72] Bulmer-Thomas, *The Economic History* (1996), p. 63.

[73] El autor mantiene una postura un tanto ambivalente al respecto. Por un lado afirma que "la ventana de oportunidad que se abrió en el siglo XIX para las exportaciones de productos primarios de América Latina empezó a cerrarse con el estallido de la Primera Guerra Mundial". Por el otro, precisa que incluso después de la guerra la ventana se mantuvo abierta para aquellos países que utilizaron la estrategia de aumentar su cuota de mercado, lo que sin embargo acarreaba el riesgo de una vulnerabilidad extrema a las condiciones del comercio internacional. Bulmer-Thomas, *The Economic History* (1996), pp. 118, 170. Por su parte, Foreman-Peck apunta acertadamente que si bien para las potencias europeas la Guerra Mundial marca el año de quiebre de la pauta liberal, para Estados Unidos y sus socios comerciales es la crisis de 1929 el evento crucial. Foreman-Peck, *Historia* (1995), p. 229.

mía orientado al mercado interior que habría de adquirir visibilidad y desplegar todo su potencial tras el cierre de los mercados internacionales que produjo la crisis de 1929.[74]

Acaso el problema más difícil de dilucidar es el de las conexiones del sector exportador con el resto de la economía. Aunque el tema será estudiado en relación con algunas actividades exportadoras en el siguiente capítulo, cabe adelantar algunas consideraciones más generales. Si se le considera desde el punto de vista de la inversión (y no de la derrama u otros efectos indirectos), puede decirse que el sector exportador se vinculaba de dos maneras principales con otras actividades económicas: a través de los eslabonamientos de carácter productivo y mediante la participación directa de empresarios mexicanos en campos orientados a la exportación. En ambos casos, lo primero que hay que decir es que no hay un patrón generalizable a toda la economía exportadora; antes bien, se observan profundas variaciones en términos regionales, sectoriales e incluso temporales.

En el terreno de los eslabonamientos, el papel tradicional de la minería como factor dinamizador de la producción desde la época colonial ha sido estudiado con profundidad tanto para México como para otros espacios coloniales.[75] Pero aunque la producción de oro y plata hacían del sector minero un caso único en términos de su potencial de vinculación con otras actividades económicas, prácticamente todas las actividades exportadoras establecían eslabonamientos hacia atrás con unidades productivas locales para el abasto de alimentos e insumos productivos. Además del factor de dinamización de la producción se puede detectar en todos los casos uno de promoción de la actividad comercial y de la división del trabajo: la mera especialización productiva que acarreaba la actividad exportadora propiciaba a su vez una mayor especialización de las unidades productivas orientadas hacia el interior y constituía un poderoso elemento de integración del mercado interno.[76]

La intensidad de estos eslabonamientos dependía de factores muy diversos, tales como la ubicación geográfica de la unidad exportadora y su mayor o menor aislamiento dentro del territorio, los rasgos tecnológicos del proceso productivo y el tipo de insumos utilizado, la proporción de trabajadores extranjeros empleados y su propensión a consumir bienes importados, etcétera. Pero incluso unidades productivas geográficamente remotas, como las plantaciones henequeneras de Yucatán, las fincas cafetaleras de Chiapas o la colonia minera de El Boleo en Baja California, se abastecían de alimentos e insumos

[74] Cárdenas, *La industrialización* (1987), p. 186

[75] Assadourian, *El sistema* (1982).

[76] Cerutti, *Burguesía* (1992), p. 121.

en su entorno regional y, cuando éste tocaba sus límites, de los circuitos mercantiles que se ampliaban progresivamente a nivel nacional. Ello estimuló tempranamente el giro hacia la agricultura comercial en numerosas haciendas y ranchos de todo el país, que vendían a las unidades productivas especializadas en artículos exportables maíz, leña, azúcar, legumbres y animales. Propició también la proliferación de molinos de trigo y establecimientos desde artesanales hasta fabriles en los que se producían alimentos con cierto grado de elaboración, como harina, pastas, conservas, aguardiente, etcétera. A partir de cierto momento, la población directamente vinculada al sector exportador contribuyó a la ampliación y fortalecimiento de un mercado interno para productos de consumo más duradero, que sustentó el desarrollo de industrias en diversas ramas de la producción: textiles, zapatos, jabón, cigarros, cerveza. Las propias actividades exportadoras representaban una demanda crucial para las primeras industrias de bienes de producción: herramientas agrícolas, ladrillos, cemento, dinamita, vidrio, artículos de hierro y acero, todos ellos bienes que en un principio se importaban y que empezaron a adquirirse en medida creciente en el mercado nacional.[77]

Los enlaces hacia delante fueron probablemente más restringidos, aunque en algún caso (el de la minería), francamente espectaculares. Como se mencionó antes (y se tratará con mayor detalle en el siguiente capítulo), la minería, en el origen una actividad extractiva de carácter primario, dio paso al surgimiento de una industria metalúrgica muy avanzada que se sustentaba en la dotación de recursos y las ventajas comparativas de México en la producción de minerales. La diversificación productiva del sector minero fue acompañada por un grado de elaboración y valor agregado crecientes de los artículos exportados. Asimismo, ya en el siglo XX, los procesos de industrialización y modernización económica generaron una demanda interna cada vez mayor de artículos de metal, que se satisfizo ventajosamente con producción nacional. Algo similar ocurrió, en una etapa más tardía, con el petróleo. En los años iniciales de su explotación, prácticamente todo el hidrocarburo ex-

[77] Haber, *Industria* (1992), *passim*. En sus extensas investigaciones sobre el norte de México, Mario Cerutti ha mostrado el papel de las actividades exportadoras como dinamizadoras de la actividad económica regional. Muchas de las industrias que se establecieron en este periodo abastecían de insumos a las unidades exportadoras. Algunos ejemplos son la empresa La Nacional, fundada por la sociedad Terrazas – Brittingham para abastecer de velas a los campamentos mineros, la Compañía de Fundición de Fierro y Manufacturera de Monterrey, dedicada a la fabricación de maquinaria agrícola y minera, las compañías ladrilleras de Monterrey, que contaban entre sus clientes a la American Smelting, y otros establecimientos fabriles de distintas dimensiones que producían bombas, molinos para caña de azúcar, máquinas procesadoras de ixtle y guayule, etcétera. Véase Cerutti, *Burguesía* (1992), pp. 186-203; Cerutti, "Redes" (2005), p. 55.

traído se exportaba como petróleo crudo. A lo largo de la década de 1920, una porción creciente se refinó localmente, e incluso se convirtió en productos derivados con mayor grado de elaboración. Hacia finales de la década, el mercado interno se había convertido en consumidor importante de los productos petroleros, lo que representaba un eslabonamiento fructífero para el resto de la actividad económica nacional.

La situación era muy distinta en lo que atañe a las ventas agrícolas. Por lo general, éstas salían del país tras haber sido objeto de un procesamiento más bien limitado, salvo el que se requería para que el producto no se echara a perder o se facilitara su transporte. Así, el café se secaba y descascaraba antes de exportarse; el henequén se desfibraba y el caucho se condensaba antes de enviarse al exterior. En la mayor parte de los casos, poco a poco se introdujeron innovaciones que mejoraban la presentación o el empaque, o agregaban algún valor al producto. De hecho, el empaque del henequén, y más tarde del algodón, mejoraron el precio y la competitividad de estos productos, y ambos se procesaron con creciente eficiencia gracias a la introducción de máquinas raspadoras, en el primer caso, y despepitadoras, en el segundo. El ixtle y el guayule se procesaban localmente antes de exportarse, y una porción creciente del azúcar que se vendía en el exterior pasaba por la molienda antes de salir del país. Mucho menos éxito tuvieron los intentos por transitar a fases más avanzadas de la elaboración industrial de las materias primas. El henequén se vendía mucho mejor como fibra que como jarcia, cuerda o costales, lo que retrasó el arranque de su procesamiento industrial; la incipiente producción de artículos de ixtle o yute tuvo que ser protegida con elevados aranceles por parte del Estado para prosperar, y el algodón que se consumía en la industria textil nacional no llegó a comercializarse a nivel internacional en escala significativa bajo la forma de telas o ropa. Por lo general, una vez que se transitaba a la fase de elaboración industrial de las materias primas, sus productos se reorientaban hacia el mercado interno, abandonando los circuitos del comercio internacional. En cualquier caso, la industrialización basada en el aprovechamiento de materias primas originalmente destinadas a la exportación fue un fenómeno un tanto tardío, generalmente fechado en la década de 1920, como preludio de la reorientación de la economía que tendría lugar a partir de la siguiente década.

La otra forma de vinculación de las actividades exportadoras con la economía nacional desde el punto de vista de la inversión era a través de la participación directa de empresarios mexicanos. Como hemos dicho, muchos productos de exportación se desarrollaron gracias a la inyección de recursos extranjeros, lo cual limitó su valor de retorno y hasta cierto punto sus eslabonamientos con otros procesos productivos. Por lo general se asume que una mayor participación de empresarios nativos hubiera hecho que el excedente generado en las exportaciones se reinvirtiera en otras actividades dentro del país, de las cuales al menos algunas estarían orientadas al mercado interno. Pues bien, pese al predominio del capital extranjero en el sector exportador considerado en su conjunto, en algunos casos notables los inversionistas mexicanos dominaron la producción, o al menos participaron en ella en forma prominente, como sucedió con el henequén y el azúcar. En otros casos coexistían productores nacionales y extranjeros, y algunas veces estos últimos no constituían en rigor inversión extranjera por cuanto se trataba de residentes permanentes en el país. Pienso, por ejemplo, en franceses que cultivaban vainilla o españoles que producían café en Veracruz o garbanzo en Sinaloa, o en muchos finqueros alemanes que se dedicaron a la explotación de café en Chiapas. En cambio, la minería y el petróleo fueron ramas fuertemente controladas por el capital extranjero. Algunas estimaciones sugieren que hacia finales del porfiriato, solamente 5% de la inversión en el sector minero-metalúrgico era de origen nacional, y años más tarde, apenas 3% de la industria petrolera se encontraba en manos de capitalistas nativos. Más allá de la precisión de estas cifras, debe hacerse notar que porcentajes como esos representaban recursos claramente modestos desde el punto de vista del total invertido, pero no necesariamente lo eran para la escala de formación de capital dentro del país. Numerosas fortunas amasadas por mexicanos durante esta época se encontraban asociadas al sector minero; muchos empresarios mantenían una cartera de inversiones diversificada en la cual la minería y la metalurgia constituían un componente central.[78] En cualquier caso, conviene hacer el ejercicio de invertir los términos del razonamiento: el problema no era que el capital extranjero "desplazara" al nacional de los sectores más rentables de la actividad productiva. El problema era que el ritmo de formación de capitales que caracterizaba a la economía mexicana era notoriamente insuficiente para auspiciar el aprovechamiento de las ventajas comparativas y colmar las áreas de inversión disponibles en el sector exportador a partir de las cuales México se integraría ventajosamente a la economía internacional. En el siguiente capítulo se estudiarán con mayor profundidad otros aspectos de la contribución de las exportaciones a la economía, por lo que respecta a las principales actividades exportadoras.

[78] El caso más conspicuo es seguramente el de la familia Madero, pero muchos otros se refieren en Cerutti, *Burguesía* (1992), *passim*. Para otros ejemplos, véase Gámez, "Evolución" (2005), pp. 387-401.

7
LAS PRINCIPALES ACTIVIDADES EXPORTADORAS Y SU CONTRIBUCIÓN ECONÓMICA

7.1 LOS PARÁMETROS DEL ANÁLISIS

En este capítulo se presenta un estudio de las principales actividades exportadoras que combina aspectos cuantitativos y cualitativos a fin de valorar los diversos ámbitos de su contribución a la economía mexicana. Los apartados en que se divide el capítulo son versiones abreviadas que buscan ajustarse a las dimensiones y el equilibrio de este libro, ya que una publicación posterior incluirá capítulos *in extenso* para el conjunto de las actividades exportadoras que cobraron importancia durante este periodo.[1] En este caso, he elegido las tres actividades más exitosas y que en mayor medida contribuyeron al crecimiento del valor de las exportaciones a lo largo del periodo: el henequén, la minería y el petróleo. En conjunto su participación promedió 54% del valor anual de las exportaciones de mercancías entre 1870 y 1929, y 64% si se considera el periodo 1885-1929. Además, en la elección de los productos y actividades he procurado tomar en cuenta artículos de distinto origen sectorial y producidos en diversas regiones geográficas, de manera que el resultado sea una muestra representativa del sector exportador tanto en el sentido geográfico como de la canasta de productos que lo conformaba. El acercamiento que aquí se ofrece no pretende hacer una historia de estas actividades productivas, sino valorar su contribución económica, por lo cual se concentra en algunas dimensiones básicas que se enuncian a continuación.

Por un lado, se aborda el problema del valor de retorno de la actividad exportadora. Aunque no siempre es posible cuantificarlo, se trata de estimar de manera aproximada qué parte del valor producido permanecía en el país bajo la forma de salarios, impuestos y compra de insumos, y cuál se fugaba al exterior, en calidad de utilidades al capital invertido o de pago por bienes importados. Desafortunadamente, en muchas ocasiones no existe un recuento claro de la distribución del valor producido entre sus posibles destinos, pero la exploración realizada busca en todo caso avanzar en esta dirección.

[1] Me refiero a un libro, actualmente en preparación por parte de la autora, cuyo título será, tentativamente, *Las exportaciones mexicanas durante la primera globalización del mundo moderno (1870-1929)*.

Por otro lado, se intenta valorar la derrama económica producida por la actividad exportadora, o, si se quiere, identificar cómo se empleaban los recursos que permanecían en el país. La importancia de esta dimensión del problema radica en que no existe una correspondencia necesaria y proporcional entre valor de retorno y derrama económica, puesto que ésta depende del uso de los recursos retenidos por la economía nacional. La derrama producida por las actividades exportadoras ejerce efectos dinamizadores sobre el resto de la actividad económica ya sea a través de los salarios, que aumentan el nivel de consumo y estimulan la actividad mercantil, de los impuestos, sobre todo cuando se destinan a usos productivos, e incluso de las utilidades gastadas en el consumo privado, como cuando éstas se invierten en la industria de la construcción.

Una tercera dimensión del análisis se relaciona con las inversiones adicionales que se llevaban a cabo en conexión con la actividad exportadora, y que poseían externalidades positivas para el resto de la economía. Me refiero básicamente a la construcción de infraestructura ferroviaria y portuaria, a obras de irrigación o a la dotación de energía eléctrica. Aunque originalmente pudieron estar vinculadas al sector exportador, estas inversiones tenían externalidades positivas que eran aprovechadas por todos los empresarios e inversionistas, pues gracias a ellas se facilitaba su acceso a los mercados, se abarataba el costo de transporte y se mejoraban las condiciones de producción.[2]

Por último, el análisis busca rastrear los eslabonamientos y cadenas de valor generados por la actividad exportadora. Se trata de identificar, por un lado, las vinculaciones de aquélla con otras orientadas al mercado interno que tenían lugar a través de la demanda de insumos, transporte o servicios, y por el otro, las que se producían a través de la oferta de bienes que, aunque orientados al mercado externo, sufrían una creciente transformación y adición de valor dentro del país. En el primer caso, se trata de las actividades agrícolas, artesanales o industriales relacionadas con la producción de alimentos o materias primas cuyo estímulo provenía de la demanda generada por la actividad exportadora. En el segundo caso me refiero sobre todo al creciente procesamiento de las materias primas, que implicaba la transferencia de tecnología, la apertura de establecimientos fabriles, el entrenamiento de fuerza de trabajo en la disciplina industrial, la transmisión de habilidades técnicas y, por supuesto, un mayor valor agregado en los artículos exportados. Tanto la nueva tecnología como la mano de obra especializada podían ejercer efectos de derrame sobre otras actividades, extendiendo los beneficios de las actividades exportado-

[2] Huelga decir que los beneficios alcanzaban a la población en general, como cuando se dotaba a las ciudades de energía eléctrica y otros servicios o se incentivaba la movilidad mediante la reducción en los costos de transporte.

ras a otras relacionadas o no con el mercado internacional. El alcance de tales beneficios se encuentra en estrecha relación con el carácter de la actividad exportadora, su situación geográfica (más o menos aislada de otras actividades sobre las cuales podría ejercer alguna influencia), sus requerimientos productivos y tecnológicos y, por supuesto, de la capacidad de absorción de nuevas tecnologías y trabajo calificado que exhiba el resto de la economía, el cual está condicionado por el grado de atraso.

En la medida en que la información disponible lo permite, este capítulo ofrece un primer acercamiento al estudio del sector exportador mexicano a partir de los parámetros arriba mencionados.

7.2 EL HENEQUÉN

El henequén fue el producto agrícola más exitoso de la canasta mexicana de exportaciones y el único que gozó temporalmente de un virtual monopolio en el mercado internacional. Toda la producción henequenera del país se generaba en una región dentro de un estado de la república, Yucatán, cuya vida giró durante mucho tiempo en torno a las vicisitudes de la planta. Pese a los esfuerzos por diversificar sus mercados, la inmensa mayoría del henequén producido se vendía en Estados Unidos, donde la International Harvester monopolizó la distribución.[3] Aunque en algunos momentos se explotaron en México otras fibras que incluso tuvieron una presencia significativa en las exportaciones, el henequén tuvo un claro predominio tanto por la escala de la actividad como por la duración de su ciclo exportador. Éste coincide muy cercanamente con el alcance temporal de la primera era exportadora mexicana: el auge del henequén se inició en la década de 1870 y persistió, pese a los fuertes altibajos motivados por las oscilaciones en la demanda, hasta 1916. A partir de entonces las presiones internas y el impacto de la competencia externa anunciaron el principio de un prolongado ocaso, de manera que cuando la crisis de 1929 produjo una caída abrupta de los precios y la demanda, ya había perdido su sitio de privilegio en el mercado mundial de fibras duras. El henequén mexicano disminuyó su participación en la oferta mundial de 87% en 1915 a tan sólo 44% en 1929.[4]

[3] En los inicios del periodo se intentó promover la venta de la fibra en Europa, y durante la revolución se hicieron esfuerzos por exportarla a Argentina y Chile. Véase, por ejemplo, SRE, AHGE, exp. 17-8-26; exp. 17-18-63, y exp. 17-13-109.

[4] Mukul, *El henequén* (1990), p. 95. Según cálculos menos optimistas, en 1929 México aportó tan sólo 25% de la producción mundial: Filipinas produjo 195 000 toneladas métricas, y África, Java y Sumatra, aportaron conjuntamente 100 000 toneladas más, cifra que igualó la producción de México en ese mismo año. SRE, AHGE, exp. IV-534-29.

Pese a todo, a lo largo de la era exportadora el volumen de henequén vendido en el exterior creció a una tasa de 6% como promedio anual. La gráfica 7.1 muestra los principales indicadores de esta evolución.

Los prerrequisitos para el auge del henequén fueron, del lado de la demanda, la invención de la máquina engavilladora en Estados Unidos a fines de la década de 1870, y del lado de la oferta, en la península de Yucatán, una dotación de recursos especialmente favorable para la producción de la fibra y posibilidades alternativas de inversión muy limitadas. En estas condiciones, la decisión de dedicar porciones crecientes de la tierra utilizable a la siembra del henequén representaba el paso de un uso menos productivo a uno más productivo de los recursos disponibles, y era una decisión acertada desde el punto de vista empresarial. Por esa misma época empezó a generalizarse en Yucatán el uso de máquinas desfibradoras que aumentaron la productividad del trabajo y redujeron sustancialmente el costo de producción del agave, lo que mejoró su competitividad a nivel internacional. El cuadro se completó cuando, respondiendo al estímulo de la demanda, quienes se dedicaban a la comercialización del henequén obtuvieron en Estados Unidos créditos para los productores. A partir de entonces, la actividad económica de Yucatán se volcó a la explotación de la fibra. La extensión del territorio dedicado a su cultivo pasó de 6 000 hectáreas en 1869 a 42 000 en 1883 y casi 200 000 en 1910,

Gráfica 7.1
Indicadores de la evolución de las exportaciones de henequén, 1870-1929

NOTA: las cifras varían de una fuente a otra.
FUENTES: Villanueva, *El henequén* (1990), p. 79; *El Agricultor*, varias fechas entre 1907 y 1912; Aznar, "Historia" (1977), t. III, pp. 778-782; Barba, *El henequén* (1895), p. 74.

de las cuales más de la mitad era fruto de la apropiación de tierras comunales. El momento culminante de la explotación se alcanzó en 1916, cuando se dedicaron 360 000 hectáreas al cultivo del agave, luego de lo cual la superficie cultivada se redujo inexorablemente: a 225 000 hectáreas en 1923, y a 160 000 a principios de los años treinta. En contraste con las haciendas ganaderas o cerealeras, la extensión media de la hacienda henequenera era relativamente pequeña: si bien unas cuantas propiedades excedían las 5 000 hectáreas, el tamaño promedio de las plantaciones se encontraba entre las 1 000 y 2 000 hectáreas de superficie.[5]

La contribución económica del henequén

El ciclo vital del henequén abarca alrededor de 20 años desde el momento de la siembra hasta el fin de su edad productiva, y su etapa de mayor rendimiento se ubica entre el año séptimo y el décimo sexto a partir de su cultivo.[6] El henequén se producía en condiciones rudimentarias desde la época prehispánica, y la fibra se utilizaba para la manufactura doméstica de soga, jarcia y otros artículos.[7] Hasta mediados del siglo XIX todas las fases de la producción, desde el cultivo y el raspado hasta el traslado de la planta se realizaban con fuerza humana y animal. Esta situación empezó a modificarse a partir de la década de 1850 en virtud de una secuencia de innovaciones técnicas y organizativas que prosiguieron hasta principios del siglo XX. Muchas de las innovaciones tuvieron que ver con el mejor aprovechamiento del terreno y la organización de la producción, a fin de eliminar los "poros improductivos de la jornada de trabajo".[8] Entre ellas se cuentan la siembra escalonada, una mayor densidad de los planteles, (el número de matas por mecate aumentó de 64 en 1860 a 144 en 1913) y una más compleja división del trabajo. Junto a las transformaciones organizativas que incrementaron la productividad del trabajo en el campo se produjeron otras de carácter técnico que transformaron la naturaleza del proceso productivo de la fibra. Para hacer más eficiente el transporte de las hojas, que hasta entonces se realizaba a lomo de mula o en carretas, a partir de los

[5] Suárez Molina, *La evolución* (1977), t. I, pp. 145-147; Joseph, *Rediscovering* (1986), pp. 55-56; Askinasy, *El problema* (1936), p. 31. Para otras estimaciones véase Sabido, *Los hombres* (1995), cuadro 5, s.p.

[6] García Quintanilla, "Producción" (1985), p. 119; Glendening, "Market Power" (1993), p. 48.

[7] Villanueva Mukul, *El henequén* (1990), p. 100; Suárez Molina, *La evolución* (1977), t. I, pp. 136-137, 145.

[8] García Quintanilla, "Producción" (1985), pp. 123-130.

años ochenta se introdujeron trenes Decauville en casi todas las haciendas henequeneras. Hacia comienzos del siglo XX se habían tendido unos 3 000 km de líneas, con un promedio de 5 km por hacienda. Una vez empacada, la fibra se trasladaba, también por estos trenes, hasta las estaciones de ferrocarril.

Las mayores innovaciones tuvieron lugar en el raspado de las hojas, que hasta mediados del siglo XIX se realizaba manualmente y con instrumentos primitivos. A fines de los años 1850 se inventó en Yucatán una rueda raspadora que incrementó la producción diaria de seis a 373 libras por día, ahorrando además fuerza de trabajo.[9] Diez años más tarde se le adhirió una máquina de vapor, que permitía mover varias ruedas simultáneamente, y en los años ochenta la rueda se transformó en tren de raspa, que en sus versiones perfeccionadas incorporaban "unas cadenas conductoras de pencas para alimentar aquellas automáticamente", lo que daba mayor velocidad y continuidad al proceso. En los mismos años se generalizó el uso de una máquina capaz de raspar hasta 120 000 hojas por día, y en el cambio de siglo se introdujo la "Vencedora", una máquina automática que beneficiaba 20 000 hojas por hora. Las innovaciones se generalizaban de prisa. Según testimonios de la época, para 1900 había en las haciendas 1 300 máquinas movidas a vapor. Como se calcula que operaban por entonces unas 600 haciendas, eso significa que cada una disponía de al menos dos máquinas de este tipo. La propensión a adoptar las innovaciones se explica en parte por la naturaleza del producto: la fibra debía procesarse en las 24 horas siguientes al corte de las pencas, pues de otra manera se secaba, dificultando el procesamiento y reduciendo su rendimiento. Finalmente, se mejoró el método de empaque mediante la instalación de prensas en casi todas las haciendas de cierto tamaño, lo que mejoró considerablemente la competitividad del producto respecto a las fibras de Manila o Nueva Zelanda.[10]

En conjunto, estas mejoras aumentaron la productividad y redujeron los costos de la explotación del henequén, lo que elevó su rentabilidad y su competitividad en el plano internacional. Si se considera que la fase del corte admitía pocas innovaciones que facilitaran el trabajo y se atiende a las condiciones técnicas de la época, puede decirse que hacia finales del siglo XIX el proceso de producción del henequén era relativamente eficiente y aprovechaba adecuadamente la dotación de recursos y la tecnología disponible. Sin

[9] Gutiérrez Herrera, "La mano de obra" (1979), pp. 48-49.

[10] Villanueva Mukul, *El henequén* (1990), p. 80; Gutiérrez Herrera, "La mano de obra" (1979), pp. 48-49; García Quintanilla, "Producción" (1985), pp. 134-136; Carstensen y Roazen, "Mercados" (1998), p. 174; Suárez Molina, *La evolución* (1977), t. I, pp. 253-264; Barba, "El henequén" (1895), p. 58; Cámara Zavala, "Historia" (1977), p. 696; *Yucatán* (1998), p. 247; Wells, *Yucatán's* (1985), p. 127; *La Revista de Mérida*, enero 24, 1872, p. 2.

embargo, la secuencia de innovaciones técnicas se interrumpió durante la década de 1910, debido a las medidas adoptadas por el régimen revolucionario para sacar provecho de la prosperidad regional. En 1912 se fundó la Comisión Reguladora del Henequén, que a partir de 1915 fue controlada por el gobierno impuesto en la localidad por Venustiano Carranza.[11] Su propósito central era regular la oferta e influir sobre los precios de la fibra, aunque en los hechos sirvió también para canalizar una parte sustancial de las ganancias obtenidas de su venta a la facción carrancista en el contexto de la guerra civil.[12] La ingerencia de la Reguladora, las frecuentes incautaciones de equipo durante los años de 1910 y las primeras acciones de reparto agrario a inicios de los veinte confluyeron para desalentar la inversión y la modernización tecnológica.[13] En estas circunstancias, el henequén mexicano perdió competitividad e inició el fin de su ciclo exportador antes de que se produjera su sustitución por fibras sintéticas.

Es prácticamente imposible estimar los costos de producción y la rentabilidad de la actividad henequenera a lo largo de todo el periodo de estudio. Las condiciones de producción variaban considerablemente de una hacienda a otra, y los hacendados no dedicaban especial atención a la preservación de sus cuentas. Las escasas estimaciones existentes son deficientes y se refieren a algún año en particular; incluso si fueran confiables, los bruscos cambios en el precio de la fibra harían muy difícil estimar tendencias en el largo plazo. En cualquier caso, se acepta que la explotación del henequén dejaba utilidades razonables en los periodos normales, apretaba a los productores pequeños y medianos en los años difíciles, y rindió ganancias extraordinarias en el breve periodo de auge excepcional durante la Primera Guerra Mundial.

Para poder financiar la inversión inicial y los años de espera antes de que la plantación henequenera rindiera sus frutos, en la fase temprana del auge los productores locales recurrían a casas comerciales o bancarias de Estados Unidos para obtener créditos, a intereses que giraban en torno a 9% anual. Estos préstamos cesaron hacia la década de 1890, cuando los grandes intermediarios yucatecos adquirieron control sobre el mercado financiero regional.[14] Si se

[11] Acerca de la Reguladora véase, entre otros, Cámara Zavala, "Historia" (1977), pp. 712, 720-23. Véase también SRE, AHGE, exp. 16-14-171, en el que se incluyen quejas del Departamento de Estado norteamericano por supuestas arbitrariedades de la reguladora.

[12] Por lo demás, el ejecutivo estatal continuó regulando la producción de la fibra hasta finales del periodo. Véase SRE, AHGE, exp. IV-519-2.

[13] Askinazy, *El problema* (1936), pp. 87-88. Entre 1920 y 1923 se llevó a cabo el primer reparto de tierras, con carácter "provisional", en el que se afectaron 650 000 hectáreas. Villanueva Mukul, *El henequén* (1990), p. 90.

[14] Cámara Zavala, "Historia" (1977), p. 688.

exceptúa aquélla participación indirecta, la actividad henequenera estuvo casi completamente en manos de mexicanos.[15] Ello significa que el henequén tenía un alto valor de retorno para la economía mexicana, aunque algunos autores sugieren que al menos una parte de las utilidades se fugaba al exterior en virtud de la proclividad de la oligarquía local para invertir, ahorrar y comprar en el extranjero.[16] Respecto a los recursos que permanecían en el país, nada garantizaba que se destinaran a usos productivos o se distribuyeran equitativamente. Una parte de los beneficios llegaba hasta los productores, pero otra porción se acumulaba en manos de las casas comerciales que exportaban la fibra, quienes controlaban la tasa de interés sobre los préstamos, cobraban comisiones por la venta del producto, y especulaban para venderlo al mejor precio en el momento oportuno. Para finales de siglo, se estima que un reducido grupo de ocho casas exportadoras concentraba 85% de las operaciones de exportación y 50% de las crediticias.[17] En una primera fase la intermediación financiera y el comercio de importación y exportación estaban prácticamente acaparados por la familia Escalante. En un segundo momento, el papel protagónico lo desempeñó Olegario Molina, quién además de grandes propiedades henequeneras, controló la principal casa comercializadora, un banco local, la principal línea de ferrocarril, y protagonizó también el mayor esfuerzo industrializador de la península, con la fundación de la fábrica La Industrial.[18] Lamentablemente, esta elevada concentración de los beneficios restringió los efectos multiplicadores de la actividad exportadora y las posibilidades de diversificación de la economía yucateca.

Además del pago de intereses a los acreedores extranjeros en las primeras décadas del periodo, salían del país los recursos necesarios para el pago por la importación de insumos productivos y bienes de consumo. Pese a que la tecnología utilizada para raspar las hojas de henequén y obtener la fibra era casi toda fruto de la inventiva local, las máquinas se mandaban fabricar a Estados Unidos o España. Además de las desfibradoras se adquirían *boilers* de Inglaterra, máquinas de vapor y prensas de Estados Unidos y trenes Decauville de Bélgica.[19] Entre las importaciones de bienes de producción se encontraba tam-

[15] Entre 1891 y 1912 operó en Yucatán la filial de una casa comercial de Boston, la Peabody & Company, la cual, junto con Olegario Molina, dominó la exportación del henequén durante esos años. Salvo por esta empresa comercializadora, todo el negocio henequenero estuvo en manos de yucatecos. Carstensen y Roazen, "Mercados" (1998), pp. 169-170.

[16] Barceló Quintal, "El desarrollo" (1986), p. 170.

[17] Villanueva Mukul, *El henequén* (1990), p. 85.

[18] Carstensen y Roazen, "Mercados" (1998), pp. 184, 190; Villanueva Mukul, *El henequén* (1990), pp. 77-86.

[19] Wells, *Yucatán's* (1985), p. 82.

bién el equipo necesario para el tendido de los ferrocarriles y los tranvías. Además, se adquirían cantidades crecientes de leña y carbón, una parte de los cuales se "importaba" del interior del país, y la otra, del exterior.[20] Por lo que respecta a los bienes de consumo, la expansión de los plantíos henequeneros y el aumento de la población en las fincas produjeron una creciente necesidad de adquirir en el interior del país o en el mercado exterior artículos que complementaran la producción local de alimentos. En fin, no debe minimizarse el incremento en la importación de bienes suntuarios, potenciada por el auge henequenero y la acumulación de grandes fortunas en unas cuantas manos. La oligarquía yucateca construyó magníficas residencias, vestía según los dictados de la moda y consumía vinos y conservas traídos de Europa. Junto a la élite henequenera se encontraba un grupo más numeroso de administradores y empleados que adquiría una combinación de artículos locales y del exterior: alimentos, textiles, zapatos, utensilios domésticos que en parte se producían artesanalmente en la capital del estado, pero que encontraban en el comercio de importación un complemento necesario.

La cantidad no despreciable de recursos que debió salir del país por estos conceptos no debe llevar a subestimar la riqueza que permaneció en la península y contribuyó poderosamente a dinamizar la economía regional. En las siguientes páginas abordaremos la parte cuantificable que se destinó al pago de salarios e impuestos, pero aprovecharemos también para hacernos cargo de los aspectos cualitativos que deben tomarse en cuenta al evaluar la contribución de las exportaciones, y que incluyen las condiciones de vida y de trabajo en las haciendas henequeneras.

En términos demográficos, el estado de Yucatán se ha caracterizado históricamente por una población escasa y un crecimiento natural lento, que se mantuvo por debajo de 1% anual durante todo el siglo XIX. Pese a que la fuerza de trabajo era reducida, resultaba más que suficiente para satisfacer las necesidades de una actividad económica precaria. De ahí que una parte de la población se mantuviera involuntariamente inactiva al despegar la explotación del henequén; para ellos, la perspectiva de pasar a formar parte de la fuerza de trabajo permanente en las fincas ofrecía al menos la certeza de tener sustento y ocupación asegurada durante todo el año.[21] Un sector considerable de esta fuerza laboral estaba sujeto a un régimen de peonaje por deudas heredado de la colonia y confirmado a través de leyes dictadas en 1843, 1847 y 1863.[22] Si bien el auge henequenero no creó el acasillamiento, sí modificó las condiciones de

[20] García Quintanilla, "Producción" (1985), pp. 139-142, cuadros 2, 3 y 4.

[21] Suárez Molina, *La evolución* (1977), t. I, p. 164.

[22] González Navarro, *Raza y tierra* (1979), p. 195; Katz, *La servidumbre* (1984), p. 19.

vida y de trabajo de los peones al imponerles la racionalidad propia de la plantación. A diferencia de otros productos agrícolas, el henequén se cosechaba a lo largo de todo el año, y requería por ello una fuerza de trabajo permanente. De esta forma, los "acuerdos casuales tuvieron que ser reemplazados con limitaciones concretas al sistema de mercado abierto de trabajo".[23] Del mismo modo, se intensificó la explotación de la fuerza de trabajo a través de mecanismos como la prolongación de la jornada laboral, una mayor división del trabajo y el aumento de las "tareas" impuestas.[24] Se calcula que hacia finales del porfiriato, un tercio de la población total del estado se encontraba acasillada, proporción que alcanzaba hasta 60% del total en los partidos rurales de la zona henequenera. El decreto del gobierno revolucionario que declaró nulas las deudas de los peones hizo caer ese porcentaje hasta 16% de la población total en 1921.[25]

El peonaje no representaba un remedio al problema de la escasez de mano de obra. Éste se enfrentó mediante la importación de trabajadores extranjeros (canarios, chinos y coreanos) y, a partir de la década de 1890, a través de la inmigración desde el interior de la república, en la que participaban trabajadores y sus familias de las Huastecas y del Bajío, así como los yaquis traídos desde Sonora como prisioneros.[26] La situación de los trabajadores en las haciendas henequeneras era muy compleja, pues se combinaban en ella distintos tipos de relación laboral: peones, trabajadores temporales, inmigrantes nacionales y extranjeros contratados por tiempo limitado y prisioneros de guerra.[27] Asimismo, dentro de la hacienda se desempeñaban funciones diversas, a las que correspondían derechos, obligaciones y privilegios diferenciados. Por último, las condiciones variaban de una hacienda a otra, y se podían encontrar desde las generosamente dotadas con buenas habitaciones, escuela y dispensario médico, hasta las abandonadas a la administración negligente de empleados explotadores y mezquinos.[28]

Los jornaleros de las haciendas henequeneras percibían salarios muy bajos, aunque éstos aumentaron a lo largo del periodo. A mediados del siglo XIX apenas llegaban a 15 centavos diarios en promedio; ascendían a 80 centavos en 1900 y hasta un peso en 1910, con variaciones determinadas por la clase de

[23] Wells, *Yucatán's* (1985), pp. 156-157.

[24] Peniche, "El impacto" (1993), p. 224; García Quintanilla, "Producción" (1985), *passim.*

[25] Villanueva Mukul, *El henequén* (1990), pp. 75, 82. Glendening afirma que el propio gobernador carrancista revirtió ese decreto poco tiempo después. Glendening, "Market Power" (1993), p. 17.

[26] Barba, *El henequén* (1895), p. 18; Wells, *Yucatán's* (1985), pp. 164-165; Cámara Zavala, "Historia" (1977), p. 703.

[27] Wells, *Yucatán's* (1985), p. 165.

[28] Katz, *La servidumbre* (1984), p. 29.

trabajo y el rango del trabajador.[29] Pero por más que aumentaran no lo hacían al ritmo de los precios, de manera que probablemente los salarios reales siguieron siendo bajos durante todo el periodo, y acaso decrecieron hacia el final del porfiriato.[30] Al parecer los henequeneros ajustaban los salarios conforme al precio de la fibra, y las condiciones de vida en las haciendas tendían a mejorar en los periodos de bonanza del producto. Por lo demás, dadas las especificidades de la actividad (alta inversión inicial que inmovilizaba los recursos por un periodo prolongado, violentas fluctuaciones en los precios), las posibilidades de aumentar los salarios enfrentaban límites muy claros. Durante los primeros gobiernos de la revolución se hicieron intentos por establecer el salario mínimo de 1.50 pesos por jornada de ocho horas. Un observador escribía en 1918 que el "exceso" de los jornales había vuelto "desproporcional el costo de la producción, con el precio que se obtiene con la venta del filamento."[31] No se equivocaba, al parecer, pues tan pronto como descendió el precio de la fibra, el gobierno debió desistir de su propósito de imponer el salario mínimo. Cualquiera que fuera su monto, varios testimonios indican que el costo de la fuerza de trabajo representaba alrededor de 70% de los costos totales de producción, lo cual indica los márgenes —más bien estrechos— dentro de los cuales la explotación de la fibra era rentable y competitiva.[32]

Además de ser precarias, parte de estas percepciones se gastaban preferentemente dentro de las propias haciendas, lo que disminuía su impacto dinamizador sobre el mercado regional. Sin embargo, el mero aumento numérico de los peones acasillados señala un cambio significativo en las dimensiones de ese mercado: aquéllos pasaron de 26 000 en 1885 a 80 000 en 1900, y a 110 000 para 1910.[33] Si supusiéramos, en una estimación mínima, que la tres cuartas partes del número de peones calculado para 1910 estaba compuesta por trabajadores adultos activos, que su salario diario en efectivo promediaba 50 centavos y que laboraron 200 días durante ese año, la suma de sus ingresos habría rebasado los 8 millones de pesos, que representan cerca de la mitad del valor de las exportaciones de fibra en ese año.[34] Por austero que fuera el consumo de

[29] Cámara Zavala, "Historia" (1977), p. 704.

[30] Joseph, *Rediscovering* (1986), p. 66.

[31] Torre, *La ruina* (1918), p. 86.

[32] Villanueva Mukul, *El henequén* (1990), p. 96; Torre, *La ruina* (1918), *passim*.

[33] Villanueva Mukul, *El henequén* (1990), p. 82. Su número habría disminuido a 57 500 en 1921, aumentando entonces el de trabajadores asalariados.

[34] Se trata obviamente de una subestimación de las percepciones salariales totales. A fines del siglo XIX, el jornal iba de 50 centavos a un peso, según las tareas, además de dotaciones variables de maíz y leña. Véase, por ejemplo, Suárez Molina, *La evolución* (1977), t. II, p. 299; *Yucatán* (1998), p. 249.

cada individuo, las dimensiones que alcanzó la fuerza de trabajo vinculada a las actividades relacionadas con el henequén hacían que la derrama económica derivada de las percepciones salariales fuera, al fin y al cabo, significativa.

A los ingresos de los peones de campo habría que sumar los del resto de la fuerza laboral que hacía funcionar la economía henequenera, que percibía ingresos superiores y tenía libertad para gastarlos en el mercado. Dentro de la propia hacienda, se trata de los administradores, mayordomos, operadores de máquinas, carpinteros, herreros, médicos y trabajadores libres contratados temporalmente o a destajo para labores diversas. Fuera de la hacienda encontramos a los arrieros, conductores de tranvías, trabajadores ferroviarios y portuarios (estibadores, almacenistas), administradores y empleados de las casas exportadoras, entre otros. Un factor dinamizador adicional estaba constituido por los ingresos de quienes se ocupaban en los múltiples y variados empleos propiciados por la actividad exportadora aunque relacionados con ella sólo de manera indirecta: artesanos de todo tipo (herreros, carpinteros, pintores, sastres, panaderos, zapateros, sombrereros), trabajadores de la construcción, empleados en las empresas de alumbrado y telefonía, burócratas. De hecho, el número de individuos ocupado en el sector servicios en Yucatán creció de 15 000 a 26 000 tan sólo en la última década del porfiriato.[35]

Ocupémonos ahora de la contribución fiscal del henequén. En los comienzos del auge henequenero no había impuestos que gravaran la producción o exportación de la fibra, ni en el estado ni a nivel federal, aunque algunos autores afirman que se pagaban contribuciones municipales por su producción y circulación.[36] Esto era así porque existía la convicción de que lejos de sangrar esta nueva fuente de riqueza con exacciones fiscales, era tarea de las autoridades fomentar su desarrollo.[37] Desde muy temprano el gobierno del estado procuró, dentro de sus limitados medios, promover la mecanización del proceso de raspado y desfibración mediante concursos y patentes que incentivaban las invenciones, y decretó otras medidas para fomentar la actividad, como el otorgamiento de subsidios a la inmigración de trabajadores extranjeros.[38] En uno de varios esfuerzos por desarrollar una industria local que aprovechara la fibra, decretó en 1895 una exención impositiva por 10 años "a las fábricas que [se] funden para elaborar aguardiente y alcoholes de jugo de henequén y sus alambique y aparatos de destilación", y en varios momentos es-

[35] Wells y Joseph, *Summer* (1996), p. 330, nota 54.

[36] Zuleta, "Hacienda" (2004), p. 221. Entre 1875 y 1883 la fibra destinada a la exportación habría estado exenta incluso de esas contribuciones.

[37] Zuleta, "La invención" (2000), capítulo III, apartado II.

[38] García Quintanilla, "Producción" (1985), pp. 134-136; Zuleta, "La invención" (2000), cap. III, apartado II.

tableció exenciones similares, y hasta subsidios, para las fábricas de artefactos de henequén que se establecieran en el estado.[39]

La política de gravar al henequén inició en 1884, con un impuesto estatal sobre la producción de 27centavos por kilo (3 centavos por arroba), el cual incluía la contribución federal obligatoria de 30% (véase el cuadro 7.1). En ese año, el impuesto estatal alcanzó 113 000 pesos, una suma modesta que sin embargo apareció de inmediato como el principal componente de un presupuesto estatal austero, que ascendía a algo más de 560 000 pesos. En promedio, durante los primeros ocho años en que el estado de Yucatán gravó la producción de henequén, los ingresos percibidos por ese concepto promediaron 26% de las rentas del estado. Otras fuentes de la recaudación dejaban traslucir la derrama generada por el auge henequenero, particularmente los distintos derechos al consumo, que representaron 32% del total.[40] Y pese a que la carga fiscal que el gravamen sobre el henequén imponía era muy moderada (apenas 3-4% con respecto al valor de las exportaciones), el auge de las exportaciones se tradujo, sin duda alguna, en una bonanza para las finanzas estatales. Los ingresos ordinarios del erario aumentaron de 560 000 pesos en 1885 a 1 400 000 en 1899.[41]

En 1893, el gobierno federal gravó por primera vez la exportación de la fibra, con un impuesto que fluctuó entre 50 y 60 centavos por cada 100 kilos exportados, dependiendo de la percepción que se tenía del desempeño y del precio internacional del producto.[42] En los cinco años que siguieron a la introducción de este derecho, las contribuciones totales sobre el henequén representaron en promedio 8% del valor de las exportaciones. La proporción disminuyó a entre 3 y 4% a partir de 1898, como resultado de un auge en el precio internacional que se prolongó hasta mediados de la siguiente década.[43] En términos absolutos, el producto de los impuestos al henequén ascendió, en promedio, a 600 000 pesos anuales entre 1893 y 1901, de los cuales la federación obtenía alrededor de 70% como derechos de exportación.

[39] AGEY, CE, IyH, caja 88, vol. 2, exp. 10, febrero 22, 1895; CE, HMyP, caja 93, vol. 1, exp. 1, enero 25, 1909; CE, IyH, caja 88, vol. 2, exp. 43, febrero 9 de 1914; CE, IyH, Serie Dictámenes, caja 88, vol. 2, exp. 51, abril 13, 1914, CE, IyH, caja 88, vol. 2, exp. 60, abril 4 de 1922.

[40] AGEY, CE, CMH, caja 94, vol. 1, exp. 12, 1885.

[41] AGEY, CE, CMH, caja 98, vol. 1, exp. 12; vol. 2, exp. 8; *Mensajes* (1906), pp. 131-246.

[42] Los impuestos a las exportaciones se incluían cada año en la Ley de Ingresos. Las del periodo 1867-1912 se reproducen en Pérez Siller, "Los ingresos" (1982), t. II, anexo II, pp. 323-341.

[43] La prensa yucateca lamentaba "que los impuestos se carguen sobre el peso y no sobre el precio de la fibra", pues de esa manera desaprovechaban el auge en los precios y se volvían onerosos en los momentos en que aquéllos retrocedían. *Boletín de Estadística*, febrero 16, 1895, pp. 145-146.

Cuadro 7.1
La contribución fiscal del henequén, 1870-1930

Años	*Gravámenes vigentes*	*Carga impositiva promedio como porcentaje del valor de las exportaciones*	*Participación en las rentas del estado de Yucatán (promedio de los años disponibles)*
1870-1883	Existen sólo gravámenes municipales sobre el henequén, de los que, entre 1875 y 1883, se exime a las exportaciones	?	
1884-1892	Impuesto estatal de 27 cts por 100 kg producidos (3 cts. por arroba); 30% se transfiere a la federación	3-4%	26%
1893-1901	Al estatal se suma impuesto federal, primero de 60 cts/100 kg (1893-94), luego de 50 cts (a partir de 1895), sobre la exportación	1893-1897: 8%; 1898-1901: 3-4%	21%
1902-1906*	Subsiste impuesto federal. Además, impuesto estatal extraordinario para obras públicas; 25-30% se transfiere a la federación	10%	55%
1907-1911**	En febrero se deroga impuesto federal. Subsiste el estatal sobre la producción, a razón de un centavo por kg	5%	45%
1912-1915	Contribuciones estatales escalonadas conforme al precio, de las que se transfiere una parte al tesoro federal	11%	
1915	Subsisten contribuciones estatales. Se restablece impuesto federal a la exportación de 1-2 cts/kg	18%	
1915-1919	Vigencia de los impuestos estatales y federales decretados desde 1912. En 1918 se decreta contribución especial de 3 cts por kg producido para aumentar salarios de maestros y construir caminos.	11 a 18%, dependiendo del precio de la fibra***	
1921	Contribución extraordinaria de 8 cts/kg para apoyar a Comisión exportadora; se exime a quienes le vendan a ésta	Se desconoce monto percibido	
1922	Contribución extraordinaria de 4 cts/kg para sufragar compra de existencias		
1923-1925	Desconozco cuáles de todos los impuestos decretados hasta entonces se encuentran en vigor.	Se desconoce monto recaudado	
1926-1930	A partir de 1926 se conoce el total de impuestos percibidos	1926: 19%; 1927-1930: 10% sobre el valor	55%
1884-1930		**7%********	**40%**

* Aunque el impuesto estatal se cobraba sobre el volumen, la cuota se hacía depender del precio de la fibra: un centavo por kg si se cotizaba entre 13 y 28 pesos, 2 cts por encima del máximo, y nada por debajo del mínimo.

**A petición de la Cámara Agrícola de Yucatán, el gobierno federal derogó el impuesto sobre la exportación del henequén, medida que entró en vigor retroactivamente en febrero de 1908 (la ley tiene fecha de abril 23, 1908). Véase *El Agricultor*, junio 1, 1908, p. 88. Por su parte, el impuesto estatal se siguió haciendo depender del precio, reduciéndose a medio centavo por kilo si el precio bajaba de 13 pesos por 100 kg. Según un cálculo propio del valor unitario promedio de la fibra, en ninguno de estos años se cumplió tal condición.

*** Se consideran los impuestos pagados en oro nacional y se estima el valor de 31.7 millones en billetes infalsificables. Las conversiones se hicieron a partir de Ulloa, *Historia*, p. 172.

**** Promedio de todos los años para los cuales se conoce el total de los derechos percibidos.

FUENTES: AGEY, CE, CMH, caja 94, vol. 1, exps. 12, 17; caja 95, vol. 2, exps. 7-9; AGEY, *Pleno del Congreso*, sesiones 1882-1883, caja 42, vol. 1, ff. 195-200; *Boletín de Estadística*, feb 1, 1895, p. 142; abril 16, 1895, p. 177; abril 1, 1897, p. 51; *Mensajes* (1906), pp. 131-246; *Informe acerca* (1919), pp. 50-53; Askinasy, *El problema* (1936), pp. 100-103; *Informe* (1927, 1928 y 1929); Torre, *Cuatro años* (spi), p. 174; Ortega, *El henequén* (1943), p. 108; Zuleta, "Hacienda" (2004), pp. 221-224, 227.

En 1902 el gobierno estatal decretó una contribución extraordinaria de dos pesos por cada 100 kilos de henequén producido, destinada a la pavimentación y el drenaje de la ciudad de Mérida. Conscientes de que el auge de precios podía llegar a su fin, los legisladores vincularon por primera vez el monto del impuesto al precio del henequén, práctica que se mantendría en las contribuciones decretadas en los siguientes años. El hecho es que por el momento el precio no bajó, de manera que el impuesto arrojó más de 6 millones de pesos al erario estatal en los cuatro años y un trimestre de su vigencia. Al mismo tiempo, los ingresos municipales de los 16 partidos del estado se duplicaron, pasando de 325 000 a 790 000 pesos entre 1898 y 1905.[44] Por su parte, el gobierno federal percibió durante estos años la contribución federal de 30% que habitualmente le transfería la tesorería estatal, los derechos de exportación sobre el henequén y un porcentaje sobre la contribución extraordinaria.[45] Aunque los derechos de exportación no eran un componente muy importante de los ingresos federales, el henequén aportó 40% de todos los derechos de exportación percibidos por la hacienda federal durante los quince años de su vigencia. Si se suman todos los derechos en vigor, entre 1903 y 1906 la contribución del henequén a los ingresos públicos, estatales y federales, rebasó los 2.5 millones de pesos anuales, cantidad que representaba alrededor de 10% del valor de las exportaciones de la fibra. En estos mismos años, los ingresos provenientes de la producción de henequén aportaron más de la mitad de los recursos disponibles en las arcas del estado de Yucatán, que por cierto se encontraban entre las más ricas del país.

Los beneficios que el auge henequenero arrojó sobre el estado no deben sopesarse atendiendo sólo a las dimensiones cuantitativas de los impuestos estatales, que pueden parecer modestas. Hasta donde puede juzgarse a partir de los presupuestos, el gobierno estatal hacía buen uso de los recursos derivados del henequén y de las actividades asociadas con éste. En el primer lustro de 1900 se construyó un nuevo hospital, el asilo y la penitenciaría, aunque estas obras culminaron con éxito gracias también a las donaciones de individuos acaudalados del estado.[46] En la ciudad de Mérida, la contribución extraordinaria sirvió para realizar obras de pavimentación, drenaje y

[44] Zuleta, "Hacienda" (2004), p. 200.

[45] Inicialmente se pactó que 30% de la recaudación resultante de esta contribución extraordinaria se transfiriera a la hacienda federal, pero a partir del segundo año se convino reducir la participación de ésta al 25%.

[46] Para los presupuestos estatales véase AGEY, CE, CMH, caja 94, vol. 1, exp. 12, 1885; caja 94, vol. 1, exp. 17, 1887; caja 95, vol. 2, exps. 7, 8 y 9, 1898, 1899 y 1901, respectivamente; *Boletín de Estadística*, abril 16, 1895, p. 177; *Mensajes* (1906), pp. 131-246. Sobre las donaciones, que alcanzaron un millón de pesos, Wells y Joseph, *Summer* (1996), p. 131.

construcción de edificios públicos, hospitales y escuelas. En Progreso se llevaron a cabo obras urbanas y de mejoramiento del puerto. Incluso sin contar los impuestos extraordinarios de vigencia temporal, durante todos estos años aumentó considerablemente la oferta de bienes públicos, no sólo en Mérida y Progreso, las ciudades directamente vinculadas con el auge henequenero, sino en prácticamente todo el estado. Se subvencionó el tendido de vías férreas y telégrafos, se construyeron escuelas y se dedicaron cantidades crecientes y significativas a la instrucción pública, la salubridad y el perfeccionamiento del aparato administrativo y judicial estatal. El gasto municipal total aumentó de 390 000 pesos en 1883 a 2.8 millones de pesos en 1909, y con él se emprendieron en todos los partidos del estado obras de muy diversa índole, desde la construcción de mercados, escuelas, edificios públicos, asilos y hospitales, hasta el establecimiento de estaciones meteorológicas.[47] Las finanzas estatales eran consideradas sanas y prósperas, pues, como las propias autoridades del estado reportaban, "aumentan cada año y se cubren las erogaciones sin dificultad". En algunos años de la década de 1910 incluso fue posible crear una reserva de un millón de pesos "para las eventualidades no previstas".[48]

En cambio, el uso que el gobierno federal hizo de los ingresos derivados del henequén es mucho más difícil de evaluar, puesto que su presupuesto no se destinaba a fines específicos, sino que se empleaba de manera difusa en el gasto de la administración federal. En él se incluían, evidentemente, obras públicas, algunas de las cuales beneficiaban al estado de Yucatán. Me refiero, por ejemplo, a las obras en los puertos y los subsidios a la construcción de ferrocarriles, que favorecieron, entre otros, al puerto de Progreso y a las líneas que conformaban la red ferroviaria estatal.[49]

En el segundo lustro de los años 1900 la suerte de la fibra en el mercado externo cambió de signo. El precio empezó a retroceder de manera persistente, y el impacto de esta reducción se agravó con la Reforma Monetaria de 1905, que colocó a México en el patrón oro y eliminó la prima que otorgaba la devaluación del peso de plata. A ello se añadió el golpe fulminante de la crisis de 1907 para producir un estado generalizado de depresión económica. La situación fue correctamente percibida por el gobierno federal, quien a partir de 1908 eliminó el impuesto a la exportación del henequén, manteniéndose sin embargo el impuesto estatal sobre la producción. Si bien, como hemos visto, se trataba de una contribución moderada, representó 45% de los ingresos del

[47] Zuleta, "Hacienda" (2004), pp. 212-217.
[48] *Mensajes* (1906), pp. 150, 246.
[49] Riguzzi, "Mercados" (1999), p. 56.

estado, y alcanzó para que Yucatán figurara como la primera de las entidades federativas en términos del ingreso público per cápita en 1910.[50]

La cuerda se volvió a estirar a partir de 1912, cuando, en una serie de decretos emitidos en rápida sucesión, el gobierno estatal impuso contribuciones extraordinarias al henequén, algunas para respaldar los trabajos de la recién creada Comisión Reguladora, y otros bajo la justificación de "auxiliar al gobierno federal en la pacificación de la república", aun cuando la península no era afectada por la guerra civil. La secuencia empezó con una contribución moderada de medio centavo a un centavo por kilo, dependiendo del precio del henequén, a la que se sumó apenas unos meses después otra de un centavo; a ésta se añadió en 1913 una tercera contribución de dos centavos, a la que volvió a sumarse otra, en 1914, de un centavo; increíblemente, a ésta se agregó en 1915 una más, esta vez ajustable a las variaciones en el precio del henequén, en una escala que iba desde 2.5 centavos hasta 5 centavos por kilo.[51] Adicionalmente, en 1915 se restableció el impuesto federal a la exportación del henequén, que se fijó primero en un centavo por kilo y poco después se subió a dos.[52] Los primeros impuestos extraordinarios, establecidos para conformar los fondos con que operaría la Comisión Reguladora del Henequén, le produjeron a ésta ingresos por más de 10 millones de pesos entre 1912 y 1914; 2 millones adicionales se transfirieron en forma irregular al tesoro federal.[53] En conjunto, la recaudación derivada de este producto arrojó, tan sólo entre 1915 y 1918, más de 13 millones en oro y casi 32 millones en billetes infalsificables para el gobierno del estado y 17 millones de pesos para el gobierno federal.[54] De hecho, estos impuestos constituyeron la principal fuente de ingresos para el erario público durante los años de la contienda armada.[55]

La política de altos gravámenes al henequén no cesó al término de la lucha armada que se libró en el interior de la república. En 1918 se creó una contribución especial de tres centavos por kilogramo de fibra producida destinada a aumentar el salario de los maestros de educación primaria y rural y a la construcción de caminos públicos; en 1921 se impuso una contribución extraordinaria

[50] Aboites, *Excepciones* (2003), p. 307, cuadro 10.

[51] AGEY, CE, HYC, caja 14, vol. 14, exp. 52, julio 2 de 1912 ; caja 15, vol. 15, exp. 3, s.f.; AGEY, CE, GHEI, caja 93, vol. 1, exp. 1, enero 14, 1914. Un recuento de los diversos impuestos puede verse también en Cámara Zavala, "Historia" (1977), pp. 712-719.

[52] Ulloa, *Historia* (1983), p. 360. Los planes de Carranza para decretar el impuesto de exportación y la resistencia manifestada por el gobernador del estado se ventilan en APEC, exp. 11, leg. 1, gav. 11, inv. 754, diciembre 15, 1914 a enero 23, 1915.

[53] *Informe acerca* (1919), pp. 6, 8, 40.

[54] "Informe presentado" (1919), pp. 50-53.

[55] Uhthoff, "Los impuestos" (2005), pp. 25-26.

de ocho centavos por kilogramo para facilitar el funcionamiento de la Comisión Exportadora, de la que se eximió a quienes vendieran su producto a la propia Comisión, y en 1922 se decretó otro de cuatro centavos para sufragar las existencias de henequén compradas por la misma comisión para regularizar su precio. En parte como resultado de negociaciones realizadas por el gobernador en turno con la administración federal, en el último lustro de los años veinte el balance de las contribuciones henequeneras se inclinó a favor del gobierno del estado, el cual repartía estos ingresos con la comisión reguladora del momento.[56] De los 3 millones de pesos que promediaron los impuestos sobre el henequén entre 1926 y 1930, apenas una quinta parte iba a parar a las arcas federales. En cambio, su aportación a las finanzas del estado siguió siendo fundamental, y en algunos años incluso desproporcionada: 83% en 1926, y alrededor de 47% en el resto de la década, aunque como hemos dicho, una parte considerable de estos recursos se transferían en realidad a la Comisión Reguladora. Consideradas en conjunto, las contribuciones que en ese entonces pesaban sobre el producto pueden estimarse en alrededor de 12% del valor de las exportaciones.[57] En los últimos años del periodo, cuando se vuelve a tener registro de los ingresos del estado, tanto la carga impositiva que pesaba sobre el henequén como su participación en los ingresos estatales retornaron al nivel máximo que habían alcanzado durante los años dorados de principios del siglo XX, todavía bajo la gestión porfirista. Aunque los excesos revolucionarios aparentemente habían llegado a su fin, el daño inflingido por una imposición fiscal desmesurada era probablemente irreversible. En cualquier caso, la contribución fiscal del henequén a lo largo de su ciclo exportador no fue ni pequeña ni poco significativa para las finanzas del estado: representó, en promedio, 7% sobre el valor de las exportaciones, y aportó por término medio, 40% a los recursos del erario estatal.

Si los frutos más visibles de la actividad henequenera son los que se tradujeron en impuestos y salarios, su derrama económica rebasó el ámbito estrecho de esa actividad y ejerció efectos profundos y duraderos sobre el paisaje de la región. El más importante fue la construcción de una red ferroviaria que encauzó la producción henequenera de todas las haciendas del estado hacia Mérida y Progreso, centro de concentración y puerto de exportación, respectivamente.[58]

[56] Torre, *Cuatro años* (spi), pp. 151-152.

[57] Ortega, *El henequén* (1943), p. 108. Estas cifras coinciden con la que reportan Askinasy, *El problema* (1936) y Aznar, "Historia" (1977), p. 782, pero a veces difieren de las publicadas en los informes de los gobernadores. Véase *Informe* (1927), p. 99; *Informe* (1928), p. 54; *Informe* (1929) p. 56; Torre, *Cuatro años* (spi).

[58] Progreso ganó a Sisal la primacía en el tráfico comercial en 1871, cuando el gobierno federal abrió el primero de estos puertos al comercio de altura y cabotaje, cerrando el segundo. Barba, *El henequén* (1895), pp. 13-14.

El tendido de esta red se inició en 1875, con recursos locales y el apoyo de subsidios estatales y federales, y culminó en los primeros años del siglo xx, con la formación de los Ferrocarriles Unidos de Yucatán, una empresa de propiedad nacional (en realidad, regional, pues era controlada por la propia oligarquía henequenera) que absorbió todas las líneas en operación, que conformaban un denso tejido de casi 900 kilómetros.[59] Este sistema ferroviario representó una contribución notable y perdurable al desarrollo de la economía regional. Además de reducir el costo de transporte y mejorar con ello la ventaja comparativa del henequén, esa red permitía movilizar a bajo costo la variedad de artículos que la península adquiría del interior del país o del exterior, ahorrando recursos que podían entonces dedicarse a otros propósitos. Contra lo que pudiera pensarse, el henequén no representaba una parte abrumadora, ni siquiera mayoritaria, de la carga ferroviaria. En 1910 constituyó 37% de la carga movilizada; 25% estaba compuesto de alimentos de primera necesidad y 2.3% de otros bienes de consumo (textiles, muebles, mercería, papel, jabón), mientras que otro 23% lo conformaban bienes de producción (leña, carbón, petróleo, maquinaria, materiales de construcción). En suma, una carga variada y en la que se expresa el eslabonamiento de los ferrocarriles con la actividad económica de la región.[60] Y lo que es más, los ferrocarriles yucatecos contribuyeron también en forma determinante al aumento en la movilidad de las personas, a juzgar por los reportes sobre el tráfico de pasajeros: tan sólo en la línea Mérida-Peto, la venta de boletos aumentó de menos de 23 000 en 1881 a más de 435 000 en 1913. En las cuatro empresas ferroviarias de Yucatán se vendieron más de un millón cien mil boletos en 1910, la mayor parte de los cuales era de tercera clase.[61] Si se toma en cuenta que la población del estado de Yucatán ascendía a 340 000 habitantes, y que estaba conformada en buen número por peones acasillados de bajos ingresos, la cifra es realmente impresionante: significa que por término medio cada persona realizó más de tres viajes por tren a lo largo del año.

Junto a la red ferroviaria se introdujo un sistema de tranvías que comunicaba a algunas haciendas con las estaciones de embarque, así como líneas telegráficas y más tarde telefónicas para comunicar a las haciendas entre sí, con la capital del estado y con Progreso. Se trataba, por lo general, de instalaciones completamente financiadas por particulares. Tan sólo entre 1902 y 1910 se otorgaron 74 concesiones para la introducción de tranvías y 63 para la de líneas telefónicas.[62] Aunque no se sabe cuántas de esas concesiones llegaron a

[59] Riguzzi, "Mercados" (1999).

[60] AGN, SCOP, Ferrocarriles Unidos de Yucatán, exp. 23/468-3, Informe anual de 1909.

[61] Wells, "All" (1992), pp. 178, 187.

[62] Ortega, *El henequén* (1943), p. 33.

materializarse, los resultados, al menos en la primera de estas empresas, son elocuentes: hacia fines del porfiriato, Yucatán contaba con más de 2 500 km. de líneas de tranvías, que constituían la tercera parte de las construidas en todo el país.[63]

El auge henequenero convirtió al puerto de Progreso en el segundo de la república. Los ingresos fiscales recaudados en su aduana saltaron de menos de 250 000 pesos a principios de la década de 1870 a más de un millón a mediados de los ochenta, y a más de dos a comienzos del siglo XX.[64] Con base en ese puerto la oligarquía henequenera conformó una flota mercante propia, compuesta por once barcos que sumaban una capacidad de carga de 15 000 toneladas.[65] La prosperidad de Mérida fue aún más notoria y más profunda. Pasó de ser una ciudad modesta (la tercera de la península) con apenas 10 000 habitantes a principios del siglo XX, a destacar como una hermosa y bien dotada ciudad de 62 500 residentes en 1910, convirtiéndose en la quinta mayor capital de provincia, y la tercera en términos del ritmo de crecimiento anual de todo el país.[66] La prosperidad económica permitió realizar obras de drenaje, replicadas sólo en la ciudad de México y el puerto de Veracruz, introducir la recolección de basura, construir un mercado público más higiénico y un nuevo hospital con todos los adelantos del momento. En la primera década del siglo XX se completó la obra, cuando el gobierno del estado y la oligarquía yucateca convergieron en el propósito de invertir en las grandes obras urbanas que convertirían a Mérida en "el París de México". Con los ingresos de la contribución extraordinaria sobre el henequén y un millón de pesos en donaciones de particulares, se transformaron "las viviendas, el transporte, la comunicación, la salud pública, la salubridad, la educación, las artes, la comunidad empresarial y el paisaje urbano mismo".[67]

La riqueza producida por la explotación del henequén no sólo se derramó en obras de infraestructura y urbanización, sino que se invirtió en proyectos empresariales de distinto tipo. Como una manifestación de la creciente capacidad financiera de la oligarquía regional, hacia 1890 se establecieron en Yucatán dos bancos locales, además de la sucursal del Banco Nacional.[68] Por otra parte, se emprendieron diversos proyectos industriales, aunque con me-

[63] Wells, "All" (1992), pp. 178-179.

[64] Barba, *El henequén* (1895), pp. 19-20; Pérez Siller, "Los ingresos" (1982), t. II, anexo III.

[65] Askinasy, *El problema* (1936), p. 10.

[66] Wells, "All" (1992), p. 185; Wells y Joseph, *Summer* (1996), p. 126.

[67] Wells y Joseph, *Summer* (1996), pp. 131-136 y 330, nota 62.

[68] Los dos bancos locales eran el Banco Mercantil y el Banco Yucateco, este último controlado por Olegario Molina. Barceló Quintal, "El desarrollo" (1986), *passim*; Carstensen y Roazen, "Mercados" (1998), p. 190.

nor éxito. La principal cordelería que operaba en Mérida quebró a principios de los años ochenta como resultado del auge del precio internacional de la fibra y de la imposición de aranceles en el mercado estadounidense, y solamente sobrevivieron establecimientos artesanales que operaban en pequeña escala.[69] A partir de ese momento, los empresarios entendieron que en épocas de altos precios del henequén la fabricación local de manufacturas era incosteable, de manera que las iniciativas para industrializar la materia prima aparecían solamente en los periodos de declive en su precio. En 1898, en medio de una de estas coyunturas, bajo los auspicios de Olegario Molina se fundó el mayor proyecto industrial de la época: la fábrica denominada precisamente La Industrial, con una inversión inicial de 600 000 dólares, 300 trabajadores y una capacidad instalada de 50 toneladas diarias de manufacturas de henequén.[70] La empresa superaba con creces, en términos de recursos, tecnología y dirección, cualquier esfuerzo de industrialización que se hubiera llevado a cabo hasta entonces. Y sin embargo, no prosperó. Aunque la opinión general es que el nuevo salto en el precio de la fibra provocado por el estallido de la guerra hispanoamericana en 1898 produjo el mismo efecto que los auges anteriores, haciendo incosteable su procesamiento local,[71] algunos autores consideran que fueron en realidad fallas en la organización del proceso productivo las que generaron ineficiencias y restaron competitividad a la producción de La Industrial, conduciéndola al fracaso. Poco después de perder su contrato con la McCormick, la mayor fabricante de cosechadoras (y por tanto, consumidora de hilo de engavillar) en Estados Unidos y su principal cliente, se vio obligada a cerrar.[72] Después de numerosos avatares, la fábrica reabrió sus puertas en la década de 1920, cuando, en un contexto de declive en la demanda internacional de la fibra, empezó a producir con mejores resultados cordel, sacos y otras manufacturas para consumo nacional.[73] La industrialización basada en la disponibilidad de la fibra empezó por fin a materializarse, aunque su consolidación se produciría tan sólo una década más tarde.

Varios factores limitaron la contribución del henequén a la economía de la región y del país. El más importante fue probablemente el régimen de bajos salarios y sujeción forzosa de la fuerza de trabajo a las haciendas, que impidió la formación de un mercado libre de trabajo y de una clase asalariada que ha-

[69] Remmers, "Henequen" (1981), p. 790, cuadro VIII-F; Carstensen y Roazen, "Mercados" (1998), p. 200.

[70] *Yucatán* (1998), p. 250; Carstensen y Roazen, "Mercados" (1998), p. 200; Beatty, "The Impact" (2000), p. 400.

[71] Wells, "El henequén" (1993), pp. 211-212; Cámara Zavala, "Historia" (1977), p. 707.

[72] Carstensen y Roazen, "Mercados" (1998), p. 203.

[73] *Yucatán* (1998), pp. 384-385.

bría potenciado la derrama económica de la actividad henequenera. En segundo lugar debe mencionarse la inmensa concentración de la propiedad y del ingreso, que reservaba los mayores beneficios a una minoría selecta que ejercía en forma oligopólica el poder económico y político. Se conformó así un modelo de acumulación excluyente y elitista, que contribuyó igualmente a contraer la derrama de la riqueza generada por el henequén. Otro orden de limitaciones tuvo que ver con circunstancias de índole diversa. Una precaria dotación de recursos actuó en contra de la diversificación agrícola, privilegiando al henequén sobre cualquier otro producto que se pudiera cultivar en el suelo yucateco. La falta de minerales obstaculizó el eslabonamiento entre la explotación henequenera y un proceso de industrialización basado en la demanda de máquinas desfibradoras, que parecía posible. La lejanía del estado respecto al resto del territorio nacional impidió la vinculación de los ferrocarriles regionales con la red ferroviaria del país, que hubiera favorecido una mayor integración del mercado nacional, aumentando las posibilidades de crear una industria competitiva en la región.

En este contexto debe sopesarse la contribución del henequén a la economía de Yucatán. No estamos hablando de un estado medianamente próspero con una economía diversificada que se vio súbitamente envuelto en la perniciosa lógica del monocultivo. Lejos de ello: los cronistas refieren que antes de la Guerra de Castas hubo "dieciséis hambres yucatecas", producto de las precarias condiciones del suelo y de la pobreza perenne del estado.[74] A diferencia de otros productos de exportación, el problema con el henequén no fue que arrojara un escaso valor de retorno para la economía nacional porque las ganancias se fugaran al exterior como utilidades por el capital invertido. Por el contrario, la inmensa mayoría de los frutos derivados del auge henequenero permanecieron en el país, y una parte de ellos se invirtió en la creación de infraestructura, servicios urbanos y portuarios y algunas empresas productivas. En realidad, en buena medida, el problema ni siquiera tenía que ver con el henequén, sino con la precariedad de la economía local en que se insertó el monocultivo, con el bajo nivel del punto de partida y con la rigidez de la estructura social tradicional. El resultado de estas condiciones era una escasa movilidad de los factores productivos, que limitaba las posibilidades de diversificación y la realización de cambios estructurales que hubieran hecho más duradero el impacto del auge del henequén. Así las cosas, el henequén aportó a la economía yucateca riqueza y prosperidad en el corto y aún en el mediano plazo, pero difícilmente podría transformar las características de la economía regional al punto de crear las condiciones para un crecimiento económico perdurable.

[74] Ortega, *El henequén* (1943), p. 19.

7.3 LA MINERÍA[75]

A lo largo de la historia, no existe ningún sector de la economía mexicana que haya cumplido por más tiempo y de manera más consistente el papel de dinamizador de la actividad económica como lo ha hecho la minería. Casi siempre ha sido una actividad con orientación exportadora, y sin embargo, por la variedad de sus frutos, la duración de su ciclo vital, y la difusión y alcance geográfico de sus procesos productivos, tiene poco en común con algunos de los que se considera rasgos típicos de las actividades de exportación. Con todo, durante la mayor parte del siglo XIX la minería pasó por una de las peores crisis de su historia. Tras el choque de la independencia, y pese a las inversiones tempranas que intentaron revitalizarla, un sinnúmero de factores conspiraban contra su recuperación: la falta de recursos, de transporte, de fuerza de trabajo; derechos de propiedad mal definidos, inseguridad, alto costo de los insumos y elevados impuestos.[76]

Varios prerrequisitos debieron cumplirse para que fuera posible la recuperación de la minería. El primero de ellos fue un proceso de cambio institucional que abrió progresivamente el sector a la inversión de capital extranjero y estableció derechos de propiedad mejor definidos y más seguros. La ley minera promulgada en 1884, además de proveer uniformidad a nivel nacional, levantó las restricciones para que los extranjeros invirtieran directamente en la adquisición de minas y garantizó su libre explotación, eliminó los límites a la extensión de las propiedades y aseguró la libre contratación de la fuerza de trabajo. Al mismo tiempo, puso un límite de 2% sobre el valor de la producción a los impuestos mineros que podían decretar los estados.[77] El código minero de 1892 eliminó el denuncio como forma de adquirir propiedades mineras y sujetó la propiedad a la única condición del pago de impuestos, definiéndola en todo lo demás como cualquier otra propiedad privada.[78] Sin embargo, la secuencia de cambios que abrieron el sector minero a la inversión llegó a su fin aún antes de que concluyera el régimen porfirista. La ley minera de 1909 volvió a la antigua definición de la riqueza minera como patrimonio de la nación, sujeta a concesiones federales y a denuncio, si bien preservaba la garantía de la

[75] Los apartados que siguen (sobre la minería, el henequén y el petróleo), constituyen una versión muy abreviada y modificada de trabajos mucho más largos que se publicarán *in extenso* como capítulos (3, 2 y 6, respectivamente) del libro de la autora que se encuentra en preparación, bajo el título *Las exportaciones mexicanas durante la primera globalización del mundo moderno* (1870-1929).

[76] Staples, *Bonanzas* (1994), pp. 203, 222, 291; Romero Gil, *La minería* (2001), p. 76 ss.

[77] Su aplicación se postergó hasta 1887, debido a la resistencia de los gobiernos estatales.

[78] Riguzzi, "Un modelo" (1999).

libre explotación.[79] Los principales contenidos de esta ley fueron ratificados por la Constitución de 1917, y en cuanto ley específica, sólo fue sustituida por otra, más restrictiva aún en algunos aspectos, en 1926.[80]

El segundo requisito de la revitalización de la minería fue la dotación de una infraestructura de transportes que facilitó el acceso a las zonas mineras y mejoró la rentabilidad de las inversiones. La sinergia entre ferrocarriles y minas dio lugar a un mapa minero inmensamente ampliado si se le compara con el mapa colonial, y mucho más difuso en términos de la presencia territorial. La dramática reducción en los costos de transporte hizo rentables productos de baja ley y minerales no preciosos. Así, junto al oro y la plata empezaron a explotarse el plomo y el cobre en gran escala, y más adelante el antimonio y el zinc. El tercer requisito fue una creciente demanda de minerales industriales en el mercado internacional, que estimuló las inversiones extranjeras e impulsó la diversificación y la modernización tecnológica del sector.

El despliegue de estas condiciones a partir del último tercio del siglo XIX transformó los rasgos que habían caracterizado a la explotación minera desde la época colonial. Ante la falta de un mercado de capitales interno, el nuevo auge minero estuvo protagonizado por el capital extranjero.[81] La estrecha asociación entre ferrocarriles y minería produjo inversiones de "derrame" (*spill-over investments*) de empresas estadounidenses hacia el territorio mexicano, lo que condicionó un temprano predominio de la presencia estadounidense en la minería mexicana.[82] Aunque en menor medida, el auge minero atrajo también la atención de inversionistas británicos y franceses, los primeros con cierta predilección por las minas de oro y los últimos por las de cobre. Se calcula que a principios del siglo XX había unas 1 000 empresas mineras operando en México, de las cuales unas 800 eran norteamericanas, 150 mexicanas, 40 británicas y dos francesas. Aunque no existe acuerdo sobre las cifras, algunas estimaciones sugieren que los recursos invertidos en la minería mexicana pasaron de menos de un millón de dólares en 1876 a unos 325 millones de dólares (entre minería y metalurgia) para 1911. De ellos, 250 eran de origen estadounidense y 45 de origen británico, en tanto el resto se dividía entre franceses, mexicanos y de otras nacionalidades.[83] Aunque la inversión de capital extranjero no hizo desaparecer la minería tradicional, introdujo en el

[79] Velasco *et al.*, *Estado y minería* (1988), pp. 325-328, 356-358.

[80] Acerca de la ley de 1926, véase Sariego *et al.*, *El Estado* (1988), pp. 70-71.

[81] Acerca de las formas en que el "atraso financiero *(financial backwardness)*" constituyó un obstáculo para el crecimiento económico, véase Marichal, "Obstacles" (1997); asimismo, véase Romano y Carmagnani "Componentes económicos" (1999), pp. 259-260.

[82] Wilkins, *The Emergence* (1970), capítulo 6.

[83] Nava Oteo, "La minería" (1984), p. 347; Bernstein, *The Mexican* (1964), p. 75.

Gráfica 7.2
Precio medio anual de la plata, Londres y Nueva York, 1870-1929
(dólares por onza fina)

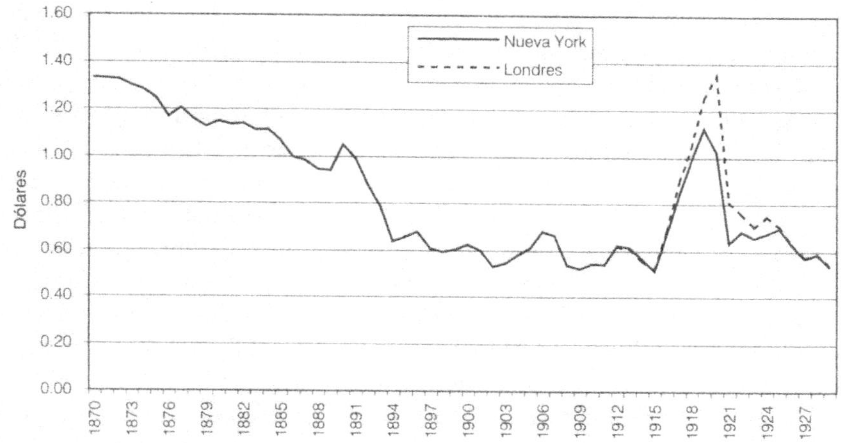

FUENTES: para Londres: http://www.nber.org/databases/macrohistory/rectdata/04/docs/m04108.txt, tomado de *Annual Report of the Directors of the Mint*, 1933, pp. 86-87; para Nueva York: *Statistical Abstract... 1940* (1941), p. 782.

sector métodos sistemáticos de explotación, tecnología avanzada y la producción en gran escala.

Un factor crucial en la transformación de la industria minera fue la depreciación de la plata, que se inició en la década de 1870 y, pese a los intentos de las potencias por frenarla en la década de 1880, continuó en forma aguda hasta 1902 (véase gráfica 7.2).[84] Más allá de su impacto monetario, la caída del precio de la plata afectaba a los productores, al ejercer presión sobre los costos de producción y las utilidades. En este sentido, la depreciación actuó en favor de la diversificación de la industria minera, al incentivar la producción de oro e impulsar el aprovechamiento de otros minerales con demanda creciente en el mercado internacional. Ello no significa que los otros productos mineros no se vieran afectados por fluctuaciones en la demanda y en los precios internacionales. Sin embargo, en ninguno de los otros casos se observa un patrón descendente de largo plazo como el que exhibió la plata en este periodo.

Una circunstancia más intervino para transformar el carácter de la minería mexicana a fines del siglo XIX. En los inicios de su recuperación, los minerales que se extraían en los yacimientos del norte de México se transportaban por lo general a fundiciones que se encontraban al otro lado de la frontera con

[84] Acerca de las causas y el *timing* de la caída del precio internacional de la plata, véase Foreman-Peck, *Historia* (1995), pp. 201-208.

Estados Unidos. Parte de la riqueza minera abandonaba el país habiendo apenas sido extraída de las entrañas de la tierra. En 1890 se promulgó en Estados Unidos un arancel proteccionista que, entre otras cosas, gravaba las importaciones de plomo argentífero. Como respuesta a esta medida, algunos inversionistas norteamericanos, involucrados ya en la explotación minera en México, decidieron establecer fundiciones de este lado de la frontera, reduciendo los costos de transporte y ahorrándose los derechos de importación del mineral sin beneficiar a Estados Unidos.[85] Fue así que a partir de la década de 1890 se establecieron en distintas partes de la república grandes plantas de beneficio y fundición de metales, cuyo rasgo distintivo era la proximidad con las zonas de explotación minera pero sobre todo con las principales líneas de ferrocarril. Como veremos más adelante, esta circunstancia fue el punto de partida para una transformación radical que dotó a la actividad minera de una fase industrial, y añadió a la canasta de las exportaciones primarias un conjunto de artículos de origen secundario con un mayor valor agregado.

La Revolución mexicana impuso condiciones inusuales para las actividades minera y metalúrgica, y para la exportación de sus frutos.[86] Debido al carácter difuso de la actividad, los eventos relacionados con la guerra civil produjeron trastornos de distinta intensidad y duración en casi todos los centros mineros del país, con excepción de aquellos físicamente aislados, como el del Boleo, en Baja California. Así, la producción de cada uno de los minerales cayó en algún momento de la década, aunque en las cifras totales el repunte de algún artículo compensara el retroceso de otro, reduciendo el impacto global de la revolución sobre las cifras de producción. A partir de 1914, la Primera Guerra Mundial apareció como un factor de signo inverso para los intereses mineros. La pujante demanda de productos estratégicos, acompañada de ascensos exorbitantes en los precios, creó poderosos incentivos para continuar la explotación pese a todas las dificultades. Así, siempre que pudieron hacerlo, las empresas mineras siguieron operando.

El auge espectacular en el precio de los metales llegó a su fin junto con las condiciones extraordinarias que lo produjeron. La década de 1920 se inauguró con una caída estrepitosa en la demanda de minerales, a la que siguió una recuperación lenta y desigual para los distintos productos, que además debía tener lugar en el marco de condiciones institucionales inéditas creadas por la revolución. Nuevos y cambiantes impuestos, una regulación más estrecha, una legislación laboral progresista y un clima de cuestionamiento a la gran propie-

[85] Velasco *et al.*, *Estado y minería* (1988), pp. 266-267.

[86] Para un ejemplo de las vicisitudes que enfrentaban las exportaciones de metales durante los años de la guerra civil véase SRE, AHGE, exp. 16-14-135, 1915.

dad de origen extranjero no sólo ahuyentaron a los nuevos inversionistas, sino que desalentaron a algunos de los que ya se encontraban operando dentro del país, de manera que la inversión total retrocedió a lo largo de los años veinte. De acuerdo con algunas estimaciones, en 1920 había unos 305 millones de dólares de inversión extranjera en la minería mexicana (frente a algo menos de 15 millones de inversión nacional), de los cuales 250 eran de origen estadounidense y 43, británico.[87] Para 1929 la inversión norteamericana en la minería mexicana ascendía a unos 230 millones de dólares repartidos en una centena de compañías; y la británica, representada por unas veinte compañías, aportaba unos 40 millones más. Aún más, el capital mexicano disminuyó de 5% a tan sólo 3% del total invertido. Junto a la reducción de las inversiones se produjo un fenómeno de concentración de la propiedad minera, debido en parte a la expansión de los intereses de las grandes empresas ya establecidas, a la quiebra de muchos mineros pequeños y medianos y a la desaparición del vendedor en pequeño. La mayor parte de la producción estaba a cargo de cinco grandes empresas verticalmente integradas: dos americanas (ASARCO y Peñoles), dos francesas (Dos Estrellas y El Boleo), una inglesa (Santa Gertrudis) y una belga (Corporation Miniere du Méxique).[88] En suma, contra lo que pudiera pensarse, la revolución no tuvo como resultados ni un mayor control nacional sobre los recursos mineros, ni una disminución en el tamaño de las empresas, ni alguna cosa que pudiera entenderse como una redistribución de la propiedad dentro del sector. Lejos de ello, la concentración de la propiedad aumentó, y con el despliegue de recursos de las grandes empresas extranjeras y el cierre de las pequeñas explotaciones en manos de mexicanos, se agudizó también la tendencia a su desnacionalización.[89]

La contribución de la minería a la economía mexicana

En el último cuarto del siglo XIX, y sobre todo a partir de la década de 1890, la minería cobró un auge sin precedentes (véase cuadro 7.2). De acuerdo con las estadísticas disponibles, el volumen de producción de oro creció a una tasa cercana a 5% anual entre 1871 y 1930, y el de plata a una de 3.4% durante el mismo periodo.

Junto a la producción de metales preciosos —especialmente de plata— que había caracterizado a México desde la época colonial, despegó en estos

[87] Sherwell, *Mexico's* (1929), p. 10.
[88] Krauze, Meyer y Reyes, *Historia* (1977), pp. 254-255.
[89] Bernstein, *The Mexican* (1964), p. 165.

Cuadro 7.2
Índice de volumen de la producción minera, 1870-1929
(1900 = 100)

Año	*Oro*	*Plata*	*Cobre*	*Plomo*	*Antimonio*	*Grafito*	*Zinc*
1872	5	28					
1873	7	27					
1874	6	28					
1875	6	29					
1876	5	31					
1877	8	35					
1878	6	35					
1879	7	39					
1880	12	42					
1881	11	41					
1882	11	42					
1883	12	45					
1884	10	47					
1885	7	48					
1886	8	53					
1887	7	55					
1888	7	58					
1889	8	55					
1890	10	59					
1891	12	66	23	49			
1892	14	77	31	71			
1893	13	81	38	77	1		35
1894	51	81	42	79	9		40
1895	65	82	41	82	52	31	50
1896	74	86	41	85	123	31	55
1897	81	94	49	91	159	30	90
1898	100	98	59	99	220	53	95
1899	84	94	71	94	171	90	90
1900	100	100	100	100	100	100	100
1901	106	98	125	127	85	30	80
1902	108	111	146	131	47	56	85
1903	124	111	173	124	54	55	90
1904	154	108	208	124	43	38	140
1905	100	102	225	111	53	38	1228
1906	101	97	211	95	95	153	2288
1907	111	119	170	129	117	125	1942
1908	123	126	169	155	105	42	933
1909	133	124	187	153	101	67	242
1910	136	127	185	153	106	100	171
1911	136	139	199	148	111	119	159
1912	119	139	203	133	46	137	127
1913	95	121	186	86	25	173	96
1914	32	47	94	7	28	166	79
1915	27	68	1	25	20	164	581

Cuadro 7.2 *(concluye)*

Año	*Oro*	*Plata*	*Cobre*	*Plomo*	*Antimonio*	*Grafito*	*Zinc*
1916	43	51	101	25	22	18	3745
1917	86	72	181	81	71	16	4518
1918	93	107	249	125	88	242	2070
1919	87	113	185	90	13	157	1156
1920	84	114	174	104	17	126	1565
1921	78	110	54	77	1	114	126
1922	85	139	96	140	13	80	614
1923	89	155	189	197	13	214	1848
1924	90	157	174	209	21	313	2466
1925	90	159	182	226	38	268	5180
1926	88	168	191	267	70	173	10537
1927	83	179	208	308	52	228	13772
1928	80	186	231	299	96	194	16175
1929	74	186	286	315	73	204	17405
Vol. (ton)*	27.26	1 817	28 208	79 011	3 708	2 561	1 000

* Se trata del volumen (expresado en toneladas) en el año base (1900).
FUENTES: Flores Clair *et al.*, *Estadísticas* (1985), pp. 17-18; González Reyna, *Riqueza* (1956), cuadro s.p.; El Colegio de México, *Estadísticas* (s.f.), pp. 139-140, 173.

años la explotación de minerales industriales. El plomo era un artículo derivado de los minerales argentíferos cuya producción en gran escala se volvió rentable gracias al transporte ferroviario. El volumen producido creció a una tasa de 5% como promedio anual entre 1891 y 1929. El cobre empezó a explotarse en gran escala a inicios de los años de 1890, tras el establecimiento de la compañía francesa de El Boleo en Baja California, y su producción se intensificó a principios del siglo XX, cuando inició sus operaciones en el norte de Sonora la Cananea Consolidated Copper Company. Pese a los bruscos altibajos en la demanda, que produjeron efectos devastadores en las regiones productoras (particularmente tras la crisis económica internacional de 1907),[90] el desempeño de esta rama del sector minero en el largo plazo fue bastante espectacular: la producción de cobre creció a una tasa de 7% entre 1891 y 1929 como promedio anual. Otros productos minerales no tradicionales empezaron a explotarse desde los años noventa, como el zinc, el grafito y el antimonio, y su producción alcanzó niveles muy respetables: en 1929 se produjeron 174 000 toneladas de zinc, más de 5 000 de grafito y casi 3 000 de antimonio, aunque

[90] Acerca de los efectos de la crisis de 1907 en la región sonorense véase Guerra, *México* (1988), t. II, pp. 248-255. El fenómeno se repitió, como se puede ver en las cifras de producción, en 1921.

éste alcanzó su nivel de producción más alto hacia fines del siglo XIX, con más de 8 000 toneladas producidas.[91] Como se muestra en el cuadro 7.2, la producción creció en forma consistente hasta 1912, cuando los eventos asociados a la Revolución mexicana produjeron caídas de distinta magnitud en los distintos productos, sobre todo a partir de 1914. Como veremos, la mengua en el volumen físico de la producción fue en buena medida contrarrestada por los altos precios en el mercado internacional, y en cualquier caso fue transitoria: para 1918 se habían recuperado los índices de producción alcanzados antes de la caída en todos los productos con excepción del oro, cuya producción nunca se recuperó. Lo que es más, la producción de plata, cobre, plomo y zinc vivieron un segundo auge en la década de 1920, que concluyó abruptamente por el impacto de la Gran Depresión.[92]

En términos de valor, la producción minero-metalúrgica se multiplicó por diez entre 1877 y 1910, al pasar de más de 25 a casi 240 millones de pesos, y luego de los avatares de la revolución, dio un nuevo salto en el último lustro de los años 1920, al pasar de 266 millones de pesos en 1926 a 336 en 1928.[93] La contribución de la minería al PIB pasó de menos de 5% en 1895 a 9.8% en 1930.[94] El auge de la minería mexicana la llevó a aportar porciones importantes, y en algunos casos crecientes, a la producción mundial de algunos de sus productos. En 1911 la producción nacional de plata representaba 32% de la mundial; para 1928 y 1929 ese porcentaje se había elevado a 42%. México aumentó su cuota del mercado mundial también en la producción de plomo, pasando de 6 a 14% entre 1906 y 1929. En cambio, la de cobre disminuyó (de 10% en 1905, el punto máximo alcanzado en el porfiriato a 6% en 1929), aunque siguió siendo significativa a nivel internacional.[95]

Probablemente el mayor impacto directo de la minería tenía lugar a través de la derrama salarial. De acuerdo con las fuentes más conocidas, en 1910 la industria extractiva empleaba a más de 100 000 personas, y la metalúrgica ocupaba a unas 30 000 más.[96] Aunque a nivel nacional estas cifras representaban

[91] González Reyna, *Riqueza* (1956), cuadro final s.p.; El Colegio de México, *Estadísticas* (s.f.), pp. 136-137.

[92] Sterrett y Davis, *The Fiscal,* (1928), pp. 101-102; Knight, "El estímulo" (2003), p. 189.

[93] El Colegio de México, *Estadísticas* (s.f.), p. 135; SICT, *Anuario* (1930), *passim*. Hay ciertas reservas respecto a las valoraciones empleadas por las agencias mexicanas respecto a la producción minera del país por no coincidir con los precios de mercado. Al respecto véase Sherwell, *Mexico's* (1929), pp. 30-32.

[94] El Colegio de México, *Estadísticas* (s.f.), p. 135; DEN, *Anuario... 1927* (1929), p. 2; *Sariego et al., El Estado* (1988), p. 165; Solís, *La realidad* (1981), pp. 79-80.

[95] Haber, Maurer y Razo, "When the Law" (2003), pp. 23-25.

[96] El Colegio de México, *Estadísticas* (s.f.), pp. 47, 134; Flores Clair *et al.*, *Estadísticas* (1985), pp. 165-170.

una proporción ciertamente modesta de la población económicamente activa (PEA) (alrededor de 2.5%), tal imagen se matiza al considerar el caso de estados mineros, como Zacatecas, Sonora y Chihuahua, en los cuales la proporción crecía a entre 6 y 7.5% de la PEA.[97] Por otra parte, las características particulares de este grupo social aumentan su significación: en términos generales, se trataba de una fuerza de trabajo asalariada, con una elevada movilidad geográfica y ciertas perspectivas de ascenso social. Como veremos en seguida, sus salarios se encontraban por encima de la media, y en algunas regiones del país eran muy superiores a los de otras ocupaciones. En todo esto se distinguía de la inmensa mayoría de la población que trabajaba en el campo, sujeta a las haciendas por mecanismos extraeconómicos, con percepciones salariales muy bajas y una participación limitada en el mercado, así como escasa movilidad geográfica y social.

Ello no significa que en la minería no hubieran persistido relaciones de dependencia y ciertas formas de coacción extraeconómica, sobre todo en los inicios del periodo. En las regiones que padecían escasez de mano de obra, existen indicios de un "férreo sistema de endeudamiento" al menos hasta los años de 1870, y aún más tarde en las empresas más tradicionales.[98] En muchas empresas subsistió por largo tiempo la tienda de raya, aunque frecuentemente se le asociaba con la necesidad de garantizar el abasto de los trabajadores en condiciones de aislamiento.[99] Estos rasgos tendieron a disolverse, sin embargo, a medida que las grandes empresas extendieron su presencia y empezaron a predominar, imponiendo patrones tecnológicos, organizacionales y laborales. Conforme a ellos, las viejas formas de sujeción de la mano de obra abrieron paso a nuevos mecanismos de retención, como el establecimiento de servicios sanitarios, escuelas, hospital e iglesia en las colonias mineras. De esta manera, las compañías se veían obligadas a "proveer ciertos servicios para atraer trabajadores, haciendo entonces que [su] vida [...] fuera mejor de lo que de otra forma hubiera sido."[100]

En épocas normales los trabajadores mineros eran la mano de obra mejor pagada de México. En términos nominales, el salario mínimo dentro del sector se incrementó de 22 centavos diarios en 1877 a 1.18 pesos en 1910 como promedio nacional, muy por encima de la media general que, partiendo de aquella cifra, apenas rozó los 50 centavos por día en 1910. Lo que es aún más significativo, el salario mínimo minero fue el único que se incrementó en términos reales a lo largo de todo el periodo, al pasar de 32 centavos en el año inicial a

[97] Guerra, *México* (1988), t. II, p. 250.

[98] Romero Gil, *La minería* (2001), pp. 76-79.

[99] Véase, por ejemplo, el caso de El Boleo, en González Cruz, *La compañía* (2000), pp. 69, 129.

[100] Kortheuer, "Santa Rosalía" (2001), pp. xv, 1-3, 366.

72 en 1911. Por supuesto, esto tenía lugar en medio de pronunciadas diferencias entre regiones y entre ocupaciones. En cuanto a lo primero, la región mejor pagada fue la del Pacífico Norte, y la que experimentó un mayor crecimiento salarial en términos reales fue la del Norte. En cambio, en el Centro y el Pacífico Sur los salarios y su incremento real fueron más modestos, mientras que en la región del Golfo empezaron siendo más altos y tendieron a disminuir.[101] En cuanto a la estructura ocupacional, el sector minero se encontraba entre los más complejos y diferenciados de la actividad económica nacional. En empresas de regular tamaño, como la Real del Monte, la estructura jerárquica incluía al menos nueve cargos pertenecientes a la alta administración, unas 25 ocupaciones distintas para el trabajo en las minas, 22 para las haciendas de beneficio, y una división del trabajo apenas menor en los departamentos de apartado y ensaye, maestranza y resguardo. En conjunto, unas cien denominaciones distintas para una fuerza de trabajo de unos 2 000 empleados. La estructura salarial reproducía esta diversidad, al punto que los sueldos variaban no sólo de una ocupación a otra sino, dentro de un mismo oficio, de una mina a otra dentro de la misma empresa.[102] Las formas de retribución de la fuerza de trabajo reflejan esa diversidad. Al principio del periodo, coexistían cuatro formas de pago: el jornal, pago en efectivo por día trabajado; el destajo, retribución proporcional a la cantidad de trabajo realizado; el partido, forma tradicional de pago que consistía en una porción de los minerales extraídos, y el salario, ingreso predominante entre los empleados y trabajadores de confianza.[103]

Aun cuando sabemos que los salarios variaban considerablemente de acuerdo a la región, la ocupación o la nacionalidad de los trabajadores, las cifras disponibles nos permiten ofrecer una valoración gruesa de su significado económico. Si supusiéramos, para una estimación burda, que en 1907 se ocuparon 100 000 individuos en esta actividad, que sus percepciones diarias fueron de 1.20 centavos como promedio, y que trabajaron 300 días en el año, la masa salarial resultante se acercaría a 36 millones de pesos. Esta cifra representaba 27% del valor de la producción minera del país en ese mismo año.[104] Es probable que este cálculo esté

[101] El Colegio de México, *Estadísticas* (s.f.), pp. 151-152.

[102] Flores Clair, *Conflictos* (1991), *passim*; Velasco *et al., Estado y minería* (1988), p. 399; AHRMYP, Fondo Siglo XIX, Sección Contaduría General, Serie Memorias, Subserie Memorias Semanarias, varios volúmenes pendientes de clasificar; Fondo Norteamericano, Sección Contabilidad, Serie Libros Auxiliares de Registro, Subserie Registro y distribución de nóminas y rayas, Mina Camelia; *idem*, Mina de Barrón; *idem*, Mina Paraíso; *idem*, Mina Rosario. Véase también Nava Oteo, "Jornales" (1962), pp. 64-66.

[103] Velasco *et al., Estado y minería* (1988), pp. 401-402; Flores Clair, *Conflictos* (1991), p. 75.

[104] El costo salarial total se estimó a partir de El Colegio de México, *Estadísticas* (s.f.), *passim*; el valor de la producción minera en 1907, según Flores Clair, *Estadísticas* (1985), p. 142.

subestimado, puesto que diversos testimonios de la época indican que los salarios seguían constituyendo la parte principal de los costos de producción en el sector minero.[105] A la masa salarial de los trabajadores mineros habría que añadir la resultante de los salarios devengados en la industria metalúrgica por unos 30 000 obreros que, en promedio, tenían percepciones más altas que aquéllos.[106]

El periodo que arranca con la revolución tuvo efectos encontrados sobre los trabajadores del sector minero-metalúrgico. Durante los años de la guerra, la inestabilidad y la incertidumbre en el empleo debieron ser los signos dominantes. Por otra parte, contra la opinión común, a inicios de los años veinte no parece haberse impuesto un aumento generalizado en los salarios del sector.[107] Más avanzada la década sí se percibe un incremento en el salario medio por día aumentó respecto a los montos observados durante el porfiriato, de manera que entre 1928 y 1930 aquél promedió 2.85 pesos. En cambio, el número de trabajadores ocupados tendió a disminuir: de 90 000 en 1925 a 79 000 en 1928 y a 75 000 en 1929. De acuerdo con estimaciones oficiales, la derrama salarial ascendió a 81.5 millones de pesos en 1928 y a 77.5 en 1929, cifras equivalentes a 24 y 21% del valor de la producción minero-metalúrgica en esos dos años, respectivamente.[108]

Además de los salarios, en una actividad de esta naturaleza (de propiedad extranjera, con alta densidad de tecnología importada y una planta gerencial venida del exterior), el valor de retorno está determinado en buena medida por el pago de impuestos. Hasta el último tercio del siglo XIX prevaleció una política restrictiva y de altos gravámenes sobre la actividad minera que tenía el efecto paradójico de brindar algunos recursos al Estado pero impedir la recuperación del sector. La política del régimen liberal a partir de 1870 se desplegó en fuerte contraste con la actitud anterior. Por un lado, apuntó a reactivar el sector mediante la atracción de inversionistas nacionales y extranjeros; por el otro, buscó facilitar la comercialización de los metales mediante la reducción de las cargas fiscales y de las trabas a su exportación.[109] Al iniciarse nuestro periodo, el oro y la plata sólo podían exportarse acuñados, y estaban sujetos a derechos de exportación, además de los de ensaye, apartado y amonedación. A principios de los años 1870 se redujeron los derechos de exportación; asimismo, a medida que las casas de moneda volvieron a la administración del ejecutivo (proceso que se completó

[105] Nava Oteo, "Jornales" (1962), pp. 55-56.

[106] Cárdenas, *Empresas* (1998), pp. 16-17.

[107] Pese a la percepción de que la revolución trajo consigo aumentos salariales, algunos estudios de caso indican que los sueldos y jornales que se pagaban en 1923 eran muy similares a los vigentes en 1910. Véase, por ejemplo, Gómez Serrano, *Aguascalientes* (1982), p. 287.

[108] FNM, *México económico* (1932), pp. 48-55.

[109] Velasco *et al.*, *Estado y minería* (1988), pp. 255-256.

apenas en 1895) se eliminó la prohibición de exportar los metales preciosos en pasta, aunque subsistió como requisito para ello el pago de los derechos de acuñación.[110] A fines de 1882 se suprimieron los derechos de exportación sobre el oro y la plata en cualquiera de sus formas, y en lugar de ellos se establecieron derechos *ad valorem* de .5% para la plata y .25% para el oro.[111] Estas medidas produjeron una caída en la carga impositiva (de origen federal) desde alrededor de 5% en la década de 1870 a cerca de 1.5% en la de 1880.[112] A esta carga deben sumarse las contribuciones que los estados podían imponer a la actividad minera. Según la ley de 1887, los impuestos estatales sobre la minería no debían rebasar 2% sobre el valor de la producción, y, en el caso de las plantas metalúrgicas, .6% sobre el valor de la finca y su maquinaria. En ambos casos, 25% de los ingresos percibidos por los estados debía destinarse a la federación, sumándose a los derechos federales de acuñación aún subsistentes.[113] A más de prohibir cualquier otra contribución que pesara sobre el sector, salvo la del timbre, la misma ley de 1887 autorizaba al ejecutivo para otorgar concesiones amplias, hasta por un periodo de diez años, a las empresas que invirtieran en el desarrollo de la industria minera.[114] En suma, puede afirmarse que en la década de 1880 la política gubernamental se inclinó por una liberalización regulatoria e impositiva que buscaba impulsar la inversión y la reactivación del sector minero.

Esta postura empezó a modificarse en el siguiente decenio. En 1892 se agregó a los impuestos ya existentes uno sobre la propiedad minera, pagadero en dos partes: la primera, por una sola vez en estampillas colocadas sobre el título de propiedad, y la otra en forma anual por cada pertenencia. A este nuevo impuesto se extendía, sin embargo, la facultad del ejecutivo para otorgar exenciones en los contratos de concesión. En 1895 se fijó el derecho de timbre en 3% y el de amonedación en 2% adicional, aunque se exceptuaban los minerales por debajo de cierta ley.[115] Estas medidas elevaron los impuestos sobre

[110] Dublán y Lozano, *Legislación* (1876-1912) t. 12 (1882), parte 1, pp. 169-170; Velasco, *et al.*, *Estado y minería* (1988), pp. 324-325. El arrendamiento de las casas de moneda a particulares ha sido considerado uno de los grandes obstáculos a la reactivación de la minería. Velasco, "Casas" (1994), p. 171.

[111] Skilton, *Mining Districts* (1882), [p. 14]. The Bancroft Library, University of California, Berkeley.

[112] Porcentajes estimados con base en las series de producción y de impuestos mineros. El Colegio de México, *Estadísticas* (s.f.), pp. 135, 217-219; Pérez Siller, "Los ingresos" (1982), t. II, cuadros B.2.1, B.2.2 y G; Flores Clair, *et al.*, *Estadísticas* (1985), pp. 17-18.

[113] Dublán y Lozano, *Legislación* (1876-1912), t. 18, (1887), parte 2, p. 288.

[114] Dublán y Lozano, *Legislación* (1876-1912), t. 18, (1887), parte 2, pp. 288-290.

[115] La prescripción, contenida inicialmente en las leyes de ingresos, se consolidó en la ley de marzo de 1897. Véase Dublán y Lozano, *Legislación* (1876-1912), t. 27 (1898), parte 1, p. 125; Pérez Siller, "Los ingresos" (1982), pp. 329-330.

la producción minera de menos de un millón de pesos en 1894 a 3.3 millones en 1895, y aumentaron la carga fiscal (federal) que pesaba sobre el sector a alrededor de 4% del valor de la producción. A este porcentaje habría que sumar, como hemos dicho antes, las contribuciones directas que impusieran los estados hasta por 2% sobre el valor de la producción. Aunque no se dispone de datos completos por estado que indiquen la importancia de estas contribuciones, este porcentaje aparentemente modesto adquiere una significación muy distinta cuando se le refiere a la escala de las finanzas estatales. Para sólo dar algunos ejemplos, en Coahuila, las contribuciones que pagaban los minerales de Sierra Mojada aportaban hasta 30% de los ingresos estatales en los años de 1890; en Zacatecas, los derechos sobre minerales aportaron alrededor de 10% de los ingresos del erario estatal entre 1900 y 1904.[116] En términos generales, la existencia o no de minerales dentro de los linderos de un estado representaba una gran diferencia para sus finanzas. Si se atiende a la evolución de las rentas públicas de los estados, se observa que en la década de 1892 a 1901 los estados mineros percibieron en conjunto más de un tercio por encima de lo que recaudaron los estados no mineros, pese a que se encontraban entre éstos algunos que sobresalían por su riqueza, como Puebla, Veracruz, Jalisco y Yucatán.[117]

Con las disposiciones dictadas en 1895 se completó un conjunto no pequeño de contribuciones sobre la minería que subsistirían hasta la reforma monetaria de 1905. Tomando como base las leyes ya citadas y la síntesis proporcionada por el director de una importante compañía minera de la época, este conjunto se sintetiza en el cuadro 7.3.

En conjunto, los impuestos federales que pesaban sobre la producción de oro y plata representaron entre 5 y 7% del valor de la producción en el primer lustro del siglo XX.[118] En 1905, cuando la reforma monetaria puso fin al subsidio implícito de que disfrutaba la minería de la plata, el gobierno decidió disminuir la carga impositiva que pesaba sobre esta actividad. Se redujeron entonces los derechos sobre títulos de minas y el máximo autorizado para el impuesto estatal (que quedó en 1.5%),[119] y se eliminaron los derechos de

[116] Bernstein, *The Mexican* (1964), p. 22; *Memoria...Zacatecas* (1905), pp. 195-198. Para Sonora, véase Romero Gil, *La minería* (2001), p. 155.

[117] Como estados mineros se consideró a Aguascalientes, Chihuahua, Durango, Guanajuato, Guerrero, Hidalgo, Estado de México, Michoacán, San Luis Potosí, Sinaloa, Sonora y Zacatecas. El cálculo sobre las rentas estatales en el decenio se realizó con base en SFCI, *Anuario* (1903), pp. 324-325.

[118] Para el monto y desglose de los impuestos véase SHCP, *Anuario... 1912-1913* (1914), p. 353; para el valor de la producción anual, SHCP, *Anuario... 1919* (1922), p. 165, ambos en CEZ, Estadísticas mineras, carpeta 85.

[119] En 1910, prácticamente todos los estados mineros imponían el 1.5% autorizado como máximo, aunque algunos, como Guerrero y Nuevo León, cobraban un porcentaje menor. En

Cuadro 7.3
Impuestos a la minería vigentes en 1903

Denominación	*Monto*	*Otras condiciones*
Pago único sobre títulos de propiedad	$10 por pertenencia de una ha.	—
Pago anual por pertenencia	$10	Menor en minas de metales comunes
Acuñación	2% sobre el valor	Reducidos en la práctica a
Timbre	3% sobre el valor	4.5% en total
Ensaye, fundición, afinación y apartado	Según tarifa publicada por la Secretaría de Hacienda	Representaron .3% del valor en 1903 y 1904
Contribución directa (estatal)	Máximo 2%	25% para la federación
Contribución directa (estatal) sobre establecimientos metalúrgicos	Máximo .6% sobre el valor de la finca y su maquinaria	25% para la federación

FUENTE: citado en Velasco *et al.*, *Estado y minería* (1988), p. 332.

amonedación, afinación y apartado. Asimismo, se modificó el impuesto del timbre, de manera que fuera más alto (3.5%) para los minerales de oro y la plata que se exportaran sin beneficiar, favoreciendo con una carga menor (2.5%) a los que se beneficiaran antes de su exportación.[120] De esta manera, la carga fiscal de origen federal que pesaba sobre el oro y la plata se redujo a 2.6% de su valor en 1905 y a 2.3% en los cuatro años siguientes. Entre 1909 y 1912 esa carga promedió 2% del valor producido.[121] Esta ley que alivió considerablemente a la industria estuvo en vigor hasta 1913, y, sin haberlo previsto, contribuyó a paliar el impacto de la crisis de 1907 sobre la minería mexicana.[122]

Las tasas impositivas promedio de cuya evolución nos hemos ocupado hasta aquí no necesariamente reflejan la carga que debía soportar cada empresa minera en lo particular. De entrada, una forma radical de reducir el peso de las imposiciones fiscales era la evasión. Una parte no cuantificada pero considerable de la producción de metales preciosos se exportaba en forma clandestina, aunque su monto fue disminuyendo a medida que se afianzó el control del Estado y se construyeron los ferrocarriles. Pero había también formas menos riesgosas de aligerar el peso de las obligaciones fiscales. Por un lado estaba

cambio, no todos los estados que contaban con establecimientos metalúrgicos imponían la contribución del .6% autorizada por la federación. Velasco *et al.*, *Estado y minería* (1988), p. 333.

[120] El decreto establecía algunas condiciones particulares de acuerdo con la ley de los minerales. Dublán y Lozano, *Legislación* (1876-1912), t. 37 (1909), parte 1, núm. 2, pp. 355-359.

[121] SHCP, *Anuario... 1912-1913* (1914), p. 353; SHCP, *Anuario...1919* (1922), p. 165, ambos en CEZ, Estadísticas mineras, carpeta 85.

[122] Bernstein, *The Mexican* (1964), pp. 30-31.

la práctica de negociar "igualas" de impuestos, que disminuían el monto de las contribuciones a cambio de pagarlas por adelantado. Por el otro se encontraba la política de otorgar exenciones a los beneficiarios de concesiones mineras bajo ciertas condiciones, que se aplicaba en forma casuística desde inicios de los años de 1880 y se consolidó en virtud de la facultad otorgada al ejecutivo en 1887. Los privilegios otorgados en estos contratos consistían básicamente en la exención temporal (de entre diez y veinte años) de impuestos federales, excepto el del timbre, a los capitales invertidos y a las importaciones de maquinaria destinados a la explotación. Estos privilegios entrañaban como contraparte la obligación de hacer un depósito en la tesorería general para garantizar las obras, así como la de comprobar haber invertido una suma mínima en la explotación de la zona concedida (que variaba de una concesión a otra, entre 150 000 y un millón de pesos). Lo que es más importante, la mayor parte de estos contratos comprometían a sus beneficiarios "a que por lo menos tres cuartas partes de los metales extraídos de todas las minas que exploten dentro de los limites de la concesión se beneficien precisamente en el país", para lo cual se les obligaba a establecer una hacienda de beneficio dentro de los siguientes tres a cinco años, "conforme a los adelantos modernos y a las necesidades de la explotación."[123] Además de estos contratos, a partir de los años 1890 el gobierno empezó a otorgar concesiones específicas para el establecimiento de plantas de fundición, que contemplaban privilegios parecidos en materia fiscal y obligaciones similares para los beneficiarios.[124] Así pues, a cambio del sacrificio fiscal, el Estado obtenía tres ventajas para la economía nacional: la explotación de yacimientos que habían permanecido improductivos, un monto mínimo de inversión que procuraba la explotación sistemática en mediana o gran escala, y el establecimiento de una industria asociada con el recurso natural que se quería aprovechar. Por lo demás, las exenciones fiscales otorgadas no solían abarcar el impuesto federal del timbre, ni el de amonedación sobre los productos por encima de cierta ley, ni algunas contribuciones indirectas de carácter estatal o municipal.[125]

[123] Dublán y Lozano, *Legislación* (1876-1912), t. 17 (1887), parte 4, p. 698. Para otros ejemplos véase también, en el mismo tomo, pp. 699-702, y t. 17, parte 3, pp. 492-496. Sólo las concesiones más modestas no incluían esta prescripción. Véase, a manera de ejemplo, Dublán y Lozano, *Legislación* (1876-1912), t. 29 (1899), parte 2, pp. 386-388.

[124] Véase, por ejemplo, los contratos publicados en Dublán y Lozano, *Legislación* (1876-1912), t. 17 (1887), parte 3, pp. 492-496; t. 23 (1898), parte 3, pp. 471-474; t. 27 (1898), parte 2, pp. 438-441.

[125] Dublán y Lozano, *Legislación* (1876-1912), t. 27 (1898), parte 1, p. 126. Existen excepciones a esta regla. Por ejemplo, la concesión a la empresa El Boleo otorgaba exención plena de impuestos por veinte años, y de derechos de exportación sobre el cobre y otros productos de las minas, por cincuenta. Tales privilegios se justificaban porque, junto al objetivo de la explotación

En suma, en el periodo prerrevolucionario podemos identificar dos periodos de carga fiscal relativamente alta para la minería: el primero, entre 1870 y 1880, y el segundo, entre 1895 y 1905; y dos más de carga fiscal baja: los años de 1881-1894 y de 1905 en adelante, acaso hasta 1913. El primer lapso de altas tasas impositivas se identifica con el periodo previo a la liberalización en el movimiento de los metales preciosos. El segundo responde a la postura de Limantour de gravar con impuestos razonables a las actividades exportadoras más dinámicas para beneficio del erario, procurando al mismo tiempo que la estabilidad de la política fiscal fomentara la inversión y promoviera una intensificación de la actividad económica.[126] En estos periodos, la minería soportó una carga impositiva de origen federal de alrededor de 5% en promedio, a la que habría que sumar primero un máximo de 2% y luego de 1.5% de impuestos de origen estatal. En cuanto a los periodos de cargas impositivas bajas, podrían identificarse, el primero, con la etapa de liberalización en el movimiento de metales, y el segundo, con el esfuerzo por compensar al sector de los efectos de la reforma monetaria de 1905. En estos periodos, la tasa impositiva promedió 4% del valor de la producción, además de la contribución estatal ya mencionada.[127]

La revolución liquidó en forma radical las condiciones de impuestos moderados y relativa estabilidad de la política fiscal que había prevalecido hasta entonces: primero, a través de los cambios abruptos, frecuentemente arbitrarios, en la "política" fiscal que los grupos revolucionarios imponían sobre sus zonas de influencia; luego, en virtud de la percepción de la actividad minera como una fuente de recursos para el gobierno, más que como una fuente de prosperidad para la nación. Las primeras medidas formales se tomaron en 1914, cuando se reintrodujeron los impuestos a la exportación de oro y plata. En 1916 se fijaron esos impuestos en 10% para los metales preciosos y 5% para los demás metales, con la novedad de que ahora también los metales industriales causarían derechos a su exportación. Los minerales que se beneficiaran en el país obtenían un descuento de 20% sobre esas tarifas.[128] Como veremos, esta medida profundizaría la estrategia que buscaba aumentar el valor

de minerales, se encontraba el de la colonización de la zona minera de Santa Águeda. La empresa se obligaba además a construir a su costa los edificios necesarios para las oficinas y almacenes de la aduana, a practicar el sondeo del puerto de Santa Rosalía y a establecer un servicio regular de vapores entre Guaymas y Santa Rosalía. González Cruz, *La compañía* (2000), pp. 49-50.

[126] Bernstein, *The Mexican* (1964), p. 166.

[127] Haber y sus colaboradores han calculado que antes de 1905 la actividad minera soportaba una carga fiscal de alrededor de 7.7% del valor de la producción, de donde 2% correspondía al impuesto estatal. Con la reforma de 1905, la tasa impositiva habría disminuido a 4.3% del valor total de la producción minera, incluyendo el impuesto estatal. Haber, Razo y Maurer, *The Politics* (2003), p. 283.

[128] Uhthoff, "Los impuestos" (2005), pp. 24-25.

agregado en los productos exportables, y que se extendería a otras actividades. Por el momento, ésta y otras reglamentaciones del periodo revolucionario tuvieron una vigencia restringida por las propias circunstancias de la guerra civil. Por otra parte, la disrupción del orden federal durante estos años llevó a los gobiernos estatales a tratar de imponer gravámenes propios. Por ejemplo, en el caso de Aguascalientes se establecieron contribuciones sobre el valor catastral de las propiedades, un derecho de patente, derechos municipales por tonelada de mineral extraído, un impuesto estatal sobre el valor de los productos beneficiados, etc. Como en el caso de las contribuciones federales, las empresas resistieron con frecuencia estas presiones impositivas.

Fue hasta junio de 1919 que se restablecieron parámetros estables y duraderos para el cobro de impuestos a la minería. En ese año, se dividió a los impuestos en tres categorías: sobre la propiedad minera, sobre la producción y refinación, y sobre el ensaye y acuñación, eliminando los derechos a la exportación. Los impuestos se extendieron a minerales antes exentos, como el cobre y el zinc, y para fijar su monto se continuó la aplicación de una escala descendente atendiendo al precio de los metales en el mercado. Por último, se consolidó una política, implementada a través de impuestos en cascada, que favorecía la mayor elaboración posible de los minerales en México y la explotación de minerales de leyes más bajas.[129] El derecho de los estados para cobrar impuestos se fijó en un máximo de 2% sobre el valor de la producción mineral, prohibiendo cualquier otro gravamen estatal o municipal.[130] Sin embargo, en 1925 ese principio se modificó, definiendo impuestos específicos que podrían ser recabados por los estados, y prescribiendo también que una porción de ellos debería pasar a los municipios.[131] En ese mismo año se procuró facilitar el cobro de las contribuciones imponiéndolas directamente sobre la producción.[132]

Es difícil estimar el impacto de este conjunto de nuevas contribuciones sobre la actividad minera. Un cálculo grueso indica que los impuestos federales ascendieron a 4.3% del valor de la producción en 1922 y a 3.6% en 1927, porcentajes a los que habría que añadir las contribuciones estatales y, en su

[129] Bernstein, *The Mexican* (1964), p. 122-134, 165-167; AGN, Fondo Emilio Portes Gil, 731-m-10, caja 228, telegrama de junio 26, 1924; APEC, Inv. 1588, gaveta 24, leg. 2/3, exp. 123, foja 98, Carta de Alfonso Arriaga al secretario de Hacienda, junio 3, 1922.

[130] Gómez Serrano, *Aguascalientes* (1982), pp. 267-273.

[131] Las contribuciones mineras siguieron representando una parte importante de los ingresos en estados dotados de recursos minerales. En 1926, 26% de los ingresos del estado de Chihuahua provenían de los recursos naturales, y ese porcentaje ascendía a 35% en Hidalgo, 32% en Zacatecas y 10% en Sonora. Sterrett y Davis, *The Fiscal* (1928), p. 256.

[132] Bernstein, *The Mexican* (1964), p. 167.

Cuadro 7.4
Impuestos federales recaudados sobre la producción minera, 1922 y 1924

	1922			*1924*		
Clases	*Valor de la producción*	*Impuestos federales*	*Tasa impositiva*	*Valor de la producción*	*Impuestos federales*	*Tasa impositiva*
Oro fino	31 034 589	2 182 077	7.0	32 862 585	2 313 959	7.0
Plata pura	112 448 176	6 312 086	5.6	125 634 434	7 082 033	5.6
Plomo	27 404 695		0.0	59 475 068	778 238	1.3
Cobre	15 746 265		0.0	29 353 810	45 397	0.2
Zinc	1 756 789	15 715	0.9	6 904 564	52 739	0.8
Mercurio	125 985	2 889	2.3	162 126	3 205	2.0
Antimonio	115 304	818	0.7	539 553	4 146	0.8
Arsénico	98 626	989	1.0	1 137 634	6 052	0.5
Grafito amorfo		2 453		19 056	9 125	47.9
Molibdeno		220		905	417	46.1
Estaño	6 968		0.0	13 840	228	1.6
Tungsteno	239 571		0.0	907 260		0.0
Manganeso						
Vanadio				8 190		0.0
Selenio	2 842 280		0.0	2 338 200	16	0.0
Carbón	7 258 930		0.0	7 246 696	26 846	0.4
Sumas	**199 078 178**	**8 517 248**	**4.3**	**266 603 921**	**10 322 401**	**3.9**

FUENTE: SEN, *Anuario... 1924* (1925), p. 261.

caso, municipales. El resultado sería una carga fiscal muy similar a la del porfiriato.[133] Como sucedía en el periodo anterior, la situación variaba de empresa a empresa, dependiendo, entre otras cosas, de la combinación particular de productos explotados y del nivel de procesamiento al que se les sometía antes de salir del país. En particular, se observa un alto grado de diferenciación entre las contribuciones que se imponía a los metales preciosos y las que gravaban los otros productos del sector. El cuadro 7.4 presenta la situación vigente en dos momentos tempranos de la década de 1920.

Como se puede observar, las tasas impositivas más elevadas seguían pesando sobre el oro y la plata. Ello era así pese a la importancia que iban cobrando otros artículos, que evidentemente habían dejado atrás la etapa naciente en que necesitaban de promoción: la producción de plomo rebasó a la de oro (en términos de valor) en 1924, y la de cobre se encontró muy cerca de ésta en el mismo año. Y sin embargo, el oro soportó una carga fiscal de 7%, mientras

[133] SEN, *Anuario* (1925), p. 261 y *passim*; SICT, *Anuario* (1930), *passim*. Las estimaciones de Haber y sus colaboradores coinciden con esta apreciación: tras alcanzar un máximo de 10% en promedio entre 1919 y 1920, esa tasa se habría reducido en forma constante a lo largo de toda la década: a 7.9 en 1922, 6.3 en 1926, y 4.7% en 1929. Haber, Razo y Maurer, *The Politics* (2003), p. 283.

que el plomo pagó apenas 1.3% sobre su valor y el cobre un porcentaje cercano a cero. Aunque la tasa impositiva sobre la plata fue algo menor (5.6%), su aportación al conjunto de impuestos mineros de origen federal siguió siendo fundamental (dos terceras partes del total). A partir de 1927 esta situación se modificó hasta cierto punto, pues el gobierno decidió reducir los impuestos que pesaban sobre la plata para compensar la disminución de su precio en el mercado internacional.[134] Con algunas salvedades, los minerales industriales siguieron disfrutando de un régimen cercano a la exención, de manera que dos artículos que representaban 60% del valor de la producción minera aportaban más de 90% de los impuestos federales totales. Consecuentemente, la carga impositiva federal para el sector considerado en su conjunto era muy moderada, de alrededor de 4% del valor de la producción en los dos años considerados. Aun cuando las estimaciones varían de una fuente a otra, las cifras disponibles sugieren nada más que un cambio de grado entre la política fiscal minera del gobierno liberal de Díaz y la de los regímenes emanados de la revolución, que sin embargo revela matices distintos derivados tanto de las condiciones en que se encontraba el sector como de las prioridades gubernamentales en cada momento. No obstante lo anterior, las condiciones en el sector minero se habían modificado en el sentido de encarecer los costos de producción y reducir la rentabilidad. El aumento de los salarios, la concentración de los impuestos en los metales preciosos y otros factores por el estilo harían que las erogaciones por concepto de impuestos llegaran a representar hasta 65% de las ganancias netas de las empresas.[135]

Más allá del impacto directo a través de impuestos y salarios, las inversiones mineras produjeron efectos notables por su emplazamiento geográfico dentro del territorio nacional. El más visible fue la extensión de la frontera productiva hacia el norte de México, un indicador fehaciente de la incorporación de recursos ociosos que a su vez generaba un aumento en el nivel de la actividad económica. Hacia el final de nuestro periodo de estudio, los estados del norte (Coahuila, Chihuahua, Durango, Nuevo León, San Luis Potosí, Tamaulipas y Zacatecas) aportaron nada menos que 83% del volumen total de la producción minero-metalúrgica del país.[136]

Junto a los efectos de la diversificación geográfica y productiva de la actividad minera deben contarse los que tuvo el surgimiento de una industria metalúrgica propiamente dicha a partir de la década de 1890. Las plantas de beneficio se localizaron de manera estratégica en los nudos ferroviarios más

[134] Krauze, Meyer y Reyes, *Historia* (1977), p. 266.

[135] Sherwell, *Mexico's* (1929), p. 104.

[136] FNM, *México económico* (1932), p. 49.

importantes o en zonas que, además de estar comunicadas por ferrocarril, se encontraban en relativa proximidad respecto a los puertos y/o a la frontera norteamericana (véase mapa 7.1).

Contra lo que pudiera pensarse, la erección de plantas de beneficio en distintos puntos del país no produjo una suerte de fragmentación del territorio minero en zonas de influencia que estuvieran rígidamente adscritas a una planta en particular. Antes bien, como se ilustra en el mapa, la disponibilidad de vías férreas y la baratura del transporte posibilitaban largos recorridos de la carga mineral y vinculaciones remotas entre los sitios de extracción y los de beneficio. Los trayectos que se ilustran en el mapa no agotan las articulaciones posibles, pero ilustran la amplitud del radio de influencia de cada planta de fundición y la multiplicidad de zonas de abastecimiento que se tejieron en torno a ellas. Huelga decir que estas rutas definían al mismo tiempo circuitos comerciales de mayor o menor densidad, por los que transcurrían artículos que se intercambiaban entre las localidades y regiones, así como individuos en busca de trabajo.

Por otra parte, aunque el atraso económico limitó los eslabonamientos de la demanda minera con otras actividades productivas, éste no frenó la adquisición de tecnología de punta en las empresas más modernas, ni obstó para que en todas las fases de la actividad se introdujeran innovaciones técnicas que elevaron la productividad del trabajo y la competitividad de la industria minera mexicana.[137] Entre las más notables destaca el uso de máquinas de vapor, la difusión de procedimientos modernos para el beneficio —como la cianuración, la fundición y, más adelante, la flotación selectiva— y la generalización de la electricidad.[138] El uso de energía eléctrica no sólo redujo considerablemente los costos de producción, sino que sostuvo el desarrollo de la industria eléctrica nacional en sus primeras fases y tuvo una externalidad positiva muy importante: promovió la multiplicación de empresas que, aunque originalmente destinadas a abastecer de energía a los minerales, dotaron de servicio eléctrico a las zonas urbanas.[139] Así, entre 1887 y 1910 se formaron en México más de cien compañías eléctricas, muchas de ellas bajo el estímulo inicial de la actividad minera.[140] Incluso localidades pequeñas, como Asientos y Tepezalá en Aguascalientes, dis-

[137] El producto por trabajador aumentó de 18 000 a 48 000 kilos entre 1897 y 1907, para un incremento de 10% anual. Cárdenas, *Empresas* (1998), p. 67.

[138] Velasco *et al.*, *Estado y minería* (1988), pp. 394-397; Krauze, Meyer y Reyes, *Historia* (1977), p. 258.

[139] Se formaron más de 100 empresas eléctricas en México entre 1887 y 1911, cuyos clientes principales eran, en ese orden, la minería, los servicios públicos y los transportes. Coll-Hurtado y Sánchez-Salazar, "Minería" (1998), p. 195.

[140] Nava Oteo, "La minería" (1984), p. 355.

Mapa 7.1
Minas y fundiciones

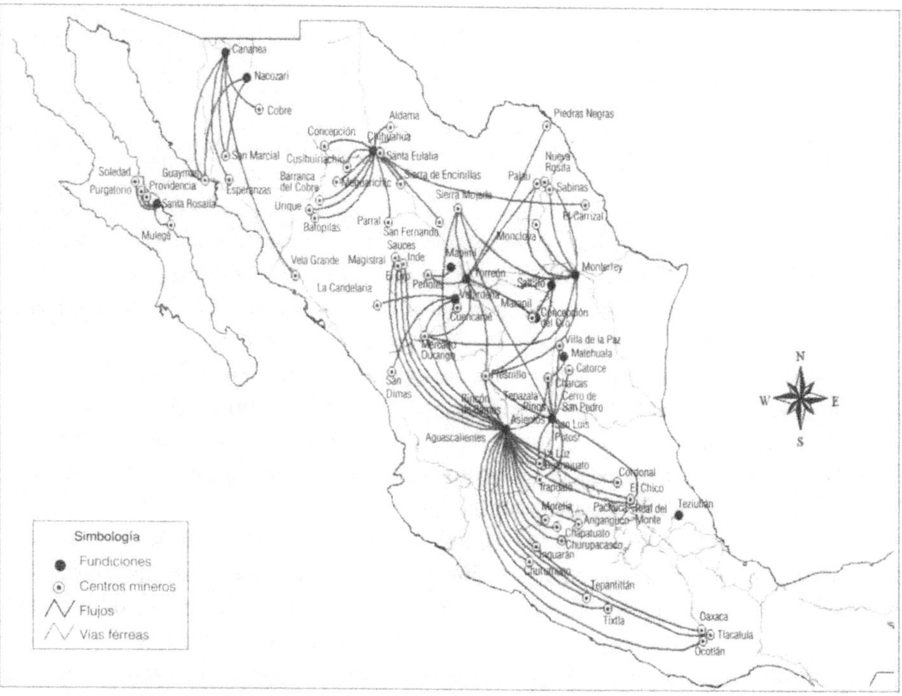

FUENTES: Velasco Ávila, *Estado y Minería* (1988), p. 261-271; Bernstein, *The Mexican* (1964), p. 33-43; Gómez Serrano, *Aguascalientes* (1982), p. 232; Aguilar Camín, *La frontera* (1985), p. 112; Sariego, *Enclaves* (1988), p. 43; González Cruz, *La compañía* (2000), pp. 48-49; Kortheuer, "Santa Rosalía" (2001), pp. 114-115; Nava Oteo, "La minería" (varios años), pp. 218, 236-237; Florescano, *Atlas* (1988), pp. 138-139; Calderón, "Los ferrocarriles" (varios años).

frutaban desde temprana fecha de energía eléctrica, y ésta se extendió incluso a zonas poco accesibles o escasamente habitadas dentro del territorio.[141]

El establecimiento de plantas de beneficio y fundición de metales en México representó evidentemente la formación de cadenas de valor más prolongadas dentro del sector minero, que iban desde la extracción, selección y molienda de los minerales hasta un procesamiento industrial cada vez mayor. En particular, la reducción que se verificaba en las grandes plantas refinadoras era un proceso industrial tecnológicamente avanzado que se realizaba en gran escala. Por esta razón, es equívoco hablar de exportaciones primarias cuando se trata de los productos de la minería mexicana, puesto que el grado de procesamiento industrial que alcanzaban los metales dentro del país se incrementaba

[141] Coll-Hurtado y Sánchez-Salazar, "Minería", (1998), pp. 195-201.

Cuadro 7.5
Composición de la producción minero-metalúrgica, 1927

	Minerales	*Concentrados*	*Productos metalúrgicos*
Porcentaje sobre el total producido	5.4	19.5	75.1
Porcentaje sobre el total exportado	3.2	21.2	75.6
Valor (pesos)	17 847 596	64 412 192	248 256 323

FUENTE: DEN, *Anuario... 1927* (1929), p. 2.

constantemente. El cambio estructural en el sector minero-metalúrgico se encontraba muy avanzado cuando la economía mexicana fue golpeada por la crisis de 1929. Tal como se aprecia en el cuadro 7.5, en 1927, tres cuartas partes del valor de la producción nacional estaban constituidas por productos acabados de la industria metalúrgica, en tanto 20% más lo conformaban concentrados de un nivel menor de elaboración. Y lo más significativo: apenas 5% de la producción (3% de las exportaciones) se componía de productos minerales sin beneficiar. El proceso de conversión de la actividad extractiva en industrial estaba prácticamente concluido.

No obstante la importante derrama y externalidades positivas de la actividad minero-metalúrgica para la economía mexicana, una parte sustancial de sus beneficios se fugaba al exterior. Ello sucedía, en primer lugar, debido al origen extranjero de la propiedad, que representaba un drenaje continuo de aquella parte de las utilidades que no se reinvertía en el país. No se dispone de una estimación general sobre la tasa de ganancia del negocio minero, ni es posible generalizar a partir de casos particulares. Pese a su suerte desigual y a los altibajos característicos de esta actividad, en los buenos tiempos las cuantiosas inversiones extranjeras producían utilidades de entre el 6 y el 8% anual sobre el capital invertido, mismas que se trasladaban a los lugares en que se originaba este capital. Algunas empresas percibieron dividendos incluso más altos durante lapsos de cinco o diez años, y en coyunturas excepcionales las utilidades fueron aún mayores.[142] Aunque esta transferencia de recursos al exterior se compensaba en parte con la inyección de nuevos capitales dentro del sector, no cabe duda que en ciertos momentos constituyó simplemente una fuga que descapitalizó a la economía y debilitó su balanza de pagos.[143]

Junto al pago de dividendos e intereses sobre los capitales invertidos debe contabilizarse el monto que de manera regular se remitía al exterior como pago

[142] Para otros cálculos sobre las ganancias de las grandes empresas mineras, véase Cárdenas, *Empresas* (1998), p. 68.

[143] Sherwell, *Mexico's* (1929), *passim*.

por las importaciones de maquinaria e insumos productivos. En 1907 México importó algo menos de un millón de dólares de maquinaria y equipo minero de Estados Unidos e Inglaterra, y aunque el valor de las compras de este tipo variaba considerablemente de un año a otro, esa cifra casi se duplicó en el último lustro de la década de 1920.[144] Sin embargo, la persistencia de esta dependencia tecnológica no debe llevarnos a exagerar sus proporciones: en ese mismo lustro, las importaciones de maquinaria representaban menos de 2% del valor de la producción. Tampoco debe conducirnos a subestimar la importancia del abasto interior de una amplia variedad de insumos productivos, combustibles y alimentos para los trabajadores. Para su funcionamiento cotidiano, las empresas adquirían en el mercado nacional grandes cantidades de cal, leña, madera, sal, materiales de construcción, animales, sacos y costales, pólvora, cal, salitre, paja, maíz, soga, sebo, velas, entre otros.[145] A partir de cierto momento, el aparato productivo nacional fue capaz de abastecer a la minería también con una parte del carbón, la dinamita y el cemento empleados en distintas fases del proceso de producción.[146]

De acuerdo con los cálculos de Sherwell, el drenaje de recursos constituido por la fuga de utilidades y las adquisiciones de insumos en el exterior alcanzaba apenas 20% del valor de las exportaciones minerales hacia 1909-10. Tal proporción habría representado unos 15 millones de dólares en ese año y unos 30 millones en 1926. El amplio predominio del capital extranjero dentro del sector hace pensar que esa cifra está probablemente subestimada. Y sin embargo, coincide con la apreciación que el gobierno revolucionario hacía acerca del valor de retorno de esta actividad en 1925, cuando, junto con la importancia fiscal de la minería, destacaba que "del valor neto de la producción se queda en el país más del 80% en jornales, consumo de materias primas y manufacturadas, transportes e impuestos a la Federación y a los Estados".[147] Incluso si ese porcentaje fuera algo menor, la contribución directa de la minería a la economía mexicana habría sido mucho muy significativa.

[144] Haber, Razo y Maurer., *The Politics* (2003), p. 272, cuadro 8.

[145] Nava Oteo, "La minería" (varios años), pp. 291-292. Sobre los circuitos de abasto de algunos de estos artículos véase Nava Oteo, "La minería" (1984), pp. 342-343. Para ejemplos concretos véase Sánchez Rangel, *La empresa* (2005), p. 63; AHRMYP, Fondo Siglo XIX, Sección Junta Directiva, Serie Junta de Accionistas, Subserie Actas e Informes, Caja 2, expedientes 22, 24, 25, 27, 30, 34-38, 40; caja 3, expedientes 41, 46, 49, 50, 52, 53.

[146] La producción de cemento en México se inició en 1906, y la de dinamita en 1907, y a partir de estos años se produjeron eslabonamientos con la industria minera. Haber, *Indusria* (1992), pp. 68-72.

[147] Citado del *Anuario de Estadística minera* correspondiente a 1925 en Cárdenas, *Empresas* (1998), p. 70.

Recapitulemos. El auge minero que tuvo lugar a partir de las últimas décadas del siglo XIX representó un aumento sustancial en el nivel de la actividad económica, debido a la incorporación de factores productivos antes ociosos (recursos naturales y fuerza de trabajo) y a la importación de capital físico y humano. Pese al contexto de atraso económico, la inversión extranjera impulsó cambios estructurales relacionados con el empleo de tecnología moderna, el aumento en la escala de la producción, la transmisión de conocimientos y la calificación de un sector amplio de la fuerza de trabajo. Tanto en el porfiriato como en los años posteriores a la revolución, el Estado desempeñó un papel significativo tanto para promover el desarrollo de la actividad como para aumentar los beneficios que de ella se derivaban al conjunto de la economía, mediante cláusulas contractuales en las que se obligaba a los inversionistas a establecer plantas de beneficio y a procesar internamente partes crecientes del mineral extraído, o a través de incentivos fiscales asociados a un mayor procesamiento industrial. La mayor limitación al impacto benéfico de la minería sobre la economía nacional era el origen extranjero de la propiedad, que reducía el valor de retorno de las exportaciones mineras. Esta condición, sin embargo, era resultado del atraso y de la incapacidad de la economía para generar suficientes recursos para la inversión. El que esta condición no se revirtiera durante este periodo, no es atribuible a una voluntad "entreguista" de parte de las autoridades (las cuales, por lo demás, actuaron en este ámbito de manera muy similar antes y después de la revolución), sino precisamente a las condiciones iniciales de atraso que caracterizaban a la economía mexicana, y que limitaban el crecimiento del ahorro interno y la formación de capital.[148] Bajo estas circunstancias, el auge minero no sólo cumplió la expectativa de generar riqueza para los inversionistas, para las regiones mineras y para el erario público: propició también cambios estructurales que favorecieron la movilidad de la fuerza de trabajo, el desarrollo de actividades industriales asociadas con un recurso natural abundante y la consolidación de un actividad económica que habría de continuar su despliegue en el largo plazo.

7.4 EL PETRÓLEO

El petróleo fue incuestionablemente el producto de exportación más exitoso del siglo XX. Aunque los años que caen dentro de nuestro periodo comprenden

[148] Rafael Dobado propone un acercamiento similar para valorar la contribución de la minería a la economía española. A diferencia de lo que ocurre aquí, en España el autor no encuentra avances irreversibles en el cambio estructural, debido al grado de atraso presente en el momento inicial y a la pasividad del Estado liberal. Véase Dobado, "*Boom* minero" (1999), *passim*.

apenas el comienzo de su historia, se describe en ellas todo un ciclo vital de la industria petrolera: el primero, que abarca desde su surgimiento y auge como actividad exportadora a inicios de la década de 1910 hasta su primer declive, que culminó en la caída provocada por la crisis económica de 1929. Dentro de este breve lapso, el petróleo contribuyó de manera crucial a la centralidad que el sector exportador alcanzó en la economía mexicana. Asimismo, el hidrocarburo perteneció al selecto grupo de productos mexicanos que alcanzó notoriedad en los mercados del exterior: en 1917, el petróleo mexicano satisfacía más de 6% de la demanda británica de productos petroleros y 14% de la de Estados Unidos, pese a que este país era el principal productor mundial. En el ámbito de la producción mundial del energético, México contribuyó con 16% de la oferta petrolera mundial en 1919 y con 25% en 1921, ocupando el segundo lugar a nivel internacional.[149]

El despegue de la demanda del petróleo y sus derivados tuvo lugar desde principios del siglo con la aparición del motor de combustión interna y la popularización del automóvil, pero su progresiva incorporación en la industria y en el transporte a gran escala potenció esa demanda a niveles insospechados.[150] Como combustible, el petróleo pesaba menos y rendía más que el carbón, de manera que los ferrocarriles ahorraban alrededor de 40% de sus costos de combustible al convertir sus locomotoras al uso del nuevo energético, fenómeno que tuvo lugar en la década de 1910.[151] Para finales de esa década, en los establecimientos fabriles se le utilizaba para alimentar motores y generadores de electricidad o como lubricantes, y en el transporte, para abastecer las calderas de los buques de vapor y de los ferrocarriles. Debido a una coincidencia afortunada, el inicio de la producción petrolera en gran escala en México se produjo casi al mismo tiempo que este despegue vertiginoso de la demanda internacional.

Si bien la extracción de petróleo de los yacimientos mexicanos se inició con el siglo, su producción comercial a precios competitivos arrancó apenas en las postrimerías del porfiriato. Las primeras exportaciones del combustible se realizaron precisamente en 1911, el año de la caída del régimen, tras de lo cual se produjo un *boom* espectacular que llevó al petróleo mexicano a ocupar primero el tercero y luego el segundo lugar mundial en el volumen producido antes de que finalizara esa misma década. Durante este primer ciclo, la producción petrolera se concentró en el Golfo de México, sobre todo en la zona

[149] Brown, *Petróleo* (1998), pp. 118, 138-139; Meyer, *México* (1968), p. 21.

[150] Rubio, "The Rise" (s.f.), p. 7. La sustitución del carbón por el petróleo en el transporte tuvo lugar entre 1914 y 1934.

[151] Brown, *Petróleo* (1998), p. 115.

comprendida entre Tampico y Tuxpan, y en menor medida en la región del Istmo de Tehuantepec. De hecho, el verdadero auge estuvo aún más concentrado geográficamente, puesto que la conjunción de condiciones favorables para la explotación en la zona de Tuxpan y los resultados decepcionantes de la explotación en el Istmo convergieron para hacer de aquella zona el principal centro de la producción petrolera del país.[152]

El auge de las inversiones y de la producción tuvo lugar pese a las dificultades creadas por la guerra civil en México, bajo el acicate mucho más poderoso de la pujante demanda internacional, intensificada debido al empleo del petróleo en buques de guerra, submarinos y tanques durante la Primera Guerra Mundial. Pronto, también la marina mercante y las líneas comerciales de navegación se convirtieron al uso del hidrocarburo. La demanda siguió siendo pujante en la inmediata posguerra, estimulada por la reconstrucción de las economías industriales y su reconversión al uso del combustible; en cambio, en el segundo lustro de los años veinte aquélla cayó persistentemente por debajo de la oferta mundial.[153] En el caso de México, el descenso en la demanda externa convergió con el declive de la producción para producir una severa caída en el valor de las exportaciones a partir de 1925. Contra lo que en ocasiones se ha dicho, este declive no tuvo que ver con cuestiones políticas derivadas de la tensión entre el gobierno revolucionario y las empresas petroleras, sino con el agotamiento de los pozos y la imposibilidad de explotar nuevas fuentes de petróleo con la tecnología disponible. La barrera técnica sólo sería superada en los años de 1970, cuando se produjo el segundo *boom* de la industria petrolera. Sólo entonces se volvieron a alcanzar los records de producción que habían caracterizado al auge de principios de los años veinte.[154]

De esta manera, la primera era del petróleo en México describió un ciclo de vida sumamente breve: de apenas treinta años, si contamos desde los brotes iniciales en los primeros años de 1900 y hasta el fin del ciclo exportador como resultado del impacto de la crisis de 1929. Menos de veinte años si consideramos solamente el periodo de auge: desde los grandes descubrimientos de 1911 hasta el inicio del declive a mediados de los años veinte. De las actividades exportadoras que se han estudiado hasta aquí, ésta fue probablemente la que concentró sus beneficios —cualesquiera que hayan sido— en un menor lapso temporal.

[152] Brown, *Petróleo* (1998), p. 134; Krauze, Meyer y Reyes, *Historia* (1977), p. 245.

[153] Rubio, "The Rise" (s.f.), pp.8, 20. La idea de una "oferta excesiva crónica", que duraría hasta 1935, se esboza ya en Durán, "El petróleo" (1984), p. 17.

[154] El problema técnico irresoluble con los medios disponibles en la época era que el petróleo se hallaba a profundidades inaccesibles o bajo el mar. Haber, Razo y Maurer, *The Politics* (2003), pp. 192, 198. Véase también Haber, Maurer y Razo, "When the Law" (2003) y Rubio, "The Rise" (s.f.).

En el periodo anterior a la revolución, prevaleció en la legislación una concepción liberal acerca de las condiciones para la exploración y explotación de ese recurso. Se establecía la "exclusiva propiedad del dueño del suelo" sobre los criaderos o depósitos de combustibles, y se dejaba en manos del Ejecutivo el otorgamiento de permisos para la exploración y patentes para la explotación en los terrenos y aguas de jurisdicción federal. De acuerdo con la ley de 1901, los primeros tendrían una duración de un año improrrogable, mientras que las segundas se extenderían por diez años. En el caso de que se encontrara petróleo en terrenos de propiedad privada, las concesiones daban también el derecho a expropiarlos, previa indemnización. Finalmente, se otorgaba exención de impuestos a los capitales invertidos, a las importaciones de equipo y a las exportaciones de los frutos de la explotación. Sin embargo, no se eximía a los beneficiarios del impuesto del timbre ni de un gravamen sobre las utilidades, de 7% para la federación y 3% para los estados.[155] Facultado por esta ley, el ejecutivo firmó los primeros contratos a favor de unos cuantos inversionistas de Estados Unidos y de Gran Bretaña, otorgándoles exenciones impositivas de duración variable (diez años para el estadounidense Edward Doheny, cincuenta años para el británico Weetman Pearson). No obstante, en ese momento no se trataba de un campo particularmente promisorio para la inversión.[156] Al finalizar el régimen porfirista, tan sólo tres empresarios extranjeros se habían interesado por el negocio petrolero mexicano: H.C. Pierce (de la Waters-Pierce Oil Company); Edward L. Doheny (fundador de La Huasteca), y Weetman Pearson (fundador de El Águila). El grueso de las concesiones para la explotación petrolera se otorgaría después del estallido de la revolución.

Desde fines del siglo XIX, y precisamente debido a las crecientes necesidades internas generadas por la modernización económica, México fue un importador de petróleo crudo, que luego refinaba en pequeñas plantas instaladas en la república por los promotores originales de la industria. En 1909, estas importaciones alcanzaron 1.5 millones de dólares, y en la década de 1900 a 1910 sumaron más de nueve millones de dólares en total.[157] Ello refuerza la idea de que la expectativa del gobierno mexicano al fomentar la explotación de petróleo no era la de crear una actividad exportadora más,

[155] *Legislación* (1922), pp. 12-15.

[156] Meyer, *México* (1968), p. 37. De Doheny se dice que, mientras negociaba con el gobierno de Díaz, "estaba convencido de que ningún mexicano [...] pensaba que su proyecto petrolero podría tener éxito." Brown, *Petróleo* (1998), p. 41.

[157] Las importaciones provenían de Estados Unidos. El cálculo se hizo a partir de USTD, *The Foreign* (1893-1930), varios volúmenes.

sino satisfacer la demanda local.[158] En forma un tanto inesperada, a partir de 1910 la producción aumentó mucho más rápidamente que la capacidad de absorción de la economía nacional, por lo que las empresas se encontraron con problemas de comercialización, al menos en el corto plazo.[159] El giro hacia el mercado exterior no aparece, así, como la vocación original de la industria, sino como una salida ante la inelasticidad del mercado interno. En ese mismo momento, y a partir del descubrimiento del mítico yacimiento de Potrero del Llano en 1911, se produjo una verdadera eclosión de la inversión extranjera en esta actividad. En 1912 ingresaron al país la Texas Company (Texaco), Gulf Oil y Shell, esta última a través de una subsidiaria local, La Corona. Para 1917 operaban en el país subsidiarias de las empresas Union Oil, Sinclair, Standard Oil of California, Standard Oil of New Jersey y Royal Dutch-Shell, que dos años más tarde adquiriría el control de El Águila.[160] Aunque las empresas de Doheny y Pearson siguieron dominando la industria, el auge atrajo a varios cientos de empresas más, de distintas dimensiones, que adquirieron terrenos, iniciaron obras de exploración y en ocasiones extrajeron cantidades respetables de petróleo. Entre 1915 y 1918 operaban en México unas 250 empresas, casi todas extranjeras, de las cuales unas veinte reportaron ventas al exterior.[161] Las compañías de propiedad mexicana aportaban menos de 5% de las exportaciones totales. A partir de entonces y notoriamente durante los años iniciales de la década de 1920, las pequeñas empresas fueron frecuentemente absorbidas por alguno de los grandes consorcios, y estos movimientos, aunados a diversas operaciones de fusión entre las propias corporaciones, desembocaron en una elevada concentración de la industria en unos cuantos conglomerados de origen extranjero. Existen diversos cálculos, de confiabilidad variable, acerca del monto total de la inversión extranjera en la industria petrolera mexicana. De acuerdo con una estimación, ya en 1912 el valor real (en dólares de 1928) de la inversión total ascendió a 246 millones de dólares, alcanzó su nivel máximo en 1924, con 569 millones, y luego de algunos altibajos llegó a 425 millones de dólares en 1928, en vísperas de la crisis económica internacional.[162] Según otro cálculo, el monto total del capital invertido ascendía a algo más de 400 millones de

[158] Se dice que, al discutir el proyecto petrolero del norteamericano Doheny, el presidente Díaz manifestó "que la producción nacional de petróleo salvaría a una nación ya deforestada y que dependía de combustibles importados." Brown, *Petróleo* (1998), p. 41.

[159] Brown, *Petróleo* (1998), p. 57.

[160] Haber, Razo y Maurer, *The Politics* (2003), 216.

[161] AHP, A.M.P. Intelligence Department, *Report on the petroleum industry during 1917*, c. 2705 S-1-A 5818, p. 20 (documento por recatalogar), y exp. 56369, caja 2143.

[162] Haber, Razo y Maurer, *The Politics* (2003), pp. 218-219.

pesos en 1934, de los cuales 58% era de origen estadounidense, 38% anglo-holandés y apenas 3% mexicano.[163]

Los grandes descubrimientos de petróleo y la llegada masiva de la inversión extranjera produjeron un cambio en las expectativas gubernamentales que se tradujo, primero, en modificaciones de carácter fiscal. Más tarde, la radicalización de la guerra civil en un sentido nacionalista introdujo una transformación de fondo en la concepción misma que se tenía de este sector y de su significado para la economía y para el país, que se reflejó en el artículo 27 de la Constitución de 1917. Lo cierto es que ni los decretos de Carranza que amenazaban la propiedad de las empresas, ni las presiones de éstas ante los gobiernos de sus países de origen, tuvieron consecuencias graves para el desempeño del sector petrolero durante los años que nos ocupan. Durante los años veinte se fue estableciendo un modus vivendi entre las empresas y el gobierno que quedó plasmado en la reforma decretada en 1928 a la ley que reglamentaba el artículo 27 de la Constitución, según las cual las propiedades adquiridas antes de 1917 no serían afectadas por ese artículo.[164] En su momento, muchos consideraron estas medidas como una lamentable retractación del gobierno que dejó incólumes los derechos adquiridos por las empresas antes de la revolución. En los hechos, el cambio de actitud ciertamente contribuyó a distender el ambiente y a cancelar por algunos años los motivos de conflicto relacionados con la actividad de las empresas petroleras en México. En este sentido, los sucesos que llevaron a la expropiación a fines de la década siguiente no representaban una línea de continuidad respecto a las tensiones de los años veinte.

La contribución del petróleo a la economía nacional

La producción de petróleo se desarrolló en México durante los mismos años en que se extendía la guerra civil. Las exportaciones del hidrocarburo, modestas en los primeros años, crecieron en forma considerable al estallar la Primera Guerra Mundial, y continuaron en auge hasta principios de los años veinte. La gráfica 7.3 ilustra la forma en que se desenvolvió el primer ciclo de vida de la industria petrolera en México.

Como se puede observar, aún en los primeros años de la década de 1910 el grueso de la producción petrolera se destinaba al consumo doméstico. Fue a partir de 1913 que una porción mayoritaria de la producción se orientó al

[163] Meyer, "México" (2000), p. 168.

[164] Haber, Maurer y Razo, "When the Law" (2003), p. 9.

Gráfica 7.3
Producción y exportaciones de petróleo, 1910-1929
(metros cúbicos)

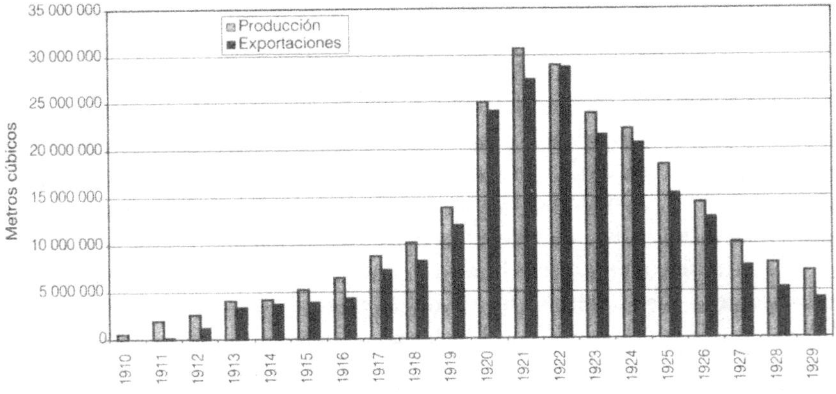

FUENTES: Manterola, *La industria* (1938), p. 233; Beltrán *et. al.*, *México* (1960), p. 321.

mercado internacional, en un volumen que se mantuvo más o menos constante hasta 1916, pese al aumento continuo en la producción. Los últimos años de la década se caracterizaron por grandes saltos en las cifras de producción y por el hecho de que la mayor parte de ésta fue absorbida por el mercado exterior. El volumen producido pasó de 10 a 25 millones de metros cúbicos entre 1918 y 1920, y alcanzó un máximo de 30 al año siguiente; en promedio, 88% de este volumen se destinó a la exportación. En 1922, el primer descenso en la producción se combinó con un nuevo aumento en las exportaciones para producir el fenómeno notable de que prácticamente todo el petróleo producido se exportó. A partir del siguiente año, los descensos en la producción se correspondieron con movimientos en la misma dirección en las ventas al exterior, de manera que hasta 1926, alrededor de 86% del volumen producido se destinó a la exportación. En los últimos años de la década, la combinación de una menor demanda internacional con el aumento de las necesidades internas dio como resultado una disminución consistente en el porcentaje de la producción que se destinó al mercado internacional, el cual pasó de 75 a 60% entre 1927 y 1929. Los cambios vertiginosos que experimentó la producción petrolera en un lapso muy breve de tiempo pueden apreciarse a golpe de vista: aquélla pasó de algo más de 5 millones de barriles en 1915 a más de 30 millones en 1921, para casi regresar a la cifra inicial antes de finalizar esa misma década. Por lo que hace a su participación en el PIB, de un muy respetable 7% en 1921, el sector petrolero disminuyó, primero en forma paulatina, hasta 5.6% en 1924, y en forma más pronunciada en el segundo lustro de la década, hasta llegar a un modesto 2% del producto nacional en 1929.[165] En términos de la presencia del petróleo mexicano en la producción mundial, su participación pasó de 25% en 1921 a 14% apenas tres años más tarde, y a tan sólo 3% en 1930. En 1927, México ya se encontraba por debajo de Venezuela, la estrella ascendente en el contexto latinoamericano.[166]

Reconstruir series de valor sobre la producción y exportaciones del petróleo mexicano es algo más complicado. Entre 1910 y 1913, las cifras oficiales de producción acusan cierto grado de subestimación, que se pone en evidencia por el hecho de que las exportaciones a los principales socios resultan ser mayores que la producción (véase cuadro 7.6). Por otra parte, desde entonces y hasta 1917 se dispone de pocas estadísticas comerciales de procedencia mexicana, y los datos sobre exportaciones de petróleo deben buscarse en las publicaciones y reportes de otras agencias oficiales. A partir de 1918 se publican cifras oficiales tanto de producción como de exportación. Las primeras incluyen cantidad y "valor comercial" en pesos, mientras que las segundas suelen incluir solamente la cantidad, y es preciso acudir a las estadísticas comerciales para conocer su valor. Mientras que las cifras de cantidad parecen relativamente confiables (como se constata al compararlas con las procedentes de los socios, G3 + América Latina y Canadá, los datos de valor acusan serias distorsiones: cierta subestimación en 1918 y 1919, y una severa sobrestimación en los años siguientes, particularmente entre 1920 y 1923.[167] El recurso exclusivo a las cifras que proporcionan los principales socios comerciales es pertinente hasta 1916, puesto que ellos concentraban la mayor parte de las exportaciones petroleras de México y tasaban sus compras a precios internacionales. A partir de entonces, sin embargo, varios países latinoamericanos y Canadá empezaron a adquirir petróleo mexicano en volúmenes visibles, de las que tenemos conocimiento gracias a las fuentes mexicanas, que reportan correctamente las cantidades, aunque no el valor de las ventas en el exterior. Se abren, entonces, dos posibilidades para la reconstrucción de las series de valor: una consiste en añadir a las cifras obtenidas de los socios comerciales (G3) las cantidades exportadas a los principales destinos latinoamericanos y a Canadá (estas últimas según fuentes MX), y tasarlas al mismo valor unitario de aquéllas (VUI-G3). La otra es simplemente recurrir a la fuente oficial mexicana y tomar de ella sólo la cantidad total exportada, cuyo valor se estimaría con base en el valor unitario

[165] Calculado a partir de los datos sobre la composición del PIB en Beltrán, *et al.*, *México* (1960), pp. 587-588.

[166] Meyer, *México* (1968), p. 22; Krauze, Meyer y Reyes, *Historia* (1977), p. 244.

[167] Como se vio en el capítulo 1, dada la importancia de las exportaciones petroleras, la sobrestimación de sus valores exagera enormemente el valor total de las exportaciones en esos años.

implícito que promedian las ventas a los socios principales según sus propias fuentes (cantidades MX a VUI-G3). En suma, en cualquiera de los dos casos es preciso desechar el valor de las exportaciones que reportan las estadísticas mexicanas (sobre todo entre 1918 y 1923) y reemplazarlo con el valor unitario promedio que resulta de la combinación de productos exportados a los principales socios. El cuadro 7.6 ofrece las series de datos disponibles y, en las últimas columnas, tres estimaciones a partir de ellas. Las dos estimaciones en dólares utilizan el VUI obtenido de las exportaciones reportadas por los socios principales (G3); la primera lo aplica a las cantidades exportadas de acuerdo con las fuentes mexicanas (cantidad MX a VUI-G3), y la segunda, que es la que aquí se propone como la mejor serie disponible, la aplica hasta 1916 a la suma de las exportaciones a los socios principales (G3), y a partir de entonces a las provenientes de fuentes mexicanas (cantidad MX). La última columna convierte estas cifras a pesos según el tipo de cambio de mercado vigente en cada año, omitiendo, sin embargo, los dos años de mayor volatilidad cambiaria del peso mexicano.

La comparación entre las distintas series disponibles pone en evidencia las distorsiones presentes en la serie de valor de procedencia mexicana, originalmente en pesos (serie A), y su inutilidad para analizar la evolución del sector. Atendamos, pues, a las cifras en dólares de las que se desprende la serie B y que probablemente constituye la mejor estimación. El auge de las exportaciones petroleras empieza con claridad a mediados de la década de 1910 y continúa en forma pujante hasta 1922, cuando empieza un declive que se vuelve dramático a partir de 1926, pese a que los precios de la canasta mexicana de productos petroleros se mantienen altos hasta el final de la década. A pesar de ser muy inferiores a las cifras registradas oficialmente, las ventas petroleras reportaron a la economía mexicana un promedio de 146 millones de dólares anuales entre 1920 y 1925, o más de la mitad del valor que promediaron las exportaciones de mercancías en esos mismos años.

Pese a su éxito incuestionable como producto de exportación, diversas circunstancias limitaron el valor de retorno de las ventas petroleras y restringieron su impacto sobre la economía mexicana. En primer lugar, el hecho de que se tratara de una actividad controlada en forma casi completa por el capital extranjero, hizo que las utilidades del negocio se fugaran al exterior. Además, en algunos años, el auge de la demanda internacional disparó los precios hasta niveles exorbitantes, produciendo ganancias que no se comparaban con ninguna otra actividad económica en ninguna parte del mundo. Algunos autores han estimado que las utilidades de la industria ascendieron a diez veces el capital invertido, sumando entre 1 000 y 3 000 millones de dólares entre 1901 y 1938. En algunos años las empresas registraron dividendos de fábula: en

Cuadro 7.6

Exportaciones mexicanas de petróleo y derivados, según diversas fuentes, 1910-1929

	Fuentes mexicanas (MX)					Fuentes de los socios comerciales (G3)					Estimaciones		
	Producción	Exportaciones						Exportaciones			Cantidad MX a VUI-G3	Series de valor propuestas	
			(Serie A)		VUI-MX	Suma socios (G3)		G3 + AL y Canadá		VUI-G3			(Serie B)
Año	Valor comercial, millones de pesos	Cantidad, millones de m^3	Valor, millones de pesos	Valor, millones de dls	dls/m^3	Cantidad, millones de m^3	Valor, millones de dls	Cantidad, millones de m^3	Valor, millones de dls	dls/m^3	Millones de dls	Millones de dls	Millones de pesos
1910	0.7		0.2	0.1		0.0	0.3			10.71		0.3	0.6
1911	2.5	0.1	4.3	2.2		0.5	2.2			4.38	0.6	2.2	4.4
1912	4.1	1.2	14.7	7.3	5.95	1.9	7.6			4.05	5.0	7.6	15.4
1913	7.7	3.4	25.8	12.4	3.67	2.9	12.9			4.43	15.0	12.9	26.9
1914	7.9	3.7	24.2			2.6	12.1			4.57	17.0	12.1	39.9
1915	13.2	3.9	33.4			3.5	16.7			4.84	19.0	16.7	
1916	22.3	4.3	43.3			4.2	21.7			5.19	22.5	21.7	
1917	47.0	7.3	63.5	33.3	4.56	5.6	31.8			5.69	41.6	41.6	60.5
1918	89.7	8.2	59.0	32.7	3.97	6.7	50.4	7.9	59.6	7.54	62.1	62.1	114.9
1919	159.0	12.0	43.6	22.0	1.83	9.2	53.0	10.5	60.3	5.77	69.3	69.3	141.2
1920	314.1	24.0	516.8	257.3	10.71	18.5	114.2	21.0	129.4	6.16	148.0	148.0	296.3
1921	365.9	27.4	576.7	283.0	10.33	23.0	119.0	25.7	133.2	5.18	142.0	142.0	289.0
1922	351.7	28.8	411.9	201.0	6.99	22.4	124.8	25.4	141.2	5.56	159.9	159.9	327.0
1923	285.9	21.6	215.8	105.0	4.87	16.9	104.1	19.5	120.1	6.17	133.1	133.1	270.3
1924	272.1	20.6	286.7	138.6	6.72	15.9	118.3	18.5	137.4	7.44	153.4	153.4	320.7
1925	299.3	15.3	283.7	140.1	9.13	12.3	113.1	14.4	132.3	9.20	141.2	141.2	269.2
1926	225.1	12.8	225.0	108.7	8.47	10.2	95.5	11.5	108.1	9.41	120.7	120.7	245.6
1927	157.5	7.7	117.2	55.4	7.21	6.6	66.8	7.2	73.0	10.13	77.9	77.9	158.3
1928	101.9	5.3	84.6	40.7	7.70	4.1	38.2	4.7	43.2	9.24	48.9	48.9	96.8
1929	92.0	4.2	76.5	36.9	8.72	2.9	25.3	3.3	28.2	8.63	36.5	36.5	70.8

NOTAS: se designan una serie A y una serie B del valor en pesos de las exportaciones para su uso en el cuadro 7.7, en donde se ofrece también una explicación más amplia.

VUI: valor unitario implícito; G3: Estados Unidos, Gran Bretaña y Francia.

FUENTES: Manterola, *La industria* (1938), p. 233; DEN, *Anuario* (varios años), PASSIM; SEN, *Estadística* (1934); fuentes oficiales de Estados Unidos, Gran Bretaña y Francia (véase bibliografía).

1918, por ejemplo, El Águila repartió dividendos de 77% sobre el capital invertido; El Águila obtuvo más de 30% en 1920, y Mexican Seaboard superó el 50% en 1922.[168] Otras estimaciones por empresa ofrecen datos para periodos más largos. La tasa de retorno sobre los activos promedió 9 y 11% en dos de las principales empresas que operaron en México (El Águila y Mexican Petroleum, respectivamente) para todo el periodo comprendido entre 1911 y 1930, pese al inicio titubeante y a los altibajos de los años veinte. El problema de la fuga de utilidades se veía compensado en los años de auge de la industria por nuevas inversiones dentro del propio sector, tanto por parte de las mismas empresas como de otras que ingresaban al país atraídas por el *boom*. Sin embargo, con la caída de la producción que tuvo lugar desde mediados de los años veinte, la reinversión de utilidades se redujo, produciendo saldos desfavorables en las partidas invisibles de la balanza de pagos. Se ha calculado, por ejemplo, que de casi 230 millones de dólares de productos petroleros exportados en 1926, cerca de 140 millones se fugaron al exterior, y solamente 16 millones reingresaron al país bajo la forma de nuevas inversiones extranjeras. En ese mismo año las compañías retiraron sus depósitos bancarios, lo cual produjo en lo inmediato un desbalance creciente en las cuentas comerciales y la devaluación del peso, y colocó a la economía en una situación de gran fragilidad para enfrentar la crisis que se avecinaba.[169]

En segundo lugar, las características de la industria limitaban sus vinculaciones con la economía nacional y su derrama económica. La actividad se concentraba en la franja costera del Golfo. Para extraer, en su caso procesar, y exportar el combustible no hacía falta internarse físicamente en el territorio, y frecuentemente ni siquiera era necesario hacer uso del sistema ferroviario. Una elevada integración vertical redujo aún más los posibles eslabonamientos con otras actividades económicas. Las grandes empresas construyeron un sistema de oleoductos para canalizar el líquido hasta los puertos, y se hicieron también de flotas propias para transportarlo a los mercados del exterior. Igualmente limitados eran los eslabonamientos producidos por la demanda de insumos productivos, puesto que la maquinaria y equipo empleados en la industria petrolera eran importados del exterior, así como muchos de los bienes de consumo que requerían los empleados medios y superiores, frecuentemente de nacionalidad extranjera.[170] Y por si fuera poco, el primer auge petrolero fue

[168] Haber, Razo y Maurer, *The Politics* (2003), p. 227; Meyer, *México* (1968), pp. 27-28. La tasa de retorno sobre los activos se calcula como la suma de ingresos netos más pagos de intereses sobre deudas, dividido entre el valor de los activos totales.

[169] Rippy, *El petróleo* (2003), p. 72; Meyer, "México" (2000), pp. 168-169.

[170] "Había muy pocas cosas que el mercado doméstico pudiera ofrecer a la industria petrolera". Becket, "The Economic" (1969), pp. 6a-7a.

extremadamente breve, lo que significa que su impacto benéfico, cualquiera que haya sido, actuó como un florecimiento efímero que dejó a su paso expectativas frustradas, desempleo y cierto ambiente de desolación.

En el marco de estas limitaciones, analicemos con mayor detalle aquellos ámbitos en que el sector petrolero contribuyó de una u otra manera a la economía del país durante este periodo. El primero de ellos tiene que ver con la cuantiosa inversión de capital fijo en maquinaria, edificios, oleoductos, terminales y otras instalaciones necesarias para la explotación. Desafortunadamente, los datos disponibles no permiten un seguimiento sistemático de esta variable a lo largo de este periodo. Hemos mencionado ya el cálculo del gobierno, puesto en términos reales por Haber, según el cual la inversión total alcanzó un pico de 569 millones de dólares en 1924, y empezó a caer a partir de entonces. Evidencia recogida por el mismo autor para varias empresas muestra que el monto de la inversión fija aumentó prácticamente año con año desde principios de la década de 1910 hasta algún momento a mediados de los años veinte, aunque en algunas empresas siguió creciendo hasta 1930.[171] En 1922, tan sólo una de las mayores empresas, El Águila, contabilizaba en 115 millones de pesos su inversión de capital fijo.[172] En 1927, el cónsul norteamericano en Tampico calculaba la inversión en equipo de los principales grupos petroleros en unos 270 millones de dólares.[173] De acuerdo con una estimación realizada para un momento ligeramente posterior y ciertamente menos pujante para la industria (1934), el monto del capital invertido ascendía a 330 millones de pesos. De éstos, algo más de 190 millones se habrían materializado en la adquisición de terrenos y la construcción de edificios y otras instalaciones fijas (almacenes, oleoductos, oficinas, habitaciones, etc.), tanto de los campos como de las refinerías, a valor comercial. Alrededor de 115 millones se habrían invertido en maquinaria, refacciones y herramientas, y unos 25 más en vehículos y otros bienes muebles.[174] Además de las instalaciones fijas en campos y plantas de refinación, un destino crucial de las inversiones era el de los oleoductos, red de transporte del combustible que conectaba los campos petrolíferos con los centros en los que se concen-

[171] Desafortunadamente, los autores no ofrecen el valor absoluto de estas inversiones, sino sus variaciones relativas. Haber, Razo y Maurer, *The Politics* (2003), p. 218.

[172] De los que descontaba 41 millones como reserva por depreciación. The Mexican Eagle Oil Company, Ltd., *Report to the Directors and Accounts. To 31st December 1922*, en AHP, exp. 47846, caja 1697.

[173] Meyer, *México* (1968), p. 16. El cuadro incluye información para ocho de las principales empresas. Combina datos en dólares y en pesos oro, que aquí han sido convertidos a dólares para simplificar.

[174] Manterola, *La industria* (1938), pp. 39-41. De acuerdo con un balance de todas las compañías petroleras para ese mismo año, el monto de los activos fijos ascendía a 500 millones de pesos, de los cuales se descontaban 355 millones por concepto de depreciación y amortización. *Ibid*, p. 283.

traba para su refinación o para su venta al exterior. Esta red se extendió continuamente desde la década de 1910, y alcanzó casi 5 000 kilómetros de extensión en 1936, concentrándose en las regiones de Pánuco y Tuxpan.[175]

Desde las últimas décadas del siglo XIX, incluso antes de que se iniciara la extracción de crudo dentro del país, empezaron a instalarse refinerías de distinto tamaño y capacidad. A partir de 1909, su establecimiento se asoció con la extracción local del hidrocarburo, y más tarde fue incentivada a través de la política fiscal mediante el cobro de menores impuestos a los productos refinados. La instalación de refinerías representaba evidentemente una mayor inversión de capital fijo en la economía mexicana, y aumentaba el valor de retorno de las exportaciones petroleras al dotarlas de mayor valor agregado e incrementar la derrama salarial derivada de ellas. Entre 1871 y 1921 se abrieron unas 21 refinerías en el país, la mayor parte dentro de la zona petrolera y una en el Distrito Federal.[176] En 1924 funcionaban en la república 19 refinerías, de las cuales ocho eran primarias (con capacidad limitada a la separación del petróleo combustible), seis eran completas (es decir, podían obtener los principales derivados del petróleo), y cinco más tenían capacidad para el aprovechamiento de los gases, la destilación de gasolina o la producción de asfalto.[177]

Un beneficio adicional de la inversión petrolera tuvo que ver con la adquisición o arrendamiento de tierras en amplias zonas del Golfo de México que hasta entonces se encontraban "fuera y de alguna manera aislada[s] de las regiones principales de la transformación económica del México porfiriano".[178] Según cifras proporcionadas por Brown, en 1919 la zona ocupada por las actividades de exploración o explotación alcanzaba unos 2.7 millones de hectáreas, de las cuales 75% eran arrendadas. A lo sumo, 10% de estas propiedades producirían alguna vez petróleo, pero por lo pronto producían ingresos para sus propietarios. Cinco años más tarde, el total de tierras ocupadas de una u otra forma por las compañías petroleras sumaba 6.2 millones de hectáreas.[179] El precio de las rentas variaba enormemente: desde dos dólares por hectárea hasta la exorbitante cantidad de 4 000 dólares por hectárea en algunos casos, con una frecuencia mayor para las rentas de entre 500 y 1 000 dólares por hectárea.[180] Otros propietarios de tierras obtuvieron contratos en los que se

[175] Manterola, *La industria* (1938), pp. 53-55.

[176] Rendón Corona, *et al.*, *Los conflictos* (1997), p. 58.

[177] Manterola, *La industria* (1938), pp. 62-63; Meyer, *México* (1968), p. 32.

[178] Brown, *Petróleo* (1998), pp. 83-93.

[179] Haber, Razo y Maurer, *The Politics* (2003), p. 215.

[180] Brown, *Petróleo* (1998), pp. 122-123. Meyer habla de rentas fijas de entre 2.5 y 200 dólares anuales por hectárea, o regalías de entre 5 y 15% del valor de la producción. Meyer, *México* (1968), p. 33.

establecía en vez de renta el pago de regalías, las cuales podían ascender a cinco, diez o hasta 20% del valor del petróleo extraído.[181] Es imposible hacer un cálculo preciso del monto total que los propietarios locales recibieron por concepto de rentas y regalías. Tres millones de hectáreas a una renta anual de cuatro pesos por hectárea (dos dólares, el mínimo reportado) habría representado una derrama de 12 millones de pesos al año por este concepto; 5 millones de hectáreas, un mínimo de 20 millones anuales. Pero estas son simples conjeturas. La única estimación disponible para todo el periodo, cuya base empírica no se expone, es la que ofrece James Becket, quien afirma que los recursos invertidos en rentas y regalías fueron de 4 millones de pesos anuales entre 1901 y 1911, ascendieron progresivamente para alcanzar 11 millones en 1913, 19 millones en 1918 y un máximo de 25 millones en 1921.[182] A partir de esa fecha, el costo total de los arrendamientos y comisiones habría disminuido en forma bastante pronunciada año con año: a 15 millones en 1923, 8 en 1925, y 6 millones en los últimos años del decenio. De acuerdo con la misma estimación, estas cantidades habrían sido muy similares a los costos salariales de toda la industria hasta 1915, y a partir de entonces habrían disminuido comparativamente su importancia hasta representar alrededor de la quinta parte de la derrama salarial.[183] Debido a la intensa actividad de especuladores norteamericanos en la zona, el destino final de estos recursos escapa a toda posibilidad de indagación con las fuentes disponibles.

Como ocurrió con las otras actividades exportadoras, la explotación petrolera tuvo también un impacto demográfico relevante, en el sentido de que creó polos de atracción para la población de distintas partes del país que se empleaba hasta entonces en tareas menos productivas y peor remuneradas. El principal impacto demográfico lo experimentó la ciudad de Tampico, que pasó de unos 25 000 habitantes en 1912 a casi 85 000 en 1918 y a 100 000 en 1921, pero muchas otras poblaciones de la región pasaron de la condición de modestos asentamientos a la de cabeceras municipales en lapsos igualmente breves.[184]

Los trabajadores de las localidades vecinas y de comunidades agrarias más o menos remotas eran contratados para las labores más elementales y peor remuneradas: limpiar la maleza, cargar y descargar el equipo, realizar las faenas más rudas en la construcción de edificios, etc. Para garantizar el abasto de

[181] Véase por ejemplo Brown, *Petróleo* (1998), p. 124.

[182] Becket, "The Economic" (1969). El autor ofrece un cálculo del valor de retorno de la industria petrolera entre 1901 y 1938. Aunque recurriré a él en distintos momentos, cierta vaguedad en las fuentes y en el procedimiento me impide usarlo como base para la estimación, menos completa pero mejor sustentada, que se ofrece aquí.

[183] Becket, "The Economic" (1969), s.p.

[184] Rendón Corona *et al.*, *Los conflictos* (1997), p. 59; Adleson, "Coyuntura" (1979), p. 632.

mano de obra, las empresas debieron adoptar el conocido sistema de enganche, ofreciendo salarios más elevados que en cualquier otra ocupación disponible en la zona y también que los prevalecientes en el centro del país. Sin embargo, las condiciones de vida difícilmente eran mejores: había un alto riesgo de accidentes en las ocupaciones más duras, la vivienda era precaria y la atención médica brindada por las empresas era, para decir lo menos, limitada. Sin embargo, a solicitud de los obreros, durante los años de la revolución empezaron a establecerse tiendas de la compañía en la que se ofrecían productos de primera necesidad a precios inferiores a los del mercado y se evitaba la escasez. En fin, la movilidad social de este grupo, sin duda el más numeroso dentro del sector, era muy limitada, debido tanto a la muy escasa calificación inicial como a las barreras de carácter social, racial y hasta idiomático que se alzaban contra ello. Y pese a todo, los administradores solían identificar a los obreros más capaces (aquéllos que mostraban "una aptitud y confiabilidad especial en su trabajo") para trasladarlos a ocupaciones más exigentes e iniciar un lento proceso de aprendizaje que podía mejorar las perspectivas de desarrollo individual.[185]

En segundo lugar de la escala laboral se encontraban los trabajadores que ostentaban alguna especialización (carpinteros, pintores, mecánicos, herreros, etc.). Venían generalmente del altiplano o de las ciudades cercanas a la región petrolera, y por lo general se habían desempeñado como artesanos u obreros antes de incorporarse a esta actividad. Esto significa que además de poseer mayor calificación, sus lazos con el mundo rural solían ser más remotos, y su experiencia de las condiciones del trabajo asalariado y la disciplina industrial, mayor. Otro tipo de trabajadores que podría ubicarse en esta categoría intermedia estaba compuesta por profesionistas calificados para desempeñar labores de oficina: cajeros, contadores, telegrafistas, etc.[186] En términos generales, las condiciones laborales de este grupo eran sustancialmente mejores que las de los peones y jornaleros, y también que las que ofrecían sus ocupaciones anteriores. No sólo percibían ingresos más altos, sino que disfrutaban de mayor seguridad en el trabajo y de ciertas prestaciones otorgadas por las empresas: viviendas, escuelas, atención médica esporádica, comedores de bajo costo y algunas distracciones para las familias. Sin embargo, una rígida jerarquía laboral, las limitaciones en su nivel de especialización y cierta dosis de racismo imponían claros límites a la movilidad de este grupo, y establecían diferencias tajantes, hacia arriba y hacia abajo, con el resto de la fuerza laboral. Pese a los

[185] Brown, *Petróleo* (1998), pp. 95-96, 101, 326-327. Incluso por debajo de los operarios mexicanos se encontraban los trabajadores chinos y, en menor medida, cubanos que se importaban para realizar el trabajo pesado dentro de las compañías. *Ibid*, p. 348.

[186] Rendón Corona *et al.*, *Los conflictos* (1997), pp. 60-61.

obstáculos a la difusión de los conocimientos técnicos por parte del selecto grupo de trabajadores especializados de origen extranjero, "hubo cierta filtración de conocimientos técnicos hacia los obreros y empleados nacionales que permitió mantener la industria en marcha después de marzo de 1938."[187]

La mano de obra especializada y los empleados que constituían la alta administración eran en su mayor parte importados del exterior. Se trataba de un grupo privilegiado por sus altos ingresos, sus prestaciones y sus condiciones generales de vida. Percibían sueldos y salarios similares a los de sus países de origen, vivían en casas ventiladas e higiénicas construidas por las compañías, en colonias que contaban con drenaje y agua potable, disfrutaban de comedores, atención médica, escuelas, clubes y actividades recreativas. Claras líneas divisorias separaban a estos trabajadores del resto de la planta laboral, tanto en virtud de sus funciones dentro de los campos o las refinerías como por el lugar que ocupaban en los comedores, las colonias habitacionales o las escuelas. Si se considera la importancia que habitualmente se otorga en la literatura a los trabajadores extranjeros de las industrias petroleras, las cifras de población extranjera en la ciudad de Tampico que se registraron para 1915 parecen modestas: tan sólo 4 600 personas, de un total aproximado de 60 000 habitantes. De ellos, 43% eran chinos y 21% españoles. Apenas 27%, es decir, 1 237 individuos, eran de las nacionalidades de origen de las empresas. De ellos, 750 eran americanos, 300 británicos, 129 alemanes y 57 holandeses. En 1916, en toda la zona petrolera se encontraban trabajando unos 6 500 extranjeros, de los cuales 2 500 eran de nacionalidad estadounidense.[188]

Las percepciones salariales variaban considerablemente de un oficio u ocupación a otro, de una empresa a otra, así como entre mexicanos y extranjeros. No obstante la precariedad de su situación, los jornaleros y peones que trabajaban para las empresas petroleras obtenían salarios superiores a los que ofrecían otras actividades económicas en la región. De acuerdo con Jonathan Brown, "la demanda de trabajo en las avanzadas industrias extranjeras en las tierras bajas, inhóspitas, aisladas e infecciosas, hicieron aumentar los salarios normales de dos a cuatro veces con respecto al promedio salarial en la agricultura."[189] El auge de construcción de las instalaciones petroleras mantuvo los salarios al alza una vez estallada la revolución. En 1913, los trabajadores de la construcción de la zona de Tampico ascendieron a entre 2 y 2.25 pesos por día.[190] En los últimos años de la década empezó a difundirse el uso de salarios

[187] Meyer, *México* (1968), p. 34.

[188] Brown, *Petróleo* (1998), pp. 325, 330-334.

[189] Brown, *Petróleo* (1998), p. 99.

[190] Brown, *Petróleo* (1998), p. 327.

mínimos establecidos contractualmente, y en el caso de los trabajadores no especializados se fijaron en 2.25 pesos diarios.[191] Los trabajadores calificados de origen mexicano podían ganar entre 2.50 y cinco pesos diarios, que llegaron hasta siete u ocho pesos por día en los primeros años de la revolución. Durante la guerra civil, las diferencias ya existentes entre este grupo y el de trabajadores especializados de origen extranjero se acentuaron debido a que éstos recibían su paga en oro y aquéllos en papel moneda, sujeto a una fuerte devaluación. Algunas movilizaciones se orientaron a eliminar esta nueva fuente de discriminación, y tuvieron éxito en la medida en que las empresas preferían pagar salarios en oro que elevar su monto ante la inflación rampante.[192]

El número de trabajadores empleados en el sector petrolero creció exponencialmente en los años de auge, hasta alcanzar algo más de 50 000 en su momento culminante, hacia 1921-22. A partir de entonces la cifra se fue reduciendo, hasta llegar a algo más de 15 000 en 1934.[193] Al parecer, los despidos en masa se iniciaron en 1926, como resultado del descenso continuo de la producción, y continuaron hasta los primeros años de la década siguiente. Un recuento de la mano de obra empleada por empresa hacia 1920-21 permite constatar que, de un total de 52 065 trabajadores y empleados, la inmensa mayoría, 96% del total, estaba compuesta por mexicanos, y tan sólo 4% (2 222 personas) la conformaban individuos de nacionalidad extranjera. En esos mismos años, los salarios iban de entre 2 y 9 pesos diarios para distintas clases de peones, a entre 200 y 1 500 pesos mensuales para los empleados de alto nivel, conforme a su especialidad, su categoría y su nacionalidad. En la franja intermedia se encontraba una amplia variedad de oficios (más de treinta) cuyas percepciones iban de 5 a 15 pesos por día.[194] Estos rangos no habían variado en forma considerable para 1925, según el tabulador elaborado en ese año por la Asociación de Productores de Petróleo.[195] De acuerdo con los datos disponibles, para 1934, de una fuerza laboral muy menguada (de tan sólo 15 000 trabajadores), el 88% pertenecía a la base obrera, 11% a los empleados y trabajadores calificados y apenas 1% a la alta administración.[196]

Con la información disponible, es difícil calcular la masa salarial generada por el conjunto de los trabajadores petroleros. Si nos atenemos al momento en que los datos son más precisos (los inicios de los años veinte), podemos arriesgar una estimación gruesa, sin más afán que ofrecer un orden de magnitud.

[191] Colmenares, *Petróleo* (1982), p. 44.
[192] Brown, *Petróleo* (1998), pp. 328, 335-336.
[193] Manterola, *La industria* (1938), pp. 68-71.
[194] Rendón Corona, *et al.*, *Los conflictos* (1997), pp. 64-66, 70-71, 235.
[195] AHP, exp. 60,461, caja 2239.
[196] Manterola, *La industria* (1938), p. 70.

Tomemos, para simplificar, a los 50 000 trabajadores mexicanos, y supongamos que sus percepciones ascendieron por término medio a 5 pesos al día (es decir, el punto intermedio de los salarios de peones y jornaleros, y el punto más bajo de los que se asignaban a artesanos y obreros con cierta calificación). Si esta fuerza laboral trabajó en promedio 250 días al año, la suma de sus percepciones habría llegado a 62.5 millones de pesos hacia 1921. Si se toman las estimaciones del total de costos salariales elaboradas por Becket, y las cifras sobre exportaciones aquí propuestas, resulta que aquellos costos habrían representado en promedio 47% del valor de las exportaciones entre 1912 y 1919, habrían disminuido su participación en este valor a tan sólo 17% como promedio entre 1920 y 1926, y la habrían elevado de nuevo en los años más pronunciados del declive, promediando 37% del valor de las exportaciones entre 1927 y 1929.[197] En cualquier caso, resulta claro que, con excepción del breve periodo de apogeo de la industria y los precios en el primer lustro de los años 1920, los costos salariales constituían una parte considerable del valor del petróleo exportado.

El otro componente central del valor de las exportaciones petroleras retenido por la economía mexicana eran los impuestos. Como se mencionó antes, la primera ley sobre petróleo estableció un impuesto de 10% sobre las utilidades (7% para la federación y 3% para los estados). Sin embargo, como en los primeros años las empresas no declararon utilidades, no pagaron contribución alguna, salvo la del timbre impuesta a los fundos petrolíferos, incluida en la ley del timbre de 1906. Con todo, apenas inició la explotación del petróleo en gran escala y su comercialización en el exterior, la política impositiva se modificó. En 1910 Porfirio Díaz decretó un derecho de barra, justificado por la necesidad de mejorar las instalaciones portuarias, consistente en 50 centavos por tonelada de petróleo a la entrada y salida de los puertos. En la ley de ingresos de 1912, el gobierno maderista decretó un impuesto especial del timbre sobre la producción de petróleo crudo, cuyo monto, de 30 centavos por tonelada según el proyecto original, tuvo que ser negociado con las compañías para quedar en 20 centavos por tonelada. Ese impuesto aumentó a 75 centavos a fines de 1913, durante el régimen de Victoriano Huerta, pero tal incremento fue desconocido a su caída por el Partido Constitucionalista, el cual regresó al impuesto maderista de veinte centavos.[198] En 1914, en uso de facultades extraordinarias, Venustiano Carranza elevó esta contribución a 60 centavos, a los

[197] Las estimaciones sobre los costos salariales proceden de Becket, "The Economic" (1969), s.p.; el cálculo sobre el valor de las exportaciones se explica más arriba y se ilustra en el cuadro 7.6.

[198] Durán, "El petróleo" (1984), p.9. Los cambios que en materia impositiva tuvieron lugar entre 1912 y 1921 se pueden encontrar en AHP, exp. 48,896, caja 1,737.

que añadió un derecho de barra de diez centavos más, oro nacional, por tonelada exportada.[199]

El impuesto del timbre fue sustituido en abril de 1917 por otro que pesaba sobre todos los productos petroleros que se destinaran a la exportación pero eximía a los que se consumieran en el país, con el fin de "fomentar las industrias, facilitando la adquisición abundante y económica del combustible".[200] El mal llamado "impuesto a la producción" (puesto que sólo lo pagaban las exportaciones),[201] ascendía a 10% sobre el valor de la tonelada neta de petróleo crudo y combustible, y a cantidades variables por volumen en el caso de los otros productos, y era pagadero en oro nacional. La Secretaría de Hacienda publicó a partir de entonces una tarifa que fijaba en forma bimestral el valor del combustible para el cobro de impuestos, con variaciones para cada tipo de petróleo según su densidad, tomando como base las cotizaciones del producto en el mercado de Nueva York. Este método de valuación representó un incremento de entre 90 y 130% sobre el petróleo crudo de distintas densidades respecto al impuesto del timbre vigente hasta entonces, y fue modificado en decretos posteriores con el efecto de disminuir la cuota *ad valorem*.[202] Aun así, el llamado impuesto de producción representó un aumento significativo en la carga fiscal que pesaba sobre la industria petrolera, y un incremento también importante en los recursos que el erario público obtenía de esa fuente (véase cuadro 7.7). Además, en 1920 se decretó un impuesto adicional de 10% sobre el impuesto de producción, pagadero en oro o en papel infalsificable, que estuvo vigente entre marzo de 1920 y septiembre de 1921 y derivó en una recaudación total de alrededor de 9.4 millones de pesos (en infalsificables).[203]

[199] *Legislación* (1922), pp. 17, 26-27. Davis, "Mexican" (1932), p. 406; Brown, *Petróleo* (1998), p. 53. El asunto del derecho de barra se trata en forma ambigua en las fuentes. No todas registran su existencia en la etapa porfirista, y las que no lo hacen se refieren simplemente a los diez centavos decretados por Carranza, de manera que resulta poco claro si éstos se sumaron al derecho original o lo sustituyeron (en cuyo caso, en realidad se habría reducido su monto). Haber y sus colaboradores afirman que, en efecto, las empresas negociaron una reducción del derecho de 50 a 10 centavos por tonelada. Haber, Razo y Maurer, *The Politics* (2003), p. 205.

[200] *Legislación* (1922), pp. 66-67, 92-93. Unos meses más tarde, algunos de los impuestos que inicialmente se fijaron sobre el volumen se volvieron *ad valorem*. Véase *ibid*, p. 93. En mayo de 1921, Álvaro Obregón reformuló este impuesto bajo el nombre de "impuesto especial sobre el petróleo crudo, sus derivados y el gas de los pozos", manteniendo los rasgos centrales del anterior. *Legislación* (1922), pp. 213-215.

[201] Davis, "Mexican" (1932), pp. 408-409.

[202] Davis, "Mexican" (1932), p. 410.

[203] Manterola, *La industria* (1938), p. 318; *Legislación* (1922), pp. 91, 223; Davis, "Mexican" (1932), p. 419.

En 1918, siempre investido de facultades extraordinarias, Carranza decretó un impuesto más, esta vez sobre terrenos y contratos petroleros. Los arrendamientos se gravaban con cantidades variables dependiendo del monto anual de la renta por hectárea; las regalías, con el 50% de su monto, "en efectivo o en especie [es decir, en petróleo], según lo determine la Secretaría de Hacienda", y en el caso de los fundos explotados por sus dueños, con una renta anual de cinco pesos por hectárea más una regalía de 5% sobre los productos de la explotación. De lo recaudado, correspondería 60% a la federación, 20% a los estados y 20% a los ayuntamientos respectivos.[204] El impuesto generó fuerte resistencia de parte de las empresas, dio rendimientos insignificantes y fue finalmente derogado en 1928.[205] Entretanto, la nueva mezcla de impuestos parece haber disminuido la tasa impositiva que pesaba sobre los ingresos brutos de la industria petrolera de un máximo de 16% alcanzado temporalmente en 1914 y 1917 a alrededor de 11% en 1919.[206]

Un nuevo salto en la contribución fiscal del petróleo se produjo en junio de 1921, cuando Álvaro Obregón decretó por primera vez un impuesto expresamente destinado a gravar la exportación de petróleo. Los propósitos del gravamen se declaraban en la introducción: racionalizar la producción y proteger las reservas; nivelar, por medios fiscales, el costo de producción nacional con el de otras partes del mundo, evitando de esta forma que en ellas se dictaran medidas proteccionistas que podrían ser contraproducentes para la comercialización ventajosa del combustible, y gravar las "crecidas utilidades" de las empresas para que "contribuyan equitativa y proporcionalmente a los gastos públicos", y en particular a la reanudación del servicio de la deuda. El decreto imponía un derecho de entre 1.55 y 2.50 pesos por metro cúbico al petróleo crudo según su densidad, y gravaba también a los derivados del petróleo con derechos menores a medida que aumentaba el grado de elaboración.[207] Las empresas se resistieron, como ya se había vuelto habitual, a este nuevo impuesto, y adoptaron una medida de fuerza: detener la producción y dejar a 20 000 trabajadores sin empleo.[208] Luego, con el apoyo del Departamento de Estado norteamericano, entraron en negociaciones con el gobierno de Obregón. Las pláticas trascendieron

[204] *Legislación* (1922), pp. 102-104.

[205] Manterola, *La industria* (1938), p. 338.

[206] Haber, Razo y Maurer, *The Politics* (2003), pp. 205-206. De acuerdo con una estimación de la época, las empresas petroleras habrían pagado 8% del valor de las exportaciones por concepto de impuestos en 1918. Alvarado, *La reconstrucción* (1989), p. 325.

[207] *Legislación* (1922), pp. 215-216. A juzgar por una nota de la Secretaría de Hacienda, el derecho de exportación contemplaba un derecho municipal adicional de 2%. ahp, exp. 54,452, caja 2007, f. 30.

[208] Hamilton, *México* (1983), p. 75.

este asunto para introducirse en cuestiones más graves y de mayor alcance, como la reanudación del pago de la deuda externa y, eventualmente, el reconocimiento del gobierno mexicano por parte de Estados Unidos.[209] Para lo que aquí interesa, como resultado de estas negociaciones el impuesto de exportación se hizo pagadero en bonos de la deuda pública, que serían aceptados a su valor nominal. Ello significaba una disminución efectiva de las cuotas establecidas a 40% de su monto original. Esta reducción se consagró en el decreto de agosto de 1922, que establecía los derechos de exportación del petróleo crudo entre 62 centavos y un peso, dependiendo de su densidad, y los de productos derivados, en montos proporcionales a éstos, todos pagaderos sólo en efectivo.[210]

El diseño fiscal adoptado a partir de 1921 proveyó incentivos reales para que el petróleo extraído del subsuelo fuera refinado dentro del país. Ya en 1920, la tasa impositiva sobre el valor de las exportaciones de petróleo crudo y combustible era de 10%, mientras que la que pesaba sobre los productos refinados era de 5%. Pero para 1922, la distancia entre la carga fiscal que soportaban unos y otros productos se había ampliado considerablemente: los primeros registraron una tasa impositiva de 25%, y los segundos, tan sólo de 10%. En el segundo lustro de esta década, se consolidó una suerte de impuesto en cascada, en el que los productos refinados promediaron una tasa de 8%, el petróleo crudo de 15% y el petróleo combustible fue castigado con una tasa de 24% en promedio.[211] Acaso la intención de este diseño era forzar a un mayor refinamiento local del combustible. En cualquier caso, la política de estímulos surtió sus efectos en un aumento considerable de las exportaciones de productos refinados dentro de la canasta petrolera (véase gráfica 7.4, p. 443).

El cuadro 7.7 ofrece algunos indicadores de la tasa impositiva que gravitaba sobre el petróleo y de su aportación a los ingresos federales. Se aparta de otras estimaciones disponibles tanto por las discrepancias que presentan las fuentes primarias como porque existe cierta dificultad para decidir sobre qué base calcular la tasa impositiva.[212] Se dispone de cifras sobre el valor total de la producción de petróleo crudo, pero esta es una base imperfecta por dos razones: primero, porque

[209] El asunto se aborda en SRE, AHGE, exp. 30-26-22 y exp. 18-11-10. Véase también el intercambio epistolar entre el propio Obregón y el presidente de Estados Unidos, William Harding, en SRE, AHGE, exp. 28-14-74.

[210] Davis, "Mexican" (1932), pp. 412-418.

[211] Los impuestos desglosados por tipo de producto se obtuvieron de Manterola, *La industria* (1938), *passim*, y la tasa impositiva se calculó con base en el valor desglosado de las exportaciones de acuerdo con las estadísticas mexicanas, particularmente DEN, *Anuario* (varios años).

[212] Las cifras sobre impuestos empleadas aquí proceden de Manterola, *La industria* (1938), pp. 387, 393 y 414, y se encuentran también con pocas variaciones en Sterrett y Davis, *The Fiscal* (1928), p. 53; en Rippy, *El petróleo* (2003), p. 72, entre otras fuentes. Las otras estimaciones son las de Haber, Razo y Maurer, *The Politics* (2003), p. 222, y, para la participación de los

los impuestos se derivaban de la producción y exportación de petróleo crudo y derivados, y segundo, porque las cifras del valor de la producción padecen una severa subestimación entre 1911 y 1917, como se infiere de su comparación con las cifras del valor de las exportaciones que se obtiene de las estadísticas de los compradores. Por otra parte, las deficiencias que presentan las cifras sobre el valor de las exportaciones exigen una reconstrucción crítica como la que se ofrece en el cuadro 7.6. Así, el cuadro 7.7 presenta una estimación de la tasa impositiva sobre la cantidad exportada y dos estimaciones de la que pesaba sobre su valor.

Cuadro 7.7
Indicadores sobre la contribución fiscal del petróleo

	Impuestos por barril exportado (pesos oro)	*Tasa de impuestos sobre el valor de las exportaciones*		*Contribución a los ingresos federales (porcentaje)*
		Porcentaje sobre serie A	*Porcentaje sobre serie B*	
1911				
1912	0.06	3.4	3.2	
1913	0.04	3.0	2.9	
1914	0.05	5.1	3.1	
1915	0.08	5.8		
1916	0.11	7.1		
1917	0.15	11.1	8.9	
1918	0.22	19.4	10.2	10.3
1919	0.22	n.d.	12.1	12.7
1920	0.30	8.8	15.3	19.1
1921	0.36	10.9	21.7	22.4
1922	0.48	20.9	26.2	32.9
1923	0.45	28.0	22.1	22.7
1924	0.42	19.1	17.2	20.5
1925	0.44	14.9	14.7	13.3
1926	0.43	15.5	13.9	11.2
1927	0.39	16.2	11.5	6.2
1928	0.34	1[illegible].3	11.1	3.6
1929	0.33	11.4	11.5	2.7

NOTAS: las series A y B del valor de las exportaciones se tomaron del cuadro 7.3. La primera se basa en las cifras MX sobre el valor de las exportaciones, originalmente en pesos, y la segunda es la serie reconstruida, y que aplica a las cantidades exportadas (según fuentes G3 o MX) el valor unitario implícito en las exportaciones mexicanas a los socios principales (VUI-G3), según las fuentes de éstos.

* No se ha estimado debido a que la devaluación y la volatilidad en el tipo de cambio arrojan cifras improbables del valor de las exportaciones en su equivalencia en pesos.

FUENTES: Manterola, *La industria* (1938), *passim*; Meyer, *México* (1968), p. 31. Acerca del valor de las exportaciones entre 1911 y 1917 se obtuvo sumando las importaciones realizadas por Estados Unidos, Inglaterra y Francia procedentes de México. Para los años de 1918 a 1929, se obtuvieron de DEN, *Anuario* (varios años), *passim*.

impuestos petroleros en los ingresos federales, Meyer, *México* (1968), p. 31. Ambos utilizan los mismos datos sobre impuestos (al parecer, Haber los toma de Meyer), y su procedencia es, de acuerdo con Meyer, una fuente mimeografiada de la Secretaría de Hacienda.

El cuadro destaca tres aspectos de interés acerca de la contribución fiscal de la industria petrolera que no necesariamente evolucionan de manera idéntica. El primero tiene que ver con los impuestos pagados por cada barril de petróleo exportado. Arrancando de un nivel muy bajo, este indicador muestra una clara tendencia ascendente hasta 1922, seguida por un descenso moderado hasta 1926 que se hace más pronunciado en los años siguientes. La carga final (de 33 centavos por metro cúbico exportado), representaba una disminución importante respecto a la más alta, alcanzada en 1922 (48 centavos por m3), pero era cinco veces mayor que la carga inicial (de seis centavos por metro cúbico en 1912).

La tasa impositiva medida con respecto al valor de las exportaciones totales muestra una fase ascendente similar, aunque luego desciende en mayor medida que la anterior. Además, su comportamiento varía según se considere la serie basada en fuentes mexicanas o la reconstruida. En ambas series, la tasa impositiva aumenta hasta representar 26 o 28% del valor de las exportaciones (en pesos), y en el segundo lustro disminuye hasta igualarse en alrededor de 11.5% según ambas estimaciones. Finalmente, la aportación de los impuestos petroleros a las finanzas públicas tiene un periodo de apogeo un tanto más largo: en el quinquenio que va de 1920 a 1924 promedia 24% de los ingresos efectivos, nada menos que una cuarta parte de los recursos de la hacienda pública federal.[213] La caída es, entonces, tanto más dolorosa: para 1927 el petróleo apenas contribuye con 6% de los ingresos del estado, y en 1929 con menos de la mitad de ese modesto porcentaje.[214]

En 1925 se introdujeron dos novedades de interés en la política fiscal relacionada con el petróleo. Por un lado, se otorgaron descuentos en el impuesto a la producción siempre que ésta se verificara en una "zona nueva". En los hechos, los descuentos aparecieron registrados en la recaudación sólo a partir de 1929, y partiendo de un nivel muy bajo, llegaron a representar hasta 10% de los impuestos causados, desapareciendo en 1936.[215] Por otra parte, se decretó en el mismo año de 1925 un impuesto sobre la gasolina consumida internamente, a razón de tres centavos por litro, pagadero por los productores e importadores del combustible y destinado a la "construcción, conservación y mejora de los caminos nacionales".[216] La ley respectiva fue reformada repetidas veces a partir de su expedición. Por lo que concierne a nuestro periodo de estudio, la única reforma de importancia tuvo lugar en 1929, cuando se aumentó el monto del impuesto a

[213] Éste es un cálculo grueso, ya que una pequeña parte de los ingresos petroleros se distribuía en los estados y municipios.

[214] De hecho, la drástica disminución de los ingresos petroleros obligó a la suspensión del pago de la deuda en 1927, y creó severas dificultades financieras al gobierno en los últimos años de la década. Rippy, *El petróleo* (2003), p. 72; Sterrett y Davis, *The Fiscal* (1928), primera parte.

[215] Manterola, *La industria* (1938), pp. 332, 387.

[216] Manterola, *La industria* (1938), p. 359; Sterrett y Davis, *The Fiscal* (1928), p. 54.

Gráfica 7.4
Composición de las exportaciones petroleras, 1915-1929
(porcentajes)

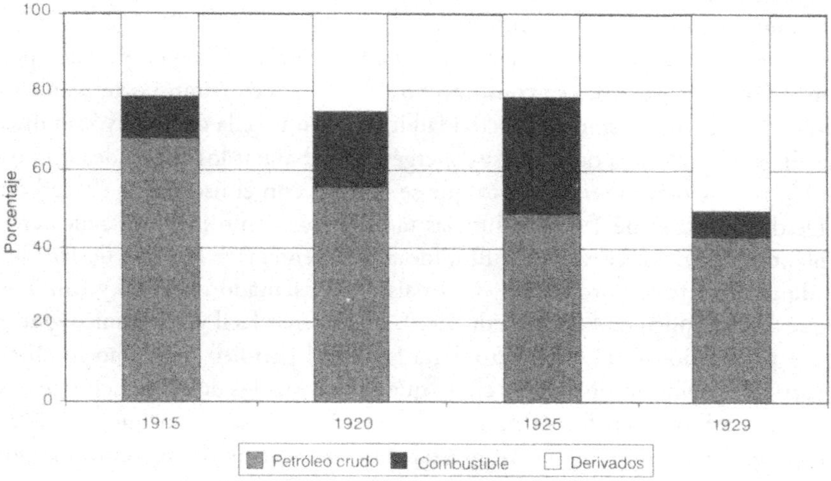

FUENTES: para 1915, se trata de las exportaciones a los tres socios principales (G3) según sus estadísticas comerciales (véase bibliografía); para 1920 a 1929, datos obtenidos de DEN, *Anuario* (1923, 1926-30, 1932).

cuatro centavos. Esta era una contribución por entero distinta a las que se habían dictado hasta entonces: no gravaba ni la producción ni las exportaciones, sino precisamente el consumo interno, y aunque los causantes eran teóricamente los productores e importadores, resulta evidente que su costo se transfería al consumidor. Llama la atención, además, que, mientras los impuestos a la producción y a la exportación tendían a disminuir, éste aumentó en forma consistente hasta rebasar, a partir de 1929, a aquellos dos impuestos considerados en conjunto. Así, mientras que en 1925 se percibieron unos 42 millones de pesos por aquellos conceptos y tan sólo 4 millones como impuesto a la gasolina, en 1929 aquéllos sumaron 8.6 millones de pesos, en tanto este último rebasó los 10 millones. De esta manera la política impositiva reorientaba sus fuentes de ingresos en vista del giro que tenía lugar en el destino de la producción.[217]

La contribución del sector petrolero a la economía mexicana aumentó durante la década de 1920 en virtud de dos circunstancias adicionales. Primero, la operación de las plantas de refinación hizo posible que el componente primario de las exportaciones petroleras se fuera reduciendo, como se ilustra en la gráfica 7.4. Las ventas de petróleo crudo pasaron de representar 68% de

[217] Uhthoff, "Fiscalidad" (2004), cuadro 4.

las exportaciones petroleras totales en 1915 a 43% en 1929, y a la larga esta disminución redundó no tanto en favor del petróleo combustible, un producto con un nivel mínimo de elaboración, como del incremento de los productos derivados del petróleo, que pasaron de 21% a 51% del valor total de las exportaciones petroleras en el mismo lapso.

Segundo, una parte creciente de la producción nacional de petróleo permaneció en el país para su consumo no sólo en el sector transporte (automóviles, ferrocarriles), sino en la actividad industrial. En ella contribuyó sin duda a aliviar el problema de la escasez energética, a abaratar los costos de combustible y a mejorar el rendimiento que se obtenía con el uso de leña o carbón. Desde la década de 1910, industrias tan diversas como ingenios azucareros, plantas eléctricas, cervecerías, fundidoras, cementeras y fábricas de ladrillos adquirían petróleo producido en el país.[218] El asfaltado de calles y caminos, que se intensificó en la década de 1920, resultó más fácil y económico gracias a la producción local del asfalto, para la cual el petróleo mexicano resultaba particularmente apropiado. Es cierto que otros artículos de exportación se destinaban también en forma parcial al mercado interno, pero quizá ninguno experimentó un giro de esta magnitud en la orientación de su consumo. Después de una primera fase (entre 1918 y 1922) en que la demanda internacional forzó la salida de una parte creciente del volumen producido, una combinación de circunstancias (el descenso de esa demanda, la intensificación del proceso de modernización de la economía nacional, etc.) produjo la reorientación de una parte creciente de la producción hacia el mercado interno. El porcentaje de la producción nacional que se destinó al consumo doméstico pasó de apenas 11% en 1921 a 40% en 1929.[219] Ello indica una intensificación de los eslabonamientos hacia adelante que frecuentemente es ignorada cuando se valora la contribución del petróleo a la economía nacional.

Dos factores principales limitaron la contribución económica de la industria petrolera. Por un lado, el origen de la propiedad de las empresas, que se combinó con los rasgos técnicos y de ubicación geográfica de la explotación para minimizar tanto el valor de retorno como los eslabonamientos con otras actividades económicas. Por otro lado, un marco legal inicial que no preveía ni la importancia estratégica que habría de adquirir el hidrocarburo ni la riqueza petrolera que albergaba el subsuelo del territorio nacional. La primera de estas condiciones no se modificó dentro de este periodo, y la segunda lo hizo en un

[218] Brown, *Petróleo* (1998), p. 116.

[219] El consumo aparente de petróleo creció mucho más, pues las importaciones de productos petroleros aumentaron en números redondos de 3 a 13 millones de pesos en el mismo periodo. López Portillo, *El petróleo* (1981), p. 261.

sentido que propició una mayor derrama del sector petrolero sobre la economía a través de impuestos, mayores salarios e incentivos fiscales que favorecían la generación de mayor valor agregado dentro del país. Pero una vez que estas condiciones más favorables se consolidaron, el descenso en la producción provocado por el agotamiento de los pozos produjo una disminución en las exportaciones, en los impuestos recabados y en la fuerza de trabajo empleada. Pronto disminuyeron también las inversiones y la importancia general del sector para la economía. Ello sugiere que la brevedad del ciclo productivo del petróleo, marcado por limitaciones técnicas, fue uno más de los factores que estrecharon la aportación del hidrocarburo a la economía mexicana.

CONCLUSIONES

Los capítulos que anteceden ofrecen un primer acercamiento a las características y al desempeño del sector exportador mexicano a lo largo de la era del capitalismo liberal. En el capítulo 6 se expuso su desempeño general, a veces en términos comparativos, así como algunos de los conceptos e interpretaciones que llaman a debate cuando se intenta valorar su contribución a la economía. En el capítulo 7 se abordaron las actividades exportadoras más representativas del auge exportador que experimentó México durante este periodo, no sólo por su participación en el valor total de las exportaciones, sino también en la medida en que abarcan prácticamente todas las actividades extractivas y la más importante de las actividades agrícolas de exportación. Una cobertura más amplia sería de enorme utilidad para ofrecer una imagen más completa de la difusión geográfica y el alcance de la diversificación productiva en el sector exportador, así como para poner de relieve las diferencias que éste exhibió de una región a otra y de un producto a otro, sobre todo dentro de las actividades agropecuarias. Aunque ese trabajo se encuentra actualmente en proceso y saldrá a la luz en un futuro próximo, podemos adelantar algunas conclusiones derivadas del estado a que ha llegado la investigación hasta este momento.

Lo primero que salta a la vista al adentrarse en el tema es que si bien es cierto que el primer gran ciclo exportador de la economía mexicana se extendió a lo largo de casi seis décadas, dentro de él se describieron dos fases claramente diferenciables en términos de desempeño y contribución potencial a la economía. La primera es una fase ascendente, que arrancó en la década de 1870 apoyada en las exportaciones tradicionales y en la paulatina rehabilitación de la minería, y continuó gracias al despegue de la agricultura de plantación y a una creciente difusión territorial y diversificación de las actividades exportadoras. La segunda se abrió promisoriamente con el inicio de la explotación comercial del petróleo a partir de 1911, pero enfrentó pronto un sinfín de dificultades que primero limitaron severamente la contribución económica de las exportaciones y luego afectaron su desempeño. Así, durante la década de 1910 las exportaciones crecieron rápidamente, al menos en términos nominales, pero las condiciones de guerra civil redujeron la capacidad de la economía mexicana para absorber sus beneficios, los cuales se desviaron a propósitos político-militares o salieron del país. En cambio, durante la década de 1920 se restablecieron —e incluso se fortalecieron— los mecanismos a través de los cuales las actividades exportadoras podían contribuir a la economía mexicana, pero entonces un comportamiento incierto del mercado internacional incidió negativamente en el desempeño del sector externo, reduciendo sus rendimientos.

Frente a estas limitaciones, conviene destacar el poder de transformación que la dinámica exportadora ejerció sobre la vida económica del país y sobre muchas de las estructuras tradicionales de la economía mexicana. Zonas enteras fueron incorporadas a la actividad económica e integradas al incipiente mercado nacional, notablemente en el norte antes despoblado e inhóspito, en donde floreció la minería y la metalurgia, la ganadería, la agricultura y, con el tiempo, la industria manufacturera. De una cesta de exportaciones escasa por su volumen y su variedad, se transitó en unas cuantas décadas a una compuesta por más de dos docenas de productos de distinto origen regional, algunos de los cuales habían dejado de ser bienes primarios y ostentaban cierto grado de procesamiento industrial. Pese a que una parte de los beneficios derivados de las exportaciones se fugaba al exterior, la derrama económica que producían en el interior del país era considerable, sobre todo si se tiene en cuenta el nivel de actividad económica que había caracterizado hasta entonces a la economía mexicana. Parte de la riqueza generada en las actividades exportadoras se utilizó para el pago de salarios, aumentando las dimensiones del mercado y la capacidad de consumo de esa franja de la población; otra se destinó al pago de impuestos federales, estatales y municipales, con los que se emprendieron obras urbanas, portuarias y de infraestructura y se incrementó la provisión de bienes públicos; en fin, esa misma riqueza contribuyó a fomentar otras actividades productivas y a dinamizar la actividad comercial. Una porción del ahorro generado en el sector exportador por parte de los capitalistas nativos, acaso pequeña pero significativa para los estándares nacionales de la época, se acumuló en fortunas que luego contribuyeron a la formación de capital y se invirtieron en otros giros empresariales, relacionados ya con la agricultura comercial, ya con el comercio o la industria.

Las actividades exportadoras, que aparecían al principio como islotes esparcidos en unas cuantas localidades del territorio, se convirtieron en un componente esencial de la vida económica de México. Hacia el final del periodo, prácticamente todos los estados del país contaban con actividades de exportación y, con algunas excepciones notables, quienes laboraban en ellas solían disfrutar un mayor nivel de ingresos y mejores condiciones de vida que en su situación anterior. Las excepciones, por cierto, eran particularmente ominosas, y han alimentado la leyenda negra del porfiriato. Para sólo mencionar el caso que hemos estudiado aquí, los trabajadores de las plantaciones henequeneras de Yucatán vieron sumarse a la lógica tradicional del peonaje por deudas la racionalidad capitalista de la plantación, que propició una intensificación en el grado de explotación y un reforzamiento de la coacción extraeconómica, en ocasiones agravado por la condición ilegal del enganche o la deportación. En cambio, no es arriesgado afirmar que los individuos que abandonaron las haciendas para enrolarse en las filas de asalariados mineros que por miles poblaban los nuevos asentamientos del norte del país, vieron mejorar su suerte y la de sus familias durante la mayor parte del periodo. Algo similar puede decirse de los trabajadores petroleros, aunque en ambos casos la inestabilidad laboral, la inflación y el desabasto asociados con la guerra civil representaron para muchos un empeoramiento transitorio, en espera de las mejores condiciones que se abrirían paso al término de la revolución.

Para volver al desempeño de las exportaciones, durante varias décadas México experimentó, tal como diagnosticaran Prebisch y Singer para toda América Latina, un deterioro persistente en los términos de intercambio, provocado por la caída en los precios de algunos de los principales productos de exportación. Aunque se puede atribuir a la plata la responsabilidad central por este declive, muchos otros productos de la canasta tradicional, como la vainilla, los tintes y el azúcar, también sufrieron un retroceso respecto a los altos precios que se registraron a principios del decenio de 1870. En muchos casos significativos, sin embargo, la caída en los precios no fue sólo un reflejo de factores exógenos, sino que se correspondía estrechamente con aumentos en la productividad que redujeron de manera efectiva los costos de producción. En estos casos, vender a un precio menor en el mercado externo no necesariamente significaba para México una pérdida de renta o de bienestar.

Con la información ahora disponible, es posible ensayar una suerte de periodización de la evolución y el significado del deterioro en los términos de intercambio para la economía mexicana. En las dos décadas iniciales, la caída en el precio de la plata no parece corresponder con aumentos en la productividad de magnitudes comparables. Sin embargo, la tendencia para el resto de la canasta de exportaciones no es tan clara como la de la plata: los precios de algunos artículos tradicionales experimentaron altibajos, como los de la vainilla y las maderas tintóreas, pero otros de hecho aumentaron, mejorando su rentabilidad y alentando su producción, como sucedió con el henequén y el café. Ello explica en parte el comportamiento un tanto inestable, pero no declinante, de los términos de intercambio durante estos años. En cambio, una caída más consistente se aprecia de 1889 a 1903 y, tras una breve pausa, se prolonga hasta 1908, luego de lo cual la relación real de intercambio muestra una leve recuperación hasta 1914. Con todo, en aquellos años el significado del deterioro no es inequívocamente negativo, pues junto al crecimiento y la diversificación del sector exportador se produjo entonces un proceso de modernización tecnológica y organizativa en la minería y en la agricultura de exportación, así como la apertura de oportunidades de empleo para una mano de obra con un costo de oportunidad muy bajo. En esas condiciones, es probable que el deterioro en los términos de intercambio no representara una pérdida de renta para la economía mexicana. Cuando reaparece a partir de 1914, el deterioro posee un significado enteramente distinto al del periodo anterior, pues entonces surge como un fenómeno exógeno, motivado por una mayor inflación relativa en los precios de las importaciones que en los de las exportaciones mexicanas. La situación se invierte durante la década de los veinte, cuando se disfruta de un breve lapso de seis años en el que los términos de intercambio favorecen a las exportaciones mexicanas. Sea cual fuere la relación real de intercambio con el exterior, y pese a los altibajos transitorios generados por las crisis periódicas en la economía internacional, el poder adquisitivo de las exportaciones mexicanas creció continuamente en las más de cuatro décadas que van de 1870 a 1912, se estancó entre 1912 y 1921, y volvió a crecer, esta vez en medio de fuertes altibajos, entre 1921 y 1926. Este comportamiento confirma lo que se anunciaba desde un principio, es decir, que la era exportadora tuvo una etapa de crecimiento notable hasta el estallido de la Revolución mexicana, y luego una de inestabilidad y agotamiento pogresivo que desembocó en el colapso definitivo durante la Gran Depresión.

El intento de evaluar la contribución de las exportaciones a la economía del país ilumina la complejidad del fenómeno. Ante todo, resulta claro que esta contribución no fue homogénea ni en términos geográficos ni sectoriales, y que el impacto de cada actividad se relacionaba estrechamente no sólo con las políticas macroeconómicas, sino con el tipo de actividad, con las condiciones regionales e incluso locales en que aquélla se desenvolvía, con el origen de los recursos empleados y la situación cambiante de la economía internacional, etcétera. La incidencia de cada uno de estos factores arroja resultados frecuentemente contrastantes sobre el balance de conjunto. Por ejemplo, hubo el caso de actividades como la producción de henequén, que ofrecían un alto valor de retorno debido al origen nacional de los recursos invertidos, y sin embargo tenían una derrama limitada por los bajos salarios y efectos regresivos desde el punto de vista social. Hubo otras, como la minería, con un valor de retorno relativamente bajo, que sin embargo se difundían de tal manera sobre el territorio con su derrama de salarios y su demanda de insumos y servicios, que ejercían un impacto poderoso sobre el mercado de trabajo y sobre la actividad económica en amplias franjas del territorio nacional. Finalmente, hubo otras, como el petróleo, en las cuales se conjugaron todos los factores que minimizaban su valor de retorno y su contribución a la economía del país, y que sin embargo produjeron cuantiosas derramas de recursos concentradas en una región y en un breve lapso temporal. Aunque hemos rechazado el uso del concepto de enclave por su imprecisión y su carga ideológica, no cabe duda que en el breve auge petrolero de 1911 a 1925 se conjugaron los peores rasgos de la dinámica exportadora: predominio casi absoluto de grandes consorcios extranjeros; utilidades exorbitantes que en gran medida no se reinvirtieron en México; situación cambiante de la demanda; vulnerabilidad externa agravada por una fuerte dependencia de las finanzas públicas respecto a los ingresos petroleros, y una concentración de la propiedad que dio a los intereses externos una capacidad de presión sobre el gobierno mexicano que era a todas luces excesiva e indeseable. En suma, la explotación petrolera significó una forma agudizada de dependencia respecto a un producto y en relación con un país que no había aparecido en el modelo exportador tal como se desarrolló durante el porfiriato.

En mayor o menor medida, las actividades exportadoras que se desarrollaron en este periodo ofrecieron también los efectos positivos de aprendizaje a través de la práctica *(learning by doing)* y de la transferencia de tecnología, aunque por supuesto las dimensiones de su impacto variaron enormemente de un sector a otro. En el ámbito de la producción agrícola para la exportación, prácticamente todas las actividades experimentaron avances significativos, incluido el caso de la plantación henequenera, en la que tenía lugar un proceso productivo arcaico y escasamente mecanizado. Cabe mencionar una organización más eficiente de los planteles y el empleo de métodos "científicos" en el cultivo que aumentaban la productividad de la tierra y reducían los costos de producción, así como la incorporación de tecnología para llevar a cabo tareas que antes se realizaban sólo con fuerza animal y humana, como la conducción de las pencas, la raspa y el empaque. En el ámbito de la minería, existió un claro proceso de transferencia tecnológica tanto en la explotación de los yacimientos como en el beneficio, y efectos de derrame que hicieron posible la multiplicación de los productos aprovechados, su nivel de procesamiento y avances notables en la productividad. Éste fue también el sector que aprovechó en mayor medida los efectos del aprendizaje mediante la práctica, dando paso a la constitución de una fuerza de trabajo con algún grado de especialización que a partir de cierto momento fue capaz de pasar de las labores de extracción a las de procesamiento, en el marco de procesos productivos que se realizaban en gran escala y con tecnología de punta. El resultado fue la existencia de una mano de obra relativamente abundante que disfrutó de mayor movilidad social, geográfica y entre empresas, mejores salarios y más oportunidades de empleo que el resto de la población. En términos del desarrollo productivo, el principal resultado fue la posibilidad de ascender genuinamente en la escala de la calidad de los bienes ofrecidos, que para la década de 1920 consistían de artículos con algún grado de elaboración y valor agregado. Además, para este momento la actividad minero-metalúrgica, tradicionalmente orientada al exterior, empezaba a vincularse también con el aparato productivo nacional, creando eslabonamientos hacia delante que fueron aprovechados por otras industrias en franco proceso de desarrollo. Aunque estos enlaces estuvieron constreñidos por las condiciones iniciales de atraso, prefiguraban el desarrollo deseable en el contexto de un modelo exportador exitoso: desde una ventaja comparativa derivada de la dotación de recursos, hasta la formación de cadenas de valor cada vez más prolongadas; desde la exportación de productos primarios, hasta la creación de eslabonamientos productivos hacia atrás y hacia delante que culminaban en la reorientación de una parte de la producción hacia el mercado interno.

Un acercamiento mayor a los efectos de cada actividad arroja resultados paradójicos también en el ámbito social. No cabe duda de que el sistema de relaciones sociales heredado de la colonia y reforzado por el auge henequenero en Yucatán constituía un factor regresivo desde el punto de vista de las condiciones de vida, la movilidad social y la creación de un mercado de trabajo. En este sentido, la situación prevaleciente en el sector minero era mucho más avanzada: implicaba la contratación de trabajadores libres, con salarios relativamente elevados y con una alta movilidad geográfica y ciertas posibilidades de movilidad ocupacional y social. Y sin embargo, a la luz de los testimonios de la época, el primero de estos casos representaba algunas ventajas respecto al segundo: el sistema de trabajo en las haciendas de henequén ofrecía empleo seguro y permanente, así como un perímetro de seguridad dentro del cual la supervivencia se encontraba garantizada aún en épocas de crisis. En cambio, el trabajo en las minas era esencialmente inestable, sin ataduras que obligaran al empleador a asegurar la permanencia en circunstancias adversas, por lo que el obrero se encontraba en él abandonado a las fuerzas del mercado.

Es posible mencionar varias limitaciones más al impacto favorable que el auge exportador pudo tener sobre el crecimiento económico. Una de ellas tiene que ver con el *timing* del fenómeno. México arribó con cierto retraso al proceso de integración que se venía verificando en el mercado internacional a partir de mediados del siglo XIX. Ello tuvo varias implicaciones. La más visible es que, por esta sola razón, el país desaprovechó durante casi un cuarto de siglo los beneficios que se derivaban de la expansión de las exportaciones, y lo hizo en un momento en que las condiciones de la demanda eran probablemente más favorables. Otra es que, cualquiera que sea la fecha que se elija para fijar el fin de la era exportadora, su duración fue probablemente menor para México que para otros países latinoamericanos. En fin, parece probable que México no hubiera acabado de desplegar su potencial exportador cuando se vio obligado a dar un vuelco radical en su modelo de crecimiento, forzado por un evento exógeno: la crisis económica internacional de 1929 y sus secuelas. En términos comparativos, un inicio tardío de la era exportadora significó que la distancia respecto a otros países que en el contexto latinoamericano habían arrancado "a tiempo" su desarrollo exportador, fuera relativamente mayor, de manera que las condiciones para la convergencia eran mucho más exigentes y el tiempo para ponerlas en práctica, consecuentemente, menor. Hemos visto, por ejemplo, que aunque el desempeño exportador de México y Argentina no diferían en forma drástica, la duración del auge y el crecimiento acumulado en el marco de éste sí eran muy distintos, por el sólo hecho de la anticipación del arranque argentino.

Otro constreñimiento atañe a las condiciones de atraso en que se encontraba la economía mexicana al embarcarse en un modelo de crecimiento orientado por las exportaciones. Entre las diversas implicaciones de esta situación se encuentra el hecho de que los beneficios que arrojó el auge exportador durante las primeras décadas debieron emplearse en atender carencias elementales que en realidad constituían prerrequisitos para el crecimiento —como la dotación de infraestructura básica (ya sea en forma directa o a través de subsidios estatales) en transporte, puertos, servicios urbanos— en vez de orientarse directamente a la inversión productiva. Otra consecuencia del grado inicial de atraso fue una limitada capacidad de absorción y difusión de tecnología por parte de la economía mexicana, la cual constituía un serio constreñimiento para la creación de eslabonamientos hacia delante, entre la producción de materias primas y su procesamiento industrial. Significativamente, los casos en que se desarrollaron cadenas de valor de esta naturaleza fueron aquellos dominados por el capital extranjero (la minería y el petróleo), puesto que en ellos la intensidad del cambio tecnológico estaba referida a los ritmos con que éste tenía lugar en los lugares de origen del capital. En actividades agrícolas, con mayor presencia nacional, los eslabonamientos fueron mucho más restringidos.

Finalmente, una limitación fundamental tanto al ritmo y la intensidad de la acumulación de capital, como a la transferencia de tecnología y los efectos de derrame, se asocia sin duda con el origen extranjero de la propiedad en muchas de las actividades exportadoras y con la muy escasa capacidad de la economía (en parte derivada de esa condición inicial, y en parte del atraso económico preexistente) para generar ahorro interno que se tradujera en un aumento en la inversión, desplazando eventualmente al capital extranjero. Junto a esa condición debe mencionarse la secular desigualdad en la distribución de la riqueza y una estructura social que fue reacia al cambio durante la mayor parte del periodo estudiado. No se trata de un dato ajeno a la problemática que nos ocupa. Significa que el sector de la sociedad que se encontraba en condiciones de beneficiarse del auge exportador y aprovechar sus frutos para participar en otras iniciativas empresariales era minúsculo, que las posibilidades de despilfarro eran considerables y que el desempeño económico dependía de un número reducido de iniciativas cuyo fracaso podía tener consecuencias macroeconómicas de consideración. En el largo plazo, fueron estas condiciones estructurales las que marcaron la fisonomía particular y los alcances posibles de la era de las exportaciones para la economía mexicana.

CONCLUSIONES GENERALES

La economía no es un conjunto desarticulado de actividades sin relación entre sí, pese a la impresión que pueden dejar los indicadores sectoriales de desempeño económico o los análisis, a veces obligatoriamente fragmentarios, de la vida económica de un país. Todo lo contrario, la economía es un sistema conformado por dimensiones estrechamente interrelacionadas, dentro del cual el comportamiento de una variable incide de múltiples formas y con intensidad diversa sobre todas las demás. Las distinciones entre sectores productivos, entre actividades orientadas al mercado interno o al internacional, entre ahorro interno e inversión extranjera, entre inversión pública y privada, y cualquier otra que se nos pueda ocurrir, no son más que abstracciones analíticas que intentan profundizar en algún aspecto de la vida económica, pero que al hacerlo sacrifican su conexión con otras y con el conjunto.

En el marco de un sistema de esta naturaleza, hay ámbitos de la actividad económica que funcionan eficientemente y otros no tanto; hay políticas públicas que favorecen en forma diferenciada a algunos destinos de la inversión y perjudican a otros, y en esa medida influyen sobre la estructura y la trayectoria de la economía; hay ciclos de productos que se empalman o se sustituyen, conformando la especialización productiva de una época; hay ventajas comparativas dinámicas, que surgen como respuesta a las innovaciones tecnológicas y/o a la demanda, y que algunas veces se suman a las ventajas tradicionales y otras las reemplazan. La relación entre estas y muchas otras variables puede producir un eslabonamiento virtuoso que conduce al crecimiento económico; puede desembocar también en círculos viciosos que se retroalimentan y se profundizan, generando estancamiento y atraso.

En este libro he intentado un acercamiento al estudio del comercio exterior de México que lo concibe como una dimensión de un sistema económico interconectado, y que busca por ello ahondar en sus vinculaciones con otros ámbitos de la vida económica, en una época en la que aquél desempeñó un papel crucial en el desenvolvimiento de la economía del país. Tras un periodo prolongado en que distintos factores habían reproducido el círculo vicioso del atraso económico, en el último cuarto del siglo XIX la economía mexicana encontró una fórmula que rompió con aquella dinámica y la encaminó durante varias décadas por la senda del crecimiento económico. Esta fórmula incluyó una dotación de recursos favorable que pudo aprovecharse a medida que se consolidó la estabilidad política y aumentaron los flujos de inversión; políticas públicas que incentivaban la inversión tanto nacional como extranjera; la provisión de una infraestructura de transportes que superó progresivamente la fragmentación del territorio e hizo posible una organización espacial de la producción más eficiente y una mayor especialización, y un contexto internacional de integración y crecimiento económico que amplió exponencialmente la demanda para los productos que México podía producir con cierta ventaja. Es imposible identificar *el* elemento que se encontró en el origen y desencadenó este fenómeno; lo cierto es que a partir de cierto momento éstos y otros factores convergieron para producir un vuelco en la dinámica de la economía que configuró el inicio de un proceso de crecimiento, y que en el centro de ese fenómeno se encontraron durante varias décadas las actividades relacionadas con el comercio exterior.

El círculo virtuoso que se creó a partir de ese eje involucró, con distinto orden de importancia, desarrollos en distintas áreas geográficas y económicas. En un momento temprano del proceso, la acumulación de capitales provenientes del comercio y las actividades tradicionales se volcaron a la adquisición de tierras que, ante el estímulo de la demanda, se dedicaron a la ganadería, el cultivo de productos tropicales o la explotación forestal, mientras que otras fortunas se invirtieron en la rehabilitación de la minería. Diversos cambios institucionales crearon un conjunto de incentivos que promovieron también la inversión de capitales extranjeros. Éstos ocuparon todas aquellas áreas que dejaba vacante la escasez de ahorro interno, elevando la escala de la producción y, en algunos casos, su densidad de capital técnico y humano. Aunque en ocasiones la inversión foránea desplazó a los propietarios nacionales mediante la absorción y la concentración en grandes consorcios, en muchas otras se mantuvo la coexistencia de empresarios de dentro y de fuera del país, ya dentro de una misma empresa o en el ámbito de una actividad o sector. En fin, la construcción de una red ferroviaria promovió la incorporación de recursos ociosos a la actividad económica y generó un cúmulo de externalidades positivas que fueron aprovechadas por agricultores, mineros, comerciantes e industriales en ciernes.

Las ganancias generadas por las actividades exportadoras se repartían en una multiplicidad de destinos posibles: la reinversión en la expansión o modernización de la propia actividad; la reinversión en otro destino productivo dentro del país, la fuga hacia las sedes originarias del capital invertido. Existe evidencia de que los empresarios mexicanos que obtuvieron ganancias en actividades orientadas a la exportación, las invirtieron después en otras que se destinaban al mercado interno, desde el cultivo de alimentos y materias primas agrícolas hasta la producción de bienes industriales, ya de consumo (alimentos, textiles), ya de producción (ladrillos, cemento, vidrio, dinamita). Asimismo, estas actividades se volvían a conectar con el sector exportador mediante el abasto de alimentos para los trabajadores y de insumos para la producción. Por su parte, las ganancias generadas por el capital extranjero invertido en actividades orientadas a la exportación podían salir definitivamente del país o reinvertirse dentro o fuera de la actividad original. Pese a la percepción que genera la fuga de capitales asociada con la inversión extranjera, la ampliación de las actividades de los grandes inversionistas extranjeros durante la mayor parte del periodo sugiere que, en realidad, una parte considerable de sus ganancias permanecía (o regresaba) al país, bajo la forma de nuevas inversiones que bien podían ampliar horizontalmente o integrar verticalmente sus empresas originales, y bien podían destinarse a proyectos promisorios en otra actividad. El éxito de las exportaciones produjo una derrama importante de riqueza tanto en la retribución directa a los factores productivos como a través del pago de impuestos, las inversiones asociadas en infraestructura, la dinamización de actividades productivas que atendían la demanda generada dentro de las regiones exportadoras, la apertura de instituciones financieras y el impulso al ahorro interno, que hizo posibles inversiones crecientes fuera del sector exportador. El surgimiento de una industria moderna a fines del siglo XIX se asocia con el éxito exportador no sólo porque en algunos casos ambos tuvieron a los mismos protagonistas, sino también porque aquélla se benefició de la oferta de infraestructura moderna, la abundancia de medios de pago internacionales, la integración del mercado interno y una mayor capacidad de consumo de un sector más amplio de la población.

Por cuanto al inicio del periodo la economía mexicana dependía en gran medida del exterior para abastecerse de insumos productivos y bienes de capital, casi cualquier aumento en el nivel de actividad económica (ya fuera en el sector agrícola, minero o industrial; para el mercado interno o para la exportación) se asociaba a incrementos en las importaciones. Esto ya marcaba una diferencia profunda respecto al periodo anterior, en que el comercio de importación se destinaba a abastecer de artículos de consumo suntuario —y no tanto— a un grupo selecto de la sociedad. Las primeras importaciones que se relacionaron con la modernización económica del país tuvieron lugar en el sector ferroviario, pero muchas otras las acompañaron y siguieron en la minería, las obras portuarias, la electrificación, la dotación de servicios urbanos y el equipamiento de una planta industrial moderna. Una parte sustancial de las importaciones eran en realidad la materialización de las inversiones extranjeras, y otras procedían de la creciente formación de capital nacional proveniente en parte del éxito de las actividades orientadas a la exportación. Por su parte, las importaciones podían servir para abastecer de insumos y tecnología a las propias actividades exportadoras, pero también, de manera creciente, a la agricultura comercial moderna, a la industria productora de bienes de consumo o de bienes intermedios, y todas éstas podían a su vez abastecer a unidades productivas dedicadas al consumo interno o a la exportación.

Las políticas públicas intensificaron las conexiones entre el comercio exterior y la economía nacional a través de diversos instrumentos a su alcance. Por un lado, contribuyeron a la vinculación entre importaciones y modernización económica mediante una política arancelaria que redefinió drásticamente la estructura de las importaciones, imponiendo derechos elevados a los bienes de consumo suntuario —que además le proporcionaban ingresos fiscales significativos— y liberalizando progresivamente la importación de bienes de producción. Aunque no carente de inconsistencias y regresiones, esta política comercial adquirió un comportamiento dinámico, que le permitió seguir los cambios en la especialización productiva y acompañar el proceso de industrialización mediante medidas proteccionistas que favorecían a las industrias emergentes al tiempo que aligeraban las cargas para los nuevos bienes de capital requeridos en la producción. En cualquier caso, contra lo que frecuentemente se ha pensado, la política comercial no fue ni indiscriminadamente proteccionista, ni desconsideradamente enfocada a satisfacer las necesidades de un fisco siempre dependiente de los ingresos provenientes del comercio exterior. Si estos rasgos caracterizaron el inicio de nuestro periodo, a partir del momento en que el auge de las exportaciones contribuyó a estimular la actividad económica, el Estado diversificó sus fuentes de ingresos y adquirió una visión claramente desarrollista de su política comercial. Por otra parte, el Estado promovió también de distintas maneras el crecimiento de las exportaciones y su conexión con el resto de la economía. En un primer momento, fomentó la inversión, mediante exenciones e incentivos diversos, y a través de la expansión de la infraestructura ferroviaria y portuaria. Cuando las actividades cobraron fuerza propia, se buscó incrementar su derrama fiscal, y en algunos casos se procuró incentivar la formación de cadenas de valor más prolongadas para los productos exportables.

La Revolución mexicana modificó las prioridades de corto plazo y, en algunos aspectos, la visión de largo plazo respecto a lo que debía ser el desarrollo económico del país, pero no perturbó en sus cimientos este modelo de desarrollo que hacía confluir crecientemente el éxito exportador con el crecimiento de una base industrial. En el corto plazo, los regímenes revolucionarios perdieron de vista la importancia de utilizar la política comercial como un instrumento de desarrollo y modernización económica, y volvieron hasta cierto punto a las épocas en que se le consideraba un instrumento para la obtención de recursos fiscales. Las ingentes necesidades generadas primero por la guerra civil y luego por la reconstrucción del aparato estatal hicieron que la promoción o protección de las actividades productivas pasaran a segundo plano, lo que los llevó a gravar en exceso algunos productos de exportación exitosos, o a las empresas exportadoras en las que predominaban propietarios extranjeros. En ambos casos se podían invocar propósitos superiores de defensa del patrimonio y el desarrollo nacional, de modo que las exigencias impositivas no afectaban seriamente las bases sociales y económicas del nuevo poder político. Pero ni la retórica revolucionaria ni los cambios en el balance del poder cegaban a los nuevos dirigentes: durante el periodo de estudio, ni se despojó a los propietarios extranjeros, ni se desconcentró la propiedad de las grandes empresas, ni se produjo un giro intencional en el modelo exportador. Lo que empezó a afectar su desempeño y su papel en la vida económica fueron las circunstancias internacionales, que después de la Primera Guerra Mundial adquirieron rasgos de inestabilidad, altibajos en la demanda, sustitución de productos y de mercados, todo lo cual afectó en mayor o menor medida a las actividades exportadoras que se desarrollaban en el país. Una diversificación escalonada en el tiempo del sector exportador mexicano amplió progresivamente su alcance geográfico, aumentó su valor de retorno y alimentó sus eslabonamientos con el resto de la economía. Estos rasgos positivos prolongaron el ciclo exportador de la economía mexicana y permitieron que las actividades asociadas al mercado interno prosiguieran, en parte bajo sus auspicios, su proceso de consolidación, pero a la postre no pudieron contrarrestar las condiciones inestables o francamente adversas del contexto internacional. Fue éste, y no la Revolución mexicana, lo que produjo un vuelco en el modelo de crecimiento a partir de la década de 1930.

Para concluir, vale la pena intentar un balance de lo que la era del capitalismo liberal significó para el desarrollo del país, para lo cual es preciso proponer una serie de consideraciones previas. Ante todo, el horizonte de visión no puede ser el México de 1970, industrializado y todavía próspero, sino el de 1870: económicamente estancado, territorialmente fragmentado, aún incapaz de defender y poblar toda la extensión del territorio; aislado en el contexto internacional, insolvente y no sujeto de crédito; con un aparato estatal frágil y en constante bancarrota, que apenas tomaba un respiro tras décadas de inestabilidad, guerra civil y acechanzas del exterior. Cuando se evalúa el desempeño de la economía mexicana en el marco del modelo orientado por las exportaciones, suele pasarse por alto el hecho de que la opción más probable a esa senda de desarrollo en el último tercio del siglo XIX no era un proceso de industrialización sustentado con recursos nacionales y apoyado en el mercado interno, sino la continuidad del estancamiento y el atraso que habían caracterizado al periodo anterior. Por otra parte, salvo en condiciones extremas de aislamiento respecto al sistema económico internacional, el curso que sigue el desarrollo en un periodo determinado no es algo que los estados nacionales puedan decidir soberanamente, sino que depende de un conjunto amplio de condiciones, muchas de las cuales escapan a la voluntad de los actores internos. Finalmente, los modelos de crecimiento no son intrínsecamente buenos o malos: representan sendas que se recorren en respuesta a la aparición de oportunidades que antes no existían y que a su paso conforman nuevas estructuras que sustituyen a las anteriores. Es decir, son fenómenos históricos, que describen un ciclo vital dentro del cual existen fases florecientes y expansivas, otras de madurez y unas más de crisis y declive. Así como es en buena medida inevitable transitar por los distintos modelos de crecimiento que han caracterizado a la economía mundial, también es cierto que ninguno está destinado a durar por siempre.

Por estas razones, una mejor forma de ponderar esta fase del desarrollo tendría que referir menos a estándares abstractos acerca de cuál es *el* camino deseable —incluso si no es posible en las condiciones históricas existentes—, y más a discernir si, dentro de las exigencias y limitaciones que imponía el modelo de crecimiento adoptado, se hizo lo necesario para explotar todo el potencial de crecimiento que éste entrañaba y se obtuvo de él el mayor provecho posible. El análisis histórico que se ha presentado en este libro sugiere que la respuesta a esta pregunta es afirmativa, aunque acotada por dos limitaciones de carácter estructural y otra de naturaleza temporal. Las limitaciones estructurales que restringieron el potencial de crecimiento que ofrecía el modelo exportador en México en el último tercio del siglo XIX fueron el atraso económico y la enorme desigualdad en la distribución de la riqueza y el ingreso. Como se sabe, ambas eran condiciones preexistentes que tenían profundas consecuencias sobre el desempeño de la economía: limitaban el ahorro interno y la inversión productiva, mantenían a la inmensa mayoría de la población en condiciones básicas de supervivencia y reducían las dimensiones del mercado interno a su mínima expresión. Para usar el lenguaje de Gerschenkron, la demanda externa y el capital extranjero fueron los sustitutos idóneos para los prerrequisitos faltantes, y sin embargo no podían sino marcar con su impronta el camino del desarrollo que habrían de protagonizar. El modelo de crecimiento orientado por las exportaciones prosperó en la medida en que el mercado internacional estuvo en condiciones de absorber la producción exportable y en que México dispuso de recursos para la inversión, en buena medida traídos del exterior. Pero mientras lo hizo, no se limitó a hacer florecer unos cuantos enclaves aislados del resto de la economía y del resto del país, sino que derramó sus beneficios sobre las regiones productoras, sobre otras actividades económicas, sobre grupos más amplios de la población y sobre las finanzas del Estado. Frente a un cuadro de estancamiento o retroceso económico que había durado medio siglo, el auge exportador ofreció a la economía mexicana un aumento en el nivel de la actividad económica, las primeras tasas positivas de crecimiento económico, mayores excedentes para invertir en otras actividades, mejores salarios para muchos de los trabajadores involucrados en ellas, ingresos públicos florecientes. La derrama de las actividades exportadoras favoreció primero a la construcción de infraestructura para luego extenderse a otras actividades productivas, desde la agricultura comercial y la ganadería hasta la producción industrial. Lejos de excluir u obstaculizar el crecimiento de la industria, el modelo exportador lo alimentó con los excedentes que permanecían en el país, con su derrama salarial y fiscal y con las externalidades positivas que generaba la creación de infraestructura ferroviaria, portuaria, carretera y de servicios.

No obstante, estas transformaciones no hicieron desaparecer por completo las limitaciones estructurales que se encontraban en el origen del proceso: las condiciones de atraso limitaban la capacidad de transformación de las materias primas en productos industriales, lo cual restringía los eslabonamientos productivos de las actividades exportadoras, así como el valor agregado de los productos exportables. La desigual distribución de la riqueza constreñía la capacidad de ahorro y las dimensiones del mercado, fijando con ello los alcances de la inversión nacional y de la producción para el mercado interno. Los sustitutos adoptados ante la ausencia de ciertos prerrequisitos del crecimiento cobraban también su factura: una parte importante —y, de hecho, creciente- de las utilidades del sector exportador se fugaba a los lugares de origen de la inversión, completando el círculo que limitaba el ahorro interno y los recursos para la inversión. La demanda externa se mantenía como un factor que escapaba al control de los actores nacionales, y sus oscilaciones golpeaban y debilitaban los mecanismos internos del crecimiento.

La limitación temporal anunciada antes es, en realidad, doble. Por un lado está la que se impuso desde dentro del propio país en dos momentos distintos: primero, al arrancar tardíamente el desarrollo exportador, desaprovechando unas dos décadas de expansión en el mercado internacional; más tarde, al desviar los beneficios derivados del auge de las exportaciones, en un momento particularmente favorable de la demanda externa, a los propósitos político-militares asociados con la Revolución mexicana. Esto significa que el auge de las exportaciones y los beneficios que se derivaban de él hubieran podido prolongarse en el tiempo de haber existido las condiciones internas para un aprovechamiento cabal de la ventana de oportunidad que abrió el sistema económico internacional. Pero existe otra limitación temporal, y esta es precisamente la que imponía el ciclo vital del capitalismo liberal a escala internacional. Este era un límite externo, y por lo tanto insuperable, para la continuidad del modelo. La Primera Guerra Mundial constituyó un primer aviso estruendoso de que el sistema no se expandiría indefinidamente, pero aún entonces las señales que enviaba el mercado eran encontradas: mientras que por un lado se obstaculizaban físicamente los intercambios, por el otro se disparaba la demanda de productos estratégicos. Aunque las secuelas de la guerra fueron igualmente contradictorias y en realidad anunciaban el agotamiento del modelo, la lotería de productos todavía ofreció posibilidades de crecimiento a la economía mexicana durante los años veinte. Al mismo tiempo ésta completaba una transformación que de hecho se había iniciado antes de la revolución. Décadas de crecimiento exportador habían dado lugar a una economía más rica —o menos pobre—, con una dotación de infraestructura y de servicios que ofrecía un punto de partida muy superior para cualquier proceso de crecimiento. Las actividades exportadoras habían experimentado una notable diversificación y se habían difundido por todo el país; los mecanismos que conectaban a las exportaciones con el resto de la economía se habían afinado, lo cual acrecentaba los eslabonamientos productivos, intensificaba los efectos multiplicadores y aumentaba el valor agregado a las exportaciones. Notablemente, una parte de la producción exportable ya no era de carácter primario, y una parte de la producción que originalmente se orientaba al mercado externo, se destinaba ahora a satisfacer necesidades de una economía en franco proceso de industrialización y modernización económica. Ciertamente, puede afirmarse que la crisis de 1929 tuvo el efecto de reforzar y acelerar ese tránsito, pero lo ejerció sobre una economía que había preparado largamente el terreno y había comenzado a realizarlo. En el origen de ese proceso se encontraba el modelo de crecimiento orientado por las exportaciones.

APÉNDICES

A. CONSTRUCCIÓN DE LAS SERIES DE VALOR

Cuadro A.1

Tipo de cambio utilizado para convertir las cifras del comercio a dólares, 1870-1929

	MX: importaciones	*MX: exportaciones*	*GB*	*FR y BE*	*DT*	*ES*	*ARG*
	Dólares por peso	*Dólares por peso*	*Dólares por libra esterlina*	*Dólares por franco*	*Dólares por marco*	*Dólares por peseta*	
1870	1	1.04	4.869	0.193	0.238	0.20	
1871		1.04	la misma hasta 1913	la misma hasta 1913	la misma hasta 1913	0.20	
1872	1	1.038				0.20	
1873	1	1.033				0.20	
1874	1	1.018				0.20	
1875		0.989				0.20	
1876		0.927				0.19	
1877	1	0.910				0.19	
1878		0.910				0.19	
1879		0.900				0.19	
1880		0.890				0.20	
1881		0.894				0.19	
1882		0.882				0.19	
1883		0.875				0.19	
1884	1	0.864				0.19	
1885	1	0.816				0.19	
1886		0.790				0.19	
1887	0.759	0.759				0.19	
1888	0.739	0.739				0.19	
1889	0.758	0.758				0.19	
1890		0.837				0.18	
1891		0.837				0.18	
1892	1	0.657				0.17	
1893	1	0.539				0.16	
1894	1	0.514				0.16	
1895	1	0.536				0.17	
1896	1	0.502				0.16	
1897	1	0.448				0.15	
1898	1	0.472				0.12	
1899	1	0.476				0.15	
1900	1	0.489				0.15	
1901	1	0.441				0.14	
1902	1	0.398	↓	↓	↓	0.14	

Cuadro A.1 *(concluye)*

	MX: importaciones	*MX: exportaciones*	*GB*	*FR y BE*	*DT*	*ES*	*ARG*
	Dólares por peso	*Dólares por peso*	*Dólares por libra esterlina*	*Dólares por franco*	*Dólares por marco*	*Dólares por peseta*	
1903	1	0.441	la misma hasta 1913	la misma hasta 1913	la misma hasta 1913	0.14	
1904	0.483	0.483				0.14	
1905	0.498	0.500				0.15	
1906	0.498	0.500				0.17	
1907	0.498	0.497				0.17	
1908	0.498	0.497				0.17	
1909	0.498	0.498				0.18	
1910	0.498	0.498				0.18	
1911	0.498	0.497				0.18	
1912	0.498	0.497				0.18	
1913		0.481	4.867	0.193	0.25	0.18	1.01
1914	0.498	0.303	5.093	0.203	0.251	0.19	0.71
1915		0.090	4.885	0.185	0.218	0.19	0.94
1916		0.042	4.890	0.176	0.192	0.20	0.97
1917		0.525	4.885	0.180	0.164	0.22	1.00
1918	0.498	0.553	4.885	0.185	0.188	0.24	1.00
1919	0.498	0.504	4.643	0.159	0.086	0.20	1.01
1920	0.498	0.498	3.598	0.074	0.017	0.16	1.10
1921	0.498	0.489	3.868	0.077	0.015	0.14	1.37
1922	0.498	0.488	4.533	0.086	0.003	0.15	1.22
1923	0.498	0.487	4.753	0.061	0.000	0.14	1.27
1924	0.498	0.484	4.523	0.051	0.239	0.13	1.28
1925	0.498	0.494	4.948	0.052	0.250	0.14	1.09
1926	0.483	0.483	4.858	0.032	0.238	0.15	1.09
1927	0.473	0.473	4.861	0.039	0.238	0.17	1.04
1928	0.481	0.481	4.866	0.039	0.239	0.17	1.04
1929	0.482	0.482	4.857	0.039	0.239	0.15	1.05

NOTAS Y FUENTES:

El cuadro presenta el tipo de cambio utilizado en la conversión de los valores anuales del comercio a dólares. En el caso de las importaciones MX se incluye el dato sólo cuando se dispone de las cifras correspondientes del comercio.

MX importaciones: Las fuentes oficiales utilizan un tipo de cambio legal a la par con el dólar durante la mayor parte del periodo. Sin embargo, existen dudas sobre la tasa aplicada en dos subperiodos: los años fiscales 1887 a 1889 y 1926 a 1930. En el primer caso, El Colegio de México, *Estadísticas* (1960), p. 518, presupone que las cifras están en "pesos fuertes" (o dólares) y las "convierte" a pesos. Fuentes de la época consideran, en cambio, que se trata de cifras en pesos, y ése es el supuesto que se asume aquí. Véase SHCP *Boletín* (1891), p. 5; USTD, *Commerce* (1889), pp. LXXIII-LXXV; Romero, *Geographical* (1898), p. 157. En el segundo caso (1926 a 1930), la comparabilidad de las cifras MX empeora considerablemente si se toma el tipo legal, por lo que se decidió utilizar la tasa de cambio de mercado.

MX exportaciones: los valores oficiales se publican originalmente en pesos. Para 1877-1910 el tipo de cambio utilizado aquí se tomó de El Colegio de México, *Estadísticas* (1960), pp. 152-53, salvo los años 1881-1901, en los cuales se empleó la tasa de cambio implícita en las cifras de Comisión Monetaria, *Actas* (1904), que proporciona datos en pesos y en dólares. Para 1870-1876 y 1911-1929 se utilizó INEGI, *Estadísticas históricas* (1985), vol. II, pp. 810-811. Para 1921 (año faltante en la última fuente) se recurrió a Mood, *Handbook* (1930), p. 114. Conforme a las fuentes utilizadas, los años 1870-76 y 1911-1929 representan años naturales; el resto, años fiscales.

GB, FR, DT: de 1914 a 1925 la tasa de cambio de cada moneda en dólares se calculó a partir de los porcentajes de depreciación propuestos en Palyi, *The Twilight* (1972), pp. 38-39. Para los demás años se utilizó Mood, *Handbook* (1930); League of Nations, *Memorandum* (1930), vol. I, pp. 110-115; *Statistical Abstract* (1888-1943), 1931, p. 299.

ES: se toma la equivalencia de la peseta en libras y se convierte a dólares según Mood, *Handbook* (1930). El procedimiento afecta ligeramente la precisión del resultado, pero no dispongo de conversiones directas antes de 1915. Para la equivalencia en libras véase Carreras y Tafunell, *Estadísticas* (2005), vol. II, pp. 704-706.

ARG: hasta 1920 se usan las equivalencias publicadas en *Oxford Latin American Economic History Database*, www.oxlad.qeh.ox.ac.uk. Para 1921-1930: *Historical Statistics* (2006), vol. V, Part E, pp. 5-567 y 5-572.

Cuadro A.2

Base para la estimación de las importaciones mexicanas de mercancías

Datos uniformados a valores fob en dólares corrientes, año fiscal hasta 1917 y natural a partir de entonces

	EU	*reexp EU*	*GB*	*FR*	*DT*	*ES*	*BE*	*Suma G-6 (y reexps EU)*	*Porcentaje atribuido a G-6*	*Nueva serie importaciones de mercancías*
1870	5 044 033	2 568 080	4 811 145	2 271 584			40 123	14 734 965	78	18 890 981
1871	3 420 658	2 122 931	4 646 644	3 055 906		509 735	65 586	13 821 459	80	17 276 824
1872	3 941 019	2 323 882	4 950 663	4 210 903	2 396 874	996 352	79 861	18 899 554	90	20 999 504
1873	4 016 148	1 930 691	5 634 531	4 230 917	2 920 414	872 172	22 569	19 627 443	90	21 808 270
1874	3 872 004	1 865 278	4 883 119	3 907 838	1 005 763	914 909	28 163	16 477 075	90	18 307 861
1875	4 700 978	1 499 594	3 370 714	3 210 660		570 439	38 001	13 390 386	80	16 737 983
1876	4 503 802	1 389 692	3 639 494	3 235 763		356 096	7 716	13 132 563	80	16 415 703
1877	5 811 429	1 649 275	4 298 284	4 786 236		500 235	193	17 045 652	80	21 307 064
1878	5 400 380	1 351 864	3 563 184	4 945 232		477 702	386	15 738 747	80	19 673 434
1879	6 065 974	1 800 519	4 662 118	4 474 764		218 103	19 290	17 240 767	80	21 550 959
1880	9 198 077		6 883 881	5 056 145		417 412	10 610	21 566 125	82	26 300 152
1881	13 324 505		8 429 033	6 110 310		815 882	62 885	28 742 616	82	35 051 971
1882	14 370 992		8 295 420	6 314 063		1 015 117	26 234	30 021 826	82	36 611 983
1883	11 089 603		6 245 554	5 294 613		1 214 352	84 683	23 928 806	82	29 181 471
1884	10 960 081		4 407 721	4 233 812	2 447 056	1 097 874	143 608	23 290 151	92	25 315 382
1885	10 517 222		4 123 005	4 445 289	1 913 392	1 039 142	169 434	22 207 485	92	24 138 570
1886	10 900 694		4 877 758	5 171 398		1 024 113	39 737	22 013 700	84	26 206 786
1887	15 480 665		5 745 925	5 991 955		1 254 775	34 529	28 507 849	84	33 937 915
1888	18 474 031		6 732 862	7 550 556	2 126 513	1 436 865	181 078	36 501 904	95	38 423 057
1889	22 571 004		8 308 347	8 191 018	2 759 013	1 932 218	414 953	44 176 553	95	46 501 635
1890	24 138 436		8 753 081	7 095 855	3 410 778	1 722 679	793 976	45 914 805	95	48 331 373
1891	23 284 103		7 275 583	5 528 255	3 272 500	1 413 916	561 146	41 335 502	95	43 511 055

Cuadro A.2 *(continúa)*

	EU	*reexp EU*	*GB*	*FR*	*DT*	*ES*	*BE*	*Suma G-6 (y reexps EU)*	*Porcentaje atribuido a G-6*	*Nueva serie importaciones de mercancías*
1892	25 407 706		5 956 270	4 781 025	2 874 801	2 211 743	397 583	41 629 128	95	43 820 135
1893	13 642 853		5 754 523	4 359 393	2 685 707	1 948 929	329 945	28 721 350	95	30 233 000
1894	14 579 303		6 668 321	5 576 750	3 361 643	1 918 661	319 580	32 424 258	95	34 130 798
1895	19 924 382		7 905 016	6 099 183	4 363 229	2 174 298	420 015	40 886 123	96	42 589 711
1896	22 479 711		6 881 701	4 989 082	4 003 263	1 983 794	479 850	40 817 401	96	42 518 126
1897	20 280 375		8 105 696	5 435 698	4 781 821	2 039 132	590 196	41 232 918	96	42 950 956
1898	24 070 483		9 211 221	5 917 167	5 677 925	2 969 936	707 408	48 554 140	96	50 577 229
1899	30 971 753		10 483 200	6 757 129	6 673 856	2 919 162	802 374	58 607 474	95	61 692 078
1900	34 107 941		9 924 554	6 564 236	7 079 954	2 856 775	758 707	61 292 167	94	65 204 433
1901	36 940 278		8 264 127	6 285 858	6 452 203	2 720 073	1 074 743	61 737 282	94	65 677 960
1902	39 928 078		10 331 116	6 537 290	9 569 039	3 029 650	2 589 774	71 984 947	94	76 579 731
1903	42 311 565		10 026 146	7 473 475	9 549 665	3 271 495	2 180 406	74 812 752	94	79 588 034
1904	48 071 104		10 459 967	8 562 689	10 192 994	3 856 067	1 493 218	82 636 039	94	87 910 680
1905	52 770 113		10 058 581	8 085 669	10 301 296	3 784 345	1 265 129	86 265 131	94	91 771 416
1906	67 476 663		11 688 114	8 631 124	11 980 019	3 956 292	1 558 811	105 291 024	94	112 011 728
1907	57 504 518		14 920 094	9 858 456	14 115 073	3 749 123	1 616 185	101 763 449	94	108 258 989
1908	45 038 177		9 865 533	6 158 924	8 541 344	2 580 388	949 393	73 133 759	94	77 801 871
1909	55 489 879		11 090 206	8 687 533	10 101 610	2 632 749	1 237 494	89 239 470	94	94 935 607
1910	60 408 058		11 377 462	9 306 765	12 740 195	2 830 202	2 148 938	98 811 621	94	105 118 745
1911	51 999 134		11 683 622	7 784 139	11 884 457	2 940 777	1 634 384	87 926 513	94	93 538 843
1912	52 952 455		11 520 343	9 140 554	12 567 831	3 508 745	1 398 616	91 088 544	94	96 902 707
1913	37 110 868		6 996 073	10 835 600	11 421 620	2 846 644	1 641 965	70 852 770	94	75 375 287
1914	32 220 413		2 269 638	2 052 732	1 041 130	*702 909*	*119 913*	38 406 735	96	40 007 016
1915	46 366 035		1 458 605	675 705	777 372	525 755	40 353	49 843 826	96	51 920 652

Cuadro A.2 *(concluye)*

	EU	*reexp EU*	*GB*	*FR*	*DT*	*ES*	*BE*	*Suma G-6 (y reexps EU)*	*Porcentaje atribuido a G-6*	*Nueva serie importaciones de mercancías*
1916	77 391 893		3 092 871	1 117 108	191 849	542 901	3	82 336 624	96	85 767 317
1917	105 821 385		4 479 794	1 867 622		1 407 891		113 576 692	96	118 309 054
1918	94 938 907		5 343 853	1 651 680	9 651	954 776	100	102 898 967	95	108 314 702
1919	128 322 867		6 094 563	3 339 889	282 769	4 041 574	33 411	142 115 073	95	149 594 813
1920	200 816 260		15 628 986	7 912 064	18 497 952	4 379 402	592 697	247 827 360	95	260 870 905
1921	217 452 057		17 751 906	7 633 575	11 698 989	9 760 969	2 175 768	266 473 264	95	280 498 172
1922	105 890 088		10 044 410	6 085 411	18 730 537	4 101 166	1 298 715	146 150 327	95	153 842 450
1923	116 215 150		13 078 628	6 811 183	9 782 956	3 090 752	1 065 647	150 044 316	95	157 941 385
1924	129 539 000		10 966 533	8 002 877	11 564 426	3 726 457	1 064 535	164 863 828	95	173 540 871
1925	140 860 000		15 516 087	10 420 056	14 886 211	4 052 655	1 494 845	187 229 855	95	197 084 058
1926	131 059 000		13 465 818	8 502 363	13 992 934	3 711 201	1 295 207	172 026 523	94	183 006 939
1927	105 928 000		10 696 047	8 093 651	14 694 541	2 763 068	2 728 820	144 904 127	94	154 153 326
1928	113 434 000		13 627 725	8 498 077	16 259 321	3 200 535	2 819 434	157 839 092	94	167 913 927
1929	132 189 000		12 325 122	9 280 081	15 321 572	2 987 319	2 055 972	174 159 066	94	185 275 603

NOTAS:

Los datos MX se presentan sombreados; G-6 en formato normal. En ambos casos, se descuentan exportaciones de metálico de cada uno de los socios comerciales a México, conforme a las fuentes de aquéllos.

En cursivas: datos no disponibles; se estiman mediante promedio de las cifras adyacentes. Salvo indicación en contrario, cuando se utilizan las estadísticas G-6 se trata del comercio neto (comercio especial para la Europa continental).

MX: los datos por país que ofrecen las fuentes para 1884 y 1885 se refieren a un semestre, de manera que se multiplicaron por dos para obtener el valor anual.

EU: entre 1883 y 1891, se añade a las cifras EU el porcentaje en que se calcula la subestimación del comercio terrestre con México.

Reexportaciones: entre 1870 y 1879 se suman las reexportaciones EU, pues a partir de la evidencia disponible se presume que provienen de Europa (principalmente Gran Bretaña) sin contabilizarse en las estadísticas correspondientes como destinadas a México, por lo que no hay duplicación.

GB: año fiscal hasta 1916.

FR: se realizaron ajustes a las cifras oficiales conforme a los siguientes criterios: 1870-1879: com esp + lana, algodón y joyas; 1880-91: com esp + lana y algodón. A partir de 1914 se trata del año natural; a partir de 1916 se utilizan las cifras del comercio general.

FUENTES: estadísticas comerciales de México y sus principales socios comerciales. Véase bibliografía. Para tipo de cambio, véase cuadro A.1.

Cuadro A.3
Nuevas series del comercio de importación
(valores fob en dólares corrientes. Año fiscal hasta 1917)

	Importaciones de mercancías	*Importaciones de metálico*	*Importaciones totales*
1870	18 890 981	18 500	18 909 481
1871	17 276 824	0	17 276 824
1872	20 999 504	0	20 999 504
1873	21 808 270	57 531	21 865 801
1874	18 307 861	23 788	18 331 649
1875	16 737 983	0	16 737 983
1876	16 415 703	0	16 415 703
1877	21 307 064	0	21 307 064
1878	19 673 434	5 040	19 678 474
1879	21 550 959	0	21 550 959
1880	26 300 152	0	26 300 152
1881	35 051 971	0	35 051 971
1882	36 611 983	0	36 611 983
1883	29 181 471	0	29 181 471
1884	25 315 382	0	25 315 382
1885	24 138 570	0	24 138 570
1886	26 206 786	0	26 206 786
1887	33 937 915	0	33 937 915
1888	38 423 057	176 616	38 599 673
1889	46 501 635	0	46 501 635
1890	48 331 373	0	48 331 373
1891	43 511 055	0	43 511 055
1892	43 820 135	473 942	44 294 077
1893	30 233 000	708 932	30 941 932
1894	34 130 798	551 064	34 681 862
1895	42 589 711	221 381	42 811 092
1896	42 518 126	114 149	42 632 275
1897	42 950 956	1 210 229	44 161 185
1898	50 577 229	94 204	50 671 433
1899	61 692 078	54 662	61 746 740
1900	65 204 433	1 082 015	66 286 448
1901	65 677 960	2 561 499	68 239 458
1902	76 579 731	1 060 821	77 640 552
1903	79 588 034	656 296	80 244 330
1904	87 910 680	685 149	88 595 829
1905	91 771 416	19 512 653	111 284 069
1906	112 011 728	10 036 752	122 048 480
1907	108 258 989	1 789 857	110 048 846
1908	77 801 871	355 406	78 157 277
1909	94 935 607	751 124	95 686 731
1910	105 118 745	140 882	105 259 627
1911	93 538 843	119 894	93 658 737
1912	96 902 707	48 905	96 951 612

Cuadro A.3 *(concluye)*

	Importaciones de mercancías	*Importaciones de metálico*	*Importaciones totales*
1913	75 375 287	1 474 817	76 850 104
1914	40 007 016	329 829	40 336 845
1915	51 920 652	1 626 826	53 547 478
1916	85 767 317	6 541 381	92 308 698
1917	118 309 054	24 820 606	143 129 660
1918	108 314 702	29 335 532	137 650 234
1919	149 594 813	12 282 425	161 877 238
1920	260 870 905	21 401 864	282 272 769
1921	280 498 172	9 220 226	289 718 398
1922	153 842 450	7 110 731	160 953 181
1923	157 941 385	6 371 565	164 312 950
1924	173 540 871	5 916 022	179 456 893
1925	197 084 058	10 613 661	207 697 719
1926	183 006 939	7 488 454	190 495 393
1927	154 153 326	8 318 911	162 472 237
1928	167 913 927	5 388 765	173 302 692
1929	185 275 603	8 807 939	194 083 542

Cuadro A.4

Base para la estimación de las exportaciones mexicanas de mercancías

Datos uniformados a valores fob en dólares corrientes, año fiscal hasta 1917 y natural a partir de entonces

	Valores fob sin incluir plata en barras y lingotes (bullion)							*Suma G-7*	*Porcentaje atribuido*	*Total estimado*	*Plata bullion*	*Nueva serie de exportaciones de*	*Factor de costo de*
	EU	*GB*	*FR*	*DT*	*ES*	*BE*	*ARG*	*(sin bullion)*	*a G-7*	*(sin bullion)*	*MX*	*mercancías*	*transporte*
1870	3 209 688	1 434 992	849 136			33 007		5 526 822	87	6 352 669	98 376	6 451 045	0.15
1871	4 002 920	1 711 273	893 321		171 067	105 657		6 884 238	87	7 912 918	671 876	8 584 793	0.16
1872	4 276 165	1 970 370	905 994	346 600	153 171	57 719		7 710 019	89	8 662 943	1 438 859	10 101 802	0.14
1873	4 346 364	2 084 624	918 758	243 581	216 565	77 982		7 887 874	89	8 862 779	1 903 112	10 765 892	0.18
1874	5 174 594	2 483 493	1 228 096	415 595	268 930	100 550		9 671 258	89	10 866 582	1 849 079	12 715 661	0.19
1875	5 150 572	2 757 836	1 397 359		589 477	29 737		9 924 982	87	11 408 025	1 380 568	12 788 593	0.18
1876	5 204 264	2 894 155	1 138 844		423 056	48 749		9 709 067	87	11 159 848	1 573 298	12 733 145	0.18
1877	5 251 502	2 647 672	899 213	394 483	157 364	952		9 417 186	89	10 581 108	2 351 322	12 932 430	0.17
1878	5 493 221	2 048 273	1 022 511	405 021	316 412	34 310		9 319 748	89	10 471 627	2 415 400	12 887 027	0.17
1879	7 209 593	2 307 514	1 243 556	751 668	579 771	44 284		12 136 387	90	13 484 874	2 923 119	16 407 993	0.15
1880	8 317 802	2 547 970	1 205 020	961 795	382 670	23 718		13 438 975	90	14 932 194	3 576 687	18 508 881	0.14
1881	8 461 899	2 563 617	1 273 721	833 774	294 688	43 636		13 471 335	90	14 968 150	2 994 434	17 962 584	0.10
1882	8 177 123	2 783 338	1 251 379	646 297	234 651	50 341		13 143 130	90	14 603 478	4 230 828	18 834 305	0.12
1863	9 016 486	3 052 601	942 391	629 724	183 613	111 391		13 936 207	91	15 314 513	4 608 676	19 923 188	0.12
1884	9 267 021	3 115 983	798 002	684 786	142 878	46 335		14 055 005	91	15 445 061	4 916 500	20 361 561	0.10
1885	10 687 972	2 902 704	827 964	602 836	101 534	97 868		15 220 878	91	16 726 240	4 177 238	20 903 478	0.09
1886	14 719 840	2 361 889	846 330	699 829	172 099	91 871		18 891 858	91	20 760 284	4 711 270	25 471 554	0.09
1887	17 329 889	2 096 068	1 080 054	645 265	165 909	96 520		21 413 706	91	23 531 545	4 937 736	28 469 281	0.07
1888	21 253 601	2 024 468	1 088 902	576 240	45 207	44 488		25 032 907	92	27 209 681	5 045 588	32 255 269	0.10
1889	22 690 915	2 178 398	894 751	560 201	137 510	43 704		26 505 479	92	28 810 303	5 580 473	34 390 776	0.11
1890	27 295 992	2 273 792	922 356	2 299 994	73 525	264 193		33 129 851	93	35 623 496	6 118 724	41 742 220	0.10
1891	28 107 525	2 082 405	1 200 418	2 638 337	169 433	8 549		34 206 667	93	36 781 363	6 085 293	42 866 656	0.10
1892	33 555 099	2 297 997	2 038 916	3 189 308	88 752	38 652		41 208 725	93	44 310 457	5 554 937	49 865 394	0.09
1893	28 727 006	2 569 315	2 624 473	2 628 286	130 436	60 347		36 739 863	93	39 505 229	4 827 940	44 333 169	0.07

Cuadro A.4 *(continúa)*

	Valores fob sin incluir plata en barras y lingotes (bullion)							Suma G-7 (sin bullion)	Porcentaje atribuido a G-7	Total estimado (sin bullion)	Plata bullion MX	Nueva serie de exportaciones de mercancías	Factor de costo de transporte
	EU	GB	FR	DT	ES	BE	ARG						
1894	26 317 058	2 285 821	2 184 437	2 654 362	149 060	45 627		33 636 364	93	36 168 133	4 185 699	40 353 832	0.08
1895	32 640 624	2 379 587	2 279 956	2 557 167	271 473	101 367		40 230 175	92	43 728 451	4 990 983	48 719 434	0.08
1896	36 200 303	2 617 673	2 759 520	3 041 634	283 218	293 779		45 196 126	92	49 126 224	5 265 635	54 391 859	0.09
1897	37 111 268	1 905 554	2 314 054	2 771 938	299 881	668 552		45 071 248	92	48 990 487	3 909 548	52 900 035	0.09
1898	42 809 630	1 706 800	1 601 266	2 442 448	151 569	1 434 858		50 146 571	92	54 507 142	4 566 453	59 073 595	0.09
1899	50 826 076	2 196 658	1 943 261	2 589 381	450 428	677 934		58 683 739	92	63 786 673	4 078 911	67 865 584	0.08
1900	47 886 948	1 611 156	2 363 372	2 763 530	308 025	782 141		55 715 172	92	60 559 970	3 952 957	64 512 927	0.10
1901	57 294 599	1 296 111	1 849 861	2 410 259	264 478	600 458		63 715 766	93	68 511 576	4 559 667	73 071 244	0.06
1902	58 375 855	2 409 130	1 563 170	2 790 299	228 611	887 896		66 254 962	93	71 241 895	4 087 034	75 328 928	0.05
1903	64 383 013	3 057 901	2 307 226	3 254 316	416 192	1 025 474		74 444 123	93	80 047 444	3 512 488	83 559 932	0.06
1904	62 636 283	3 364 049	3 219 119	3 530 344	453 416	908 376		74 111 587	93	79 689 879	5 853 612	85 543 491	0.06
1905	75 728 682	7 263 434	4 080 118	4 936 503	652 884	1 187 642		93 849 264	96	97 759 650	12 274 807	110 034 457	0.07
1906	84 198 201	11 078 223	4 396 725	5 454 873	966 135	967 337		107 061 494	96	111 522 389	11 676 275	123 198 665	0.06
1907	71 766 212	11 518 333	4 280 770	6 008 808	1 374 804	1 012 859		95 961 785	96	99 960 192	12 377 055	112 337 248	0.06
1908	72 027 897	10 847 188	4 225 478	5 674 441	951 756	1 446 333		95 173 092	96	99 138 638	13 578 654	112 717 292	0.05
1909	82 711 136	10 431 902	5 707 085	6 567 452	594 837	1 686 051		107 698 462	96	112 185 898	15 158 228	127 344 126	0.05
1910	79 926 065	10 531 850	5 342 927	5 875 189	976 439	2 104 136		104 756 606	96	109 121 464	17 175 854	126 297 318	0.04
1911	87 417 506	10 851 168	5 275 575	7 463 074	1 004 724	2 764 915		114 776 964	96	119 559 337	19 273 439	138 832 776	0.06
1912	92 312 145	9 765 409	5 759 565	8 038 903	2 014 571	3 367 621		121 258 214	96	126 310 640	19 225 039	145 535 679	0.09
1913	100 221 143	8 602 560	4 734 997		1 042 301	2 626 406	1 491 407	118 836 746	96	123 788 277	11 167 790	134 956 067	0.07
1914	80 401 801	8 954 030	3 221 255		1 392 572		1 330 065	95 477 471	97	98 430 382	14 478 405	112 908 787	0.12
1915	105 297 129	9 386 830	833 818		957 626		15 302 719	135 603 801	99	136 973 536	14 393 862	151 367 398	0.20
1916	127 012 062	9 559 441	1 941 724		849 930		8 520 208	150 013 417	99	151 528 704	5 377 764	156 906 468	0.20
1917	172 516 508	9 052 167	4 049 432		644 723		4 874 961	192 356 530	99	194 299 525	13 572 247	207 871 772	0.20
1918	196 306 682	21 283 786	3 389 940		974 970		4 550 665	227 309 102	98	231 948 063	14 204 259	246 152 322	0.15

Cuadro A.4 *(concluye)*

	Valores fob sin incluir plata en barras y lingotes (bullion)												
	EU	*GB*	*FR*	*DT*	*ES*	*BE*	*ARG*	*Suma G-7 (sin bullion)*	*Porcentaje atribuido a G-7*	*Total estimado (sin bullion)*	*Plata bullion MX*	*Nueva serie de exportaciones de mercancías*	*Factor de costo de transporte*
1919	209 630 604	28 308 869	2 186 249		1 314 837		11 148 990	254 557 018	98	259 752 059	2 989 801	262 741 860	0.15
1920	231 566 899	43 529 907	5 800 293	1 240 750	1 394 362	223 870	33 607 447	321 097 689	96	334 476 759	2 851 975	337 328 734	0.10
1921	159 504 147	34 317 532	4 210 599	1 325 082	451 686	227 735	31 015 106	234 498 010	96	244 268 760	3 539 333	247 808 093	0.10
1922	177 448 384	35 096 256	8 169 310	1 445 780	1 635 007	682 171	26 107 542	253 485 287	96	264 047 174	7 464 087	271 511 261	0.10
1923	167 173 741	27 151 675	7 004 909	1 763 893	1 712 919	335 880	17 562 015	224 656 368	96	234 017 050	27 281 725	261 298 775	0.10
1924	190 364 616	23 756 808	5 898 977	8 478 937	1 671 215	2 604 038	17 100 650	251 775 313	96	262 265 951	28 957 386	291 223 337	0.10
1925	200 572 805	23 666 037	6 089 491	16 305 552	696 652	4 164 364	12 604 927	265 500 376	96	276 562 892	32 584 254	309 147 146	0.10
1926	190 347 445	26 424 509	6 449 171	15 204 415	742 961	14 933 085	9 872 823	265 071 390	94	281 990 841	25 133 393	307 124 233	0.10
1927	157 324 595	24 168 308	7 963 296	22 387 592	1 852 229	13 116 645	7 219 276	234 834 082	94	249 823 491	19 207 915	269 031 406	0.10
1928	146 739 249	10 376 048	9 971 610	18 046 119	4 066 999	13 509 018	3 952 052	207 100 212	92	225 108 926	21 922 469	247 031 395	0.10
1929	135 398 072	11 757 969	8 817 425	20 771 184	2 180 882	17 659 145	4 969 238	202 106 051	92	219 680 490	26 957 816	246 638 307	0.10

NOTAS:

Los datos MX se presentan sombreados; G-7 en formato normal.

BEL, ES y ARG: se utilizan las cifras tal como se presentan en la fuente original, probablemente en años naturales.

Factor de costo de transporte: se utiliza para convertir datos originales cif de todos los socios (salvo EU, que ofrece datos fob) a datos fob.

Para las fuentes, el método y los criterios empleados para la elaboración de este factor, véase texto (capítulo 1) y cuadro A.6.

FUENTES: estadísticas comerciales de México y sus principales socios comerciales. Véase bibliografía. Para tipo de cambio, véase cuadro A.1.

Cuadro A.5

Nuevas series del comercio de exportación

(valores fob en dólares corrientes. Año fiscal hasta 1917)

	Exportaciones de mercancías	*Exportaciones de metálico*				*Exportaciones totales*
		Oro metálico (barras y moneda)	*Plata en moneda*	*Oro y plata**	*Total metálico o specie*	
1870	6 451 045	nd	nd		*22 724 958*	29 176 004
1871	8 584 793	nd	nd		*21 885 797*	30 470 590
1872	10 101 802	796 948	23 445 941		24 242 889	34 344 691
1873	10 765 892	2 636 967	16 891 738		19 528 705	30 294 596
1874	12 715 661	2 925 698	15 649 651		18 575 348	31 291 010
1875	12 788 593	nd	nd		*18 045 535*	30 834 128
1876	12 733 145	nd	nd		*17 780 628*	30 513 773
1877	12 932 430	1 026 252	16 489 469		17 515 722	30 448 151
1878	12 887 027	1 197 542	15 273 020		16 470 561	29 357 589
1879	16 407 993	1 292 055	15 104 985		16 397 041	32 805 034
1880	18 508 881	1 091 174	11 733 719		12 824 893	31 333 774
1881	17 962 584	1 000 474	10 377 452		11 377 925	29 340 510
1882	18 834 305	1 024 199	20 259 172		21 283 371	40 117 677
1883	19 923 188	804 576	22 503 617		23 308 194	43 231 382
1884	20 361 561	745 750	21 886 178		22 631 927	42 993 488
1885	20 903 478	526 801	17 879 723		18 406 524	39 310 002
1886	25 471 554	450 446	17 345 050		17 795 496	43 267 050
1887	28 469 281	460 664	12 740 610		13 201 274	41 670 555
1888	32 255 269	464 154	16 607 377		17 071 531	49 326 800
1889	34 390 776	430 055	17 475 050		17 905 105	52 295 881
1890	41 742 220	642 228	14 744 899		15 387 127	57 129 346
1891	42 866 656	804 036	22 244 331		23 048 366	65 915 022
1892	49 865 394	590 069	18 004 189		18 594 258	68 459 652
1893	44 333 169	435 746	9 629 358		10 065 104	54 398 273
1894	40 353 832	4 369 960	9 027 097		13 397 057	53 750 889
1895	48 719 434	5 635 990	11 088 527		16 724 516	65 443 950
1896	54 391 859	6 271 668	7 622 841		13 894 510	68 286 368
1897	52 900 035	7 051 668	8 473 720		15 525 388	68 425 423
1898	59 073 595	8 310 736	7 064 121		15 374 857	74 448 452
1899	67 865 584	7 101 184	5 458 506		12 559 690	80 425 274
1900	64 512 927	8 631 035	8 012 154		16 643 189	81 156 116
1901	73 071 244	9 148 947	5 120 600		14 269 547	87 340 790
1902	75 328 928	9 321 866	8 185 562		17 507 429	92 836 357
1903	83 559 932	10 487 257	8 234 173		18 721 430	102 281 362
1904	85 543 491	13 195 267	955 308		14 150 575	99 694 066
1905	110 034 457	13 862 691	24 830 863		38 693 554	148 728 010
1906	123 198 665	9 472 853	12 341 875		21 814 728	145 013 393
1907	112 337 248	13 986 340	5 295 323		19 281 664	131 618 911
1908	112 717 292	18 178 735	49 839		18 228 574	130 945 866
1909	127 344 126	19 142 853	0		19 142 853	146 486 979
1910	126 297 318	29 988 420	0		29 988 420	156 285 737

Cuadro A.5 *(concluye)*

	Exportaciones de mercancías	*Exportaciones de metálico*				*Exportaciones totales*
		Oro metálico (barras y moneda)	*Plata en moneda*	*Oro y plata**	*Total metálico o specie*	
1911	138 832 776	23 782 082	354 970		24 137 052	162 969 828
1912	145 535 679	19 067 547	4 874 590		23 942 137	169 477 816
1913	134 956 067	9 363 883	370 320	206 758	9 940 961	144 897 028
1914	112 908 787	5 538 733	341 828		5 880 561	118 789 348
1915	151 367 398	4 006 055	413 053		4 419 108	155 786 506
1916	156 906 468	4 190 917	86 380	2 175 004	6 452 301	163 358 769
1917	207 871 772	1 530 431	6 080 212	3 687 096	11 297 739	219 169 511
1918	246 152 322	1 165 002	3 228 605	1 660 288	6 053 895	252 206 217
1919	262 741 860	943 439	3 130 109	5 071 780	9 145 328	271 887 188
1920	337 328 734	4 815 260	1 782 490		6 597 750	343 926 484
1921	247 808 093	4 545 329	1 820 344		6 365 674	254 173 767
1922	271 511 261	5 457 366	22 992		5 480 358	276 991 619
1923	261 298 775	1 798 165	518 855		2 317 020	263 615 795
1924	291 223 337	5 380 447	34 718		5 415 165	296 638 502
1925	309 147 146	4 916 884	2 313		4 919 197	314 066 343
1926	307 124 233	19 158 018	432 928		19 590 946	326 715 179
1927	269 031 406	2 137 169	963 457		3 100 626	272 132 032
1928	247 031 395	1 446 640	685 381		2 132 021	249 163 416
1929	246 638 307	6 231 926	3 394 094		9 626 020	256 264 327

NOTAS:

En cursivas (metálico): datos no disponibles en las fuentes, que se estimaron de la siguiente forma:

1870: se dispone de dato EU; se supone que éste representa 40% de las exportaciones totales de metálico de México, tal como ocurre en otros años de la misma década.

1871: no se dispone de dato EU. Se promedia el valor de los años siguientes, que procede de fuentes MX.

1875 y 1876: no se dispone de datos EU. Se promedian valores adyacentes.

Datos sombreados (1913-1919, 1923 y 1926-1929): como los datos MX están severamente subestimados, se utilizan datos G-3 (EU, GB y DT) como si fueran totales (ningún otro socio reporta transferencias de metálico desde México).

* Se trata de exportaciones de metálico a Alemania, que en la fuente DT sólo se designan como "oro y plata", sin diferenciar entre ambos metales.

FUENTES: elaboración propia a partir de las estadísticas comerciales de México y sus principales socios comerciales. Véase bibliografía. Para tipo de cambio, véase cuadro A.1.

Cuadro A.6
Estimaciones del factor del costo de transporte
(porcentaje sobre el valor del comercio)

	Angier (único)	*Simon (exportaciones)*	*Simon (importaciones)*	*Factor exportaciones**	*Factor importaciones***
1870	15	15	15	15	15
1871	16	18	14	17	15
1872	14	19	15	16	15
1873	23	24	16	23	20
1874	19	20	16	19	18
1875	20	19	13	20	17
1876	18	18	12	18	15
1877	17	16	12	16	14
1878	17	17	12	17	15
1879	15	17	13	16	14
1880	14	20	13	17	13
1881	10	17	12	13	11
1882	12	17	11	14	12
1883	12	14	11	13	12
1884	10	12	11	11	10
1885	9	11	10	10	9
1886	9	11	10	10	9
1887	7	10	11	9	9
1888	10	10	11	10	10
1889	11	12	12	11	11
1890	10	13	11	11	11
1891	10	12	9	11	9
1892	9	11	8	10	9
1893	7	10	8	9	7
1894	8	9	8	8	8
1895	8	9	7	8	7
1896	9	11	7	10	8
1897	9	11	7	10	8
1898	9	12	7	11	8
1899	8	10	7	9	7
1900	10	13	7	11	8
1901	6			6	6
1902	5			5	5
1903	6			6	6
1904	6			6	6
1905	7			7	7
1906	6			6	6
1907	6			6	6
1908	5			5	5
1909	5			5	5
1910	4			4	4
1911	6			6	6
1912	9			9	9
1913	7			7	7

Cuadro A.6 *(concluye)*

	Angier (único)	*Simon (exportaciones)*	*Simon (importaciones)*	*Factor exportaciones**	*Factor importaciones***
1914	12			12	12
1915				20	20
1916				20	20
1917				20	20
1918				15	15
1919				15	15
1920				10	10
1921				10	10
1922				10	10
1923				10	10
1924				10	10
1925				10	10
1926				10	10
1927				10	10
1928				10	10
1929				10	10

NOTAS:

*Se promedia el factor calculado a partir de Angier con el de Simon (exportaciones).

**Se promedia el factor calculado a partir de Angier con el de Simon (importaciones).

A partir de 1900 se utiliza el factor calculado con base en Angier. A partir de 1915, se supone un índice que parte de un nivel muy alto en los años de la Gran Guerra (20%), disminuye en la inmediata posguerra (15%) y se estabiliza en 10% durante la década de 1920.

NOTA SOBRE LAS FUENTES ORIGINALES:

Angier calcula fletes máximos y mínimos (que aquí se promedian) para el transporte de trigo entre los principales puertos del Atlántico de Estados Unidos (Nueva York, Filadelfia, Baltimore, Newport y Norfolk) y Liverpool, U.K. Simon ofrece índices de precios del transporte para las exportaciones y las importaciones estadounidenses. En ninguno de los dos casos se precisa si los fletes incluyen el seguro.

FUENTES: Angier, *Fifty Years* (1920), *passim*; Simon, "The United States" (1960), cuadro 6, p. 650 y cuadro 7, p. 652.

B. CONSTRUCCIÓN DE LOS ÍNDICES DE PRECIOS

ÍNDICE DE PRECIOS DE LAS EXPORTACIONES MEXICANAS

Para construir un índice de precios de las exportaciones es necesario contar con datos de cantidad y valor (y/o precio) para un porcentaje relativamente alto de los productos que se venden en el exterior. De hecho, según la opinión de los especialistas, la calidad del índice depende mucho más de la calidad y cantidad de los datos con los que se construye que del método utilizado para su elaboración.[1] De ahí que parte importante del esfuerzo de esta investigación se haya orientado a recopilar información que permita construir un índice de precios de las exportaciones para todo el periodo. Como se podrá suponer, la canasta exportadora experimentó cambios sustánciales a lo largo de sesenta años, por lo que se procuró que la muestra de productos incluyera tanto a las exportaciones tradicionales más importantes como a las que aparecieron en las fases avanzadas del auge exportador. Los 20 productos incluidos en la construcción de los índices de precios de las exportaciones de mercancías (Indexp-merc) son:

Productos utilizados para la construcción del índice de precios de las exportaciones mexicanas de mercancías

1. Mineral de oro	6. Maderas de ebanistería	11. Café	16. Garbanzo
2. Plata en diversas formas (salvo moneda)	7. Cochinilla	12. Azúcar	17. Algodón
3. Cobre	8. Maderas tintóreas	13. Caucho	18. Ganado vacuno
4. Plomo	9. Henequén	14. Chicle	19. Pieles y cueros
5. Vainilla	10. Ixtle	15. Guayule	20. Petróleo y derivados

NOTA: véase la nota al pie para fuentes y criterios.[2]

[1] Comunicación personal con Antonio Tena, 1 de noviembre de 2006.

[2] A continuación se presentan las fuentes y los criterios con que se elaboraron las series de cantidad y valor de cada uno de los productos de la muestra:

Mineral de oro: se dispone de una serie de fuentes MX y de una serie G3 (EU, GB, FR/DT; los otros socios no registran importaciones de esta clase). La serie MX (obtenida mediante la separación de las exportaciones de lingotes y moneda de las de mineral) acusa una severa subestimación, por lo que se prefiere la serie G3 para todo el periodo.

Plata en mineral, barras o mezclas: se construyeron series que agrupan todas las formas no monetarias en que se exportó plata, y en las que se valora su contenido metálico. La serie MX se

En este trabajo se ha optado por distinguir siempre entre exportaciones de mercancías y transferencias de metálico, y de ahí que la selección de productos utilizada para la construcción del índice de precios excluya el oro en monedas y lingotes y la moneda de plata. Sin embargo, los dos índices de precios de las exportaciones mexicanas que se han construido hasta ahora no hacen esta

---

estimó a partir de la desagregación de los componentes de las exportaciones de plata, y hasta 1905 es muy similar al residuo de la producción menos la acuñación. Se utiliza la serie MX hasta 1912, y a partir de entonces se recurre a la serie G3/G4 (EU, GB, FR y ocasionalmente, DT), que es completa y más consistente.

Cobre: se construyeron dos series que agrupan las exportaciones de cobre con distintos grados de elaboración (de manera que el precio es en realidad el valor unitario implícito en esta mezcla). La serie MX acusa una subestimación en el precio hasta 1905, y en las cantidades entre 1903 y 1913, y luego otra vez a partir de 1926. En cambio, los precios están severamente sobrestimados en MX a partir de ese año. Se utiliza, entonces, la serie G3 (EU, GB, FR, pues los otros países no registran importaciones de cobre en montos significativos), que es completa y consistente para todo el periodo.

Plomo: aunque existen exportaciones desde el principio del periodo, en los primeros años sólo se dispone de las cifras del valor exportado, que, por lo demás, es modesto hasta principios de los años noventa. Se construyeron dos series que agrupan las exportaciones de plomo con distintos grados de elaboración (de manera que el precio es en realidad el valor unitario implícito en esta mezcla). La serie MX subestima las cantidades en los años iniciales, y los precios durante todo el porfiriato, y los sobrestima en la década de 1920. Se utilizó, por ello, la serie G5 para todo el periodo

Vainilla: se construyó una serie G2 (sólo eran significativas las exportaciones dirigidas a EU y FR) que abarca todo el periodo, aunque a EU inician en 1884 y a FR declinan a partir de 1900.

Maderas finas: se construyó una serie G3 (EU y GB: caoba, y FR: maderas de ebanistería), completa desde 1870 y que se reduce a serie EU a partir de 1904, cuando las exportaciones a Europa pierden importancia. La serie G3 de cantidad se registra en toneladas, mientras que la serie EU se compila en pies cúbicos.

Cochinilla y maderas tintóreas: se construyeron series separadas de ambos productos, los más comerciados en el ramo de los tintes naturales, basadas en G3 (EU, GB, FR). El registro se suspende cuando se produce el declive de cada uno de estos productos: para la cochinilla, en 1884, y para las maderas tintóreas, en 1900.

Henequén: se construyeron tres series de exportaciones: una procedente de las estadísticas comerciales MX, que adolece de deficiencias y lagunas; otra basada en fuentes primarias yucatecas, que es completa a partir de 1880, y la serie G5, completa a partir de 1890. Las dos últimas son las más aceptables, aunque se observa cierta discrepancia en los precios o VUI reportados. Se prefirió adoptar la segunda, complementada en los años iniciales con las cifras G5 y MX habituales, debido a que es completa e internamente consistente para todo el periodo.

Ixtle: se construyeron dos series, ambas incompletas. A falta de cifras desagregadas de los socios antes de 1900, se optó por utilizar la serie MX hasta 1910 y la serie G3/G4 a partir de entonces.

Café: se construyeron dos series, ambas incompletas. A falta de cifras desagregadas de este producto en las fuentes de los socios en algunos años antes de 1900, se optó por utilizar la serie MX hasta 1910 (complementada en algunos años con cifras G3) y la serie G3/G4 a partir de entonces.

distinción.[3] Para hacer comparable el índice que aquí se propone con aquéllos, y para poder ofrecer una serie del valor real de las exportaciones totales, se construyó también un índice de precios del total de las exportaciones. En este segundo índice (Indexp-tot) se incluye al oro en lingotes y monedas y a la plata en monedas (hasta 1905), lo que eleva a 22 el número total de artículos considerados. Al inicio del periodo, como se sabe, las transferencias de metálico al exterior poseen un lugar prominente (60% del total), que disminuye en forma acelerada a partir de fines de la década de 1880: pasa de 30 a 20% del valor total de las exportaciones entre finales del siglo XIX y principios del XX, y cae a tan sólo 3% a partir de 1912.

Si bien la cobertura de productos en términos generales es amplia, en los primeros lustros del periodo la disponibilidad de datos completos y fiables sobre la cantidad y el valor de las exportaciones deja mucho que desear. Como se sabe, las cifras de exportación de procedencia mexicana son incompletas y

Azúcar: se construyó una serie G2 (EU y GB, los únicos destinos importantes) para todo el periodo, con lagunas en los datos antes de 1900.

Caucho, chicle y guayule: se construyeron series separadas para cada uno de estos productos en las que se combinan datos MX y G4 (EU, GB, FR y BEL).

Garbanzo: se construyó una serie a partir de 1900 que utiliza datos MX hasta 1910 y G2 (EU y ES) a partir de entonces.

Algodón: se construyó una serie G4 (EU, GB, FR, DT) a partir de que las exportaciones se volvieron significativas (1906), que es homogénea y completa hasta el final del periodo.

Ganado vacuno: se construyeron series MX y G1 (EU, en donde a veces se incluyen otros animales) de exportaciones de ganado vacuno, que muestran un sesgo hacia abajo de las series MX. Sin embargo, como los datos EU son incompletos antes de 1904, se utiliza aquélla en forma complementaria.

Pieles y cueros: se construyeron series MX y G2 (EU y FR) en las que se agrupan los principales componentes de este rubro (en MX, pieles sin curtir, pieles curtidas y cueros). La serie MX inicia en 1877 y la G2 en 1870, pero es incompleta antes de 1905. Sin embargo, cuando es posible compararlas, la serie MX subestima tanto el volumen como el valor de las exportaciones. Por esta razón, siempre que es posible, se prefiere el uso de G2. En 1885 y 1888-1892, en que sólo se dispone de datos de valor en las fuentes G2, se utilizan los VUI MX, probablemente sesgados a la baja, para estimar el volumen exportado.

Petróleo y derivados: se construyeron series MX y G5, las cuales, como se comenta en otras partes de este libro, presentan serias discrepancias. Se utiliza aquí la serie G5, que es completa para todo el periodo. Se suman en ella todos los productos petroleros exportados, y se expresa el VUI de esa mezcla. Como se ha comentado en otra parte, en algunos años ese valor unitario se encuentra muy por debajo del precio del petróleo crudo en Estados Unidos y en las estadísticas MX.

Fuentes: la fuente primordial para la elaboración de este índice son las estadísticas oficiales de México y los seis principales socios comerciales enlistadas en la bibliografía. Además se utilizaron fuentes específicas para la construcción de algunas series de productos, como el henequén. Sobre éste, véase el capítulo respectivo.

[3] Véase la comparación con los índices de Luis Catao y Edward Beatty más adelante.

poco confiables. Aún así, se utilizaron datos MX para ciertos productos (como el henequén) para los que estas fuentes son más completas que las que se pueden reconstruir con las estadísticas de los socios comerciales, o para complementar las series elaboradas básicamente a partir de aquéllas. En todos los demás casos se utilizaron como sustento básico las series de los socios comerciales, complementadas con datos MX en los años faltantes. Como hemos visto al reconstruir los valores del comercio, la cobertura que ofrecen los socios es muy elevada cuando se trata de los valores totales (93% como promedio para todo el periodo), pero disminuye en el caso de algunos socios —sobre todo en los años iniciales— por lo que se refiere a las cifras desagregadas por producto, que, como hemos dicho, deben incluir cantidad y valor. La cobertura de los principales socios europeos (sobre todo GB, FR, BE y ES) es prácticamente completa, pues se dispone de datos desglosados por producto desde el inicio del periodo. Sin embargo, la participación de Europa en las exportaciones mexicanas fue relativamente menor y fue menguando con el paso del tiempo: en el primer decenio representó algo más de un tercio del total, y para la década de 1890 se redujo a un quinto; disminuyó aún más durante la Gran Guerra, aunque recuperó algo de terreno en el último lustro de los años veinte, para cerrar con alrededor de un cuarto del valor total. En cambio, Estados Unidos constituyó el destino dominante de las exportaciones mexicanas desde el inicio del periodo (con 54% como promedio durante la década de 1870), y su participación creció considerablemente con los años: sumó 73% del total entre 1880 y 1894 y 83% en el decenio siguiente, y aunque decreció un tanto antes del estallido de la revolución (77% como promedio entre 1907 y 1911), alcanzó una nueva cúspide durante la Primera Guerra Mundial (87% del total entre 1914 y 1919), para volver al promedio de los años 1880 (73%) a partir de entonces. El problema para lo que aquí interesa es que la disponibilidad de información desagregada sobre las exportaciones mexicanas en fuentes de Estados Unidos es limitada en los primeros lustros del periodo. En esos casos se procuró recoger la mayor cantidad de información posible al menos para los años iniciales de cada quinquenio: 1870, 1875, 1880, y a partir de entonces en forma anual. Ello significa que la cobertura es mayor en esos años que en los lapsos intermedios, aunque mejora progresivamente para todos los años a partir de 1877. En promedio, la cobertura de productos alcanza el 52% del valor total de las exportaciones de mercancías en el decenio 1870-1880, y se eleva hasta 83% de ese valor entre 1880 y 1929. Esa cobertura es mucho mayor en los años iniciales si se consideran las exportaciones de metálico, puesto que estas series son prácticamente completas y representaban una porción importante de las exportaciones totales. En este caso, la cobertura promedia 71% en el primer decenio y tanto como 90% en las cinco décadas siguientes.

Por otra parte, con excepción de los metales preciosos, para los que se utilizó como precio su cotización internacional, el "precio" del resto de los productos es en realidad el valor unitario implícito (VUI) que se obtiene al dividir el valor de las exportaciones del producto en cuestión por su cantidad.[4] Está claro que el VUI no representa el precio internacional del producto, ni siquiera su precio en un mercado particular. De hecho, la comparación de los VUI de distintas mercancías con los precios internacionales arrojó discrepancias de distinta magnitud. Existen varias razones legítimas para estas discrepancias.[5] La primera es que en vez de reproducir los precios internacionales de los distintos bienes, los VUI reflejan el precio promedio al que se vendieron las exportaciones mexicanas en los mercados de sus socios principales. La segunda razón es, entonces, que los VUI no representan el precio internacional de algún bien homogéneo, sino el precio de la denominación genérica que en las estadísticas recibe cada producto, y en la que se encuentra implícita cierta calidad y grado de elaboración (que además podían variar de un año a otro). En el caso que nos ocupa, unas cuantas denominaciones corresponden a un producto homogéneo (y en ellos se espera que los precios de las ventas mexicanas coincidan con los del mercado internacional), como la vainilla o el garbanzo; otras representan un solo producto que podía exportarse con grados diversos de elaboración (cobre, plomo, petróleo), y otras refieren a varios productos que las estadísticas suelen definir genéricamente pero que en sentido estricto no son homogéneos ni tienen el mismo precio si se les considera individualmente. Es el caso, por ejemplo, de la denominación "pieles y cueros", que constituye un promedio ponderado de los precios a que se vendieron cantidades variables de pieles de distintos animales, algunas de las cuales estaban preparadas y otras no. Un caso extremo de diferencias entre el VUI y el precio internacional de un producto la ofrece el petróleo, aunque no sólo en virtud de las variaciones en la calidad o la falta de uniformidad del producto. Existen claros indicios de que lo que conocemos como "precio" del petróleo en esta época era meramente una unidad contable que apenas coincidía con el precio al que se realizaban las compras y ventas del hidrocarburo. Éste, en cambio, dependía en buena medida de los acuerdos realizados dentro y entre las grandes empresas para el suministro desde sus filiales en los países productores. La contraparte de un "precio" pactado muy por debajo del llamado precio internacional era la garantía de compra sobre la producción futura.[6] En suma, que los VUI no reflejan

[4] Este es el procedimiento habitualmente utilizado en la construcción de índices del comercio exterior. Véase, por ejemplo, Hoffmann, *Das Wachstum* (1965), p. 603.

[5] Al respecto, véase Lipsey, *Price and Quantity Trends* (1963), pp. 95-102.

[6] Comunicación personal con Jonathan Brown, octubre 31, 2006.

precios internacionales de productos homogéneos, sino, como su nombre lo indica, el valor unitario implícito en la composición particular de cada producto de la canasta mexicana de exportaciones.[7] Acaso la mayor ventaja del uso de este tipo de datos es que sigue de cerca la evolución, el desempeño y la capacidad de compra de las exportaciones mexicanas a lo largo del tiempo.[8]

Para calcular el índice de precios de las exportaciones se ensayaron distintos métodos. En primer lugar, se construyeron índices por los métodos Laspeyres y Paasche, que pese a su uso común, tienen la desventaja de imprimir sesgos de distinto signo a las series de largo plazo.[9] La elaboración de estos índices permitió luego construir un índice de Fisher que, como se sabe, es una solución de compromiso entre los dos primeros que reduce los inconvenientes de cada uno de ellos. El índice de precios de Fisher (*PF*, que consiste en la raíz cuadrada de los índices de Laspeyres y Paasche) se calculó a partir de la siguiente fórmula:

$$PF_0^t = 100\sqrt{\left(\frac{\sum_{i=1}^{N} P_{it}Q_{i0}}{\sum_{i=1}^{N} P_{i0}Q_{i0}}\right)\cdot\left(\frac{\sum_{i=1}^{N} P_{it}Q_{it}}{\sum_{i=1}^{N} P_{i0}Q_{it}}\right)}$$

en donde *P* y *Q* representan, respectivamente, precios y cantidades de los productos *i* presentes en la canasta del año *t*, y se refieren a los del año base *o*. Por último, se construyó un índice de precios compuesto, es decir, un agregado de relativos de precio construidos para cada producto y ponderados anualmente por su participación en el total exportado.[10] Los cuatro índices así obtenidos se presentan en la gráfica B.1.

[7] Kindleberger sugiere que el VUI de un bien también puede diferir de su precio por "un comportamiento de precios divergente en diferentes áreas para las mismas mercancías". Kindleberger, "The Terms" (1958), p. 76.

[8] Sobre las ventajas y desventajas del uso de precios o valores unitarios para la construcción de índices del comercio exterior, véase Kindleberger, *The Terms* (1956), pp. 317-18.

[9] Estos índices son probablemente los más frecuentemente utilizados en la construcción de índices de precios del comercio exterior. Las *EEP* de El Colegio de México emplean el método Laspeyres (con ponderaciones fijas que toman como año base 1910) para construir sus índices, mientras que Imlah utiliza el método de Paasche (con ponderaciones anuales y precios de 1913 como año base) para elaborar los índices del comercio exterior inglés. Véase El Colegio de México, *Estadísticas* (1960), pp. 5-6; Imlah, *Economic Elements* (1958), pp. 94-98.

[10] Este es el método que se expone en *Historical Statistics* (2006), Part C, pp. 3/147-48. De acuerdo con los autores, es el procedimiento que se utiliza en la construcción de los índices de precios que se elaboran expresamente para esa obra, particularmente de los índices de precios al consumidor.

Gráfica B.1
Índices de precios de las exportaciones, métodos alternativos, 1870-1929

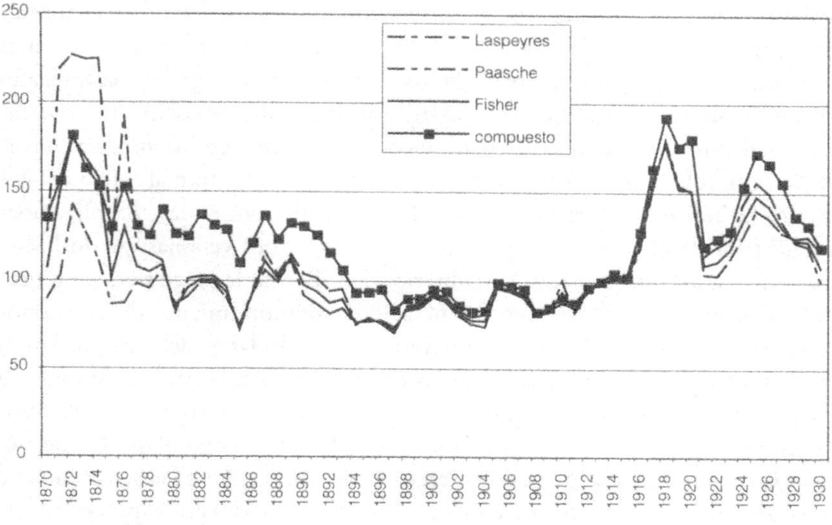

FUENTE: véase texto.

A primera vista, el índice "ideal" de Fisher ofrece la mejor salida al problema de las distorsiones de distinto signo que imprimen en la serie los índices de Laspeyres y Paasche, pues constituye literalmente una solución intermedia entre ambos.[11] Sin embargo, hereda las desventajas de los índices con que se construyó, y adolece de algunas otras debilidades que me disuadieron de utilizarlo para deflactar las series del comercio de exportación.[12] Se trata de un índice descriptivo que muestra el comportamiento de los precios pero no su estructura ni el origen de las variaciones. Además, exhibe una sensibilidad extrema a los cambios en la cobertura de datos, de manera que en los tres lus-

[11] Los índices que proporciona Lipsey para Estados Unidos están calculados por el método de Fisher. Lipsey, *Price and Quantity Trends* (1963), *passim*.

[12] Se aplicaron pruebas de varianza, raíces unitarias, correlación y normalidad de los residuos a estos índices, que mostraron las fortalezas y debilidades de cada uno de ellos. El que presenta la mayor varianza es el de Laspeyres, que además exhibe una excesiva sensibilidad a las variaciones en la cobertura al inicio del periodo. Ambos rasgos son en parte heredados por el índice de Fisher, lo que contrarresta algunas de las ventajas atribuidas a este índice llamado "ideal". En consecuencia, los índices Paasche y Compuesto pasaron mejor las pruebas de calidad estadística, pues éstos presentan la menor variación estocástica, un comportamiento normal de los residuos (mejor en el Paasche que en el Compuesto, pues este último acumula varianza de múltiples variables) y el mayor equilibrio a largo plazo (mejor en el Compuesto que en el Paasche). Agradezco a Marcos Ortiz su apoyo en el uso de las técnicas aplicadas.

tros iniciales en que aquélla es menor y muy variable de un año a otro, el resultado es la aparición de fuertes altibajos que tienen una clara relación con la cobertura de cada año. Por esta razón, el comportamiento del índice se normaliza a partir del segundo lustro de 1880, cuando la muestra es mayor y más uniforme. Por otra parte, entre los índices incluidos en esta gráfica, el agregado o compuesto es el único que se construyó mediante un procedimiento enteramente distinto. Aunque se compara bien con los otros en los años de mayor cobertura, tolera mejor las variaciones que en ella se registran al inicio del periodo. El índice compuesto es uno de los más utilizados en las compilaciones estadísticas de largo plazo, y pese a su sencillez, posee ventajas que lo hacen preferible a los mencionados con anterioridad. Por un lado, se trata de un índice analítico que permite percibir no sólo el comportamiento de los precios sino su estructura y el origen de las variaciones a lo largo del tiempo. Por el otro, no refleja en forma exagerada los cambios en la cobertura de la muestra de productos, de manera que exhibe un comportamiento bastante regular desde el inicio del periodo y una notable estabilidad en el largo plazo. De hecho, si se excluyen los picos provocados en el índice de Fisher por la sensibilidad a la cobertura y se tienen en cuenta las diferencias generadas por el procedimiento de cálculo, el comportamiento de ambos índices es similar (aunque no sus valores) en las dos primeras décadas del periodo y muy cercanamente coincidente a partir de los años noventa.

Por las razones antes expuestas, de los índices aquí construidos he decidido adoptar el índice compuesto para deflactar los valores de las exportaciones, en dos versiones: un índice de precios de las exportaciones de mercancías (Indexp-merc), y otro que incluye las transferencias de metálico, y que por tanto refiere a las exportaciones totales (Indexp-tot).[13]

ÍNDICE DE PRECIOS DE LAS IMPORTACIONES MEXICANAS

Para construir el índice de precios de las importaciones se siguió un camino por entero distinto al anterior. Por cuanto los productos que México importaba eran infinitamente más variados que los que exportaba, y hasta la Primera Guerra Mundial ningún país tenía un predominio absoluto en el comercio mexicano de importación, reunir una muestra representativa de las importaciones y

[13] Una razón adicional para esta elección es que, como veremos más adelante, este índice es el que ofrece mejor comparabilidad con los índices de precios de las exportaciones que se han construido hasta ahora, aunque mantiene respecto a éstos algunas diferencias significativas cuyo origen se explicará en su momento.

datos suficientes para todo el periodo es una tarea extremadamente compleja. Además, es en cierta medida innecesaria, pues existen índices de precios de las exportaciones de los principales socios comerciales de México que, con las ponderaciones adecuadas, pueden utilizarse como un sustituto idóneo. El procedimiento empleado consistió, entonces, en tomar los índices de precios de las exportaciones construidos para Estados Unidos, Gran Bretaña, Francia, Alemania y España y calcular a partir de ellos un índice compuesto (G-5), a partir de la ponderación anual de cada uno por su participación en el valor de las importaciones mexicanas (de acuerdo a los valores de mi reconstrucción). La cobertura de esta muestra de países en las importaciones mexicanas es muy elevada (alrededor de 91% en promedio para todo el periodo) y bastante uniforme, y los índices de precios de las exportaciones de cada país son completos para el periodo de estudio, con las excepciones del francés, que se interrumpe en 1926, y del alemán, que inicia en 1880 y se interrumpe entre 1914 y 1923.

Para que el índice reflejara aún más cercanamente el comportamiento de los precios de la mezcla de productos que México importó durante este periodo, en los casos de Estados Unidos y Alemania se construyeron índices ponderados por la composición del comercio de cada uno de estos países con México. Varias razones justifican este procedimiento. En el caso de Estados Unidos, su importancia como proveedor del mercado mexicano (contribuyó en promedio con 45% de las importaciones mexicanas hasta antes de la Primera Guerra Mundial, y con 80% en promedio entre 1914 y 1929) y la disponibilidad de índices desagregados para las exportaciones de ese país imponen mayor rigor en el procedimiento. Además, hemos visto que algunas de los artículos que México adquiría en el mercado norteamericano no eran típicos de la canasta de exportaciones de este país.[14] Por estos motivos, utilicé los índices parciales que proporciona Lipsey para elaborar un índice agregado de la mezcla de productos que Estados Unidos vendía a México, con ponderaciones decenales hasta 1910 y quinquenales a partir de entonces.[15] Como se muestra

[14] Véase capítulo 5, "Importaciones y modernización económica".

[15] Los índices desagregados de Lipsey están disponibles para el periodo 1879-1923, por lo que antes y después de estos años se utilizó simplemente el índice de las exportaciones totales, proporcionado por Simon. Para estimar las ponderaciones, se extrajo de las estadísticas EU una muestra de productos exportados a México (con una cobertura promedio de 70% entre 1870 y 1929), y se agruparon de manera que correspondieran a las siguientes categorías de la clasificación de Lipsey:

201: crude foodstuffs, excluding tobacco
203: manufactured foodstuffs, excluding tobacco
212: crude materials, including tobacco
213: semimanufactured products
114: hides, leather, and products, crude, semimanufactured and manufactured

en la gráfica B.2, el índice resultante no difiere mucho del índice general de las exportaciones estadounidenses, pero el ejercicio ofrece una garantía adicional de precisión y aumenta la pertinencia de un índice construido expresamente para México.

En el caso de Alemania, la razón principal es que el índice de precios de las exportaciones totales no necesariamente refleja el de las exportaciones a México. Ello se debe a que la canasta de exportaciones que ese país vendía a México no era una muestra representativa de su comercio de exportación, particularmente al inicio del periodo. Pese a que ese país exportaba también alimentos y materias primas, a México le vendía básicamente artículos semielaborados y elaborados. La gráfica B.3 ilustra la diferencia entre el índice de las exportaciones totales de Alemania y uno estimado a partir de la composición de su comercio con México. La diferencia entre ambos —que, como se observa, es considerable en los primeros lustros del periodo—, es atribuible al alto precio inicial y el pronunciado descenso en los precios de los artículos semielaborados, y al elevado peso relativo que éstos tenían en las ventas a México.[16]

No fue posible seguir el mismo procedimiento para los índices de los demás socios europeos, debido a una disponibilidad más limitada de información en los índices parciales ya construidos. Considero que ello no afecta mayormente el resultado, puesto que (a diferencia de lo que sucedía con Estados Unidos y Alemania) la mezcla particular de exportaciones de esos países a México correspondía muy cercanamente a la canasta típica de exportaciones de cada país.[17] Por lo demás, la notable similitud que existe entre todos los índices —salvo el de Alemania, que generalmente se encuentra por encima del resto— hasta la Primera Guerra Mundial, disminuye el riesgo de que alguna deficiencia en las ponderaciones (por países o por productos) pudiera incidir seriamente sobre el resultado final (véase gráfica B.4).[18]

121: manufactured textiles

140: fuels

143: manufactured iron and steel products including machinery and vehicles

Los indices de Lipsey se tomaron de NBER *Data*, http://www.nber.org/data/lipsey.html, apéndice A, cuadros A-14 y A-30; apéndice B, cuadros B-1 y B-7. Para las estadísticas de EU se emplearon las fuentes habituales (véase bibliografía).

[16] En este caso, las ponderaciones por tipos de productos se calcularon a partir de la composición porcentual del comercio de Alemania con México (de acuerdo a sus propias estadísticas) en el primer trienio de cada década. Los porcentajes así obtenidos se utilizaron como ponderaciones para toda la década respectiva. Para los índices desagregados de las exportaciones alemanas, véase Hoffmann, *Das Wachstum* (1965), pp. 603-609.

[17] Al respecto véase el capítulo 5, "Importaciones y modernización económica".

[18] A fin de hacer comparables los índices de los diferentes países, se ha uniformado su base para convertirla a 1913 = 100.

Gráfica B.2
Índices de precios de las exportaciones estadounidenses, 1870-1929
(1913 = 100)

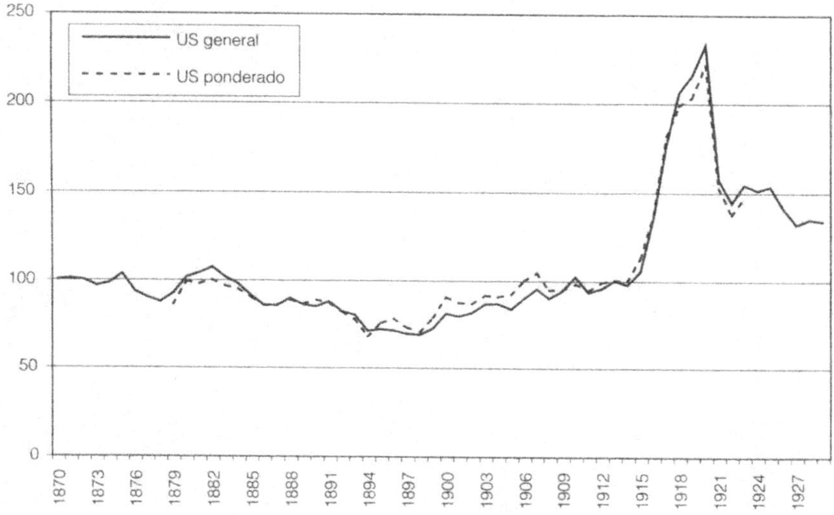

FUENTES: véase texto.

Gráfica B.3
Índices de precios de las exportaciones alemanas, 1880-1929
(1913 = 100)

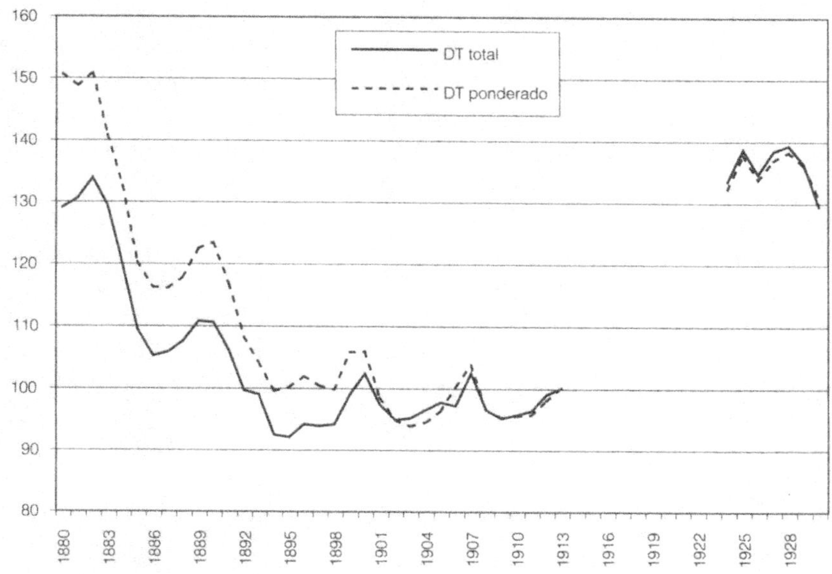

FUENTES: véase texto

Gráfica B.4
Índices de precios de las exportaciones de los principales socios comerciales de México, 1870-1929
(1913 = 100)

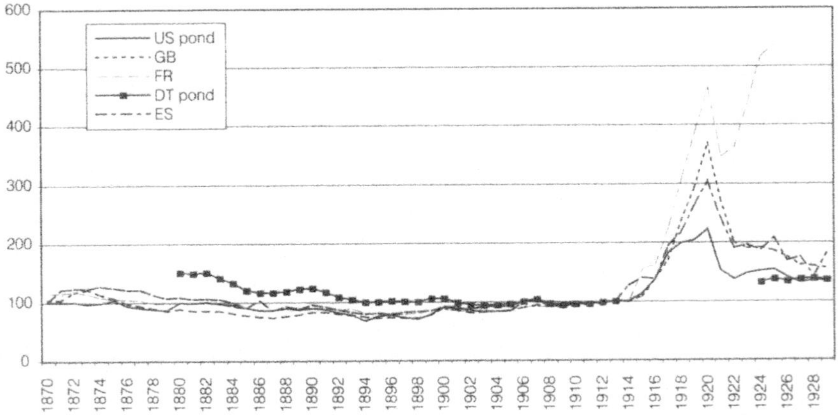

NOTA: siempre que fue necesario, se modificó la base del índice original para uniformarla a 1913 = 100. Acerca de los índices ponderados (pond), véase explicación en el texto.
FUENTES: *Historical Statistics* (2006), Vol. V, part E, pp. 5/516-519; Schlote, *British* (1938), pp. 175-78; Imlah, *Economic* (1958), pp. 94-98; http://www.nber.org/databases/macrohistory/rectdata/04/docs/m04109.txt (para el índice de Silverman); Lévy-Leboyer, "L'heritage" (1970), pp. 77-120; Hoffmann, *Das Wachstum* (1965), pp. 603-09; Prados, *Comercio exterior* (1982), cuadro A-2, p. 98; Tena, "Sector exterior" (2005), Vol. II, pp. 607-608.

En una primera fase, todos los índices muestran cierto deterioro en los precios de las exportaciones, que lleva el índice agregado de un promedio de 109 entre 1870 y 1875 a tan sólo 77 como promedio entre 1894 y 1898. Aunque en el cambio de siglo se produjo un giro en esta tendencia, los precios se mantuvieron por debajo del nivel del año base en todo el periodo anterior a la Gran Guerra, con excepción de 1907 y del propio año base, 1913. A partir de entonces se inició una tendencia ascendente que alcanzó su culminación entre 1918 y 1920, cuando todas las potencias compartieron un fenómeno inflacionario agudo, si bien en muy distinta escala: en Estados Unidos llevó a duplicar el índice del año base, mientras que en España lo triplicó y en los otros países europeos produjo un salto incluso mayor. Después de 1920 —con la notoria excepción de Francia— los precios empezaron a descender, si bien no recobraron —por el momento— el nivel anterior a la Primera Guerra Mundial.[19]

[19] Acerca de la inflación de la posguerra, y de su prolongada duración en Francia, véase Kenwood y Lougheed, *Historia* (1972), pp. 298-302.

OTROS ÍNDICES DE PRECIOS DEL COMERCIO EXTERIOR DE MÉXICO

En distintos momentos, se han propuesto al menos tres índices de precios del comercio exterior mexicano para este periodo. El más antiguo corresponde a la autoría del Seminario de Historia Moderna de México, y se incluyó en las *Estadísticas económicas del Porfiriato (EEP)*, publicadas en 1960. Treinta años después, como parte de su tesis doctoral, Luis Catao construyó series de valor e índices de precios de las importaciones y exportaciones mexicanas con base en las estadísticas de los principales socios comerciales. Finalmente, en un artículo publicado en el año 2000, Edward Beatty incluyó índices de precios para el comercio bilateral entre México y Estados Unidos. Comentemos brevemente cada uno de ellos.

Los índices publicados en *EEP* se basan enteramente en las fuentes oficiales mexicanas de que dispusieron sus autores, por lo que adolecen de las lagunas y las deficiencias presentes en éstas.[20] Su principal virtud radica en que se ofrecen índices parciales por grupos de productos y una gran cantidad de cuadros y gráficas que ilustran la evolución del quantum, las relaciones de intercambio y la capacidad para importar de cada uno de los rubros. Su desventaja más notable radica en la brevedad del periodo para el cual se ofrecen los índices: el de exportaciones abarca de 1877 a 1910, pero el de importaciones apenas comprende los años fiscales 1888 y 1889, 1892-1907, y de 1909 a 1910. Ello significa que cuestiones tan debatidas como los términos de intercambio, la capacidad para importar, etc., sólo pueden estimarse para una veintena de años dentro del periodo exportador.[21]

Los otros dos índices referidos se basan en fuentes alternativas y tienen un alcance temporal mayor. Por lo que se refiere a las exportaciones, Catao ofrece un índice para el periodo 1870-1925 que recoge seis de las principales exportaciones mexicanas (plata, henequén, café, cobre, plomo y petróleo) a los cuatro socios principales (EU, GB, FR y DT), y que al parecer se calcula como un índice compuesto ponderado por la participación en el valor total (tal como el índice agregado que se propone aquí). Acaso la mayor desventaja de este índice es la cobertura de productos, pues no sólo es limitada en número, sino que deja de lado casi todas las exportaciones de la fase inicial. Sólo para apreciar las dimensiones de esta exclusión, mencionemos que en 1870 los tintes naturales, la vainilla, las maderas de ebanistería y los productos ganaderos (ganado y pieles y cueros) representaron 49% del valor de las exportaciones de mercancías.

[20] A propósito de las estadísticas MX, véase el capítulo 1.

[21] El Colegio de México, *Estadísticas* (1960), pp. 63, 96-98.

Edward Beatty, por su parte, construye un índice las exportaciones de mercancías para el periodo 1880-1923 que abarca únicamente el comercio con Estados Unidos y se basa en las fuentes oficiales proporcionadas por ese país (que son las mismas que se utilizan aquí como fuentes EU). Pese a que la cobertura se limita a esa nación, se trata ciertamente del principal socio comercial y del mercado que absorbió una porción mayoritaria y creciente de las ventas mexicanas en el exterior. Por otra parte, la cobertura de productos se eleva a ocho (algunos de los cuales son en realidad grupos de productos —lo que aumenta la cobertura efectiva), y es más balanceada en términos de los cambios temporales que experimentó la canasta de exportaciones: oro, plata, café, pieles, henequén, gomas, petróleo crudo y metales no ferrosos. Tanto el índice de Catao como el de Beatty se calculan para las exportaciones totales (aunque el de Catao no incluye al oro en su muestra), por lo que la depreciación de la plata ejerce una fuerte influencia sobre su comportamiento (sobre todo al inicio del periodo). La gráfica B.5 presenta estos dos índices para su comparación con los que aquí se proponen (Indexp). Aunque el único realmente comparable con los índices de Beatty y Catao es el de las exportaciones totales (Indexp-tot), a fin de

Gráfica B.5
Índices de precios disponibles para las exportaciones mexicanas, 1870-1925
(1913 = 100)

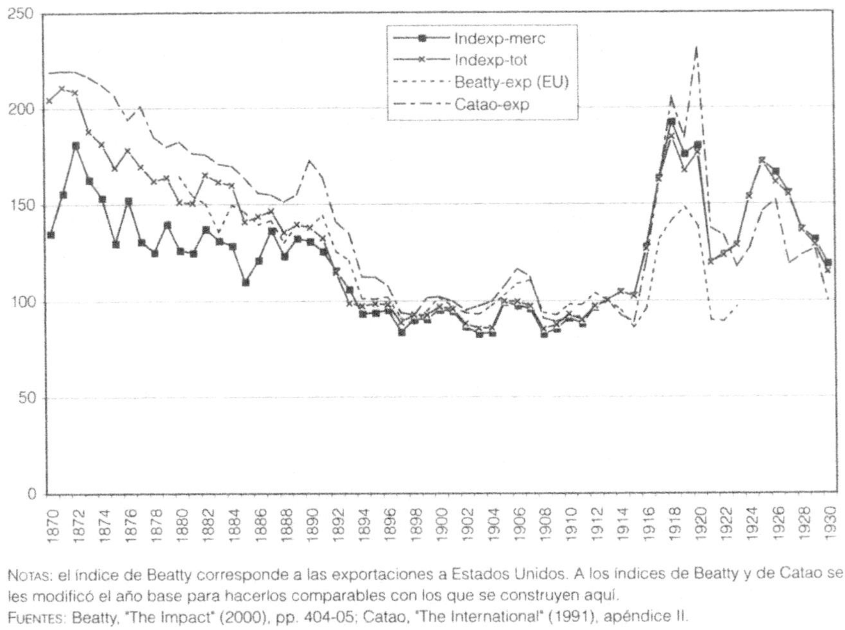

NOTAS: el índice de Beatty corresponde a las exportaciones a Estados Unidos. A los índices de Beatty y de Catao se les modificó el año base para hacerlos comparables con los que se construyen aquí.
FUENTES: Beatty, "The Impact" (2000), pp. 404-05; Catao, "The International" (1991), apéndice II.

ilustrar el impacto de la devaluación de la plata sobre el comportamiento del índice, se incluye también el de las exportaciones de mercancías (Indexp-merc).

La mayor similitud se observa entre el índice Beatty y el Indexp-tot para el periodo anterior a la Primera Guerra Mundial. El índice de Catao, en cambio, padece por la escasa cobertura de su muestra de productos, que se refleja en un persistente sesgo hacia arriba al inicio del periodo. En contraste, a partir de mediados de los años 1910 son el índice de Catao y los propios (Indexp, mercancías y total) los que se asemejan en mayor medida, mientras que el de Beatty se queda muy por debajo de los otros tres. La razón de ello es muy simple: el índice de Beatty subestima el aumento de precios porque no registra la inflación europea, cuya escala, como vimos antes, rebasa con mucho la que tiene lugar en Estados Unidos. Por su parte, el de Catao no sólo capta mejor ese fenómeno por incluir a varios países europeos, sino que para entonces su muestra de productos ha ganado en representatividad, que es lo que le faltaba al inicio del periodo. Finalmente, conviene destacar el contraste inicial entre los dos índices propios: Indexp-tot arranca en un nivel mucho más alto que Indexp-merc y su caída es más pronunciada debido a la incidencia sobre el primero del precio de la plata y su evolución. De hecho, el comportamiento de ambos índices se vuelve muy similar desde el momento en que las exportaciones de moneda de plata pierden importancia frente al resto de las exportaciones a inicios de los años de 1890. A partir de entonces, ambos índices evolucionan en forma muy cercana hasta el final del periodo.

Por lo que respecta a las importaciones, ambos autores han construido índices que abarcan algunos países y una parte del periodo que aquí se estudia. Catao ofrece un índice de precios para el periodo 1870-1925 con datos de dos socios comerciales (Estados Unidos y Gran Bretaña), y con una cobertura de productos promedio de 57% de las importaciones mexicanas provenientes de esos dos países. Beatty, por su parte, construye un índice de precios de las importaciones provenientes de Estados Unidos para los años 1880-1923, a partir de once productos que proveen una cobertura de entre 50 y 70% de las compras mexicanas a ese país. Las dos series se comparan con la que aquí se propone (Indimp) en la gráfica B.6.

Como se puede ver, la mejor comparación se da entre el índice de Catao y el propio, lo cual se explica porque el autor incluye al menos un país europeo en su muestra de países. En la medida en que se basa exclusivamente en los precios de las exportaciones de Estados Unidos, el índice de Beatty se aparta de los otros dos, y lo hace aún más durante los años de la guerra mundial y la inmediata posguerra. Por su parte, el índice de Catao reproduce correctamente el comportamiento de los precios de las importaciones mexicanas sólo en tanto se mantiene la similitud entre los precios de las exportaciones de los

Gráfica B.6
Índices de precios disponibles para las importaciones mexicanas, 1870-1929
(1913 = 100)

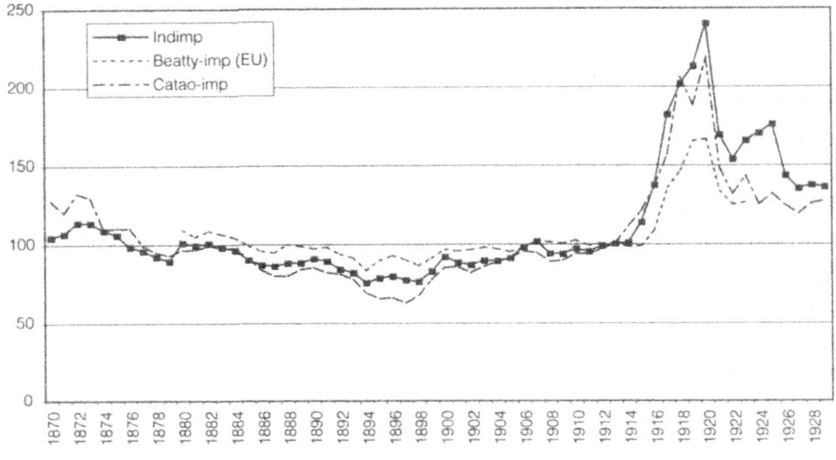

NOTAS: el índice de Beatty corresponde a las importaciones desde Estados Unidos. A los índices de Beatty y de Catao se les modificó el año base para hacerlos comparables con los que se construyen aquí.
FUENTES: para Iimp, véase gráfica B.4. Para los otros dos, véase Beatty, "The Impact" (2000), pp. 404-05; Catao, "The International" (1991), apéndice II.

distintos países europeos. Así, ese índice acompaña a los precios de las exportaciones británicas cuando éstos descienden a partir de 1922, pero no toma en cuenta la hiperinflación que todavía afecta a las francesas (que alcanzan un índice de 537 en 1925), y las españolas (207 en el mismo año), lo que disminuye su representatividad. Aunque el índice aquí construido (Indimp) es el más completo y consistente a lo largo de todo el periodo, debe decirse que su calidad disminuye ligeramente a partir de 1926, debido a una reducción de su cobertura por la interrupción del índice de precios de las exportaciones francesas. En consecuencia, la caída que este índice exhibe precisamente en ese año es sólo en parte atribuible al descenso de los precios, y en parte más bien el reflejo de una disminución en su cobertura por países.

En suma, tanto en el caso de las exportaciones como de las importaciones, los índices de precios que aquí se proponen son más completos tanto en su alcance temporal como en la cobertura por países y por productos. Su comparabilidad con los índices de que se disponía hasta ahora es lo suficientemente buena como para avalar su calidad y consistencia general, y las diferencias que se observan se explican por las deficiencias de éstos en términos de la cobertura de países, de productos o ambas. El cuadro B.1 presenta los nuevos índices de precios del comercio exterior mexicano y algunas de sus aplicaciones básicas.

Cuadro B.1

Indices de precios del comercio exterior de México y algunas aplicaciones básicas

	Índices de precios (1913 = 100)			*Relaciones reales de intercambio netas (1913 = 100)*		*Poder adquisitivo de las exps (millones de dólares)*	
	Indexp-merc	*Indexp-tot*	*Indimp*	*De merc*	*Totales*	*De merc*	*Totales*
1870	135.0	204.3	104.3	129	196	6.2	28.0
1871	155.5	210.4	106.5	146	198	8.1	28.6
1872	181.3	208.2	113.6	160	183	8.9	30.2
1873	162.7	187.8	113.5	143	165	9.5	26.7
1874	153.1	181.2	108.9	141	166	11.7	28.7
1875	129.8	168.8	105.8	123	160	12.1	29.2
1876	152.2	178.0	98.4	155	181	12.9	31.0
1877	130.6	169.2	95.6	137	177	13.5	31.8
1878	125.2	161.8	92.0	136	176	14.0	31.9
1879	139.6	163.7	89.2	156	183	18.4	36.8
1880	126.0	150.8	101.0	125	149	18.3	31.0
1881	124.7	150.2	99.4	125	151	18.1	29.5
1882	137.0	164.9	100.5	136	164	18.7	39.9
1883	131.0	161.2	97.9	134	165	20.4	44.2
1884	128.5	159.5	96.0	134	166	21.2	44.8
1885	109.9	140.7	90.1	122	156	23.2	43.6
1886	121.0	143.3	86.7	139	165	29.4	49.9
1887	136.4	146.0	85.9	159	170	33.2	48.5
1888	123.1	135.2	87.9	140	154	36.7	56.1
1889	132.2	139.2	88.0	150	158	39.1	59.4
1890	130.5	137.7	90.6	144	152	46.1	63.1
1891	125.4	132.1	89.0	141	148	48.1	74.0
1892	115.6	114.5	83.9	138	136	59.4	81.5
1893	105.8	98.4	81.7	129	120	54.2	66.6
1894	93.0	96.9	75.2	124	129	53.7	71.5
1895	93.4	98.2	78.3	119	125	62.3	83.6
1896	95.1	97.9	79.5	120	123	68.4	85.9
1897	83.4	88.4	77.2	108	115	68.6	88.7
1898	89.9	92.5	76.0	118	122	77.7	97.9
1899	90.1	92.3	82.5	109	112	82.2	97.5
1900	95.0	96.6	91.7	104	105	70.3	88.5
1901	94.3	95.4	88.1	107	108	82.9	99.1
1902	86.2	87.8	86.7	99	101	86.9	107.1
1903	82.5	85.5	89.5	92	96	93.4	114.3
1904	83.1	85.6	89.2	93	96	95.9	111.8
1905	99.0	99.6	91.0	109	109	120.9	163.4
1906	97.2	99.4	98.2	99	101	125.5	147.7
1907	95.6	96.9	101.5	94	95	110.6	129.6
1908	82.3	84.9	93.9	88	90	120.0	139.4
1909	85.0	87.2	93.6	91	93	136.0	156.4
1910	90.7	92.7	96.9	94	96	130.3	161.3
1911	87.7	89.8	95.1	92	94	146.0	171.4

Cuadro B.1 *(concluye)*

	Índices de precios (1913 = 100)			*Relaciones reales de intercambio netas (1913 = 100)*		*Poder adquisitivo de las exps (millones de dólares)*	
	Indexp-merc	*Indexp-tot*	*Indimp*	*De merc*	*Totales*	*De merc*	*Totales*
1912	96.4	97.1	98.4	98	99	147.9	172.2
1913	100.0	100.0	100.2	100	100	134.7	144.6
1914	104.5	104.2	100.8	104	103	112.0	117.8
1915	102.3	102.2	113.8	90	90	133.0	136.9
1916	127.6	126.7	137.4	93	92	114.2	118.9
1917	163.3	162.2	182.0	90	89	114.2	120.5
1918	192.3	184.5	201.5	95	92	122.2	125.2
1919	175.5	166.9	212.8	83	78	123.5	127.8
1920	180.1	176.2	240.2	75	73	140.5	143.2
1921	119.6	119.4	169.3	71	71	146.4	150.2
1922	124.0	123.4	153.6	81	80	176.7	180.3
1923	128.6	128.4	165.6	78	78	157.8	159.2
1924	153.4	153.1	170.4	90	90	171.0	174.1
1925	171.9	171.5	176.0	98	97	175.6	178.4
1926	166.2	160.9	143.4	116	112	214.2	227.8
1927	155.6	154.5	135.1	115	114	199.1	201.4
1928	136.6	136.0	137.3	99	99	179.9	181.4
1929	131.4	128.6	136.2	97	94	181.1	188.2

Indexp-merc: índice de precios de las exportaciones de mercancías.
Indexp-tot: índice de precios de las exportaciones totales.
Indimp: índice de precios de las importaciones.

SIGLAS Y REFERENCIAS

ARCHIVOS

AFT — Archivo Fernando Torreblanca, Fideicomiso Archivos Plutarco Elías Calles y Fernando Torreblanca, México, D.F.
  Fondo Álvaro Obregón

AF — Archivo Fundidora, Monterrey, N.L.

AGEY — Archivo General del Estado de Yucatán
  Fondos:
   CCE Congreso del Estado
   CMH Contaduría Mayor de Hacienda
   GHEI Comisiones Unidas de Gobernación, Hacienda e Industria
   HYC Comisión de Hacienda y Comercio
   HMYP Comisiones Unidas de Hacienda, Milicia y Peticiones
   IYH Comisiones Unidas de Industria y Hacienda

AGN — Archivo General de la Nación, México, D.F.
  Biblioteca:
   Misceláneas
  Archivo, grupos documentales:
   Folletería
   SCOP
   Gobernación
   Archivo Central de la SHCP
   Aduanas Marítimas y Fronterizas

AHBM — Archivo Histórico del Banco de México, México, D.F.
  Fondo Matías Romero

AHEA — Archivo Histórico del Estado de Aguascalientes, Aguascalientes, Ags.
  Fondo:
   SGG Secretaría General de Gobierno

AHP — Archivo Histórico de Pemex, México, D.F.

AHRMYP — Archivo Histórico de la Compañía Real del Monte y Pachuca, Pachuca, Hgo.

AJYL — Archivo José Yves Limantour, Condumex, México, D.F.

APEC — Archivo Plutarco Elías Calles, Fideicomiso Archivos Plutarco Elías Calles y Fernando Torreblanca, México, D.F.

CEZ — Colección documental de Estela Zavala, El Colegio de México, México, D.F.

SRE, AHGE — Secretaría de Relaciones Exteriores, Archivo Histórico Genaro Estrada, México, D.F.

OTRAS SIGLAS

BNCE	Banco Nacional de Comercio Exterior
DEN	Departamento de la Estadística Nacional
DGE	Dirección General de Estadística
FNM	Ferrocarriles Nacionales de México
GBDOT	Great Britain Department of Overseas Trade
GBFO	Great Britain Foreign Office
GPO	Government Printing Office
HAHR	The Hispanic American Historical Review
JEH	The Journal of Economic History
JLAS	Journal of Latin American Studies
MF	Ministerio de Fomento
NAMP	National Archives Microfilm Publications
NBER	National Bureau of Economic Research
SCOP	Secretaría de Comunicaciones Obras Públicas
SEN	Secretaría de la Economía Nacional
SF	Secretaría de Fomento
SFCI	Secretaría de Fomento, Colonización e Industria
SHCP	Secretaría de Hacienda y Crédito Público
SICT	Secretaría de Industria, Comercio y Trabajo
USBM	United States Bureau of Manufactures
USDC	United States Department of Commerce
USDCL	United States Department of Commerce and Labor
USDS	United States Department of State
USFDCB	United States Foreign and Domestic Commerce Bureau
USHR	United States House of Representatives
USTD	United States Treasury Department

FUENTES PRIMARIAS

Fuentes estadísticas utilizadas en la reconstrucción del comercio

1. México (MX)

DEN, *Anuario de 1930*, México, 1932.

——, *Anuario estadístico. Comercio exterior y navegación. Años 1920, 1921 y 1922*, México, [1923?].

——, *Anuario estadístico. Comercio exterior y navegación, 1923-24*, México, 1925.

——, *Anuario estadístico. Comercio exterior y navegación. Año de [1925 a 1928]*, México, 1926-1930 (se indica en cada caso el año en que se publicó el volumen).

——, *Resumen comparativo del comercio exterior y navegación. Años: 1927 y 1928*, México, 1929.

DGE, *Anuario estadístico de los Estados Unidos Mexicanos*, México, 1939.
SEN, DGE, *Estadística del comercio exterior, año de 1929*, México, 1934.
SHCP, *Anuario de estadística fiscal 1911-12, 1912-13, 1918, 1919*, México, 1913, 1914, 1921, 1922, respectivamente.
——, *Anuario del comercio exterior y navegación*, México, 1920-1928 (se indica en cada caso el año de la publicación).
——, *Anuario estadístico*, México, 1927.
——, *Anuario estadístico*, México, 1930.
——, *Boletín de estadística fiscal [1894-95 a 1910-11]*, México, 1896-1911 (se indica en cada caso el número y el año de la publicación).
——, *Boletín de estadística fiscal*, tomos I-IV, México, 1917-1918.
——, *Comercio exterior y navegación. Año fiscal de 1898-99*, núm. 215, México, 1901.
——, *Comercio exterior y navegación. Año fiscal de 1899-900*, núm. 225a, México, 1902.
——, *Estadística fiscal. Movimiento de transportes marítimos y terrestres. Año fiscal de 1893 a 1894. Noticias formadas bajo la dirección de Javier Stavoli*, México, 1895.
——, *Estadística Fiscal. Importación año fiscal de 1895-96*, tomo 2, núm. 181, México, 1899.
——, *Importaciones 1889 a 1890. Primer semestre-segundo semestre-año fiscal. Noticias formadas bajo la dirección de Javier Stavoli*, México, 1892.
——, *Noticia de la importación y exportación de mercancías, en los años fiscales de 1872 a 1873, 1873 a 1874 y 1874 a 1875 formada bajo la dirección de José Ma. Garmendia*, México, 1880.
——, *Noticia de la exportación de mercancías de la República Mexicana*, México, 1878-1893.
——, *Noticia pormenorizada del costo que tienen las mercancías extranjeras que se importan por el puerto de Veracruz*, México, 1879.
——, *Noticias de las mercancías importadas en los dos primeros semestres de los años fiscales de 1884 a 1885 y 1885 a 1886. Formadas bajo la dirección de J. Stavoli*, México, 1888.
——, *Noticia de la exportación de mercancías en el año fiscal de 1885 a 1886 formada bajo la dirección de Javier Stavoli*, México, 1887.
——, *Noticia sobre el movimiento marítimo exterior e interior habido en los puertos de la República Mexicana en el año de 1886-1887 formadas bajo la dirección de Javier Stavoli*, México, 1888.
——, *Noticias del movimiento marítimo exterior e interior habido en los puertos de la República Mexicana en el año fiscal 1890 a 1891 formadas bajo la dirección de Javier Stavoli*, México, 1892.

2. Los socios comerciales

Alemania (DT)

Statistik des Deutschen Reichs. Auswärtiger Handel deutschen Zollgebiets im Jahre…, herausgegeben vom Kaiserlichen Statistischen Amt, Berlín, 1891-1912, 1921-1930.

Monatliche Nachweise über den auswärtigen Handel Deutschlands, herausgegeben vom Statistischen Reichsamt, Berlín, 1925-1930.

Argentina (ARG)

República Argentina, Dirección General de Estadística de la Nación, *Anuario del comercio exterior de la República Argentina años 1921, 1922 y 1923 y noticia sumaria del periodo 1910-1923*, vol. I, Buenos Aires, 1924.

República Argentina, Dirección General de Estadística de la Nación, *Anuario del comercio exterior de la República Argentina. Año 1930 y noticia sumaria del periodo 1910-1930*, Buenos Aires, 1931.

Bélgica (BE)

Ministère des Finances, *Statistiques de la Belgique. Tableau general du commerce avec les pays étrangeres, pendandt l'année [1870-1913]*, Bruxelles, 1871-1914. (El título puede variar. Se refiere aquí al del año inicial).

Degreve, D., *Le commerce extérieur de la Belgique 1830-1913-1939. Présentation critique des données statistiques*, Bruxelles, 1982.

España (ES)

Dirección General de Aduanas, *Estadística general del comercio exterior de España en [1871-1930]*, Madrid, 1875-1931. (El título puede variar. Se refiere aquí el del año inicial).

Estados Unidos (EU)

Statistical Abstract of the United States, Washington, 1888-1943 (se indica en cada caso el año del volumen correspondiente).

USDCL, *Merchandise Declared for Export to the United States during the Year Ending June 30, 1903*, Washington, 1904.

——, Bureau of Manufactures, *Commercial Relations of the United States with Foreign Countries during the Year [1903, 1904, 1905]*, Washington, 1904, 1905 y 1906, respectivamente.

USHR, *Annual Report of the Chief of the Bureau of Statistics on the Commerce and Navigation of the United States for the Fiscal Year ended June, 30 [1871 a 1892]*, Washington, 1872-1892 (se indica en cada caso el año correspondiente).

USTD, *Commerce of the United States and Other Foreign Countries with Mexico, Central America, the West Indies, and South America*, Washington, 1889.

——, *The Foreign Commerce and Navigation of the United States for the Year Ending* [1893-1929], Washington, 1893-1930 (se indica en cada caso el año de publicación del volumen correspondiente; el autor y el título pueden variar; en los últimos años la agencia responsable es USDC).

Price Statistics Review Committee, *The Price Statistics of the Federal Government. Review, Appraisal, and Recommendations*, Washington, NBER, 1961.

Francia (FR)

Direction Générale des Douanes, *Tableau général du commerce de la France avec ses colonies et les puissances étrangeres pendant l'année [1870-1929]*, París, 1872-1930. (El título puede variar; se indica, cuando es el caso, el año a que corresponde el volumen y el año de su publicación).

Gran Bretaña (GB)

Great Britain Customs Establishment. Statistical Office, *Annual Statement of the Trade and Navigation of the United Kingdom with Foreign Countries and British Possessions in the Year [1870-1929]*, Londres, 1870-1930 (el título y el editor varían).

Otras fuentes primarias

Acosta, Alfredo N., *La gestión hacendaria de la Revolución*, México, 1917.

Almanaque Bouret para el año 1897 (edición facsimilar de la de 1897), México, Instituto Mora, 1992.

Alvarado, Salvador, *La reconstrucción de México. Un mensaje a los pueblos de América.* Tomo I (edición facsimilar de la de 1919), México, Facultad de Economía, UNAM, 1989.

American Smelting and Refining Company (ASARCO), *[Number of the report]... Annual Report of the American Smelting and Refining Company for the Fscal Year [1906-1930]*, spi.

Anderson, Alexander Dwight, *The Silver Country*, Nueva York, Putnam's Sons, 1877.

Angier, E.A.V., *Fifty Years' Freights 1869-1919*, Londres, 1920.

Antología de textos sobre el pensamiento económico de México, introducción y selección de Otto Granados Roldán, México, FCE, 1987.

Arnauné, August, *Le commerce extérieur et les tarifs de douane*, París, 1911.

Barba, Rafael, *El henequén en Yucatán. Memoria escrita por el ingeniero... en 1893*, México, 1895.

BNCE, *Colección de documentos para la historia del comercio exterior de México. VII: Del centralismo proteccionista al régimen liberal, 1837-1872,* Segunda serie, México, 1876.

——, *El comercio exterior de México*, México, 1940.

——, *México exportador*, México, 1937.

——, *México exportador*, México, 1939.

Casasús, Joaquín D., *Estudios monetarios*, México, 1896.

——, "El peso mexicano y sus rivales en los mercados de extremo oriente", en Comisión Monetaria, 1903, pp. 1-18.

Comisión Monetaria, *Datos para el estudio de la cuestión monetaria en México*, México, 1903.

——, *Actas de las juntas generales y documentos a ellas anexos*, México, 1904.

Compañía Fundidora de Fierro y Acero de Monterrey, S.A. (1902-1906). *[Informes anuales] que el consejo de administración de la Compañía Fundidora de Fierro y Acero de Monterrey, S.A., rinde ante la asamblea general de la misma, en su sesión ordinaria del día...*, Monterrey (En AF. El título puede variar).

De la Torre, Juan, *Historia y descripción del Ferrocarril Central Mexicano*, México, 1888.

DEN, *Boletín del Departamento de la Estadística Nacional*, núms. 9-11, México, 1924.

Diario de los Debates de la Cámara de Diputados, 9ª Legislatura Constitucional de la Unión, tomo III, México, 1880.

Diario de los Debates de la Cámara de Diputados, 10ª Legislatura Constitucional de la Unión, tomo IV, México, 1882.

Dublán, Manuel y José María Lozano, *Legislación mexicana o colección completa de las disposiciones legislativas expedidas desde la Independencia de la República*, México, 1876-1912 (se indica en cada caso el tomo y el año en que se publicó).

Fernández Villarreal, Manuel y Francisco Barbero, *Colección legislativa completa de la República Mexicana con todas las disposiciones expedidas para la Federación, el Distrito y los Territorios Federales. Año de 1901. Continuación de la legislación mexicana de Dublán y Lozano*, tomo XXXIII, segunda parte, México, 1907.

Fernández y Fernández, Ramón, *El trigo en México*. Parte VI: *El comercio*, México, 1939.

FNM, *México económico, 1928-1930. Anuario estadístico de la Oficina de Estudios Económicos de los FNM*, México, 1932.

Foster, John W., *Trade with Mexico. Correspondence Between the Manufacturers' Association of the Northwest, Chicago*, Chicago, 1878.

GBDOT, *Report on Economic and Financial Conditions in Mexico*, Londres, 1920-1936 (se indica en cada caso el año correspondiente).

GBFO, *Miscelaneous Series. Reports of Subjects of General and Commercial Interest. Mexico. Report from Veracruz on the Railway Rates and Customs Duties at that Port*, No. 13, Londres, 1886.

——, *Diplomatic and Consular Reports, Miscellaneous Series, Mexico*, No. 116, 1888.

——, *Annual Series. Mexico. Veracruz*, No. 604, Londres, 1889.

——, *Diplomatic and Consular Reports, Mexico. Report for the Year 1912 on the Trade and Commerce of the Consular District of Salina Cruz*, Londres, 1913.

——, *Diplomatic and Consular Reports, Mexico. Report for the Year 1912 on the Trade and Commerce of the Consular District of Tampico*, Londres, 1913.

——, *Diplomatic and Consular Reports, Mexico. Report for the Year 1912 on the Trade and Commerce of the Consular District of Vera Cruz*, Londres, 1913.

——, *Diplomatic and Consular Reports, Mexico. Report for the Year 1912 on the Trade of Mexico*, Londres, 1913.

Henius, Frank, *Dictionary of Foreign Trade*, Nueva York, 1946.

Informe acerca de las operaciones consignadas en los libros de contabilidad de la Comisión Reguladora del Mercado de Henequén, en el periodo de tiempo corrido desde el 1º. de mayo de 1912 hasta el 10 de septiembre de 1914, presentado al gobierno del estado por Graciano Ricalde, como componente de la Comisión Especial, instituida para investigar, examinar y depurar los manejos de la citada comisión reguladora, Mérida, Yucatán, 1919.

"Informe presentado por los señores Graciano Ricalde y Tomás Ojeda R. al superior gobierno del estado, relativo a la revisión de las cuentas de la Comisión Reguladora del Mercado de Henequén en el periodo de tiempo corrido del 11 de septiembre de 1914 al 22 de noviembre de 1918", en *Informe acerca...*, 1919.

Informe rendido por el gobernador constitucional de Yucatán C. Dr. Álvaro Torre Díaz, ante la XXIX legislatura del estado el 1° de enero de 1927, Mérida, Yucatán, 1927.

Informe rendido por el gobernador constitucional de Yucatán, C. Dr. Álvaro Torre Díaz, ante la XXX legislatura del estado, el 1° de enero de 1928, Mérida, Yucatán, 1928.

Informe rendido por el gobernador constitucional de Yucatán, C. Dr. Álvaro Torre Díaz, ante la XXX legislatura del estado, el 1° de enero de 1929, Mérida, Yucatán, 1929.

Institut International d'Agriculture, *Notes sur les statistiques du commerce extérieur dans les différents pays*, Roma, 1914.

International Monetary Fund, *Balance of Payments Manual*, 3a. ed., Washington, 1961.

League of Nations, *Memorandum on International Trade and Balances of Payments. 1913-1927*, vol. I, Ginebra, 1928.

League of Nations, *Memorandum on International Trade and Balances of Payments 1927-1929. Vol. I: Review of World Trade*, Ginebra, 1930.

Legislación petrolera. Leyes, decretos y disposiciones administrativas referentes a la industria petrolera, México, 1922.

Lerdo de Tejada, Miguel, *Comercio exterior de México, desde la Conquista hasta hoy*, México, Banco Nacional de Comercio Exterior, 1967.

Limantour, José Yves, "La política hacendaria del gobierno. (Presupuestos. Deuda pública. Empréstitos. Alcabalas. Aduanas. Bancos, moneda. Reservas. Medidas de moralización). 1893-1910", en *Antología*, 1987, pp. 83-90.

López, Alfredo (comp.), *Tarifas de los derechos de importación y exportación de México*, México, 1920.

Maillefert, Eugenio, *Directorio del comercio del Imperio Mexicano* [1867], México, Instituto Mora, 1992.

Memoria sobre la administración pública del Estado de Zacatecas, México, 1905.

Mensajes del Gobernador Constitucional C. Lic. Olegario Molina, al Congreso de Yucatán, 1902-1906, Mérida, Yucatán, 1906.

Mexican Central Railway Co., *Annual Reports of the Board of Directors of the...to the Stockholders*, Boston, 1880-1907 (se indica en cada caso el número y el año de publicación).

Mexico's Currency Reform. Final Recommendations and Reports of the Comission Appointed by the Government of the Republic to Investigate the Monetary Problem and to Suggest Ways and Means for Placing the Currency on a Sound Basis and Stabilizing the Rates of Exchange [1903], spi.

MF, *Anuario estadístico de la República Mexicana*, México, 1893-1897.

——, *Boletín semestral de la estadística de la República Mexicana, a cargo del Dr. Antonio Peñafiel*, núm. 4, México, 1889.

——, *Boletín Semestral de la Dirección General de Estadística*, México, 1889-1892.

Mood, James, *Handbook of Foreign Currency and Exchange*, Washington, 1930.

NAMP, *Records of the Department of State Relating to Internal Affairs of Mexico, 1910-1929*, Washington, The National Archives, National Archives and Records Service, 1959.

——, *Despatches from United States Consuls in Ciudad Juárez*, Washington, The National Archives, 1950.

——. *Despatches from United States Consuls in Guaymas*, Washington, The National Archives, 1964.

Oficina Central de Estadística, *Resumen del comercio exterior de Chile en los últimos seis años. Importación y exportación, años 1910 a 1915*, Santiago de Chile, 1916.

Orozco, M., *Observaciones sobre la influencia del comercio extrangero en la industria nacional, y la conveniencia de restrinjirlo en la república*, México, Impr. de I. Cumplido, 1869.

Pani, Alberto J., *La política hacendaria y la Revolución*, México, 1926.

Poor, Henry V., *Manual of the Railroads of the United States, for [...year], Showing their Mileage, Stocks, Bonds, Cost, Traffic, Earnings, Expenses, and Organizations: With a Sketch of their Rise, Progress, Influence, etc.*, Nueva York, H.V. & H.W. Poor; Londres, 1880-1910.

Romero, Matías, *Geographical and Statistical Notes on Mexico*, Nueva York y Londres, 1898.

Schnitzler, Hermann, *The Republic of Mexico. Its Agriculture, Commerce and Industries*, Nueva York, 1924.

SCOP, *Memoria presentada al Congreso de la Unión por el Secretario de Estado y del Despacho de Comunicaciones y Obras Públicas de la República Mexicana General Francisco Z. Mena. Corresponde a los años transcurridos de 1º de julio de 1891 a 30 de junio de 1896*, México, 1899.

——, *Memoria presentada al Congreso de la Unión por el Secretario de Estado y del Despacho de Comunicaciones y Obras Públicas de la República Mexicana General Francisco Z. Mena. Corresponde a los años transcurridos de 1º de julio de 1899 a 30 de junio de 1900*. México, 1901.

——, *Memoria presentada al Congreso de la Unión por el Secretario de Estado y del Despacho de Comunicaciones y Obras Públicas de la República Mexicana Ingeniero Leandro Fernández. Corresponde al periodo transcurrido de 1º de julio de 1902 a 30 de junio de 1903*, México, 1904.

——, *Memoria presentada al Congreso de la Unión por el Secretario de Estado y del Despacho de Comunicaciones y Obras Públicas de la República Mexicana Ingeniero Leandro Fernández. Corresponde al periodo transcurrido de 1º de julio de 1909 a 30 de junio de 1910*, México, 1911.

——, *Memoria de la Secretaría de Comunicaciones y Obras Públicas de la República. Referente al lapso de tiempo comprendido del 1º de julio de 1923 al 31 de julio de 1924*, México, 1924.

——, *Memoria presentada al Congreso de la Unión por el Secretario de Estado y del Despacho de Comunicaciones y Obras Públicas de los Estados Unidos Mexicanos, Ramón Ross. Comprende el periodo transcurrido del 1º de agosto de 1927 al 31 de julio de 1928*, México [1928].

——, *Memoria presentada al Congreso de la Unión por el Secretario de Estado y del Despacho de Comunicaciones y Obras Públicas, Ing. Javier Sánchez Mejorada. Comprende el periodo transcurrido del 1º de agosto de 1928 al 31 de julio de 1929*, México [1929].

——, *Reseña histórica y estadística de los ferrocarriles de jurisdicción federal desde 1º de enero de 1900 hasta 31 de diciembre de 1903*, México, 1905.

——, *Reseña histórica y estadística de los ferrocarriles de jurisdicción federal desde 1º. de enero de 1904 hasta 31 de diciembre de 1906*, México, 1907.

SEN, *Anuario de estadística minera, 1924*, México, 1925.

SEN, DGE, *Primer censo industrial de 1930*, México, 1933-34.

Septién, Alfonso, *El régimen monetario de México y la baja de la moneda de plata*, México, 1930.

SF, *Memoria de la Secretaría de Fomento, correspondiente a los años transcurridos de enero de 1883 a junio de 1885*, tomo I, México, 1887.

SFCI, *Anuario estadístico de la República Mexicana, 1901*, director Antonio Peñafiel, México, 1903.

——, *Cuadro sinóptico informativo de la administración del Sr. Gral. Porfirio Díaz, presidente de la República hasta 1909*, Dir. Antonio Peñafiel, México, 1910.

SHCP, *Boletín Comercial de la Secretaría de Hacienda... de los Estados Unidos Mexicanos*, México, 1891.

——, *Decretos, circulares y reglamentos expedidos por la Secretaría de Hacienda y Crédito Público desde 26 de agosto de 1914 a 2 de noviembre de 1915*, México, 1915.

[—], *Informe que el general Hipólito Charles, comandante en jefe del cuerpo "Gendarmería fiscal", presenta al Secretario de Hacienda y Crédito Público. 1885-1886*, México, 1886.

——, *Informe presentado al Congreso de la Unión el 16 de septiembre de 1873*, México, 1872-1873.

——, *Informe presentado al Congreso de la Unión el 16 de septiembre de 1874*, México, 1873-1874.

——, *Informe presentado al Congreso de la Unión el 16 de septiembre de 1875*, México, 1874-1875.

—— *Memoria de Hacienda y Crédito Público [1869-1917]*, México, varios años. (En ocasiones se utiliza alguna *Memoria* en particular, en cuyo caso se incluye la referencia específica de acuerdo con la siguiente lista:)

——, *Memoria que el Secretario de Hacienda y Crédito Público presenta al Congreso de la Unión el 16 de septiembre de 1869*, México, 1869.

——, *Memoria de Hacienda y Crédito Público correspondiente al quincuagésimo segundo año económico transcurrido del 1º de julio de 1876 a 30 de junio de 1877*, México, 1877.

——, *Memoria de Hacienda y Crédito Público... del 1º de julio de 1877 a 30 de junio de 1878*, México, 1879.

——, *Memoria... del 1º de julio de 1878 a 30 de junio de 1879*, México, 1880.

——, *Memoria... del 1º de julio de 1880 a 30 de junio de 1881*, México, 1881.

——, *Memoria... del 1º de julio de 1883 a 30 de junio de 1884*, México, 1884.

——, *Memoria de la Secretaría de Hacienda correspondiente al ejercicio fiscal de 1884 a 1885*, México, 1884.
——, *Memoria... 1886 a 1887*, México, 1888.
——, *Memoria... 1888 a 1889*, México, 1891.
——, *Memoria... 1889 a 1890*, México, 1892.
——, *Memoria... 1891 a 1892*, México, 1892.
——, *Memoria... 1892 a 1893*, México, 1893.
——, *Memoria... 1893 a 1894*, México, 1894.
——, *Memoria... 1894 a 1895*, México, 1895.
——, *Memoria... 1895 a 1896*, México, 1896.
——, *Memoria... 1896 a 1897*, México, 1897.
——, *Memoria... 1898 a 1899*, México, 1902.
——, *Memoria... 1899 a 1900*, México, 1903.
——, *Memoria... 1901 a 1902*, México, 1905.
——, *Memoria... 1905 a 1906*, México, 1909.
——, *Memoria... 1907 a 1908*, México, 1909.
——, *Memoria... 1908 a 1909*, México, 1910.
——, *Memoria... 1909 a 1910*, México, 1911.
——, *Memoria... 1910 a 1911*, México, 1912.
——, *Memoria de la Secretaría de Hacienda y Crédito Público. 25 de mayo de 1911-22 de febrero de 1913*, México, 1949 (Publicaciones Históricas).
——, *Memoria de la Secretaría de Hacienda y Crédito Público. 23 de febrero de 1913-15 de abril de 1917*, México, 1952 (Publicaciones Históricas).
——, *Memoria de la Secretaría de Hacienda y Crédito Público correspondiente a los años fiscales 1923-1924-1925*, 2 tomos, México, 1926.
[___], *Tarifa de los derechos de importación expedida el 31 de julio de 1916*, México, 1916.
Sherwell, G. Butler, *Mexico's Capacity to Pay. A General Analysis of the Present International Economic Position of Mexico*, Washington, 1929.
SICT, *La industria, el comercio y el trabajo en México durante la gestión administrativa del Gral. Plutarco Elías Calles*, México, 1928.
——, *Anuario de estadística minera correspondiente al año de 1928*, México, 1930.
——, *Boletín del Petróleo*, México, 1920-1928 (se indica en cada caso el año del volumen correspondiente).
Skilton, Julius A., *Mining Districts of Pachuca, Real del Monte, El Chico and Santa Rosa, State of Hidalgo, Republic of Mexico*, Boston, 1882.
Sterrett, Joseph Edmund y Joseph Stancliffe Davis, *The Fiscal and Economic Condition of Mexico. Report Submitted to the International Committee of Bankers on Mexico*, Nueva York, 1928.
USBM, *Commercial Relations of the United States with Foreign Countries during the Year 1903*, dos vols., Washington, 1904.
USDC, "Changes in the Monetary Use of Silver Since 1914", *Supplement to Commerce Reports, Trade Information Bulletin*, No. 140., by Leland Rex Robinson, Washington, 1923.

——, "Budgets of Latin American Countries", *Supplement to Commerce Reports. Trade Information Bulletin*, No. 281, Washington, octubre de 1924.

——, "Foreign Exchange in Latin America. A Survey of Conditions since 1914", *Supplement to Commerce Reports. Trade Information Bulletin*, No. 316, by Charles A. McQueen, Washington, 1925.

——, "Mexico as a Market for United States Goods. When, Where, and What Mexico Buys" *Supplement to Commerce Reports. Trade Information Bulletin*, No. 306, Washington, 1925.

——, "Mexican Market for Industrial Machinery", *Trade Information Bulletin*, No. 666, Washington, 1929.

——, *Trade Information Bulletin*, No. 666, Washington, 1929.

USDCL, *Commercial Relations of the United States with Foreign Countries during the Year 1903*, vol. II, Washington, 1904.

USDS, *Reports from the Consuls of the United States on the Commerce, Manufactures, etc. of their Consular Districts*, Washington, 1880-1906 (se especifica en cada caso el número y la fecha de publicación del reporte respectivo).

——, *Commercial Relations of the United States with Foreign Countries during the Year 1904*, Washington, 1905.

——, *Commercial Relations of the United States with Foreign Countries during the Year 1909*, Washington, 1911.

USFDCB, "The Mexican Market for United States Foodstuffs", *Trade Information Bulletin*, Nos. 357-381, Washington, 1925.

FUENTES SECUNDARIAS

Aboites, Luis, *Excepciones y privilegios. Modernización tributaria y centralización en México, 1922-1972*, México, El Colegio de México, 2003.

Adleson, S. Lief, "Coyuntura y conciencia: factores convergentes en la fundación de los sindicatos petroleros de Tampico durante la década de 1920", en Frost *et al.*, 1979, pp. 632-661.

Aguilar Camín, Héctor, *La frontera nómada: Sonora y la Revolución mexicana*, México, SEP-Siglo XXI Editores, 1985.

Allen, R.G.D. y J.E. Ely (eds.), *International Trade Statistics*, Nueva York, Wiley, 1953.

Andrien, Kenneth J. y Lyman L. Johnson (eds.), *The Political Economy of Spanish America in the Age of Revolution. 1750-1850*, Albuquerque, University of New Mexico Press, 1994.

Arias, Patricia (coord.), *Industria y Estado en la vida de México*, México, El Colegio de Michoacán, 1990.

Ashworth, William, *Breve historia de la economía internacional desde 1850*, México, FCE, 1977.

Askinasy, Siegfried, *El problema agrario de Yucatán*, 2a. ed., México, Ediciones Botas, 1936.

Assadourian, Carlos Sempat, *El sistema de la economía colonial. Mercado interno, regiones y espacio económico*, Lima, Instituto de Estudios Peruanos, 1982.

Aznar Mendoza, Enrique, "Historia de la industria henequenera desde 1919 hasta nuestros días", en Luna Kan, 1977, pp. 727-787.

Bambirra, Vania, *El capitalismo dependiente latinoamericano*, México, Siglo XXI Editores, 1978.

Bairoch, Paul, *Economics and World History: Myths and Paradoxes*, Chicago, University of Chicago Press, 1993.

——, "European Foreign Trade in the XIX Century: The Development of the Value and Volume of Exports (Preliminary Results)", *The Journal of European Economic History* 2:1 (1973), pp. 5-36.

——, "La place de la France sur les marchés internationaux", en Lévy-Leboyer (ed.), 1977, pp. 37-52.

Barceló Quintal, Raquel "El desarrollo de la banca en Yucatán; el henequén y la oligarquía henequenera", en Ludlow y Marichal (eds.), 1986, pp. 165-207.

Beatty, Edward, "The Impact of Foreign Trade on the Mexican Economy: Terms of Trade and the Rise of Industry 1880-1923", *JLAS* 32 (2000), pp. 399-433.

——, *Institutions and Investment. The Political Basis of Industrialization in Mexico before 1911*, Stanford, Stanford University Press, 2001.

——, "Trade Policy in Porfirian Mexico: The Structure of Protection", en Haber y Bortz (eds.), 2002, pp. 205-254.

Becket, James, "The Economic Consequences of the Nationalization of Foreign-Owned Enterprises in Underdeveloped Countries: Case Studies in Political Economy", tesis mimeografiada, 1969.

Beltrán, Enrique *et al.*, *México, cincuenta años de revolución*. Tomo I, *La economía*, México, FCE, 1960.

Bernecker, Walther L., "Comercio y comerciantes extranjeros en las primeras décadas de la independencia mexicana", en Liehr (ed.), 1989, pp. 87-114.

——, *Contrabando. Ilegalidad y corrupción en el México del siglo XIX*, México, Universidad Iberoamericana, 1994.

Bernstein, Harry, *Matías Romero. 1837-1898*, México, FCE, 1982.

Bernstein, Marvin D., *The Mexican Mining Industry, 1890-1950. A Study of the Interaction of Politics, Economics and Technology*, Nueva York, State Univerity of New York, 1964.

Bértola, Luis y Jeffrey G. Williamson, "Globalization in Latin America Before 1940", en Bulmer-Thomas, Coatsworth y Cortés Conde (eds.), 2006, pp. 11-56.

Bethell, Leslie (ed.), *Latin America Economy and Society, 1870-1930*, Cambridge, Cambridge University Press, 1989.

—— (ed.), *Historia de América Latina. 9. México, América Central y el Caribe, c. 1870-1930*, Barcelona, Ed. Crítica, 2000.

Bhagwati, Jagdish y Bent Hansen, "A Theoretical Analysis of Smuggling", *The Quarterly Journal of Economics*, LXXXVII:2 (1973), pp. 172-187.

——, "Alternative Theories of Illegal Trade: Economic Consequences and Statistical Detection", *Weltwirtschaftliches Archiv*, 118:3 (1981), pp. 409-426.

Brading, David A., *Mineros y comerciantes en el México borbónico (1763-1810)*, México, FCE, 1975.

Brown, Jonathan, *Petróleo y revolución en México*, México, Siglo XXI Editores, 1998.

Bulmer-Thomas, Victor, *The Economic History of Latin America Since Independence*, Nueva York, Cambridge University Press, 1996.

Bulmer-Thomas, Victor, John H. Coatsworth y Roberto Cortés Conde (eds.), *The Cambridge Economic History of Latin America*. Vol. II. *The Long Twentieth Century*, Cambridge, Cambridge University Press, 2006.

Calderón, Francisco R., "Los ferrocarriles", en Cosío Villegas (ed.), varios años, vol. VII, tomo I, pp. 483-634.

——, *Historia moderna de México. La República Restaurada. La vida económica*, en Cosío Villegas (ed.), varios años.

Cámara Zavala, Gonzalo, "Historia de la industria henequenera hasta 1919", en *Enciclopedia*, 1977, pp. 657-726.

Cameron, Rondo, *A Concise Economic History of the World. From Paleolithic Times to the Present*, Nueva York, Oxford University Press, 1989.

Cárdenas, Enrique, *Cuándo se originó el atraso económico de México. La economía mexicana en el largo siglo XIX, 1780-1920*, Madrid, Ed. Biblioteca Nueva, 2003.

——, *La hacienda pública y la política económica, 1929-1958*, México, FCE, 1994.

—— (ed.), *Historia económica de México*, tomo III, México, FCE, 1989 (Lecturas de *El Trimestre Económico*, 64).

——, *La industrialización mexicana durante la Gran Depresión*, México, El Colegio de México, 1987.

——, "A Macroeconomic Interpretation of Nineteenth-Century Mexico", en Haber (ed.), 1997, pp. 65-92.

Cárdenas, Enrique y Carlos Manns, "Inflación y estabilización monetaria en México durante la Revolución", en Cárdenas (ed.), 1989, pp. 447-470.

Cárdenas, Enrique, José Antonio Ocampo y Rosemary Thorp, "Introducción", en Cárdenas, Ocampo y Thorp (comps.), 2003, pp. 9-53.

Cárdenas, Enrique, José Antonio Ocampo y Rosemary Thorp (comps.), *La era de las exportaciones latinoamericanas. De fines del siglo XIX a principios del XX*, México, FCE, 2003.

Cárdenas, Nicolás, *Empresas y trabajadores en la gran minería mexicana 1900-1929*, México, INEHRM, 1998.

Cardoso, Ciro (coord.), *México en el siglo XIX (1821-1910). Historia económica y de la estructura social*, 5a. ed., México, Editorial Nueva Imagen, 1984.

Cardoso, Fernando Enrique y Enzo Faletto, *Dependencia y desarrollo en América Latina. Ensayo de interpretación sociológica*, 3a. ed., México, Siglo XXI Editores, 1971.

Carmagnani, Marcello (ed.), *Constitucionalismo y orden liberal en América Latina, 1850-1920*, Turín, Otto Editore, 2000.

——, *Estado y mercado. La economía pública del liberalismo mexicano, 1850-1911*, México, FCE, 1994.

——, "Introducción", en Carmagnani (ed.), 2000, pp. 1-7.

——, *El otro Occidente. América Latina desde la invasión europea hasta la globalización*, México, FCE, 2004.

Carmagnani, Marcello, Alicia Hernández Chávez y Ruggiero Romano (coords.), *Para una historia de América. I. Las estructuras*, México, FCE, 1999.

Carreras, Albert y Xavier Tafunell (coords.), *Estadísticas históricas de España. Siglos XIX-XX*, 2a. ed., 3 vols., Bilbao, Fundación BBVA, 2005.

Carstensen, Fred y Diane Roazen, "Mercados extranjeros, iniciativa interna y monocultivo: la experiencia yucateca, 1825-1903", en Silva y López, 1998, pp. 168-224.

Catao, Luis, "The International Transmission of Long Cicles between 'Core' and 'Periphery' Economies: A Case Study of Brazil and Mexico, ca. 1870-1940", tesis de doctorado, University of Cambridge, 1991.

——, "The Failure of Export-Led Growth in Brazil and Mexico, c. 1870-1930", Londres, Institute of Latin American Studies, University of Londres, 1992 (Research papers 31).

——, "Mexico and Export-Led Growth: evidence from the Porfirian Era", Londres, Department of Economics, University of London, 1993 (Working paper 33).

Cerutti, Mario, *Burguesía, capitales e industria en el norte de México. Monterrey y su ámbito regional (1850-1910)*, México, Alianza Editorial-Universidad Autónoma de Nuevo León, 1992.

——, *Burguesía y capitalismo en Monterrey, 1850-1910*, México, Claves Latinoamericanas, 1983.

——, "Industria pesada y reconstrucción económica. La Fundidora de Fierro y Acero de Monterrey (1917-1930)", en Cerutti (comp.), 1993, pp. 51-96.

——, "Redes y bolsones empresariales en el norte de México, 1870-1920", en Rodríguez López (coord.), 2005, pp. 27-96.

—— (comp.), *México en los años 20. Procesos políticos y reconstrucción económica*, México, Claves Latinoamericanas-Universidad Autónoma de Nuevo León, 1993.

—— (coord.), *El siglo XIX en México. Cinco procesos regionales: Morelos, Monterrey, Yucatán, Jalisco y Puebla*, México, Claves Latinoamericanas, 1985.

Coatsworth, John H., *Los orígenes del atraso. Nueve ensayos de historia económica de México en los siglos XVIII y XIX*, México, Alianza Editorial Mexicana, 1990.

Coatsworth, John y Alan M. Taylor (eds.), *Latin America and the World Economy Since 1800*, Cambridge, The Rockefeller Center Series on Latin American Studies, Harvard University, 1998.

Coatsworth, John H. y Jeffrey Williamson, "Always Protectionist? Latin American Tariffs from Independence to Great Depression", *JLAS* 36 (2004), pp. 205-232.

El Colegio de México, *Estadísticas económicas del porfiriato. Comercio exterior de México, 1877-1911*, México, El Colegio de México, 1960.

——, *Estadísticas económicas del porfiriato. Fuerza de trabajo y actividad económica por sectores*, México, El Colegio de México, s.f.

Coll-Hurtado, Atlántida y María Teresa Sánchez-Salazar, "Minería y electricidad", en Herrera Canales (coord.), 1998, pp. 182-204.

Colmenares, Francisco, *Petróleo y lucha de clases en México 1864-1982*, México, Ed. El Caballito, 1982.

Connolly, Priscilla, *El contratista de don Porfirio. Obras públicas y desarrollo desigual*, México, FCE-El Colegio de Michoacán-UAM, 1997.

Cosío Villegas, Daniel, *La cuestión arancelaria en México*, México, Facultad de Economía, UNAM, 1989.

—— (ed.), *Historia moderna de México*, México, Ed. Hermes, varios años. (En todas las ediciones publicadas por Hermes coincide la paginación, de ahí que las referencias remitan a cualquiera de ellas).

Davis, Harold E., "Mexican Petroleum Taxes", *HAHR* XII:4 (noviembre 1932), pp. 405-419.

Dobado, Rafael, "*Boom* minero y localización industrial", en Parejo y Sánchez (eds.), 1999, pp. 173-193.

Enciclopedia yucatanense, 2a. ed., tomo III, México, Gobierno de Yucatán, 1977.

Durán, Esperanza, "El petróleo y la revolución en México: trayectoria de una política petrolera nacional", México, El Colegio de México, 1984 (*Cuadernos sobre prospectiva energética*, núm. 57).

Flores Clair, Eduardo, *Conflictos de trabajo de una empresa minera, Real del Monte y Pachuca, 1872-1877*, México, INAH-Conaculta, 1991.

—— *et al.*, *Estadísticas mineras de México en el siglo XIX*, México, INAH, 1985.

Fischer, Lewis R. y Helge W. Nordvik, *Shipping and Trade, 1750-1950: Essays in International Maritime Economic History*, Pontefract, Lofthouse Publications, 1990.

Florescano, Enrique (coord.), *Atlas histórico de México*, 3a. ed., México, Siglo XXI Editores, 1988.

Foreman-Peck, James, *Historia económica mundial. Relaciones económicas internacionales desde 1850*, 2a. ed., Madrid, Prentice-Hall, 1995.

Frost, Elsa Cecilia *et al.*, *El trabajo y los trabajadores en la historia de México. Ponencias y comentarios presentados en la V Reunión de Historiadores Mexicanos y Norteamericanos, Pátzcuaro, 12 al 15 de octubre de 1977*, México, El Colegio de México-University of Arizona Press, 1979.

Gallegos López, Sergio Armando, "Los fletes marítimos, factor de desarrollo en el comercio exterior", tesis de licenciatura, México, Facultad de Ciencias Políticas y Sociales, UNAM, 1972.

Gámez, Moisés, "Evolución empresarial en la minería mexicana de San Luis Potosí y Zacatecas, 1880-1910", en Rodríguez López (coord.), 2005, pp. 387-401.

Garciadiego, Javier, "¿Dónde quedó el liberalismo?", en Vázquez (coord.), 1999, pp. 79-90.

García Quintanilla, Alejandra, "Producción de henequén, producción de hombres (Yucatán, 1850-1915)", en Cerutti (coord.), 1985, pp. 114-148.

Glendening, Richard Norman, "Market Power in the Henequen Industry of Yucatán, Mexico", tesis de doctorado, Iowa State University, 1993.

Gómez, Aurora, "El primer impulso industrializador de México: el caso de Fundidora Monterrey", tesis de licenciatura, México, ITAM.

——, "El desempeño de la Fundidora de Fierro y Acero de Monterrey durante el Porfiriato. Acerca de los obstáculos a la industrialización en México", en Marichal y Cerutti (eds.), 1997, pp. 201-243.
——, "The Impact of Revolution: Business and Labor in the Mexican Textile Industry, Orizaba, Veracruz, 1900-1930", tesis de doctorado, Harvard University, 1999.
Gómez Serrano, Jesús, *Aguascalientes: imperio de los Guggenheim*, México, FCE, 1982 (SEP/80, 43).
González Cruz, Edith, *La compañía El Boleo: su impacto social en la municipalidad de Mulegé (1885-1918)*, México, Universidad Autónoma de Baja California Sur, 2000.
González Navarro, Moisés, *Raza y tierra. La guerra de castas y el henequén*, 2a. ed., México, El Colegio de México, 1979.
González Reyna, Jenaro, *Riqueza minera y yacimientos minerales de México*, 3a. ed., México, Banco de México, 1956.
Greenhill, Robert "Shipping, 1850-1914", en Platt (ed.), 1977.
Grunstein, Arturo, "¿Competencia o monopolio? Regulación y desarrollo ferrocarrilero en México, 1885-1911", en Kuntz y Riguzzi (coords.), 1996, pp. 167-221.
Guerra, François-Xavier, *México: del Antiguo Régimen a la Revolución*, 2 tomos, México, FCE, 1988.
Gutiérrez Herrera, Lucino, "La mano de obra en Yucatán durante el Porfiriato", tesis de maestría, México, El Colegio de México, 1979.
Haber, Stephen, "La economía mexicana, 1830-1940: obstáculos a la industrialización", *Revista de Historia Económica*, VIII:1 y 2 (1990), pp. 81-93 y 335-362, respectivamente.
——, *Industria y subdesarrollo. La industrialización de México, 1890-1940*, México, Alianza Editorial, 1992.
——, *Industry and Underdevelopment. The Industrialization of Mexico, 1890-1940*, Stanford, Stanford University Press, 1989.
——, "The Political Economy of Industrialization", en Bulmer-Thomas, Coatsworth y Cortés Conde (eds.), 2006, pp. 537-584.
Haber, Stephen, Armando Razo y Noel Maurer, *The Politics of Property Rights: Political Instability, Credible Commitments, and Economic Growth in Mexico, 1876-1929*, Cambridge, Cambridge University Press, 2003.
Haber, Stephen, Noel Maurer y Armando Razo, "When the Law Does not Matter: The Rise and Decline of the Mexican Oil Industry", *JEH* 63:1 (marzo de 2003), pp. 1-32.
—— (ed.), *How Latin America Fell Behind. Essays on the Economic Histories of Brazil and Mexico, 1800-1914*, Stanford, Stanford University Press, 1997.
Haber Stephen y Jeffrey Bortz (eds.), *The Mexican Economy, 1870-1930: Essays on the Economic History of Institutions, Revolution, and Growth*, Stanford, Stanford University Press, 2002.
Hale, Charles, *La transformación del liberalismo en México a fines del siglo XIX*, México, FCE, 2002.

——, "Los mitos políticos de la nación mexicana: el liberalismo y la Revolución", *Historia Mexicana* 184 (abril-junio de 1997), pp. 821-837.

Hamilton, Nora, *México: los límites de la autonomía del Estado*, México, Ed. Era, 1983.

Harley, Knick C., "Ocean Freight Rates", *JEH* 48:4 (1998), pp. 851-76.

——, "North Atlantic Shipping in the Late Nineteenth Century. Freight Rates and the Interrelationship of Cargoes", en Fischer y Nordvik, 1990, pp. 147-170.

Helleiner, G.K., *Comercio internacional y desarrollo económico*, Madrid, Alianza Universidad, 1972.

Herrera Canales, Inés, *El comercio exterior de México, 1821-1875*, México, El Colegio de México, 1977.

—— (coord.), *La minería mexicana. De la colonia al siglo* XX, México, Instituto Mora-El Colegio de Michoacán-El Colegio de México-Instituto de Investigaciones Históricas-UNAM, 1998.

Herrera, Inés y Rina Ortiz, *Minería americana colonial y del siglo XIX*, México, INAH, 1994.

Herrera Pérez, Octavio, *La zona libre. Excepción fiscal y conformación histórica de la frontera norte de México*, México, Secretaría de Relaciones Exteriores-Dirección General del Acervo Histórico Diplomático, 2004.

Hirschman, Albert O., *National Power and the Structure of Foreign Trade*, Berkeley, University of California Press, 1980.

Historical Statistics of the United States. Earliest Times to the Present, Millenial Edition, Cambridge, Cambridge University Press, 2006.

Hoffman, Walther G., *Das Wachstum der Deutschen Wirtschaft seit der Mitte des 19. Jahrhunderts*, Berlín, Springer Verlag, 1965.

Ibarra Bellón, Araceli, *El comercio y el poder en México, 1821-1864. La lucha por las fuentes financieras entre el Estado central y las regiones*, Mexico, FCE, 1998.

Imlah, Albert H., *Economic Elements in the Pax Britannica. Studies in British Foreign Trade in the Nineteenth Century*, Cambridge, Harvard University Press, 1958.

INEGI, *Estadísticas históricas de México*, 2 tomos, México, INEGI-INAH, 1985.

Iturriaga de la Fuente, José, *La revolución hacendaria. La hacienda pública con el presidente Calles*, México, Secretaría de Educación Pública, 1976 (SepSetentas 282).

Joseph, Gilbert M., *Rediscovering the Past at Mexico's Periphery. Essays on the History of Modern Yucatán*, Alabama, The University of Alabama Press, 1986.

Kapp, Bernard, "Les relations économiques extérieures du Mexique (1821-1911) d'après les sources françaises", en Kapp y Herrera, 1974, pp. 9-93.

Kapp, Bernard y Daniel Herrera, *Ville et comerce. Deux essais d'histoire hispano-américaine*, París, Éditions Klincksieck, 1974.

Katz, Friedrich, *Pancho Villa*, México, Ed. Era, 1998.

——, *La servidumbre agraria en México en la época porfiriana*, 4a. ed., México, Ed. Era, 1984.

Kendall, Maurice G. y A. Bradford Hill (eds.), *The Sources and Nature of the Statistics of the United Kingdom*, vol. I, Londres, The Royal Statistical Society-Oliver and Boyd, 1952.

Kenwood, A.G. y A. L. Lougheed, *Historia del desarrollo económico internacional. Desde 1820 hasta nuestros días*, Madrid, Ed. Istmo, 1972.

Kindleberger, Charles P., *The Terms of Trade. A European Case Study*, Cambridge, The MIT Press, 1956.

——, "The Terms of Trade and Economic Development", *The Review of Economics and Statistics* 40:1, part 2 (febrero de 1958), pp. 72-85.

Knight, Alan, "El estímulo de las exportaciones en el crecimiento económico mexicano, 1900-1930", en Cárdenas, Ocampo y Thorp (comps.), 2003, pp. 165-202.

——, *The Mexican Revolution*, Lincoln, University of Nebraska Press, 1986.

Kortheuer, Dennis, "Santa Rosalía and Compagnie du Boleo: the Making of a Town and Company in the Porfirian Frontier, 1885-1900", tesis de doctorado, Irvine, University of California in Irvine, 2001.

Krauze, Enrique, Jean Meyer y Cayetano Reyes, *Historia de la Revolución mexicana, La reconstrucción económica, 1924-1928*, México, El Colegio de México, 1977.

Kuntz Ficker, Sandra, "El comercio exterior de México durante la década revolucionaria: un acercamiento preliminar", *Política y Cultura* 16 (otoño de 2001), pp. 235-273.

——, "El comercio México-Estados Unidos, 1870-1929: reconstrucción cuantitativa y tendencias generales", *Mexican Studies-Estudios Mexicanos* 17:1 (primavera de 2001), pp. 71-107.

——, "The Export Boom of the Mexican Revolution: Characteristics and Contributing Factors", *JLAS* 36, part II (mayo de 2004), pp. 267-296.

——, "The Import Trade Policy of the Liberal Regime in Mexico, 1870-1900", en Rodríguez O. (ed.), 2005, pp. 305-337.

——, "Institutional Change and Foreign Trade in Mexico, 1870-1911", en Haber y Bortz (eds.), 2002, pp. 161-204.

——, "Nuevas series del comercio exterior de México, 1870-1929", *Revista de Historia Económica* XX:2 (2002), pp. 213-270.

——, "Las oleadas de americanización en el comercio exterior de México, 1870-1948", *Secuencia* 57 (septiembre-diciembre de 2003), pp. 159-182.

——, "El patrón del comercio exterior entre México y Europa, 1870-1913", en Kuntz Ficker y Pietschmann (coords.), 2006, pp. 143-172.

——, "La redistribución de los cauces del comercio exterior mexicano: una visión desde la frontera norte (1870-1929)", *Frontera Norte* 24 (julio-diciembre de 2000), pp. 111-157.

Kuntz Ficker, Sandra y Priscilla Connolly (coords.), *Antologías de historia económica de México: ferrocarriles y obras públicas*, México, Instituto Mora-El Colegio de Michoacán-IIS-UNAM, 1999.

Kuntz Ficker, Sandra y Horst Pietschmann (coords.), *México y la economía atlántica (siglos XVIII-XX)*, México, El Colegio de México, 2006.

Kuntz Ficker, Sandra y Paolo Riguzzi (coords.), *Ferrocarriles y vida económica en México (1850-1950). Del surgimiento tardío al decaimiento precoz*, México, El Colegio Mexiquense-UAM-FNM, 1996.

Kuznets, Simon, *Capital in the American Economy. Its Formation and Financing*, Princeton, Princeton University Press, 1961 (publicaciones del NBER).

Léon, Pierre, *Historia económica y social del mundo. 4: La dominación del capitalismo, 1840-1914*, Madrid, Ediciones Encuentro, 1978.

Lerman Alperstein, Aída, *Comercio exterior e industria de transformación en México, 1910-1920*, México, UAM Xochimilco-Plaza y Valdés Editores, 1989.

——, "Comercio exterior en México: 1920-1935", *Investigación Económica* 192, (1990), pp. 141-154.

Lévy-Leboyer, Maurice, "L'héritage de Simiand: prix, profit et termes d'échange au XIXe siècle", *Revue Historique* 493 (enero-marzo de 1970), pp. 77-120.

Lévy-Leboyer, Maurice (ed.), *La position internationale de la France. Aspects économiques et financiers XIXe-XXe siècles*, París, Éditions de l'École des Hautes Études en Sciences Sociales, 1977.

Liehr, Reinhard (ed.), *América Latina en la época de Simón Bolívar. La formación de las economías nacionales y los intereses económicos europeos 1800-50*, Berlín, Colloquium Verlag, 1989.

Lipsey, Robert E., *Price and Quantity Trends in the Foreign Trade of the United States*, Princeton, Princeton University Press, 1963.

López Portillo y Weber, José, *El petróleo de México: su importancia, sus problemas*, México, FCE, 1981.

López Rosado, Diego G., *Historia del peso mexicano*, México, FCE, 1975 (Archivo del Fondo, 29).

Lorey, David E. (ed.), *United States–Mexico Border Statistics since 1900*, Los Ángeles, UCLA, Latin American Center Publications, 1990.

Lovely, Mary E. y Douglas Nelson, "Smuggling and Welfare in a Ricardo-Viner Economy", *Journal of Economic Studies* 22:6 (noviembre de 1995), pp. 26-45.

Ludlow, Leonor (coord.), *Los secretarios de Hacienda y sus proyectos (1821-1933)*, 2 tomos, México, UNAM, 2002.

Ludlow, Leonor y Carlos Marichal (eds.), *Banca y poder en México (1800-1925)*, México, Ed. Grijalbo, 1986.

Manterola, Miguel, *La industria del petróleo en México (monografía económica y fiscal)*, México, 1938.

Marichal, Carlos, *A Century of Debt Crisis in Latin America*, Princeton, Princeton University Press, 1989.

——, "La deuda externa y las políticas de desarrollo económico durante el Porfiriato: algunas hipótesis de trabajo", en Varios autores, 1988, pp. 85-101.

——, *Historia de la deuda externa de América Latina*, México, Alianza Editorial Mexicana, 1988.

——, "Obstacles to the Development of Capital Markets in Nineteenth-Century Mexico", en Haber (ed.), 1997, pp. 118-145.

Marichal, Carlos y Mario Cerutti (eds.), *Historia de las grandes empresas en México, 1850-1930*, México, Universidad Autónoma de Nuevo León-FCE, 1997.

Márquez, Graciela, "Tariff Protection in Mexico, 1892-1909: Ad Valorem Tariff Rates and Sources of Variation", en Coatsworth y Taylor (eds.), 1998, pp. 407-442.

Matute, Álvaro, *Historia de la Revolución mexicana, 1917-1924. Las dificultades del nuevo Estado,* México, El Colegio de México, 1995.

Meyer, Jean, "México: revolución y reconstrucción en los años veinte", en Bethell (ed.), 2000, pp. 146-180.

Meyer, Lorenzo, *México y los Estados Unidos en el conflicto petrolero: 1917-1942,* México, El Colegio de México, 1968.

Michaely, Michael, *Concentration in International Trade*, Amsterdam, North-Holland Publishing Company, 1962.

Mitchell, Brian Redman, *Abstract of British Historical Statistics*, Cambridge, Cambridge Univesity Press, 1962.

——, *International Historical Statistics. The Americas 1750-2000*, 5a. ed., Nueva York, Palgrave Macmillan, 2003.

——, *International Historical Statistics: Europe, 1750-2000*, 5a. ed., Basingstoke, Palgrave Macmillan, 2003.

Nava Oteo, Guadalupe, "Jornales y jornaleros en la minería porfiriana", *Historia Mexicana* XII:1 (julio-septiembre de 1962), pp. 53-72.

——, "La minería", en Cosío Villegas (ed.), varios años, vol. VII, tomo I, pp. 179-310.

——, "La minería bajo el porfiriato", en Cardoso (coord.), 1984, pp. 339-379.

North, Douglass C., "Ocean Freight Rates and Economic Development, 1750-1913", *JEH* XVIII (1958), pp. 537-555.

Oribe Stemmer, Juan E., "Freight Rates in the Trade between Europe and South America, 1840-1914", *JLAS* 21(1989), 23-59.

O'Rourke, Kevin H., y Jeffrey G. Williamson, *Globalization and History. The Evolution of a Nineteenth-Century Atlantic Economy*, Cambridge, MIT Press, 1999.

Orozco Vela, Oliverio, *La marina en la historia del comercio*, México, Asociación de la H. Escuela Naval Militar, 1962.

Ortega Ruiz, Francisco J., *El henequén de Yucatán. Antecedentes y perspectivas económicas*, México, Ed. América, 1943.

Palyi, Melchior, *The Twilight of Gold*, Chicago, Henry Regnery Company, 1972.

Parejo, A. y A. Sánchez (eds.), *Economía andaluza e historia industrial. Estudios en homenaje a Jordi Nadal*, Granada, Universidad de Almería, 1999.

Peniche Rivero, Piedad, "El impacto de la formación del mercado internacional del henequén sobre las relaciones sociales en dos regiones: Mérida y Campeche", en Peniche y Santamaría (eds.), 1993, pp. 222-234.

Peniche Rivero, Piedad y Felipe Santamaría (eds.), *Memorias de la Conferencia Nacional sobre el henequén y la zona henequenera de Yucatán*, México, Gobierno de Yucatán-Conacyt-UAY-Sostenibilidad Maya-IFAP, 1993.

Peralta Zamora, Gloria, "La hacienda pública", en Cosío Villegas (ed.), varios años, vol. VII, tomo II, pp. 887-972.

Pérez Siller, Javier, "Los ingresos federales en México, 1867-1913", tesis de licenciatura, México, Facultad de Ciencias Políticas y Sociales, UNAM, 1982.

Pitt, Mark M., "Smuggling and Price Disparity", *Journal of International Economics* 11 (noviembre de 1981), pp. 447-458.

Pittman, Dewitt Kennieth, *Hacendados, campesinos y políticos: las clases agrarias y la instalación del Estado oligárquico*, México, FCE, 1989.

Platt, D.C.M. (ed.), *Business Imperialism, 1840-1930. An Inquiry Based on British Experience in Latin America*, Oxford, The Clarendon Press, 1977.

Prados de la Escosura, Leandro, *De imperio a nación: crecimiento y atraso económico en España, 1780-1930*, Madrid, Alianza Editorial, 1988.

——, "Una serie anual del comercio exterior español (1821-1913)", *Revista de Historia Económica*, IV:1 (1986), pp. 103-150.

——, *Comercio exterior y crecimiento económico en España, 1826-1913: tendencias a largo plazo*, Madrid, Banco de España, 1982.

Prebisch, Raúl, "The Economic Development of Latin America and its Principal Problems", *Economic Bulletin for Latin America 1962*, vol. 7 (1962), pp. 1-22.

Los Presidentes, tomo III, México, LII Legislatura de la Cámara de Diputados, 1985.

Remmers, Lawrence J., "Henequen, the Caste War and Economy of Yucatán, 1846-1883: The Roots of Dependence in a Mexican Region", tesis de doctorado, Los Ángeles, UCLA, 1981.

Rendón Corona, Armando *et al.*, *Los conflictos laborales en la industria petrolera 1911-1932*, vol. I, México, UAM Iztapalapa, 1997.

Reyes Heroles, Jesús, *El liberalismo mexicano. Tomo III. La integración de las ideas*, 3a. ed., México, FCE, 1988.

Reynolds, Clark W., *La economía mexicana. Su estructura y crecimiento en el siglo XX*, México, FCE, 1970.

Riguzzi, Paolo, "La gestión política de las relaciones comerciales de México con Estados Unidos. Una perspectiva histórica", en Schiavon, Spenser y Vázquez Olivera (eds.), 2006, pp. 235-276.

——, "Libre cambio y libertad económica en la experiencia liberal mexicana, 1850-1896", en Carmagnani (coord.), 2000, pp. 287-314.

——, "Mercados, regiones y capitales en los ferrocarriles de propiedad mexicana, 1870-1908", en Kuntz y Connolly (coords.), 1999, pp. 39-70.

——, "Un modelo histórico de cambio institucional: la organización de la economía mexicana, 1857-1911", *Investigación Económica* LIX:229 (julio-septiembre de 1999), pp. 205-235.

——, "La política comercial en México, 1856-1930: fuentes y problemas", *América Latina en la Historia Económica. Boletín de Fuentes*, 15 (enero-junio de 2001), pp. 107-115.

——, *¿Reciprocidad imposible? La política del comercio entre México y Estados Unidos, 1857-1938*, México, El Colegio Mexiquense-Instituto Mora, 2003.

Rippy, Merrill, *El petróleo y la Revolución mexicana* (edición facsimilar de la de 1954), México, INEHRM, 2003.

Robey, Ralph (ed.), *The Monetary Problem. Gold and Silver*, Nueva York, Columbia University Press, 1936.

Rodríguez López, María Guadalupe, *La nostalgia y la modernidad, empresarios y empresas regionales de México siglos XIX y XX*, Durango, Instituto de Investigaciones Históricas de la Universidad Juárez del Estado de Durango, 2005.

Rodríguez O., Jaime E. (ed.), *The Divine Charter. Constitutionalism and Liberalism in Nineteenth Century Mexico*, Lanham, Rowman & Littlefield, 2005.

Rojas, Armando "El Ferrocarril de Tehuantepec: ¿Eje del comercio del mundo?", tesis de doctorado, México, UAM Iztapalapa, 2004.

Romano, Ruggiero y Marcello Carmagnani, "Componentes económicos", en Carmagnani, Hernández Chávez y Romano (coords.), 1999, pp. 160-287.

Romero Gil, Juan Manuel, *La minería en el noroeste de México: utopía y realidad 1850-1910*, México, Plaza y Valdés-Universidad de Sonora, 2001.

Rosenzweig, Fernando, "El comercio exterior", en Cosío Villegas (ed.), varios años, vol. VII, tomo II, pp. 635-729.

——, *El desarrollo económico de México, 1800-1910*, México, El Colegio Mexiquense-ITAM, 1989.

Rubio, María del Mar, "The Rise and Decline of the Mexican Oil Industry from the International Perspective", manuscrito s.f.

——, "The Role of Mexico in the First World Oil Shortage:1918-1922 an International Perspective", *Revista de Historia Económica-A Journal of Iberian and Latin American Economic History* 1, 2ª época, Año XXIV (primavera de 2006), pp. 69-96.

Sabido Méndez, Arcadio, *Los hombres del poder. Monopolios, oligarquía y riqueza en Yucatán: 1880-1990*, Mérida, Universidad Autónoma de Yucatán, 1995.

Salvucci, Richard, "Export-Led Industrialization", en Bulmer-Thomas, Coatsworth y Cortés Conde (eds.), 2006, pp. 249-292.

——, "The Origins and Progress of U.S.-Mexican Trade, 1825-1884: 'Hoc opus, hic labor est'", *HAHR* 71:4 (1991), pp. 697-735.

Salvucci, Richard y Linda Salvucci, "The Politics of Protection: Interpreting Trade Policy in Late Bourbon and Early National Mexico", en Andrien y Johnson (eds.), 1994, pp. 95-114.

Sánchez Rangel, Óscar, *La empresa de minas de Miguel Rul (1865-1897). Inversión nacional y extracción de plata en Guanajuato*, México, Ediciones La Rana, 2005.

Sariego, Juan Luis, *Enclaves y minerales en el norte de México: historia social de los mineros de Cananea y Nueva Rosita, 1900-1970*, México, CIESAS, 1988.

—— *et al.*, *El Estado y la minería mexicana. Política, trabajo y sociedad durante el siglo XX*, México, FCE-Secretaría de Energía, Minas e Industria Paraestatal, 1988.

Schell Jr., William, "Money as Commodity: Mexico's Conversion to the Gold Standard, 1905", *Mexican Studies/Estudios Mexicanos* 12:1 (Winter, 1996), pp. 67-89.

Schiavon, Jorge A., Daniela Spenser y Mario Vázquez Olivera (eds.), *En busca de una nación soberana. Relaciones internacionales de México, siglos XIX y XX*, México, CIDE-Secretaría de Relaciones Exteriores, 2006.

Schlote, Werner, *British Overseas Trade from 1700 to the 1930s*, Oxford, Basil Backwell, 1938.

Simon, Matthew, "The United States Balance of Payments, 1861-1900", en *Trends in the American Economy in the Nineteenth Century. Studies in Income and Wealth*, 24, Princeton, Princeton University Press, 1960, pp. 629-659.

Sierra, Carlos J. y Rogelio Martínez Vera, *Historia y legislación aduanera de México*, México, SHCP, 1973.

——, *El resguardo aduanal y la gendarmería fiscal, 1850-1925*, México, Publicaciones del Boletín Bibliográfico de la Secretaría de Hacienda y Crédito Público, 1971.

Silva, Jorge y Jesús López, *Mercado interno en México. Siglos XVIII-XIX*, México, Instituto Mora-El Colegio de Michoacán-El Colegio de México-IIH, UNAM, 1998.

Singer, H., "The Distribution of Gains between Investing and Borrowing Countries", *American Economic Review, Papers and Proceedings*, vol. 40 (mayo de 1950), pp. 473-485.

Skilton, Julius A., *Mining Districts of Pachuca, Real del Monte, El Chico and Santa Rosa, State of Hidalgo, Republic of Mexico*, Boston, 1882.

Smith, Robert Freeman, "La deuda externa de México, 1920-1943", en Varios autores, 1988, pp. 119-146.

Solís, Leopoldo, "Comportamiento a largo plazo de la economía mexicana: fases y características", en Arias (coord.), 1990, pp. 229-248.

——, *La realidad económica mexicana*, 11a. ed., México, Siglo XXI Editores, 1981.

Spraos, John, *Inequalising Trade? A Study of Traditional North/South Specialisation in the Context of Terms of Trade Concepts*, Oxford, Oxford University Press, 1983.

Staples, Anne, *Bonanzas y borrascas mineras. El Estado de México, 1821-1976*, México, El Colegio Mexiquense-Industrias Peñoles, 1994.

Suárez Molina, Víctor M., *La evolución económica de Yucatán a través del siglo XIX*, 2 tomos, México, Ediciones de la Universidad de Yucatán, 1977.

Tandrón, Humberto, *El comercio de Nueva España y la controversia sobre la libertad de comercio, 1796-1821*, México, Instituto Mexicano de Comercio Exterior, 1976.

Tena Junguito, Antonio, *Las estadísticas históricas del comercio internacional: fiabilidad y comparabilidad*, Madrid, Banco de España, 1992.

——, "The Good Reputation of Late XIX Century Protectionism: Manufacture Versus Total Protection in The European Tariff Growth Debate", manuscrito inédito, 2006.

——, "Sector exterior", en Carreras y Tafunell (coords.), 2005, vol. II, pp. 575-643.

Thorp, Rosemary, "Economy, 1914-1929", en Bethell (ed.), 1989, pp. 57-81.

——, "Introducción", en Thorp (comp.), 1988, pp. 13-30.

—— (comp.), *América Latina en los años treinta. El papel de la periferia en la crisis mundial*, México, FCE, 1988.

Torre, Manuel A., *La ruina del henequén en Yucatán*, Mérida, Yucatán, 1918.

Torre Díaz, Álvaro, *Cuatro años en el gobierno de Yucatán 1926-1930*, spi.

Torres Gaytán, Ricardo, *Un siglo de devaluaciones del peso mexicano*, 6a. ed., México, Siglo XXI Editores, 1990.

Tortella, Gabriel, *La revolución del siglo XX*, Madrid, Taurus, 2000.

Turrent Díaz, Eduardo, "La renegociación de la deuda externa mexicana, 1922-1930", en Varios autores, 1988, pp. 147-153.

Uhthoff López, Luz María, *Las finanzas públicas durante la Revolución. El papel de Luis Cabrera y Rafael Nieto al frente de la Secretaría de Hacienda*, México, UAM Iztapalapa, 1998.

——, "Fiscalidad y petróleo, 1912-1938", Ponencia presentada en el Segundo Congreso Nacional de Historia Económica, México, Facultad de Economía, UNAM, 2004.

——, "Los impuestos al comercio exterior en México en la era de las exportaciones, 1872-1930", *América Latina en la Historia Económica. Boletín de Fuentes*, 24 (julio-diciembre de 2005), pp. 7-36.

Ulloa, Bertha, *Historia de la Revolución mexicana 1914-1917. La Constitución de 1917*, México, El Colegio de México, 1983.

Urrutia, M., Miguel y Mario Arrubla (eds.), *Compendio de estadísticas históricas de Colombia*, Bogotá, 1970.

Varios autores, *Pasado y presente de la deuda externa de México*, México, Instituto Mora-El Día, 1988.

Vázquez, Josefina Zoraida (coord.), *Recepción y transformación del liberalismo en México. Homenaje al profesor Charles A. Hale*, México, El Colegio de México, 1999.

Velasco Ávila, Cuauhtémoc, "Casas de moneda en México, 1821-1871", en Herrera y Ortiz, 1994, pp. 157-175.

—— *et al.*, *Estado y minería en México (1767-1910)*, México, Secretaría de Energía, Minas e Industria Paraestatal-INAH-FCE, 1988.

Vernon, Raymond, *El dilema del desarrollo económico de México*, México, Ed. Diana, 1966.

Villanueva Mukul, Eric (coord.), *El henequén en Yucatán. Industria, mercado y campesinos*, Mérida, Yucatán, Maldonado Editores-Cultur Service-INAH Cedrac, 1990.

Wells, Allen, "All in the Family: Railroads and Henequen Monoculture in Porfirian Yucatán", *HAHR* 72:2 (1992), pp. 159-209.

——, "El henequén y el mercado de las fibras duras: duras lecciones de la 'época dorada'", en Peniche y Santamaría (eds.), 1993, pp. 184-221.

——, *Yucatán's Gilded Age. Haciendas, Henequen, and International Harvester, 1860-1915*, Albuquerque, University of New Mexico Press, 1985.

Wells, Allen y Gilbert M. Joseph, *Summer of Discontent, Seasons of Upheaval. Elite Politics and Rural Insurgency in Yucatán, 1876-1915*, Stanford, Stanford University Press, 1996.

White, Harry D., *The French International Accounts, 1880-1913*, Cambridge, Harvard University Press, 1933.

Wilkie, James Wallace, *La Revolución mexicana, 1910-1976: gasto federal y cambio social*, México, FCE, 1978.

Wilkins, Mira, *The Emergence of the Multinational Enterprise: American Business Abroad from the Colonial Era to 1914*, Cambridge, Harvard University Press, 1970.

Womack Jr., John, "La economía de México durante la Revolución, 1910-1920: historiografía y análisis", *Argumentos* 1 (junio de 1987), pp. 9-42. (El artículo apareció por primera vez en *Marxist Perspectives*, invierno de 1978).

——, "La Revolución mexicana", en Bethell (ed.), 2000, pp. 78-145.

Woytinsky, Wladimir S. y Emma Savely Woytinsky, *World Commerce and Governments. Trends and Outlook*, Nueva York, The Twentieth Century Fund, 1955.

Yucatán en el tiempo, tomo III, Mérida, Yucatán, Ed. Enciclopedia Alfabética, 1998.

Zavala, Estela, "Los impuestos y los problemas financieros de los primeros años de la Revolución", *Historia Mexicana* XXXI:3 (enero-marzo de 1982), pp. 325-360.

Zuleta, María Cecilia, "Hacienda pública y exportación henequenera en Yucatán, 1880-1910", *Historia Mexicana* LIV:1 (2004), pp. 179-221.

——, "La invención de una agricultura próspera. Itinerarios del fomento agrícola entre el porfiriato y la Revolución, 1876-1915", tesis de doctorado, México, El Colegio de México, 2000.

Periódicos

El Agricultor, Mérida, Yucatán, 1907-1914.

The Board of Trade Journal, Londres, 1902-1905.

Boletín de Estadística, Mérida, Yucatán, 1894-1899.

El Comercio, Ciudad de México, 1923-1925.

Diario Oficial, Ciudad de México 1917-1930.

Excélsior, Ciudad de México, 1921, 1927.

El Foro, Ciudad de México, 1876.

El Reproductor Campechano, Campeche, 1890.

La Revista de Mérida, Mérida, Yucatán, 1872-1875.

Semana Mercantil, Ciudad de México, 1885-1911.

El Universal, Ciudad de México, 1921-1924

FUENTES EN INTERNET

Oxford Latin American Economic History Database <www.oxlad.qeh.ox.ac.uk>.

NBER, *Macrohistory Database*, chapter 7, Foreign Trade, Index of Export Prices, A.G. Silverman, Total, <http://www.nber.org/databases/macrohistory/rectdata/04/docs/m04109.txt>.

NBER, *Data*, International Trade Data, Price Quantity Indexes and Values for U.S. Exports and Imports, 1879-1923, Lipsey, <http:www.nber.org/data/lipsey.html>.

United Nations Statistics Division, *Classifications Registry. Detailed Structure and Explanatory Notes*, ISIC Rev.3.1, ISIC Rev.3.1 code 2720, en <http://unstats.un.org/unsd/cr/registry/regcst.asp?Cl=17&Top=2&Lg=1 &prn=yes>.

ÍNDICES DE CUADROS, GRÁFICAS Y MAPAS

ÍNDICE DE CUADROS

ÍNDICE DE GRÁFICAS

ÍNDICE DE MAPAS

Este facsimilar de
El comercio exterior de México en la era del capitalismo liberal, 1870-1929
es propiedad de El Colegio de México
y se terminó de imprimir en Librántida bajo el
modelo de distribución bajo demanda.
www.librantida.com